石油钻探

涂层涂料

石油钻具

海隆石油工业集团有限公司是一家专业从事与石油天然气工业相关产业的大型实体投资控股企业集团。旗下多家专业生产企业主要集中在以上海、江苏为中心的长三角地区，同时在天津、山东、山西、陕西、东北等地建立了产品的生产基地。海隆集团业务遍及海外，先后在美国休斯顿、加拿大埃德蒙顿、阿联酋阿布扎比以及俄罗斯地区建立了产品基地，并在北京和上海中心商务区设立了投资和贸易中心，承担其石油投资、国内外贸易及合作业务。

公司的经营范围涉及油田技术服务、石油钻具、石油管材、轧钢、石油机械设备、化工新材料、国际贸易等多个领域。其中包括：石油勘探作业、陆地钻（修）井工程施工、石油管材生产加工、石油设备及精密仪器制造、管材及设备的涂层与内外防腐、涂料、焊丝及其它石油化工新材料生产、石油管材检验以及相关产品的研发等等。主要产品有：石油钻杆、钻铤、加重钻杆、抗硫（低温）等石油钻具、石油无缝钢管、油井管、输送管、新材料、焊接材料、精密仪器以及各种石油钻采设备。

在长期为石油天然气工业供货服务当中，海隆集团与国内三大油公司中石油、中石化和中海油建立了长期的友好合作关系，成为其主要的供应商和服务商，并且在多个领域建立了合作关系，更为密切地为其服务。集团各企业还以其优质产品为国际市场和用户提供服务，在世界主要的油气产地如中东、北美以及俄罗斯等地建立了生产基地和销售服务网络，与当地著名石油服务商伙伴一起为海外各大石油公司服务。公司本着诚信为本、灵活经营的原则，向国内外用户提供大量优质的与石油、化工相关的产品，赢得了国内外用户的广泛信赖与支持，建立了良好的声誉。

地址：上海宝山工业园区罗东路1825号

电话：021-33851886　传真：021-33851858

海隆石油工业集团有限公司

HILONG GROUP OF COMPANIES

管材加工

管道内外防腐

耐磨带焊丝

主要产品：

钻杆接头

规格：NC26-NC50，51/2FH，6 5/8FH，

材质：4137H、4145H和抗硫钻杆接头HLTJ110SS

双台肩钻杆接头

规格：HLDS26-HLDS50、HLDS512、HLDS658

材质：4137H、4145H和抗硫钻杆接头HLTJ110SS

钻铤

规格：NC23-31至NC50-72

材质：4145H

钻杆

规格：2 3/8″-6 5/8″

钢级：API E75、X95、G105、S135；

抗硫钻杆HL95SS、HL105SS

加重钻杆

规格：3 1/2″-6 5/8″

管材材质：AISI1340H、37Mn5

加重钻杆接头材质：4145H

中国石化胜利油田

中国石化胜利油田现指胜利石油管理局和胜利油田分公司的统称，是中国第二大油田，国有特大型企业，工作区域主要分布在山东省8个市的28个县(区)境内。

胜利油田自1964年1月25日开始进行大规模的石油勘探和开发建设，经过44年的艰苦创业，到2007年底，共找到75个不同类型的油气田，累计探明石油地质储量47.2亿吨，累计生产原油9.08亿吨，约占建国后全国原油总产量的五分之一；累计生产天然气518.17亿立方米，实现税费2304亿元，为中国石油石化工业的发展和国民经济建设作出了重要贡献。2007年，胜利油田生产经营各项指标再创新高，生产原油2770万吨，实现税费344亿元，实现税前利润339亿元。

经过40多年的勘探开发建设，胜利油田在勘探资源、科技进步、人才建设等方面积累了雄厚的发展基础。展望未来，在新的历史起点上，胜利油田确定了“百年创新，百年胜利”的愿景目标：第一阶段，“十一五”期间原油年产量保持在2700万吨以上；第二阶段，胜利油田成立60周年的时候，实现“开发60年、探明60亿”，油气生产在较高水平上运行；第三阶段，胜利油田成立100周年的时候，实现“持续百年创新、建设百年胜利”，继续保持全国大油田的地位，创造胜利百年辉煌，为中国石化集团公司持续健康发展、为夺取全面建设小康社会新胜利作出新的更大贡献。

持续百年创新、建设百年胜利

Thermo
MultiLab

中国石油化工股份有限公司
东北油气分公司

中国石油化工股份有限公司东北油气分公司（以下简称东北油气分公司），是中国石化在东北地区一支从事石油天然气勘探开发和生产经营的大一型企业。

东北油气分公司机关设在吉林省长春市西安大路 4936 号，主要油气生产区域分布在吉林省公主岭市、四平市、松原市。勘探登记区块 38 块，总面积 14.8 万平方千米，勘探区块分布于松辽盆地的南北缘、辽河盆地西缘、二连盆地、三江盆地、敦化盆地等，工作区跨黑龙江省、辽宁省、吉林省和内蒙古自治区。

2008 年初，按照中国石化集团公司重组、整合及勘探开发一体化要求，对东北地区三家上游企业进行整合重组。整合后的东北油气分公司油气资源量 23.88 亿吨油当量，其中石油 15.11 亿吨，天然气资源量 8769 亿方，已获得石油探明储量 5394 万吨，天然气探明储量 654 亿方，二氧化碳探明储量 36 亿方，初步具备了实现快速发展的资源基础。

截止目前，东北油气分公司拥有四五家子、八屋、孤家子、秦家屯、新立、皮家、后五家户、伏龙泉、长岭、所图、腰英台、松南气田等十几个油气田和含油气构造，天然气管网外输能力 100 万方，日产原油 700 吨，日销二氧化碳 100 吨。通往长春市、四平市、吉林市、公主岭市、长岭县等市镇输气管线 1000 余公里。为吉林省数百万户城镇居民和数十家大中型企业提供天然气能源，占吉林省天然气市场绝大部分份额。

东北油气分公司将紧紧抓住整合后的发展机遇，进一步加快新老区块油气勘探步伐，力争在深部和外围区块取得新的发现和突破，为“十一五”末建成百万吨级油气田而努力奋斗。

中国石化上海石油化工股份有限公司位于上海市金山区金山卫，占地面积 9.4 平方公里，是目前国内规模一流的炼油化工一体化、高度综合的现代化石油化工企业之一，其股票在上海、中国香港、纽约三地同时上市。

公司现有年原油加工 1400 万吨，年产乙烯 95 万吨、成品油及化工品 510 万吨、合成树脂及塑料制品 95 万吨、合纤原料及合成纤维 138 万吨的生产能力；拥有独立的水、电、汽、气公用工程供应系统，独立的环保处理系统，以及海运、内河航运码头和铁路、公路运输等设施。至 2006 年底，公司总资产达到 276 亿元，在册员工总数 2.29 万人。

公司主要生产石油制品、中间化工原料、合成树脂及塑料制品、合纤原料及合成纤维等四大类 60 多种产品。产品覆盖全国，部分远销国外。"三人"牌商标为上海石化注册的主要商品专用商标，是市场上的著名商标。

茂名石化

www.mpcc.com.cn

茂名石化创建于1955年，经过50多年的艰苦创业，现已发展成为全国重要的石油化工基地。近年来，茂名石化坚持走自主创新，内涵发展的道路，实现了跨越式发展。

……将朝着2000万吨/年原油加工能力和200万吨/年乙烯生产能力的目标迈进，**努力打造优秀的石油化工基地……**

茂名石化公司经理、党委书记、茂名分公司代表李安喜（左二）、茂名分公司经理王强（左一）到CFB锅炉、裂解、新建高压装置建设工地检查指导工作

100万吨/年乙烯生产装置全景

35万吨/年高密度聚乙烯装置

100万吨/年乙烯生产装置夜景

茂名石化港口单点系泊原油接卸系统年接卸能力 1400 万吨 / 年

茂名石化

茂名石化创建于 1955 年，经过 50 多年的艰苦创业，现已发展成为全国重要的石油化工基地。近年来，茂名石化坚持走自主创新、内涵发展的道路，实现了跨越式发展。1999 年，炼油装置经过扩能改造，原油加工能力由 850 万吨 / 年扩大到 1350 万吨 / 年，率先成为我国超千万吨级的炼油基地。2006 年，茂名 30 万吨 / 年乙烯经过扩能改造，乙烯生产能力扩大到 100 万吨 / 年，工程仅用 21 个月建成并一次开车成功，创下了国内同类乙烯工程建设工期短、投资省、开车好、设备和技术国产化程度高的新纪录，率先成为我国 100 万吨 / 年乙烯生产基地。目前，茂名石化炼油加工能力占全国 1/17，乙烯生产能力占全国 1/8，每年可为市场提供 260 多万吨的乙烯化工产品和 1000 多万吨的炼油产品，年均销售收入超过 800 亿元，向国家纳税超过 100 亿元，带动数百亿元乙烯后加工石化产业群，成为地方经济的新引擎。

茂名石化拥有完善的港口码头、海上原油接卸和铁路运输系统以及原油、成品油管输系统。通过大力推进科技进步，加强企业管理，按照国际标准组织生产，300 多种石油石化产品出厂合格率保持在 100%，产品不仅畅销华南、西南等地区，而且还出口国际市场。茂名石化 10 次创造了全国企业新纪录，多次被评为“全国文明单位”和“国家环境友好企业”。茂名石化作为中国石化的南方基地，将朝着 2000 万吨 / 年原油加工能力和 200 万吨 / 年乙烯生产能力的目标迈进，努力打造世界级石油化工基地。

地址：广东省茂名市红旗北路 2 号　　邮编：525011
电话：0668-2264248　　传真：0668-2269317
网址：www.mpcc.com.cn

创造和谐

Great Harmony

中国石化销售有限公司西北分公司

西北销售分公司西安油库

西北销售分公司西安油库

销售西北公司是集团公司、股份公司为完善营销网络，对区外市场进行重组于2002年9月成立的。公司现有员工2500余人，公司本部设有办公室、人力资源处、财务资产处、经营管理处、发展规划处、零售中心、物流中心、安全数质量处、审计监察处等9个职能部门，下设新疆、陕西、甘肃、青海、宁夏、内蒙六个省分公司。经过五年的快速发展，西北公司现在营自有油库8座，在营加油站258座，经营总量近300万吨，使中国石化品牌在西北地区取得了很好的知名度和市场影响力。

西南油气分公司工程技术研究院

中国石化股份西南油气分公司工程技术研究院是从事天然气勘探开发工程设计、研究及技术服务的院所，下设 6 个专业所、1 个室和 1 个中心：即增产工艺所、采气工程所、工程地质所、钻修工艺所、动态监测所、地面工程所、实验室和信息中心，设有博士后工作分站、中国石油大学、西南石油大学研究生工作站。目前拥有职工 213 人，其中：全国“五一”劳动奖章获得者 2 人；中国石化学科带头人 2 人；四川省有突出贡献专家 1 人；教授级高工 2 人。本科及以上学历 164 人（进站博士 2 名、博士 3 人、硕士 77 人），占职工总数的 77%。专业技术人员 157 名，占员工总数的 74%，中级及以上职称人员 89 名，占技术人员的 57%，平均年龄 33 岁。

工程技术研究院拥有包括先进的储层改造、钻井、完井实验装置在内的各类资产达 1.2 亿元，以及先进的钻井完井、储层改造、气藏工程、采气工程、地面工程设计研究软件。积极实施科技兴院战略，形成了独具特色的天然气井钻井、完井、储层保护、井控、测试、储层改造、采气、集输和安全环保技术系列。特别在致密气藏储层改造技术、高压气井气体欠平衡钻井技术、丛式井高效开发技术和老井挖潜技术等方面具有领先优势，先后荣获省部级及以上成果奖励 20 余项。中石化集团公司张耀仓、王志刚、曹耀峰、曹湘洪等多位领导莅院视察，并给予了高度评价。“十一五”期间，工程技术研究院将致力于天然气工程先进技术和关键技术的引进和集成创新，培育形成天然气工程核心技术，为中石化天然气大发展提供强有力的技术支撑。

天津钢管集团股份有限公司

天津钢管集团股份有限公司（简称 TPCO）位于天津滨海新区，是目前国际较大的无缝钢管生产企业、石油套管生产基地。从德国、意大利、美国、英国、比利时等国引进了世界上较先进的直接还原铁、炼钢、轧管、管加工设备和产品检测设备，并配备了完善的自动化系统。

TPCO 建有企业技术中心和世界先进的管材研发中心，开发出多项具有自主知识产权的产品，石油套管成为“中国名牌产品”，无缝钢管成为“中国名牌出口商品”，TPCO 商标被评为“中国驰名商标”。

TPCO 始终保持技术装备上的领先优势，拥有了 MPM、PQF 和 ASSEL 三种机型、五套轧机。目前，世界上较先进的三套 PQF 轧管机组均在我公司，其中 ø168PQF 轧管机组是世界率先建立的 PQF 三辊式高精度连轧管机组，ø460PQF 轧管机组是世界先进的大口径 PQF 连轧管机组，ø258PQF 连轧管机组也将于 2008 年建成投产，代表了当今无缝钢管装备的领先水平。

TPCO 目前无缝钢管生产能力已达 300 万吨，其中油套管产能已达 110 万吨；2008 年无缝钢管生产能力将达到 350 万吨，其中油套管产能将达到 150 万吨。

TPCO 在做大做强钢管主业的同时，坚持适度多元发展，建成了冷轧不锈钢薄板、铜杆、彩涂板、气瓶、钻杆等一批高水平的项目，同时还发展了设备制造、国际贸易等新的产业，一个综合性的大型企业集团已经形成。

主要产品：

API 系列石油套管、油管：外径 ø60.3 ～ 508mm，壁厚 ø5.21 ～ 16.13mm

具有自主知识产权的 TP 系列油井管：抗挤毁套管、抗 H_2S 腐蚀油套管、抗 CO_2 腐蚀油套管、热采井套管、深井用套管、储气井用套管、割缝筛管、特殊扣油套管、射孔枪管

其中：

品种	外径（mm）	壁厚（mm）	扣型
特殊扣油套管系列	ø60.3 ～ 346	ø3.18 ～ 16.00	TP-CQ TP-FJ TP-NF TP-G2 TP-EX HUNTING SL HT HUNTING SL HC HUNTING APEX HUNTING SL BOSS

锅炉用无缝钢管、气瓶、蓄能器用无缝钢管、输送用无缝钢管、结构及其它用途无缝钢管

主要机组规格范围：

名称	加工范围（mm）	壁厚（mm）
ø250MPM 轧机	ø114 ～ 340	ø4.5 ～ 40
ø168PQF 轧机	ø32 ～ 170	ø2.5 ～ 22
ø180Assel 轧机	ø88.9 ～ 219	ø6 ～ 70
ø460PQF 轧机	ø245 ～ 457	ø5.6 ～ 58
ø258PQF 轧机	ø114 ～ 245	ø4 ～ 30
ø720 旋轧管机组	ø325 ～ 720	ø15.5 ～ 70
冷轧冷拔机组	ø25 ～ 250	ø1 ～ 28
热扩管机组	ø1200 以下	ø6 ～ 80

山东淄博万昌化工设备有限公司

董事长、总经理：张希孔

淄博万昌化工设备有限公司位于历史悠久、风景秀丽的齐文化发祥地和世界足球起源地——齐国故都临淄，紧邻胶济铁路、309国道、济青高速公路，地理位置优越，交通便利，是一家以设计、开发、制造、售后服务于一体的石油化工换热器专业生产厂家，是全国加工能力领先的化工设备制造企业之一。

公司现有职工780人，其中专业技术人员230人，占地面积100000㎡，建筑面积 35000㎡，资产总额 1.8 亿元。公司技术力量雄厚、设备先进、检测手段完备，具有完善的质量保证体系。主要从事一、二、三类压力容器的设计与制造，率先通过ISO9000/14000/18000质量、环境、职业健康安全三体系认证，是中国石油物资装备总公司一级供应网络单位和中国石化物资装备公司石化设备资源市场成员厂。

公司主要生产压力容器、塔、釜、各种材质换热器、碳钢渗铝换热器、碳钢渗铝管束、09CrCuSb(ND钢)换热器、08Cr2AlMo换热器、螺纹管换热器、波节管系列换热器、折流杆系列换热器、碳钢渗铝规整填料及散装填料、碳钢渗铝塔盘、AVD微分浮阀、塔盘、锻件、法兰、高压紧固件、石化配件等系列产品。高效节能换热器获得中国名牌，碳钢渗铝换热器并于1996年在国家相关部门举办的“星火计划”实施十周年，暨“八五”农业科技攻关成果博览会中被评为优秀产品，于1997年获得第三届中国国际新技术名优产品博览会金奖，1998年被评为国家重点新产品，2005年获得山东名牌，2006年管壳式换热器获得山东名牌，2007年万昌牌高效节能换热器被评选为中国名牌。公司先后获得中国名牌、山东省著名商标、国家重点高新技术企业、全国重合同守信用企业、质量信誉AAA级资信企业、省系统先进企业、省级星火示范单位、全国质量管理达标先进单位、山东省质量管理先进企业等荣誉称号，是山东省机械工业百强企业。

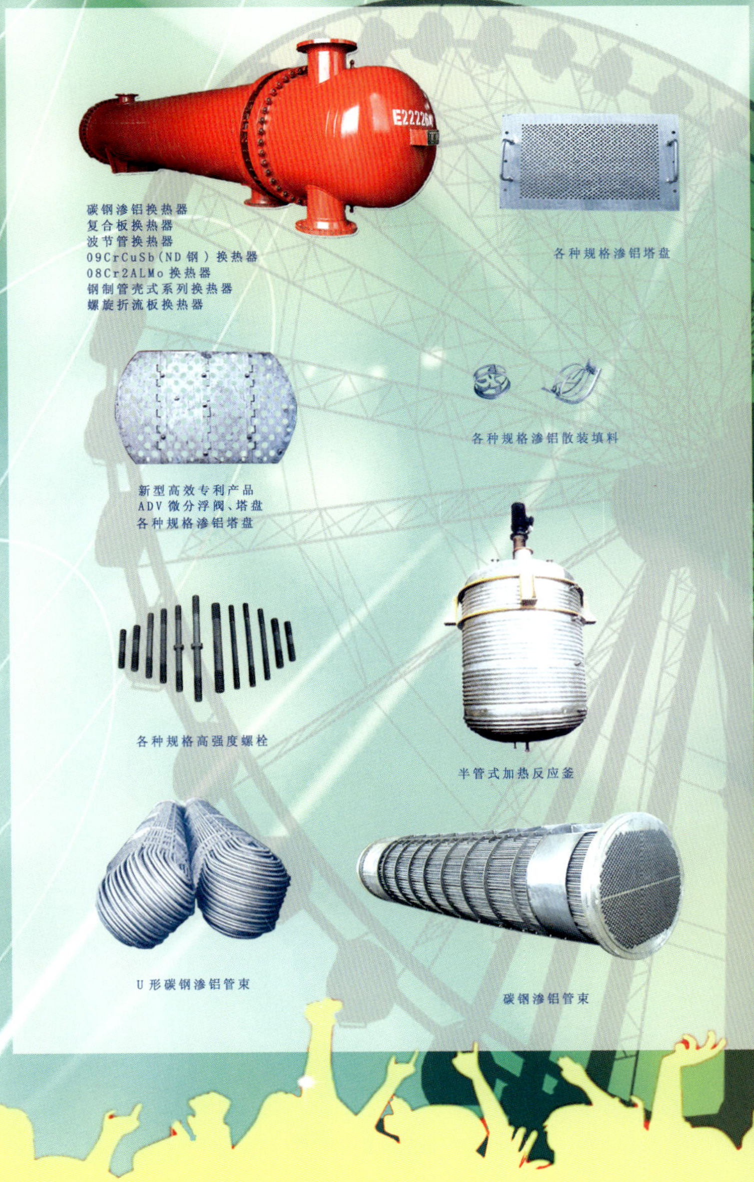

公司董事长、总经理张希孔先生热诚欢迎广大新老客户惠顾指导工作，愿同社会各界朋友真诚合作，共创辉煌！

联系人：杨连辉：13864392888　拖福亮：13706437351

地　址：淄博市临淄区皇城东路1号

电　话：0533-7883598　7885333　7888888

网　址：www.wanchangcn.com

传　真：0533-7885222　7886788

中国化工供销华北公司

NORTH CHINA CHEM

网址：www.north-chinachem.com

诚信　创新　合作　共赢

中国化工供销华北公司隶属于中国化工供销（集团）总公司，是中国海洋石油总公司旗下从事钢材经营和物流服务的专业公司。华北公司本部设在天津，曾多次被评为天津市商贸流通百强企业。华北公司主营业务包括钢材配送服务、钢材代理销售、仓储物流服务、钢材上游产品开发等。截止到2007年底，华北公司拥有总资产4.2亿元，从业人员122 人。

针对大型终端企业和大型工程项目，特别是国内三大石油公司进行的配送服务业务，是公司为适应钢材物流发展的趋势确定的重点业务；公司目前是宝钢、包钢、鞍钢、天津钢管、宝钢鲁宝钢管、莱钢烟台钢管、秦皇岛万基钢管、华菱衡阳钢管、无锡振达钢管、河北鑫源泰钢管、天津乾坤特钢、秦皇岛百工轧钢等钢厂的代理商，主要经营品种为无缝管和焊管，年销售量约20万吨；公司设在沧州的仓储物流基地，占地21.5万平方米，其中包括大型现代化混凝土露天货场10多万平方米，全封闭大型高标准库房3万平方米，两条贯通货场库房的铁路专用线2000米。公司可提供仓储以及与仓储有关的货物接运、信息咨询、质押监管、电子商务、钢材市场商务中心、物业服务等服务内容。

华北公司多年来坚持开拓创新的竞争意识、严谨务实的科学态度、协作高效的团队精神，始终秉承“诚信、创新、合作、共赢”的经营理念，在应对变化、整合资源、增值服务等方面不断探索，致力于成为一个集钢材仓储、代理、分销、配送、外贸等功能为一体，主业突出、辐射力强，具有核心竞争力和知名服务品牌的钢材物流企业，成为广大客户可以信赖的朋友。

华北公司愿与各界朋友携手合作，共创未来！

地址：天津市河西区西园道12号
邮编：300061
传真：022-60310185
联系方式：
经营管理部：022-60310188
重点工程部：022-60310182
沧州销售部：0317-3061348
0317-3066540
天津销售部：022-26615038
022-60310333
大项目部：022-60310011
进出口部：022-60310385
网址：www.north-chinachem.com

WWW. SANWEIFLANGES.CN

山西管家营法兰锻造有限公司

山西管家营法兰锻造有限公司是一个专业生产锻钢法兰和锻制管件的股份制企业。经过多年的技术进步和技术改造，年生产能力达到15000吨，已具备生产十几个国家标准的各种类型、各种规格（DN15—DN2400）、各种材质的锻钢法兰及重量小于12吨的各种锻件的能力，产品质量优良，主要销往德国、法国、英国、荷兰、比利时、丹麦、加拿大、日本、韩国、新加坡、澳大利亚、中国台湾地区、中国国内等二十多个国家和地区。

国内我们提供的各种标准、各种规格的锻钢法兰和锻制管件，尺寸从DN15到DN2400，广泛应用于石油化工、造船、电厂、输油管道、水利等的联接。法兰产品涉及的材质包括：不锈钢主要有304/304L、316/316L、321、316Ti、F347、1.4401、1.4541、1.4301、1.4571、JB0Cr17Ni14Mo2、0Cr18Ni12Mo2Ti、0Cr18Ni9、1Cr18Ni9Ti等；碳钢主要有A105、A516-60/70、A694 F52/F60/F65、C22.8、SS400、P280GH、P265GH、P265GH、RST37-2、JB20#、GBQ235等；合金钢主要有：A182 F5/F11/F22/F9/F12、JB1Cr5Mo、15CrMo、12CrMoV等；低温钢主要有A350 LF2、JB16MnD等；双相不锈钢主要有ASTM A182 F51等。

公司座落于距太原市北百余公里的定襄县管家营工业园区，铁路、公路交通便利。公司占地273000平方米，固定资产5621万元，现有职工526人，其中高级工程师、工程师、经济师、会计师共54人，拥有下料、大型锻造、精密锻造、热处理、机加工、涂漆包装等生产车间。公司的理化试验中心拥有先进水平的MA-3460光谱分析仪、CTS-23超声波探伤仪、WE-600B万能试验机、JBD-30D冲击试验机，具备对原材料和产品进行化学成分和力学性能的检测能力。试验中心还取得了CNAS认可证书，面向社会提供优质服务。

公司在1997年就取得了质量体系ISO9001证书，在生产和环保等方面取得的资质证书如下：ISO9001质量管理体系证书、欧盟压力容器指令证认可证书、德国TUV协会锅炉压力容器AD-WO、TRD100规范认可证书、英国劳氏船级社认可证书、中国特种设备许可证、山西省质量信誉等级证书、产品采用国际标准认可证书、山西名牌产品证书、中国石油销售总公司会员证书、中国石油天然气集团公司一级供应网络成员证书、中国石化集团物资资源市场成员证书、山西省出入境检验检疫社会实验室认可证书等。并多次被山西省政府授予“出口创汇先进企业”、“纳税大户”、“明星企业”、“科技型企业”等荣誉称号，2002～2007年度获省工会劳动竞赛委员会授予的“五一劳动奖章”。

公司致力于创名牌产品、争行业领先，保证为用户提供高品质的产品和满意的服务。

螺纹法兰

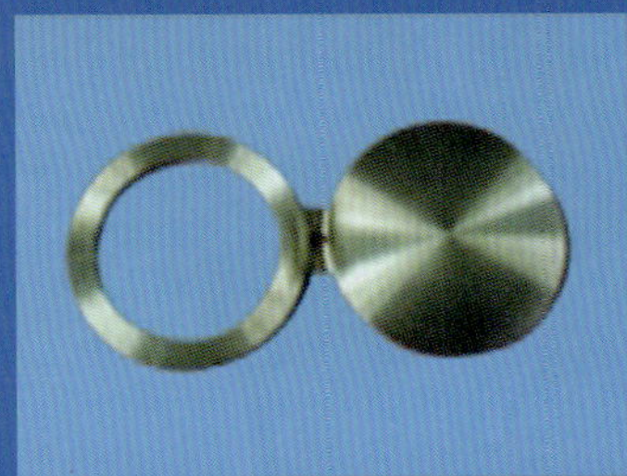

8字盲板法兰

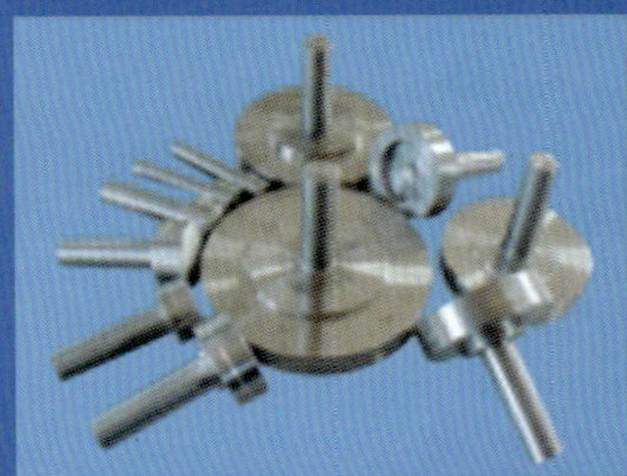

验规

管板

高颈环槽法兰

异形法兰

管件

平板法兰

ORIFICE

长高颈法兰

盲板法兰

地址：山西省忻州市定襄县管家营工业园区　　邮编：035404　　电话：0350-6086434/262/464　　传真：0350-6086462

电子邮件：t1970hw@yahoo.com.cn

南光石油化工有限公司是南光（集团）有限公司全资的二级公司，在中国澳门已有逾三十年的发展历史。公司主要经营石油化工产品的贸易、储运、批发和零售，以及燃气和燃料供应系统的安装维修等业务。

公司成立以来，一直致力于为中国澳门社会服务，以优良的服务、优质的产品，在中国澳门市场上建立了良好的形象，目前已成为中国澳门主要的石油产品供货商之一。

公司投资设立的澳门油库管理有限公司，拥有全澳设施完善、功能齐全的九澳油库，是全澳油品及石油气的储存、中转基地。

公司投资经营的澳门机场油库是常年专为澳门国际机场配套建设的航机加油专用油库，为澳门国际机场提供航煤储存和航机专业化加油服务。

公司投资建设的加油站、石油气中央供气系统分布于中国澳门本岛和离岛，并拥有配备齐全的油品及石油气运输车队，为用户提供便捷、优质的服务。

公司在中国澳门已建立了包括石油产品经销商、分销商和直接客户在内的完整销售系统和网络，用户遍及各行各业。2002年，公司及下属机构通过了 ISO9001:2000 质量管理体系认证。NKOIL南光石油已经成为中国澳门石油行业的知名品牌。

南光石油愿意成为您的忠实伙伴，为您的事业加油，为您的生活喝彩。

Nam Kwong Petroleum & Chemicals Co., a secondary entity wholly owned by Nam Kwong (Group) Company Limited, has developed for over 30 years in Macao, mainly engaged in trading, storage, wholesale and retail of petrochemical products, along with installation and maintenance of gas and fuel supply systems.

Since establishment, the Company has been devoting to social services in Macao and has built a good image in Macao market with its excellent services and quality products. Now, it has been listed as one of the largest oil product suppliers in Macao.

Macao Oil Terminal Management Co., Ltd, sponsored by the Company, owns KA Ho Oil Terminal, the most perfect and functionally completed one in Macao and also the storage and transit base for oil products and petroleum gas.

Macao Airport Oil Terminal, sponsored and operated by the Company, is designed and constructed specifically for flights in Macau International Airport. It serves the Airport with jet fuel storage and fueling services.

Service stations and central petroleum gas supply system invested by the Company are distributed in island and offshore islands of Macao, supported by an oil products and petroleum gas transportation fleet with complete configuration, bringing convenient and excellent services to users.

The company has set up an integrated sales system and network involving oil product dealers, distributors and direct customers, with users extending in numerous sectors and specialties. In 2002, the Company and its subsidiaries acquired ISO9001:2000 certificates. NKOIL南光石油 has become a well known trademark in Macao oil industry.

NKOIL ,the supporter of your career, cheers for your wonderful life!

公司地址：澳门罗理基博士大马路 223-225 号南光大厦 17 楼
电　话：00853-83911700　　传真：00853-28330856
电子邮箱：nkoil@macau.ctm.net

NKOIL 南光石油化工有限公司
NAM KWONG PETROLEUM & CHEMICALS CO., LTD.

上海浦东实华经济发展有限公司

地址：上海市浦东大道 1525 号中国石化大厦西九楼
电话：（021）58516091
传真：（021）58212388
邮编：200135

上海浦东实华经济发展有限公司成立于 1992 年，原隶属于中国石油化工集团公司，2007 年 5 月，经国家相关部门批准，公司全部国有产权划转到南光（集团）有限公司，目前主要业务为贸易、物业租赁和投资项目管理，并承担集团驻上海代表处职能。

公司贸易业务主要以石化产品贸易为主，多年来恪守真诚守信的服务理念，并充分发挥在人才、技术、市场、信息等方面的综合优势，已形成较为稳定的资源渠道和市场渠道，营销网络广泛分布于长三角地区，为客户提供优质产品与服务。

公司物业租赁业务主要经营商务写字楼租赁和宾馆、物业管理等业务，目前拥有位于上海浦东新区中国石化大厦约 1.4 万平方米商务写字楼，现已有银行、石化物资交易中心、人才市场、旅行社等企业客户长期租用。

Herbert Smith
史密夫律师事务所

Herbert Smith in association with Gleiss Lutz and Stibbe

史密夫律师事务所是一家总部位于英国的国际性律师事务所。在全球12个国家/地区设有办事处，拥有超过1200名律师（包括约250名合伙人）。本所与领先的德国律师事务所 Gleiss Lutz 以及荷兰和比利时律师事务所 Stibbe 有着正式的联盟，并与世界其它国家/地区的律师事务所有着稳定的合作关系，从而能够为我们的客户提供全面和优质的法律服务。

史密夫律师事务所在国内及国际法律服务行业中占有重要位置，并在公司及企业融资、兼并和收购、国际诉讼及仲裁、纠纷解决、金融、投资基金、能源、项目、基建、税收等领域中居于领先地位。能源领域更是本所专长，如《法律500强》所述："史密夫在石油和天然气领域之经验的深度和广度令他人难以追赶，上游与下游产业对此均有目业睹"。

本所的亚洲业务

自本所于1982年在香港开设亚洲区首间办事处以来，我们已先后在新加坡、曼谷、北京和东京设立办事处，在雅加达亦设有联营办事处。现时本所在亚洲共有300多名员工，其中包括180多名律师。

本所的北京办事处于1999年即已成立，多年来与中国有关部门和各大国有企业建立了稳固的关系，见证了中国优秀企业的成长及与国际资本市场的接轨。北京代表处曾参与包括中国工商银行、中国建设银行、华能国际电力、神华股份等几十家国内大型企业的海外上市项目。作为为数不多的几家较早获批准在中国开设第二个办事处的国际律师事务所之一，我们于2003年4月正式成立上海办事处。这是我们在亚洲设立的第七家办事机构，也反映了我们对于亚太地区的长期、坚定的承诺。

与中国石化的合作

中国石化是中国优秀国有企业的一员。多年以来，我们与中国石化紧密协作，建立和延续了牢固的合作关系，并作为法律顾问协助中国石化成功地完成了一系列具有里程碑意义的项目。这其中包括中国石化金额为34亿美元的首次全球公开发售，这是首次有中国公司在香港、纽约和伦敦三地同时上市；中国石化出资38.46亿港币吸收合并在香港和纽约上市的中石化北京燕化和镇海炼化项目，创下了H股公司转为非上市公司的先例。

今年，我们与中国石化合作的两个项目更获《亚洲法律杂志》颁发「年度大奖」，包括：就中国石化发行15亿美元零息票可转换债券（这是迄今为止亚洲区（不包括日本）规模最大、也是由中国发行人发售规模最大的可转换债券项目）；为中国石化及其全资子公司扬子石化以5.04亿美元收购中国石化持有的石油精炼资产提供法律服务。此外，在中国石化及其子公司成功进行的多宗关联/跨国资产收购当中，我们亦担任中国石化的境外法律顾问。继往开来，我们将一如既往地尽我们的努力为中国石化提供优质的法律服务，并期待我们的合作关系迈上新的台阶。

THE LINDE GROUP
Linde
在林德集团，
我们以人为本，注重环保。
100%
SHEQ
SHEQ (Safety Health Environment & Quality) is 100% of our behavior, 100% of the time
安全、 健康、 环保与品质是建基于我们百分之百的行为意识及百分之百的时间。
作为全球和中国气体行业新的领头羊， 多年来， 林德集团与中国本地化工、 钢铁、 石化等领域的赢家携手合作， 为大型管道供气、 工程建设、 合资合作等各种解决方案提供安全可靠、 健康环保的技术支持。
把气体供应交给林德， 您的核心业务发展得更好...
了解更多关于林德集团信息， 请登陆 www.linde.com。 如果您有具体要求， 请联系邱敏 0086 021 5030 1745 或 response@cn.linde-gas.com

长城润滑油
航天级润滑保护
航天品质，呵护每一步！
四十年来，我们的润滑科技，一次次飞跃太空，挑战极限；
四十年来，我们的卓越品质，一步步融入生活，与您相伴；
长城润滑油，将航天与生活完美结合，全力呵护每一步！
航天级的润滑保护，长城润滑油！
SL 5W/40
JUSTAR
金吉星
SINOPEC
中国石化润滑油公司
地址：北京市海淀区安宁庄西路6号 邮编：100085 服务热线：400-810-9886 800-810-9886 网址：www.sinolube.com

中国石化电话号码簿

（2008 版）

中国石化出版社

图书在版编目（CIP）数据

中国石化电话号码簿：2008版/《中国石化电话号码簿》编委会编.—北京：中国石化出版社，2009
ISBN 978-7-80229-904-7

Ⅰ.中…　Ⅱ.中…　Ⅲ.石油化学工业－组织机构－电话编号－中国Ⅳ.F626.12

中国版本图书馆CIP数据核字（2009）第047146号

中国石化出版社出版发行

地址：北京市东城区安定门外大街58号
邮编：100011　电话：(010)84289974
读者服务部电话：(010)84271850
http://www.sinopec-press.com
E-mail:press@sinopec.com.cn
北京国油化联科技发展中心排版
北京恒天世纪彩印有限公司印刷
全国各地新华书店经销

*

889×1194毫米 16开本 53.5印张 118彩页 1496千字
2009年4月第1版　2009年4月第1次印刷
定价：260.00元

编印说明

一、本电话号码簿所刊内容，以各单位提供的原始资料为依据进行选编，编排截稿日期为 2009 年 3 月。

二、本电话号码簿参考中国石油化工集团公司常用分类方法进行分类，排名不分先后，仅供查号使用，不作其他依据。

三、由于各单位名称、机构、人员变动以及电话号码升位、换号等原因，难免有不准确之处，仅供参考。

四、本电话号码簿每两年修订一次，各企事业单位电话号码如有变动，请及时联系《中国石化电话号码簿》编委会，以便下次修订时增补。联系电话:（010）58608370/84289937; 传真:（010）58608370/84289978; E-mail: sinopec_hb@163.com 或 gongzm@sinopec.com.cn。

五、本电话号码簿在编印过程中，得到了各级领导和各单位的大力支持，在此一并表示谢意！

《中国石化电话号码簿》
（2008 版）
编辑委员会

主　编：王子康　中国石化出版社 社长

编　委：（以姓氏笔画为序）

弓大鹏　中国石化石家庄炼油化工股份有限公司 办公室主任
蔡　圆　中国石化上海石油化工股份有限公司 办公室副主任
曹　阳　石化盈科信息技术有限责任公司 办公室主任
曹志宏　中国石化江西销售分公司 办公室主任
陈海林　扬子石化－巴斯夫有限责任公司 行政总监
陈会利　北京东方新星石化工程股份有限公司 董事长、总经理
董海波　中国石化东北油气分公司 办公室副主任
董张裕　中国石化茂名石化分公司 办公室副主任
付德明　中国石化集团西北石油局 办公室主任
何　刚　中国石化西南油气分公司 办公室主任
贾文昌　中国石化股份有限公司胜利油田分公司 办公室主任
刘明好　中国石化销售有限公司西北分公司 办公室主任
刘树臣　中国石化抚顺石油化工研究院 办公室主任
刘　铁　中国石化上海沥青销售分公司 办公室主任
刘学勤　中国石化润滑油分公司 办公室主任
楼少迪　上海石油化工研究院 办公室主任
吕庆禄　中国石化济南分公司 办公室主任
罗全烺　中国石化湖北化肥分公司 办公室主任
牟海勇　中国石化天然气分公司 党委办公室主任
彭启明　湖北新维机电工程公司 办公室主任
宋书峰　中国石化青岛安全工程研究院 办公室主任

合作单位：北京国油化联科技发展中心

责任编辑：龚志民

设计排版：曲夏峰　严　肃　文　兵

工作人员：王茂东　赵金辉　马迎东　邓　敏　史　涛　李　妍　戴　娜
肖　晗　许　阳　辛　宇　秦　坤　马志强　潘　新　朱　正

目录

一、中国石油化工集团公司……（1）
二、中国石油化工集团公司企事业单位……（7）
1. 中国石化集团胜利石油管理局……（9）
2. 中国石化集团中原石油勘探局……（50）
3. 中国石化集团河南石油勘探局……(112)
4. 中国石化集团江汉石油管理局……(117)
5. 中国石化集团江苏石油勘探局……(122)
6. 中国石化集团滇黔桂石油勘探局……(129)
7. 中国石化集团新星石油有限责任公司……(135)
8. 中国石化集团上海海洋石油局……(136)
9. 中国石化集团西南石油局……(138)
10. 中国石化集团石油工程西南有限公司……(140)
11. 中国石化集团西北石油局……(142)
12. 中国石化集团华东石油局……(143)
13. 中国石化集团华北石油局……(147)
14. 中国石化集团东北石油局……(150)
15. 中国石化集团中南石油局……(153)
16. 中国石化集团管道储运公司……(155)
17. 中国石化集团北京燕山石油化工有限公司……(160)
18. 中国石化集团齐鲁石油化工公司……(163)
19. 中国石化集团上海高桥石油化工公司……(217)
20. 中国石化集团金陵石油化工有限责任公司……(221)
21. 中国石化集团茂名石油化工公司……(224)
22. 中国石化集团天津石油化工公司……(226)
23. 中国石化集团扬子石油化工有限责任公司……(230)
24. 中国石化集团巴陵石油化工有限责任公司……(235)
25. 中国石化集团长岭炼油化工有限责任公司……(238)
26. 仪化集团公司……(240)
27. 中国石化集团南京化学工业有限公司……(241)
28. 中国石化集团广州石油化工总厂……(248)
29. 中国石化集团安庆石油化工总厂……(250)
30. 中国石化集团洛阳石油化工总厂……(253)
31. 中国石化集团荆门石油化工总厂……(254)
32. 中国石化集团四川维尼纶厂……(256)
33. 中国石化集团九江石油化工总厂……(258)
34. 中国石化集团湖北化肥厂……(262)
35. 中国石化集团石家庄炼油厂……(265)
36. 中国石化集团济南炼油厂……(267)

37. 中国石化集团武汉石油化工厂 ……(268)
38. 中国石化集团沧州炼油厂 ……(270)
39. 中国石化长城润滑油集团有限公司 ……(272)
40. 中国石化集团保定石油化工厂 ……(273)
41. 中国石化工程建设公司 ……(276)
42. 中国石化集团上海工程有限公司 ……(278)
43. 中国石化集团洛阳石油化工工程公司 ……(279)
44. 中国石化集团宁波工程有限公司 ……(281)
45. 中国石化集团第二建设公司 ……(285)
46. 中国石化集团第四建设公司 ……(289)
47. 中国石化集团第五建设公司 ……(291)
48. 中国石化集团第十建设公司 ……(293)
49. 中国石油化工集团公司经济技术研究院 ……(296)
50. 中国石化集团国际石油勘探开发有限公司 ……(297)
51. 中国石化集团国际石油工程有限公司 ……(298)
52. 中国石化财务有限责任公司 ……(300)
53. 中国石化集团销售实业有限公司 ……(302)
54. 中国石化集团物资装备公司 ……(305)
55. 中国石化集团炼化工程公司 ……(306)
56. 中石化百川经济贸易公司 ……(307)
57. 中国石化报社 ……(309)
58. 中国石化出版社 ……(311)
59. 石油化工管理干部学院 ……(313)
60. 中国石化集团石油化工科学研究院 ……(315)
61. 中国石化集团北京化工研究院 ……(316)
62. 中国石化集团抚顺石油化工研究院 ……(317)
63. 中国石化集团上海石油化工研究院 ……(318)
64. 中国石化集团安全工程研究院 ……(320)
65. 中国石化集团北京石油有限责任公司 ……(321)
66. 中国石化集团天津石油有限责任公司 ……(323)
67. 中国石化集团河北石油有限责任公司 ……(324)
68. 中国石化集团山西石油总公司 ……(327)
69. 中国石化集团上海石油集团有限责任公司 ……(328)
70. 中国石化集团江苏石油有限责任公司 ……(329)
71. 中国石化集团浙江石油总公司 ……(330)
72. 中国石化集团安徽石油总公司 ……(331)
73. 中国石化集团福建石油总公司 ……(332)
74. 中国石化集团江西石油总公司 ……(333)
75. 中国石化集团山东石油总公司 ……(334)
76. 中国石化集团河南石油总公司 ……(335)
77. 中国石化集团湖北石油总公司 ……(336)
78. 中国石化集团湖南石油总公司 ……(337)
79. 中国石化集团广东省石油企业集团公司 ……(338)
80. 中国石化集团广西石油总公司 ……(340)
81. 中国石化集团海南石油总公司 ……(342)
82. 中国石化集团贵州石油总公司 ……(343)

83. 中国石化集团云南石油总公司 ……………………………………………………(344)

三、中国石油化工股份有限公司……………………………………………………(345)

四、中国石油化工股份有限公司企事业单位……………………………………………(353)

1. 中国石油化工股份有限公司胜利油田分公司……………………………………(355)
2. 中国石油化工股份有限公司中原油田分公司……………………………………(389)
3. 中国石油化工股份有限公司河南油田分公司……………………………………(460)
4. 中国石油化工股份有限公司江汉油田分公司……………………………………(466)
5. 中国石油化工股份有限公司江苏油田分公司……………………………………(472)
6. 中国石油化工股份有限公司勘探南方分公司……………………………………(476)
7. 中国石油化工股份有限公司上海海洋油气分公司…………………………………(478)
8. 中国石油化工股份有限公司西南分公司…………………………………………(480)
9. 中国石油化工股份有限公司西北分公司…………………………………………(482)
10. 中国石油化工股份有限公司华东分公司 ………………………………………(485)
11. 中国石油化工股份有限公司华北分公司 ………………………………………(487)
12. 中国石油化工股份有限公司东北分公司 ………………………………………(491)
13. 中国石油化工股份有限公司管道储运分公司 …………………………………(494)
14. 中国石油化工股份有限公司天然气分公司 ……………………………………(499)
15. 中国石油化工股份有限公司北京燕山分公司 …………………………………(500)
16. 中国石油化工股份有限公司齐鲁分公司 ………………………………………(503)
17. 中国石油化工股份有限公司上海高桥分公司 …………………………………(554)
18. 中国石油化工股份有限公司金陵分公司 ………………………………………(558)
19. 中国石油化工股份有限公司茂名分公司 ………………………………………(560)
20. 中国石油化工股份有限公司天津分公司 ………………………………………(562)
21. 中国石油化工股份有限公司巴陵分公司 ………………………………………(566)
22. 中国石油化工股份有限公司长岭分公司 ………………………………………(569)
23. 中国石油化工股份有限公司镇海炼化分公司 …………………………………(571)
24. 中国石油化工股份有限公司广州分公司 ………………………………………(574)
25. 中国石油化工股份有限公司安庆分公司 ………………………………………(576)
26. 中国石油化工股份有限公司洛阳分公司 ………………………………………(579)
27. 中国石油化工股份有限公司荆门分公司 ………………………………………(582)
28. 中国石油化工股份有限公司九江分公司 ………………………………………(584)
29. 中国石油化工股份有限公司湖北化肥分公司 …………………………………(589)
30. 中国石油化工股份有限公司济南分公司 ………………………………………(593)
31. 中国石油化工股份有限公司武汉分公司 ………………………………………(594)
32. 中国石化中原石油化工有限责任公司 …………………………………………(596)
33. 中国石化青岛炼油化工有限责任公司 …………………………………………(598)
34. 中国石油化工股份有限公司沧州分公司 ………………………………………(599)
35. 中国石油化工股份有限公司润滑油分公司 ……………………………………(602)
36. 中国石油化工股份有限公司北海分公司 ………………………………………(605)
37. 中国石油化工股份有限公司西安石化分公司 …………………………………(606)
38. 中国石油化工股份有限公司塔河分公司 ………………………………………(607)
39. 中国石化上海沥青销售分公司 …………………………………………………(609)
40. 中国石油化工股份有限公司催化剂分公司 ……………………………………(611)
41. 中国石油化工股份有限公司化工销售分公司 …………………………………(613)
42. 中国石油化工股份有限公司北京石油分公司 …………………………………(617)

43. 中国石油化工股份有限公司天津石油分公司 ……………………………………………………………(621)
44. 中国石油化工股份有限公司河北石油分公司 ……………………………………………………………(624)
45. 中国石油化工股份有限公司山西石油分公司 ……………………………………………………………(627)
46. 中国石油化工股份有限公司上海石油分公司 ……………………………………………………………(629)
47. 中国石油化工股份有限公司江苏石油分公司 ……………………………………………………………(630)
48. 中国石油化工股份有限公司浙江石油分公司 ……………………………………………………………(632)
49. 中国石油化工股份有限公司安徽石油分公司 ……………………………………………………………(634)
50. 中国石油化工股份有限公司福建石油分公司 ……………………………………………………………(644)
51. 中国石油化工股份有限公司江西石油分公司 ……………………………………………………………(646)
52. 中国石油化工股份有限公司山东石油分公司 ……………………………………………………………(651)
53. 中国石油化工股份有限公司河南石油分公司 ……………………………………………………………(654)
54. 中国石油化工股份有限公司湖北石油分公司 ……………………………………………………………(657)
55. 中国石油化工股份有限公司湖南石油分公司 ……………………………………………………………(661)
56. 中国石油化工股份有限公司广东石油分公司 ……………………………………………………………(663)
57. 中国石油化工股份有限公司广西石油分公司 ……………………………………………………………(665)
58. 中国石油化工股份有限公司海南石油分公司 ……………………………………………………………(670)
59. 中国石油化工股份有限公司贵州石油分公司 ……………………………………………………………(671)
60. 中国石油化工股份有限公司云南石油分公司 ……………………………………………………………(678)
61. 中国石油化工股份有限公司石油勘探开发研究院 ………………………………………………………(680)
62. 中国石油化工股份有限公司石油化工科学研究院 ………………………………………………………(682)
63. 中国石油化工股份有限公司北京化工研究院 ……………………………………………………………(683)
64. 中国石油化工股份有限公司抚顺石油化工研究院 ………………………………………………………(684)
65. 中国石油化工股份有限公司上海石油化工研究院 ………………………………………………………(686)
66. 中国石油化工股份有限公司青岛安全工程研究院 ………………………………………………………(688)
67. 中国石化上海石油化工股份有限公司 ……………………………………………………………………(689)
68. 中国石化扬子石油化工股份有限公司 ……………………………………………………………………(696)
69. 中国石化仪征化纤股份有限公司 …………………………………………………………………………(701)
70. 中国国际石油化工联合有限责任公司 ……………………………………………………………………(703)
71. 中国石化石家庄炼油化工股份有限公司 …………………………………………………………………(704)
72. 中国石化销售有限公司 ……………………………………………………………………………………(708)
73. 中国石化国际事业有限公司 ………………………………………………………………………………(712)
74. 福建炼油化工有限公司 ……………………………………………………………………………………(714)
75. 扬子石化－巴斯夫有限责任公司 …………………………………………………………………………(716)
76. 上海赛科石油化工有限责任公司 …………………………………………………………………………(717)
77. 石化盈科信息技术有限责任公司 …………………………………………………………………………(718)

五、中国石化集团资产经营管理有限公司……………………………………………………………(721)

六、相关石油石化企业…………………………………………………………………………………(725)

（一）中国石油天然气集团公司 ……………………………………………………………………………(727)
（二）中国石油天然气股份有限公司 ………………………………………………………………………(731)
（三）中国石油天然气集团公司、股份有限公司直属单位及有关单位 …………………………………(737)
（四）中国石油天然气集团公司、股份有限公司所属企业 ………………………………………………(745)
（五）中国海洋石油总公司 …………………………………………………………………………………(802)
（六）中海石油（中国）有限公司 …………………………………………………………………………(809)

七、部分石油石化厂商名录 ……………………………………………………………………………(811)

一、中国石油化工集团公司

中国石油化工集团公司

地址：北京市朝阳区朝阳门北大街22号
邮编：100728
区号：010
网址：www.sinopecgroup.com

部门	公网电话
办公厅	
办公室	59969710
	59969711
	59969712
总值班室	59962521
	59969999
	59962520
传真	59760111
	59760222
调研室	59969713
	59969715
	59969717
信息处	59969719
	59969721
	59969722
文件档案处	59969723
	59969725
	59969726
	59969737
文印	59969728
	59969729
收发	59968999
信访保卫处	59969744
	59969746
信访接待	59969750
总师办	59969748
发展计划部	
办公室	59968847
油气规划处	59968852
炼油运销规划处	59968862
化工规划处	59968872
境内项目合作处	59968885
境外油气项目合作处	59968879
境外炼化项目合作处	59968933
项目审查处	59968895
投资计划处	59968905
综合统计处	59968916
新能源办公室	59968925
财务部	
综合管理处	59969276
财务管理处	59969281

资金管理处
……59969290
会计管理处
……59969307
内控管理处
……59969308
资产管理处
……59969313
土地管理处
……59969318
机关财务处
……59969323
石油储备处
……59969332

企业改革管理部

综合处
……59969586
调研处
……59969591
改革处
……59969596
企业管理处
……59969616
业绩考核管理处
……59969622
制度管理处
……59969611
资本运作处
……59969603

科技开发部

办公室
……59968777
综合计划处
……59968779
油田处
……59968785
炼油处
……59968792
化工处
……59968798
化纤处
……59968805
装备与储运处
……59968809
国际合作处
……59968816
知识产权处
……59968820
技术监督处
……59968829
三剂处
……59968837

人事部

办公室
……59968710
领导人员管理处
……59968709
专业技术人员处
……59968666
技能操作人员处
……59968672
组织监督处
……59968677
劳动工资处
……59968683
培训开发处
……59968698
机关人事处
……59968703

法律事务部

办公室
……59968088
合同项目管理处
……59968075
纠纷诉讼管理处
……59968077
公司事务管理处
……59968082
普法培训处
……59968086

安全环保局

综合处
……59969777
安全监督处
……59969770
安全技术处
……59969775
环境保护处
……59969781
油田安全处
……59969787

安保基金处
……………………………………59969793

油田企业经营管理部

综合管理处
……………………………………59968606
计划财务处
……………………………………59968631
生产安全处
……………………………………59968637
工程技术处
……………………………………59968617
市场管理处
……………………………………59968611
企业改革处
……………………………………59968628
社会服务协调处
……………………………………59968610

炼化工程公司
（工程企业管理部）

办公室（党工办）
……………………………………64823186
……………………………………64823128
……………………………………64823056
传真……………………………64823772
人事处
……………………………………64823136
……………………………………64823093
计划财务处
……………………………………64823298
……………………………………64823308
法律事务处
……………………………………64823586
企业管理处
……………………………………64823271
……………………………………64823257
市场开发中心
……………………………………64823815
国际项目管理中心
……………………………………64823557
……………………………………64823515
招标公司
……………………………………64823452
……………………………………64823439

外事局

办公室
……………………………………59968715
财务处
……………………………………59968725
对外联络处
……………………………………59968732
出国管理处
……………………………………59968748
国际合作处
……………………………………59968760
境外机构管理处
……………………………………59968768

审计局

综合处
……………………………………59968291
计划处
……………………………………59968297
审理处
……………………………………59968303
制度处
……………………………………59968315
投资处
……………………………………59968320
北京分局
……………………………………84628125

监察局
（党委纪检组）

纪检监察一处
……………………………………59968256
纪检监察二处
……………………………………59968266
……………………………………59968265
纪检监察三处
……………………………………59968272
纪检监察四处
……………………………………59968278

思想政治工作部
（直属党委）

综合处
……………………………………59968226
党建工作处
……………………………………59968229
宣传处
……………………………………59968234
直属纪委办公室
……………………………………59968239
群众工作处
……………………………………59968241

青年工作处
……59968247
油区综合协调处
……59968249

离退休工作部

综合处
……84211030
传真……84211031
指导处
……84210715
机关处
……84210725
活动中心
……84211051

机关服务中心

党委办公室
……59960501
办公室
……59960505
传真……59960901
人力资源处
……59960556
财务处
……59960285
企业管理处
……59960918
房产管理处
……59969909
基建工程处
……59960166
安全保卫处
……59960210
设备工程处
……59960366
服务处
……59960099
餐饮处
……59960125
交通处
……59960162
医务处
……59960120
经营处
……59960858
国际旅行社
……59960265
调研室
……59960278
实华饭店
……64674113
总机……64665522

二、中国石油化工集团公司企事业单位

1. 中国石化集团胜利石油管理局

地址：山东省东营市东营区济南路258号
邮编：257001
区号：0546
传真：8221719
网址：www.slof.com
E-mail：webmaster@slof.com.cn

胜利油田主要工作范围地跨山东省的东营、滨州、德州、济南、潍坊、淄博、聊城、烟台等8个市、地的28个县（区），主体部位在山东省东营市境内的黄河入海口两侧。胜利探区包括山东的济阳坳陷及滩海地区、临清坳陷东部、昌潍坳陷、胶莱坳陷、安徽的合肥盆地、新疆准噶尔盆地及塔里木盆地的部分区块、渤海湾盆地的辽东等区块。近几年在国外实施风险勘探，先后在伊朗、哈萨克斯坦、吉尔吉斯斯坦等国家获得部分区块的合作。

胜利油田是中国陆上第二大石油生产基地，自1961年发现、1964年正式投入开发建设以来，到2007年底，先后找到75个不同类型的油气田，累计生产原油9.08亿t，生产天然气391.64亿m^3。胜利油田分公司现有油井22891口，开井17817口，原油年生产能力2700万t。全油田平均综合含水率为90.34%，自然递减率14.7%，综合递减率5.83%。有气井371口，开井94口，年工业产气量7.84亿m^3；有注水井7455口，日注能力61.73万m^3，累计注采比0.79。拥有计量站2103座，注水站261座，联合站50座，年处理液能力3.25亿t；接转站60座，年处理液能力7733万t；污水站55座，年污水处理能力3.4亿m^3；原油集输管线2.09万条/1.28万km；有93座海上采油平台，海底输油管线76条/144.4km；形成了具有胜利特色的原油集输、脱水、污水处理配套技术。

自1978年以来，胜利油田共取得各类科研成果6129项，其中获国家级奖励102项，获省部级奖励596项，取得专利1333件，累计实施专利技术972项。

“十一五”期间，胜利油田以“共创百年胜利，共建和谐油田，共享美好生活”为目标，按照“三稳一保”的工作要求和集团公司整体部署，大力实施资源、市场和可持续“三大战略”，持续推进改革、管理、科技“三大创新”，全面推进党的建设、队伍建设、文化建设、民生建设、和谐环境建设等“五大和谐工程”，凝心聚力，向着科学发展、创新发展、和谐发展的目标奋勇前进。

中国石化集团胜利石油管理局

部门 公网电话

局机关

局党委办公室

主任……8717788
副主任……8558796
值班室……8552820
接待科……8554458
秘书科……8710372
文书科……8710371
综合科……8559422
收发室……8559286
打字室……8775474
保密科……8552618
机要科……8553311
信访办……8775614
接访科……8553591
调查处理科……8714050

局党委组织部

副部长……8710586
副部长……8553387
副部长……8777082
办公室……8559297
传真……8712266
办公室主任……8553248
办公室副主任……8714923
干部管理一科……8713247
干部管理二科……8792709
组织科……8711064
干部调配科……8553518
技术干部管理科……8551191

党委宣传部（企业文化处）

部长……8553782
副部长……8713808
局新闻出版办……8787557
文明办……8552716
理论教育科……8776778
新闻科……8553460
企业文化科……8553282
基层工作科……8557775
网络宣传管理科……8710375

工会委员会

副主席……8553710
副主席……8554305
办公室……8553440
办公室……8552885
财务部……8776311
政策研究室……8554127
生产劳保部……8556630
帮扶中心……8703100
文体部……8558916
组织民管部……8558121
法律工作部……8554125
女工部……8791885
残联办公室……8553529
经济事业保险部……8714271

团委

书记……8714616
副书记……8714618
办公室……8712100
组织统战部……8712301
文化宣传部……8776155
青工事务部……8775324
社会事务部……8714861
胜利团校……8705511
胜利青年职业指导中心……8777608
胜利青年文化研究中心……8772259

党委统战部

部长……8778551
综合科（传真）……8552630

综治办（人武部、普法办）

主任、部长……8559293
副主任……8711498
综合科……8775114
调研科……8778915
指导（督查）科……8551424
治理整顿科……8712102
民兵工作科……8552640
装备管理科……8533460
人防工作科……8714080
人防工程管理科……8716751
普法工作科……8553148

信息工作科……………………………………8775165
协调处理科……………………………………8774346
应急指挥科……………………………………8552017

机关党委（机关管理处）

书记……………………………………………8713266
副书记…………………………………………8712274
办公室…………………………………………8553257
组织科…………………………………………8712105
宣传科…………………………………………8554321
纪委（监察科）………………………………8553329
工会（计生办）………………………………8553659
劳动调解办……………………………………8778916
劳资培训科……………………………………8714401
保卫科（值班室）……………………………8557964
综治办…………………………………………8796672
行政管理科……………………………………8712675
安全科…………………………………………8713680
行政管理科……………………………………8552579

局办公室

主任……………………………………………8559608
值班接待科……………………………………8552074
文书科…………………………………………8775540
秘书科…………………………………………8555959
调研督查科……………………………………8713370
综合科…………………………………………8553582
史志科…………………………………………8556419
油地校结合办公室……………………………8552870

政策研究室

主任……………………………………………8556636
副主任…………………………………………8711548
综合信息科……………………………………8555007
传真……………………………………………8551496
文秘科…………………………………………8555346
研究科…………………………………………8554814
编辑科…………………………………………8551497

生产管理部（处）

主任……………………………………………8717776
副主任…………………………………………8551031
总调度室值班室………………………………8556180
报表统计………………………………………8556497
产能科…………………………………………8552482
海工科…………………………………………8555740
交通管理科……………………………………8555805
综合信息科……………………………………8773208
用电管理科……………………………………8714443
农电办…………………………………………8776374
电力技术科……………………………………8714449
水利科…………………………………………8556787
节水科…………………………………………8552358
部办公室………………………………………8556498

石油工程管理处

处长……………………………………………8717168
副处长…………………………………………8714343
综合信息科……………………………………8714248
工程技术科……………………………………8714473
井控管理科……………………………………8714246
工程质量科……………………………………8556486
市场协调科……………………………………8552850

基建处

处长……………………………………………8717718
副处长…………………………………………8556677
综合科…………………………………………8553438
工程科…………………………………………8552629
矿建科…………………………………………8555997
招标办公室……………………………………8553240
结算科…………………………………………8554428
技术科…………………………………………8556140

设备管理处

处长……………………………………………8555683
副处长…………………………………………8710519
副处长…………………………………………8710259
综合计划科……………………………………8553629
现场设备管理科………………………………8554978
技术科…………………………………………8553876
海洋设备管理科………………………………8711213

油地工作处（土地管理处）

处长……………………………………………8551319
副处长…………………………………………8556494
综合科…………………………………………8558111
征地科…………………………………………8775743
地籍科…………………………………………8773252
协调科…………………………………………8554331

科技处（技术中心）

处长……………………………………………8552750
副处长…………………………………………8712243
综合管理科……………………………………8552596

项目管理科……8557771
新技术推广科……8555518
技术开发科……8710419
情报管理科……8711014
科协学会办公室……8712247
SPE 办公室……8713153
科展中心管理科……8558991

经营管理部（改革办公室）

主任……8550868
副主任……8714431
综合管理科……8714435
承包经营一科……8554306
承包经营二科……8712531
体制改革科……8776942
市场管理科……8556641
产权经营科……8714451
现代化管理科……8712597

规划计划部

主任……8775904
副主任……8712546
综合科……8553696
投资科……8553863
矿建科……8556527
生产经营计划科……8553264
物资管理科……8713294
重大项目开发办公室……8713294
统计科……8559436

财务资产部

主任……8777496
副主任……8559965
综合科……8552781
资金科……8553689
成本预算科……8559897
投资科……8712115
海外项目管理科……8712680
会计科……8713579
资产科……8776372
税务科……8553758
机关财务科……8552183

劳动工资处

处长……8713114
副处长……8554139
劳动组织计划科……8713292
编制科……8552525
薪酬管理科……8559758
用工管理科……8551226
检查督导科……8553018
培训开发科……8551338
题库开发科……8713443
考务管理科……8717295

法律事务处（合同管理处）

处长……8714346
副处长……8554695
综合科……8714425
招投标办公室……8713993
合同管理科……8711154
涉外合同管理科……8714348
公司事务科……8714376
诉讼管理科……8714370
宣传培训科……8714373

局纪委、监察处

副书记、处长……8553817
案件检查室……8776291
审理室……8551748
教育研究室……8713079
监察专员室……8552233
执法监察室……8552372
审理室……8556452
信访室……8556296
教育研究室……8552179

审计处

处长……8558509
副处长……8557225
综合科……8552962
财务审计科……8558208
投资审计科……8557046
审计管理科……8711865
内控评审科……8710792

审计中心

主任……8558509
副主任……8557225
滨海审计分处
　主任……8486926
　业务室……8586016
滨南审计分处
　主任……3463454

业务室……………………………………3463434

胜北审计分处

主任……………………………………8724981

业务室…………………………………8724801

胜东审计分处

主任……………………………………8736586

业务室…………………………………8738032

胜南审计分处

主任……………………………………8715256

业务室…………………………………8715796

胜中审计分处

主任……………………………………8711282

业务室…………………………………8795442

技术监督处

处长……………………………………8712582

副处长…………………………………8554364

综合科…………………………………8551751

质量科…………………………………8713535

标准化科………………………………8717263

计量科…………………………………8553593

节能科…………………………………8553888

海监科…………………………………8712033

安全环保处

处长……………………………………8712716

副处长…………………………………8714039

综合管理科……………………………8553929

工业安全一科…………………………8713539

工业安全二科…………………………8553933

工业安全三科…………………………8713416

交通安全科……………………………8552546

安全技术科……………………………8555006

安全标准科……………………………8772414

海上安全环保科………………………8551567

海上安全环保科副科长………………8711603

环境管理科……………………………8553184

污染治理科……………………………8556276

安全生产监察支队……………………8701685

西部安全监督办公室…………………(0991) 7996717

勘探处

处长……………………………………8554647

副处长…………………………………8711900

综合计划科……………………………8711257

技术信息科……………………………8714810

矿产资源管理科………………………8711257

开发处（油藏经营管理办公室）

处长……………………………………8556447

综合规划科……………………………8556448

生产管理科……………………………8552400

开发管理科……………………………8551815

产能建设科……………………………8557687

开发信息科……………………………8557628

油藏经营科……………………………8550229

采油工程处

处长……………………………………8711256

副处长…………………………………8555588

综合规划科……………………………8710851

采油管理科……………………………8552567

集输管理科……………………………8555328

注水管理科……………………………8775005

数据信息科……………………………8557629

工程技术科……………………………8710926

规划计划处

处长……………………………………8712613

副处长…………………………………8712379

综合计划科……………………………8777443

项目管理科……………………………8553328

投资计划科……………………………8551033

生产计划科……………………………8712044

统计科…………………………………8552754

财务资产处

处长……………………………………8712038

副处长…………………………………8710257

资产科…………………………………8776841

机关财务科……………………………8774267

成本科…………………………………8795766

会计科…………………………………8771495

资金科…………………………………8553193

税务稽查科……………………………8502992

综合科…………………………………8555086

预算科…………………………………8710236

信息科…………………………………8554574

局机关直属

公共事业管理部

主任……………………………………8505009

副主任……8501269
办公室……8501128
综合管理科……8501319
房产管理科……8501076
资金管理科……8550955
物业绿化科……8558438
考核监督科……8718587
产权产籍科……8783325
开发管理科……8718761
预算管理科……8771237
合同科……8771765
住房交易科……8788383
信息管理科……8781066
学前教育科……8719076

石油工程造价管理中心
（局定额价格管理中心）

副主任……8558071
副主任……8710557
综合处……8781226
石油专业工程造价处……8551221
地面工程造价处……8778539
定额价格处……8778109
信息管理处……8710038
定额价格管理中心……8557977

财务监控中心
（财务结算中心）

主任……8710257
副主任……8711396
综合科……8712209
稽核管理科……8787202
信息管理科……8712083
局内控制度办公室……8713952
关联交易结算办公室……8784857
监督稽核一站……8553390
监督稽核二站……8772211
监督稽核三站……8713782
监督稽核四站……8582023
监督稽核五站……3460477
财务结算一站……8787934
财务结算二站……8712039
外部市场稽核站……8778021
新疆结算站……(0991)7996973
川东北结算站……(0818)5358711

劳动就业服务中心
（再就业服务中心）

主任……8713446
副主任……8713295
就业训练科……8554161
资源管理科……8713444
职业介绍科……8713447
再就业服务科……8554141
实体用工管理科……8556147
劳务输出办公室……8710235

社会保险管理中心

书记……8717737
主任……8554109
综合科……8713348
财务科……8713148
医疗保险科……8552717
养老保险科……8711074
工伤保险科……8713342
生育失业保险科……8713143
信息科……8714438

局信息中心
（档案管理中心）

主任……8559339
副主任……8776310
ERP 支持中心……8710203
信息规划调研科……8714820
应用管理科……8558799
数据管理科……8714311
综合统计科……8711112
网络与系统管理科……8712222
档案管理一科……8710027
档案管理二科……8713177
综合信息科……8558076
信息市场办公室……8556191
ERP 管理一科……8714213
ERP 管理二科……8714216
ERP 管理三科……8714209
网络运行（值班）……8559845

卫生管理中心（卫生处、计生办）

主任……8552138
副主任……8712986
综合管理科……8555771
医政科（红十字会办公室）……8713717

卫生监督科（妇幼保健科）……………………8552203
药品监督管理科（医用设备管理科）………8555191
计划生育宣传教育科（政策法规研究科）…8552582
计划生育技术指导科………………………………8787814
爱卫会办公室（环境卫生管理办公室）……8777842
药械供应站…………………………………………8782900
胜利油田疾病预防控制中心……………………8779698

老年管理中心

书记、主任……………………………………………8781599
副主任…………………………………………………8710886
老年管理科…………………………………………8551478
综合管理科…………………………………………8712297
劳资统计科…………………………………………8712151
财务科…………………………………………………8713859
关工科…………………………………………………8555795
文体科…………………………………………………8553517
老年体协……………………………………………8712717
活动中心建设科……………………………………8556032
机关老年管理服务部………………………………8555333

海上石油工程技术检验中心

副主任…………………………………………………8555478
副主任…………………………………………………8558088
综合管理科…………………………………………8552324
检验一科……………………………………………8551144
检验二科……………………………………………8775146
检验三科……………………………………………8712937
审图科…………………………………………………8713707
桩西项目部…………………………………………8870403

勘探项目管理部

主任……………………………………………………8559815
副主任…………………………………………………8711579
综合管理科…………………………………………8559519
生产管理科…………………………………………8775304
项目管理科…………………………………………8551673
技术科…………………………………………………8555131
计划合同科…………………………………………8559867
财务科…………………………………………………8556451

勘探开发监督管理部

主任……………………………………………………8765718
副主任…………………………………………………8765258
物探监督科…………………………………………8765976
地质监督科…………………………………………8765638
钻井监督科…………………………………………8765236
测井试油监督科……………………………………8765716
综合管理科…………………………………………8765989
开发钻井监督科……………………………………8717378
作业监督科…………………………………………8775395

销售事业部（运销处）

党委书记、副经理…………………………………8558545
办公室…………………………………………………8556545
轻烃销售科…………………………………………8553491
经营管理科…………………………………………8552199
财务资产科…………………………………………8556544
审计科…………………………………………………8776793
调度室…………………………………………………8552384
销运科…………………………………………………8551042
原油储运科…………………………………………8705616
天然气生产管理科…………………………………8780805
轻烃生产科…………………………………………8788701
炼油化工科…………………………………………8551807
成品油管理科………………………………………8556483
石化产品销售结算站………………………………8596366

川东北工作委员会

主任（四川）………………………………(0818)5358701
主任（东营）………………………………(0546)8717877
综合办公室…………………………………(0818)5358700
值班室………………………………………(0818)5358700
人力资源（组织）部………………………(0818)5358778
生产运行部…………………………………(0818)5358789
经营管理部…………………………………(0818)5358777
计划财务部…………………………………(0818)5358759
技术装备部…………………………………(0818)5358728
安全环保部…………………………………(0818)5358756
物资供应部…………………………………(0818)5358769
后勤保障中心………………………………(0818)5358717
生产支持中心………………………………(0818)5358722
东营办事处…………………………………(0546)8714843
试气工程部…………………………………(0818)5828426
固井工程部…………………………………(0818)5828868
钻前工程部…………………………………(0818)2698898
管具工程部…………………………………(0818)5358688
川西前线……………………………………(0828)2905930
巴中前线……………………………………(0827)5253869

新疆工作委员会

副主任（东营）……………………………(0546)8558488
副主任（新疆）……………………………(0991)7889272

综合办公室（东营）……………………(0546)8810857
综合办公室（新疆）……………………(0996)6793225
《胜利西线》编辑部……………………(0991)3653281
西部安全监督办公室…………………(0991)7996717
新疆结算站…………………………(0991)7996204

集体资产管理中心
（局属经济实体管理部）

党委书记、主任……………………………8778756
副主任………………………………………8559657
党政办公室…………………………………8714335
党委组织科…………………………………8714591
党群工作科…………………………………8714026
劳动工资科…………………………………8714031
公共事业科…………………………………8713994
经营管理科…………………………………8559653
工业园办公室………………………………8056709
财务资产科…………………………………8711920
家属管理科…………………………………8710039

胜利海上监督处

处长…………………………………………8714836
副处长………………………………………8556511
综合管理科…………………………………8717068
监督检查科…………………………………8711649
监督检验科…………………………………8711647

局属经济实体

环发实业公司

经理…………………………………………8797888
副经理………………………………………8775628
副经理………………………………………8775182
副总师………………………………………8558070
副总师………………………………………8791814
党政办公室…………………………………8781714
生产管理部…………………………………8778978
财务资产部…………………………………8556155
经营管理部…………………………………8501659
项目开发管理部……………………………8781814
综合队………………………………………8777855

胜利油田金润农业发展有限责任公司

书记…………………………………………8714199
总经理………………………………………8711821
副总经理……………………………………8714592
公司办公室…………………………………8714035
生产管理部…………………………………8713390
经营管理部…………………………………8711531
财务资产部…………………………………8714851
河口分公司…………………………………3662672
丰盛机械分公司……………………………8662996
孤东分公司…………………………………8584837
金润种业公司………………………………8577258
四分场分公司………………………………8858898

接待旅游公司

经理…………………………………………8553711
公司办公室（传真）………………………8552149
财务科………………………………………8555113
业务科………………………………………8775602
党总支………………………………………8551606
保卫科………………………………………8551607
业务管理科…………………………………8711209
胜利宾馆……………………………………8552683
黄河饭店……………………………………8552840
旅游服务公司（国际旅行社）……………8795991
厨师培训中心………………………………8557595

银杏开发中心

主任…………………………………………8711229
生产技术科…………………………………8559117
财务资产科…………………………………8714422
销售部………………………………………8712837
银杏研究所…………………………………8768542
银杏保健食品厂……………………………8768544

局属控股公司

山东胜利药业有限公司

地址：东营市北二路123号
邮编：257055

总经理………………………………………8811916
副总经理……………………………………7915388
党政办公室…………………………………8362966
传真…………………………………………8365536
财务资产部…………………………………7915795
经营管理部…………………………………7915829
生产管理部…………………………………7915786
质量管理部…………………………………7915805

销售部……8811918
零售管理中心……7915877
零售中心……7915815
药店财务……7915769
辉瑞公司……8361668

胜利工程建设（集团）有限责任公司

地址：东营市东营区北二路755号
邮编：257000

机关部室
党委工作部……8797030
党委组织部……8775984
纪委监察部……8554387
企业发展部……8703068
总经理办公室……8555791
工程管理部……8552678
劳动工资管理部……8555849
经营管理部……8552434
安全管理部……8554222
技术质量管理部……8559961
市场开发中心……8554648
财务资产管理中心
主任……8554573
副书记……8794899
物资采购管理办公室
主任……8793835
管理、招标……8554449
综合治理办公室
主任……8793895
值班室……8555895
离退休职工管理中心
书记……8788946
主任……8555756
办公室……8554897
后勤服务中心
主任……8557577
办公室……8553935
中心试验室
主任……8558385
办公室……8554516
第一工程处
经理……8630796
书记……8630696
办公室……8630164
第二工程处
书记……8672749
经理……8571150
办公室……8571751
建筑安装分公司
书记……8557650
经理……8559891
办公室……8705891
第四工程处
书记……8532423
经理……8532421
办公室……8532414
第五工程处
经理……8772999
书记……8501103
办公室……8555998
第六工程处
书记……8630856
经理……8639518
办公室……8630051
装饰工程处
书记……8791769
经理……8778381
办公室……8774832
钢结构工程处
书记……8639398
经理……8630968
办公室……8630444
长城建材分公司
书记……8532430
经理……8532988
办公室……8532431
设备管理中心
经理……8781662
副书记……8782150
办公室……8553492
建材营销分公司
书记……8553269
经理……8551485
办公室……8552360
大桥管理处
书记……2520199
主任……2566868
办公室……2565868
房地产开发公司

经理……………………………………8557320
综合管理部…………………………8554543
胜建园林公司
经理……………………………………8630363
办公室…………………………………8630165
招待所
所长……………………………………8555972
办公室…………………………………8719005
万方建材公司
经理……………………………………8639099
经营部…………………………………8630699

胜利工程设计咨询有限责任公司

地址：东营市东营区济南路236号
邮编：257026

党群工作部
主任……………………………………8552551
办公室…………………………………8793499
传真……………………………………8557806
公司办公室
主任……………………………………8551101
办公室…………………………………8552563
传真……………………………………8223307
项目管理部
经理……………………………………8793439
统计办公室…………………………8552555
技术发展部
经理……………………………………8551105
办公室…………………………………8551102
经营管理部
经理……………………………………8782933
办公室…………………………………8553994
人力资源部
经理……………………………………8793437
办公室…………………………………8552571
财务资产部
经理……………………………………8784964
办公室…………………………………8552662
工程勘察公司
经理……………………………………8552782
副总工程师…………………………8552772
工艺配管设计所
所长……………………………………8552513
副总设计师…………………………8793458
总图规划设计所
所长……………………………………8782321
副所长…………………………………8793473
机械设备设计所
所长……………………………………8553043
建筑设计所
所长……………………………………8552573
副总设计师…………………………8552743
电力设计所
所长……………………………………8552607
副所长…………………………………8552612
海洋工程设计所
所长……………………………………8554932
副所长…………………………………8554402
自控通信设计所
所长……………………………………8551516
副所长…………………………………8793440
新疆分院
院长……………………………(0996)2019806
综合室…………………………(0996)2019256
北京分院
副院长…………………………(010)80110808
办公室…………………………(010)69726721
技术经济室
主任……………………………………8783774
副主任…………………………………8793497
地面工程信息中心
主任……………………………………8793436
办公室…………………………………8555330
综合档案室
主任……………………………………8793342
办公室…………………………………8552543
地面工艺技术研究所
所长……………………………………8777222
办公室…………………………………8793445
三次采油地面工程技术中心
主任……………………………………8553197
副主任…………………………………8793115
工程监理公司
经理……………………………………8705530
办公室…………………………………8705723
后勤服务中心
主任……………………………………8793450
副主任…………………………………8776154
治保中心

主任……8793424
副主任……8554973
汽车队
队长……8793482
调度室……8554341
项目管理公司
经理……8701101
副经理……8555661
市场开发部
经理……8799933
办公室……8551057
老年管理中心
主任……8793414
办公室……8774363
培教中心
办公室……8558744

胜利石油化工建设有限责任公司

地址：东营市东营区西四路324号
邮编：257064

行政管理系统
总经理办公室……8553046
机关车队……8551702
招待所……8557825
市场开发系统
招投标办公室……8558059
外部市场项目管理部……8550283
国外工程项目管理部……8552673
项目管理系统
施工管理部……8552961
技术管理部……8786478
劳动工资部……8552925
经营管理部……8556553
设备管理部……8719034
信息管理部……8555004
项目保障系统
党委工作部……8553073
党委组织部……8551779
党委宣传部……8551747
武装保卫部……8552285
公用事业管理部……8550291
项目监督系统
安全环保部……8556093
质量技术监督部……8551770
审计部……8501208
直属、单列部门
多元经济管理部……8552981
财务资产管理中心……8555322
东营生活服务站……8551690
滨南生活服务站……3471528
巴州分公司……(0996)2278051
一分公司
书记……8886701
经理……8886705
二分公司
书记……8766396
经理……8766628
三分公司
书记……8736463
经理……8732890
四分公司
书记……8558605
经理……8557351
五分公司
书记……8732196
经理……8732506
六分公司
书记……3471518
经理……3471216
七分公司
书记……3466129
经理……3466627
八分公司
书记……8571675
经理……8570528
九分公司
书记……8753742
经理……8753725
电气安装公司
书记……8551700
经理……8501203
防腐基础工程公司
书记……8799638
经理……8705839
机械一公司
书记……8557698
经理……8557696
党政办公室……8552954
机械二公司

书记……………………………………3471960
经理……………………………………3471896
金属结构厂
书记……………………………………8551711
厂长……………………………………8552427
管道预制厂
书记……………………………………8551719
厂长……………………………………8551720
管道容器厂
书记……………………………………3479781
厂长……………………………………3479798
设备修理厂
书记……………………………………3471947
厂长……………………………………3471698
技术发展中心
书记……………………………………8501067
主任……………………………………8794957
方正工程建设检测中心
书记……………………………………8501202
主任……………………………………8788580
物资供应公司
书记……………………………………8702156
经理……………………………………8559517
职工培训中心
书记……………………………………8552194
主任……………………………………8777742
老年管理中心
主任……………………………………8797383
副书记…………………………………8551889
劳动服务公司
书记……………………………………8555611
经理……………………………………8556870
实业公司
书记……………………………………8553701
经理……………………………………8552851
胜利管件有限公司
书记……………………………………8766706
经理……………………………………8766716
长胜集团公司
书记……………………………………3471597
经理……………………………………3471803
胜利阀业有限公司
经理……………………………………7768019
副经理…………………………………7768010
胜利定向穿越工程有限公司
经理……………………………………3471631
副经理…………………………………3471290
红柳电气制造有限公司
书记……………………………………8703627
经理……………………………………8552116
海兴商贸有限公司
书记……………………………………8701082
经理……………………………………8553678
申元置业有限公司
办公司…………………………………8666176
科威智能技术有限公司
经理……………………………………8797560
办公室…………………………………8552700

胜利资产调剂租赁有限责任公司

地址：东营市东营区西四路 270 号
邮编：257000

经理……………………………………7783088
副经理…………………………………7783066
副经理…………………………………7783096
财务总监………………………………7783068
监事会主席……………………………7783159
公司办公室……………………………7783058
资产调剂部……………………………7783099
设备租赁一部…………………………7783055
设备租赁二部…………………………7783062
财务资产部……………………………7783051
经营管理部……………………………7783065

二级单位

胜大集团

地址：东营区东二路 179 号
邮编 257055

机关部室
党群工作部……………………………8732892
人力资源部……………………………8733402
企业管理部……………………………8732677
法律事务部……………………………8732468
生产管理部……………………………8734613
财务资产部……………………………8633279
审计部…………………………………8733261

农业公司
书记……8769259
经理……8769246
综合办……8769301
维可得食品厂……8768998
天香油厂……8769183
畜牧养殖厂……8768388
水产公司
书记……8739020
经理……8739023
综合办……8730271
冷藏厂……8730977
胜大超市公司
书记……8773021
经理……8792008
办公室……8232729
盛大商场
书记……8632676
经理……8366586
办公室……8632168
物资公司
书记……8736580
经理……8733158
党政办……8733143
工程公司……8736929
石油工程技术开发中心
经理……8633897
副书记……8731597
党政办公室……8738784
侧钻井项目部
经理……8633917
副经理……8633996
办公室……8633919
置业公司
书记……8365677
副经理……8363789
办公室……8732606
物业公司……8369222
胜利建安公司
书记……8833312
经理……8351831
公司办……8833358
一分公司……8833859
二分公司……8833865
三分公司……8833850

水利公司
书记……8633088
经理……8735888
公司办……8731510
胜明公司
书记……8360706
经理……7399806
公司办……7399812
制罐公司
书记……8738798
经理……8734988
党政办……8736872
化工一厂
书记……8833647
厂长……8833646
党政办……8833630
硫化厂……8769601
乙炔厂……8833654
二氧化硫厂……8833748
蒽醌厂……8833632
老年中心
书记……8734089
主任……8736406
办公室……8633765
胜大酒业
经理……8833639
办公室……8833590
胜大园林
办公室……8201650

渤海钻井总公司

地址：东营市河口区渤海路75号
邮编：257200

政工科室
党委办公室……8576313
机关党委……8576235
党委组织科……8576681
党委宣传科……8667166
群众工作科……8576258
工会……8570667
团委……8576194
公司办公室
主任……8576222
副主任……8570011

值班室……8576211
传真……8576175
生产科室
生产办调度室……8576260
设备管理科……8576026
市场合同科……8576682
技术科……8667552
油地工作科……8576037
安全环保科……8571072
经营管理科……8576028
规划计划科……8570786
劳动工资科……8576278
审计科……8570288
机关直属
财务资产中心……8667588
公共事业中心……8570510
老年管理中心……8576088
治安保卫中心……8570670
质量安全监督中心……8576230
定额价格管理站……8571807
信息档案中心……8571722
市场开发中心……8667381
钻井一公司
经理……8876205
书记……8876886
党政办公室……8876517
值班室……8876323
生产办公室……8876766
调度室……8876245
安全办公室……8876231
经营管理办公室……8876352
机动办公室……8876252
技术办公室……8876271
财务科长……8876365
海南项目部 ……(0898)67485796
服务公司……8877770
钻井二公司
书记……8571954
经理……8667318
党政办公室……8576098
值班室……8571294
调度室……8571346
计划科……8571071
工农科……8576779
劳资科……8576369
企管科……8576106
安全科……8570606
机动科……8571207
技术科……8570769
技术管理部……8570384
安全监督站……8570805
公共事业站……8570180
劳动服务公司……8576286
钻前公司
书记……8571668
经理……8570700
党政办公室……8673294
公司办公室……8673241
生产办公室……8672854
安全机动办公室……8571686
经营管理办公司……8678147
劳动服务公司……8673646
固井公司
书记……8672357
副经理……8671351
党政办公室……8572957
公司办公室……8571378
生产办公室……8571368
安全办公室……8570401
机动办公室……8671476
人力资源办公室……8572679
经营管理办公室……8672734
管具公司
书记……8667919
经理……8576343
党政办公室……8679879
生产办公室……8570573
调度室……8571402
钻研所……8665109
胜利渤海管具有限责任公司……8576306
工程运输一公司
经理……8666588
书记……8571878
党政办公室……8671794
生产办公室……8573205
调度室……8571444
一中队……8671792
二中队……8671797
三中队……8671793
四中队……8671023

五中队……8573237
六中队……8671796
七中队……8573201
修保厂……8573903
综合队……8671548
工程运输二公司
书记……8503027
经理……8550727
党政办……8554676
生产办……8557817
综合调度……8555730
八中队……8555641
九中队……8552727
十中队……8555987
修保厂……8555852
综合队……8559337
物资配送中心
书记……8665639
站长……8666887
办公室……8571253
调度室……8571603
成品油库……8671703
供应队……8672686
设备维修中心
书记、主任……8573078
副主任……8577716
党政办公室……8571311
调度室……8571572
生产办公室……7618658
新晨石油设备有限责任公司……8673168
综合大队
书记、队长……8576272
副大队长……8570865
党政办公室……8576702
生产办公室……8667088
华龙实业公司
书记……3633308
经理……8578839
经营办公室……8578792
润滑油化工厂……8578967
客车大修厂……3632701
汽车配件厂……8673194
驰润公司经理……8553278
汽配中心……3633550
美金饭店……8578929
海胜实业有限责任公司
经理、书记……8672198
副经理……8666066
党政办公室……8679908
人力资源部……8666862
财务资产部……8673639
企管部……8672258
物流中心……8573067
外部市场项目部……(0912)2330199
固控厂……3669569
北星化工公司……8570696
金汇公司……8667558
钻头厂……8666066
供应服务中心……8665688
海胜化工……8572508
海胜石油技术装备公司……3669569

测井公司

地址：东营市东营区北二路418号
邮编：257096

政工科室
党委办公室……8761637
党委组织科……8761624
党委宣传科……8761612
纪委监察科……8761716
纪监、机关党委……8761715
工会……8761614
团委……8761644
公司办公室
主任……8761831
副主任……8761830
值班室……8761888
传真……8761707
生产科室
作业管理部……8761405
调度室……8761360
设备管理科……8761609
经营管理科……8761337
劳动工资科……8761849
安全环保科……8761386
物资供应科……8761341
财务资产管理中心
主任……8763950
成本、会计……8761854

资金、税务……8761855
资产……8761848
房产……8761417
市场开发中心
书记、主任……8761522
副主任……8761756
办公室……8761137
一分公司
书记……8678364
经理……8672187
调度室……8571043
二分公司
书记……8761745
经理……8761198
调度室……8761535
三分公司
书记……8761764
经理……8761548
四分公司
书记……8761533
经理……8761648
调度室……8761383
五分公司
书记……8766039
经理……8761018
调度室……8761555
巴州分公司
书记……8761447
经理……8761447
资料解释研究中心
书记……8761771
主任……8761540
技术监测中心
书记……8761986
主任……8761290
老年管理中心
书记……8761445
主任……8763987
治安保卫中心
书记、主任……8761599
治安110值班室……8761110
油田勘探监督中心
书记……8762096
主任……8765755
汽修车间
书记、主任……8764185
生产办公室……8761513
车队
书记室……8761512
队长……8761699
调度……8761511
档案室
书记……8761536
主任……8761712

车辆管理中心

地址：东营市东营区西四路600号
邮编：257000

机关科室
党政办公室……8799617
党群工作科……8796198
生产设备技术科……8781762
安全环保科……8797153
财务资产科……8550631
劳动工资科……8791637
经营管理科……8558977
修理厂
书记、厂长……8797310
副厂长……8771356
办公室……8777693
物资供应办公室
主任……8701526
办公室……8772312
综合服务中心
书记……8702516
主任……8556723
办公室……8703565
劳动服务公司
书记……8701526
经理……8705310
办公室……8784357
直属一中队
书记……8776253
队长……8558252
调度室……8552136
直属二中队
书记……8558210
队长……8553005
调度室……8553007

直属三中队
书记……8713873
副队长……8713771
调度室……8713632
直属四中队
书记……8710322
队长……8710300
调度室……8710390
直属五中队
负责人……8710310
副队长……8710611
调度室……8717031
直属六中队
副书记、副队长……8701023
副队长……8791353
调度室……8559606
直属七中队（老干部服务车队）
书记……8797746
副队长……8550652
调度室……8775361
直属八中队
书记……8770211
队长……8770177
调度室……8770215

地球物理勘探开发公司

地址：东营市东营区牛庄镇
邮编：257086

政工科室
党委办公室……8853518
党委组织科……8851151
纪委监察科……8851163
宣传科……8851156
工会……8851172
团委……8851165
公司办公室
主任办公室……8851025
值班室……8851308
传真……8851039
生产管理科……8851366
技术科……8851012
油地工作科……8853142
安全环保科……8851050
设备管理科……8851255
经营管理科……8851400
规划计划科……8851286
劳动工资科……8851079
技术监督科……8851169
信息新闻中心……8851231
副主任办公室……8851182
公共事业管理中心……8853869
财务结算中心……8851123
老年管理中心……8851391
国内市场部……8853999
国际市场部……8851846
党校……8853224
一大队（区号：0534）
大队长……2267066
教导员……2267088
调度……2626972
生产……2267001
政工……2267026
财务……2662510
供应……2267012
三大队
教导员……8851331
大队长……8851802
调度……8851380
生产……8857809
政工……8857805
财务……8857908
劳资……8857739
四大队
书记……8851497
大队长……8851479
生产……8858817
调度……8851480
企业管理……8858784
劳资……8858809
财务……8858810
五大队
大队长……8858003
教导员……8858351
办公室……8858773
政工……8858343
调度室……8851580
劳资……8858941
财务……8858942
地震勘探研究所

教导员……8851242
所长……8851315
办公室……8851493
生产技术……8851469
经营管理室……8851222
开发地震研究室……8851250
档案室……8851245
仪器管理中心
书记……8851468
经理室……8851416
生产技术室……8851417
生产值班（传真）……8851464
党群工作室……8851419
经营企划室……8851426
财务……8851413
综合部……8851421
机械设备管理中心
经理……8851463
书记……8851445
生产调度室……8851440
技术……8851442
企业管理室……8851632
劳资……8851438
综合服务中心
主任……8851734
书记……8851737
物资管理……8851715
劳资……8851718
生产……8851716
财务……8851847
新胜公司
董事长……8851045
副经理……8851845
综合部……8851810
办公室……8851850
财务……8851863
印刷厂……8851388
专用设备厂……8851658

地质录井公司

地址：东营市东营区勘探路5号
邮编：257064

机关部室
党政办公室……8725909
党委组织科……8725854
党委宣传科（团委）……8722730
纪监审计科……8721074
工会……8723348
劳动工资科……8723305
生产办公室……8627727
设备安全科……8626771
经营管理科……8628963
市场办公室……8722801
技术监督科……8722146
计划供应科……8629967
治安保卫中心
书记……8722692
主任……8626076
值班室……8624440
综合管理中心
主任……8627720
副主任……8723340
综合服务中心
主任……8722498
副主任……8623299
综合办公室……8623953
信息中心
书记……8622701
主任……8721970
综合管理室……8621721
研究解释中心
书记……8722268
主任……8627660
办公室……8627046
财务资产管理中心
主任……8721536
副主任……8623076
综合室……8723865
税务室……8723295
资金室……8723315
资产室……8723384
录井一分公司
书记……8663359
经理……8666378
生产办公室……8672172
生产技术办……8576973
党政办公室……8570043
经营办公室……8663391
后勤办公室……8571587

调度室…………………………8571757

录井二分公司

书记…………………………8726666

经理…………………………8720207

生产办公室…………………………8720577

调度室…………………………8720451

技术办公室…………………………8720049

经营办公室…………………………8727387

党政办公室…………………………8720052

川东项目部…………………………(0818)2655060

海拉尔项目部…………………………(0470)6606071

东北项目部(0431)…………………………87995366

乌鲁木齐市…………………………(0991)6645327

轮台…………………………(0996)4698921

录井三分公司

书记…………………………8726678

经理…………………………8726679

生产办公室…………………………8726257

安全办公室…………………………8720332

党政办公室…………………………8726251

经营办公室…………………………8726768

调度室…………………………8726331

质检室…………………………8722521

管理一部…………………………8726092

管理二部…………………………8726263

管理三部…………………………8726231

工艺研究所

书记…………………………8720062

所长…………………………8726212

综合办公室…………………………8720043

修造车间…………………………8720042

研制车间…………………………8726390

检测室…………………………8720645

测绘分公司

书记…………………………8721812

经理…………………………8721817

综合办公室…………………………8721811

技术队…………………………8721836

测量一队…………………………8570045

测量二队…………………………8721850

汽车大队

书记…………………………8626770

大队长…………………………8629679

值班室…………………………8622217

综合办公室…………………………8721295

胜利油田鸿胜石油工程有限责任公司

总经理…………………………7771077

副总经理…………………………7795507

公司办公室…………………………7795558

经营管理部…………………………7795527

财务资产部…………………………7785077

金属结构厂…………………………7775696

仪器设备厂…………………………8720917

印刷厂…………………………8723909

仪器仪表厂…………………………7787376

电力管理总公司

地址：东营市东营区淄博路中段

邮编：257000

总公司机关

党委办公室（机关党委）…………………………8592627

党委组织科…………………………8592502

党委宣传科…………………………8592055

纪委监察科…………………………8592135

工会…………………………8592069

团委…………………………8592079

总经理办公室…………………………8592085

生产管理科…………………………8592099

设备管理科…………………………8592138

安全环保科…………………………8592155

基建工农科…………………………8592108

规划计划科…………………………8592117

劳动工资科…………………………8592123

经营管理科（法律事务科）…………………………8592025

审计科…………………………8592137

物资供应科…………………………8742708

直属单位

财务资产管理中心…………………………8592157

老年管理中心…………………………8592167

电力科研所（技术科）…………………………8592567

治安保卫办公室…………………………8592179

信息管理中心…………………………8592209

网络管理办公室…………………………8592248

系统运行办公室…………………………8592395

综合信息管理办公室…………………………8592222

应用管理办公室…………………………8592393

公共事业中心…………………………8592258

职工培训中心…………………………8592032

车辆管理中心…………………………8592366

电力调度中心……8592301
电力客户服务中心……8592107
电力标准计量站……8592356

滨海供电公司
教导员……8581081
经理……8581588
党政办公室……8482241
生产办公室……8581199
生产调度……8586691

孤岛供电公司
经理……8886182
教导员……8886305
党政办公室……8886124
生产办公室……8886548
电力调度……8886121

滨南供电公司
教导员……3463203
经理……3461463
党政办公室……8591312
生产办公室……3461765
调度室……3461237

纯梁供电公司
教导员……8753566
经理……8753532
党政办公室……8753489
生产办公室……8753567
调度室……8753250

河口供电公司
教导员……8676876
经理……8666157
党政办公室……8671161
生产调度……8571322

东区供电公司
教导员……8738580
经理……8738581
党政办公室……8738543
生产办公室……8738542
公司调度……8738582

南区供电公司
教导员……8592509
经理……8592508
党政办公室……8592505
生产办公室……8592504
生产调度……8592501

北区供电公司
教导员、副经理……8745678
经理……8742017
党政办公室……8741621
生产办公室……8742157
调度……8742834

中区供电公司
教导员……8592606
经理……8592608
党政办公室……8592616
生产办公室……8592617
调度……8592601

修试中心
教导员……8592726
主任……8592728
党政办公室……8592758
生产办公室……8592725
调度室……8592722

孤北热电厂
教导员……8582658
厂长……8582786
党政办公室……8485547

电力维修公司
经理……8742657
教导员……8740889
党政办公室……8742869
生产办公室……8742557
调度室……8742549

综合维修公司
教导员……8743988
经理……8742669
党政办公室……8745526
生产办公室……8742153

护厂大队
教导员……8744543
大队长……8742587
党政办公室……8742631
综合办公室……8742167

瑞祥电气有限责任公司
董事长……8591900
副董事长……8591901
办公室……8591907

广域科技公司
总经理……8799099
副总经理……8592569
财务部……8592215

科技部……………………………………………8592217

高级人才培训中心党校

地址：东营市济南路169号

邮编：257000

党支部

机关党支部……………………………………8554014
培训第一党支部………………………………8773274
培训第二党支部………………………………8554731
教学教务第一党支部…………………………8501245
教学教务第二党支部…………………………8714281
职业与继续教育发展中心党支部…………8714011
油田图书馆党支部……………………………8553530
后勤服务中心党支部…………………………8797122
老年管理中心党支部…………………………8553008

机关科室、科级单位

党政办公室……………………………………8553698
党群工作部……………………………………8794994
人力资源部……………………………………8558170
财务资产科……………………………………8558165
培训项目开发部………………………………8550063
培训管理部（党校工作部）…………………8717320
教学教务部……………………………………8717069
油气勘探技术培训部…………………………8710020
高级技能人才培训部…………………………8551207
国际石油培训部（外事工作办公室）……8714833
党史党建培训部………………………………8553084
政工干部培训部………………………………8705506
青年干部培训部………………………………8782505
油气开发技术培训部…………………………8551210
钻井工程培训部………………………………8703093
油田地面建设工程培训部……………………8775624
高级人才培训部………………………………8551209
管理干部培训部………………………………8714001
安全工程培训部………………………………8551248
信息工程培训部………………………………8775472
外语培训部……………………………………8554252
法律培训部……………………………………8797001
职业与继续教育发展中心……………………8554731
油田图书馆……………………………………8552687
信息检索部……………………………………8556144
教学设备管理服务中心（信息中心）……8717120
学报编辑部……………………………………8550641
老年管理中心…………………………………8781873
后勤服务中心…………………………………8553463
主任办公室……………………………………8552988
校办产业管理部………………………………8551208
正大工程设计公司……………………………8551206
印刷厂…………………………………………8551249
鸿益实业开发中心……………………………8714308

供水公司

地址：东营市东营区北二路681号

邮编：257097

机关科室

党政办公室……………………………………8556705
组织科…………………………………………8555070
宣传科…………………………………………8784648
纪监（审计）科………………………………8784647
生产办公室……………………………………8558501
调度值班室……………………………………8554204
设备安全科……………………………………8555965
计划科…………………………………………8556861
劳资科…………………………………………8521208
企管合同科……………………………………8553677
油地工作科……………………………………8551661
物资供应科……………………………………8521957

直属科级单位

财务资产管理中心……………………………8521341
武装保卫办公室………………………………8521364
老年管理中心…………………………………8521262
科技发展中心…………………………………8521446
信息中心………………………………………8791354

科级单位

水利工程管理部………………………………8797636
水质检测中心…………………………………8527703
监察大队………………………………………8555106
污水处理厂……………………………………8835036
河口污水处理厂………………………………8666611

滨河水源大队

教导员…………………………………………8882422
大队长…………………………………………8886468
调度室…………………………………………8889422

滨河制水管理部

教导员…………………………………………8577278
主任……………………………………………8577276
调度室…………………………………………8577268

滨河销售营业部

教导员…………8882415
主任…………8882416
生产办…………8886144

水源管理部

教导员…………8527728
主任…………8527168
调度室…………8527300

制水管理部

教导员…………8521719
主任…………8521619
生产办…………8527275

西区销售营业部

教导员…………8775718
主任…………8777607
调度…………8554812

东区销售营业部

教导员…………8631399
主任…………8633788
调度…………8732049

维修大队

教导员…………8521551
主任…………8539345
生产调度…………8555107

滨南水厂

教导员…………8568156
厂长…………8568167
调度室…………3467667

车辆管理中心

教导员…………8521886
主任…………8555286
调度室…………8555034

综合大队

教导员…………8733816
大队长…………8732115
生产调度…………8736696

其他

预算站…………8775358
客户服务中心…………8551580
物资配送队…………8527668

胜利油田新邦建设开发有限责任公司

公司办公室…………8777448
财务部…………8788747
人力资源部…………8789778
企业管理部…………8777514
安监办公室…………8556700
东营房地产开发有限责任公司…………8917288
物业公司…………8091102
胜利新邦水利水电工程分公司…………8731759
新邦化工有限责任公司…………8532100
山东环雅矿泉水有限责任公司…………7650223
天鹅湖旅游开发有限责任公司…………8832155
胜利新邦渔业分公司…………8832030
新邦科工贸有限责任公司…………8250299
水务工程设计有限责任公司…………8521411
胜利新邦餐饮服务分公司…………7580007
天鹅湖大酒店…………7580002
新邦宾馆…………7580008

广播电视中心

地址：东营市影视街12号
邮编：257000

机关部室

党政办公室…………8794585
组织劳资科…………8794821
再就业服务中心…………8557685
广电科长…………8794238
财务科…………8701261

业务部室

新闻部…………8777356
广播部…………8794803
社教部…………8777370
总编室…………8799582
文艺部…………8208886
制作部…………8796797
影视部…………8794602
广告部…………8223577
电视报…………8777365
信息部…………8558928
播出部…………8556027
发射部…………8711811
网络中心…………8777437
技术部…………8223425
铁塔管理部…………8711970

海外工程管理中心（外事外经处）

地址：东营市淄博路69号
邮编：257000

办公室主任…………8711857

传真……8221359
人力资源（组织）部……8712529
经营管理部……8711104
计划财务部……8710160
外事管理部……8558083
工程管理部……8713831
市场开发部……8552564
物流装备部……8777363
合作部……8711194
沙特项目部……8771972
阿尔及利亚项目部……8713741
哈萨克斯坦项目部……8555931
埕岛西项目组……8796111
埃及项目部……8713728
伊朗项目部……8713767
墨西哥项目部……8713828
印尼项目部……8714218
土库曼斯坦项目部……8713779
蒙古项目部……8714344

海洋钻井公司

地址：东营市东营区莱州湾通海路5号
邮编：257055

机关科室
党政办……8730151
组织科……8730528
宣传科……8730210
团委……8730405
工会……8730943
纪检审计科……8730989
生产办公室……8730515
综合办公室……8730413
调度值班室……8730996
设备科……8730060
安全环保科……8730526
工程技术科……8730337
劳资培训科……8739396
经营合同科……8730131
计划科……8739789
物资供应科……8870089
直属单位
质量安全监督科……8730213
科技信息管理中心……8739178
财务管理中心……8730207
治安保卫中心……8730256
公共事业中心……8730197
桩西前线
生产办主任……8870319
生产调度……8870017
技术科科长……8870219
科技信息主任……8870578
安全科……8870002
机动科……8870084
设备库……8870123
技术科……8870172
劳资培训科……8870775
财务中心……8870459
二号平台
莱州湾值班室……8730537
卫星电话……8739762
CDMA 电话……13356608302
三号平台
平台值班室……8730540
卫星值班室……8730013
CDMA 电话……13356608303
四号平台
平台值班室……8730541
卫星值班室……8739261
CDMA 电话……13356608304
五号平台
平台值班室……8730534
卫星值班室……8739975
CDMA 电话……13356608305
六号平台
平台值班室……8730533
卫星值班室……8739926
CDMA 电话……13356608306
杨玉精宿舍……8835507
七号平台
平台值班室……8739964
卫星值班室……8739736
CDMA 电话……13356608307
八号平台
平台值班室……8730535
卫星值班室……8730738
CDMA 电话……13356608308
九号平台
平台值班室……8739347
卫星值班室……8739659

CDMA 电话……………………………13356608309

运输公司

书记……………………………8739995

经理……………………………8730371

生产办公室……………………………8730910

综合办公室……………………………8730451

调度……………………………8730516

地质公司

经理……………………………8730248

书记……………………………8730336

调度室……………………………8730345

公司党校

校长……………………………8730667

书记……………………………8739150

学校办公室……………………………8730559

教务办公室……………………………8730554

职工培训教研室……………………………8730504

总务办公室……………………………8730506

技术公司

经理……………………………8870136

书记……………………………8870188

政工办公室……………………………8870083

生产办公室……………………………8870135

经营办公室……………………………8870138

海工大队

经理……………………………8870015

书记……………………………8870687

生产办公室……………………………8870082

经营办公室……………………………8870005

政工办公室……………………………8870576

物资配送队

队长……………………………8870388

队办公室……………………………8870070

生产办公室……………………………8870056

供应办公室……………………………8870387

海兴公司

公司办……………………………8730170

经营办公室……………………………8730069

劳资办公室……………………………8730023

财务结算办公室……………………………8730277

生产调度……………………………8730173

龙玺有限公司

董事长、总经理……………………………8739958

副总经理……………………………8739676

公司办……………………………8739989

生产管理部……………………………8739759

物资管理部……………………………8739971

人力资源部……………………………8739162

黄河钻井总公司

地址：东营市西四路 69 号

邮编：257064

政工科室

党委办公室……………………………8721116

机关党委……………………………8721071

组织科……………………………8629508

宣传科……………………………8722973

纪委监察科……………………………8721771

工会……………………………8725947

团委……………………………8721615

公司办公室

公司办主任……………………………8723136

值班室……………………………8721486

传真……………………………8558191

生产科室

生产管理科……………………………8721926

设备科……………………………8721680

技术发展科……………………………8723652

工农科……………………………8725988

安全环保科……………………………8721891

物资供应科……………………………8721886

经营管理科……………………………8721146

规划计划科……………………………8721143

劳资科……………………………8725804

审计科……………………………8725598

机关直属

财务管理中心……………………………8627821

老年管理中心……………………………8627798

信息档案中心……………………………8721557

质监站……………………………8725788

定额站……………………………8723237

公共事业中心……………………………8721510

武装保卫中心……………………………8626791

综合服务大队……………………………8721069

钻井三公司

书记……………………………8835956

经理……………………………8835969

党政办公室……………………………8835116

生产办公室……………………………8835463

调度室……8835461
钻井四公司
经理……8796185
书记……8555002
党政办公室……8553688
调度室……8553820
钻井五公司
经理……8729983
书记……8728058
党政办公室……8728061
生产办公室……8728514
调度室……8728210
富邦公司
董事长……8728102
总经理……8728366
公司办公室……8728024
钻前公司
书记……8783232
经理……8551458
党委办公室……8553881
生产办公室……8553853
调度长办公室……8553641
管具公司
书记……8783232
经理……8551458
党政办公室……8712343
生产办公室……8716008
调度室……8552503
固井公司
书记……8721664
经理……8623088
党政办公室……8724495
生产办公室……8721239
生产调度……8721521
工程运输公司
党政办公室……8555152
生产办公室……2969171
一分公司……8631759
二分公司……8771936
汽车大修厂……8555367
钻井工程物资供应公司
书记……8722196
经理……8625938
公司办公室……8722349
综合公司
经理……8725286
副书记……8722576
公司办公室……8722418
胜利油田固邦石油装备有限责任公司
公司、党委办公室……8728280
财务资产部……8728231
经营管理部……8728476
东方合金铸造厂……8726627
东胜化工厂……8366245
东方石油机械厂……8729387
佛泰铝业公司……8727111
钻采工具厂……8729206
金属制管厂……8727717
五一化工厂……8736386
电线电缆厂……8735029
胜华实业有限责任公司
党政办公室……8794977
经营管理部……8553926
生产管理部……8703165
人力资源部……8785640
石油机械厂……8558912
复合材料厂……8558907
汽车大修厂……8776850
固控设备制修厂……8550918
金属制品厂……8558929
通成科技有限公司……8701337
华星化工厂……8799618
华隆公司……8521961
设备安装公司……8539526
石油助剂厂……8705059
华安热力工程有限责任公司……7781917
石油钻机厂……7781719
石油机械设备制修厂……8550338
春潮分公司……8784654
钻采设备配套公司……8705217
工贸分公司……8521527
胜海节能设备有限公司……8558366
护品物资中心……8784996

济南办事处

地址：济南市经七路556号

邮编：250021

处长……(0531)87036818
组织劳资科……(0531)87923456-1908

计划财务科 ……………………………(0531)87920514
胜利石油大厦………………………(0531)87923456-1810
安保科…………………………………(0531)87923456-6019
山东胜利旅行社 ……………………(0531)87917985
奥英科技有限公司……………………(0546)8236326

教育培训处（中心）

地址：东营市东营区胜泰路28号
邮编：257001

综合管理科
科长……………………………………8556659
值班室…………………………………8556170
办公室…………………………………8557894
职业教育科
科长……………………………………8552348
办公室…………………………………8552348
项目审查部
部长……………………………………8776251
办公室…………………………………8552951
过程监督部
部长……………………………………8556172
办公室…………………………………8556172
效果评价部
部长……………………………………8711147
办公室…………………………………8552328
离退休管理中心
主任……………………………………8714157
办公室…………………………………8714157
生活服务站
站长……………………………………8559886
办公室…………………………………8713679
山东胜利教育产业发展有限公司
董事长、总经理………………………8559886
公司办公室……………………………8778769
财务办公室……………………………8778407

井下作业公司

地址：东营市东营区西四路二号
邮编：257078

公司办公室
主任办公室……………………………8642859
值班室…………………………………8747209
传真……………………………………8746140
政工科室
党委办公室……………………………8747416
组织科…………………………………8746968
纪委监察科……………………………8642059
党委宣传科……………………………8747519
群众工作科……………………………8747918
保卫科…………………………………8747615
生产科室
生产调度………………………………8747224
副主任办公室…………………………8748096
技术发展科……………………………8747551
规划计划科……………………………8747564
油地工作科……………………………8642088
物资装备科……………………………8642006
劳资培训科……………………………8747967
经营管理科……………………………8748186
合同科…………………………………8749818
海洋试油作业大队
教导员…………………………………8641669
副大队长………………………………8749079
试油测试大队
大队长…………………………………8747059
教导员…………………………………8747768
调度……………………………………8747493
修井作业大队
大队长…………………………………8642386
教导员…………………………………8748269
调度……………………………………8747480
稠油试油作业大队
大队长…………………………………8747663
教导员…………………………………8747957
调度室…………………………………8747782
鲁胜油公司
教导员…………………………………8748483
副经理…………………………………8747122
党政办公室……………………………8749899
压裂大队
大队长…………………………………8747601
教导员…………………………………8747706
调度……………………………………8746340
特车大队
大队长…………………………………8748541
教导员…………………………………8642978
生产调度室……………………………8747588

工程安装大队
大队长、教导员……8747226
副大队长办公室……8747732
调度……8747320
综合服务大队
大队长……8746388
教导员……8747661
党政办公室……8747362
工艺研究所
所长、教导员……8747531
副所长……8749090
所办公室……8747481
调度室……8746390
地质研究所
所长……8747426
教导员……8747470
所办公室……8747532
地质调度……8747533
培训中心
主任……8748013
教导员……8747472
中心办公室……8642291
财务资产管理中心
主任……8747125
副主任……8642100
武装保卫办公室
主任……8747206
人武部办公室……8746584
综治办公室……8642865
监督中心
主任……8747246
教导员……8747338
中心办公室……8746938
公共事业中心
书记……8746886
主任……8641357
中心办公室……8747003
老年工作管理中心
主任……8747380
教导员……8749561
中心办公室……8747826
国际工程项目部
副经理……8749092
综合部……8749086
豪威科工贸有限责任公司
副总经理……8747350
财务资产部……8747881
经营管理部……8749278
石油机械制修厂……8746824
配件公司……8642998
报废设备拆修厂……8747981
山东胜利方圆实业集团有限公司
董事长……8747517
总经理……8746328
书记……8747968
党政办公室……8732625

青岛疗养院

地址：青岛市市南区台湾路4号
邮编：266071

总机……(0532)66702888
总台……(0532)66702808
传真……(0532)85872400
办公室……(0532)66702868
商务中心……(0532)66702867
财务科长……(0532)66702806
党办……(0532)66702870
综合管理科……(0532)66702829
营销部办公室……(0532)66702891
客房部……(0532)66702118
餐饮部……(0532)66702879
保障部……(0532)66702819
服务中心……(0532)66702881

烟台疗养院

地址：烟台市观海路5号胜利油田疗养院
邮编：264003

总机……(0535)6888441
综合办公室……36766
主任……36100
宣传……36373
劳资……36271
财务资产科
书记……36117
副科长……36996
会计室……36594
餐饮旅游中心

主任 ……………………………………………-36567
书记 ……………………………………………-35516
旅游部 …………………………………………-36550
商务中心 ………………………………………-36857
老年管理中心
主任 ……………………………………………-36659
副主任 …………………………………………-36959
办公室 …………………………………………-36374
经营接待中心
主任 ……………………………………………-36990
书记 ……………………………………………-36275
车队 ……………………………………………-36991
服务中心 ………………………………………-36861
医疗康复中心
书记 ……………………………………………-30203
副主任 …………………………………………-36677
值班室 …………………………………………-30110
总服务台 ………………………………………-30109
物业管理中心
主任 ……………………………………………-36282
书记 ……………………………………………-36290
办公室 …………………………………………-36810

热电联供中心

地址：东营市东营区淄博路204号
邮编：257000

机关科室
党政办公室……………………………………8717517
人力资源（组织）部…………………………8717577
思想政治工作部………………………………8717519
纪检监察部……………………………………8717516
生产运行部……………………………………8717556
经营管理部……………………………………8717588
安全环保部……………………………………8717518
机关直属
财务资产管理中心……………………………8717597
基建工程管理中心……………………………8717551
信息中心………………………………………8717569
胜中热力
书记……………………………………………8503121
大队长…………………………………………8550639
党政办公室……………………………………8503157
生产办公室……………………………………8503127
经营办公室……………………………………8503037
供热监控中心…………………………………8502440
财务组…………………………………………8503153
胜东热力
书记……………………………………………8765378
大队长…………………………………………8764788
党政办公室……………………………………8764110
生产办公室……………………………………8765726
经营办公室……………………………………8764418
财务办公室……………………………………8765863
胜南热力
书记……………………………………………8612568
大队长…………………………………………8610205
党政办公室……………………………………8610264
生产办公室……………………………………8610041
调度室…………………………………………8610422
经营办公室……………………………………8610794
财务办公室……………………………………8610643
胜北热力
书记……………………………………………8628908
大队长…………………………………………8628919
党政办公室……………………………………8628916
生产办公室……………………………………8626159
生产调度………………………………………8621747
经营办公室……………………………………8622919
滨南热力
书记……………………………………………3463899
大队长…………………………………………3463776
党政办公室……………………………………3460294
生产办公室……………………………………3460403
经营办公室……………………………………3460147
财务组…………………………………………3462121
仙河热力
书记……………………………………………8485949
大队长…………………………………………8588186
党政办公室……………………………………8581950
生产经营办公室………………………………8485544
河口热力
书记……………………………………………8665209
大队长…………………………………………8572689
党政办公室……………………………………8572176
生产办公室……………………………………8572341
生产调度………………………………………8672055
经营办公室……………………………………8572120
孤岛热力
书记……………………………………………8886029

大队长……………………………………8885663
党政办公室………………………………8885350
生产办公室………………………………8885500
经营办公室………………………………8881123
调度………………………………………8885044

热力水煤浆厂

厂长………………………………………8594006
副书记、副厂长…………………………8595700
党政办公室………………………………8594406
生产办公室………………………………8594963
经营办公室………………………………8594951

热力工程大队

书记………………………………………8717809
大队长……………………………………8798389
党政办公室………………………………8717816
生产办公室………………………………8717801
经营办公室………………………………8717803
技术办公室………………………………8717823

胜利发电厂

地址：东营市东营区南二路78号
邮编：257087

机关科室

党政办公室………………………………8594056
党委组织科………………………………8594064
党委宣传科（团委）……………………8594579
纪监审计科………………………………8594362
工会………………………………………8593056
劳动工资科………………………………8594063
规划计划科………………………………8594993
经营管理科………………………………8594138
安全环保科………………………………8594031
物资供应科………………………………8594685
生产管理中心……………………………8594059
设备管理中心……………………………8594318
财务资产管理中心………………………8594939
信息中心…………………………………8594716
治安保卫办公室…………………………8594997
公共事业中心……………………………8594497

汽机部

书记………………………………………8594065
经理………………………………………8594082
部办公室…………………………………8594507

锅炉部

书记………………………………………8594799
经理………………………………………8595111
部办公室…………………………………8594084

电气部

书记………………………………………8594516
经理………………………………………8594917
部办公室…………………………………8594311

热工部

书记………………………………………8594228
经理………………………………………8594510
部办公室…………………………………8594509

化学部

书记………………………………………8594203
经理………………………………………8594536
部办公室…………………………………8594204

灰水部

书记………………………………………8594127
经理………………………………………8595705
部办公室…………………………………8594085

燃料部

书记………………………………………8594908
经理………………………………………8594193
部办公室…………………………………8594174

二期运行部

书记………………………………………8594344
经理………………………………………8594137
部办公室…………………………………8594346

热力公司

书记………………………………………8594852
经理………………………………………8593450
部办公室…………………………………8594851

电力技术试验研究所

书记………………………………………8594426
所长………………………………………8594328

职工培训中心

书记、主任………………………………8594766
副主任……………………………………8594966

质量监督站

书记………………………………………8593051
站长………………………………………8593050
综合办公室………………………………8593032

二期办

副主任……………………………………8593038
综合办公室………………………………8593040

三期工程筹建处

主任……………………………………8593667
综合部…………………………………8593066
脱硫工程项目管理组
组长……………………………………8593121
办公室…………………………………8594260
华胜电业建筑有限责任公司
书记……………………………………8594052
总经理…………………………………8594956
总经理办公室…………………………8594461
水泥厂
厂长……………………………………8594226
书记……………………………………8595077
厂办公室………………………………8594680

驻北京办事处(胜利饭店)

地址:北京市德胜门外北沙滩3号
邮编:100085
区号: 010

总机 ……………………………………64871155
办公室 …………………………………64873607
车队办公室…………………………………-2206
人事部 …………………………………64878023
财务部 …………………………………64870614
公关部 …………………………………64873620
前厅部………………………………………-1510
总服务台 ………………………………64878731
客房部………………………………………-1519
餐饮部…………………………………64873609
职工餐厅……………………………………-1529
项目办公室…………………………………-1502
信息部 …………………………………64842900
总务部 …………………………………64873623
质检部 …………………………………64879073
安保部 …………………………………64873615
工会…………………………………………-1528
旅行社 …………………………………64873621

胜利日报社

地址:东营市胜泰路14号
邮编:257012

机关后勤
党政办公室……………………………8555774
老年管理中心…………………………8713960
财务资产科……………………………8554353
综合管理科……………………………8559207
后勤综合服务中心……………………8551365
编辑部
编辑部…………………………………8553729
总编室…………………………………8710231
要闻部…………………………………8710075
经济新闻部……………………………8553630
专刊部…………………………………8551361
新生活编辑部…………………………8713309
新生活新闻中心………………………8551360
新生活专刊中心………………………8551358
记者部…………………………………8777174
摄影部…………………………………8555769
新闻研究室……………………………8795955
石油周刊………………………………8555369
中国石化报胜利编辑部………………8554368
广告部…………………………………8558898
发行部…………………………………8558466
记者站
中国石化报记者站……………………8554146
大众日报记者站………………………8555782
山东人民广播电台记者站……………8552860
胜利报业发展有限责任公司
总经理…………………………………8555199
公司办公室……………………………8712358
财务资产部……………………………8557018
生产经营部……………………………8553590
照排车间………………………………8551359
彩印车间………………………………8713547
胶印车间………………………………8551362

塔里木胜利钻井公司

地址: 东营市东营区钻井六千
邮编: 257064

政工科室
党政群工部……………………………8721217
团委……………………………………8721217
组织劳资科……………………………8721591
职改办…………………………………8721591
生产科室
生产办公室……………………………8721681
主任………………………………(0996)2173516

技术科……………………………………8721681
科长办公室…………………(0996)2173505
安全环保科……………………………8721681
科长办公室…………………(0996)2173515
企管合同科……………………………8721591
科长办公室…………………(0996)2173481
财务资产科……………………………8622715
科长办公室…………………(0996)2173498
设备管理科……………………………8721793
科长办公室…………………(0996)2173503
物资计划科……………………………8721793
科长办公室…………………(0996)2173504

机关直属

泥浆技术管理中心……………………8721681
物资供应站…………………(0996)6751633
生活管理中心…………………………8721158
东营工作办……………………………8723568
管具工程部…………………(0996)4685216
固井工程部…………………(0996)4685203
钻前工程部……………………13909965312

塔里木胜利钻井队

50108 队……………………………13667520822
50782 队……………………………13779305390
60129 队……………………………13565027818
60797 队……………………………13565745107
60798 队……………………………13565061737
70116 队……………………………13709966375
70117 队……………………………13899012337
70118 队……………………………13709957590
70120 队……………………………13779639916
70121 队……………………………13709953758
70122 队……………………………13565100683
70123 队……………………………13779792878
70125 队……………………………13899053223
70162 队……………………………15899060898
70525 队……………………………13565640400
70650 队……………………………13999004107
70695 队……………………………13864770536
70797 队……………………………13899048457
70798 队……………………………13999014199
70799 队……………………………13779667777
70800 队……………………………13565067848

运输总公司

地址：东营市北一路 111 号
邮编：257000

机关部室

党政办公室………………………………8552758
党委工作部………………………………8503022
思想政治工作部…………………………8557023
经营管理部………………………………8553679
审计工作部………………………………8554389
生产管理部………………………………8553320
劳动工资部………………………………8553617
科技开发部………………………………8503022

财务资产管理中心

办公室……………………………………8771003
房产………………………………………8553583
资产………………………………………8771003

物资供应管理中心

主任………………………………………8778388
办公室……………………………………8793241

治安保卫办公室

主任………………………………………8556430
办公室……………………………………8553375

老年管理中心

书记………………………………………8772501
主任………………………………………8797769
办公室……………………………………8555065

一公司

书记………………………………………8720859
经理………………………………………8720924
党群办……………………………………8720765
生产办……………………………………8720124
调度………………………………………8729861

油气运输

经理………………………………………8505901
副经理……………………………………8505903
党群办……………………………………8505916
生产办……………………………………8505906
调度室……………………………………8505910

物流公司

经理………………………………………8739111
副经理……………………………………8739056
办公室……………………………………8730737

中油公司

书记………………………………………8772536
经理………………………………………8773098
财务………………………………………8772969

公关部……………………………………8772708
装备部……………………………………8772879
置业公司
经理……………………………………8786099
副经理……………………………………8797718
行政部……………………………………8502973
物业公司
书记……………………………………8783198
经理……………………………………7788198
办公室……………………………………7785108
星润化工
经理……………………………………8833256
办公室 ……………………………8833068-8865
东奥化工
经理……………………………………8833028
办公室……………………………………8351246
约克夏公司
总机……………………………………8730617
经理办公室……………………………………-8830
行政部……………………………………-8886
龙昊化工
经理……………………………………8833767
财务……………………………………8833279
机械制造
书记……………………………………8730367
经理……………………………………8739368
办公室……………………………………8730229
动力厂……………………………………8730376
防盗门厂……………………………………8730577
节能厂……………………………………8730176
商贸公司
书记……………………………………8793169
经理……………………………………8557125
办公室……………………………………8702222
财务……………………………………8799778
市场部……………………………………8552568
配件公司……………………………………8718416
旅行社……………………………………8234555
印务公司……………………………………8777818

山东胜利职业学院

地址：东营区北二路504号
邮编：257096

机关职能部门
党委办公室……………………………………8555280
党委组织部……………………………………8555204
纪监审计部……………………………………8551303
院办公室……………………………………8552793
劳动工资部……………………………………8555262
行政管理部……………………………………8555549
教务处……………………………………8554959
学生工作处（团委）……………………………8554128
招生与就业指导处……………………………8557912
直属单位
治安保卫中心……………………………………8521420
老年管理中心……………………………………8521438
财务资产管理中心……………………………8555202
成人教育中心……………………………………8521546
后勤管理中心……………………………………8554659
校园建设管理中心……………………………8553604
科级单位
石油工程系……………………………………8527382
机电工程系……………………………………8551305
储运与建筑工程系
信息工程系……………………………………8521649
管理工程系……………………………………8521634
公共课教学部……………………………………8521600
图书馆……………………………………8521726
信息电教中心……………………………………8521646
实习工厂……………………………………8555419
职业技能训练中心……………………………8795848
校办产业中心……………………………………8521490
建设工程分院
书记、院长……………………………………8799529
党政办公室……………………………………8791254
教务办公室……………………………………8502650
职业培训办公室……………………………8502791
学生工作办公室……………………………8501021
招生办公室……………………………………8553823
总务办公室……………………………………8502610
交通工程分院
书记、院长……………………………………8789098
党政办公室……………………………………8793964
教务办公室……………………………………8791504
驾培中心……………………………………8774443
总务办公室……………………………………8782578
医疗卫生分院
院长……………………………………8779286
书记……………………………………8551592

党政办公室……………………………8552232
教务办公室……………………………8551593
学生工作办公室…………………………8551595
职业培训办公室…………………………8770045

钻井工程技术公司

地址：东营市钻井路7号
邮编：257064

政工科室
党政办公室……………………………8629273
值班室…………………………………8725028
传真……………………………………8725844
组织科…………………………………8721359
宣传科…………………………………8627263
纪监审计科……………………………8627287
工会……………………………………8627257
生产科室
生产经营科……………………………8722208
安全环保科……………………………8621171
计划基建科……………………………8627283
物资装备科……………………………8725940
技术科…………………………………8722297
劳动工资科……………………………8627273
机关直属
财务资产管理中心………………………8723153
信息中心………………………………8627247
公共事业中心…………………………8627178
老年管理中心…………………………8721030
巴州分公司……………………………8629121
驻新疆办公室…………………(0996)6751639
驻轮台办事处…………………(0996)4690072
驻乌鲁木齐办事处……………(0991)7886645
仪器管理中心…………………………8725238
钻井国际工程部………………………8627961
定向井公司
书记……………………………………8722806
经理……………………………………8723223
党群工作部……………………………8629356
值班室…………………………………8722158
生产管理部……………………………8621690
调度室…………………………………8721749
经营管理部……………………………8723217
劳资、培训、企管………………………8723152
技术管理部……………………………8721968
泥浆公司
书记……………………………………8722533
经理……………………………………8725868
党群工作部……………………………8722807
值班室…………………………………8721751
生产管理部……………………………8721752
调度室…………………………………8721619
企业管理部……………………………8721742
劳资、培训……………………………8722023
市场管理部……………………………8722558
钻井职工培训中心
书记……………………………………8721238
中心主任办公室…………………………8723785
党群工作部……………………………8722169
教务处主任……………………………8724364
浅海安全培训办主任……………………8724164
党校办公室……………………………8723775
就业培训办主任…………………………8721995
HSE培训项目部…………………………8723019
井控培训项目部…………………………8629901
防硫化氢技术培训项目部………………8721661
涉外培训项目部…………………………8723592
总务处主任……………………………8623396

钻井工艺研究院

地址：东营市北一路827号
邮编：257017

机关部室
院办公室………………………………8552292
党群工作部……………………………8557995
纪监审计部……………………………8555335
经营管理部……………………………8553097
科研计划部……………………………8556875
人力资源部……………………………8552341
财务资产部……………………………8552807
安全生产部……………………………8555384
调度室…………………………………8552321
钻井工艺研究所
书记……………………………………8554131
所长……………………………………8771108
调度室…………………………………8797421
研究一室………………………………8501330
研究二室………………………………8797422
研究三室………………………………8797402

研究四室……………………………8797403
海洋工程装备研究所
书记……………………………8553979
所长……………………………8719200
办公室……………………………8783675
设计一室……………………………8783679
设计二室……………………………8783672
石油机械研究所
书记……………………………8780991
所长……………………………8702383
钻井工具研究所
书记、所长……………………………8702375
经营部……………………………8772430
技术部……………………………8702372
油田化学研究所
书记……………………………8555803
所长……………………………8791441
石油完井所
书记……………………………8794651
所长……………………………8772250
钻井信息中心
书记……………………………8501086
办公室……………………………8252999
钻井测量仪器研究所
所长……………………………8797673
办公室……………………………8701561
情报档案培训中心
书记……………………………8718209
主任……………………………8555885
钻井工程设计研究所
书记……………………………8705989
所长……………………………8794923
办公室……………………………8552411
侧钻技术中心
书记……………………………8785241
主任……………………………8771817
办公室……………………………8555564
欠平衡技术研究所
书记……………………………8702313
所长……………………………8773302
胜利金刚石钻头厂
书记……………………………8702351
厂长……………………………8795283
西部分院
书记……………………………8703069
新疆库尔勒办事处……………………(0996)2047787
新疆乌鲁木齐办事处……………………(0991)3673353
四川办事处……………………(0838)2801287
吉林松原办事处……………………(0438)2161276
汽车队
书记、队长……………………………8773593
调度……………………………8555882
物资供应中心
主任……………………………8780379
计划办公室……………………………8785245
综合服务中心
书记……………………………8552252
主任……………………………8555642
老年管理中心
主任……………………………8501156
办公室……………………………8553510
胜利油田金刚石研究开发公司
书记……………………………8559881
经理……………………………8503008
公司办公室……………………………8772145
高新技术开发中心
书记……………………………8553097

胜东社区管理中心

地址：东营市东营区东二路169号
邮编：257055

机关部室
党政办公室主任……………………………8733919
人力资源（组织）部……………………………8738611
思想政治工作部……………………………8738358
纪监审计部……………………………8631209
房产物业生产部……………………………8633556
规划计划（技术监督）部……………………………8631199
经营管理部……………………………8631618
安全环保部……………………………8738918
直属单位
财务资产管理中心……………………………8633696
公共事业中心……………………………8731899
机关车队……………………………8633282
物资供应办公室……………………………8765875
治安保卫办公室……………………………8738811
辛兴物业管理公司
书记……………………………8535001
经理……………………………8533666

瑞康物业管理公司
书记……8738188
经理……8732825
瑞达物业管理公司
书记……8731569
经理……8633568
莱建物业管理公司
书记……8739197
经理……8730211
锦华物业管理公司
书记……8930378
经理……8931998
学前教育中心
书记……8630918
主任……8630768
卫生管理中心
书记……8630588
主任……8630667
老年管理中心
书记……8765536
主任……8761581
房地产开发有限责任公司
书记……8766788
经理……8766288

胜北社区管理中心

地址：东营市东营区地质巷9号
邮编：257064

机关部室
党政办公室……8721367
思想政治工作部……8721530
人力资源（组织）部……8721579
物业房产部……8721257
规划计划部……8721445
经营管理部……8723039
安全环保部……8723842
纪监审计部……8722955
机关直属单位
老年管理中心……8722772
财务资产管理中心……8722769
信息新闻中心……8627138
医疗卫生管理中心……8721206
劳动就业服务站……8629830
安泰物业管理公司
经理……8796618
书记……8556475
胜兴物业管理公司
书记……8626175
经理……8622978
景安物业管理公司
书记……8727988
经理……8720168
景苑物业管理公司
经理……8721695
书记……8724771
锦霞物业管理公司
书记……8747921
经理……8747155
通明苑物业管理公司
书记……8741727
经理……8742727
胜北医院
书记……8625317
院长……8627909
油建卫生院
书记、院长……8705735
副院长……8551759
胜采医院
书记、院长……8624026
副书记……8628168
东安卫生院
书记……8729382
院长……8728699
肛肠病防治院
书记……8747342
院长……8642608
矿建公司
经理……8722536
书记……8629189
车辆管理中心
主任……8722474
副主任……8721456
公共事业中心
书记……8723001
主任……8721426
学前教育中心
书记……8627922
主任……8723016
胜景建安公司

书记……………………………………8629310
经理……………………………………8722396
胜利油田胜北木业装饰有限公司
经理……………………………………8726598
副经理…………………………………8726728

滨南社区管理中心

地址：滨州市渤海七路 799 号
邮编：256600
区号：0543

机关部室
党政办公室……………………………3463374
思想政治部……………………………3464638
人力资源部……………………………3462647
公共事业部……………………………3478804
安全环保部……………………………3479443
经营管理部……………………………3461391
纪监审计部……………………………3460394
直属科级单位
财务资产管理办公室…………………3460504
计划基建办公室………………………3479141
治安保卫办公室………………………3461427
卫生管理办公室………………………3461375
机关车队………………………………3460843
胜滨物业管理公司
书记……………………………………3460833
经理……………………………………3461843
建翔物业管理公司
书记……………………………………3468972
经理……………………………………3468767
滨南医院
书记……………………………………3463798
院长……………………………………3460471
建翔医院
书记……………………………………3469216
院长……………………………………3469226
教育培训中心
书记、主任……………………………3460627
副主任…………………………………3462147
物资生活服务公司
书记……………………………………3460125
办公室…………………………………3460157
老年管理中心
书记、主任……………………………3479341
副主任…………………………………3479273
豪韵房地产开发有限责任公司
书记……………………………………3479070
经理……………………………………3462518

孤岛社区管理中心

地址：东营市河口区孤岛镇
邮编：257231

机关部室
党政办公室……………………………8882156
人力资源（组织）部…………………8882452
思想政治工作部………………………8886853
物业管理部……………………………8886973
规划计划部……………………………8882495
经营管理部……………………………8882497
安全环保部……………………………8882455
机关直属
财务资产管理中心……………………8882643
基建管理中心…………………………8885111
物资供应办公室………………………8880112
劳动就业服务站………………………8881971
治安保卫中心…………………………8886583
公共事业中心…………………………8885842
老年管理中心…………………………8885143
朝阳物业管理公司
书记……………………………………8885978
经理……………………………………8885327
金星物业管理公司
书记……………………………………8893168
经理……………………………………8892302
绿化环卫大队
书记……………………………………8885670
大队长…………………………………8885570
综合大队
书记……………………………………8889436
大队长…………………………………8887768
学前教育中心
书记……………………………………8898378
主任……………………………………8899567
孤岛医院
书记……………………………………8881028
院长……………………………………8885892
汽车大队
书记、大队长…………………………8885578

调度……………………………………8882450

宏海实业有限责任公司

董事长、总经理……………………8886369

党政办公室…………………………8886844

财务部………………………………8889216

生产技术部…………………………8885846

调度室………………………………8886846

河口社区管理中心

地址：东营市河口区黄河路146号

邮编：257200

机关部室

党政办公室…………………………8572212

人力资源管理部……………………8572235

思想政治工作部……………………8572245

纪检监察部…………………………8572239

规划计划部…………………………8572887

物业管理部…………………………8572206

安全环保部…………………………8572215

经营管理部…………………………8572225

社区机关直属

公共事业服务中心…………………8571320

治保中心（综治办）………………8573467

老年管理中心………………………8673841

信息中心（电视台）………………8571635

财务资产管理中心…………………8572217

物资供应办公室……………………8661188

劳动就业服务站（职工培训中心）…8572232

稳定工作信息管理办公室…………8572208

物业管理一公司

书记…………………………………8662778

经理…………………………………8663766

物业管理二公司

书记…………………………………8570103

经理…………………………………8570013

绿化环卫公司

经理…………………………………8660771

副书记………………………………8660772

金色河口科贸中心

书记、经理…………………………8572530

党政办公室…………………………8572888

生产办………………………………8572532

经营办………………………………8572528

财务部………………………………8573638

车辆管理中心

主任…………………………………8571828

副书记………………………………8663228

房地产开发公司（基建办）

书记、副主任………………………8661141

办公室………………………………8679518

河口医院

书记…………………………………8661239

院长…………………………………8676125

河口钻井卫生院

院长…………………………………8576357

副院长………………………………8576310

计划生育与学前教育管理中心

主任…………………………………8665868

副书记………………………………8666757

临盘社区管理中心

地址：山东省临邑县

邮编：251507

区号：0534

机关部室

党政办公室…………………………8860419

人力资源部（组织科）……………8860700

人力资源部（劳资培训科）………8860421

纪监审计部…………………………8866373

思想政治工作部……………………8860502

生产安全部…………………………8866838

规划计划部…………………………8868886

经营管理部…………………………8860423

财务资产管理中心…………………8866886

公共事业中心………………………8861122

综合服务中心………………………8868391

老年家属管理中心…………………8861815

物业管理公司

教导员………………………………8861891

大队长………………………………8861986

供热供水大队

教导员………………………………8860342

大队长………………………………8860720

调度…………………………………8860144

临盘医院

教导员………………………………8862906

院长…………………………………8861795

院办…………………………………8861726

文化教育培训中心
教导员……8865128
主任……8861363
矿建公司
大队长、教导员……8860486
副大队长……8862973
德利公司
董事长……8866638
总经理……8860177
综合办公室……8861930

胜南社区管理中心

地址：东营市东营区西三路929号
邮编 257068

机关部室
党政办公室……8613031
思想政治工作部……8618955
人力资源（组织）部……8612175
房产物业部……8613200
经营管理部……8613033
规划计划部……8618907
安全环保部……8612510
纪监审计部……8613159
机关直属
财务资产管理中心……8618769
治安保卫办公室……8613053
基建管理中心……8610410
公共事业中心……8613171
医疗卫生中心……8613210
信息新闻中心……8613172
劳动就业服务中心……8618956
机关车队……8610426
兴河物业管理公司
经理……8775711
书记……8701096
聚华物业管理公司
书记……8856858
经理……8852458
纯梁物业管理公司
书记……8752103
经理……8755851
桐凤物业管理公司
书记、经理……8619369
副书记……8619767
胜辛物业管理中心
书记……8859777
主任……8859929
锦绣物业管理公司
书记……8618320
经理……8618320
老年管理中心
书记……8616059
主任……8613152
学前教育中心
书记……8610955
主任……8613016
医疗卫生系统
纯梁卫生院……8753551
汽修卫生院……8612637
现河卫生院……8782907
石化卫生院……8596120
物探卫生院……8852452
机厂卫生院……8611946
电厂卫生院……8594596

胜中社区管理中心

地址：东营市东营区济南路258号
邮编：257000

机关科室
党政办公室……8712640
人力资源部……8712679
思想政治工作部……8712690
物业房产部……8711467
规划计划部……8771174
经营管理部……8714414
安全环保（油地）部……8555097
纪监审计部……8555680
机关直属
老年管理中心……8775397
治安保卫办公室……8555667
财务资产管理中心……8556366
物资供应办公室……8714893
信息（新闻）管理中心……8712657
劳动就业服务站……8557094
公共事业管理中心……8777248
玉山物业管理公司
书记……8817862
经理……8817861

综合管理办公室……………………………8810142
馨园物业管理公司
书记……………………………………8792200
经理……………………………………8705966
综合管理办公室……………………………8771686
物华物业管理公司
书记……………………………………8772503
经理……………………………………8777566
综合管理办公室……………………………8557660
荟萃物业管理公司
书记……………………………………8777696
经理……………………………………8701298
综合管理办公室……………………………8559938
汽车大队
大队长……………………………………8710116
教导员……………………………………8710085
调度室……………………………………8778843
城区管理大队
教导员……………………………………8712131
大队长……………………………………8551536
市政管理公司
教导员……………………………………8776932
经理……………………………………8797566
青少年活动中心
书记……………………………………8710376
主任……………………………………8711070
学前教育中心
书记……………………………………8712692
主任……………………………………8710030
机关医院
教导员……………………………………8713830
院长……………………………………8556988
供应卫生院
教导员、副院长…………………………8785826
院长……………………………………8787618
集输卫生院
教导员……………………………………8783313
院长……………………………………8775201
妇幼保健院
教导员……………………………………8702759
院长……………………………………8527723
房地产开发公司
经理……………………………………8556748
教导员……………………………………8502299
园林公司
书记……………………………………8712488
经理……………………………………8778910
石化开发公司
经理……………………………………8183588
书记……………………………………8187088
社兴实业总公司
党委书记、经理…………………………8797699
党委副书记………………………………8788648
奥达公司
经理……………………………………8796745
综合管理办公室……………………………8781854
胜中宾馆
书记、经理………………………………7661918
总服务台…………………………………7661978
齐鲁园
经理……………………………………8712760
办公室……………………………………8711643
盛中大酒店
经理……………………………………7662898
综合办公室………………………………7662899
胜中加气站
办公室……………………………………8717108
财务……………………………………8996111
胜通电讯总公司
书记、经理………………………………8797728
副经理……………………………………8791900
综合办公室………………………………8778516

仙河社区管理中心

地址：东营市河口区仙河镇
邮编：257237

中心机关
党政办公室………………………………8581528
思想政治工作部…………………………8487011
人力资源（组织）部……………………8485849
生产管理部………………………………8580105
经营管理部………………………………8585348
计划基建部………………………………8581810
纪监审计部………………………………8581869
机关直属
财务资产管理中心………………………8485300
老年管理中心……………………………8581906
公共事业中心……………………………8485564
治安保卫中心……………………………8582961

卫生管理中心……8581797
劳动就业服务站（再就业服务中心）……8488966
预算站……8581417
电视台……8582376
招待所……8581116
基建监理部……8581358
440 客户服务中心……8581219

物业管理一公司
书记……8581394
经理……8582834

物业管理二公司
书记……8482591
经理……8481778

市政管理公司
书记……8485926
经理……8481060

学前教育中心
书记……8485984
主任……8581050

滨海医院
书记……8588697
院长……8581590

矿建大队
大队长……8581651
书记……8582302
综合办公室……8481979

胜利油田仙河投资发展有限公司
董事长、总经理……8588998
党政工作部……8581805
经营管理部……8482559
安全管理……8588166
财务管理部……8585598

胜利医院

地址：东营市北二路 802 号
邮编：257055

值班电话
院总值班室 (1) ……8811300
院总值班室 (2) ……8811003
急诊科 (1) ……8811120
急诊科 (2) ……8812120

政工科室
党政办公室……8811419
组织科……8811058
宣传科……8811230
纪监科……8811028
群工科……8811061
治安保卫中心……8811009

行政科室
医务科……8811207
健康查体中心……8811310
远程会诊……8369999
护理部……8811432
院内感染管理科……8811097
劳资科……8811059
财务资产科……8811178
经营管理科……8811179
科技教育中心……8811169
信息中心……8811111
微机室……8811668
档案室、病案室……8811478
统计室……8811447
图书馆……8811358
设备科……8811065
门诊部……8811508
挂号室……8811018
注射室……8811033
预保科长……8811450
计划免疫室……8811174
疫情上报……8811271
住院处主任……8811651
精神住院处……8811140
结核住院处……8811217
门诊收费处……8811246
住院处登记室……8811309

临床科室
急诊科
急诊科值班室……8811120
副主任办公室……8811002

内科
内科门诊……8811593
内科支部书记、主任……8811467

外科
外科门诊……8811578
东营市乳腺疾病诊治中心……8811069
外科支部书记、主任……8811494

麻醉手术科
支部书记、主任……8811556
麻醉手术科……8811000

妇产科
- 妇产科门诊……8811348
- 支部书记、主任……8811241

儿科
- 儿科门诊……8811550
- 支部书记、主任……8811122

五官科
- 耳鼻喉科门诊……8811514
- 支部书记、主任……8811312

口腔科
- 门诊……8811536
- 副主任……8811161

眼科
- 门诊……8811517
- 主任……8811287

皮肤科
- 门诊……8811597
- 副主任……8811279
- 美容门诊……8811522

中医院（胜利中医分院）
- 门诊……8718302
- 办公室……8773435
- 支部书记、院长……8550976

医技科室

影像中心
- 支部书记、主任……8811446
- 介入室副主任……8811088
- CT室……8811130
- 放射科……8811008
- ECT室……8811537
- B超室……8811335
- MR室……8811139

检验科
- 支部书记、副主任……8811576
- 主任办公室……8811576

功能检查科
- 支部书记、主任……8811770
- 骨密度室……8811211
- 多普勒室……8811037
- 胃镜室……8811227
- 脑电图室……8811341
- 心电图室……8811354
- 肺功能室……8811771

理疗科
- 副主任……8811530

病理科
- 主任……8811428

药剂科
- 支部书记、主任……8811648
- 副主任办公室……8811505
- 会计室……8811125
- 西药库……8811652
- 药剂科内部总机……8811673
- 临床药学……8811006
- 精神科药房……8811379
- 结核科药房……8811485
- 急诊药房……8811416
- 中心药房……8811594
- 西药房……8811415
- 中药房……8811506
- 老年病科药房……8811305

老年管理中心
- 主任……8811291
- 副主任……8811166
- 文化活动中心……8811455

综合服务中心
- 主任……8811620
- 副主任……8811662

劳动服务中心
- 主任……8811657
- 副主任……8811712

2. 中国石化集团中原石油勘探局

地址：河南省濮阳市中原路 277 号
邮编：457001
区号：0393
传真：4828300
网址：www.zytx.com.cn
E-mail：jbwskl@sinopec.com.cn

中原油田是中国东部一个重要的石油天然气生产基地。油区横跨河南、山东两省的 6 市 12 个县（区），主要勘探开发区域东濮凹陷面积 5300km²。目前拥有固定资产原值 453.39 亿元，净值 160.51 亿元。

截至 2007 年底，累计探明含油面积 443.01km²、含气面积 149.07km²；探明石油地质储量 5.67 亿 t、凝析油地质储量 797.38 万 t，探明天然气地质储量 1301 亿 m³、溶解气地质储量 685.13 亿 m³；动用石油地质储量 5.18 亿 t、天然气地质储量 1061 亿 m³，累计生产原油 1.205 亿 t、天然气 385.93 亿 m³。2007 年新增探明油气地质储量 1129 万 t，生产原油 305 万 t、天然气 14.8 亿 m³。生产的原油主要输送到洛阳石化总厂，生产的天然气是周边地区工业、民用的重要原料和燃料，主要向河南、山东 20 多家大型国有企业和部分乡镇企业供应工业用气，向郑州、开封、济南等 14 个城市供应生活用气。

2005 年，中国石化集团把川东北普光气田划归中原油田开发建设。三年来，油田坚持进度服从安全、进度服从质量的原则，建立了“统一组织、统一管理、统一协调、统一指挥”的管理体制和运作机制，编制了完整的开发生产配套方案，为安全环保高效开发提供了保障。目前，气田开发方案不断优化，钻井施工高效运行，地面工程稳步推进，应急救援能力持续增强。2008 年，普光气田将建成 20 亿 m³ 生产能力，并为 105 亿 m³ 产能建设做好前期准备。

中原油田是我国最复杂的断块油气田之一，构造破碎、油气埋藏深、渗透率低，高温、高压、高盐，许多勘探开发难题属于世界级的课题。“十五”期间，中石化在中原油田组织了新一轮三年科技攻关会战，2 项成果达到国际领先水平，17 项成果达到国际先进水平，21 项成果达到国内领先水平，21 项技术获得国家专利，形成了具有中原油田特色的综合配套技术。2007 年，油田加大科技投入，整合科研力量，强化项目管理，突出解决瓶颈难题，实施重大科研项目 69 项，承担集团公司科研项目 18 项、国家“十一五”科技支撑计划项目 1 项，引进推广一批先进工艺技术，在勘探开发、石油工程等关键技术上取得了积极进展，为实现东濮中生界勘探新突破提拱了技术支撑。深化对高含硫气藏特征、开采难点及潜在危险的研究，初步形成了安全高效开发高含硫气田的配套技术。

当前，油田整体上已进入一个新的发展阶段。油田上下将认真贯彻中国石化的各项工作部署，全面落实科学发展观，以油藏经营管理为主线，以科技创新为手段，以改革管理为动力，稳定东濮、加快普光，安全环保、节能降耗，以人为本、促进和谐，在新的起点上扎实推进油田又好又快发展。

中国石化集团中原石油勘探局

部门	公网电话
局长办公室（政策研究室）	
主任	4819001
主任（政研室）	4823402
副主任	4733776
副主任	4733319
副主任（政研室）	4731269
值班室	4822172
传真	4828300
秘书科	4823324
传真	4821957
文书科	4821597
传真	4821230
政研科	4829230
调研科	4822157
督查科	4818620
传真	4822747
接待科	4891934
传真	4819320
文印站	4816297
企业管理处	
处长	4820758
副处长	4826466
副处长	4826910
副处长	4819310
传真	4826920
综合管理科	4823246
战略管理科	4731613
项目管理科	4821653
考核管理科	4731513
承包管理科	4824229
市场管理科	4819601
招标管理科	4892624
改革办公室	4733580
规划计划处	
处长	4894156
副处长	4893378
副处长	4733576
商务综合科	4816394
规划管理科	4822287
投资计划科	4824193
物资管理科	4732021
统计信息科	4824900
财务资产处	
处长	4828899
副处长	4810326
副处长	4819217
调研员	4732689
综合科	4810798
传真	4825336
预算管理科	4893818
资金管理科	4824293
成本核算科	4817770
外事财务科	4893531
税务核算科	4821168
资产管理科	4824361
资本运营科	4891452
债权管理科	4824001
人力资源处	
处长	4819615
副处长	4826096
副处长	4826597
副处长	4821797
干部管理科科长	4828334
劳动组织科科长	4821330
工资保险科科长	4824715
培训科科长	4892631
员工管理科科长	4894126
社会劳动力管理科科长	4894176
机关人力资源科科长	4821860
综合科科长	4821382
传真	4817632
职改办	4893136
博士后工作站	4821324
技术安全监督处	
处长	4826816
副处长	4892979
副处长	4822875
副处长	4822840
副处长	4822743

综合科……………………………………4821305
安全管理科…………………………………4819732
安全监督科…………………………………4819772
特种设备安全科……………………………4819874
外部市场安全环保监督管理科……………4819873
清理占压石油天然气管线违章建筑科……4821516
交通安全科…………………………………4827781
职业卫生科…………………………………4826793
环保科………………………………………4821040
质量管理科…………………………………4894074
计量科………………………………………4822959
标准化科……………………………………4894047
节能科………………………………………4821628

对外关系处

处长…………………………………………4819588
副处长………………………………………4816258
副处长………………………………………4822385
副处长………………………………………4824366
副处长………………………………………4819369
对外协调科科长……………………………4826933
土地管理科科长……………………………4826930
地籍管理科科长……………………………4819451
资金管理科科长……………………………4822901
土地监察科科长……………………………4731661
综合办公室主任……………………………4822275
综合办公室…………………………………4822275

生产管理处

处长…………………………………………4810888
副处长………………………………………4734566
副处长………………………………………4734586
副处长………………………………………4734518
副处长………………………………………4821064
综合科………………………………………4817132
生产运行科…………………………………4825344
传真…………………………………………4819563
防汛防震办公室……………………………4821828
电信科………………………………………4823015
运输科………………………………………4824541
产能运行科…………………………………4829055
井下作业管理科……………………………4818371
公路管理科…………………………………4810237

外事办公室

主任…………………………………………4826268
副主任………………………………………4827752

外事管理科

科长…………………………………………4893547
值班室………………………………………4893647
传真…………………………………………4821054

出国管理科

科长…………………………………………4827803
值班室………………………………………4823433
传真…………………………………………4823433

北京联络点

值班（传真）………………………(010)64292417

法律事务处

处长…………………………………………4822826
副处长………………………………………4733552
法律顾问室主任……………………………4731386
副处级调研员………………………………4822289

综合办公室

主任…………………………………………4822129
办公室………………………………………4823385

工商诉讼科

科长…………………………………………4816400
办公室………………………………………4821599

合同项目科

科长…………………………………………4821903
办公室………………………………………4733532

公司事务科

科长…………………………………………4734205
办公室………………………………………4824090

法规制度科

科长…………………………………………4891511
办公室………………………………………4891691

钻井工程处

处长…………………………………………4817136
副处长………………………………………4821948
副处长………………………………………4816397
办公室主任…………………………………4816006
技术管理科科长……………………………4816010
技术管理科（钻井工程编辑）……………4896135
生产管理科科长……………………………4818005
生产管理科（资料管理）…………………4819531
生产管理科（传真）………………………4822765
市场管理科…………………………………4820508

基建处

处长……………………………………………4822669
副处长……………………………………………4819238
调研员……………………………………………4810615

石油化工工程科

科长……………………………………………4821749
副科级干事……………………………………4819454
干事……………………………………………4819454

建筑公用工程科
（工程抗震管理办公室）

科长……………………………………………4891340
干事……………………………………………4823936
干事……………………………………………4823936

市场综合管理科
（基建工程招投标管理办公室）

科长……………………………………………4822773
正科级干事……………………………………4822773
干事……………………………………………4891814
传真……………………………………………4891814

装备处

处长……………………………………………4892826
副处长……………………………………………4820246
副处长……………………………………………4829326
综合科……………………………………………4823832
传真……………………………………………4819581
设备配置科……………………………………4820247
设备运行科……………………………………4822682
……………………………………………………4820047

审计处

主任……………………………………………4822091
副主任……………………………………………4825698
调研员……………………………………………4826205

综合科

科长……………………………………………4822240
副科长……………………………………………4894228
办公室……………………………………………4828556
传真……………………………………………4894228

项目管理科

科长……………………………………………4891014
办公室……………………………………………4823921

项目审理科

科长……………………………………………4829068
办公室……………………………………………4821342

综合办

（保卫处）

主任……………………………………………4733101
副主任……………………………………………4733103
副主任……………………………………………4820916
处长助理…………………………………………4816611
综合科……………………………………………4826643
传真……………………………………………4826644
协调督查科……………………………………4825533

武装部
（人防办）

部长……………………………………………4816226
综合办公室……………………………………4821607
军事科……………………………………………4821842

局党委办公室

主任……………………………………………4816066
副主任……………………………………………4894226
副主任……………………………………………4820369
秘书科长…………………………………………4894007
秘书科……………………………………………4821357
综合科长…………………………………………4821849
综合科……………………………………………4818686
信访办主任……………………………………4823984
信访办……………………………………………4820440
机要保密科长…………………………………4821578
机要文书…………………………………………4822964
值班电话…………………………………………4822486
传真……………………………………………4822132

局党委组织部

部长……………………………………………4733959
副部长……………………………………………4821693
办公室……………………………………………4732051
干部管理科……………………………………4824607
技术干部管理科………………………………4822827
组织科……………………………………………4824199
机关干部管理科………………………………4819477

局党委宣传部
（统战部、文明办、企业文化处）

部长……………………………………………4829169
副部长……………………………………………4828093
统战综合科……………………………………4822425
新闻宣传科……………………………………4822841
理论教育科……………………………………4822877
文明办创建科…………………………………4822153

企业文化科……………………………………4828328

局纪委
（监察处）

处领导
副书记、监察处长………………………………4819768
副书记、监察处副处长…………………………4819943
副处级纪检监察员………………………………4892423
办公室
副主任……………………………………………4821916
办公室……………………………………………4822816
信访举报…………………………………………4824627
传真………………………………………………4822616
纪检监察一室
主任………………………………………………4823831
办公室……………………………………………4819945
纪检监察二室
主任………………………………………………4819941
办公室……………………………………………4823609
纪检监察三室
主任………………………………………………4822819
办公室……………………………………………4893261
纪检监察四室
主任………………………………………………4733712
办公室……………………………………………4819942
审理室
主任………………………………………………4821529
办公室……………………………………………4822117
值班室……………………………………………4819854

局工会机关

副主席………………………………………………4824269
副主席………………………………………………4824650
办公室主任…………………………………………4829936
办公室………………………………………………4821686
办公室财务…………………………………………4821161
组织民管部…………………………………………4819725
生产保障部部长……………………………………4824648
生产保障部…………………………………………4824536
宣教部部长…………………………………………4822325
宣教部………………………………………………4821886
女工部部长…………………………………………4732256
女工部………………………………………………4821086
劳动争议调解办公室………………………………4829248
残联办公室…………………………………………4829232

局团委

副书记………………………………………………4733108
办公室主任…………………………………………4816035
组织部部长…………………………………………4893536
宣传部部长…………………………………………4821741
青工部部长…………………………………………4822614

局直属机关党委机关

副书记………………………………………………4893918
工会主席……………………………………………4824271
调研员………………………………………………4734569
党委办公室…………………………………………4821932
传真…………………………………………………4891699
组织科、团委………………………………………4823919
纪检、考核办公室…………………………………4817015
工会办公室…………………………………………4821964

局党委防范和处理邪教
问题工作办公室

主任…………………………………………………4816226
副主任………………………………………………4732256
督查科………………………………………………4810520
调研科………………………………………………4731970

生产物资调剂中心

中心领导
主任………………………………………………4824765
调研员……………………………………………4822636
副总会计师………………………………………4819703
党政办公室
主任………………………………………………4819688
办公室……………………………………………4819678
值班室……………………………………………4825317
财务资产科
科长………………………………………………4819708
办公室……………………………………………4819246
设备调剂科
科长………………………………………………4824004
办公室……………………………………………4823307
物资调剂科
科长………………………………………………4824629
办公室……………………………………………4819846
设备租赁科
科长………………………………………………4734070
办公室……………………………………………4828696
物资库（北区）
主任………………………………………………4810210
门岗………………………………………………4817493

物资库（南区）
　主任……………………………………4751730
　办公室…………………………………4753471
舒普凡厂区
　办公室…………………………………4753734

文化体育活动管理中心

中心领导
　主任……………………………………4828125
　副主任…………………………………4819724
　副主任…………………………………4819723
　副主任…………………………………4823025
综合办公室
　主任……………………………………4824569
　副主任…………………………………4817811
　办公室…………………………………4817812
　传真……………………………………4822104
文体活动管理科
　科长……………………………………4817810
文联
　主任……………………………………4829758
体协
　主任……………………………………4894454
中石化音乐舞蹈家协会
　主任……………………………………4824069
中原文化宫
　主任……………………………………4819843
　书记……………………………………4889940
　副主任…………………………………4824769
　副主任…………………………………4821630
　办公室…………………………………4819844
　会务部…………………………………4824060
中原歌舞团
　团长……………………………………4821015
　书记……………………………………4822857
　副团长…………………………………4821145
电影公司
　经理……………………………………4823445
　书记……………………………………4822363
　发行……………………………………4826485
　中原影都………………………………4825793
艺海公司
　经理……………………………………4823366
　书记……………………………………4894481
　办公室…………………………………4491758
体育站
　站长……………………………………4849211
　书记……………………………………4849262
　游泳池…………………………………4822762
　旱冰场…………………………………4804447
书画院
　院长……………………………………4823028
演出联络处
　经理……………………………………4824469
青少年艺术学校
　校长……………………………………4894450
　办公室…………………………………4810331
中原体育馆
　馆长……………………………………4889940

社会保险统筹中心

中心领导
　主任……………………………………4819802
　副主任…………………………………4803928
　主任助理………………………………4894573
　主任助理………………………………4894576
主任办公室
　科长……………………………………4893258
　党群管理………………………………4730727
　人事劳资（传真）……………………4818641
　办公室（值班）………………………4894583
　档案管理………………………………4896817
财务科
　科长……………………………………4828599
　财务室…………………………………4894127
养老保险科
　科长……………………………………4821050
　办公室…………………………………4828670
医疗保险科
　科长……………………………………4894564
　医疗保险………………………………4819803
　生育保险………………………………4818743
工伤保险科
　科长……………………………………4802941
　办公室…………………………………4818743
失业保险科
　科长……………………………………4820431
　办公室…………………………………4820431
统计信息科
　科长……………………………………4894595
　办公室…………………………………4820352
　办公室（水电）………………………4821108

办公室（师苑网点）……………………4802468
第十三管理科
科长……………………………………4819857
书记……………………………………4819961
办公室（离退休处）……………………4819804
办公室（科技新村）……………………4819814
办公室（机关网点）……………………4820325
办公室（地质院网点）…………………4733151
办公室（资料公司网点）………………4829404
第十四管理科
科长……………………………………4894570
办公室（二公司）………………………4818551
办公室（机厂）…………………………4818552
第十五管理科
科长……………………………………4820389
书记……………………………………4817530
办公室（财务）…………………………4819764
办公室（审批）…………………………4817836
第十六管理科
科长……………………………………4818745
办公室（油建）…………………………4826426
办公室（特修厂）………………………4753457
第十七管理科
科长……………………………………4720931
书记……………………………………4880267
办公室（运输）…………………………4880489
办公室（盟城）…………………………4884690
办公室（供应处）………………………4882613
第十八管理科
科长……………………………………4878237
办公室…………………………………4877704
第一管理科
科长……………………………………4851862
办公室…………………………………4851822
第二管理科
科长……………………………………4844305
办公室…………………………………4842221
第三管理科
科长……………………………………4839809
办公室…………………………………4831815
第四管理科
科长……………………………………4854660
办公室…………………………………4854022
第五管理科
科长……………………………………4812070
办公室…………………………………4812064
第六管理科
科长……………………………………4861181
办公室…………………………………4861262
第七管理科
科长……………………………………4809002
办公室…………………………………4809907
第八管理科
科长……………………………………4865889
办公室…………………………………4865993
第九管理科
科长……………………………………4834622
办公室…………………………………4834623
第十管理科
科长……………………………………4876395
办公室…………………………………4876394
第十一管理科
科长……………………………………4801281
书记……………………………………4848530
办公室（测井）…………………………4819932
办公室（物探）…………………………4899611

职业指导服务中心

中心领导
主任……………………………………4731501
副主任…………………………………4819384
综合科
科长……………………………………4817560
副科长…………………………………4824871
职业介绍科
科长……………………………………4819754
副科长…………………………………4823328

矿区建设工程部

部领导
经理……………………………………4816419
书记……………………………………4824343
副经理…………………………………4818817
副经理…………………………………4816415
综合办公室
主任……………………………………4825036
副主任…………………………………4825046
人事、劳资……………………………4818540
财务……………………………………4825034
传真……………………………………4818240
预算科
科长……………………………………4816412

办公室……4821879
合同科
科长……4816417
办公室……4825042
质检科
副科长……4825041
施工科
科长……4816363
安装工艺科……4825054

中原油田宾馆

总机……4821945
宾馆领导
经理……4816234
副经理……-4307
副经理……-4403
副经理……-4118
副经理……-4303
机关部室
党政综合办公室……4816235
传真……4816235
人力资源部……-2105
财务资产部……-3101
经营管理部……-3101
会计核算部……-6145
前厅部
5# 楼总台……4824797
传真……4820872
4# 楼总台……4821260
接待经理……-8188
总机室……-7000
客房部
一楼值班室……-5120
二楼值班室……-5200
三楼值班室……-5300
四楼值班室……-5400
餐饮部
4# 楼餐厅（自助餐厅）……-6131
5# 楼餐厅……4817100
风味餐厅……4820873
佳名旅行社
办公室……4817101
传真……4817101
工程部
经理……-4302
办公室……-2202
洗衣房……-6126
安全保卫部
办公室……-6150
采购供应部
办公室……-8167
普光后勤服务部
总台……4736299
苏丹大尼罗河宾馆
经理……00249-912150083
总台……00249-83226587
安阳接待站
办公室……(0372)5297600
传真……(0372)5912601

局机关车辆管理中心

中心领导
经理……4734066
书记……4892479
副书记……4821576
副经理……4891698
副经理……4819715
副经理……4733509
机关科室
党政办公室……4817573
人力资源办公室……4892344
安全保卫办公室……4821239
设备管理办公室……4817571
生产调度办公室……4822402
经营财务办公室……4819225
基层队（站）
一中队……4816312
二中队……4892234
三中队……4816313
四中队……4819430
修保厂……4816310
加油站……4827261
材料站……4824755

西部工作委员会

综合办公室
主任……4821526
办公室……4823800
西部……(0991)3663759
市场工作部
经理……(0991)3679789
副经理……(0991)3679078
HSE 监督管理站

副站长……………………………(0991)3694883
办公室……………………………(0991)3668679

石化质监管理总站
（中原石油分站）

站领导
站长、书记……………………………4893978
副书记……………………………4821691
综合管理科
科长……………………………4821691
办公室……………………………4823308
建筑工程质量监督科
科长……………………………4818142
办公室……………………………4734237
石化工程质量监督科
科长……………………………4818141
办公室……………………………4810991

投资管理中心
（多元开发处）

中心领导
主任（处长）……………………………4894529
党委书记……………………………4820686
业务科室
中心办公室……………………………4823435
党群办公室……………………………4823427
财务资产科……………………………4817506
外部投资管理科……………………………4828211
商业保险代理科……………………………4817503
产权管理科……………………………4817501
多种经营科……………………………4810917
考核科……………………………4817502
南方经营管理科 ……………………(0755)27761788
法律事务科……………………………4828470
张文洲……………………………4801272

濮阳中原贝德弗化学建材有限公司

总经理……………………………4751776
副总经理……………………………4752146
财务总监……………………………4751797
总工程师……………………………4751239
总经理助理……………………………4751290
总经理助理……………………………4751268
综合办公室主任……………………………4751290
市场营销部部长……………………………4752148
生产质量管理部部长……………………………4751275
财务资产部部长……………………………4751221
出口工作部部长……………………………4751268
物资采购部部长……………………………4751239
营销中心经理……………………………4493628

濮阳永辉机械修配有限公司

总经理办公室……………………………4875268
公司办公室……………………………4875225
经营办公室……………………………4875535
修理车间……………………………4875806

濮阳中大汽车修理有限公司

总经理办公室……………………………4834581
书记……………………………4834408
副经理……………………………4834408

濮阳拳王日用化工有限公司

总经理……………………………4828366
副总经理……………………………4894030
总经理办公室……………………………4823704
营销管理部……………………………4825466
财务部……………………………4828144
精细化工厂……………………………4871431
气雾剂厂……………………………4875488

债权债务清理处

处长……………………………4810326
调研员……………………………4829255
综合科……………………………4893910
清理一科……………………………4893901
清理二科……………………………4893941

离退休职工管理处

处领导
处长、书记……………………………4822770
副书记……………………………4823829
副处长……………………………4823997
调研员……………………………4821073
调研员……………………………4824443
机关
党政办公室……………………………4817537
传真……………………………4829524
财务资产科……………………………4823359
科长……………………………4820356
老年管理科……………………………4822488
老年文体科……………………………4822414
老年思想教育科（关工委）……………………4821095
经营办……………………………4828430
老干部管理站
站长……………………………4826242

书记……4732900
老年敬托院
院长……4891655
书记……4826871
副院长……4731281
副院长……4829113
办公室……4824839
老年大学……4826244
《石化老年》编辑部……4822397
老年活动中心……4819685
综合服务站……4817535

钻井一公司

公司领导
经理……4805186
书记……4805966
副经理……4808967
总工程师……4807022
总会计师……4800538
副经理……4806555
工会主席、纪委书记……4809837
副总工程师……4808535
副总工程师……4800550
副总工程师……4800369
副总工程师……4800601
副总工程师……4800956
副总工程师……4800237
副总工程师……4800297
副总工程师……4809910
副总工程师……4800550
副总工程师……4809299
副总工程师……(0818)4736607
副总工程师……4805992
副总工程师……4805993
副总工程师……4809868
副总经济师……4806128
副总经济师……4800316
副总会计师……4806819
副总工程师……4800451
经理办公室
主任……4806128
副主任……4800690
办公室……4800251
生产协调科
科长……4800277
工农科长……4800220
副科长……4800227
值班室……4800408
质量安全科
科长……4800601
副科长……4800225
国有资产科
科长……4800268
副科长……4800432
设备库……4800578
计划财务科
科长……4806819
副科长……4800434
报销组……4800114
成本组……4800963
综合组……4800496
结算组……4800636
经营管理科
科长……4800316
副科长……4800262
副科长……4800791
市场开发部
主任……4800550
副主任……4800257
副主任……4800424
国际业务部
主任……4807196
苏丹办……4807940
人事劳资科
科长……4800320
劳资……4800141
培训……4800321
党委办公室
主任……4800687
办公室……4800757
组织科
科长……4800224
办公室……4809747
纪检办公室
主任……4800293
办公室……4800986
群众工作部
主任……4809001
副主任……4800460
保卫科
科长……4800837

教导员……………………………………4800319
副科长……………………………………4800927
文化办
主任……………………………………4806359
办公室……………………………………4805359
工程技术大队
大队长……………………………………4805992
书记……………………………………4800956
副大队长……………………………………4807724
副大队长……………………………………4800942
副大队长……………………………………4809927
副大队长……………………………………4800724
副大队长……………………………………4800913
综合室……………………………………4800942
计算机室……………………………………4800942
财务室……………………………………4800942
调度室……………………………………4800593
泥浆化验室……………………………………4800275
钻前工程大队
大队长……………………………………4800856
书记……………………………………4800435
副大队长……………………………………4800407
办公室……………………………………4800888
技术、安全……………………………………4800339
财务……………………………………4800436
职工食堂……………………………………4807132
基层队
安装队……………………………………4800908
拖拉机队……………………………………4800499
搬安队……………………………………4806104
车队……………………………………4800488
水电队……………………………………4800813
机械加工队……………………………………4800203
设备修理队……………………………………4800203
泥浆站
站长……………………………………4753448
书记……………………………………4753678
副站长……………………………………4753420
调度室……………………………………4753659
安全……………………………………4753627
泥浆队……………………………………4753649
运输队……………………………………4753445
化工队……………………………………4753443
综合办……………………………………4753450
供应站
站长……………………………………4806185
书记……………………………………4808292
副站长……………………………………4800566
财务……………………………………4800596
管理……………………………………4800231
安全……………………………………4800428
调度……………………………………4800428
机电……………………………………4800785
三材……………………………………4800530
配件……………………………………4800568
车队
大队长……………………………………4808794
调度……………………………………4800463
生活服务大队
大队长……………………………………4800223
副大队长……………………………………4800644
财务组……………………………………4800929
调度室……………………………………4800472
职工公寓……………………………………4800458
风华公寓……………………………………4806193
培训学校
校长……………………………………4800365
外部市场
东北调度……………………………………(0438)6101111
新疆调度……………………………………(0991)3854731
西南调度……………………………………(0818)4736616
川西调度……………………………………(028)84892097
塔海调度……………………………………(0470)6607562
冀东调度……………………………………(0315)8720751

钻井二公司

公司领导
经理……………………………………4828786
党委书记……………………………………4819358
副经理……………………………………4828890
总工程师……………………………………4828770
财务总监……………………………………4827876
纪委书记、工会主席……………………………………4828204
经理办公室
主任……………………………………4827340
文字秘书……………………………………4732015
值班室……………………………………4827430
传真……………………………………4828294
生产协调部
经理助理兼部长……………………………………4827738
副部长……………………………………4822184

副部长……………………………………4827092
副部长……………………………………4828309
副部长……………………………………4822719
调度室……………………………………4827150
传真……………………………………4827350
前指调度……………………………………4859562
技术安全监督科（HSE 监督站）
副总师兼科长……………………………………4821573
副科长……………………………………4827113
HSE 监督站站长……………………………………4733830
办公室……………………………………4827583
装备科
科长……………………………………4891046
副科长……………………………………4825796
副科长……………………………………4827348
基地设备库……………………………………4827550
皇甫设备库……………………………………4710521
油品化验站……………………………………4827432
人事劳资科
科长……………………………………4827360
副科长……………………………………4828267
副科长……………………………………4827302
经营科
科长……………………………………4827170
副科长……………………………………4732246
副科长……………………………………4826246
办公室……………………………………4828293
计划财务科
副总会计师兼科长……………………………………4823522
副科长……………………………………4826038
资金报销……………………………………4827362
资产管理……………………………………4892270
党委办公室
主任……………………………………4828247
副主任……………………………………4827149
办公室……………………………………4828512
组织纪检科
科长……………………………………4827212
办公室……………………………………4829205
纪检监察科
科长……………………………………4827062
办公室……………………………………4817909
工团办公室
主任……………………………………4827072
机关总支副书记……………………………………4827115
女工、计生主任……………………………………4827022
团委办公室……………………………………4827115
武装保卫科
科长……………………………………4827254
副科长……………………………………4829509
交通管理……………………………………4827148
办公室……………………………………4822867
市场开发科
科长……………………………………4827096
国际业务部
部长……………………………………4827262
办公室……………………………………4822942
传真……………………………………4891330
技术发展部
副总师兼部长……………………………………4827178
书记……………………………………4823326
副总师兼副部长……………………………………4822567
副总师兼副部长……………………………………4828112
副部长……………………………………4827272
工艺室副主任……………………………………4829260
工艺室副主任……………………………………4827175
工艺室副主任……………………………………4827070
完井室主任……………………………………4827452
综合室主任……………………………………4827498
泥浆室副主任……………………………………4828610
调度室……………………………………4827552
网管机房……………………………………4490323
物资供应站
站长……………………………………4827580
书记……………………………………4827025
副站长……………………………………4827496
计划组……………………………………4827142
管理组……………………………………4828507
财务组……………………………………4827132
配件化工组……………………………………4827593
电料杂项组……………………………………4827112
调度室……………………………………4828505
职工培训部
部长……………………………………4827176
书记……………………………………4817300
副部长……………………………………4827441
办公室……………………………………4828283
钻前大队
经理助理兼大队长……………………………………4732128
书记……………………………………4828601

副大队长……………………………………4734345
副大队长……………………………………4827591
调度室………………………………………4828634
安装队………………………………………4827091
水电队………………………………………4827481
机具队………………………………………4827271
生活服务大队
大队长………………………………………4828314
书记…………………………………………4827182
副大队长……………………………………4734207
副大队长……………………………………4827192
副大队长……………………………………4820220
招待所所长…………………………………4734207
调度…………………………………………4828319
服务队………………………………………4827523
综合队………………………………………4827129
招待所总台…………………………………4827409
餐厅…………………………………………4827592
纯净水厂……………………………………4828832
机关服务队…………………………………4827431
大学生公寓…………………………………4731207
机修大队
大队长………………………………………4891856
书记…………………………………………4828737
调度室………………………………………4827516
小车队
大队长………………………………………4827101
书记…………………………………………4734231
副大队长……………………………………4894062
副大队长……………………………………4827727
调度…………………………………………4821669
泥浆回收队
队长…………………………………………4892228
办公室………………………………………4827024

钻井三公司

公司领导
经理…………………………………………4867688
书记…………………………………………4865122
副书记………………………………………4865183
副经理………………………………………4771116
副经理………………………………………4865806
副经理………………………………………4771482
副经理………………………………………4771425
副经理………………………………………4771020
总会计师……………………………………4771428
涉外总监……………………………………4771030
首席技术专家………………………………4771529
调研员………………………………………4865105
调研员………………………………………4771487
专职副总师／技术专家
副总师………………………………………4771981
技术专家……………………………………4771456
技术专家……………………………………4865145
技术专家……………………………………4771602
党政办公室
主任…………………………………………4865271
副主任………………………………………4865263
副主任………………………………………4865045
值班室………………………………………4865104
群工部
部长…………………………………………4865812
副部长………………………………………4865953
生产协调部
部长…………………………………………4771528
副部长………………………………………4771407
副部长………………………………………4771460
办公室………………………………………4771400
安全技术监督部
部长…………………………………………4771405
副部长………………………………………4771468
办公室………………………………………4865025
党委宣传部
部长…………………………………………4865026
办公室………………………………………4865434
组织人事部
部长…………………………………………4865024
副部长………………………………………4865855
副部长………………………………………4865310
副部长………………………………………4865163
办公室………………………………………4865143
设备管理部
部长…………………………………………4865145
副部长………………………………………4865231
办公室………………………………………4865585
纪检监察部
部长…………………………………………4865160
办公室………………………………………4865943
市场管理部
部长…………………………………………4771483
副部长………………………………………4771424

办公室……………………………………4771423
企业管理部
部长……………………………………4771526
副部长…………………………………4771480
办公室…………………………………4771480
国际项目管理部
部长……………………………………4865664
副部长…………………………………4865664
计划财务资产部
部长……………………………………4865669
副部长…………………………………4865709
副部长…………………………………4868666
办公室…………………………………4866709
保卫科
部长……………………………………4771450
办公室…………………………………4865169
技术管理部
部长……………………………………4771602
副剖长…………………………………4771760
办公室…………………………………4771613
泥浆技术管理部
部长……………………………………4771408
副部长…………………………………4771403
办公室…………………………………4771060
运输大队
队长……………………………………4777898
书记……………………………………4777886
办公室…………………………………4777878
技术服务大队
队长……………………………………4752738
书记……………………………………4752738
办公室…………………………………4752576
小车队
队长……………………………………4865783
书记……………………………………4865872
办公室…………………………………4865240
钻采设备厂
厂长……………………………………4865636
书记……………………………………4865931
办公室…………………………………4865463
钻前大队
队长……………………………………4887400
书记……………………………………4720024
办公室…………………………………4887143
试油测试大队
队长……………………………………4755048
书记……………………………………4752894
办公室…………………………………4754608
物资供应站
站长……………………………………4865458
书记……………………………………4865449
办公室…………………………………4865459
林泉花园
经理……………………………………4866196
书记 ………………………4865152 转 8868
总台……………………………………4865344
总机线…………………………………4865152
生活服务公司
经理……………………………………4865128
书记……………………………………4865131
办公室…………………………………4865741

钻井四公司

公司领导
经理……………………………………4835988
书记……………………………………4835688
纪委书记………………………………4834425
副经理…………………………………4834259
副经理…………………………………4834206
财务总监………………………………4835899
副经理…………………………………4834897
经理助理………………………………4834379
经理助理………………………………4835665
经理助理………………………………4836156
副总师…………………………………4834261
副总师…………………………………4834372
副总师…………………………………4834722
副总师…………………………………4834179
副总师…………………………………4834030
副总师…………………………………4834066
副总师…………………………………4834483
副总师…………………………………4836208
经理办公室
主任……………………………………4834497
值班室…………………………………4834489
传真……………………………………4834615
党委办公室
主任……………………………………4834011
值班室…………………………………4834453
组织纪监科
科长……………………………………4836996

值班室……………………………………………4835978

群众工作部

部长………………………………………………4834669

值班室……………………………………………4834434

生产协调科

科长………………………………………………4834379

副科长……………………………………………4834554

传真………………………………………………4834617

值班室……………………………………………4834394

人事劳资科

科长………………………………………………4835721

培训………………………………………………4834440

工资………………………………………………4834445

财务资产科

科长………………………………………………4834435

副科长……………………………………………4834429

装备科

科长………………………………………………4834420

副科长……………………………………………4834625

传真………………………………………………4834420

经营管理科

科长………………………………………………4836208

副科长……………………………………………4834619

定额………………………………………………4834624

合同………………………………………………4834546

技术安全监督科

科长………………………………………………4834463

副科长……………………………………………4834471

办公室……………………………………………4834217

市场开发科

科长………………………………………………4834179

副科长……………………………………………4834119

值班室……………………………………………4834197

传真………………………………………………4834350

保卫科

科长………………………………………………4834637

书记………………………………………………4834664

技术发展部

部长………………………………………………4834261

副部长……………………………………………4834372

副部长……………………………………………4834030

副部长……………………………………………4834850

综合办公室………………………………………4834257

科技办公室………………………………………4835527

钻前工程大队

大队长……………………………………………4834978

书记………………………………………………4835078

调度………………………………………………4834177

机修大队

厂长………………………………………………4834281

书记………………………………………………4834255

调度………………………………………………4834291

综合组……………………………………………4834701

生活服务大队

大队长……………………………………………4836156

书记………………………………………………4836066

副大队长…………………………………………4834208

值班室……………………………………………4834801

招待所服务台……………………………………4834508

客房值班 ………………………………………4834376-8207

物资供应站

站长………………………………………………4836108

书记………………………………………………4834365

调度………………………………………………4834339

计划………………………………………………4836945

小车队

队长………………………………………………4835000

书记………………………………………………4834438

副队长……………………………………………4834145

调度………………………………………………4834149

培训学校

校长………………………………………………4834532

书记………………………………………………4834672

塔里木中原钻井公司

公司领导

经理……………………………………(0996)2173828

党委书记………………………………(0996)2173529

党委副书记……………………………(0996)2174303

副经理…………………………………(0996)2173522

副经理…………………………………(0996)2173521

财务总监………………………………(0996)2174426

总工程师………………………………(0996)2173820

副总工程师……………………………(0996)2174784

副总工程师……………………………(0996)2174436

副总工程师……………………………(0996)2173533

副总工程师……………………………(0996)2174412

副总机械师……………………………(0996)2173826

副总机械师……………………………(0996)2173826

副总工程师……………………………(0996)2173532

副总工程师……………………………(0996)2173532

副总工程师……………………(0996)2173533
机关
经理办……………………(0996)2173827
传真……………………(0996)2173822
生产管理科……………………(0996)2173821
传真……………………(0996)2175330
轮南调度……………………(0996)2178167
轮台调度……………………(0996)4698292
机关党总支……………………(0996)2175366
党群办……………………(0996)2173520
人力资源科……………………(0996)2173527
计划财务科……………………(0996)2173525
经营管理科……………………(0996)2173526
技术项目部 (1) ……………………(0996)2173533
技术项目部 (2) ……………………(0996)2174412
技术项目部 (3) ……………………(0996)2173524
市场开发部……………………(0996)2174436
QHSE 管理部 ……………………(0996)2173532
机动科……………………(0996)2173826
泥浆管理科……………………(0996)2174784
供应站……………………(0996)2173530
库房办……………………(0996)2179214
车队……………………(0996)2173531
招待所……………………(0996)2173535
办事处
（濮）主任 ……………………4829689
人事……………………4826048
培训……………………4823282
尼日利亚项目部……………………4829753
值班室……………………4826358
传真……………………4894138
（乌）办公室 ……………………(0991)7806016

钻井管具工程处

处领导
经理……………………4800015
书记……………………4805986
纪委书记／工会主席……………………4805566
副经理……………………4800060
财务总监……………………4800006
正处级调研员……………………4805996
副处级调研员……………………4809068
首席技术专家……………………4800003
经理助理、副总师
经理助理……………………4800058
副总工程师……………………4800005
经理助理……………………4800023
经理助理……………………4800030
经理助理……………………4808339
副总会计师……………………4809080
技术专家……………………4800701
技术专家……………………4805546
经理办公室
主任……………………4800008
值班室……………………4800021
传真……………………4809066
人事劳资科
科长……………………4808593
办公室……………………4800029
经营计划科
科长……………………4800038
副科长……………………4800053
副科长……………………4800012
项目办……………………4806129
财务资产科
科长……………………4800032
成本……………………4800041
报销……………………4800082
企业管理科
办公室……………………4809080
技术科
科长……………………4800701
办公室……………………4800057
生产协调科
科长……………………4800059
值班室……………………4800019
值班室……………………4800016
传真……………………4800783
机动安全科
科长……………………4809128
办公室……………………4800027
党群工作部
主任……………………4800049
副主任……………………4800052
信访保密……………………4809208
纪检监察……………………4808121
团委……………………4806055
管修车间
办公室……………………4800074
井控车间
办公室……………………4800069

机加工车间

办公室……………………………………………4800070

技术服务大队

办公室……………………………………………4800072

值班室……………………………………………4800558

机械运输大队

大队长……………………………………………4800071

调度………………………………………………4800013

卫城管具大队

大队长……………………………………………4834969

副书记……………………………………………4835348

副大队长…………………………………………4835249

高工………………………………………………4834284

调度………………………………………………4834401

经管………………………………………………4834602

兰考管具大队

大队长……………………………………………4868368

调度………………………………………………4865420

金刚石钻头厂

办公室……………………………………………4806633

营销部……………………………………………4805546

治安保卫大队

大队长……………………………………………4809924

物资供应站

站长………………………………………………4800431

计划组……………………………………………4808148

培训学校

办公室……………………………………………4800030

新疆轮台管具工处

经理……………………………………(0996)4685296

调度……………………………………(0996)4685229

财务……………………………………(0996)4685288

西南分公司

调度………………………………………………4736775

传真………………………………………………4736776

项目办

办公室……………………………………………4806129

陕北分公司

调度……………………………………(0912)4213087

鄂尔多斯项目组

调度……………………………………(0912)3410288

冀东项目组

调度……………………………………(0315)8835758

哈萨克斯坦项目组

办公室……………………………………………4800056

也门项目组

办公室……………………………………………4800056

苏丹项目组

办公室……………………………………………4800056

沙特项目组

办公室……………………………………………4808339

固井工程处

总机………………………………………………4800011

处领导

经理………………………………………………4805998

书记………………………………………………4805886

副经理……………………………………………4805816

副经理……………………………………………4800077

财务总监…………………………………………4805808

副总师（经理助理）

副总工程师………………………………………4800826

副总工程师………………………………………4800010

经理助理…………………………………………4800086

副总工程师………………………………………4807469

副总工程师………………………………………4809567

副总工程师………………………………………4800090

经理助理…………………………………………4807489

副总工程师………………………………………4800022

副总工程师………………………………………4808385

副总工程师………………………………………4800061

经理办公室

主任………………………………………………4800022

秘书………………………………………………4800730

值班室……………………………………………4800066

传真………………………………………………4800046

打字复印…………………………………………-8837

收发室……………………………………………-8838

人事劳资科

科长………………………………………………4800137

干部管理 …………………………………………8840

人事、培训 ………………………………………8841

财务资产科

科长………………………………………………4805896

副科长……………………………………………4809052

出纳、报销………………………………………4800083

经营管理科

科长………………………………………………4800037

副科长……………………………………………-8906

合同、物资………………………………………4808305

统计……………………………………………-8845
装备科（技术安全监督科）
科长……………………………………………4800170
副科长…………………………………………-8848
装备……………………………………………-8847
安全……………………………………………4800149
生产协调科
科长……………………………………………4809567
科长 ……………………………………………-8852
调度室…………………………………………4800079
电话会议机……………………………………4800075
大班……………………………………………-8854
资料……………………………………………-8858
国际业务部
部长……………………………………………4800093
际业务部 ………………………………………-8910
党群工作部
部长……………………………………………4800092
副部长…………………………………………4800055
党办、组织……………………………………-8857
纪检、信访……………………………………-8905
女工、计生……………………………………-8860
宣传、团委……………………………………-8861
固井技术研究所
所长……………………………………………4800826
副书记…………………………………………4800040
副所长…………………………………………-8874
政工员…………………………………………-8875
施工室…………………………………………-8876
研究室…………………………………………-8877
科技办…………………………………………-8824
化验室…………………………………………-8879
灰库化验室……………………………………4721413
流量计室………………………………………-8880
核算、统计……………………………………-8881
固井一分处
经理……………………………………………4800086
副经理…………………………………………4807279
副经理…………………………………………-8869
副书记…………………………………………-8867
一分队…………………………………………-8864
HSE 政工员……………………………………-8862
一分处储运值班室……………………………4722737
核算、统计……………………………………-8800
散灰储运中心
主任……………………………………………4721406
书记……………………………………………4722738
副主任…………………………………………4721408
副主任…………………………………………4721417
调度……………………………………………4721411
调度（传真）…………………………………4721407
储运食堂………………………………………4721791
物资采办部
经理……………………………………………4800091
书记……………………………………………4807841
副站长…………………………………………-8884
核算、统计……………………………………-8885
物资、统计……………………………………-8886
修理班…………………………………………-8908
计划组…………………………………………4800094
灰库保管员……………………………………4721423
小车队
队长……………………………………………4806326
书记……………………………………………4800076
HSE 监督员……………………………………-8911
调度……………………………………………-8893
核算、统计……………………………………-8894
综合队
队长……………………………………………4800068
书记……………………………………………4806140
副队长…………………………………………-8899
培训学校………………………………………-8907
核算、统计……………………………………-8897
食堂……………………………………………-8898
HSE 监督站
站长……………………………………………4807941
…………………………………………………-8882
副站长…………………………………………-8883
HSE 监督员……………………………………-8863
检验员…………………………………………-8850
外部项目组
新疆项目组……………………………(0996)4685287
西北项目组……………………………(0912)4220669
东北项目组……………………………(0438)2968306
西南项目组……………………………(0818)5822595
山西项目组……………………………(0356)7082304
内蒙项目组……………………………(0478)5688032
南阳项目组……………………………(0377)68448389

钻井工程技术研究院

院领导

院长……4899296
总工程师……4899235
副院长……4895098
纪委书记、工会主席……4899697
副院长……4899651
首席技术专家
技术首席专家……4899640
技术首席专家……4899218
院副总师
副总工程师……4899703
院长助理……4899386
副总工程师……4896497
副总工程师……4896705
副总工程师……4898940
副总会计师……4899491
副总工程师……4890854
院长办公室
主任……4899629
办公室……4890027
人事劳资……4899497
传真……4897922
群工作部
主任……4899103
纪检监察……4890345
团委女工……4899087
科技办公室
主任……4899640
办公室……4899693
生产办公室
主任……4899052
办公室……4899151
调度室……4899520
经营管理科
科长……4899097
办公室……4890470
计划财务科
科长……4899491
资产……4899095
核算……4899030
钻井工艺研究所
所长……4899603
支部书记……4899509
副所长……4899970
油田化学研究所
所长……4899234
支部书记……4899387
所办……4890993
研发组……4899548
中试车间……4825238
钻井机械研究所
所长……4899702
支部书记……4896529
车间……4899754
销售……4771577
钻井仪表研究所
所长……4899094
技术信息研究所
所长……4819280
机房……4899284
油气层保护研究所
主任……4896705
泥浆监测……4899043
探井服务……4899295
泥浆研究……4899460
井下工具研究所
所长……4899191
无损检测……4890657
环境保护研究所
所长……4899843
水处理……4899437
堵漏室……4899333
定向井服务中心
主任……4898940
支部书记……4890854
副主任……4899475
下套管服务中心
主任……4899592
调度……4899393
车队
队长……4899021
调度……4899339
综合服务中心
主任……4899496
办公室……4899049
办公室……4899286
供应站……4897845
复印室……4899407
博士站
博士……4890307
博士……4899297

博士……4896891
博士……4771626
院值班室
值班室……4897713
西部分院
院长……(0991)3667295
办公室（传真）……(0991)3661916
调度……(0991)3835729
西南项目部
项目部办公室……(0818)5700350
环境保护研究所……(0818)5701597
下套管服务中心……(0818)5701886
井下工具研究所……(0818)5618407

勘察设计研究院

院领导
院长……4891990
书记……4828063
副院长……4828087
副院长……4828373
总工程师……4828027
院长办公室
主任……4828058
副总工程师……4822341
办公室……4826351
值班室……4821341
传真……4491804
党群工作部
主任……4823784
纪委……4820064
团委……4820084
企业文化办公室……4823759
人力资源部
主任……4821138
办公室……4823184
会计科
主任……4824903
办公室……4823273
办公室……4825436
资产设备科
主任……4733377
办公室……4822541
HSE 办公室……4891319
经营管理部
主任……4497336
办公室……4824065
项目管理部
主任……4821338
办公室……4823259
总工程师办公室
主任……4823202
办公室……4818670
办公室……4823159
市场开发部
主任……4820043
办公室……4821133
西北分院
院长……(0991)3667836
书记……(0991)3680796
办公室……(0991)3680798
办公室……(0991)3670012
传真……(0991)3680797
办公室……4821438
工程监理承包部
经理……4821141
监理部……4823373
承包部……4824039
岩土公司
经理……4823659
地质室……4825503
钻、触探队……4824185
科研所
所长……4825504
副所长……4817824
科研办公室……4826354
防腐室……4816804
化学、开发室……4822135
石油化工规划设计所
所长……4819624
书记……4824474
副所长……4819507
油田规划室……4823173
化工规划室……4825521
综合规划室……4819564
地面工艺设计所
所长……4821638
油气一室……4816391
油气二室……4824374
自控室……4823573
设备室……4823473
电信设计所

所长……4821738
电力室……4822290
通信室……4822473
建筑设计所
所长……4821838
副所长……4817605
结构一室……4823384
结构二室……4823484
建筑室……4819752
总图规划室……4824674
市政设计所
所长……4828703
副所长……4822273
注水污水处理室……4823673
给排水消防室……4818273
热工暖通室……4823584
经济研究所
所长……4817601
概预算室……4823160
勘察大队
队长……4893175
测量室……4824027
测量室……4822673
信息中心
主任……4823684
软件室……4891297
硬件室……4816814
绘图、图书……4820094
综合服务部
主任……4821379
副主任……4823459
晒图室……4824385
保卫科……4823284
收发室……4819753
值班室……4816824
碧波纯净水站……4894262
车队
队长……4817056
值班室……4824485

地球物理测井公司

公司领导
经理……4822581
书记……4824638
副书记、工会主席……4730038
副经理……4823191
副经理……4739985
财务总监……4733699
调研员……4824681
调研员……4821572
公司副总师
副总地质师……4829724
副总地质师……4823124
副总地质师……4821351
副总地质师……4821351
副总地质师……4822603
副总工程师……4822981
副总地质师……4824426
副总工程师……4821472
副总会计师……4824958
副总工程师……4829724
经理办公室
主任……4733638
副主任……4823581
副主任……4733638
办公室……4822825
传真……4492841
文印室……4732285
党委工作部
主任……4821633
办公室……4824926
传真……4824926
组织人事部
主任……4810668
办公室……4822481
计划财务部
主任……4739375
副主任……4822303
核算……4891644
办公室……4822663
债权债务清理办公室
主任……4824958
办公室……4731918
经营结算……4822440
市场经营部
主任……4730781
副主任……4823796
传真……4849480
技术装备部
主任……4734351
副主任……4822381

副主任……………………………………4893697
车辆检验……………………………………4818774
安全质量监督部
主任……………………………………4822168
副主任……………………………………4821397
副主任……………………………………4821334
安全质量办……………………………………4821397
生产作业部
主任……………………………………4816268
副主任……………………………………4823691
副主任……………………………………4732168
副主任……………………………………4891096
调度室……………………………………4821221
生产协调……………………………………4823442
会议专线……………………………………4819896
传真……………………………………4816789
工团工作部
主任……………………………………4821746
副主任……………………………………4821746
引进测井中心
主任……………………………………4733336
书记……………………………………4816368
副主任……………………………………4829847
办公室……………………………………4825828
生产组……………………………………4829847
仪修组……………………………………4824120
数控测井中心
主任……………………………………4824081
书记……………………………………4824083
副主任……………………………………4821880
中心办……………………………………4821840
生产组……………………………………4829474
仪修组……………………………………4849144
开发测井中心
主任……………………………………4849543
书记……………………………………4849434
副主任……………………………………4801979
生产组……………………………………4849540
经营组……………………………………4801973
仪修组……………………………………4804581
实验室……………………………………4730787
射孔压裂中心
主任……………………………………4849244
书记……………………………………4801749
副主任……………………………………4849541
副主任……………………………………4801772
经营组……………………………………4849741
生产组……………………………………4801772
射孔计算……………………………………4824220
射孔器材站
站长……………………………………4876579
书记……………………………………4875048
传真……………………………………4870889
解释计算中心
主任……………………………………4819093
书记……………………………………4824326
副主任……………………………………4732637
办公室……………………………………4892442
计算机室……………………………………4829374
卫星传输……………………………………4822781
东部解释评价室……………………………………4822368
西部解释评价室……………………………………4734211
套管井解释评价室……………………………………4823574
晒图室……………………………………4823124
物资供应站
站长……………………………………4803326
书记……………………………………4823187
副站长……………………………………4823187
计划组……………………………………4821346
保管组……………………………………4803541
管理组……………………………………4823502
引进库房……………………………………4826479
门卫……………………………………4803541
车辆修保站
站长……………………………………4848714
书记……………………………………4824920
副站长……………………………………4824920
润滑站……………………………………4802693
综合管理站
站长……………………………………4822320
书记……………………………………4821446
副站长……………………………………4821446
办公室……………………………………4823081
保卫部
办公室……………………………………4825389
治安队
队办……………………………………4823580
职工公寓
队办……………………………………4824483
1 号公寓……………………………………4462015

2 号公寓……………………………………4849125
职工餐厅
厅办……………………………………4820358
水厂……………………………………4802348
后勤服务队
队办……………………………………4823580
维修队
队办……………………………………4824724
新技术研究所
所长……………………………………4731528
副所长……………………………………4824383
办公室……………………………………4731369
工房……………………………………4829764
小车队
主任……………………………………4849324
调度……………………………………4824883
工程技术队
主任……………………………………4894014
副主任……………………………………4821880
源库……………………………………4893417
职工培训站
主任……………………………………4892154
副主任……………………………………4734191
外部项目部
普光项目部……………………………………4829724
陕北项目部……………………………………4822603
东北项目部……………………………………4821872
鄂北项目部……………………………………4821672
辽河项目部……………………………………4824183
冀东项目部……………………………………4849574
东部项目部……………………………………4822720
南部项目部……………………………………4822281
西北项目部……………………………………4821272
吐哈项目部……………………………………13939361762
东南项目部……………………………………4731261
青海项目部……………………………………4731261
特殊项目部……………………………………4821489
西部解释计算中心……………………(0991)7856418

地质录井处

总机……………………………………4828461
处领导
经理……………………………………4828640
书记……………………………………4817886
纪委书记、工会主席……………………………………4829128
副经理……………………………………4828549
副经理……………………………………4822566
财务总监……………………………………4821038
副经理……………………………………4810816
副经理……………………………………4820001
调研员……………………………………4828518
副总师……………………………………4828383
经理办公室
主任……………………………………4894208
值班室……………………………………4828612
服务室……………………………………-2154
人事劳资部
主任……………………………………4828340
劳动工资……………………………………-2024
教育培训……………………………………-2110
计划财务部
主任……………………………………4893521
财务报销……………………………………-2028
市场开发部
主任……………………………………4828645
合同办……………………………………-2147
科技装备部
主任……………………………………4828273
装备办公室……………………………………-2034
党群工作部
主任……………………………………4828509
组织科……………………………………-2022
工会、女工……………………………………-2039
纪检……………………………………4828732
团委……………………………………-2023
稳定办……………………………………4732023
党办传真……………………………………4824449
技术安全监督部
主任……………………………………4824504
标准……………………………………-2105
安全……………………………………-2194
物资管理中心
主任……………………………………4828484
副主任……………………………………-2216
录井一大队
大队长……………………………………4828701
书记……………………………………-2149
副大队长……………………………………-2031
副大队长……………………………………-2101
劳资组……………………………………-2046
生产技术组……………………………………4828122

政工组……………………………………-2053
数据处理…………………………………-2221
生产保障组………………………………-2109
值班室……………………………………-2223
生产调度室……………………………4823129

录井二大队
大队长……………………………………-2090

录井三大队
大队长…………………………………4824459
书记………………………………………-2180

录井四大队
大队长…………………………………4826376
书记………………………………………-3021
副大队长…………………………………-3022
生产组……………………………………-3025
劳资组……………………………………-3026

国际录井项目部
经理……………………………………4892835
书记………………………………………-2102
综合组……………………………………-2207

石油仪器仪表研发中心
大队长…………………………………4823772
书记………………………………………-2099
副大队长…………………………………-2001
调度………………………………………-2095
政工………………………………………-2092
硬件组……………………………………-3033
软件组……………………………………-2126
微机维修…………………………………-2094
电话维修…………………………………-2112

信息管理中心
主任……………………………………4820055
副主任……………………………………-2182
综合组……………………………………-2052
软件组……………………………………-2100
数据组……………………………………-2047
档案室……………………………………-2057

资料解释中心
主任……………………………………4828130
书记………………………………………-2027
副主任……………………………………-2017
分析组……………………………………-2043
方法组……………………………………-2020
设计组……………………………………-2033
质检组……………………………………-2204
解释组……………………………………-2087
装钉组……………………………………-2040
打字组……………………………………-2116
综合组……………………………………-2177

地质研究所
所长……………………………………4821523
书记………………………………………-2060
副所长……………………………………-3023
微机室……………………………………-2058
综合研究室………………………………-2049
录井技术室………………………………-2144
综合管理室………………………………-2183
项目组……………………………………-2127

测量队
队长……………………………………4824904
书记………………………………………-2084
测量组……………………………………-2083
综合组……………………………………-2081

生产车队
队长……………………………………4894628
书记………………………………………-2151
副队长……………………………………-2048
调度室……………………………………-2044
综合组……………………………………-2111

综合服务队
队长………………………………………-2120
招待所……………………………………-2123
公寓管理…………………………………-2122

地球物理勘探公司

总机……………………………………4824418

公司领导
经理……………………………………4897156
书记……………………………………4826799
副经理…………………………………4828101
副经理…………………………………4819692
副经理…………………………………4822490
副经理…………………………………4821087
纪委书记………………………………4890523
副经理…………………………………4897337
经理助理………………………………4899833
副总师…………………………………4824675
副总师…………………………………4898416
副总师…………………………………4890576
副总师…………………………………4828450
副总师…………………………………4896317

副总师……4822849
副总师……4899396
副总师……4896937
副总师……4896048
副总师……4897565
副总师……4897266
经理办公室
副主任……-6238
秘书……-6143
值班……4821149
档案……-6140
传真……4491162
人事劳资科
副科长……-6158
干部管理……-6124
综合……-6159
生产调度室
副调度长……-6612
副调度长……-6153
综合……4898478
工农……-6564
生产技术科
综合……-6154
质量管理……-6361
计划财务科
副科长……4899763
副科长……-6166
资产……-6262
报销……-6624
成本……-6133
资产装备科
副科长……-6172
设备管理……-6171
综合……-6212
经营管理科
副科长……-6177
副科长……-6709
综合……-6322
安全监督科
科长……4823575
副科长……-6178
副科长……-6712
综合……-6175
QHSE……-6591
交通……-6275

党委办公室
主任……4897039
副主任……-6219
综合……-6234
传真……4824131
党委组织科
科长……4823074
副科长……-6727
群众工作部
主任……4898223
副主任……-6197
团委……4897275
计生办……-6287
市场部
副主任……-6363
综合……4897018
国际工程项目部
副主任……-6601
综合……4497439
投标办……-6167
治安保卫大队
大队长……4823951
副大队长……-6471
内勤……-6182
涉爆管理……-6173
消防管理……-6181
外勤……-6110
民警队队长……-6181
民警队队部……-6473
采集方法研究所
所长……4897268
副所长……-6225
副所长……-6127
副所长……-6358
副所长……-6312
综合……-6151
项目管理……-6284
采集方法室……-6434
处理方法室……-6292
设备维修管理站
站长……4898553
副书记……-6115
副站长……-6922
检验……-6574
油水化验……-6192

仪器修理厂
副书记……………………………………-6737
副厂长……………………………………-6415
综合………………………………………-6445
修线班……………………………………-6476
爆炸组……………………………………-6477
仪器组……………………………………-6447
388 仪器组………………………………-6457
财务………………………………………-6462
电台………………………………………-6439
测绘中心
主任…………………………………4890793
副主任……………………………………-6296
综合………………………………………-6474
综合服务队
队长…………………………………4890746
副队长……………………………………-6269
副队长……………………………………-6966
公务员……………………………………-6135
打字室……………………………………-6148
收发室……………………………………-6348
办公用品…………………………………-6146
通讯站……………………………………-6138
招待所……………………………………-6324
综合车队
队长………………………………………-6136
书记………………………………………-6268
综合………………………………………-6173
调度…………………………………4823006
物资供应站
站长…………………………………4821492
书记………………………………………-6826
副站长……………………………………-6226
副站长……………………………………-6229
综合………………………………………-6482
计划…………………………………4890649
保管………………………………………-6485
财务组……………………………………-6484
调度………………………………………-6514
培训站
站长………………………………………-6255
培训管理…………………………………-6145
综合………………………………………-6274
苏丹项目经理部
副经理……………………………………-6362

国内地震队
2313 地震队………………………………-6316
2172 地震队………………………………-6137
2169 地震队………………………………-6291
2155 地震队………………………………-6191
2143 地震队………………………………-6232
国外地震队
96168－1 队………………………………-6325
96168－2 队………………………………-6437
97169－1 队………………………………-6319
97169－2 队………………………………-6329
21166 队…………………………………-6267
21196 队…………………………………-6332
21199 队…………………………………-6233

建设集团公司

公司领导
经理…………………………………4887896
书记…………………………………4887930
副经理………………………………4887938
副经理………………………………4887866
总工程师……………………………4887935
副经理………………………………4729786
副经理………………………………4887770
副经理………………………………4888352
总会计师……………………………4887966
经理办公室
主任…………………………………4887857
值班室………………………………4887970
小车队………………………………4880447
人事劳资科
科长…………………………………4887962
办公室………………………………4887967
财务科
科长…………………………………4729642
副科长………………………………4887965
办公室………………………………4880014
企业管理科
科长…………………………………4728481
副科长………………………………4887963
办公室………………………………4728277
市场经营科
科长…………………………………4729265
副科长………………………………4729255
生产安全科
科长…………………………………4720060

副科长……………………………………4887897
办公室……………………………………4207158
设备管理科
科长………………………………………4729641
副科长……………………………………4270012
办公室……………………………………4887927
技术质量科
科长………………………………………4729643
副科长……………………………………4729801
办公室……………………………………4887964
市场开发部
科长………………………………………4728415
办公室……………………………………4201399
物资供应站
站长………………………………………4728481
办公室……………………………………4720020
试验室
主任………………………………………4720334
党委宣传办公室
主任………………………………………4887971
办公室……………………………………4728877
组织纪检科
科长………………………………………4887664
办公室……………………………………4887349
工团办公室
科长………………………………………4887972
道桥工程一处
经理………………………………………4720022
副书记……………………………………4887351
副经理……………………………………4887353
党政办……………………………………4887350
劳资科……………………………………4887364
财务科……………………………………4887354
经营科……………………………………4889178
设备科……………………………………4887359
技术科……………………………………4887360
材料科……………………………………4756531
调度室……………………………………4751647
道桥工程二处
经理…………………………………13909980727
书记…………………………………13309965930
西部道桥工程处
经理…………………………………13369870162
书记…………………………………13709966800
驻濮办公室………………………………4888931

道桥工程三处
经理………………………………………4887723
书记………………………………………4729204
副经理……………………………………4887340
副经理……………………………………4729400
副经理……………………………………4728767
副经理……………………………………4727623
党政办……………………………………4887722
劳资科……………………………………4729293
材料科……………………………………4727403
机动安全科………………………………4887347
财务科……………………………………4887142
合同科……………………………………4729175
开发科……………………………………4729295
道桥工程四处
经理………………………………………4887279
书记………………………………………4880766
副经理……………………………………4889125
副经理……………………………………4880986
党政办……………………………………4880966
工程科……………………………………4880320
养护大队…………………………………4889437
路政………………………………………4880707
市政建设工程处
经理………………………………………4820416
书记………………………………………4827339
副经理……………………………………4827587
副经理……………………………………4827282
副经理……………………………………4827378
副经理……………………………………4823117
副经理……………………………………4820418
党政办……………………………………4827269
劳资科……………………………………4894053
财务科……………………………………4894035
经营科……………………………………4891474
技术科……………………………………4827634
材料科……………………………………4827380
预算科……………………………………4828301
设备科……………………………………4827492
建筑安装工程处
经理………………………………………4829116
书记………………………………………4893706
副书记……………………………………4821798
副经理……………………………………4816908
副经理……………………………………4816375

副经理……………………………………4861314
经理办……………………………………4822041
劳资科……………………………………4828982
安全科……………………………………4824680
技术科……………………………………4891005
开发部……………………………………4824960
财务科……………………………………4818857
党群办……………………………………4816609
物资站……………………………………4824811
培训站……………………………………4734592
房建工程部
经理………………………………………4727425
综合办……………………………………4727425
外联事业部
经理………………………………………4889968

工程建设总公司

公司领导
总经理……………………………………4825818
党委书记…………………………………4819036
总会计师…………………………………4817388
副总经理…………………………………4821405
副总经理…………………………………4822653
副总经理…………………………………4810624
副总经理…………………………………4824766
副总经理…………………………………4821919
副总经理…………………………………4818113
副总工……………………………………4731219
副总工……………………………………4826488
副总工……………………………………4731597
副总工……………………………………4826412
传真………………………………………4492718
总经理办公室
主任………………………………………4892298
值班室……………………………………4826866
企业管理科
科长………………………………………4825816
办公室……………………………………4826413
计划财务科
科长………………………………………4821989
稽核………………………………………4892841
成本………………………………………4810623
计划统计…………………………………4821680
机关报销…………………………………4891634
核算组……………………………………4892091
工程技术质量管理科
科长………………………………………4820277
副科长……………………………………4821707
微机房……………………………………4826411
人力资源管理科
科长………………………………………4892388
副科长……………………………………4826404
培训………………………………………4826421
焊接培训站………………………………4881314
安全生产环保科
科长………………………………………4894069
安全………………………………………4826402
工农………………………………………4822715
值班室……………………………………4821831
资产管理科
科长………………………………………4829826
党委办公室（机关党委）
主任………………………………………4821323
传真………………………………………4822107
组织科
科长………………………………………4822176
宣传科
科长………………………………………4822154
纪检监察办公室
主任………………………………………4821480
工会
主任………………………………………4821376
副主任……………………………………4821376
团委
书记………………………………………4818120
市场开发中心
主任………………………………………4821307
副主任……………………………………4810648
副主任……………………………………4810651
综合办……………………………………4810651
试验室
主任………………………………………4818033
第一工程处
经理………………………………………4751327
书记………………………………………4755202
副经理……………………………………4755204
副经理……………………………………4755201
党政办……………………………………4755205
工会宣传…………………………………4755222
生产办……………………………………4755223
劳资………………………………………4755220

财务……………………………………4751317
预算合同………………………………4755206
计划统计………………………………4755206
技术质量………………………………4755217
安全……………………………………4755205
调度……………………………………4753231
材料库…………………………………4751990
第一项目队……………………………4755214
第二项目队……………………………4755211
第三项目队……………………………4755213
第四项目队……………………………4755210
第五项目队……………………………4753231

第三工程处

经理……………………………………4821237
书记……………………………………4731176
副经理…………………………………4816271
副经理…………………………………4826355
副经理…………………………………4816272
副经理…………………………………4816275
综合办（传真）………………………4201525
劳资……………………………………4816274
经营办…………………………………4810370
预算……………………………………4731170
财务……………………………………4731172
技术办…………………………………4731173
生产办…………………………………4892678
材料……………………………………4201761
调度……………………………………4824482
项目一队………………………………4731175
项目二队………………………………4816903
项目三队………………………………4731177
项目四队………………………………4822951
综合队…………………………………4731174
人才市场………………………………4826723

综合工程处

经理……………………………………4720038
书记……………………………………4887740
副经理…………………………………4728531
副经理…………………………………4720908
副经理…………………………………4720879
综合办…………………………………4887404
预算……………………………………4720004
财务技术劳资…………………………4887164
材料组…………………………………4720062

电气工程处

经理……………………………………4826722
书记……………………………………4822907
副经理…………………………………4826738
副经理…………………………………4824033
副经理…………………………………4829584
副经理…………………………………4810499
党政办…………………………………4826732
生产……………………………………4826541
劳资……………………………………4826719
财务……………………………………4826730
预算……………………………………4826736
技术……………………………………4826720
材料组…………………………………4816132
后勤……………………………………4826449
一中队…………………………………4826733
二中队…………………………………4826735
自动化…………………………………4826717
机运队…………………………………4826737
调度室…………………………………4821819

电气工程二处

经理……………………………………4802675
书记……………………………………4803527
副经理…………………………………4821918
副经理…………………………………4822374
党政办…………………………………4802457
经管办…………………………………4802425
生产办…………………………………4822374
安全……………………………………4821918
材料组…………………………………4803455

机械化施工处

经理……………………………………4881045
书记……………………………………4883056
副经理…………………………………4721452
副经理…………………………………4722150
副经理…………………………………4722317
副经理…………………………………4721452
副经理…………………………………4721453
党政办…………………………………4721471
生产调度………………………………4881584
财务劳资………………………………4881507
安全预算………………………………4721453
材料技术………………………………4721475
油库……………………………………4881294

金属结构厂

经理……………………………………4881620

书记……………………………………………4722391
副经理…………………………………………4881424
副经理…………………………………………4722305
副经理…………………………………………4886503
副经理…………………………………………4886507
党政办…………………………………………4721499
生产办…………………………………………4882154
质检……………………………………………4881717
财务……………………………………………4886507
劳资开发………………………………………4886503
材料办…………………………………………4885220
技术科…………………………………………4886531

物资供应站

站长……………………………………………4826518
书记……………………………………………4822005
副站长…………………………………………4819421
副站长…………………………………………4733018
副站长…………………………………………4818571
副站长…………………………………………4827741
工会……………………………………………4821477
财务……………………………………………4819946
劳资……………………………………………4821847
物管办…………………………………………4892147
材料计划………………………………………4892143
试压站…………………………………………4821031
仓库……………………………………………4817494
安全……………………………………………4818572

市政工程处

经理……………………………………………4825308
书记……………………………………………4820433
副经理…………………………………………4824503
副经理…………………………………………4819233
副经理…………………………………………4733739
副经理…………………………………………4824733
综合……………………………………………4824733
经营……………………………………………4733739
财务……………………………………………4824503
材料……………………………………………4893024
技术……………………………………………4893024
生产……………………………………………4733739

储罐项目部

经理……………………………………………4752801
书记……………………………………………4752961
副经理…………………………………………4752862
副经理…………………………………………4751293
副经理…………………………………………4751985
经理办…………………………………………4752211
技术办…………………………………………4752200
财务……………………………………………4752945
材料……………………………………………4752962
安全……………………………………………4752962
质检办…………………………………………4752979

方正公司

经理……………………………………………4490570
书记……………………………………………4829747
副经理…………………………………………4823380
经营办…………………………………………4823380

濮城项目部

经理……………………………………………4841066
书记……………………………………………4841628
副经理…………………………………………4841636
劳资……………………………………………4841737
技术……………………………………………4844918
财务……………………………………………4810675
预算……………………………………………4810872
材料库…………………………………………4841734
保卫……………………………………………4841721

黄河南项目部

经理……………………………………………4753031
书记……………………………………………4752468
副经理…………………………………………4752941
副经理…………………………………………4752940
综合办（传真）………………………………4752942
技术预算………………………………………4752486
财务……………………………………………4752940
材料……………………………………………4753233
黄河南…………………………………………4860255

开发事业部

经理……………………………………………4752201
书记……………………………………………4753089
副经理…………………………………………4752209
经营……………………………………………4752202
综合办…………………………………………4752711
工程造价………………………………………4753080

电气开关厂

厂长……………………………………………4819960
书记……………………………………………4819046
副经理…………………………………………4826727
开发办…………………………………………4753182
综合办…………………………………………4820460

电子信息工程处
经理……4733766
副经理……4733766
财务……4733729
防腐制品厂
厂长……4753207
书记……4753209

供水管理处

处领导
经理……4821102
书记……4822598
副经理……4893098
副经理……4731058
纪委书记、工会主席……4732196
副经理……4824232
财务总监……4817696
经理助理、副总师、高工
经理助理……4823970
经理助理……4822798
经理助理……4822623
副总师……4828086
副总师……4823802
高工……4822004
高工……4820164
经理办
主任……4822798
办公室……4822295
生产科
科长……4822623
副科长……4827845
副科长……4828010
调度值班室……4824173
人事科
科长……4820025
工资调配……4820532
培训考核……4821170
财务科
科长……4891364
核算组……4823710
营业室
主任……4816437
结算室……4816437
计划科
科长……4827843
项目管理……4822860
工程预算……4810355
水源项目组……4822860
企管科
科长……4823802
副科长……4822847
办公室……4822460
技术科
科长……4823782
副科长……4823930
办公室……4894452
安全科
科长……4823970
副科长……4732336
办公室……4820603
办公室（设备）……4825750
党委办
主任……4824373
秘书……4823792
宣传、文书……4823227
传真……4821565
组织科
科长……4824510
办公室……4824547
工团办
主任……4822665
副主任……4822660
工会、团委、计生……4823174
基地中心管理区
主任……4739350
书记……4891057
副主任……4821883
办公室……4827627
调度室……4891034
第一管理区（文留）
主任……4853405
书记……4852687
副主任……4851040
调度室……4850605
第二管理区（濮城）
主任……4841638
书记……4841639
副主任……4841541
调度室……4843324
第三管理区（文明寨）
主任……4831567

书记……4831677
副主任……4831504
调度室……4831281

第四管理区（文南）
主任、书记……4855474
副主任……4855834
副主任……4855534

第五管理区（东环）
主任……4815770
书记……4813180
办公室……4812947

第六管理区（龙城）
主任……4753704
书记……4753211
副主任……4753142
办公室……4755642

第七管理区（马庄桥）
主任……4808107
书记……4807650
调度室……4300760

第八管理区（皇甫）
主任……4710273
副主任……4710171

第九管理区（卫城）
主任……4835146
书记……4836028
副主任……4835045

第十管理区（柳屯）
主任、书记……4875269
副主任……4875277
值班室……4875289

第十一管理区（盟城）
主任……4881197
书记……4881056
副主任……4881372
办公室……4881157

第十二管理区（东区）
主任……4731938
书记……4816015
副主任……4732134

第十三管理区（西区）
主任……4892542
书记……4821779
副主任……4891294
调度室……4892790

纯净水厂
厂长……4828264
书记、副主任……4810091
售水电话……4894033

黄河水源管理区
办公室……4730125

供用水监察大队（治保大队）
队长……4818578
书记……4730074
副队长……4818640
办公室……4821047
办公室……4821223
办公室……4816340

水质计量管理中心
主任……4816933
书记……4733760
副主任……4827842
副主任……4827723

汽车队
队长、书记……4804652
副队长……4730015

水井钻修工程部
主任……4824995
书记……4802252
副主任……4823128
副主任……4823030
副主任……4822247
办公室……4802837

管道工程施工中心
主任……4810861
书记……4827841
副主任……4810195
副主任……4730094
办公室……4734364

生产准备队
队长……4820061
书记……4820363
副队长……4803244
副队长……4824280
副队长……4810259

供热管理处

处领导
经理……4818041
书记……4828996
副经理……4828429

副经理……………………………………………4817141
副经理……………………………………………4892373
工会主席…………………………………………4893608
财务总监…………………………………………4817019
处机关科室
经理办公室主任…………………………………4824398
传真………………………………………………4823460
经理办公室………………………………………4822529
经理办公室………………………………………4892806
生产技术科科长…………………………………4817141
生产技术副科长…………………………………4892204
生产技术副科长…………………………………4731435
生产技术科 1 室…………………………………4891244
生产技术科 3 室…………………………………4892504
生产技术科 4 室…………………………………4893981
生产调度室………………………………………4816441
办公楼值班室……………………………………4818424
人力资源科科长…………………………………4827924
人力资源培训……………………………………4891747
人力资源工资统筹………………………………4731752
电焊工培训办公室………………………………4829894
经营管理科科长…………………………………4891728
经营管理副科长…………………………………4891774
经管管理副科长…………………………………4828415
经管科计划管理…………………………………4893484
经管科工程造价…………………………………4892736
经管科采暖收费…………………………………4892104
会计核算科科长…………………………………4822271
会计核算科（成本）……………………………4822241
会计核算科（资金）……………………………4892726
副总师、技术安全监督科科长…………………4892044
技安科副科长……………………………………4828413
技安科技术监督…………………………………4822390
经理助理、物资管理科科长……………………4819654
物资管理科（计划）……………………………4891074
物资管理科（统计）……………………………4892814
物资科库房………………………………………4893233
对外项目管理科科长……………………………4891844
对外项目管理科…………………………………4828873
党群办主任………………………………………4824530
传真………………………………………………4820681
党群办副主任……………………………………4891754
党群办（组织宣传）……………………………4892544
党群办（团委计生）……………………………4891742
纪检监察科长……………………………………4819743
纪检监察科………………………………………4894420
综合服务队队长…………………………………4732215
综合服务队办……………………………………4892594
小车队……………………………………………4732490
综合服务队食堂…………………………………4891724
供热一大队
站长………………………………………………4855542
副站长……………………………………………4854683
调度室……………………………………………4854526
采暖收费…………………………………………4854693
供热二大队
大队长……………………………………………4842202
书记………………………………………………4843457
副大队长…………………………………………4845808
调度室……………………………………………4841762
采暖收费…………………………………………4841602
老点锅炉房………………………………………4846835
油建锅炉房………………………………………4842154
一矿锅炉房………………………………………4847771
作业三处锅炉房…………………………………4847091
综合维修站………………………………………4841779
供热三大队
大队长……………………………………………4836106
传真………………………………………………4836258
副大队长…………………………………………4836378
副大队长…………………………………………4836138
调度室……………………………………………4836039
采暖收费…………………………………………4836258
三厂供热站………………………………………4833214
中心锅炉房………………………………………4831165
河西锅炉房………………………………………4831021
四公司供热站……………………………………4834384
西区锅炉房………………………………………4834305
供热四大队
大队长……………………………………………4876754
书记………………………………………………4870512
副大队长…………………………………………4876374
调度室……………………………………………4876047
面积收费…………………………………………4877146
天然气供热站……………………………………4877900
炼化供热站………………………………………4872165
井下南区供热站…………………………………4876144
井下北区供热站…………………………………4875350
输油供热站………………………………………4875305
供热五大队

大队长……………………………4800344
书记……………………………4808189
副大队长……………………………4808201
调度室……………………………4800349
面积收费……………………………4800750
锅炉车间监控室……………………………4800345
维修站……………………………4809663
供热六大队
大队长……………………………4824614
书记……………………………4892314
副大队长……………………………4733839
副大队长……………………………4823220
调度室……………………………4823270
中继线……………………………4892347
中继线……………………………4892374
中继线……………………………4892397
供热七大队
大队长……………………………4819664
书记……………………………4828187
副大队长……………………………4893474
副大队长……………………………4892574
副大队长……………………………4828534
调度室……………………………4816443
面积收费……………………………4892584
物探东供热站……………………………4823476
水电供热站……………………………4895927
测井供热站……………………………4890208
采油院供热站……………………………4892514
河东供热站……………………………4822735
录井供热站……………………………4894153
二所供热站……………………………4823242
河西供热站……………………………4821706
二公司供热站……………………………4827381
世景苑供热站……………………………4819464
机厂庆西供热站……………………………4820487
供热八大队
大队长……………………………4733963
书记……………………………4824759
副大队长……………………………4819951
调度室……………………………4892534
面积收费……………………………4894607
计量加压站……………………………4882604
供应供热站……………………………4882269
盟城供热站……………………………4882284
皇甫锅炉房……………………………4710543
机运供热站……………………………4882601
盟东供热站……………………………4880564
建工供热站……………………………4887604
添运供热站……………………………4729119
综合维修站……………………………4825264
供热九大队
大队长……………………………4752881
书记……………………………4754965
副大队长……………………………4754247
调度室……………………………4754554
面积收费……………………………4754124
五厂供热站……………………………4812293
特修厂供热站……………………………4752347
泥浆供热站……………………………4753264
综合站……………………………4751344
供热十大队
大队长……………………………4810801
书记……………………………4810802
副大队长……………………………4810803
调度室……………………………4810571
面积收费……………………………4817914
锅炉车间……………………………4810557
机电车间……………………………4810574
大庆路供热站……………………………4828324
运输北区供热站……………………………4880565
总医院供热站……………………………4821163
任丘路供热站……………………………4821986
文体供热站……………………………4824806
石油学校供热站……………………………4801047
热能环保设备制造厂
厂长……………………………4893165
书记……………………………4822733
副厂长……………………………4894384
副厂长……………………………4824730
调度室……………………………4892564
工程安装队……………………………4732760
PE 管生产车间……………………………4823313
聚氨酯生产车间……………………………4728490
制造车间……………………………4828521

通信管理处

处领导
经理……………………………4823355
书记……………………………4818562
副经理……………………………4823123
总会计师……………………………4819908

总工程师……………………………………4821360
调研员……………………………………4810818
……………………………………4820588
……………………………………4819286
经理助理……………………………………4821899
经理助理……………………………………4821649

经理办公室
主任……………………………………4810769
秘书室……………………………………4822166
值班室……………………………………4821115
打字室……………………………………4822690
公务员……………………………………4817123
传真……………………………………4817817

党群工作部
主任……………………………………4821575
工会副主席……………………………………4824026
副主任……………………………………4822838
党办、宣传……………………………………4824061
组织、纪检……………………………………4821207
传真……………………………………4820547
企业文化办公室……………………………………4810025

市场营销科
科长……………………………………4821385
副科长……………………………………4818002
技术策划……………………………………4818838
服务考核……………………………………4818315
传真……………………………………4818000

人力资源科
科长……………………………………4821347
副科长……………………………………4816229
人事培训……………………………………4821315
传真……………………………………4822915

财务资产科
副科长……………………………………4810598
……………………………………4810018
现金报销……………………………………4817127
传真……………………………………4822799

计划经营科
科长……………………………………4893345
副科长……………………………………4893311
法律合同……………………………………4810096
考核招标……………………………………4826123
计划预算……………………………………4826353

技术安全科
副科长……………………………………4822137
副科长……………………………………4819799
通信规划……………………………………4894345
技术监督……………………………………4732137
安全管理……………………………………4732839
交通消防……………………………………4824128

治安保卫大队
队长……………………………………4822698
书记……………………………………4828756
综治办……………………………………4819733
治安……………………………………4893253
警通连……………………………………4810567
传真……………………………………4733414
门卫（西院）……………………………………4727424

通信运行维护部
主任……………………………………4821899
书记……………………………………4731791
副主任……………………………………4821855
传真……………………………………4816292
工农……………………………………4823399
调度……………………………………4822192
综合……………………………………4822538
传输数据……………………………………4817104
程控……………………………………4817204
电源……………………………………4826612
外线……………………………………4826611
无线……………………………………4893847

营业所
主任……………………………………4810889
传真……………………………………4810040
管理办……………………………………4810990
结算办……………………………………4810995
综合办……………………………………4810556
计费室……………………………………4810223
计费传真……………………………………4891094

中心通信站
站长……………………………………4828606
书记……………………………………4829832
督察员……………………………………4823347
督察员……………………………………4810996
督察员……………………………………4822593
督察员……………………………………4826801
传真……………………………………4810899
安全员办……………………………………4822821
服务热线……………………………………4817111
会议汇接室……………………………………4821211

经管组……4821262
大客户营销班……4828806
社区营销班……4810641
营业大厅……4822238
营业室传真……4816450
传输班……4732456
程控班……4732433
测量班……4816112
电力室……4732402
话修班……4823223
电缆班……4731002
世纪景苑机房……4765004
800M 机房……4822813

第一通信站
站长……4812018
书记……4812258
副站长……4815996
助工办……4811156
经管办……4812256
材料室……4812052
程控班……4812555
五厂外线……4812382
建设外线……4753456
五厂营业室……4812395
建设营业室……4752345
五厂传真……4812444
建设传真……4752444
五厂机房……4812112
建设机房……4751112

第二通信站
站长……4800468
书记……4809219
站办传真……4800444
营业室……4800947
营业室传真……4809444
机房综合班……4800222
外线班……4800678
技术组……4800256
电力室……4800111

第三通信站
站长……4882499
书记……4882588
副站长……4882528
传真……4881444
营业室……4882586
机房……4881112
话修班……4882501

第四通信站
站长……4880169
书记……4880839
助工办……4880024
营业室……4880333
程控机房……4880222
测量台……4880112
外线班……4880111
传真……4880449

第五通信站
站长、书记……4895168
副站长……4899166
传真……4899444
助工……4897762
营业室……4899555
机房……4899112
外线班……4899111

柳屯通信站
站长……4875189
书记……4876899
副站长……4878711
工会主席……4875612
经营室……4875632
统计室……4875628
业务室……4875315
收费室……4875634
外线班……4875678
集输模块局……4878145
炼厂模块局……4872145
传输室……4875555
程控室……4875222
测量室……4875112
资料室……4876714
门卫……4875499
办公室……4875211

卫城通信站
站长……4831918
书记……4831414
副站长……4832126
传真……4831444
技术组……4831111
营业室……4831378
微波室……4831555

程控室……………………………………………4831222
测量室……………………………………………4831112
话修班……………………………………………4831543
模块局……………………………………………4833112
门卫………………………………………………4831951

濮城通信站

站长………………………………………………4841218
书记………………………………………………4842118
副站长……………………………………………4844955
传真………………………………………………4841444
营业室……………………………………………4844444
业务咨询…………………………………………4841000
核算保管…………………………………………4844855
程控机房…………………………………………4842112
微波机房…………………………………………4842555
外线班……………………………………………4844755
值班室……………………………………………4844054

文留通信站

书记………………………………………………4858668
副站长……………………………………………4851127
副站长……………………………………………4858602
技术室……………………………………………4853444
传真………………………………………………4851444
经营室……………………………………………4851126
营业室……………………………………………4851168
微波室……………………………………………4851555
程控班……………………………………………4851222
测量班……………………………………………4851112
电力班……………………………………………4851111
外线班……………………………………………4851317
门卫………………………………………………4851184

徐镇通信站

站长………………………………………………4856286
书记………………………………………………4856156
工程师……………………………………………4854218
营业室……………………………………………4856699
营业室传真………………………………………4856555
资料室……………………………………………4855150
程控机房…………………………………………4854222
传输机房…………………………………………4854555
测量室……………………………………………4854112
外线班……………………………………………4856281
门岗………………………………………………4854499

辛庄通信站

站长、书记………………………………………4836266
副站长……………………………………………4834866
传真………………………………………………4834444
经营组……………………………………………4834400
技术组……………………………………………4834500
程控班……………………………………………4835222
测量班……………………………………………4834112
电力、无线机房…………………………………4834100
通信维修…………………………………………4834200
话修班……………………………………………4834300

东明通信站

站长………………………………………………4861705
书记………………………………………………4861605
传真………………………………………………4861444
营业室……………………………………………4861297
核算………………………………………………4863047
材料组……………………………………………4861047
微波组……………………………………………4861555
程控班……………………………………………4861222
测量班……………………………………………4861112
外线班……………………………………………4861243
马厂微波…………………………………………4860111

兰考通信站

站长、书记………………………………………4865996
副站长……………………………………………4865560
传真………………………………………………4865444
经营组……………………………………………4865858
营业室……………………………………………4867966
传输班……………………………………………4865555
程控班……………………………………………4865222
测量班……………………………………………4865112
电力班……………………………………………4865111
话修班……………………………………………4865811
门卫………………………………………………4865965

皇甫通信站

站长………………………………………………4710913
书记………………………………………………4710912
传真………………………………………………4710444
工程师……………………………………………4710643
营业室……………………………………………4710100
程控机房…………………………………………4710112
外线班……………………………………………4710555

卫星通信地球站

站长………………………………………………4821113
书记………………………………………………4730985
副站长……………………………………………4730985

传真……4820844
核算保管……4848679
卫星室……4848095
营业室……4849123
营业室传真……4848844
外线班……4730967
测量班……4848090

客户服务中心
主任……4829956
书记……4826982
传真……4824111
工程师……4816126
办公室……4826981
声讯机房……4828160
114 机房……4816113
机房传真……4732493
资料室……4828333

数据业务管理中心
主任、书记……4826926
副主任……4826707
副主任……4819739
办公室……4826991
数据机房……4816369
网络维护……4892444
网站维护……4826660
互联网计费……4817010
传真……4816377

无线业务部
书记……4825608
副主任……4823898
售机业务咨询……4829907
话费业务咨询……4810004
手机维修……4822628
库房……4810770
财务办……4810290
营销办……4829937
传真……4810253

通信工程公司
经理、书记……4727144
副经理……4727134
生产办公室……4727124
生产办公室……4727104
经营办公室……4727140
技术办公室……4727154
工程一队……4727141
工程二队……4727142
传真……4727194

汽车队
队长、书记……4727304
副队长……4727314
副队长……4727324
调度室……4727340
办公室……4727341
传真……4727334

生产准备队
队长、书记……4732113
副队长……4825607
督察员……4821866
督察员……4823812
督察员……4821202
督察员……4810327
传真……4828901
总务组……4821865
食堂……4894489
水房……4891004
维修……4823564
图书、收发……4817007

材料站
站长、书记……4727240
副站长……4727244
副站长……4727264
计划……4727164
保管……4727294
传真……4727243

油田外部市场通信信息服务部
主任……4736965
书记、副主任……4736166
普光机房……4736112
川指机房……4736670
传真……4736674

钻采处

处领导
经理……4810126
书记……4810028
副经理……4826695
……(0911)4562691
总工程师……4826811
……(0911)4562690
总地质师……4891985
副总师……4734378

综合办公室
　主任……………………………………………4827789
　副主任…………………………………………4816557
　值班室…………………………………………4734377
财务资产科
　办公室…………………………………………4817567
经营销售科
　办公室…………………………………………4731705
人力资源科
　办公室…………………………………………4891981
安全科
　办公室…………………………………………4826837
地质工艺研究所
　综合室…………………………………………4891991
难采储量开发部
　一厂前线………………………………………4851109
甘泉油气勘探开发事业部
　生产协调科……………………………(0911) 4562177
东北项目部
　办公室…………………………………(0434) 4532533
靖边项目部
　办公室…………………………………(0912) 4638060

井下特种作业处

处领导
　经理……………………………………………4875115
　书记……………………………………………4875926
　副经理…………………………………………4875433
　副经理…………………………………………4875179
　副经理财务总监………………………………4875316
　副经理…………………………………………4878803
　副经理…………………………………………4875120
　工会主席纪委书记……………………………4870218
副总师
　副总经济师……………………………………4875519
　副总经济师……………………………………4875561
　副总工程师……………………………………4875445
经理办公室
　主任……………………………………………4875372
　副主任…………………………………………4876717
　办公室…………………………………………4875540
党委办公室
　主任……………………………………………4875447
　党办……………………………………………4875231
　宣传……………………………………………4878810
党委组织科
　科长……………………………………………4875166
　办公室…………………………………………4875373
群众工作办公室
　主任……………………………………………4878636
　办公室…………………………………………4875243
纪检监察科
　科长……………………………………………4876058
　副科长…………………………………………4878812
人力资源科
　科长……………………………………………4875561
　人事……………………………………………4875140
　劳资……………………………………………4875102
　培训……………………………………………4875160
　综合……………………………………………4875068
生产管理科
　科长……………………………………………4876915
　副科长…………………………………………4876725
　值班室…………………………………………4875572
　生产会议室……………………………………4875347
　传真……………………………………………4875200
技术安全监督科
　科长……………………………………………4875357
　安全……………………………………………4875457
　环保……………………………………………4879146
　技术监督………………………………………4878807
　交通……………………………………………4875436
　三基办公室……………………………………4878052
规划计划科
　科长……………………………………………4875519
　副科长…………………………………………4875119
　副科长…………………………………………4875085
　统计、定额……………………………………4878817
财务科
　科长……………………………………………4875546
　资金管理副科长………………………………4875921
　报销……………………………………………4875395
　预算管理副科长………………………………4875346
　预算……………………………………………4875879
　成本管理副科长………………………………4875012
　成本……………………………………………4879409
　综合税务副科长………………………………4878040
　资产……………………………………………4875570
审计科
　科长……………………………………………4879467
　办公室…………………………………………4875480

装备管理科
科长……4875293
副科长……4875591
办公室……4875483
法律合同科
科长……4875328
办公室……4875228
企业文化科
办公室……4875253
国际工程部
经理……4875213
办公室……4870714
对外关系科
科长……4875558
副科长……4875418
调度……4875137
修井办……4875137-801
压裂办……4875137-802
侧钻办……4875137-803
试油办……4875137-805
濮城……4847536
中原市场开发部
经理……4875098
副经理……4878092
副经理……4875062
经营室……4875397
财务室……4878083
修井作业工程部
经理……4878802
书记……4875313
副经理……4875281
副经理……4875138
副经理……4875141
副经理……4875220
副经理……4875935
生产协调室……4876755
濮城生产室……4847540
技术室……4875322
设备室……4875428
综合室……4870593
工具库……4879142
修井核算组……4879104
试油核算组……4875421
濮城核算组……4847524
试油四队……4875584
试油五队……4878742
试油六队……4876031
试油八队……4876066
修井一队……4879164
修井二队……4879145
修井三队……4879114
修井四队……4879147
修井五队……4879404
修井七队……4875284
修井八队……4875337
修井九队……4875150
修井十队……4875408
修井十一队……4847505
修井十二队……4847506
修井十三队……4847574
修井十四队……4847561
修井十五队……4847042
修井十六队……4847147
修井十七队……4847550
修井十八队……4879124
侧钻一队……4875240
侧钻四队……4875431
侧钻五队……4875020
压裂工程部
经理……4875887
书记……4878057
副经理……4870713
副经理……4876670
压裂一队……4878610
压裂五队……4879868
酸化队……4875508
酸化队清转罐……4879441
压裂砂厂……4878447
配液站……4878415
特殊作业部……4875326
调度……4875391
设备技术室……4875010
财务……4870607
综合室……4875441
测试工程部
经理……4875805
调度……4875377
市场开发部
经理……4878813
副经理……4876557

调度……4875302
办公室……4870760
陕北压裂项目部
办公室……4875103
陕北钻井项目部
经理……4875236
侧钻三队……4879124
东北项目部
办公室……4875599
内蒙项目部
试油三队……4876059
侧钻二队……4875205
新疆项目部
办公室……4875673
中南项目部
经理……4875927
修井六队……4879117
普光酸压测试项目部
经理……4875236
苏丹工程部
经理……4875822
书记……4879234
办公室……4879243
煤层气工程部
经理……4876636
书记……4875637
办公室……4875130
试油二队……4875327
压裂四队……4870104
生产准备部
经理……4875720
书记……4870274
调度……4875919
工具队……4875259
管具队……4877156
计量站……4875053
特车工程部
经理……4875382
书记……4875482
副经理……4875015
副经理……4875310
调度……4875142
材料……4875180
核算……4876242
安全……4875190
机动……4875285
经营……4876006
财务……4877134
劳资……4875254
工会……4875165
罐车队……4876061
特车队……4875247
卡车队……4875182
综合队……4875097
物资供应站
站长……4876479
书记……4875164
副站长……4875282
财务……4875576
劳资……4875174
管理组……4875671
计划组……4875376
保管组长……4876009
保管……4875047
综合队……4875446
调度……4875429
修旧利废……4875664
濮城材料组……4847530
油库……4875145
修保厂
厂长……4870127
书记……4876103
副厂长……4870126
副厂长……4875818
调度……4875144
安全劳资……4875184
财务组……4870137
机修一车间……4875548
机修二车间……4876477
机加工车间……4875335
压裂专修……4875158
治安保卫部
经理……4875819
书记……4875149
副经理……4870244
副经理……4740158
一中队……4875171
二中队……4875702
三中队……4875950
四中队……4875173

办公楼门卫……………………………4870872
濮城前线……………………………4847556
机关小车队
队长……………………………4878055
调度室……………………………4875620
工艺技术研发中心
主任……………………………4878805
书记……………………………4875445
工艺所……………………………4875051
办公室……………………………4875360
地质所……………………………4876934
开发室……………………………4875438
科技室……………………………4875358
钻井工艺研究所……………………………4875445
办公室……………………………4875003
生活服务部
经理……………………………4875105
书记……………………………4876044
副经理……………………………4876481
经营组……………………………4879457
财务组……………………………4877187
综合室……………………………4740329
职工公寓……………………………4875342
职工餐厅……………………………4875790
环卫队……………………………4875343
外宾食宿……………………………4875456
濮城综合……………………………4847556
濮城食堂……………………………4847347
纯净水厂……………………………4740111
培训学校
校长……………………………4877652
副校长……………………………4875559
办公室……………………………4875371
设备安全检测站
站长……………………………4876189
副站长……………………………4875858
杂品油库房……………………………4870908
离岗干部
办公室……………………………4740383

第一社区管理中心

中心领导
主任……………………………4851435
副书记……………………………4859586
副主任……………………………4858588
副主任……………………………4852928
副总经济师……………………………4851206
经营工作督导组
组长……………………………4854423
副组长……………………………4851579
精神文明建设督导组
组长……………………………4854406
主任办公室
主任……………………………4851069
副主任……………………………4853928
办公室……………………………4851711
传真……………………………4855108
政策研究办公室
主任……………………………4851348
党群办公室
主任……………………………4851583
副主任……………………………4850055
办公室……………………………4851015
传真……………………………4854782
生产管理科
科长……………………………4851182
副科长……………………………4856308
副科长……………………………4853519
办公室……………………………4853519
……………………………4856308
经营管理科
科长……………………………4852116
副科长……………………………4851549
办公室……………………………4851549
人力资源科
科长……………………………4852143
办公室……………………………4859971
财务资产科
副科长……………………………4851944
副科长……………………………4853181
办公室……………………………4851944
武装部
部长……………………………4855857
副部长……………………………4851267
花园小区房产管理站
站长……………………………4851160
副站长……………………………4851762
腾飞小区房产管理站
站长……………………………4748064
花园小区便民服务站
站长……………………………4851369

书记……4851369
副站长……4853974
计生办主任……4853974
居委会主任……4852998
关工委……4851367
办公室……4851755

腾飞小区便民服务站
站长……4854610
书记……4854201
副站长……4854544
计生办主任……4854298
居委会主任……4854544
关工委……4854610

花园小区环卫绿化大队
队长……4851368
书记……4852122
副队长……4852122
副队长……4852122

腾飞小区环卫绿化大队
队长……4854575
书记……4854575
副队长……4854575
副队长……4856134

多种经营服务大队
队长……4855440
书记……4854337
副队长……4857784
维修站……4855109
440 热线……4854440

花园小区保安大队
队长……4851934
书记……4851934

腾飞小区保安大队
队长……4854615
书记……4854615

社区涂料厂
副厂长……4857698

维修大队
队长……4851019
书记……4851247
副队长……4851247

综合车队
队长……4852115
书记……4852115
副队长……4852115

值班室……4854408

物资供应站
站长……4853115
副站长……4853115
腾飞小区库房……4855224

第一分院
院长……4858578
副院长……4851155
副书记……4851197
张进义办公室……4851135
李兴山办公室……4851137
办公室……4851911
急诊……4851131
药械科……4851749
内科……4859254
花园服务站……4850019
总机……4853850

第四分院
院长……4854546
副院长……4854567
药房主任……4854466
办公室……4854207
院办……4854207
急诊……4854115
总机……4854323

第二社区管理中心

社区领导
主任……4841435
书记……4842217
副主任……4841806
副主任……4841802

主任办公室
主任……4842227
副主任……4841501
文书……4842977

党群办公室
科长……4841316
副科长……4842640
办公室……4842701
信访办……4841459

财务资产科
科长……4842168
办公室……4841614

经营管理科
科长……4842170

会计预算……………………………4840265
人力资源科
办公室……………………………4841722
生产协调科
科长………………………………4841812
副科长……………………………4841615
安全督查…………………………4842274
计生办
主任………………………………4843387
办公室……………………………4841116
社区总值班室
值班室（1）………………………4840440
值班室（2）………………………4844440
环卫大队
大队长……………………………4841587
书记………………………………4844236
办公室……………………………4845387
环卫一队…………………………4841794
环卫二队…………………………4847159
环卫三队…………………………4846712
环卫四队…………………………4841559
天安小区…………………………4846597
环卫车队…………………………4845789
绿化大队
大队长……………………………4840957
办公室……………………………4842272
综合维修大队
大队长……………………………4842378
书记………………………………4840971
办公室……………………………4840971
保安大队
大队长……………………………4840844
书记………………………………4840673
武装部……………………………4843274
内勤………………………………4841627
离退休管理站
站长………………………………4841217
书记………………………………4842117
副站长……………………………4841117
房产管理站
站长………………………………4844310
书记………………………………4843178
办公室……………………………4841904
第二医院
院长………………………………4841139
副院长……………………………4841239
副院长……………………………4841252
副院长……………………………4843000
办公室……………………………4841430
文化站
站长………………………………4841419
站办………………………………4841319
居委会
居委会（1）………………………4841414
居委会（2）………………………4842252
综合服务大队
办公室……………………………4841168
综合队……………………………4842174

第三社区管理中心

中心领导
主任………………………………4832926
书记………………………………4831926
副主任……………………………4832516
副总师及主任助理
副总师……………………………4832999
副总师……………………………4831967
副总师……………………………4831867
主任助理…………………………4834386
主任助理…………………………4831940
主任办公室
主任………………………………4831941
副主任……………………………4831935
秘书………………………………4831509
传真………………………………4831047
党群办公室
主任………………………………4832507
纪检主任…………………………4831893
工会………………………………4831264
关工委……………………………4831518
办公室……………………………4831501
传真………………………………4831199
生产协调科
科长………………………………4831925
副科长……………………………4831460
办公室……………………………4831479
财务资产科
科长（兼）………………………4832999
副科长……………………………4832376
办公室……………………………4831274
经营管理科

科长（兼）…………………………………4831967
副科长…………………………………4831539
办公室…………………………………4831535

人力资源科

科长（兼）…………………………………4831867
办公室…………………………………4831715
办公室…………………………………4831717
就业站…………………………………4834430

计划生育办公室

主任…………………………………4831264
副主任…………………………………4831836
办公室…………………………………4834039

房产管理所

所长…………………………………4831795
书记…………………………………4836067
办公室…………………………………4834180
办公室…………………………………4831576

卫城离退休职工管理站

站长（兼）…………………………………4834037
副站长…………………………………4834236

文明寨离退休职工管理站

站长…………………………………4831039
副站长…………………………………4831374
副站长…………………………………4831276
办公室…………………………………4831695

卫城治保大队

大队长…………………………………4834698
书记…………………………………4834002
值班室…………………………………4836011
中心门岗…………………………………4836401
北门门岗…………………………………4836420

文明寨治保大队

大队长…………………………………4831008
书记…………………………………4831970
办公室…………………………………4831310
值班室…………………………………4831470

卫城社区管理委员会

书记…………………………………4834611
副主任…………………………………4834519
居委会…………………………………4834535
值班室…………………………………4834001
传真…………………………………4834080

文东社区管理委员会

主任…………………………………4831053
书记…………………………………4832262
居委会…………………………………4833202
绿化站…………………………………4831846
公寓…………………………………4832829

文西社区管理委员会

主任…………………………………4839403
书记…………………………………4839294
居委会…………………………………4833617
绿化站…………………………………4839314

工程维修服务大队

大队长…………………………………4835019
书记…………………………………4834246
办公室…………………………………4831285

综合服务大队

书记…………………………………4834968
调度…………………………………4834369
库房…………………………………4833714

液化气站

站长…………………………………4834906
值班室…………………………………4834707

项目开发部

经理（兼）…………………………………4831940
副经理…………………………………4831171
土建队…………………………………4831643

第三医院

院长…………………………………4831676
书记…………………………………4831624
办公室…………………………………4831319
药房…………………………………4831647

第九医院

院长…………………………………4834705
副院长…………………………………4834320
办公室…………………………………4834403

“440”办公室

办公室…………………………………4831440
办公室…………………………………4839440

第四社区管理中心

中心领导

主任、书记…………………………………4861689
副书记、工会主席…………………………………4861212
副主任…………………………………4863422
主任助理…………………………………4861068
主任助理…………………………………4861572
主任助理…………………………………4861680
副总会计师…………………………………4861362

党政办公室

主任……4861681
副主任……4861434
办公室……4861682
工会办公室……4863467
财务资产科
科长……4861113
财务资产科……4861329
人力资源科
科长……4861680
人力资源科……4863426
安全技术科
科长……4862188
督查科
科长……4861685
调度值班室……4861292
热线服务电话……4861440
机关直属单位
房产管理所……4861192
离退休管理站……4861614
人民武装部……4861302
计划生育办公室……4861576
劳动就业指导站居民委员会……4861623
基层单位
供热管理站……4861345
值班室……4863487
水电管理站……4863367
发电房……4861337
建筑工程大队……4861683
值班室……4861573
综合管理站……4861437
值班室……4863483
环卫绿化站……4861217
值班室……4863494
治安保卫大队……4862304
马厂物业站……4860074
液化气服务站……4861707
气站值班室……4861504
第六医院
第六分院 1……4861259
第六分院 2……4861586
第六分院 3……4861276
住院部……4862854
药剂科……4861754
医务科……4861376
办公室……4861386
急诊室……4861186
社区直属小队
生活服务队……4861204

第五社区管理中心

社区领导
主任兼党委书记……4805999
党委副书记……4807928
主任办公室
办公室……4800725
传真……4809187
办公楼门岗……4807760
440 服务热线
值班室……4805440
党群工作部
办公室……4800254
办公室……4809028
生产协调科
科长……4809986
办公室……4800448
经营管理科
办公室……4807338
财务资产科
办公室……4809990
人力资源科
办公室……4809334
劳动就业站
办公室……4800335
人民武装部
办公室……4800830
关心下一代委员会
常务副主任……4800426
第七分院
院长……4800234
副院长……4800776
院办……4800445
总值班室……4800216-8688
财务科、医务处……4800497
药剂科……4800654
钻前卫生所……4809427
市场开发中心
市场营销……4800102
房产管理站（维修大队）
站长……4808366
书记……4800661
居民管理一站

办公室……4800186
居委会……4800332
居民管理二站
办公室……4808264
中区居委会……4800440
南区居委会……4800567
文化管理站
办公室……4800744
物业管理一站
站长……4800673
办公室……4800326
物业管理二站
办公室……4800340
保安大队
大队长……4808601
办公室……4807326
南大门……4800281
二中队门岗……4800031
三中队门岗……4800175
液化气站
办公室……4809544
换气队（报警电话）……4809564
办公室……4808366
综合站
办公室……4805989
车队调度室……4800317

第六社区管理中心

社区领导
主任、党委书记……4865871
党委副书记、纪委书记、工会主席……4866630
副主任……4869188
副主任……4869236
副总经济师……4865500
主任助理……4865170
主任办公室
主任……4867904
副主任……4866705
副主任……4864970
值班室……4865641
网络管理……4865937
机要传真……4865489
党群办公室
主任……4868521
副主任组织纪检……4865854
副主作信访办……4867127
武装稳定……4865849
残联……4865007
宣传……4869226
工会女工……4869225
团委……4869681
计划经营财务科
科长……4865723
副科长……4868064
副科长……4866694
资产……4867884
经营……4868064
核算……4869208
人力资源科
科长……4865391
薪酬管理……4869216
统计信息……4865264
计划生育办公室
主任……4865708
统计……4869205
安全生产督查科
科长……4869335
副科长……4869320
设备管理……4867361
安全管理……4865393
外协残联……4865646
HSE 资料……4865393
设备资料……4867361
440 办公室……4868440
治安保卫大队
大队长……4865173
副大队长……4866942
值班室……4865101
居民管理服务站
站长……4865861
书记……4869667
副站长……4869448
办公室……4865302
综合服务站
站长……4865847
书记……4865867
副站长……4867300
副站长……4867202
车队调度……4865847
物业值班室……4865614
物资计划……4869697

物资采购……………………………………4865682
劳动培训就业站
站长……………………………………4865468
办公室……………………………………4865460
培训……………………………………4869065
房产管理科
科长……………………………………4868301
房产管理……………………………………4865673
房屋维修……………………………………4865115
医院
院长……………………………………4865372
副院长……………………………………4865370
医务办……………………………………4865371
急诊室……………………………………4865120
水暖服务站
站长……………………………………4865441
副站长……………………………………4865338
副站长……………………………………4865399
副站长……………………………………4866124
办公室……………………………………4867071
水暖维修……………………………………4865482
送水值班室……………………………………4865651
供电服务站
站长……………………………………4865221
副站长……………………………………4865433
副站长……………………………………4867013
变电所值班室……………………………………4865439
发电房值班室……………………………………4865467
电工班值班室……………………………………4865194
环卫绿化站
站长……………………………………4865060
书记……………………………………4869159
副站长……………………………………4865821
值班室……………………………………4866431
收费管理站
站长……………………………………4868460
副站长……………………………………4865410
值班室……………………………………4867013
液化气供应站
站长……………………………………4865486
书记……………………………………4865249
副站长……………………………………4865484
值班室……………………………………4865293
送气电话……………………………………4869333

第七社区管理中心

中心领导
中心主任……………………………………4878666
党委书记……………………………………4878668
纪委书记、工会主席……………………………………4878966
副主任……………………………………4870196
副主任……………………………………4878686
副处级调研员……………………………………4875986
主任助理、办公室主任……………………………………4875510
副总会计师、财务科长……………………………………4876036
主任助理……………………………………4876756
主任办公室
主任……………………………………4875510
办公室……………………………………4879256
传真……………………………………4878988
会议机……………………………………4875564
财务资产科
科长……………………………………4876036
副科长……………………………………4876548
办公室……………………………………4878840
生产管理科
科长……………………………………4875385
办公室……………………………………4875356
人力资源科
科长……………………………………4875127
经营管理科
科长……………………………………4875551
督查办公室
主任……………………………………4740440
440 办公室……………………………………4740440
440 办公室……………………………………4870440
党委工作部
部长……………………………………4879118
办公室……………………………………4876294
传真……………………………………4876294
群工部
部长……………………………………4875194
第一居民管理委员会
站长……………………………………4875129
书记……………………………………4870510
办公室……………………………………4875520
职工之家……………………………………4875129
常青居委会……………………………………4870019
第二居民管理委员会
站长……………………………………4874609
书记……………………………………4878274

天然退休办……………………………4874609
向阳退休办……………………………4872702
柳香居委会……………………………4877497
天然居委会……………………………4877824
向阳居委会……………………………4872674
房产管理所
所长……………………………………4871367
办公室…………………………………4878114
计划生育办公室
主任……………………………………4875468
武装保卫部
部长……………………………………4870937
劳动就业站
站长……………………………………4870012
文体活动管理站
站长……………………………………4879723
环卫绿化管理一大队
队长……………………………………4876297
书记……………………………………4876447
办公室…………………………………4875146
环卫绿化管理二大队
队长……………………………………4875079
书记……………………………………4870187
柳香办公室……………………………4870375
环卫绿化管理三大队
队长……………………………………4877849
书记……………………………………4877803
副队长…………………………………4877849
基建维修大队
大队长…………………………………4875501
书记……………………………………4870643
副大队长………………………………4875341
副大队长………………………………4875682
种养殖项目组经理……………………4876291
花卉培育项目组经理…………………4875060
综合办公室……………………………4875355
项目施工监理室………………………4875354
安装维修项目组………………………4875422
土木预制项目组………………………4875682
综合工程项目组………………………4874756
绿化、防腐工程项目组………………4872307
治安保卫一大队
队长……………………………………4875203
办公室…………………………………4875611
矿区门卫………………………………4879674
北区门卫………………………………4875262
南区门卫………………………………4877221
治安保卫二大队
队长……………………………………4872706
书记……………………………………4872115
天然门卫………………………………4874330
向阳门卫………………………………4872004
生产准备大队
队长……………………………………4875153
副队长…………………………………4876158
办公室…………………………………4879230
第十医院
院长……………………………………4876217
办公室…………………………………4875148
第十一分医院
院长……………………………………4877724

第八社区管理中心

总机……………………………………4888440
中心领导
主任……………………………………4728096
书记……………………………………4727818
工会主席………………………………4728018
副主任…………………………………4727698
财务总监………………………………4880661
调研员…………………………………4889658
调研员…………………………………4728008
调研员…………………………………4888616
调研员…………………………………4728016
调研员…………………………………4880934
主任办公室
主任……………………………………4889676
副主任…………………………………4889145
值班电话………………………………4888440
生产管理科
科长……………………………………4887760
副科长…………………………………4888127
经营管理科
科长……………………………………4880438
办公室…………………………………4880604
人力资源科
科长……………………………………4729226
副科长…………………………………4887763
财务资产科
科长……………………………………4880468
副科长…………………………………4880854

房产管理所
- 所长……4728399
- 副所长……4880397

计划生育办公室
- 主任……4888564
- 副主任……4880037

居民管理站
- 站长……4880924
- 办公室……4888235

党委办公室
- 主任……4880410
- 副主任……4889710
- 传真……4880634
- 稳定办……4728610

组织纪检科
- 科长……4880433
- 办公室……4889343

群众工作部
- 部长……4889840
- 办公室……4729301

武装保卫部
- 部长……4880694
- 办公室……4887293

综合服务站
- 站长……4888637
- 办公室……4887084

劳动就业站
- 站长……4880625
- 办公室……4888633

盟城社区
- 主任……4883540
- 书记……4721162
- 值班电话……4886440

胜利社区
- 主任……4882496
- 书记……4882570
- 值班电话……4883440

临河社区
- 主任……4722067
- 书记……4721215
- 值班电话……4722440

盟东社区
- 主任……4720043
- 书记……4727018
- 值班电话……4729440

添运社区
- 主任……4888706
- 书记……4888680
- 值班电话……4880440

天桥社区
- 主任……4888037
- 书记……4888776
- 值班电话……4889440

兴隆社区
- 主任……4829251
- 书记……4825835
- 值班电话……4734440

建安社区
- 主任……4755618
- 书记……4755551
- 值班电话……4753440

建业社区
- 主任……4752495
- 书记……4755552
- 值班电话……4752440

建设社区
- 主任……4752074
- 书记……4755808
- 值班电话……4756440

机动车辆管理大队
- 大队长……4888686
- 书记……4880376
- 副大队长……4889302
- 办公室……4727279

维修大队
- 大队长……4887488
- 书记……4889378
- 副大队长……4889160
- 综合办公室……4889163

宁安医院
- 院长……4753477
- 副院长……4754037
- 急诊……4753619
- 总机……4753937

第九社区管理中心

中心领导
- 主任……4895588
- 副主任……4895333
- 副主任……4897116
- 财务总监……4899306

主任办公室
主任……4895768
副主任……4895657
办公室……4899088
打字室……4899814
生产协调科
科长……4771038
副科长……4895972
考核办……4895650
经营管理科
科长……4895631
副科长……4895641
财务资产科
科长……4771133
办公室……4895491
办公室……4895602
人力资源科
科长……4895560
办公室……4895603
就业站站长……4895973
就业站办公室……4895277
房产管理科
科长……4826620
副科长……4891976
办公室……4731776
房产维修……4731876
东环房产办……4812670
居民管理科
科长……4895435
办公室……4771298
计生办
主任……4899046
办公室……4899132
党办
主任……4895493
副主任……4771158
副主任……4890488
传真……4771655
组织纪检科
科长……4893868
办公室……4771112
创建办……4899028
武装部
部长……4895321
办公室……4899160

群工部
部长……4896643
办公室……4899060
关工委……4817297
东环关工委……4812411
办公楼门岗
值班室……4890443
物业管理一区
经理……4896730
书记……4895680
副经理……4890713
副经理……4899226
综合办……4897810
生产协调办……4899479
经营管理办……4890248
安厦环卫绿化站……4897864
师苑环卫绿化站……4802704
光明环卫绿化站……4802047
康辉环卫绿化站……4895464
综合服务队……4819641
保安队……4895511
外创市场办……4803237
安厦门岗……4890447
测井门岗……4848474
物业管理二区
经理……4771011
书记……4896765
副经理……4771040
副经理……4771047
办公室……4771041
综合办……4899445
生产协调办……4890272
经营管理办……4897450
超越环卫绿化站……4890455
康乐环卫绿化站……4899114
碧云环卫绿化站……4771013
综合服务队……4890804
保安队……4890592
钻井院门岗……4890425
物探门岗……4890430
蓝盾门岗……4895014
采油院门岗……4890742
超越东门岗……4771131
物业管理三区
经理……4819904

书记……………………………………4731151
副经理……………………………………4801452
副经理……………………………………4730346
副经理……………………………………4848311
综合办……………………………………4816677
生产协调办………………………………4732488
经营管理办………………………………4816617
科技环卫绿化站…………………………4804551
河东环卫绿化站…………………………4892874
紫波环卫绿化站…………………………4732352
综合服务队………………………………4816614
保安队……………………………………4803119
新村门岗…………………………………4849914
地质院门岗………………………………4732472
报社门岗…………………………………4732761
红四栋门岗………………………………4731794
设计院门岗………………………………4732304

物业管理四区

经理………………………………………4816879
书记………………………………………4894339
副经理……………………………………4893229
副经理……………………………………4821401
副经理……………………………………4894539
综合办……………………………………4820954
生产协调办………………………………4733072
经营管理办………………………………4892946
世纪景苑环卫绿化站……………………4893525
绿景环卫绿化站…………………………4828653
登峰环卫绿化站…………………………4891015
综合服务队………………………………4824640
综合维修…………………………………4824497
花房………………………………………4824726
保安队……………………………………4824662
登峰门岗…………………………………4732248
绿景门岗…………………………………4732497
东日门岗…………………………………4731334
世景苑门岗………………………………4766014

物业管理五区

经理………………………………………4812318
书记………………………………………4812715
副经理……………………………………4812676
副经理……………………………………4813018
副经理……………………………………4814196
综合办……………………………………4812056
生产办……………………………………4813400
经营办……………………………………4812709

工程技术服务大队

大队长……………………………………4803306
副大队长…………………………………4891714
综合办……………………………………4823532
维修一队…………………………………4828143
维修二队…………………………………4849649

多元开发中心

主任………………………………………4891664
书记………………………………………4827710
综合办……………………………………4816492
经营开发办………………………………4822315
生产协调办………………………………4827712
物探公寓…………………………………4771313
东环公寓…………………………………4812301

综合服务站

站长………………………………………4895601
书记………………………………………4898676
办公室……………………………………4890620
小车班……………………………………4890072
材料组……………………………………4890230

文体活动站

站长………………………………………4820765
副站长……………………………………4895710

光明居民管理站

站长………………………………………4803275
书记………………………………………4816243
副站长……………………………………4730102
综合办……………………………………4802307
安厦居委会………………………………4898074

超越居民管理站

站长………………………………………4890014
书记………………………………………4899027
办公室……………………………………4899382

师苑居民管理站

站长………………………………………4802410
书记………………………………………4849847

康乐居民管理站

站长………………………………………4890591
书记………………………………………4890591
副站长……………………………………4897003
钻井院活动站……………………………4899594
居委会……………………………………4890042

康辉居民管理站

站长………………………………………4821874

书记……4739117
副站长……4802857
居委会……4826940
科技居民管理站
站长……4820501
书记……4891657
副站长……4817513
新村活动站……4848034
科技居委会……4803314
紫波居委会……4817513
绿景居民管理站
站长……4891401
书记……4810630
副站长……4810630
绿景居委会……4829944
蓝盾居委会……4734374
登峰居民管理站
站长……4824278
书记……4733762
综合办……4891972
一门式……4892955
河东居委会……4819745
登峰居委会……4734371
世纪景苑居民管理站
站长……4893107
书记……4893671
居委会……4734405
东环居民管理站
站长……4812430
书记……4812289
副站长……4812695
综合办……4814440
退休办……4815270
第五分院
院长……4812273
书记……4812278
院办……4812274
急诊……4812276
中继线……4812275
第十三分院
院长……4824970
书记……4802456
财务……4822794
药房……4801902
病房……4802840
精神科……4804354
交换机……4824880

第十社区

社区领导
主任……4891658
书记……4891278
纪委书记．工会席……4893912
副主任……4825310
副主任……4893762
副总会计师……4828848
主任助理……4817670
社区机关
办公室主任……4892336
办公室（传真）……4822534
办公室……4810325
财务资产科……4817648
人力资源科
科长……4827562
人力资源科……4827045
生产管理科
生产管理科……4817046
经营科
科长……4825933
经营管理科……4828581
党群部
主任……4822232
副主任……4824178
办公室……4821634
组织纪检科
组织纪检科……4828198
纪检办公室……4828249
稳定办公室……4732610
武装部
武装部……4827031
劳动就业指导站
站长……4816404
办公室……4894478
房产管理所
所长……4828456
房产管理所……4827839
居民管理站……4820849
关工委……4819731
机关门卫……4731245
干城管理委员会
主任……4827194

书记……………………………………………4827421
副主任…………………………………………4822267
办公室…………………………………………4829170
居委会…………………………………………4827219
绿化队…………………………………………4894769
停车场…………………………………………4731940
南门门岗………………………………………4731184
中心门岗………………………………………4731924
滨河门岗………………………………………4731945
五区门岗………………………………………4810041

庆北管理委员会
主任……………………………………………4817673
书记……………………………………………4891818
副主任…………………………………………4891349
办公室…………………………………………4816427
生产办…………………………………………4731647
退休办…………………………………………4820653
居委会…………………………………………4817604
绿化办…………………………………………4819540
环卫队…………………………………………4828224
保安队…………………………………………4892214

登月管理委员会
主任……………………………………………4849056
书记……………………………………………4804301
副主任…………………………………………4848615
办公室…………………………………………4804343
退休办…………………………………………4730515
居委会…………………………………………4801941
环卫队…………………………………………4730505
保安队…………………………………………4730210

康平管理委员会
主任……………………………………………4827775
书记……………………………………………4827775
副主任…………………………………………4819074
居委会…………………………………………4825215
保安队…………………………………………4731411

皇甫管理委员会
主任……………………………………………4710599
书记……………………………………………4710211
副主任…………………………………………4710245
办公室…………………………………………4710591
生产办…………………………………………4710550
财务．人事……………………………………4710298
退休办…………………………………………4710276
居委会…………………………………………4710293
维修队…………………………………………4710374
环卫队…………………………………………4710322
绿化队…………………………………………4710029
保安队…………………………………………4710302
巡逻队…………………………………………4710303
污水处理厂……………………………………4710341

工程维修大队
队长……………………………………………4819060
办公室…………………………………………4810838

综合车队
队长……………………………………………4817478
书记……………………………………………4732665
财务……………………………………………4733697
调度……………………………………………4827448

驻北京办事处

总机…………………………………(010)64217203
传真…………………………………(010)64210101
总台………………………………………………-8111
主任…………………………………(010)84251716
副主任……………………………………………-8667
主任办公室………………………………………-8898
接待科……………………………………………-8868
财务科……………………………………………-8080
客房部……………………………………………-8123
餐饮部……………………………………………-8776
总务部……………………………………………-8698
小车队……………………………………………-8172

中原油田郑州金桥宾馆

总机…………………………………(0371)63882888
总台…………………………………(0371)63944007

宾馆领导
经理……………………………………………63882688
副经理…………………………………………63882989
副经理…………………………………………63882858

党政办公室
主任……………………………………………63882636
副主任…………………………………………63882686
车班……………………………………………63882659

人事质检部
经理……………………………………………63882638
办公室…………………………………………63882631

计财部
经理……………………………………………63882649
办公室…………………………………………63882642

营销部
　经理……………………………………63882986
　办公室…………………………………63882998
餐饮部
　经理……………………………………63882787
　副经理…………………………………63882768
　宴会预订………………………………63882788
前厅部
　办公室…………………………………63882589
　前台接待………………………………63882881
客房部
　经理……………………………………63882682
　房务中心………………………………63882566
康乐部
　经理……………………………………63882643
商场部
　经理……………………………………63882643
动力部
　经理……………………………………63882629
　副经理…………………………………63882626
　办公室…………………………………63882669
保安部
　经理……………………………………63882615
管家部
物品供应部
　副经理…………………………………63882623
　副经理…………………………………63882578
金桥商务酒店
　副经理…………………………………67996518
　总台……………………………………67996399
　客房部…………………………………67996518
　餐饮部…………………………………67996356
　动力部…………………………………67996516
旅行社
　经理……………………………………63882618
　办公室…………………………………63882619

威海职工教育培训中心

主任……………………………(0535)6893262
副主任…………………………(0631)5262266
办公室…………………………(0631)5261988
办公室主任……………………(0631)5310638
接待科长………………………(0631)5262660
财务科长……………………………4887528
营销科长………………………(0631)5262515
接待科副科长…………………(0631)5262622
传真……………………………(0631)5261988

培训中心

中心领导
　主任……………………………………4823388
　书记……………………………………4821756
　副书记…………………………………4824164
　副主任…………………………………4731669
　副主任…………………………………4822224
　副主任…………………………………4731498
　副主任…………………………………4731496
　副主任…………………………………4731416
　主任助理………………………………4731536
机关科室
　主任办公室……………………………4822452
　传真……………………………………4824310
　人力资源科……………………………4821589
　职改办…………………………………4819571
　财务资产科……………………………4821389
　经营管理科……………………………4824031
　安全保卫科……………………………4824561
　党委办公室……………………………4824710
　传真……………………………………4826628
　党委组织科……………………………4828771
　群众工作部……………………………4824410
　行政管理科……………………………4810969
　幼儿教育科……………………………4824717
科级单位
　教师管理部……………………………4821564
　培训管理科……………………………4824264
　计算机培训部…………………………4730234
　涉外培训部……………………………4821220
　继续教育部……………………………4848043
　技术安全培训部………………………4821920
　钻井作业培训部………………………4824097
　采油技术培训部………………………4730113
　公共事业培训部………………………4801215
　焊接培训部……………………………4848494
　汽驾培训学校…………………………4233422
　党校教学部……………………………4819574
　党校函授部……………………………4822297
　理论研究室……………………………4824317
　电大教学部……………………………4848374
　石大函授部……………………………4816027
　后勤服务部……………………………4802949

鉴定综合考务科……………………………4822853
鉴定试题科…………………………………4824945
第一鉴定站…………………………………4821832
第二鉴定站…………………………………4817734
第三鉴定站…………………………………4817735
小车班………………………………………4821254
中心幼儿园
园长…………………………………………4734138
书记…………………………………………4801336
园办…………………………………………4824358
值班室………………………………………4804700
中心一幼
园长…………………………………………4810716
书记…………………………………………4822084
园办（值班）………………………………4822741
中心二幼
园长…………………………………………4821815
基地第一幼儿园
园长…………………………………………4823080
值班室………………………………………4804338
基地第二幼儿园
园长…………………………………………4899307
值班室………………………………………4898054
基地第三幼儿园
园长…………………………………………4820683
基地第四幼儿园
园长…………………………………………4829046
值班室………………………………………4810913
基地第五幼儿园
园长…………………………………………4891637
值班室………………………………………4825770
基地第七幼儿园
园长…………………………………………4820141
园办…………………………………………4810724
值班室………………………………………4732634
基地第九幼儿园
园长…………………………………………4751442
值班室………………………………………4753684
基地第十幼儿园
园长…………………………………………4819813
值班…………………………………………4880437
基地第十一幼儿园
园长…………………………………………4888475
值班室………………………………………4720642
基地第十三幼儿园
园长…………………………………………4882289
值班室………………………………………4886304
基地第十四幼儿园
园长…………………………………………4710251
值班室………………………………………4710043
登月幼儿园
园长…………………………………………4848041
值班室………………………………………4804324
金萌幼儿园
园长…………………………………………4886536
值班室………………………………………4722263
钻井第一幼儿园
园长…………………………………………4800461
书记…………………………………………4806596
值班室………………………………………4806414
钻井第二幼儿园
园长…………………………………………4827423
园办（值班）………………………………4810743
钻井第三幼儿园
园长…………………………………………4865423
书记…………………………………………4865749
值班室………………………………………4865220
钻井第四幼儿园
园长…………………………………………4834132
采油第一幼儿园
园长…………………………………………4851510
值班室………………………………………4858095
采油第二幼儿园
园长…………………………………………4841021
值班室………………………………………4844616
三矿…………………………………………4841075
采油第三幼儿园
园长…………………………………………4831388
副园长………………………………………4831179
值班室………………………………………4839704
采油第四幼儿园
园长…………………………………………4854639
采油第五幼儿园
园长…………………………………………4815558
值班室………………………………………4812300
采油第六幼儿园
园长…………………………………………4861304
井下幼儿园
园长…………………………………………4875562
值班室………………………………………4875913

集输第一幼儿园
园长……4877776
集输第二幼儿园
园长……4875608
炼化幼儿园
园长……4873984

公共事业管理处（卫生处）

处领导
经理、书记……4819334
副经理……4824477
副经理……4732216
副经理……4826923
调研员……4828317
经理助理……4821390
副总师……4731382
副总师……4819741
经理助理……4823169
经理助理……4824425
经理助理……4816787
经理办公室
主任……4824425
副主任……4828179
副主任……4819334
值班室……4819334
传真……4819645
人力资源……4820021
党群办公室
主任……4732037
办公室……4828539
社区管理办公室
主任……4828577
副主任……4817314
副主任……4817314
副主任……4816287
医疗卫生科（爱卫办）
科长……4822162
办公室……4822170
计划生育管理科（宣传科）
科长……4732629
副科长……4822265
办公室……4822160
宣传科……4827144
局机关计划生育科
科长……4828126
办公室……4820957
对外协调科（安全环保科）
科长……4819552
副科长……4816436
内考办……4817314
办公室……4732370
供应站……4819377
财务资产科
科长……4731382
副科长……4822516
办公室……4816634
计划经营科
科长……4821390
副科长……4823474
办公室……4816284
园林绿化新技术推广站
站长……4819192
书记……4819751
办公室……4828513
技术推广站……4810502
苗圃值班室……4819681
公共设施监督管理站
站长……4816323
副站长……4820360
医药管理站
站长……4822920
副站长……4819671
卫生防疫站
站长……4824322
书记……4819267
副站长……4816245
办公室……4821486
妇幼保健站
站长……4804376
书记……4804540
办公室……4804542
城建监察大队
大队长……4828115
书记……4821370
副大队长……4826141
副大队长……4829051
办公室……4822110
局机关服务中心
主任……4823169
副主任……4822471
副主任……4819644

副书记……4829414
办公室……4731941
公共事业管理一站
站长……4819913
副站长……4819993
副站长……4822194
办公室……4822194
公共事业管理二站
站长……4816984
副书记……4734134
副站长……4734134
办公室……4819634
新蕾公园
主任……4731852
副主任……4734216
副主任……4731352
污水处理厂
厂长……4816787
副厂长……4824790
副书记……4819499
中控室……4819677
工程服务大队
大队长……4818710
书记……4822086
副大队长……4816642
办公室……4892394
调度……4819720
维修队……4816574
车队……4823708

对外济经贸易总公司

公司领导
总经理……4827753
党委书记……4823038
副总经理……4733286
副总经理……4820057
副总经理……4731864
副总经理……4732412
副总经理……4732046
副总经理……4828626
总法律顾问……4824096
副总师
副总师……4733578
副总师……4732457
副总师……4822945
副总师……4732411
副总师……4892225
副总师……4894399
副总师……4825129
副总师……4731854
副总师……4893907
副总师……4810942
行政管理部
部长……4733578
行政办……4816171
党群办……4732458
信息科……4810062
值班室……4828008
市场开发部
部长……4894299
副部长……4892755
投标管理科……4816697
国内市场科……4828245
市场研究科……4893273
综合科……4732045
计划财务部
部长……4822945
副科长……4821160
资金科……4822976
成本科……4827783
计划统计科……4732447
综合科……4821160
项目管理部
部长……4893907
副部长……4817150
副部长……4732493
副部长……4894399
项目管理科……4731854
HSE 管理科……4732413
经营管理科……4732794
印尼项目部……4892225
综合科……4824472
对外贸易部
部长……4732411
副部长……4734457
出口科……4821363
采办科……4821293
储运科……4828306
综合科……4828306
资产装备部
部长……4810942

技术装备科……………………………………4732414
顶驱管理科……………………………………4825303
资产管理科……………………………………4732415
人力资源部
部长……………………………………………4732457
人力资源科……………………………………4732437
薪酬管理科……………………………………4810110
经营条法部
部长……………………………………………4732419
合同管理科……………………………………4891144
法律事务科……………………………………4824402
法律事务科……………………………………4824402

房产管理处

处领导
经理、党委书记………………………………4816201
纪委书记、工会主席…………………………4829550
副经理、财务总监……………………………4819790
副经理、租赁中心主任………………………4824465
副经理…………………………………………4819324
副总经济师……………………………………4824692
经理助理………………………………………4733966
副总工程师……………………………………4816954
综合办公室
主任……………………………………………4819797
副主任…………………………………………4822990
秘书……………………………………………4822701
值班室…………………………………………4818741
机要室…………………………………………4819834
人事劳资科
科长……………………………………………4732696
调研员…………………………………………4819740
人事科…………………………………………4818417
财务科
科长……………………………………………4732106
会计科…………………………………………4829327
经营管理科
科长……………………………………………4826579
调研员…………………………………………4817714
经营科…………………………………………4816964
房改工作科
副科长…………………………………………4733253
房改科…………………………………………4823513
档案室…………………………………………4822251
资产管理科
科长……………………………………………4893817
资产科…………………………………………4892131
计划科
科长……………………………………………4819006
计划科…………………………………………4892470
技术监督科
科长……………………………………………4821666
调研员…………………………………………4818533
技监科…………………………………………4820920
工程管理科
科长……………………………………………4733186
副科长…………………………………………4810793
工程科…………………………………………4733079
预算管理科
科长……………………………………………4816928
预算科…………………………………………4820963
住房资金管理科
科长……………………………………………4825950
资金科…………………………………………4825951
材料科
科长……………………………………………4818397
材料科…………………………………………4733770
城建监察大队
大队长…………………………………………4828105
副队长…………………………………………4828555
值班室…………………………………………4816134
车队
调度……………………………………………4819340

住房公积金中心

公积金归集科
科长……………………………………………4819474
归集科…………………………………………4816327
公积金核算科
科长……………………………………………4894049
核算科…………………………………………4816408
房产交易中心
副主任…………………………………………4819338
住房交易科
交易科…………………………………………4733106

房产租赁中心

中心领导
主任……………………………………………4823679
副书记…………………………………………4816373
副主任…………………………………………4818156
中心办公室
主任……………………………………………4826636

副主任……………………………………4895192
办公室……………………………………4824976
经营管理科
科长……………………………………4733599
经营科……………………………………4894180
财务资产科
科长……………………………………4826371
资产科……………………………………4821540
安全保卫科
科长……………………………………4826372
保卫科……………………………………4824916
第一管理区
主任……………………………………4884009
书记……………………………………4722553
办公室……………………………………4884002
第二管理区
主任……………………………………4887379
副主任……………………………………4880994
第三管理区
主任……………………………………4816399
书记……………………………………4826651
办公室……………………………………4826650
第四管理区
主任……………………………………4820206
书记……………………………………4826652
办公室……………………………………4816365
办公室……………………………………4826632
第五管理区
主任……………………………………4824577
书记……………………………………4823973
副主任……………………………………4822311
第六管理区
主任……………………………………4732569
副主任……………………………………4826408
办公室……………………………………4826635
第七管理区
主任……………………………………4825801
副队长……………………………………4810173
副队长……………………………………4810876

新世纪房产开发有限公司

公司领导
经理……………………………………4819324
副经理……………………………………4733966
副经理……………………………………4732777
副经理……………………………………4733678
总工程师……………………………………4893597
综合管理办公室
主任……………………………………4732777
副主任……………………………………4733606
值班室……………………………………4733606
市场营销部
经理……………………………………4733678
副经理……………………………………4733988
售房部……………………………………4465858
工程技术部
经理……………………………………4733271
办公室……………………………………4733996
经营管理部
经理……………………………………4824887
办公室……………………………………4733808
财务资产部
经理……………………………………4733107
办公室……………………………………4821406
物业管理部
经理……………………………………4733000
副主任……………………………………4825802
第八管理区
主任……………………………………4826631
书记……………………………………4732533
副主任……………………………………4817704
办公室……………………………………4810013
综合服务大队
大队长……………………………………4826630

中原石油报社

领导电话
社长……………………………………4820699
书记……………………………………4821969
副社长……………………………………4828896
副总编……………………………………4824709
副总编……………………………………4891594
社长助理……………………………………4829890
社机关
党政办主任……………………………………4892380
党政办（党务）……………………………………4893340
党政办公办室……………………………………4822797
党政办（传真）……………………………………4891392
人力资源科科长……………………………………4828180
人力资源科办公室……………………………………4816424
财务资产科科长……………………………………4828793
财务资产科办公室……………………………………4893088

综合科主任……………………………………4825976
综合科（调度）……………………………4828436
综合科（保卫）……………………………4892257
综合科（报刊发行）………………………4819157

编辑部

新闻采访部主任……………………………4828563
新闻采访部…………………………………4828369
新闻摄影部主任……………………………4828114
新闻摄影部办公室…………………………4828705
编务中心（一版）…………………………4891387
编务中心（网络）…………………………4891383
编务中心（组版）…………………………4819155
编务中心（通联）…………………………4820112
稿件登记室（传真）………………………4819492
经济新闻采编部……………………………4828954
政文采编部…………………………………4828165
社会新闻采编部……………………………4824290
新周末采编部………………………………4816421
新周末教育文化专刊采编部………………4819104
西部记者站…………………………………4736715

石化记者站

站长…………………………………………4825629
办公室………………………………………4828349
传真…………………………………………4821386

彩色印刷厂

总机…………………………………………4821684
厂长、书记…………………………………4819156
副厂长………………………………………4891390
生产办………………………………………4828116
业务联系部…………………………………4823890
财务部…………………………………………-8026
技术安全办……………………………………-8007
照排车间………………………………………-8005
校对……………………………………………-8006
组版……………………………………………-8014
彩拼……………………………………………-8015
制版车间………………………………………-8012
胶印车间………………………………………-8011
装订车间………………………………………-8013
成品库…………………………………………-8017

广告公司

广告公司……………………………………4828441
文化发展中心………………………………4891791
彩扩部………………………………………4828529

广播电视管理处

处领导

台长…………………………………………4822071
副台长………………………………………4802544
副台长………………………………………4828893
副总工程师…………………………………4829585

党政办公室

主任…………………………………………4828926

人力资源科

主任…………………………………………4823915

计划财务经营科

科长…………………………………………4817857
副科长………………………………………4823741

总编室

主任…………………………………………4730352

技术部

主任…………………………………………4894000
副主任………………………………………4824441

广告部

主任…………………………………………4828462
主任…………………………………………4491823

新闻部

主任…………………………………………4848886
副主任………………………………………4824147
副主任………………………………………4892902
副主任………………………………………4824421

专题文艺部

主任…………………………………………4824649

社教经济部

主任…………………………………………4823166
副主任………………………………………4823033

制作部

主任…………………………………………4892903

综合部

主任…………………………………………4823889

一站

站长…………………………………………4851228
副站长………………………………………4855429

二站

站长…………………………………………4841919

三站

站长…………………………………………4834042

五站

站长…………………………………………4865674

六站

站长……………………………………………4861581

七站

站长……………………………………………4875716

副站长…………………………………………4875471

八站

站长……………………………………………4824661

九站

站长……………………………………………4817065

副站长…………………………………………4827390

十站

站长……………………………………………4826078

公共用户管理站

站长……………………………………………4826290

交通总站

经理……………………………………………4822339

书记……………………………………………4822302

副经理…………………………………………4891974

副经理…………………………………………4828177

综合办公室……………………………………4823747

计财办…………………………………………4822583

生产办…………………………………………4822415

一车队…………………………………………4892842

二车队…………………………………………4822418

综合队…………………………………………4822542

交通局驻站办…………………………………4822930

3. 中国石化集团河南石油勘探局

地址：河南省南阳市宛城区官庄镇
邮编：473132
区号：0377
总机：63839114
传真：63830027

河南油田地处河南省南部南阳盆地，总部位于南阳市宛城区官庄镇。油区横跨南阳、驻马店、平顶山市（地）的八个县区，并在新疆巴音郭楞自治州库尔勒市及焉耆、博湖县开展了石油勘探开发工作。下属10个二级单位，集中了河南油田的优质资源和优良资产，是一个集油气勘探开发、炼油化工于一体的大型国有企业。

河南油田1970年开始勘探，1971年8月在南襄盆地南阳凹陷东庄构造发现工业油气流，1972年5月1日正式成立南阳石油勘探指挥部，后更名为河南石油勘探局。1998年石油、石化两大公司重组时划归中国石油化工集团公司。曾被评为石油部一等企业、河南省一级企业和国家二级企业。按销售额排序，1995年列全国500家最大工业企业第157位；按净资产排序，列国有企业500强第138位；2001年度河南省工业综合实力百强企业列第5位。

油田勘探区域除在河南南阳、泌阳等东部区块外，1993年先后在西部中标新疆三塘湖、焉耆盆地两个风险勘探项目，1997年取得内蒙古巴彦浩特盆地的勘探权，2001年2月随着股份公司在塔里木盆地取得探矿权，进军塔克拉玛干沙漠。2004年初在股份公司的统一部署下中标三江盆地的油气勘探与评价权。2005年又取得敦化盆地油气勘探权。截止2007年底，共发现油田15个（其中西部2个），探明含油气面积 180.47km²，探明石油地质储量28858万t（油当量）。在油气勘探过程中，还发现了泌阳的安棚天然碱矿（储量5000万t）和舞阳的中原盐田（岩盐储量2300亿t）。1991年被国家授予“全国地质勘查功勋单位”荣誉称号、1997年获“全国地质勘探先进集体”称号。截止目前，河南油田所辖探区自营区块的油气总资源量为7.37亿t。具有良好的油气勘探前景。

油田1977年开始产能建设会战，1978年全面投入开发，油田开发管理达到国内先进水平，主力油田——双河油田被原中国石油天然气总公司和中国石化股份有限公司多次评为高速高效开发油田。2007年生产原油180.0086万t。到2007年底累计生产原油6392.3686万t。始建于1975年的南阳石蜡精细化工厂，经30年不断发展和技术改造已形成了一个集燃料－润滑油（蜡）－化工为一体的综合型炼油化工生产企业。

油田建立了科研、新技术开发和推广应用为一体的多学科、多层次、完善配套的科技体系，形成了一整套勘探开发各类油气藏的先进工艺技术。中小型盆地的油气勘探综合配套技术、高分辨率地震勘探技术处于国内领先水平，地球化学录井技术、水驱提高采收率配套技术、高温聚合物驱油配套技术、浅薄层特超稠油开采技术、注水产液结构调整采油工艺配套技术、大厚层细分开采工艺配套技术、HNS型高效三相分离器、抽油机1.14kV防窃节能配电成套装置、钻进式井壁取芯器、系列修井机、系列钻机等处于国内先进水平。具备了承担不同类型探区油气勘探和多种类型油气田的开发能力。

中国石化集团河南石油勘探局

部门	公网电话
党政办公室	
主任	63857888
	63830038
副主任	63833269
秘书科	63830810
	63830243
值班室	63830011
	63856567
传真	63830027
文书	63830024
政研室	63830042
	63830594
督查科	63830676
	63830028
行政科	63830033
机要科	63830043
传真	63830044
接待科	63030514
传真	63830513
武装部（综治办）	
部长	63830851
办公室	63837011
组织部（干部处）	
部长、处长	63830049
副部长、副处长	63856989
综合科	63830046
组织科	63830055
	63830048
干部科	63830052
档案室	63830056
技干科	63830051
职改办	63830166
机关干部科	63830053
干部培训科	63830050
宣传部	
部长	63830058
副部长	63830400
宣传综合科	63830543
政治教育科	63830059
新闻统战科	63830060
文化办公室	
主任	63830061
中国石油画报记者站	63830248
文化市场办	63836352
中国石化报记者站	
站长	63830062
办公室	63856291
电视台	
总支书记	63838859
总以	63830515
副台长	63830844
总编辑	63852290
办公室	63852394
总编室	63852595
	63830719
局纪委、监察处	
副书记、处长	63830064
副书记	63830067
副处长	63859757
办公室	
主任	63830632
	63830066
案件一室	
主任	63830452
副主任	63854842
综合办	63830153
案件二室	
主任	63856410
副主任	63854841
效能监察室	
主任	63830697
副主任	63830154
信访室	
主任	63830694
	63830817
	63854840
审理室	
主任	63830630
副主任	63830065
调研室	
主任	63854843
副主任	63854845
局工会	
副主席	63838836
	63830075
办公室主任	63830548

办公室……………………………………63830072
……………………………………………63830634

局团委

副书记……………………………………63830635
……………………………………………63830636
办公室……………………………………63830079
青年志愿者服务总站
……………………………………………63838000
……………………………………………63838111

局机关党委

书记………………………………………63839166
机关纪委书记……………………………63830083
调研员……………………………………63833455
机关党委办公室…………………………63830084
机关纪委、团委…………………………63836801
机关保卫科………………………………63830086

总调度室

总调度长…………………………………63830890
副总调度长………………………………63830520
总工程师…………………………………63830408
总经济师…………………………………63830654
调度台……………………………………63830412
……………………………………………63830413
总公司联网………………………………63837630
电调联网…………………………………63857337

安全处

处长………………………………………63830129
副处长……………………………………63830116
总工程师…………………………………63830347
环保办
主任……………………………………63830119
办公室…………………………………63836907
环境监测中心站
站长……………………………………63853480
……………………………………………63852443

机动处

处长………………………………………63830095
副处长……………………………………63830657
……………………………………………63830098
综合科科长………………………………63830678
办公室……………………………………63830656
修理制造科………………………………63830097
现场管理科………………………………63830096

基建处

处长………………………………………63830105
总工程师…………………………………63830107

综合科……………………………………63830647

科技处

处长………………………………………63830662
……………………………………………63830607
副处长……………………………………63830801
……………………………………………63830673
综合管理科………………………………63830609
……………………………………………63838771
项目管理科………………………………63830608
……………………………………………63830802
技术市场办………………………………63830294
科协办……………………………………63830660
情报室……………………………………63830611
传真………………………………………63856983
计算机室…………………………………63830337

规划计划处

处长………………………………………63830529
副处长……………………………………63830433
……………………………………………63833400
规划科……………………………………63830190
……………………………………………63833403
项目科……………………………………63830127
……………………………………………63833402
设计管理科………………………………63830108
投资计划科………………………………63830123
……………………………………………63830124

财务处（国有资产处）

存续………………………………………63857956
……………………………………………63830139
上市………………………………………63830649
……………………………………………63833233

不良资产管理办公室

主任………………………………………63855886
副主任、总会计师………………………63857679

人力资源处

处长………………………………………63830419
副处长……………………………………63830134
总经济师…………………………………63833108
……………………………………………63833153
……………………………………………63830753
社会保险中心主任………………………63859755
社会保险中心副主任……………………63835907

企管法规处

处长………………………………………63830482
副处长……………………………………63830483
总经济师…………………………………63830319

总工程师……………………………………63830553

审计处

副处长……………………………………63830449

……………………………………63830669

南阳市中实会计师事务所

所长……………………………………63833949

综合室……………………………………63830571

对外合作处

主任……………………………………63836626

副主任……………………………………63830610

公共事业部

主任……………………………………63830016

副主任……………………………………63836835

勘探事业部

主任……………………………………63830903

副主任……………………………………63858043

开发事业部

主任……………………………………63830090

副主任……………………………………63830087

……………………………………63830638

副主任、总工程师……………………………………63830090

副主任……………………………………63830185

总地质师……………………………………63830090

总会计师……………………………………63830637

炼化事业部

主任……………………………………63830236

副主任……………………………………63830122

概预算中心

主任……………………………………63830653

总经济师……………………………………63830652

信息中心

主任……………………………………63856969

支部书记、副主任……………………………………63839863

人才劳动力交流中心

（再就业服务中心）主任……………………………………63830054

副主任……………………………………63830423

下岗职工管理科……………………………………63830756

文体中心

主任……………………………………63835310

副主任（体委）……………………………………63854366

副主任（中心）……………………………………63836880

文化宫

主任……………………………………63830532

副主任……………………………………63830252

文体活动中心

副主任……………………………………63836882

活动室……………………………………63836880

电影公司

经理……………………………………63830140

办公室……………………………………63830534

体育场

主任……………………………………63830880

办公室……………………………………63830854

青少年宫

主任……………………………………63830576

副主任……………………………………63830511

钻井工程公司

地址：南阳市宛城区河南油田

邮编：473132

区号：0377

办公室……………………………………63850097

地质调查处

地址：南阳市宛城区河南油田

邮编：473132

区号：0377

办公室……………………………………63838657

油建公司

地址：唐河县张店镇河南油田

邮编：473132

区号：0377

办公室……………………………………63839039

测井公司

地址：南阳市宛城区河南油田

邮编：473132

区号：0377

办公室……………………………………63839367

经理……………………………………63837001

录井公司

地址：南阳市宛城区河南油田

邮编：473132

区号：0377

办公室……………………………………63837212

水电厂

地址：南阳市宛城区河南油田

邮编：473132

区号：0377

办公室……………………………………63836308

机修厂

地址：唐河县张店镇河南油田
邮编：473132
区号：0377

办公室……………………………………63839581

南机厂

地址：南阳市中州路河南油田
邮编：473065
区号：0377

办公室……………………………………3577210

运输处

地址：南阳市宛城区河南油田
邮编：473132
区号：0377

办公室……………………………………63838084

设计院

地址：南阳市宛城区河南油田
邮编：473132
区号：0377

办公室……………………………………63834173

华油集团

地址：南阳市宛城区河南油田
邮编：473132
区号：0377

办公室……………………………………63830145

通信公司

地址：南阳市宛城区河南油田
邮编：473132
区号：0377

办公室……………………………………63839821

职工医院

地址：南阳市宛城区河南油田
邮编：473132
区号：0377

办公室……………………………………63852611

人力资源中心

地址：南阳市宛城区河南油田
邮编：473132
区号：0377

办公室……………………………………63853709

天然碱公司

地址：南阳市宛城区河南油田
邮编：473132
区号：0377

办公室……………………………………63845453

澗河社区

地址：河南油田
邮编：473132
区号：0377

办公室……………………………………63820922

双河社区

地址：桐柏县粟楼镇河南油田
邮编：473132
区号：0377

办公室……………………………………63843068

五一社区

地址：南阳市宛城区河南油田
邮编：473132
区号：0377

办公室……………………………………63830457

教育中心

地址：南阳市宛城区河南油田
邮编：473132
区号：0377

办公室……………………………………63830469

离退休管理中心

地址：南阳市宛城区河南油田
邮编：473132
区号：0377

办公室……………………………………63830310

4. 中国石化集团江汉石油管理局

地址：湖北省潜江市广华寺江汉路1号
邮编：433124
区号：0728
总机：6501000
传真：6502784
网址：www.jhpa.com.cn
E-mail：jbzbs@jhpa.com.cn

江汉油田地处美丽富饶的江汉平原，本部设在中国明星城市——湖北省潜江市，东距九省通衢之都武汉150km，西距历史文化名城荆州60km，拥有优越的地理位置和便利的交通条件。经过40多年的开发建设，江汉油田已发展成为中国南方重要的油气勘探开发基地、工程技术服务基地和石油机械装备制造基地，盐卤化工、科研设计、辅助生产和社区服务也具有一定的规模和实力。至2007年底，有在职职工3.24万人，资产总额153.32亿元。

油气勘探开发已建成江汉油区、山东八面河油田、陕西安塞坪北油田和建南气田等四个油气生产基地，累计发现油田30个，探明石油地质储量3.22亿t；发现气田1个，探明天然气地质储量99.04亿m^3；原油年生产能力161万t，天然气年生产能力1.84亿m^3；累计生产原油4791万t、天然气21.03亿m^3。

石油工程技术服务在石油物探、钻井、测录井、油气井测试、压裂酸化、井下作业等方面形成了一定的特色和优势技术，能够提供从油气田勘探开发到地面建设一体化的工程技术服务，所属6个工程技术施工单位均通过ISO国际质量体系认证。

石油机械制造所属江钻股份公司、四机厂、三机厂、钢管厂等4家石油机械制造企业均通过ISO国际质量体系认证和美国API认证，主要生产石油钻头、固井压裂成套设备、车装钻机、修井机、钢管、天然气压缩机、抽油机、水处理设备等，优势产品远销美国、加拿大、俄罗斯等20多个国家和地区，是中石化石油钻采机械装备制造基地，也是国内目前最大的石油机械装备制造与出口基地。

管道勘察设计、施工能力较强，近年来先后完成苏丹班布油田、巴西管道工程等项目设计；管道水平定向穿越居国内领先，曾成功穿越汉江、黄浦江、苏丹青尼罗河、巴西巴拉依巴拉苏河等多条河流；中标并开工“川气东送”、“西气东输”工程多条标段管线。

钢管制造技术和产品质量处于国内先进水平，直缝、螺旋钢管配套年生产能力达35万t。

盐卤化工资源丰富，探明岩盐储量7900亿t、卤水1000亿m^3，所属盐化工总厂拥有自主知识产权的钠法漂粉精生产技术国际领先，具备独立设计和建设年产5000t、10000t漂粉精生产装置的能力，漂粉精产品98%销往东南亚、欧美等58个国家和地区。

中国石化集团江汉石油管理局

部门　　　　公网电话

局办公室

主任……6586938
副主任……6586995
……6509487
值班室……6502051
……6502074
传真……6502784
秘书科……6502894
政研科……6502556
……6592369
督查科……6502963
文书科……6502086
……6507178
接待科……6502141
……6504743
综合科……6592093

党委办公室

主任……6595618
副主任……6500780
秘书科……6502829
……6509921
调研科……6502734
机要科……6502670
保密办……6502730

党委组织部

部长……6502961
副部长……6502861
……6509590
组织科……6502450
……6507186
干部管理科……6503132
……6502823
干部培训科……6502688
机关干部科……6502672
技术干部科……6502872
职改办……6502077
综合科（传真）……6503383

党委宣传部

部长……6502533
副部长……6507430
办公室……6502425
宣传科……6502082
理论科……6502939
企业文化科……6502491
……6507452

纪委监察处

处长……6502993
副处长……6502702
……6503456
……6501377
……6502951
……6509321
办公室……6502272
传真……6506498

信访办公室

主任……6503127
副主任……6586649
接访科……6502289
……6501140
信息科……6503465

团委、青年工作部

书记……6502572
办公室……6502573
宣传部……6503676
组织部……6503946
学校部……6503935

局工会

副主席……6586968
……6506459
办公室……6505478
……6502129
……6506617
组织部……6502396
生活部……6505498
财务部……6509597
生产部……6502374
残联办……6503087

武装保卫部

部长……6501693
政委……6502708
副部长……6592420
……6592425
……6592421
综合科……6503131
610 办公室……6500610
值班室……6506218

军事科……6502456
人防办……6502822

总调度室

总调度长……6586916
副总调度长……6503917
……6586926
……6586704
……6503024
……6502554
生产调度科……6502011
……6502211
传真……6502795
综合科……6507927
能源科……6503611
运输科……6502521
防汛办……6503547
工农办……6502931
土地办……6502232

安全环保处

处长……6503801
副处长……6502541
……6509292
……6503341
……6506035
综合科……6502454
机关安全科……6503803
劳保科……6502198
监察科……6503802
工业科……6502632
交通科……6502558
环保科……6506703
……6502789

基建处

处长……6503282
副处长……6500445
综合科……6502195
工程科……6502293
矿建科……6507403
招标科……6502135

资产装备处

处长……6507137
副处长……6502127
……6502261
……6502852
综合科……6500071
资产科……6502737
设备科……6502163
经营科……6502083
产权科……6506800

劳动工资处

处长……6586256
副处长……6504517
……6500668
……6502191
主任经济师……6586694
综合科……6502909
管理科……6502313
工资科……6507938
组织科……6502924
技能鉴定中心……6503833
监察科……6504785
劳动仲裁办……6504121
机关劳资科……6504924

工程技术处

处长……6509681
副处长……6504660
……6500548
……6504660
工程管理科……6500459
市场管理科……6503179

财务处

处长……6505598
副处长……6509557
……6595128
资金科……6500959
预算科……6503306
会计科……6501167
价税科……6502238
稽查科……6502591
综合科……6502373
机关财务科……6503147

计划处

处长……6586936
副处长……6504968
……6504966
……6504866
主任经济师……6505208
规划科……6502706
经营科……6502424
计划科……6501964
……6586583
投资科……6502323

……6504776
统计科……6502707
传真……6503624

审计处

处长……6506887
副处长……6500249
……6504976
……6503034
……6507046
……6505840
综合科……6502537
……6502091
审理科……6502090

企业经营管理处

处长……6505418
副处长……6501575
……6500511
……6500248
……6586012
综合科……6509070
……6502072
改制办……6509779
经营科……6501227
项目科……6586705
市场科……6503918
招投标科……6502388

科技处

处长……6501844
副处长……6503162
……6505794
综合科……6501634
……6503423
科研……6509991
技术市场……6503678
科协……6503509
石油学会……6502880

勘探处

处长……6502965
副处长……6503157
……6501499
……6502698
地质科……6502698
工程科……6502273
综合科……6502732
传真……6503183

开发处

处长……6502881
副处长……6505389
……6502250
……6503153
综合科……6503153
生产科……6502793
油藏科……6501059
工程科……6502320
传真……6504584

法律事务处

处长……6500910
副处长……6505859
工商科……6592160
合同科……6502876
诉讼科……6501936

机关党委

常务副书记……6595816
副书记……6509968
……6592550
党办……6502690
组织纪检科……6502206
团委青年工作部……6502413
工会副主席……6502494
综合科……6502505

劳动就业服务中心

主任……6501278
副主任……6500476
……6500160
综合科……6501284
……6504507
档案科……6500060
职介科……6502351
……6506677
信息科……6503882
培训科……6504838
广华管理站……6500460
五七管理站……6575655
劳务管理科……6505449
……6502162
财务资产科……6503728

北京联络处

办公室……(010)84129988

武汉办事处

处办……(027)84844832
武昌招待所……(027)88871157
汉阳招待所……(027)84844830

机关车队

队长……6503458
副队长……6500175
……6586576
工会主席……6501630
综合科……6502985
财务科……6502682
调度室……6502982
……6503429
安全组……6501390
修理班……6502460
门卫……6502422

水杉宾馆

经理……6500538
副经理……6500225
办公室……6500370
财务……6500221
总服务台……6503322
……6500122
传真……6500138

职工培训中心

办公室……6574723
传真……6575142

新闻中心

办公室……6503600
……6502123
新闻部……6502678
通联部……6583465
记者站……6503945

离退休管理处

办公室……6503567
……6502106

房地产管理处

办公室……6502528
……6503924

广华社区管理服务中心

办公室……6501739
……6503525
传真……6509224
调度室……6506440
……6502475

向阳社区管理服务中心

办公室……6579446
调度室……6580440
……6575312

五七社区管理服务中心

办公室……6574163
传真……6574779
调度室……6574749

公共事业处

办公室……6500223
……6505101
调度室……6505789
……6502143

向阳实业总公司

办公室……6580641
……6580445
调度室……6580431

社会保险服务中心

办公室……6507203
传真……6502640

江汉油田总医院

办公室……6502227
……6575311
传真……6502037
急诊……6500120
……6502311
……6575122

江汉油田公安局

办公室……6595500
……6595555
传真……6502221

5. 中国石化集团江苏石油勘探局

地址：江苏省扬州市文汇南路100号
邮编：225009
区号：0514
传真：87761111 87760009
网址：www.joeco.com.cn
E-mail：jb@joeco.com.cn

江苏油田所处地区，是在江苏省的中部，安徽省的东部，东濒黄海，西临洪泽湖，南倚长江，北靠东陇海线。勘探开发区域主要分布在江苏省和安徽省的江都、邗江、仪征、高邮、兴化、金湖、洪泽、淮阴、东台、射阳、海安、天长等市县，以及广东省的徐闻以及新疆准噶尔盆地的盆地探区。油田总部位于江苏省扬州市。油田共有9个生活基地，13个住宅小区。

江苏油田于1975年4月组建，随着固定资产不断投入，油气储量和产量不断增加，企业规模不断扩大。1995年，在全国500家大型工业企业统计中以总资产排位被列为第197位，当年生产原油达到100万t。此后又迅速跃上年产原油150万t台阶，且储产量良性循环，逐年增长。历经32年的发展，2007年末，江苏油田拥有固定资产原值145.85亿元，净值69.53亿元。在职职工总人数16747人，其中中级高级以上专业技术人员3508人。拥有3所科学技术研究院和配套的油气勘探开发生产和辅助生产二级企业单位，2005年1月，江苏油田博士后科研工作站建站挂牌；有从事油气勘探开发的地质研究、工程技术、施工作业、生产管理、经营销售、炼化加工等配套的石油化工专业队伍；拥有包括具有国际先进水平的并行计算机、5700测井仪等在内的7861台（套）设备；拥有主要生产专业队伍：地震队11支，钻井队27支，采输油（气）队29支，试油作业队20支。目前，江苏油田为中国石化集团下属国有大Ⅰ型企业，是中国南方陆上重要的石油工业生产基地。

江苏油田勘探开发技术领先，独树一帜。多年的不懈努力，形成了具有在地上水网密布、地下构造复杂，素有“地质家考场”之称的长江金三角地带，从事复杂小断块群油气藏滚动勘探开发的成功经验和技术；拥有全行业第一套全三维处理软件以及用于油藏早期描述评价的无井LOG反演技术；发展配套了以全三维地震、油藏描述等四项技术为核心的复杂断块地区滚动勘探开发综合配套技术，建立起一套高速、高效增储上产的技术系列，百万吨产能建设投资水平为同行业先进。全油田内已完成信息网络基础设施建设，信息技术广泛应用于勘探、开发、生产、科研、经营、管理等领域，新技术的使用在全国中小油田处于领先水平。

中国石化集团江苏石油勘探局

部门 公网电话

局党委办公室

主任……87760023
秘书……87762085
保密办公室（机要）……87762086
传真……87760109

局纪委、监察处

处长……87760039
副处长……87762102
副处长……87761215
办公室（传真）……87762105
副处长（审理教育室主任）……87762709
主任办公室……87762106
纪检监察一室……87761747
纪检监察二室……86762971
审理教育室……87762107
效能监察室……87762116

组织部、干部处

部长……87760077
副部长……87762258
组织科……87762096
干部科……87762097
技术干部科……87762098
档案室……87762103

宣传部

部长……87760960
副部长……87760172
文明办……87762094
编辑部……87762091
宣传科……87762092
办公室……87762088

局工会

副主席……87766189
副主席……87760512
文联副主席……87762161
生活保障部……87760179
组织民管部……87762165
财务部……87762160
女职工部……87762164
文宣部……87762773

局团委

副书记……87760129
办公室……87762093

机关党委

党委副书记……87760663
纪委书记、工会主席……87760187
办公室……87762167
机关工会……87760117

局长办公室

主任……87760030
副主任……87760051
值班室……87762001
……87762004
接待科……87760170
秘书科……87760186
文书科……87762002
信访科……87762003
档案科……87762007

局机关小车队

队部……87760157
调度……87762011
……87762012
安全技术室……87760725

外事办公室

主任……87762211
主任工程师……87762210
综合科……87762207
财务科……87760053
目开发科……87761332

生产协调处（公共关系处）

处长……87760090
处长（公关）……87762075
生产运行科……87762032
生产值班室……87762033
生产协调科……87760501
生产综合科……87762034

局财务计划处

处长……87766188
副处长……87760659
副处长……87760048
综合科……87760426
会计科……87760427
预算科……87760584
资金科……87760429
价税科……87762550
资产科……87762052
规划科……87762037

统计科……………………………………87762038

概预算定额站

站长……………………………………87761197
副站长…………………………………87760176
综合技术科……………………………87762489
钻井工程定额科………………………87762252
地面工程定额科………………………87762701

审计处

处长……………………………………87760139
副处长…………………………………87760529
综合审计科……………………………87760842
工程审计科……………………………87762110
财务审计科……………………………87762108
审计审理科……………………………87760162

劳资处

处长……………………………………87760245
副处长…………………………………87760883
劳动工资科……………………………87762080
劳动组织科……………………………87762082
培训考核科……………………………87762083
保险办档案……………………………87760278
保险办财务……………………………87761428

就业服务中心

主任……………………………………87760161
综合科…………………………………87760422
就业管理科（再就业管理科）………87760458

资金监督服务中心

主任……………………………………87760896
副主任会计师…………………………87761359
审核管理科……………………………87760451

人武部

部长……………………………………87761781
办公室主任……………………………87762168
办公室（军事）………………………87760068

安全监察处

处长……………………………………87762272
副处长…………………………………87760192
交通科…………………………………87760189
工业科…………………………………87760193
锅炉科…………………………………87762130
综合科…………………………………87760002

装备处

处长……………………………………87760173
设备管理科……………………………87762051
加工管理科……………………………87760463

企管管理处

处长……………………………………87761316
物资管理科……………………………87760100
主任经济师……………………………87761861
企业管理科……………………………87762058
…………………………………………87761412
调研科…………………………………87762057

法律事务处

处长……………………………………87760047
合同科…………………………………87760762
综合科…………………………………87762061

科技处

处长……………………………………87760155
副处长…………………………………87760690
主任工程师……………………………87761402
副主任师………………………………87762122

工程技术管理处

处长……………………………………87760016
副处长…………………………………87760556
副处长…………………………………87760697
综合科…………………………………87762441

局基建办

主任……………………………………87760884
副主任…………………………………87761125
副主任…………………………………87762198
综合科…………………………………87761874

工程监理部

主任……………………………………87766999
综合办公室……………………………87762234
副主任…………………………………87762201
经营管理科……………………………87762206
技术质量科……………………………87762203
项目管理科……………………………87762205

销售中心

处长……………………………………87760130
副处长…………………………………87760096
办公室…………………………………87760095
经营科…………………………………87760097
储运科…………………………………87760093
财务科…………………………………87760094

技术监督中心

主任工程师……………………………87760476
节能办副主任…………………………87762604
处办主任………………………………87760061
处办……………………………………87762644
质量科…………………………………87762603
标计科…………………………………87762133

信息中心

主任工程师……87761646
综合信息科……87761641
网络管理科……87761643
信息门户管理……87761642

公共事业处

处长……87760965
副处长……87762233
副处长……87762197
综合办公室……87762215

钻井处

党委书记……86768901
处长……86768908
纪委书记（工会主席）……86768909
副处长……86768912
副处长……86768906
副处长……86760229
主任工程师……86766152
主任工程师……86768910
处长办公室……86760015
市场开发部……86760483
财务科……86762050
劳资科……86766901
生产管理部……86766746
装备科……86760471
安全科……86761351
经营管理部……86760731
技术监督中心……86760772
审计科……86768101
武保科……86761734
就业培训部……86760790
定额结算中心……86761641
家属劳动服务公司……86760747
工程技术部……86761051
技术服务中心……86760314
泥浆公司……86760243
综合运输公司……86763324
钻前工程公司……86763213
安装队……86763321
水电队……86763322
机械施工队……86763316
道桥工程队……86763326
修保站……86767852
机修厂……86763365
固井公司……86763362
管具公司……86763336

地球物理勘探处

党委书记……87763188
处长……87763266
副处长……87763118
副处长……87763128
副处长……87763168
纪委书记（工会主席）……87763001
主任工程师……87763158
党办……87763116
处办……87763018
经营计划科……87763078
劳资科……87763028
财务科……87763088
审计科……87763011
物资管理科……87763055
生产技术科……87763038
物探技术研究所……87763002
生产协调科……87763099
调度室……87763101
对外合作中心……87763058
资产装备科……87763077
安全环保科……87763068
房产管理站……87763013
生活管理中心……87763006
测量公司……87763125
仪修公司……87763003

安徽勘探开发公司

党委书记……(0551)5171758
处长……(0551)5165864
副处长……(0551)7611999
处长办公室……(0551)5165588
党委工作部……(0551)5171762
组干科……(0551)5171782
财务科……(0551)5171787
企管科……(0551)5171790
安全科……(0551)5171751
工会……(0551)5171757

地质测井处

党委书记……87763696
处长……87763688
副处长……87763588
副处长……87763698
副处长……87763558
副处长……87763569
工会主席……87763609
副主任工程师……87763495

副主任工程师……………………………………87763437
处长办公室………………………………………87763406
生产技术科………………………………………87763470
财务计划科………………………………………87763455
企业管理科………………………………………87763415
人事科……………………………………………87763509
安全环保科………………………………………87763589
物资装备科………………………………………87763590
域外项目经营管理中心…………………………87763579
录井中心…………………………………………87763468
勘探测井中心……………………………………87763586
生产测井中心……………………………………87763597
解释计算中心……………………………………87763591
综合车队…………………………………………87763526
综合管理站………………………………………87763485
技术研究开发中心………………………………87763479

井下作业处

党委书记…………………………………………86769977
处长………………………………………………86769888
纪委书记（工会主席）…………………………86767318
副处长……………………………………………86763878
副处长……………………………………………86767578
副处长……………………………………………86767816
主任工程师………………………………………86769986
主任会计师………………………………………86769788
处长办公室………………………………………86763428

采输卤管理处

处长、书记………………………………………82980333
副处长……………………………………………82980310
副处长……………………………………………82980308
工会主席…………………………………………82980306
处办………………………………………………82980309

油田建设处

党委书记…………………………………………86760534
处长………………………………………………86760296
副处长……………………………………………86762059
副处长……………………………………………86760132
副处长……………………………………………86762402
主任工程师………………………………………86760520
处长助理…………………………………………86768169
处办………………………………………………86760133
计划财务部………………………………………86760021
人力资源部………………………………………86766196
企业管理部………………………………………86762401
工程管理部………………………………………86760135
技术质检部………………………………………86762495
安全保卫科………………………………………86762501
物资装备部………………………………………86762521
检验中心…………………………………………86762514
综合服务站………………………………………86762565
安装一公司………………………………………86761893
建筑工程公司……………………………………86762515
管道技术工程公司………………………………86762496
石化设备制造厂…………………………………86762517
道桥公司…………………………………………86762812

运输处

党委书记…………………………………………86762805
处长………………………………………………86760033
副处长……………………………………………86768815
副处长……………………………………………86762196
副处长……………………………………………86766581
副书记、纪委书纪………………………………86760035
主任工程师………………………………………86762704
处办………………………………………………86760038
调度室……………………………………………86760115
运达公司…………………………………………86762644
安全科……………………………………………86760180
财务科……………………………………………86762731
审计科……………………………………………86762714
技术科……………………………………………86762724
劳动人事科………………………………………86762716
企管科……………………………………………86762710
经营计划科………………………………………86760514
汽车修理厂………………………………………86762294
车队………………………………………………86762788
综合管理站………………………………………86762791
油品运输公司……………………………………87762293

水电讯处

党委书记…………………………………………86760166
处长………………………………………………86768988
副处长……………………………………………86760006
纪委书记、工会主席……………………………86760159
主任工程师………………………………………86760991
处办………………………………………………86760142
财务科……………………………………………86762561
人事科……………………………………………86762563
技术质量科………………………………………86762772
安全装备科………………………………………86762470
经营管理科………………………………………86762030
综合服务科………………………………………86768553

勘察设计研究院

党委书记…………………………………………87760008

院长（副书记）……………………………87762325
副院长…………………………………………87760073
副院长（工会主席）………………………87760828
主任师…………………………………………87760075
院办……………………………………………87760076
党办……………………………………………87762302
财务资产部……………………………………87762305
设计管理部……………………………………87760073
建筑设计分院…………………………………87762281
油气设所………………………………………87762308
工艺技术研究所………………………………87762326
造价咨询所……………………………………87762324
勘察公司………………………………………87762322

职工培训处

党委书记………………………………………87763302
处长……………………………………………87763301
副处长…………………………………………87763306
纪委书记………………………………………87763305
处办……………………………………………87763310
党办……………………………………………87763315
工会……………………………………………87763318
劳动人事科……………………………………87763323
财务计划科……………………………………87763366
教育管理科……………………………………87763320
企业安全科……………………………………87763326
技能鉴定管理科………………………………87763345
石油工程培训部………………………………86740535
焊接培训部……………………………………87763351
计算机培训部…………………………………87763337
经济管理培训部………………………………87763336

新闻中心

主任……………………………………………87760960
副主任…………………………………………87761339
副主任…………………………………………87762331
办公室…………………………………………87762022
编辑科…………………………………………87762023
记者科…………………………………………87762740
通联科…………………………………………87762541
电视台…………………………………………87760067
中石化报记者站………………………………87760066
中石油画报记者站……………………………87760222

邵管中心

党委书记（副主任）………………………86766664
主任（党委副书记）………………………86766501
工会主席………………………………………86761960
中心办公室……………………………………86766404
协调管理科……………………………………86762220
劳动人事科……………………………………86766394
财务科…………………………………………86762235
安全环保科……………………………………86762277

真管中心

党委书记………………………………………86769238
主任……………………………………………86769896
副主任…………………………………………86763732
工会主席………………………………………86767200
办公室…………………………………………86767752
经营科…………………………………………86764193
财务科…………………………………………86767491
劳资科…………………………………………86769231
协调室（安全科）…………………………86767895
基建办公室……………………………………86763837

扬管中心

书记（主任）………………………………87760303
副主任…………………………………………87760328
副主任…………………………………………87760305
办公室…………………………………………87760311
财务资产科……………………………………87760320
经营管理科……………………………………87760316
……………………………………………………87760315
综合服务部……………………………………87760326

离退休职工管理处

党委书记、处长………………………………87766669
党委副书记（副处长）……………………87762069
副处长…………………………………………87760022
工会主席………………………………………87762710
综合办公室……………………………………87760894

矿业开发总公司

总经理…………………………………………87760149
党委书记………………………………………87762081
纪委书记、工会主席…………………………87760787
副总经理………………………………………87760848
副总经理………………………………………87760108
综合办公室……………………………………87762336

农工商公司

书记、经理……………………………………86768148
副经理…………………………………………86760335
副经理…………………………………………86740295
副经理…………………………………………86760139
公司办公室……………………………………86760973
劳资科…………………………………………86762285
经营管理科……………………………………86761094
财务科…………………………………………86760463

紫京旅游集团

（区号：025）

党委书记……………………………84781588
总经理……………………………84781555
工会主席……………………………84781566
副总经理……………………………84781577
主任会计师……………………………84781560
综合办公室……………………………84781550
人力资源部……………………………84781585

江苏中油天工机械有限公司

党委书记、总经理……………………………86765530
副总经理、工会主席……………………………86765555
副总经理、总工程师……………………………86765535
副总经理、总会计师……………………………86765557
党办……………………………86765611
总经理办公室……………………………86765524
财务科……………………………86765542
企管科……………………………86765540
生产科……………………………86765525
质检科……………………………86765570
研究所……………………………86765551
供应公司……………………………86765567
销售公司……………………………86765616
人力资源部……………………………86765533

扬州友好医院

党委书记……………………………86768042
院长……………………………86762416
副院长……………………………86762007
副院长……………………………86760086
院办……………………………86760084
党办……………………………86762418

油田公安分局

局长……………………………87760058
政委……………………………87761378
办公室……………………………87762214

6. 中国石化集团滇黔桂石油勘探局

地址：云南省昆明市青年路143号石油大厦
邮编：650021
区号：0871
传真：3127188
E-mail: dqgjb@163.com

滇黔桂石油勘探局是中国石油化工集团公司的全资子公司，注册资金为9.31亿元人民币（1.13亿美元），总部设在四季如春的云南省昆明市。

滇黔桂石油勘探局从20世纪50年代起，在云南、贵州、广西三省（区）从事石油、天然气、煤层气、地热勘探，成功开发了赤水气田（贵州省）、百色油田（广西壮族自治区）、陆良气田和保山气田和景谷油田（云南省），2002年以后，又勘探开发了下寺湾油田（陕西省）。

从20世纪80年代初开始，滇黔桂石油勘探局逐步进入以胜利油田为主的中国国内其他地区的钻井工程市场。近几年，滇黔桂石油勘探局按照中国石油化工集团公司的战略部署，积极拓展国际油气勘探开发业务，已经涉足印度尼西亚、越南、缅甸、泰国等东南亚国家的油气勘探开发、油品销售市场。

滇黔桂石油勘探局拥有大量经验丰富的高素质员工，技术人员占全局职工的55%，而且一大批年轻有为的骨干曾被送到海外培训过，为进入国际市场奠定了坚实基础。

主营业务：

* 国内外石油、天然气、煤层气、地热等资源的投资与勘探开发；
* 国内外物探、钻井、固井、测录井等工程与技术服务；
* 海外石油工程的设备、材料及石油天然气的进出口；
* 石油液化气储运销售。

信誉及担保：

长期以来，滇黔桂石油勘探局的债务／权益率一直低于0.3，中国建设银行和中国招商银行为滇黔桂石油勘探局的业务提供信誉担保。

中国石化集团滇黔桂石油勘探局

部门　公网电话

局机关

局长……6145366
党委书记……6145067
党委副书记……6145266
副局长……6145886
副局长……6145188
总会计师……6145448
局长助理……6145566

副总师

副总师……6145426
副总师……6145398

局办公室

主任……6145537
副主任……6145929
秘书科……6145538
外事办……6145579
行政科……6145738
信访科……6145021
机要科……6145545
打字室……6145547
小车队……6145013

计划财务处

处长……6145504
副处长……6145587
副处长……6145160
会计科……6145526
机关财务……6145592
预算资金科……6145584
外事财务科……6145169
资产科……6145591
综合科……6145503
……6145052
结算中心……6145588
……6145661
计划科……6145580
税价科……6145585
统计科……6145052
……6145503

生产管理处

处长……6145496
副处长……6145569
技术科……6145573
生产科……6145568
综合科……6145568
设备科……6145569

企业发展经营处

处长……6145034
副处长……6145513
战略科……6145513
法律科……6145499
多经科……6145581

房地产经营管理处

处长……6145639
副处长……6145006
副处长……6145123
公积金中心……6145123
……3180669
综合科……6145023
房地产科……6145006

安全环保科

处长……6145632
环保科……6145900
安全科……6145321

组织人事处

处长……6145358
副处长……6145641
综合科……6145613
干部科……6145614
组织科……6145614

劳动工资处

副处长……6145644
副处长……6145307
工资科……6145507
……6145331
劳组科……6145615
……6145618
教培科……6145643
……6145642
技鉴科……6145535

审计处

副处长……6145608
综合科……6145660
审计科……6145223

纪检监察处

处长……6145603
副处长……6145605
办公室主任……6145607

案件室……………………………………6145604

思想政治工作处

处长……………………………………6145664
机关党委书记…………………………6145645
机关党委………………………………6145616
……………………………………………6145667
宣教科…………………………………6145628
……………………………………………6145627
报社……………………………………6145668
……………………………………………6145667
影视中心………………………………6145625

局工会

工会副主席……………………………6145305
办公室主任……………………………6145338
办公室…………………………………6145610
……………………………………………6145949
工会财务………………………………6145047

局团委

团委副书记……………………………6145626
办公室…………………………………6145514

云南片区

云南石油服务处

地址：云南省昆明市青年路 143 号石油大厦
邮编：650021
区号：0871

处长……………………………………6145930
书记……………………………………6145919
副处长…………………………………6145174
副处长…………………………………3182779
办公室…………………………………6145005
……………………………………………3183513

公安处

地址：云南省昆明市青年路 143 号石油大厦
邮编：650021
区号：0871

处长……………………………………6145655
书记……………………………………6145653
工会主席………………………………6145638
办公室…………………………………6145659

离退休管理处

地址：云南省昆明市青年路 143 号石油大厦
邮编：650021
区号：0871

处长……………………………………6145636
副处长…………………………………6145665
办公室…………………………………6145635

社会保险管理中心

地址：云南省昆明市青年路 143 号石油大厦
邮编：650021
区号：0871
E - mail：dqgsbzx@163.com

主任……………………………………6145056
副主任…………………………………6145064
办公室…………………………………6145619
传真……………………………………6145329

测井录井公司

地址：云南省昆明市东风东路 118 号
邮编：650041
区号：0871
E - mail：dqgwl1@sohu.com

经理……………………………………3379216
党委书记………………………………3372316
副经理…………………………………3372312
纪委书记………………………………3372206
工会主席………………………………3372206
总会计师………………………………3372320
办公室…………………………………3396579
……………………………………………3396586

石油天然气销售总公司

地址：云南省昆明市东风东路 118 号
邮编：650041
区号：0871

总经理…………………………………3377851
党委书记………………………………3370351
副总经理………………………………3396139
纪委书记………………………………3392762
总会计师………………………………3370446
办公室…………………………………3392708

钻井工程技术服务公司

地址：云南省昆明市白云路 155 号
邮编：650200
区号：0871

经理……………………………………6146288
办公室…………………………………6146283

钻井总公司

地址：云南省昆明市关上南路 54 号
邮编：650200
区号：0871
E-mail：dqglygs@163.com

总经理…………………………………6143598

党委书记……………………………………6143596
副总经理……………………………………6143586
总会计师……………………………………6143588
办公室………………………………………6143580
……………………………………………6143581
……………………………………………6143582

国际事业部

地址：云南省昆明市青年路143号
邮编：650229
区号：0871

经理…………………………………………6145400
副经理………………………………………6145198
办公室………………………………………6145562
……………………………………………6145423
传真…………………………………………6145552

信息技术公司

地址：云南省昆明市青年路143号
邮编：650021
区号：0871
E-mail: xxgsbgs@mail.dqg.sinopec.com.cn

经理…………………………………………6145676
副经理………………………………………6145658
总工程师……………………………………6145696
信息中心主任………………………………6145692
办公室………………………………………6145678
……………………………………………6145671
传真…………………………………………6145666

物探公司

地址：云南省昆明市白云路155号
邮编：650233
区号：0871
E-mail: wtbgs306@163.com

经理…………………………………………6146205
经理…………………………………………6146210
经理…………………………………………6146211
办公室………………………………………6146236
传真…………………………………………5625381

南宁片区

广西石油服务处

地址：广西省南宁市建政东路31号
邮编：530023
区号：0771
E-mail: cb.syfwc@sohu.com

处长…………………………………………2263391
副处长………………………………………2263339
副处长………………………………………2263572
副处长………………………………………2263060
书记室………………………………………2263598
书记…………………………………………2263020
办公室（传真）……………………………2263393
……………………………………………5626975

南宁石油天然气销售分公司

地址：广西省南宁市建政东路31号
邮编：530023
区号：0771
E-mail: gxgs2003@tom.com

经理…………………………………………2263459
经理…………………………………………5637198
副经理………………………………………5624898
副经理………………………………………5635948
综合办………………………………………2263510
……………………………………………5625178

第二钻探公司

地址：广西省南宁市建政东路31号
邮编：530023
区号：0771
E-mail: bangongshi2195@sohu.com

经理…………………………………………2263498
副经理………………………………………2263561
副经理………………………………………2263560
副经理………………………………………2263565
公司办………………………………………2263576

离退休管理处广西分处

地址：广西省南宁市建政东路31号
邮编：530023
区号：0771
E-mail: nnltb63040@sohu.com

办公室………………………………………2263040
主任…………………………………………2263325
书记…………………………………………2263357

广西北海石油服务处

地址：广西省北海市化工7号
邮编：536000
区号：0779

处长…………………………………………6892899
副处长………………………………………6892890
副处长………………………………………6892800
党委书记……………………………………6892836
党委副书记、纪委书记……………………6892858
办公室主任…………………………………6892896

办公室（传真）……………………………………6892810

信息技术公司南宁信息站

地址：广西省南宁市建政东路31号

邮编：530023

区号：0771

E-mail: nntxz@163.com 站长 2263271

机务班……………………………………………2263112

广西物探大队2293队

地址：广西省南宁市五一东路35号

邮编：530031

区号：0771

书记……………………………………………4839581

队长……………………………………………4839585

办公室…………………………………………4839586

第二钻探公司明阳办事处

地址：广西省邕宁县明阳石油基地

邮编：530027

区号：0771

办公室…………………………………………4217307

…………………………………………………4217514

…………………………………………………4217942

南宁液化石油气总站

地址：广西省南宁市大学西路73号

邮编：530007

区号：0771

站长……………………………………………3246216

副站长…………………………………………3243716

经营办…………………………………………3247727

田东片区

广西服务处田东分处

地址：广西省田东县

邮编：531500

区号：0776

处长……………………………………………2592579

副处长…………………………………………2592266

综合办…………………………………………2592393

…………………………………………………2592261

第二钻探公司

地址：广西省田东县平安巷石油二公司

邮编：531500

区号：0776

经理……………………………………………2592175

办公室…………………………………………2592608

…………………………………………………2592198

信息技术田东信息站

地址：广西省田东县油城路234号

邮编：531500

区号：0776

E-mail: xxgstdz@mail.dqg.sinopec.com.cn

办公室…………………………………………2592492

传真……………………………………………2592145

测井录井公司田东分公司

地址：广西省田东县上法村

邮编：531500

区号：0776

经理……………………………………………2592112

副经理…………………………………………2592686

教导员…………………………………………2592426

综合办…………………………………………5226697

贵阳片区

贵阳石油服务处

地址：贵州省贵阳市黔灵东路150号

邮编：550001

区号：0851

E-mail: gzhwcbgs@163.com

处长……………………………………………8125338

副处长…………………………………………8125227

书记……………………………………………8125423

办公室…………………………………………8125425

贵阳石油服务处储运库

地址：贵州省贵阳市富源南路443号

邮编：550001

区号：0851

E-mail: gzhwcbgs@163.com

主任……………………………………………8284001

办公室…………………………………………8284005

社会保险管理中心贵阳社保所

地址：贵州省贵阳市黔灵东路150号

邮编：550001

区号：0851

办公室…………………………………………8125283

…………………………………………………8125284

…………………………………………………8125285

管理中心贵阳财务管理中心

地址：贵州省贵阳市黔灵东路150号

邮编：550001

区号：0851 结算站 8125289

核算站…………………………………………8125223

办公室……………………………………………8125266

离退休管理处贵阳分处

地址：贵州省贵阳市黔灵东路150号
邮编：550001
区号：0851

主任……………………………………………8125265
办公室……………………………………………8125263

液化气销售公司贵阳分公司

地址：贵州省贵阳市黔灵东路150号
邮编：550001
区号：0851

书记……………………………………………8125366
综合办……………………………………………8125268

信息技术公司贵阳信息站

地址：贵州省贵阳市黔灵东路150号
邮编：550001
区号：0851

站长……………………………………………8125113
传真……………………………………………8125117

赤水片区

第二钻探公司赤水办事处

地址：贵州省赤水市气矿
邮编：564700
区号：0852
E-mail: dxy007@mail.chuna.com

经理……………………………………………2882091
书记……………………………………………2820875
副经理……………………………………………2881232
主任……………………………………………2820877
综合办……………………………………………2870038

贵州石油服务处赤水分处

地址：贵州省赤水市气矿
邮编：564700
区号：0852
E-mail: gzhycsfgs@163.com

处长……………………………………………2870303

离退修管理处赤水管理站

地址：贵州省赤水市气矿
邮编：564700
区号：0852

办公室……………………………………………2870556

社会保险管理中心赤水社保所

地址：贵州省赤水市气矿
邮编：564700
区号：0852
E-mail: cssbs005@163.com

办公室……………………………………………2870569

信息技术公司赤水信息站

地址：贵州省赤水市气矿
邮编：564700
区号：0852
E-mail: csxxz@mail.dqg.sinopec.com.cn

站办……………………………………………2870529
机房……………………………………………2870789
传真机……………………………………………2870002

测井录井公司赤水中队

地址：贵州省赤水市气矿
邮编：564700
区号：0852

中队办……………………………………………2829236

山东片区

第一钻探公司

地址：山东省临邑县后仓临盘
邮编：251500
区号：0534

经理……………………………………………4866888
副经理……………………………………………4866688
副经理……………………………………………4866818
党委书记……………………………………………4866666
纪委书记……………………………………………4866988
纪委副书记……………………………………………4866885
主任会师……………………………………………4866588
副总师……………………………………………4866679
副总师……………………………………………4866919
公司办（党办）
主任室……………………………………………4866501
副主任室……………………………………………4866503
文秘室……………………………………………4866502
传真室……………………………………………4866504

7. 中国石化集团新星石油有限责任公司

地址：北京市海淀区北四环中路263号
邮编：100083
区号：010
传真：82335152
网址：www.cnspc.com.cn
E-mail：sinopecstar@mail.cnspc.com.cn

中国石化集团新星石油有限责任公司是中国石化集团公司的全资子公司。前身是原地质矿产部石油地质海洋地质局。为了加快我国石油工业体制改革，1996年12月7日，国务院以原地质矿产部石油地质海洋地质局及其所属石油系统的普查勘探、科研队伍为基础，成立了中国新星石油有限责任公司。

新星公司成立后，在过去工作的基础上，迅速形成了西北、西南、东海、东北、华东、鄂尔多斯等油气勘探开发基地，发现和建设了塔河大油田。油气产量大幅增加，效益不断提高，国有资产快速增值。

在我国石油工业体制深化改革中，2000年2月29日，中共中央和国务院明确中国新星石油公司整体并入中国石油化工集团公司，更名为中国石化集团新星石油有限责任公司。

新星石油公司本部设在北京，现在主要从事地热资源开发利用、国内外石油及公用工程施工、矿业开发等业务，产业分布在北京、广州、西安、咸阳、沈阳等国内城市及埃及、尼日利亚、哈萨克斯坦等十几个国家。拥有外经贸部授予的进出口贸易、对外经济技术合作和对外承包工程经营资质。

新星石油公司具有辉煌的历史和光荣的传统，蕴含现代企业的先进管理理念，拥有国际化精诚团结的人才队伍，愿依托中国石化集团的强大实力，与海内外各界人士和团体一道，精诚合作，互利双赢，共同发展。

部门	公网电话	部门	公网电话
办公室	82335150	党群工作部	82335176
传真	82335152	国际工程部	82335167
人力资源部	82335257	项目技术部	82335289
计划财务部	82312022	纪检监察部	82335177
企业经营管理部	82335288	安全环保部	82335286
审计部	82335264	法规部	82335160

8. 中国石化集团上海海洋石油局

地址：上海市浦东新区商城路1225号
邮编：200120
区号：021
总机：68763242
传真：68769284
网址：www.shopc.com.cn
E-mail：sopb@shopc.com.cn

中国石化集团上海海洋石油局前身为地矿部上海海洋地质调查局，于1970年筹建，1973年4月经国务院批准，在“627”工程筹备组的基础上正式组建；1977年10月开始，主要负责我国东海海域的石油天然气勘探；1997年中国新星石油公司成立，上海海洋地质调查局更名为中国新星石油公司上海海洋石油局；2000年，新星公司整体并入中国石化集团，更名为中国石化集团新星公司上海海洋石油局；2001年随中石化增发A股，上海海洋石油局分为上市与非上市两部分。2002年6月，调整为中国石化集团公司直接管辖。

近三十年来，上海海洋石油局先后在渤海、黄海、东海开展以油气资源为主的海洋地质综合调查，总面积达100余万 km^2，仅在东海就发现和证实了平湖、残雪、宝云亭、春晓等4个油气田和玉泉、天外天等5个含油气构造，向国家提交了一大批油气储量，并多次获得国家级重大勘探成果奖和功勋地质单位称号。自1970年成立以来，获得了国家科委、计委、经贸委、全国矿产资源委员会、地矿部、科技部、财政部、中国石化股份公司和集团公司、上海市政府等颁发的各种奖项60多项。

上海海洋石油局拥有海上钻井平台2座，海洋物探工作船4条，大马力三用工作船3条，还有若干其他辅助船舶。在浦东新区，已建成三个初具规模、功能齐全的海上油气勘探开发基地：一是朱家浜上海海洋石油物探公司基地，位于浦东新区金桥出口加工区附近，基地总面积109亩，沿黄浦江建有一座长170m的万吨级码头，拥有其他各种建筑设施22200m^2；二是外高桥上海海洋石油钻井工程公司钻探基地，位于浦东新区外高桥保税区，濒临长江入海口，面向东海，海上交通极为方便，沿长江建有一座长300m的万吨“T”形深水码头，基地总面积153亩，拥有其他各类建筑设施23800m^2；三是六号桥办公及研究基地，位于浦东新区陆家嘴金融贸易区中心，占地10亩，为综合研究院和局机关办公所在地。

上海海洋石油局下属全额投资二级法人单位十家，下属三、四级法人单位十四家，下属非法人独立核算单位两家，下属控股公司一家。

中国石化集团上海海洋石油局

部门	公网电话
办公室	-1520
	68766472
人事处	-1620
	68765065
计划财务处	-1634
	68768009
经营管理处	-1637
	68763612
物资装备处	-1601
	68766984
安全环保处	-1658
	58310948
工程技术处	-1611
	68753818
审计处	-1650
	68766855
党办	-1535
	68768909
工会	-1532
	68768392
纪检监察室	-1619
	68762180
基地管理处	-3101
	68760532
局钻井分公司	58673312
局船舶分公司	63769792
局第一海洋地质调查大队	68466295
局第三海洋地质调查大队	58679123
局培训就业中心	50691917
上海海地物资公司	62260883
上海第一海洋地质工程公司	50694034
上海三江石油化工有限公司	50454501

9. 中国石化集团西南石油局

地址：四川省成都市提督街108号
邮编：610016
区号：028
传真：86750066
E-mail: dzbgs@sswpc.cn

中国石化集团西南石油局（以下简称西南石油局）、中国石油化工股份有限公司（以下简称西南分公司）西南分公司是中石化在西南地区进行油气勘探开发销售、石油工程及技术服务的油田板块企业。西南石油局、西南分公司的前身为发现大庆油田、吉林油田、辽河油田作出过重大贡献，是国家“地质勘查功勋单位”。

20世纪60年代以来，西南油气分公司一直在四川、云南、贵州和广西等地区的油气勘探开发实践中，建立了覆盖油气勘探开发、输配营销等专业领域的科研和工程专业队伍，培养了一批省、部级的学术和技术带头人，形成了以博士后科研工作站为基础的青年人才培养基地。通过充分利用社会科技资源，先后与国内外大专院校、科研院所和石油公司进行了良好的技术合作。在油气成藏地质理论和地质地震、钻井、完井、测井、测试、采输等工艺技术方法的研究上取得一批高水平的科研成果，曾获得国家科技进步一等奖2项和二、三等奖3项，省、部级一等奖15项和二、三等奖206项。

西南油气分公司目前拥有油气勘查区块19个，开采区块17个，开发准备区块5个，探采矿区块合计面积约3.4万km^2，拥有天然气总资源量8万亿m^3以上，截止2007年底西南油气分公司在四川盆地合计拥有三级地质储量折合油当量83499.32万t。

2007年，西南油气分公司生产天然气27亿m^3。现有油气井1000多口，输（配）气站310余座，各类天然气集输管道累计达3000余公里，形成了系统性相对较强、独立的天然气产、供、销集输网络。天然气市场主要分布在成都、德阳、绵阳等川西和川北地区。

“十一五”期间，西南油气分公司将坚持“管理、创新、和谐、发展”的工作方针，解放思想，真抓实干，全力推进百亿气田建设，努力实现跨越式发展。

中国石化集团西南石油局

部门　　公网电话

公司机关

局办公室

主任 ……………………………………86747755

副主任 …………………………………86748877

副主任 …………………………………86780743

传真 ……………………………………86750066

川西采输处

地址：四川省德阳市泰山北路三段 399 号

邮编：618000

传真：(0838) 2408050

办公室……………………………………2422382

川北采输处、川东北采输处

地址：四川省阆中市七里镇

邮编：637402

传真：(0817) 6300102

办公室……………………………………6300010

勘探开发研究院

地址：四川省成都市成华区青龙场

邮编：610081

传真：(028) 83510332

办公室 …………………………………83505926

工程技术研究院

地址：四川省德阳市龙泉山北路 298 号

邮编：618000

传真：(0838) 2552071

办公室……………………………………2551501

工程监督中心

地址：四川省德阳市天元经济开发区青海路东段

邮编：618000

传真：(0838) 2801033

办公室……………………………………2801033

物资供应处

地址：四川省成都市一环路北四段 116 号

邮编：610000

传真：(0838) 83384950

办公室 …………………………………83352649

德阳新场气田开发有限责任公司

地址：四川省德阳市泰山北路二段 86 号

邮编：618000

传真：(0838) 2273132

办公室……………………………………2273132

德阳联益石油天然气勘探开发有限公司

地址：德阳市天元经济开发区青海路东段

邮编：61800

传真：(0838) 2800397

办公室……………………………………2800397

成都龙星天然气开发有限责任公司

地址：四川省成都市龙泉驿区龙平路
锦苑小区综合楼

邮编：610100

传真：(028) 84863414

办公室 …………………………………84845515

川东北油气勘探开发项目部

地址：四川省巴中市江北大道农业发展银行 9 楼

邮编：636000

传真：(0827) 2222806

办公室……………………………………2222807

10. 中国石化集团石油工程西南有限公司

地址：四川省成都市提督街108号
邮编：610016
区号：028
电话：86746969
传真：86742233
E-mail：zgshxngc@sina.com

中国石化集团石油工程西南有限公司是中国石化集团公司专业从事石油工程技术服务的区域性公司和法人实体；由原西南石油局、中南石油局、滇黔桂石油勘探局的石油工程专业整合重组，于2007年4月20日在成都正式挂牌成立。

公司总资产31.6亿元，设备资产净值10.7亿元，新度系数0.64。能够从事钻井、测井、录井、井下作业等井筒石油工程技术服务和油田地面建设、工程作业、石油工程技术研发及相关技术服务。现有施工队伍、井分队180余支，拥有9000m、7000m、6000m、5000m等钻机65台套、大型空气氮气钻4台套、进口防爆型录井仪、综合录井仪57套、压裂设备32台套、修井机9套等大型先进的装备仪器。队伍主要施工力量分布在四川、新疆、山东、广西、湖北等5省1市2区和海外6个国家。

部门	公网电话
公司机关	
综合办公室	86513737
值班电话	86746969
计划财务处	86783346
企管法律处	86782498
人力资源处	86782447
市场与生产处	86750107
工程技术处	86781721
国际事业处	86782467
装备管理处	86786527
安全环保处	86750121
审计处	86782453
重庆钻井分公司	
经理	(023)68800927
电话	(023)68711044
传真	(023)66021081
四川钻井分公司	
经理	(0838)8599199
电话	(0838)2504317
传真	(0838)2504317
湖南钻井分公司	
经理	(0731)6907067
电话	(0731)6907031
传真	(0731)6907027
临盘钻井分公司	
经理	(0534)5051888
电话	(0534)5051001
传真	(0534)5051003
广西钻井分公司	
经理	(0771)2263509
电话	(0771)2263586
传真	(0771)2263575
地质录井分公司	
经理	(0816)2683853
电话	(0816)2683505
传真	(0816)2683505
地质录井二公司	
经理	(0731)5601431

电话……………………………………(0731) 5601430
传真……………………………………(0731) 5601430

地质录井三公司

经理……………………………………(0871) 3379216
电话……………………………………(0871) 3396579
传真……………………………………(0871) 3396586

测井分公司

经理……………………………………(028) 84876573
电话……………………………………(028) 84876570
传真……………………………………(028) 84877581

固井分公司

经理……………………………………(0838) 2513338
电话……………………………………(0838) 2517058
传真……………………………………(0838) 2513129

井下作业分公司

经理……………………………………(0838) 2401503
电话……………………………………(0838) 2401942
传真……………………………………(0838) 2409414

工程作业分公司

经理……………………………………(0816) 2309616
电话……………………………………(0816) 2301872
传真……………………………………(0816) 2319063

工程作业二公司

经理……………………………………(0996) 4697103
电话……………………………………(0996) 4697126
传真……………………………………(0996) 4697126

油建公司

经理……………………………………(0838) 2202033
电话……………………………………(0838) 2238337
传真……………………………………(0838) 2209905

油建二公司

经理……………………………………(0731) 5601451
电话……………………………………(0996) 4959030
传真……………………………………(0996) 4958891

油气工程技术研究院

电话……………………………………(0838) 2601635
传真……………………………………(0838) 2601615

物资供应中心

主任……………………………………(028) 86756211
电话……………………………………(028) 86759700
传真……………………………………(028) 86750929

11. 中国石化集团西北石油局

地址：新疆乌鲁木齐市北京北路 29 号
邮编：830011
区号：0991
总机：6637217
传真：6637597
E-mail: bangs@xj.cninfo.net

中国石化集团西北石油局（西北油田分公司）位于美丽、富饶的新疆维吾尔自治区，是中国石化上游油田企业之一。截止 2007 年底，西北油田分公司在塔里木盆地拥有 9 个油气勘查区块，勘查总面积 2.85 万 km^2，拥有油气远景资源量 77.39 亿 t 油当量，完成三级地质储量 25.01 亿 t 油当量；共投入开发的有塔河、西达里亚、雅克拉、大涝坝 4 个油气田，拥有油气井 648 口，开井 536 口，累计产油 3091 万 t。

中国石化集团西北石油局是原地质矿产部一支从事石油地质普查勘探的功勋队伍，曾先后参与发现了大庆、辽河、胜利等油气田，为新中国石油工业的起步和发展作出了卓越的贡献。2003 至 2007 年塔河油田进入快速发展期，原油年产量平均增幅在 60 多万 t，约占中国石化上游年增产幅度的 80%。塔河油田正成为中国石化最主要的产量增长区和接替区。2007 年，生产原油 536.25 万 t，生产天然气 9.5 亿 m^3。

“十一五”期间，西北石油局、西北油田分公司还将继续按照中国石化集团公司制定的“东部硬稳定、西部快上产、天然气大发展”的资源战略，以“塔河之下找塔河、塔河之外找塔河、提高采收率再造一个塔河”为突破口，加大勘探开发力度，力争到 2010 年实现探明石油储量 10 亿 t，天然气储量 2500 亿 m^3，新建原油产能 1138 万 t，期末原油产量达到 700 ~ 800 万 t，天然气产量 20 ~ 30 亿 m^3，实现 1000 万 t 油当量的发展目标。

部门	公网电话
局长办公室	
主任	3600650
副主任	3600838
	3600358
总值班室	3600161
	3600163
秘书科	3600651
传真	6637626
党委办公室	
主任	3600646
	3600645
办公室	3600643
传真	3600763
勘探处	3600181
	3600615
开发处	3600182
	3600670
生产运行处	3600808
	3600637
安全环保处	3600663
	3600665

12. 中国石化集团华东石油局

地址：江苏省南京市下关区热河南路37号华扬大厦
邮编：210011
区号：025
总机：58822288
传真：58822000
E-mail: bgs@ecpc.com.cn

中国石化集团华东石油局（以下简称华东石油局）地处经济发达的江苏地区。2001年8月，中国石化集团资产重组，华东石油局的油田部分成为中国石化股份公司的分公司，2003年5月体制调整时使用中国石油化工股份有限公司华东分公司名称。

华东石油局（华东分公司）油气勘探开发和工作区域分布于苏北和东北，勘探开发面积约63500km²。该公司在苏北老油区工作了半个多世纪，1970年在苏20井实现了江苏找油史上第一次突破，此后，共在江苏地区发现了40多个油气田，目前由华东分公司负责开发的有草舍、洲城、台兴、边城、溪南庄、金南、祝庄、北汉庄、腰滩、金南、吕家庄等20个油气田。从上个世纪90年代开始，华东分公司在东北的松辽地区开展勘探，经过近10年的不懈努力，2003年在腰英台实现了油气突破，2005年又在腰英台坳陷层和断陷层实现重大突破、发现了亿吨级大型油气田。腰英台油气田于2006年进入规模化开发阶段，已具年产20万t油气能力，2008年，经中石化审批通过的第3个10万t产能建设项目及10亿m³天然气产能建设项目已开始建设。华东石油局还积极响应中石化油气资源发展战略，在国内，积极参与后备战略接替区的研究工作，开展了南方下扬子领域前瞻性研究；在国外，配合兄弟单位实施“走出去”战略，成为中石化哈萨克斯坦等国际勘探开发项目的技术支撑单位。

华东石油局（华东分公司）有着丰富的小油田勘探开发经验，熟悉剩余油富集规律，运用成熟配套的技术和方法，有效控制老油田自然递减率，所辖苏北小油田已经历了几十年开采，依然处于良好的稳产增产状态。近几年，平均每年向国家提交三级石油地质储量2000万t以上，提交探明地质储量500万t以上。至2007年末，共提供三级油气地质储量已达1.9亿t油当量。

务生产之需的作风，宽松的学术气氛，博众家之长的传统，使华东石油局不断实现技术创新、科研创新，形成了针对苏北复杂超小型断块油田和针对东北松南地区大面积低孔渗、低丰度岩性-构造复合型油气田的勘探开发方法技术系列。在油气田开发中广泛采用了三维地震勘探、定向井、丛式井、水平井、小井眼开窗侧钻、侧钻水平井、油藏精细描述、剩余油研究、油气层保护、水力加砂压裂改造、分层注水、深度调驱、油田水回注、CO_2吞吐及注WPS三次采油技术等工艺技术，有效推动了勘探发现，提高了储量动用程度和采收率。

中国石化集团华东石油局

部门	公网电话

局机关

办公室
………………58822349
………………58772051
………………-1505

纪委
………………58769402
………………-8904

组织部
………………-1501

宣传部
………………-1311
………………-1309

工会
………………-1411

团委
………………-308

机关党委
………………-1307

尖兵报社
………………-1303

工程管理处
………………-8905
………………-8918

计划财务处
………………58824781
………………58829309
………………-1413

经营管理处
………………-1402
………………-1404

基地管理处
………………-8909
………………-8911

劳动人事处
………………-1312
………………-1313

离退休管理处
………………-1301

对外合作处
………………58827476
………………-8903

物资装备处
………………-1104
………………-8901

安全环保处
………………-1314
………………-1315

审计处
………………-1015

信息中心
………………8772591
………………-1666

第六物探大队

地址：江苏省南京市马台街141号
邮编：210019
区号：025

总机………………83211040
传真………………83211506

钻井公司（六普大队）

地址：江苏省镇江市天桥路22号
邮编：212003
区号：0511

办公室………………4406061
传真………………4406035

试采大队（井下作业公司）

地址：江苏省泰州市五里桥
邮编：225300
区号：0523

办公室………………6662786
传真………………6663677

测井公司

地址：江苏省扬州市邗沟路58号
邮编：225002
区号：0514

办公室………………7621118

传真……………………………………………7621110

职工医院

地址：江苏省扬州市运河西路 143 号
邮编：225003
区号：0514

办公室…………………………………………7243686
传真……………………………………………7243516

高级技师学院

地址：江苏省扬州市瓜洲镇
邮编：225129
区号：0514

办公室…………………………………………7501513
传真……………………………………………7501513

党校（干校）

地址：江苏省扬州市瓜洲镇
邮编：225129
区号：0514

办公室…………………………………………7501082
传真……………………………………………7505611

装备制造总厂

地址：江苏省扬州市万福闸
邮编：225005
区号：0514

办公室…………………………………………7293869
传真……………………………………………7293869

固井公司

地址：江苏省扬州市开发区施桥镇
邮编：225101
区号：0514

办公室…………………………………………7583462
传真……………………………………………7583462

录井公司

地址：江苏省镇江市丁卯桥路 21 号
邮编：212009
区号：0511

办公室…………………………………………8895995
传真……………………………………………8895995

工程研究院

地址：江苏省南京市浦口区新马路 182 号
邮编：210031
区号：025

办公室 ………………………………………58851792
传真 …………………………………………58851792

工程建设公司

地址：江苏省南京市浦口区新马路 182 号
邮编：210031
区号：025

办公室 ………………………………………58854127
传真 …………………………………………58854127

珍珠泉培训中心

地址：江苏省南京市浦口区珍珠泉风景区
邮编：210031
区号：025

办公室 ………………………………………58852503
传真 …………………………………………58852523

江苏省华石技工贸总公司

地址：江苏省南京市四平路 51 号
邮编：210015
区号：025

办公室 ………………………………………58802718
传真 …………………………………………58816530

液碳公司

地址：江苏省南京市下关区热河南路 37 号
华扬大厦
邮编：210011
区号：025

办公室…………………………………58822288-1118

东进公司

地址：江苏省南京市下关区热河南路 37 号
华扬大厦
邮编：210011
区号：025
办公室……………………………………58822288-1101

中国地质工程公司江苏分公司

地址：江苏省南京市下关区江东北路 301 号
滨江广场一幢 24 层
邮编：210036
区号：025
办公室……………………………………86262929
传真……………………………………86262901

西部工作部

地址：新疆乌鲁木齐市昆明路 1 号
邮编：830011
区号：0991
办公室……………………………………3667120
传真……………………………………3667121

13. 中国石化集团华北石油局

地址：河南省郑州市伏牛路197号
邮编：450006
区号：0371
传真：68612902
E-mail: hbj220@public2.zz.ha.cn

中国石化集团华北石油局、中国石油化工股份有限公司华北分公司是一支具有近五十年光荣历史、勘探力量雄厚的油气勘探开发综合队伍，主体队伍的足迹遍及全国22个省（市、自治区），为大庆等9个油田的发现发挥了战略性的先导作用，为我国石油石化工业的发展作出了突出的历史性贡献。

2006年新增天然气探明储量133亿m^3，控制储量414亿m^3，预测储量515亿m^3；累计拥有天然气探明储量3066亿m^3，控制储量1438亿m^3，预测储量2188亿m^3，三级储量共计6692亿m^3，为中石化能源战略发展和30亿m^3产能建设提供了雄厚的物质基础。2006年新增石油探明储量295万t，控制储量297万t，预测储量676万t；累计拥有石油探明储量546万t，控制储量449万t，预测储量1589万t，三级储量共计2584万t。2006年油气产量达到116万t油当量。实现了历史性的跨越，迈进了百万吨级油田企业行列。

2006年华北分公司提前18天完成年度天然气销售任务。4月20日正式向燕山石化供气，为中国石化下游企业降本增效作出了贡献。5月10日开始向山东供气，开拓了天然气市场，树立了中石化国有大企业的形象。12月8日实现了向河南郑州供气，缓解了郑州民用天然气供应紧张的局面。

2006年华北分公司新建天然气产能4.61亿m^3，累计产能达到15.93亿m^3，当年新增产能列石化第一。新建石油产能2.6万t。

科技创新取得了突出的成果。形成了有效地解决勘探开发中的主要技术难点，使天然气勘探井成功率一直保持在85%以上，开发井成功率达95%以上，为大牛地气田的快速发现和高效建成提供了支撑。“大牛地气田天然气成藏规律及勘探开发技术”项目获得集团公司科技进步一等奖。

中国石化集团华北石油局

部门	公网电话
局机关	
党委工作部主任	68629212
办公室	68629089
宣传	68629213
机关党委	68629290
新闻中心	68629218
纪委监察主任	68629204
办公室	68619093
工会	
副主席	68619085
	68629215
局办公室	
主任	68629220
	68618220
(五楼)	68629519
(五楼)	68621514
机要室	68629221
打字室	68629222
会务	68629223
传真室	68619105
收发室	68629251
人教处	
处长	68619091
人事	68619061
工资教育	68629234
统计	68629205
社会保险	68629209
	68619076
人事档案	68619755
安全环保处	
处长	68629273
办公室	68629235
办公室	68629870
工程处	
处长	68629231
办公室	68629529
承包商协会	68629300
计划处	
处长	68629210
计划统计	68629282
财务处	
处长	68629283
预算	68629240
	68620360
机关财务	68629293
税务	68629825
物装处	
处长	68619109
办公室	68629242
经营处	68619107
局志办	68615762
信访保卫处	
处长	68629245
综治办	68629381
信访办	68617390
门卫	68619074
专家组	
办公室	68629217
	68623367
	68629203
	68610734
	68618230
调研员	
办公室	68629207
	68629268
	68629233
	68629227
离退休处	
处长	68629265
财务	68619113
办公室	68619097
行政处	
处长	68629252
	68619764
财务	68629277
总务	68619743
房管	68629280
小车班	68629275
电工房	68629258
	68706583
医务室	68629979
食堂	68629896
基建项目办	68629182
	68629625
	68629760
科研基建	68633275

……………………………………………68633276
施工单位 ……………………………………68633273
……………………………………………68633277
监理 …………………………………………68633279

华北大酒店

总经理 ………………………………………68619120
总机 …………………………………………68619121
……………………………………………68619122
……………………………………………68619123
餐厅 …………………………………………68619119

三普大队

地址：陕西省咸阳市塔儿坡
邮编：72100
区号：029
办公室 ………………………………………33753228
传真 …………………………………………33767209

四物大队

地址：河南省新乡市洪门
邮编：453700
区号：0373
办公室…………………………………………5798400
传真……………………………………………5793456

五普大队

地址：河南省新乡市洪门
邮编：453700
区号：0373
经理办公室……………………………………5798500
计划经营部……………………………………5798518
技术部…………………………………………5798513
钻研中心………………………………………5798535
物资供应部……………………………………5798560
传真……………………………………………3056090

新乡办事处

地址：河南省新乡市洪门
邮编：453700
区号：0373
办公室…………………………………………5798600
传真……………………………………………5798777

数字测井站

地址：河南省新乡市洪门
邮编：453700
区号：0373
办公室…………………………………………5798700
传真……………………………………………5795628

培训中心

地址：河南省新乡市洪门
邮编：453700
区号：0373
办公室…………………………………………5798840
传真……………………………………………5796887

录井公司

地址：河南省郑州市须水
邮编：450065
区号：0371
办公室…………………………………………67817708
传真……………………………………………67817708

井下作业大队

地址河南省郑州市须水
邮编：450065
区号：0371
办公室 ………………………………………67195368
传真 …………………………………………67814004

九普大队

地址：山西晋中市榆次区中都北路53号
邮编：30600
区号：0354
办公室…………………………………………3038208
传真……………………………………………3027481

西部公司

地址：新疆轮台县团结路华北局基地
邮编：841600
区号：0996
办公室…………………………………………4697045
传真……………………………………………4680168

二连项目部

地址：内蒙古二连浩特肯特街北5坊15号
邮编：12600
区号：0479
办公室…………………………………………6973809
传真……………………………………………6973810

华阳公司

地址：河南舞阳县孟寨镇政府路
邮编：462401
区号：0395
办公室…………………………………………7711398
传真……………………………………………7712501

川东北指挥部

地址：四川省达州市武装部四楼
邮编：635000
区号：0810
办公室…………………………………………2521200
传真……………………………………………2521089

14. 中国石化集团东北石油局

地址：吉林省长春市西安大路4936号
邮编：130062
区号：0431
传真：87974693
E-mail：admin@neopec.cn

中国石化集团东北石油局（东北油气分公司），是中国石化在东北地区惟一一支从事石油天然气勘探开发和生产经营的大一型企业。

东北石油局地处松辽盆地南部地区，总部机关设在吉林省长春市，主要油气生产区域分布在吉林省公主岭市、四平市、松原市。勘探登记区块38块，总面积14.8万km^2，勘探区块分布于松辽盆地的南北缘、辽河盆地西缘、二连盆地、三江盆地、敦化盆地等，行政区跨黑龙江省、辽宁省、吉林省和内蒙古自治区。

2008年初，按照中国石化集团公司重组、整合及勘探开发一体化要求，对东北地区三家上游企业进行整合重组。整合后的东北油气分公司油气资源量23.88亿t油当量，其中石油15.11亿t，天然气资源量8769亿m^3，已获得石油探明储量5340万t，天然气探明储量654亿m^3。二氧化碳探明储量36亿m^3，初步具备了实现快速发展的资源基础。

截止目前，东北石油局拥有四五家子、八屋、孤家子、秦家屯、伏龙泉、长岭、所图、腰英台、松南气田等十几个油气田和含油气构造，日输气能力90万m^3，日产原油500t。日销二氧化碳100t。通往长春市、吉林市、公主岭市、长岭县等市镇输气管线1000多公里。为吉林省数百万户城镇居民和数十家大中型企业提供天然气能源，占吉林省天然气市场70%以上的份额。

东北石油局将紧紧抓住整合后的发展机遇，进一步加快新老区块油气勘探进度，力争在深部和外围区块取得新的发现和突破，为“十一五”末建成百万吨级油气田而努力奋斗。

中国石化集团东北石油局

部门　　公网电话

办公室
- 主任 ……87999801
- 副主任 ……87973631
- 纪委书记、工会主席 ……87973468
- 党工部部长 ……87958906

经理办公室
- 主任 ……87999801
- ……87958806
- 副主任 ……87973631
- 副主任 ……87958807
- 收发室 ……87958811

信息中心
- 办公室 ……87999123
- 主任 ……87958818

小车队
- 队长 ……87958825

勘探处
- 处长 ……87984430
- ……87958827
- 副处长 ……87958828
- 办公室 ……87958829
- ……87958830

开发处
- 处长 ……87984460
- ……87958832
- 副处长 ……87958833
- 办公室 ……87958835
- ……87958836

工程处
- 处长 ……87984428
- ……87958838
- 副处长 ……87958839
- 办公室 ……87958840
- ……87958841

调度处
- 处长 ……87983610
- ……87958842
- 副处长 ……87958891
- 办公室 ……87958843
- ……87958844

安卫处
- 处长 ……87984455
- ……87958845
- 副处长 ……87958846
- 办公室 ……87958847

财务处
- 处长 ……87994568
- ……87958850
- 副处长 ……87999850
- 副处长 ……87958851
- 办公室 ……87958852
- ……87958855

计划处
- 处长 ……87999820
- ……87958858
- 副处长 ……87958859
- 办公室 ……87958860
- ……87958861

审计处
- 处长 ……87958862

人事处
- 处长 ……87993951
- ……87958863
- 副处长 ……87958865
- 办公室 ……87958866

物资装备处
- 处长 ……87984450
- ……87958896
- 副处长 ……87958877
- 办公室 ……87958878

销售处
- 处长 ……87992958
- ……87958868
- 副处长 ……87958869
- 办公室 ……87958870

科技处
- 处长 ……87958872
- 副处长 ……87958873

党委工作部
- 部长 ……87958906
- 副部长 ……87958909
- 办公室 ……87958907
- ……87958908

监察处
- 处长 ……87999578

……………………………………………87958910

工会

办公室 ……………………………………87958911

勘探开发研究院

院长 ……………………………………87999848

……………………………………86805630

书记 ……………………………………86805631

办公室 ……………………………………86805635

油田工程公司

经理 ……………………………………87999658

……………………………………86805685

书记 ……………………………………87992533

……………………………………86805686

办公室 ……………………………………87972882

……………………………………86805689

物资公司

经理 ……………………………………87997525

……………………………………86805678

书记 ……………………………………86805679

办公室 ……………………………………86805682

油田服务公司

经理 ……………………………………87960359

……………………………………86805606

书记 ……………………………………87997870

……………………………………86805607

办公室 ……………………………………87998301

……………………………………86805609

基地服务中心

经理 ……………………………………87990096

……………………………………86805612

书记 ……………………………………87996108

……………………………………86805613

离退办

处长 ……………………………………86805625

副处长 ……………………………………86805626

液碳公司

经理 ……………………………………87993608

办公室 ……………………………………87976823

……………………………………87986654

采输一厂

经理……………………………………(0434)6451394

采输二厂

经理……………………………………(0434)5807321

采输三厂

经理……………………………………(0434)6411770

采输四厂

经理……………………………………(0438)8721500

15. 中国石化集团中南石油局

地址：湖南省长沙市梓园路11号
邮编：410007
区号：0731
传真：5601200
E-mail：znjyj@email.com.cn

中国石化集团中南石油局是以从事石油天然气勘探开发、油气工程作业和油气相关延伸产业生产经营为主的专业化队伍。公司本部坐落在人杰地灵的湖南省长沙市。下属3个专业队（院）和7个作业子公司，现有员工1200多人，各类专业技术人员占员工总数的46%，其中高级职称227人、中级职称324人。拥有资产总额5.4亿元，各类大型设备2000余台套。具有地质研究、地震勘探、钻井、测录井、油田工程服务、油田建设以及采油、输油等油气勘探开发工程施工能力，同时具有承担工程勘测、道路桥梁、民用建筑施工、打水供水及房地产开发的资质和能力。

中南石油局认真践行"三个代表"重要思想，以生产经营为中心，把"打造石油湘军，贡献中国石化"作为企业使命，把"敢为人先，勇夺第一"作为企业精神，把"合作，双赢，效益最大化"作为经营理念，把"油气做大，企业做强，员工做富，家园做美"作为奋斗目标，全局通过了ISO 9000质量管理体系、ISO 14001环境管理体系和各类专业资质认证，全面实施了HSE管理，企业管理水平不断提高。物探队伍以优良的业绩、过硬的队伍奋战在沙特和国内西部油区，获得中石化西部新区"名牌基层队"和中石化"金牌基层队"荣誉称号。钻井队伍凭借技术创新和细化管理，创下了全国石油钻井行业"单井周期最短"和"单只钻头一次入井钻井进尺"两项新纪录，荣登《中国企业新纪录》。

孜孜不倦追求油气事业的中南石油人，将秉承"厚重至远，笃志臻美，心忧油气，敢为人先"的文化底蕴，与时俱进，艰苦创业，团结务实，创新经营，多元发展，愿与各界朋友精诚合作，携手共进，为中国石化油气资源战略的大发展作出应有的贡献。

中国石化集团中南石油局

部门　公网电话

局机关

办公室
- 主任……5601207
- 秘书……5601200
- 综合管理……5601399
- 档案馆……5601360
- 司机班……5601356

党群部
- 主任……5601371
- 宣传……5601470

工会
- 主席……5601361

企管部
- 主任……5601304

监事部
- 主任……5601373
- 审计……5601374

工程技术部
- 主任……5601341

劳动人事部
- 主任……5601368
- 劳资……5601367
- 社保办……5601369

财务部
- 主任……5601348
- 主管……5601460
- 会计室……5601347

计划发展部
- 主任……5601324
- 统计……5601342

安全环保部
- 主任……5601363

物资装备部
- 主任……5601448
- 装备……5601461

信息中心
- 主任……5601389
- 信息……5601426

科学技术部
- 主任……5601419
- 资料……5601384

基地服务中心
- 主任……5601350
- 副主任……5601349
- 办公室……5601321
- 基建……5601351

离退休管理中心
- 主任……5601393

职工培训中心
- 主任……5631550

中南钻井公司

经理……6907067
书记……6907025
办公室……6907031
传真……6907027

中南测录井公司

经理……5601431
书记……5601432
办公室……5601430

中南物探公司

经理……(0732)8558801
书记……(0732)8558802
办公室……(0732)8558808
传真……(0732)8558800

油建公司

经理……5601451
书记……5601340
办公室……5601398

中扬置业公司

经理……5500440
办公室……5601390

新疆工区指挥部

指挥长……(0996)4697125
副指挥长……(0996)4697115
办公室……(0996)4697123
传真……(0996)4697126

油田工程服务公司

经理……(0996)4697103
副经理……(0996)4697122

16. 中国石化集团管道储运公司

地址：江苏省徐州市翟山
邮编：221008
区号：0516
传真：83888434
网址：www.gdcygs.com
E-mail：zhanglh@gdcygs.com

中国石化集团管道储运公司（管道储运分公司）是中国石化油气储运管道专业化公司，是联系中国石化上中下游企业的桥梁和枢纽。基地位于江苏省徐州市，下设潍坊、南京、聊城、新乡、沧州、襄樊、鲁宁、仪长、洪荆、京唐输油处和黄岛油库等11个输油生产单位，共管辖着35条在役和在建管线，业务范围涉及北京、天津、河北、河南、山东、江苏、安徽、上海、浙江、湖北、湖南、江西、广西13个省、自治区和直辖市，管线全长5882.9km，油罐总罐容841万m^3，原油一次输送能力9000万t/a，担负着胜利、中原、河南等几个油田的原油以及部分进口原油输送任务，为齐鲁、仪征、扬子、上海、镇海、安庆、九江、荆门、洛阳等19个长江中下游及华北、东南沿海地区的炼化企业输转原油。

近年来，随着中国石化资源战略不断实施和深化，石化管道事业得到了迅猛发展。2007年管道储运分公司实现输油6656万t，完成固定资产投资41.1亿元，连续实现了第八个安全生产年。2008年，管道储运分公司将进一步抓住石化管道发展的大好机遇，以提高管道专业化管理和科技发展水平为重点，坚持以人为本，强化管理和科技创新，稳步推进各项改革，切实加强安全生产和节能降耗工作，更加重视改善职工群众生活，充分调动各方面积极性，全面完成今年各项目标任务，努力实现第九个安全生产年，为中国石化建设具有较强国际竞争力的跨国能源化工公司作出更大的贡献。

管道运输作为先进运输方式之一，市场前景广阔，开拓潜力巨大，其安全、高效、快捷和运费低的特点越来越受到人们的重视和认同，目前正处在快速发展过程中。管道储运分公司竭诚欢迎海内外有识之士共同合作建设。

中国石化集团管道储运公司

部门	卫星网电话	公网电话
经理办公室		
主任	922-5495	83455495
外事办主任	922-3063	83453063
副主任	922-3129	83453129
秘书科	922-4204	83454204
文书科	922-3144	83453144
传真室	922-3386	83453386
收发室	922-3181	83453181
信访科	922-3226	83453226
服务科	922-3212	83453212
规划计划处		
处长	922-3393	83453393
计划科	922-3390	83453390
综合统计科	922-3392	83453392
财务处		
处长	922-3133	83453133
副处长	922-2587	83452587
价税科	922-3139	83453139
会计科	922-2148	83452148
机关财务科	922-3189	83453189
资金科	922-2331	83452331
工程核算科	922-2777	83452777
经营管理处		
处长	922-3091	83453091
副处长	922-2861	83452861
综合科	922-2839	83452839
经营科	922-2224	83452224
总法律顾问室	922-2360	83452360
企改办	922-2270	83452270
技术监督处		
处长	922-3126	83453126
副处长	922-3128	83453128
能源科	922-3127	83453127
质管科	922-3222	83453222
科技办	922-3132	83453132
安全环保监察处		
处长	922-3140	83453140
副处长	922-4740	83454740
综合科	922-3141	83453141
安监科	922-4117	83454117

部门	卫星网电话	公网电话
消防交通环保科	922-3142	83453142
资产设备处		
处长	922-5046	83455046
产权管理科	922-3192	83453192
设备管理科	922-3206	83453206
工程处		
处长	922-4134	83454134
副处长	922-3223	83453223
综合科	922-2887	83452887
技术科	922-2322	83452322
工程管理科	922-4264	83454264
人事教育处		
处长	922-2469	83452469
副处长	922-3179	83453179
干部管理科	922-3130	83453130
劳动工资科	922-3395	83453395
技能鉴定中心	922-2021	83452021
社会保险所	922-4075	83454075
人才交流中心	922-2058	83452058
劳务管理处		
处长	922-5657	83455657
副处长	922-5431	83455431
综合部	922-5645	83455645
经营部	922-6749	83456749
审计处		
所长	922-5875	83455875
副处长	922-3149	83453149
办公室	922-3135	83453135
财务审计科	922-4114	83454114
工程审计科	922-5340	83455340
综合审计科	922-2032	83452032
概预算管理处		
处长	922-5640	83455640
副处长	922-3389	83453389
综合科	922-2140	83452140
基建科	922-5424	83455424
工程管理科	922-2194	83452194
保卫处		
处长	922-3152	83453152
武装部	922-2653	83452653
综合科	922-3239	83453239
治安科	922-3153	83453153
值班室	922-3383	83453383
党委办公室		
主任	922-4007	83454007
综合办公室	922-2071	83452071

名称	内线	外线
秘书	922-2010	83452010

组织部

名称	内线	外线
处长	922-5646	83455646
副处长	922-3214	83453214
组织科	922-2532	83452532
干部管理科	922-2563	83452563

宣传部

名称	内线	外线
部长	922-2489	83452489
理论科	922-2508	83452508
宣传科	922-2085	83452085

新闻中心

名称	内线	外线
主任	922-2223	83452223
电视台新闻部	922-2310	83452310
电视台编辑部	922-2112	83452112
电视台技术部	922-2163	83452163
报社编辑部	922-2746	83452746
报社记者部	922-4246	83454246
报社通联部	922-4247	83454247

监察处（纪委）

名称	内线	外线
处长	922-3213	83453213
案审室主任	922-2891	83452891
案审室	922-2378	83452378
检查室	922-2083	83452083

机关党委

名称	内线	外线
书记	922-2126	83452126

工会

名称	内线	外线
副主席	922-2172	83452172
办公室	922-2368	83452368
生产组织部	922-2638	83452638
宣传文体部	922-2816	83452816
生活女工部	922-2487	83452487

文体中心

名称	内线	外线
俱乐部	922-2211	83452211
游泳池	922-2084	83452084
文体馆	922-3385	83453385
图书馆	922-2580	83452580

团委

名称	内线	外线
书记	922-2464	83452464
办公室	922-2737	83452737

销油公司

名称	内线	外线
经理	922-2146	83452146
综合科	922-3303	83453303
财务科	922-2454	83452454
成品油科	922-3343	83453343

工程质量监督站

名称	内线	外线
站长	922-2850	83452850
办公室	922-3054	83453054
财务科	922-4324	83454324
监督	922-3229	83453229
监理	922-5421	83455421
质检	922-4720	83454720

接待处

名称	内线	外线
处长		93552919
综合办公室		93552519
财务部		93552619
总机		93552000

物业管理处

名称	内线	外线
党办	922-2712	83452712
处办	922-2752	83452752
财务科	922-2607	83452607
人事教育科	922-2980	83452980
计划工程科	922-5614	83455614
安全生产科	922-2133	83452133
房产管理站	922-2924	83452924
住房资金中心	922-4716	83454716
动力管理站	922-2443	83452443
液化气站	922-2899	83452899
维修服务站	922-2423	83452423
行政管理站	922-2992	83452992
绿化管理站	922-2062	83452062
物业管理站	922-2400	83452400

客运处

名称	内线	外线
处长	922-4177	83454177
处办	922-4225	83454225
调度	922-2412	83452412
财务科	922-4262	83454262

管道技术作业分公司

名称	内线	外线
办公室	922-2458	83452458
党群部	922-2634	83452634
人事管理部	922-2823	83452823
财务部	922-2517	83452517
生产计划部	922-2528	83452528
安全资产部	922-2551	83452551
科研所	922-2465	83452465
概预算科	922-2645	83452645
质量部	922-2799	83452799
物资供应部	922-2773	83452773
营销部	922-3304	83453304
机电仪表作业处	922-2038	83452038
SCADA 维护中心	922-2305	83452305
制造分厂	922-2921	83452921
检测中心	922-2724	83452724

热工	922-2415	83452415
弯管分厂	922-2591	83452591
管道技术作业一处	922-2578	83452578
管道技术作业二处	922-2371	83452371

离退休职工管理处

办公室	922-2336	83452336
人事科	922-2456	83452456
财务科	922-2569	83452569

华东管道设计研究院

院办	922-3382	83453382
生产经营部	922-3210	83453210
财务经营部	922-2344	83452344
信息中心	922-3048	83453048
工艺室	922-3157	83453157
线路规划室	922-5146	83455146
设备室	922-3036	83453036
土建室	922-7217	83457217
水暖室	922-4959	83454959
电气室	922-4955	83454955
仪表室	922-3159	83453159
防腐室	922-4958	83454958
检测中心	922-3200	83453200
技术经济室	922-4952	83454952
出版档案室	922-3082	83453082

华东管道工程有限公司

党群工作部	922-2942	83452942
经理办公室	922-2813	83452813
人力资源部	922-2358	83452358
财务部	922-4014	83454014
设备物资部	922-4044	83454044
经营管理部	922-2357	83452357
安全环保部	922-2732	83452732
技术质量部	922-2549	83452549
工会	922-2871	83452871
团委	922-2407	83452407
第一工程处	922-2282	83452282
第二工程处	922-2024	83452024
第三工程处	922-4052	83454052
第四工程处	922-2452	83452452
设备调剂维修中心	922-2686	83452686

实业公司

经理	922-2416	83452416
办公室	922-2424	83452424

襄樊管理处

地址：湖北省襄樊市长虹路 41 号
邮编：441002
区号：0710

办公室	9354-6415	3216415
党委工作部	9354-6218	3216218
组织部	9354-6518	3216518
纪委监察	9354-6370	3216370
工会主任	9354-6394	3216394
团委书记	9354-6198	3216198
物业公司	9354-6226	3216226
离退站	9354-6428	3216428

南京管理处

地址：江苏省南京市尧化门 4603 信箱
邮编：210046
总机：(025) 5561904

办公室	9351-6350	-6350
党工部	9351-6341	-6341
组织部	9351-6339	-6339
安全科	9351-6374	-6374
计划科	9351-6377	-6377
人教科	9351-6380	-6380
财务科	9351-6383	-6383
双退站	9351-6393	-6393
通信站	9351-6451	-6451
供应站	9351-6401	-6401
物业管理站	9351-6421	-6421

新乡管理处

地址：河南省新乡市平原路 506 号
邮编：453003
总机：(0373) 3763114

处办	9314-2326	-2326
党办	9314-2303	-2303
人教科	9314-2368	-2368
纪监审	9314-2084	-2084
工团工作部	9314-2903	-2903
财务科	9314-2306	-2306
综合计划科	9314-2324	-2324
离退休管理站	9314-2345	-2345
物业管理站	9314-2251	-2251

鲁宁管理处

地址：山东省邹城市天平路
邮编：273500

区号：0537

处办	9350-3053	5273053
党委工作部	9350-3121	5273121
宣传	9350-3116	5273116
纪检	9350-3022	5273022
审计	9350-3003	5273003
工会	9350-3316	5273316
团委	9350-3106	5273106
双退办	9350-3286	5273286
物业管理站	9350-3211	5273211

聊城管理处

地址：山东省聊城市东昌西路188号
邮编：252000
总机：(0635)8423427

综合办	9352-8545	-8545
组织部	9352-8216	-8216
宣传部	9352-8040	-8040
团委	9352-8040	-8040
纪委	9352-8042	-8042
工会	9352-8199	-8199
物业公司	9352-8316	-8316

潍坊管理处

地址：山东省潍坊市北宫北街3号
邮编：261021
区号：0536

处办	9312-2252	8182252
组织部	9312-2244	8182244
宣传部	9312-2329	8182329
纪监办	9312-2460	8182460
工会	9312-2405	8182405
团委	9312-2272	8182272

沧州管理处

地址：河北省沧州市吴官屯222信箱
邮编：061000
总机：(0317)2146113

办公室	9353-6239	-6239
党办	9353-6196	-6196
组织部	9353-6146	-6146
宣传部	9353-6140	-6140
纪监办	9353-6157	-6157
工会	9353-6179	-6179
团委	9353-6136	-6136

南京培训中心

地址：江苏省南京市江宁区东山镇
竹山路151号
邮编：211100
区号：025

处办	9351-3030	86833030
党办	9351-3012	86833012
财务科	9351-3030	86838729
培训科	9351-3020	86833020

17. 中国石化集团北京燕山石油化工有限公司

地址：北京市房山区燕山岗南路 1 号
邮编：102500
区号：010
总机： 69341114
传真： 69342736
网址：www.bypc.com.cn
E-mail: office@bypc.com.cn

燕山石化位于北京西南郊的房山区境内，是中国石化直属的特大型石油化工联合企业，成立于 1970 年 7 月 20 日。原油加工能力 1000 万 t/a，乙烯生产能力 71 万 t/a，拥有生产装置 88 套，辅助装置 71 套，可生产汽油、柴油、航空煤油、石蜡、乙烯、聚乙烯、聚丙烯、苯酚、丙酮、顺丁橡胶、丁基橡胶等 120 个品种 494 个牌号的石油化工产品，主要产品中，合成树脂、合成橡胶、苯酚丙酮是国内最大的生产商之一。2007 年 6 月 22 日 1000 万 t/a 炼油系统改造工程实现一次开车成功，至此，燕山石化成为国内首家欧Ⅳ标准清洁汽柴油生产基地，用十年时间走完西方国家二十年走过的油品质量升级路。

燕山石化始终坚持以技术进步为先导，以服务客户为宗旨。汽油、聚乙烯、聚丙烯、顺丁橡胶等 12 大类产品多次荣获国家优质产品奖，14 种产品被命名为“北京市名牌产品”。燕山石化大力推进技术进步，在国内石化业率先进行了两轮乙烯改造，走出了一条系统优化、内涵发展的道路。公司拥有了一批达到国内先进水平的自有技术，有 368 项科技成果通过部市级以上鉴定，269 项技术成果在国内外获得专利权，并开创了我国成套石化技术出口的先河。

近年来，燕山石化坚持以科学管理为主线，不断强化基础管理，推进管理创新，各主要生产厂均通过了 ISO9001 体系和 HSE 体系认证。燕山石化坚持科学发展观，注重人与自然和谐发展，不断加大对“三废”的处理力度，深入开展污水回用项目研究，投用了多套污水回用装置。先后被评为国家环保与综合利用先进企业、国家绿化先进单位和“北京市花园式工厂”。

燕山石化始终履行“大企业要为国家作大贡献”的历史使命，始终弘扬“团结、求实、严细、创新”的企业精神，始终坚持“精心工作、严细管理、持续创新，科学发展”的管理理念，大力推进产业结构、产品结构和组织结构调整，努力把燕山石化建设成为产品特色突出、技术实力雄厚、管理科学规范、员工素质优良、文化独特鲜明、发展持续稳定的现代石油化工企业，实现企业安全、稳定、健康、和谐发展。

中国石化集团北京燕山石油化工有限公司

部门	公网电话

公司机关

总经理办公室 ……69342295
党委办公室 ……69343151
组织干部部 ……69342083
人力资源部 ……69342082
党委宣传部 ……69343944
纪委监察部 ……69342292
公司工会 ……69346726
公司团委 ……69344116
机关党委 ……69343108
企业管理部 ……69342415
财务资产部 ……69342339
分公司财务部 ……69347268
生产管理部 ……69344930
经营计划部 ……69348102
发展计划部 ……69344062
科技部 ……69342092
机械动力部 ……69342949
安全监察部 ……69345945
环境保护部 ……69342987
工程管理部 ……69346069
市场营销部 ……69343093
审计部 ……69343614
保卫武装部 ……69346866
行政管理部 ……69343463
法律事务室 ……69347209
信息部 ……69341378
对外合作部 ……69349900

二级单位

发展研究中心 ……69346402
炼油一厂 ……69343516
炼油二厂 ……69334844
炼油三厂 ……69346312
合成橡胶厂 ……69347472
化工一厂 ……69342613
化工二厂 ……69342581
化工三厂 ……69345272
化工六厂 ……80344919
化工七厂 ……69343798
化工八厂 ……69342120
储运一厂 ……69334562
储运二厂 ……69343681
动力事业部

……69342642

生产运行保障中心

……69341138

气体产品事业部

……69345253

水务管理中心

……69341067

研究院

……69346146

物资装备中心

……69344182

营销中心

……69344308

铁路运输部

……69345275

树脂所

……69341124

塑料分公司

……69341503

消防支队

……69345019

电信事业部

……69342010

生产厂区服务中心

……69340241

生活社区服务中心

……69347642

质量检验中心

……69344227

教育培训中心

……69343328

离退休管理中心

……69343878

公务车服务管理中心

……69347817

统计调查中心

……81344863

档案信息管理中心

……69342175

传媒中心

……69342889

会计中心

……80345030

职防所

……69345258

飞燕环保

……69342700

经警大队

……69344305

锅炉压力容器检验所

……80344885

工程质量监督站

……69339701

18. 中国石化集团齐鲁石油化工公司

地址：山东省淄博市临淄区桓公路15号
邮编：255408
区号：0533
传真：7180406
E-mail: qilu@mail.qilu.com.cn

齐鲁石化坐落于山东省淄博市临淄区，西距省会城市济南120km，东距海滨城市青岛200km，北距胜利油田90km，占地面积24.8km²。齐鲁石化现由两部分组成，分别为“中国石化股份有限公司齐鲁分公司”和“中国石化集团资产公司齐鲁石化分公司”。

公司始建于1966年。上世纪的60年代建设了炼油；70年代建设了合成橡胶和化肥；80年代建设了30万t/a乙烯；90年代进行了一系列的扩能改造，并于1997年兼并了淄博化纤总厂和淄博石油化工厂，形成了油、化、纤一体话的生产格局。进入新世纪以来，相继实施了以1000万t/a炼油、80万t/a乙烯为重点的大规模技术改造，使企业的经济总量和效益跃上了一个新的台阶。

目前，公司拥有大型石油石化生产装置112套，可生产各类石化产品120余种。炼油年加工能力超过1000万t，是国内最大的高硫高酸原油加工基地之一；乙烯年生产能力80万t，单套装置的乙烯产能在国内名列前茅；合成树脂生产能力110万t/a，烧碱45万t/a，橡胶17万t/a，苯类产品45万t/a，醇类产品43.5万t/a，热电装机容量50万kW。丁苯橡胶、烧碱、聚氯乙烯等多项产品被评为“中国名牌”。

齐鲁石化业务范围包括石油炼制、化工生产、科研设计和社区管理服务等四大板块。2007年，公司加工原油1055.35万t，生产乙烯84.68万t、塑料116.25万t、合成橡胶21.26万t、烧碱51.87万t、丁辛醇33.79万t，发电38.9亿度。

2006年以来，齐鲁石化先后荣获“全国安全标准化一级企业”、“全国群众体育先进单位”、“全国精神文明建设工作先进单位”、“全国厂务公开先进集体”、“全国思想政治工作优秀企业”等多项荣誉称号。

中国石化集团齐鲁石油化工公司

部门　公网电话

公司机关

办公室
- 主任……7588635
- 副主任……7511266
- 办公室……7180777
- 传真……7180406
- 秘书室……7588367
- 文书室……7588637
- 打字室……7588313
- 机要室……7511593
- 收发室……7581744
- 接待室……7588414
- 天齐值班室……7589498
- 公共关系办公室……7588626
- 史志办公室……7588645
- 车队队长……7588684
- 调度室……7588687
- 安全……7581233
- 值班室……7586355

生产管理部
- 部长……7511597
- 副部长……7588436
- 生产调度室……7588432
- 调度台……7588437
- 传真……7581127
- 储运管理室……7586770
- 储运管理室（油田）……8859390
- 系统工程室……7588434
- 管廊管理中心……7511152
- 三基管理室……7588431
- 司机……7582849

计划部
- 部长……7589135
- 副部长……7588208
- 生产计划……7511621
- 原料计划……7589651
- 供应计划……7588690
- 投资计划……7589412
- 长远计划……7589489
- 合资合作……7588673
- 统计……7589447

科学技术部
- 部长……7511786
- 副部长……7588476
- 传真……7588380
- 工艺管理室……7588479
- 技措管理室……7588475
- 科研管理室……7588693
- 产品质量室……7589939
- 科协办公室……7588496
- 学会部……7589924
- 咨询部……7512039

设备管理部
- 部长……7588482
- 副部长……7511797
- 设备管理室……7588438
- 资产计划室……7588442
- 仪表管理室……7588486
- 特种设备室……7589423
- 工程管理室……7588446
- 备件管理室……7589607
- 工程预算室……7511529

安全环保部
- 部长……7588382
- 副部长……7586641
- 安全管理室……7588383
- 安全防护室……7588385
- 安全技术教育室……7588384
- 安全监控中心……7588386
- 环保综合管理室……7588491
- 环保技术管理室……7588493
- 安全教育中心……7522940

动力计量部
- 部长……7588483
- 副部长……7588439
- 综合室……7588448
- 电气室……7588640
- 动力室……7588447
- 计量一室……7588485
- 计量二室……7511635
- 技术室……7589443
- 调度室……7588850
- 调度台……7588851

工程部
- 部长……7589987
- 副部长……7588934

工程管理科……………………………7581938
设计管理科……………………………7588746
计划统计………………………………7588140
概预算管理……………………………7582931
综合……………………………………7589975
传真……………………………………7586079

人力资源部
部长……………………………………7512797
副部长…………………………………7512316
综合业务室……………………………7512006
传真……………………………………7582327
管理人员室……………………………7588719
劳动组织室……………………………7588718
计划统计室……………………………7589677
员工管理室……………………………7589994
绩效管理室……………………………7588378
规划开发室……………………………7588728
继续教育室……………………………7588731
技能培训室……………………………7511503
移交办公室……………………………7585670
保险办公室……………………………7588722
保险统筹室……………………………7586919
工伤保险室……………………………7555492
保险财务室……………………………7555493

企业改革部
部长……………………………………7588656
副部长…………………………………7588662
企业改革室……………………………7588655
政策研究室……………………………7588660
集体企业室……………………………7589449
资本运营室……………………………7588659

法律事务部
部长……………………………………7586615
副部长…………………………………7588620
法律事务室……………………………7588663
合同管理室……………………………7588661
法规制度室……………………………7586550
传真……………………………………7589675

审计部
部长……………………………………7588680
副部长…………………………………7589697
部长室（分部）………………………7511347
传真……………………………………7512261
审计管理室……………………………7512271
审计审理室……………………………7588544
工程项目审计室………………………7589700
集体企业审计室………………………7589687
工程项目审计室………………………7511242
财务收支审计室………………………7511447
经济效益审计室………………………7588920
经济责任审计室………………………7511747

信息技术部
部长……………………………………7588171
副部长…………………………………7511451
综合管理室……………………………7585518
技术支持中心主任……………………7511452
维护中心主任…………………………7586402
系统……………………………………7588714
网络……………………………………7588172
应用……………………………………7581040
运行……………………………………7512222
硬件维护………………………………7585519
交换机房………………………………7511225
中心机房………………………………7581400
传真……………………………………7588711

外事办公室
主任……………………………………7582841
接待室…………………………………7581780
出国管理室……………………………7588429
外经项目合同室………………………7310814
传真……………………………………7310835

财务部
部长……………………………………7589508
副部长…………………………………7585667
会计室…………………………………7588677
档案室…………………………………7588947
微机室…………………………………7588679
成本室…………………………………7589983
资产室…………………………………7588676
机关财务室……………………………7589949
集体企业财务管理室…………………7588274
资金室…………………………………7588621
结算室…………………………………7589441

公益事业部（卫生处）
部长……………………………………7511701
公共卫生管理…………………………7511301
红十字会办公室………………………7589995
预防保健管理…………………………7588717
计划生育办公室………………………7588734
计划统计管理…………………………7589997
公司机关计生办………………………7589445

医保办

保险管理科科长……7554469
医疗管理科科长……7581110
财务科科长……7552912
卫生防疫站
卫生防疫站站长……7547465
公共卫生网络直报……7543205
疾病控制……7547473
食品卫生……7547471
公共卫生……7547472
卫生检验……7547475
妇保所
妇幼保健所所长……7547463
儿童保健……7547495
妇女保健……7547493
离退休职工管理部
部长……7588755
副部长……7581150
党总支副书记……7589304
综合协调室……7585606
劳资室……7589990
事务室……7589993
老年大学……7536899
老年活动中心……7536317
干休所……7581454
机关服务三科……7581387
机关事务服务中心
主任……7588877
副主任……7588750
事务管理室主管……7589002
文秘……7588335
工程维修……7589054
计划、统计、劳资……7588735
夜间总值班室……7588739
机关车队
队长……7588686
副队长……7586727
工会主席……7588563
车辆调度……7588331
组织部（干部部）
部长……7588764
副部长……7588715
综合室……7588767
传真……7589422
干部室……7589815
组织室……7588765
纪委（监察室）
副书记……7588760
办公室……7586425
检查室……7588761
审理室……7588762
效能监察室……7589813
宣传部（统战部）
部长……7588769
副部长……7588768
综合室……7588770
宣传室……7588772
新闻室……7586148
统战室……7588774
思想政治工作研究会办公室……7583653
工会（团委）
副主席……7588453
办公室……7589822
财务……7588874
组织民管部……7588456
生产保护部……7588457
宣教部……7588458
生活女工部……7588460
文联办公室……7588465
团委副书记……7588467
团委组织部……7589274
团委青工部……7588469
稳定工作办公室
主任……7588613
副主任……7511523
业务室……7582264
信访室……7588355
人民武装部
部长……7588471
军事室……7589884
政工室……7588472
人防室……7588473
机关党委
书记……7588877
工会主席……7588078
纪委书记……7588738
办公室主任……7588741
组织……7588745
纪检……7588740
机关工会……7588743
机关团委……7588744
报社
总编……7586145

副总编……7586149
记者部……7586146
记者部（摄影）……7586548
编辑部……7512453
电视台
台长……7530196
副台长……7530182
编辑部主任……7553451
记者部主任……7530197
对外报道部主任……7530179
文艺部主任……7553450
录制部主任……7530191
技术部主任……7530195
数字电视咨询……7530192
财务……7530178
印刷所
厂长……7570392
办公室……7587209
工会文体部
部长……7530040
副部长……7553448
综合科……7536416
传真……7581010
规划院
院长……7588348
综合管理科……7581271
工艺室……7589644
城市规划室……7589684
勘测室……7589499
调研编辑室……7586078
石化信息网站……7588944
档案馆
主任……7589493
档案一科科长……7582007
党群人事档案……7582474
行政生产经营档案……7589490
声像档案机房……7589492
档案系统管理……7589034
档案二科科长……7582473
基建设备档案……7582010
改造项目档案……7582472
档案编研科科长……7589491
会计档案……7582009
图书管理……7582835
期刊管理……7589044
消防支队
支队长……7588557
政委……7582116
副政委……7582148
副支队长……7589404
工会主席……7585683
办公室主任……7511057
职业病防治研究所
所长……7547462
副所长……7547492
职业卫生与职业病室……7544727
辐射防护室……7547492
尘毒检测室……7547491
动力管理中心
主任……7580771
副主任……7580466
综合管理科……7526065
计划财务科……7521386
工程质量监督分站
站长……7512466
综合技术科……7512146
设备室……7512147
电仪室……7512145
压力容器监测中心
主任……7582488
副主任……7582941
总工程师……7582972
传真……7582943
办公室……7582940
财务……7582486
计划合同……7582487
技术室主任……7582945
容器室主任……7582946
无损检测室主任……7582970
理化室主任……7581971
特检室主任……7582485
计量测试所
所长……7589577
副所长……7589576
办公室……7589501
综合管理室……7589500
仪器收发室……7581707
技术管理室……7581762
电学检测室……7589503
力学检测室……7581792
热学检测室……7589578
齐鲁分站罐车副站长……7581731

环境保护监测站

站长……7581655

副站长……7589645

办公室……7589646

劳资办公室……7586405

技术管理室……7581755

质量保证室……7585595

综合管理室……7581766

水质监测室……7589649

大气监测室……7589648

仪器监测室……7589647

采样室……7588275

传真……7586400

自监中心站……7511016

金秋公司

总经理……7542768

办公室主任……7548753

财务部部长……7543768

市场开发部部长……7543768

煤炭经营部部长……7548753

安装公司经理……7549008

齐青公司经理……7548493

仪表厂厂长……7540237

天齐宾馆

经理……7581928

副经理……7582265

经理办公室……7582751

总机……7588000

传真……7587999

总服务台……7581720

财务科……7587905

济南办事处

主任……(0531)88936

副主任……(0531)88151

办公室……(0531)88151

计财部……(0531)88151

行政科……(0531)88151

宾馆……(0531)88151

齐华宾馆总台……(0531)88151

青岛疗养院

总机……(0532)85879

院长……(0532)85879

副院长……(0532)85926

办公室……(0532)85882

工会……(0532)85882

计财科……(0532)85882

齐海花园大酒店

中继线……(0532)85879

前厅部……(0532)85882

市场销售部……(0532)85885

销售热线……(0532)85879

总经理……(0532)85882

执行总经理……(0532)85873

香海宾舍

中继线……(0532)85925

前台……(0532)85921

办公室……(0532)85925

华海宾馆

总机……(0631)52618

总服务台……(0631)52618

传真……(0631)52612

总经理……(0631)52625

副经理……(0631)52617

经理办公室……(0631)52613

北京办事处

总机……(010)64962288

传真……(010)64965312

主任……(010)64965326

前台……总机转 9

财务……(010)64965328

办公室……(010)64965319

广州齐鲁大酒店

经理……(020)85599851

副经理……(020)85595835

传真……(020)85599826

上海浦东齐海石化实业公司

经理……(021)58518636

传真……(021)58518636

炼油厂

厂长办公室

主任……7574003

副主任……7587422

传真……7180841

机关服务中心主管……7571494

生产调度处

处长……7587550

书记……7574885

副处长……7587448

综合质量科……7575134

油品科……7574803

工艺科……7574865

调度台……7574067

安全环保处
处长……7587453
副处长……7571157
安全教育一室……7572303
安全教育二室……7574663
安全监察一室……7572301
安全监察二室……7574523
安全教育室……7561004
环保管理室……7574651
生产技术处
处长……7570642
副处长……7587418
工艺科长……7574993
技措科研科长……7577337
传真……7571006
机械动力处
处长……7574661
副处长……7587537
传真……7181757
设备科长……7587407
工程计划科科长……7587458
人力资源处
处长……7587436
副处长……7574510
员工管理……7571152
劳动组织与保险……7574715
工资……7574134
培训科……7574548
成本计划处
处长……7587435
会计……7574813
成本核算……7571843
工程结算……7571643
多种经营……7573043
综合管理处
处长……7587434
副处长……7571848
计划科科长……7571796
投资计划……7572796
生产计划……7574489
企管科……7572260
岗检组组长……7574709
组织干部处
处长……7574039
干部组……7572151
组织组……7574042
团委……7587432
宣传处
处长……7587439
电视报道……7587428
通讯报道……7572106
宣传教育……7574059
纪委
副书记……7587429
案件审理室主任……7572673
信访接待室……7587441
传真……7573093
工会
主席……7573378
副主席……7579104
办公室主任……7573158
生产部部长……7572309
工伤重症管理中心……7561007
联合装置车间
主任……7571113
书记……7587472
生产副主任……7572125
设备副主任……7572126
值班室……7574252
气体车间
主任……7571375
书记……7574278
生产副主任……7574279
设备副主任……7574284
值班……7561153
延迟焦化车间
主任……7575611
书记……7587602
设备副主任……7572116
生产副主任……7572692
铂重整车间
主任……7572161
书记……7574274
副主任……7574273
第二催化车间
主任……7574307
书记……7571271
生产副主任……7574313
设备副主任……7574411
第二常减压装置
主任……7574300
书记……7587484

副主任……7576264
值班……7561165
第三常减压装置
主任……7572772
书记……7574924
副主任……7574301
加氢精制车间
主任……7571144
书记……7574327
生产副主任……7574325
生产副主任……7574330
设备副主任……7572321
重油加氢车间
主任……7573037
书记……7587510
生产、设备副主任……7574349
连续重整车间
主任……7574449
生产副主任……7574310
设备副主任……7574456
制氢车间
主任……7574782
生产副主任……7574364
设备副主任……7578707
第三加氢车间
主任……7587403
书记……7574353
生产副主任……7577657
设备副主任……7561138
硫磺车间
主任……7587179
书记……7571581
副主任……7572472
沥青车间
主任……7587504
书记……7571629
生产副主任……7571630
设备副主任……7577364
热电车间
主任……7572218
书记……7574421
生产副主任……7574417
设备副主任……7574182
车间值班室……7561244
热力联合车间
主任……7577158

书记……7577187
副主任……7577096
值班室……7577192
第品车间
主任……7571456
书记……7571653
副主任……7572098
第二油品车间
主任……7571886
书记……7573078
副主任……7571885
第三油品车间
主任……7574712
书记……7574331
副主任……7587474
生产值班……7574402
化验中心
主任……7587477
书记……7571772
生产主任……7571254
设备主任……7571342
化验调度……7574484
南站
站长……7571714
工程师……7561348
北站
站长……7570640
办公室……7571417
成品站
站长……7571297
工程师……7561365
调运处
处长……7574706
书记……7574882
副处长……7573972
处值班长室……7561524
产品管理科
科长……7587483
业务一室……7571622
业务二室……7587482
生产技术科
科长……7575824
计划……7574702
运调车间
主任……7572150
书记……7574535

副主任……7574536
技术组……7571135
调度长……7575991
第一装洗车间
主任……7572724
书记……7574544
副主任……7574545
值班室……7561542
第二装洗车间
主任……7571781
书记……7574549
副主任……7574551
车间值班室……7561571
机务车间
主任……7573554
书记……7574539
副主任……7574543
值班室……7561578
维修车间
主任……7573081
书记……7576613
值班室……7561586
钳工车间
主任……7571579
书记……7571383
副主任……7573059
北维修车间
主任……7587508
书记……7575860
副主任……7571123
调度……7561332
电气分厂
厂长……7571396
书记……7587480
副厂长……7576488
技术科科长……7571192
调度室……7587505
电气一车间
主任……7571542
书记……7574491
副主任……7575455
电修车间
主任……7587141
副主任……7574232
电气二车间
主任……7572629
书记……7574492
副主任……7572408
供电车间
主任……7587497
副主任……7571452
仪表分厂
厂长……7587479
书记……7571326
副厂长……7573970
值班室……7561475
仪表一车间
主任……7574994
副主任……7574496
调度……7574494
仪表二车间
主任……7574908
书记……7574410
副主任……7574503
办公室……7561488
仪表三车间
主任……7574961
书记……7574505
副主任……7574507
仪修车间
主任……7587457
副主任……7574414
办公室……7561509
自动化信息所
所长……7587469
书记……7574007
副所长……7587600
传真……7182716
值班室……7587557
技术管理室主任……7579114
软件开发室主任……7574205
系统运行室主任……7574208
北区自控室主任……7574209
南区自控室主任……7561081
机关车队
队长……7570643
书记……7574725
综合办事……7574187
计量中心
主任……7574135
书记……7574931
副主任……7579940

物资配件管理中心
主任……7572026
书记……7571009
副主任……7575304
传真……7575203
保卫处
处长……7573914
书记……7572156
副处长……7587295
综合治理办公室……7575814
门岗警卫队
队长……7587284
党支部……7574177
副队长……7574653
监控室……7561039
检测中心
所长……7574887
书记……7570644
副所长……7571378
工会……7561102
综合技术室主任……7571954
工艺研究室主任……7571971
防腐研究室主任……7571972
水质研究室主任……7571973
沥青研究室主任……7571249
清洗公司经理室……7571393
消防队
队长……7587267
书记……7573821
副队长……7573558
气防急救……7561070
情报档案所
所长……7575544
书记、科协……7587468
副所长……7574482
传真……7181768
情报组组长……7571904
档案组组长……7561119
图书组组长……7574241
军代室
总代表……7574760
副总代表……7571858
计划运输……7574218
质量管理……7575104

炼油实业部

办公室
主任……7574691
副主任……7574002
文秘科科长……7571845
总务……7587464
接待……7574877
社区改制办公室主任……7573742
办公室……7561966
小车队
队长……7561665
书记……7571750
安全……7574115
调度……7587423
工会
主席……7587320
副主席……7587433
办公室主任……7574679
生产生活部部长……7571175
纪委、行政监察室
副书记、监察室主任……7574667
办公室主任……7571805
信访接待……7587473
组织干部处
处长……7574876
干部组……7587426
组织组……7571613
青工科……7573390
宣传处
处长……7587431
通讯报道、电视新闻……7574856
编辑、理论、制作……7574752
炼油实业编辑部……7587427
电视台编辑室……7579729
财务处
处长……7587413
副处长……7587440
成本核算……7572361
会计审核……7573132
计生办
主任……7587470
独生子女管理……7571304
登记管理……7573709
劳动人事处
处长……7574769
副处长……7574825
技术干部管理……7574131
工资、奖金管理……7571665

劳动保险管理……………………………7578497
统计、档案管理…………………………7574136
经营管理处
处长……………………………………7577642
副处长…………………………………7576157
计划科科长……………………………7587421
合同管理………………………………7574802
经营管理………………………………7576047
综合统计………………………………7576070
生产管理处
处长……………………………………7572127
书记、副处长…………………………7587450
副处长…………………………………7574106
生产管理………………………………7561602
技术开发………………………………7574095
环保管理………………………………7573664
安全管理………………………………7577157
备件管理………………………………7574086
设备管理………………………………7574730
车辆管理………………………………7561650
资产管理………………………………7574093
工程管理处
处长……………………………………7574716
书记、副处长…………………………7587460
副处长…………………………………7587456
预算科科长……………………………7587461
施工科科长……………………………7574520
质检科科长……………………………7572475
保卫处
处长……………………………………7587430
书记……………………………………7576066
副处长…………………………………7561652
值班室…………………………………7572306
计量管理中心
主任……………………………………7574757
副主任…………………………………7574756
管理组…………………………………7561742
教育培训中心
主任……………………………………7587438
书记……………………………………7573181
副主任…………………………………7579084
财务……………………………………7576284
培训办公室……………………………7573406
综合办公室……………………………7573405
文体活动中心
主任……………………………………7574036
书记、副主任…………………………7573533
第一净化水车间
主任……………………………………7574439
书记……………………………………7571935
副主任…………………………………7574440
值班室…………………………………7561707
第二净化水车间
主任……………………………………7571708
书记……………………………………7574446
副主任…………………………………7574447
供水车间
主任……………………………………7573929
书记……………………………………7571274
副主任…………………………………7574427
值班室…………………………………7561733
动力管网车间
主任……………………………………7571354
书记……………………………………7573916
副主任…………………………………7574419
管网运行中心
主任……………………………………7587475
书记……………………………………7573334
副主任…………………………………7571245
调度长…………………………………7571302
调度……………………………………7571246
水质检测中心
主任……………………………………7574837
书记……………………………………7587415
副主任…………………………………7571360
值班室…………………………………7561649
物业管理中心
经理……………………………………7571828
书记……………………………………7578357
副经理…………………………………7561761
管理科科长……………………………7574857
行政科
科长……………………………………7571863
书记……………………………………7561756
办公室…………………………………7561765
房产组组长……………………………7573906
房产维修队
队长……………………………………7571562
书记……………………………………7574609
调度……………………………………7574592
宿舍管理科
书记……………………………………7574593

办公室……………………………………7572497

绿化保洁中心

主任……………………………………7572265

书记、副主任……………………………7574101

副主任…………………………………7574616

办公室…………………………………7574614

生活服务公司

经理……………………………………7572602

书记……………………………………7571870

副经理…………………………………7587490

总会计师………………………………7587476

管理科长………………………………7561758

综合办公室……………………………7571810

经贸部

主任……………………………………7571791

副主任…………………………………7574513

调度室…………………………………7574514

食堂管理科

书记……………………………………7577457

财务、采购……………………………7561627

离退休管理中心

主任……………………………………7573787

书记、副主任……………………………7571815

财务……………………………………7572072

总务……………………………………7571234

工会……………………………………7587491

老年大学………………………………7571883

枫林公司

企管科…………………………………7561606

电气维修主任…………………………7587140

熔块厂…………………………………7561609

汽修厂厂长……………………………7574242

油漆厂…………………………………7573923

离退办

主任……………………………………7587503

书记……………………………………7574270

办公室…………………………………7574889

退休办

主任……………………………………7587503

书记……………………………………7574244

居委会

主任……………………………………7574610

书记……………………………………7587257

副主任…………………………………7579009

办公室…………………………………7574587

齐胜工贸总公司

公司领导

总经理…………………………………7587611

书记……………………………………7587178

副总经理………………………………7574773

总会计师………………………………7570940

工会主席………………………………7574734

经理办公室

主任……………………………………7571013

机关支部………………………………7562093

秘书室…………………………………7574792

安全生产部

部长……………………………………7571857

生产……………………………………7572146

调度……………………………………7574731

设备工程部

部长……………………………………7571045

计划施工………………………………7571047

结算……………………………………7570012

财务部

部长……………………………………7570941

报销……………………………………7573731

出纳……………………………………7579012

胜华财务………………………………7572944

蓝天财务………………………………7574790

供销部

部长……………………………………7562086

采购……………………………………7571230

合同保管………………………………7562087

计划统计………………………………7587232

保安部

部长……………………………………7571001

内勤……………………………………7571906

外勤……………………………………7562029

质检室

主任……………………………………7574211

综合室…………………………………7574740

质检组…………………………………7562075

技术组组长……………………………7562079

润滑油车间

主任……………………………………7587208

副主任…………………………………7578377

装卸油车间

主任……………………………………7573753

副主任…………………………………7572487

油品车间

主任……………………………………7587293

副主任……7571140
医药中间体车间
主任……7573763
副主任……7587261
技术组长……7562069
水精制车间
主任……7574990
副主任……7571814
氨精制车间
主任……7571831
副主任……7571841
助剂车间
主任……7575177
副主任……7572499
蓝天公司
经理……7576533
书记……7571560
副经理……7574644
管理科长……7573944
办公室……7571519
市场部长……7571657
生产科长……7571667
储运车间主任……7572781
调合车间主任……7577934
胜华公司
经理……7572708
书记……7570645
生产综合科长……7571247
供销科……7576486
蓝天印务公司
经理……7587465
业务室……7572453
胜利大厦
总经理……7574328
书记……7587424
副经理……7574795
综合办公室……7561823
传真……7574776
总机……7570400
胜利汽修厂
厂长……7587300
调度……7587197
财务……7574257
盛鑫源酒店（齐胜酒店）
经理……7570942
接待室……7561815

总台……7574618
胜炼化工厂
厂长……7572517
书记……7574851
副厂长……7574770
总工程师……7573048
总会计师……7571424
办公室
主任……7574850
招待所……7562026
管理科
科长……7561897
办公室……7579675
计财科
科长……7574991
会计……7572994
生产科
科长……7574920
生产科……7577609
岗检办……7571382
技术科
科长……7576764
计量班……7570516
档案室……7561973
供应科
科长……7561970
供应仓库……7561972
销售科
科长……7579679
副科长……7572556
销售科……7574701
化验室
主任……7562013
化验室……7562014
溶剂油车间
主任……7561976
技术组……7561980
办事员……7561981
操作室……7561982
机修车间
主任……7561987
副主任……7561990
仪表班……7562001
制作车间
主任……7562024
胜曦公司

保管……7562021
操作室……7562022
晨曦公司
经理……7587495
副经理……7587024
中齐宾馆
经理……7587205
副经理……7574627
办公室……7574797
总台……7561825
总机……7574630
临淄化工厂
厂长……7571888
书记……7587277
副厂长……7574435
总会计师……7571364
工会主席……7587279
办公室
主任……7587280
副主任……7587276
办公室……7579405
财务部
主任……7587281
副主任……7579406
人力资源部
主任……7574475
副主任……7561935
劳务部
主任……7574765
副主任……7561936
党群工作部
副主任……7574985
工会……7571594
技术开发部
主任……7574648
副主任……7570414
办公室……7561937
退休办
主任……7574247
书记……7570412
办公室……7570410
炼油车间
主任……7574147
副主任……7587496
综合办公室……7574027
服装加工车间
主任……7571880
书记……7574363
副主任……7574365
办公室……7571838
清洗车间
主任……7578414
书记……7574128
副主任……7570420
锐博公司
董事长……7587611
总经理……7575377
炼油实业部财务……7572413
生产部主任……7561912
综合部主任……7575777
供销部主任……7579402
精制车间主任……7576029
储运车间主任……7579403
沥青开发中心
经理（传真）……7579718
副经理……7579717
综合科……7579716
技术科……7579117
财务科……7579116
淄博吉泰工贸有限公司
经理……7571967
传真……7571937
副经理……7572995
财务科……7573975
办公室……7570487
供销科……7570459
生产设备科……7587414
临淄区石化燃料公司
总经理……7577577
副经理……7587128
财务总监……7579089
办公室……7587260
生产科……7570345
销售……7571771
值班……7579797
淄博市临淄区胜利安装有限公司
经理……7574777
副经理……7573456
办公室……7676173
北岳公司
经理……7570080
副经理……7577677

书记……7574945
综合部部长……7561847
财务部部长……7573985
安装车间主任……7572338
清洗车间主任……7574404
保温材料厂主任……7573580

凯美可工贸公司
董事长、总经理……7587498
书记……7573498

综合管理部
经理……7577229
办公室……7579737

生产安全部
经理……7571200
办公室……7579739

财务部
经理……7573572
会计……7577227

供应部
经理……7573871

销售部
经理……7574434
办公室……7561907

助剂车间
主任……7574358
操作室……7577247

化工车间
主任……7561915
办事员……7561920

山东三维石化工程有限公司
董事长（总经理）……7587467
书记……7574188
技术总监……7576134
市场总监……7587502
总经理助理（设计部部长）……7573041
总经理助理（工程部部长）……7571575
综合部（传真）……7574189

淄博齐昊石化机械有限公司
总经理……7579016
副经理……7571131
财务部长……7573042
营销部部长……7573904
生产部长……7572685
堵漏分公司……7575877
空调分公司……7561872

烯烃厂

办公室
主任……7580558
副主任……7580201
办公室……7580962

生产技术部
部长……7580504
副部长……7580963
统计管理……7522954
计划管理……7522309
技措管理……7523490
质量管理……7524281
工艺管理……7521357

调度中心
调度室……7580207
传真……7525015

成本管理部
副部长……7580066
材料组……7521214
成本组……7522214
会计组……7523484
预算组……7524278

安全环保部
部长……7580529
副部长……7580195
安全技术组……7525027
环保技术组……7523847

机械动力部
部长……7580735
副部长……7580065
静设备组……7521085
动设备组……7521924
电仪组……7525004
计划组……7522234

人力资源部
部长……7580960
副部长……7580939
薪酬管理……7522292
劳动保险……7521202
员工管理……7580547
员工培训……7521681
纪检组……7521232

党委工作部
部长……7580833
副部长……7580654
组干……7521162
文字宣传……7523971

团委……7580061
纪委（监察室）
副书记……7580734
办公室……7580017
工会
主任……7523975
副主任……7523944
中心化验室
主任……7580527
书记……7521694
副主任……7523420
乙烯项目部
副主任……7525033
办公室……7525031
信息中心
主任……7580561
副主任……7580840
办公室……7524942
计量中心
副主任……7580831
仪表管理……7523744
检定管理……7522264
物料管理……7580180
工程设计中心
主任……7580548
副主任、书记……7580005
副主任……7580868
行政事务中心
主任……7580067
书记……7525811
保卫处
处长……7580977
书记……7580653
裂解车间
主任……7580741
书记……7580003
生产主任……7522230
技术主任……7522446
设备主任……7522205
芳烃车间
主任……7580742
书记……7524287
生产主任……7522464
设备主任……7580063
技术主任……7524285
苯酐车间
主任……7580743
书记……7523745
生产主任……7521642
设备主任……7523741
技术主任……7523816
动力车间
主任……7580526
书记……7522268
副主任……7522913
总值……7522715
油品车间
主任……7580549
书记……7522986
生产主任……7522925
设备主任……7524286
供水车间
主任书记……7524275
生产主任……7522040
设备主任……7580567
车间调度……7524276
机修车间
主任……7580921
书记……7580744
副主任……7521378
计调组……7521389
值班室……7524648
电工车间
主任……7580456
书记……7521226
副主任……7580637
仪表车间
主任……7580457
书记……7580062
副主任……7521250
储运站
站长……7580560
书记……7523488
副站长……7521516
老龄办公室
主任……7535147
总支书记……7556210

服务保障中心

膳食一部
经理……7580736
副经理……7523408
汽车一队

队长……7580545
书记……7580900
调度……7522654
卫生绿化部
经理……7523389
一工区绿化组……7523178
卫生组……7522374

塑料厂

办公室
主任……7580209
副主任……7580192
传真……7580933
综合管理部
部长……7580467
副部长……7523535
贯标管理……7580931
绩效管理……7523569
三基管理……7523521
合同管理……7580908
预算管理……7524356
投资管理……7523578
生产管理部
部长……7580641
副部长……7580173
运行管理……7523254
综合管理……7523308
计划管理……7523319
调度中心……7580916
成本管理部
部长……7580468
副部长……7524198
会计报销……7580755
成本核算……7523571
安全环保部
部长……7580492
副部长……7580648
消防管理……7523375
环保技术……7523001
职业卫生……7523854
安全管理……7521911
安全技术……7521141
气防站……7523369
机械动力部
部长……7580204
副部长……7523342
设备管理……7580790
动力管理……7523778
综合计划……7523857
技术管理部
部长……7580930
副部长……7580535
售后服务中心主任……7580759
人力资源部
部长……7580491
副部长（计生办主任）……7580910
纪律检查办公室主任……7580911
事务管理中心
主任……7525097
副主任……7580493
经济保卫处
处长……7580642
书记……7580932
武装部……7524231
纪委
副书记……7580536
办公室主任……7580914
党委工作部
部长……7580537
副部长……7580174
团委书记……7580647
工会
副主席……7580556
办公室……7580844
计量科
科长……7580701
副科长……7524773
备件科
科长……7580202
书记……7580165
工程设计室
主任……7524723
书记……7523871
副主任……7522546
信息中心
主任……7523447
副主任……7580918
高密度聚乙烯车间
主任……7580791
书记……7524226
生产副主任……7524225
设备副主任……7522567
技术副主任……7522387

低密度聚乙烯车间
　主任……7580792
　书记……7580941
　生产副主任……7523732
　设备副主任……7523443
　技术副主任……7523752
聚丙烯车间
　主任……7580793
　书记……7580942
　生产副主任……7521030
　设备副主任……7523710
　技术副主任……7523702
苯乙烯车间
　主任……7580794
　书记……7580943
高压聚乙烯车间
　主任……7580778
　书记……7524879
　生产副主任……7524491
　设备副主任……7524492
　技术副主任……7524490
成品车间
　主任……7580835
　书记……7580945
　生产副主任……7523027
　设备副主任……7523037
固体车间
　主任……7580494
　书记……7580946
　生产副主任……7523919
　设备副主任……7522833
质检科
　科长……7580704
　书记……7580947
　生产副科长……7524303
　设备副科长……7521091
水汽车间
　主任……7580757
　书记……7580925
　生产副主任……7524360
　设备副主任……7524353
　技术副主任……7521314
机修车间
　主任……7580663
　书记……7580926
　生产副主任……7522838
　设备副主任……7522153
　技术副主任……7522284
电工车间
　主任……7580662
　书记……7580927
　生产副主任……7523412
　设备副主任……7521501
仪表车间
　主任……7580664
　书记……7580873
　生产副主任……7524877
　设备副主任……7523010
　技术副主任……7522032
中试
　主任……7580795
　书记……7580836
　副主任……7580874
储运站
　站长……7580640
　书记……7580837
离退办（企业工作调研室）
　主任……7161173
　书记……7161175
　办公室……7557080

氯碱厂

办公室
　主任……7580400
　副主任……7580414
　传真……7580785
综合管理部
　部长……7580427
　副部长……7580010
　合同管理……7523601
　体系管理……7522168
　基层管理……7521287
　投资管理……7522340
　绩效考核……7523294
　岗检组……7523149
人力资源部
　部长……7525587
　副部长……7521352
成本管理部
　部长……7580691
　副部长……7523139
　会计组……7580057
　成本组……7524645

材料组……7523850
销售组……7523545
工资组……7523006
生产管理部
部长……7580416
副部长……7521784
调度台……7521321
白班调度……7522514
公用工程……7521573
计划、统计……7521335
技术管理部
部长……7580417
副部长……7521510
工艺管理……7523132
质量管理……7521373
标准化……7521390
科研开发……7521768
技改技措……7523894
机械动力部
部长……7580419
副部长……7521915
综合计划……7523954
设备管理……7522208
电仪管理……7521394
车辆管理……7523951
安全环保部
部长……7580423
副部长……7580551
安全管理……7521857
安全教育……7521515
环保管理……7580100
党委工作部
部长……7580996
副部长……7524265
干部管理……7521278
组织管理、团委……7521730
纪委
副书记……7580635
案检室主任……7523709
工会
副主席……7580421
办公室主任……7523707
工程管理处
处长……7521998
副处长……7524828
综合管理……7521382
防腐管理……7524782
土建管理……7522482
公用工程……7521615
土建结构……7523310
电仪管理……7580107
保卫处
处长……7522215
副处长……7524700
人武部……7521755
行政事务中心
主任……7525418
机关总支书记……7580102
副主任……7525779
机关工会主席……7523259
信息中心
主任……7523086
副主任……7525351
档案室……7521771
图书室……7523300
物资中心
主任……7524997
副主任……7525950
值班室……7521806
计量中心
主任……7580101
副主任……7525739
退休职工管理办公室
主任……7176531
书记……7184652
办公室……7176530
装置达标办公室
主任……7580104
技术组……7524719
综合组（传真）……7580026
电化车间
主任……7523880
书记……7523224
生产副主任……7523774
设备副主任……7523227
烧碱车间
主任……7523801
书记……7523048
生产副主任……7523476
设备副主任……7522911
氯乙烯车间
主任……7523391

书记……………………………………………7521953
生产副主任………………………………………7523212
设备副主任………………………………………7521986
聚氯乙烯车间
主任…………………………………………………7521863
书记…………………………………………………7523842
生产副主任………………………………………7521602
设备副主任………………………………………7525796
环氧车间
主任…………………………………………………7521793
书记…………………………………………………7521796
生产副主任………………………………………7523313
设备副主任………………………………………7521874
行政副主任………………………………………7521402
成品车间
主任…………………………………………………7523207
书记…………………………………………………7521878
生产副主任………………………………………7523754
设备副主任………………………………………7524348
水汽车间
主任…………………………………………………7580591
书记…………………………………………………7522394
生产副主任………………………………………7522379
设备副主任………………………………………7522099
固体车间
主任…………………………………………………7580307
书记…………………………………………………7522768
生产副主任………………………………………7580636
设备副主任………………………………………7524395
电气车间
主任…………………………………………………7522368
书记…………………………………………………7522369
副主任………………………………………………7522376
仪表车间
主任…………………………………………………7580634
书记…………………………………………………7523527
副主任………………………………………………7525922
机修车间
主任…………………………………………………7524706
书记…………………………………………………7521993
副主任………………………………………………7525829
防腐车间
主任…………………………………………………7580011
书记…………………………………………………7521532
副主任………………………………………………7521564
原盐储管中心
主任…………………………………………………7521079
副主任………………………………………………7523483
中试中心
主任…………………………………………………7521561
工艺组………………………………………………7522311
控制室………………………………………………7522312

橡胶厂

厂办、党办
主任…………………………………………………7544699
副主任………………………………………………7548903
传真…………………………………………………7548168
工会
主席…………………………………………………7548235
副主席………………………………………………7548854
综合办公室………………………………………7542115
安全环保部
部长…………………………………………………7548906
副部长………………………………………………7542519
办公室………………………………………………7542606
环保管理……………………………………………7546562
监测站长……………………………………………7544008
分析化验……………………………………………7544007
现场管理……………………………………………7540085
安全技术……………………………………………7544009
生产管理部
部长…………………………………………………7549452
副部长………………………………………………7548940
调度台………………………………………………7543473
综合管理……………………………………………7547104
生产统计……………………………………………7544937
生产计划……………………………………………7546571
厂夜间值班室……………………………………7544016
机动部
部长…………………………………………………7544675
副部长………………………………………………7548163
计调组………………………………………………7542139
动力组………………………………………………7548944
资产管理……………………………………………7544921
设备管理……………………………………………7544918
值班室………………………………………………7546563
成本管理部
部长…………………………………………………7548219
会计…………………………………………………7542613
成本组………………………………………………7546572
资金组………………………………………………7546573
行政事务中心

主任……………………………………7544993
副主任……………………………………7541956
印刷所长……………………………………7544443
邮政所……………………………………7542820
招待所所长……………………………………7548870
综合管理部
部长……………………………………7548040
橡胶厂副部长……………………………………7546001
投资管理……………………………………7542517
企业管理……………………………………7544409
认证管理……………………………………7548162
合同管理……………………………………7546003
人力资源部
部长……………………………………7548216
副部长……………………………………7544382
培训中心主任……………………………………7548942
计生办主任……………………………………7542114
技术管理部
部长……………………………………7542233
副部长……………………………………7548967
工艺、技措……………………………………7545376
科研管理……………………………………7545124
标准化……………………………………7545747
质量管理……………………………………7545746
节能管理……………………………………7545394
中控分析……………………………………7545748
信息中心
主任……………………………………7542060
副主任……………………………………7548138
信息调研……………………………………7545489
计算机室……………………………………7543307
档案一室……………………………………7545488
档案二室……………………………………7545487
党委工作部
部长……………………………………7548169
副部长……………………………………7548215
组织干部……………………………………7543883
宣传教育……………………………………7544383
团委书记……………………………………7548840
纪委
副书记……………………………………7548909
办公室……………………………………7545151
传真……………………………………7545200
保卫处
处长……………………………………7548908
副处长……………………………………7544411

武装部……………………………………7542514
值班室……………………………………7542518
原料管理处
处长……………………………………7542342
副处长……………………………………7549909
工会、安全……………………………………7544864
办公室……………………………………7542623
物资管理科
科长……………………………………7548218
副科长……………………………………7549705
备件计划……………………………………7543243
综合计划……………………………………7544758
设计科
科长……………………………………7548904
高工……………………………………7542238
办公室……………………………………7545740
成品管理科
科长……………………………………7546550
橡胶厂副科长……………………………………7542895
计量中心
主任……………………………………7548224
副主任……………………………………7548941
传真……………………………………7547222
工程科
科长……………………………………7544678
综合办公室……………………………………7544412
离退办
主任……………………………………7544707
副主任……………………………………7540602
书记……………………………………7546570
单体车间
主任……………………………………7543325
工艺副主任……………………………………7544058
设备副主任……………………………………7544401
书记……………………………………7544354
聚合车间
主任……………………………………7543327
书记……………………………………7544992
副主任……………………………………7545115
设备主任……………………………………7546343
丁苯车间
主任……………………………………7548857
书记……………………………………7546010
工艺副主任……………………………………7546011
设备副主任……………………………………7544508
碳四车间

主任……7543352
书记……7544886
工艺主任……7545804
设备主任……7545976
机修车间
主任……7544365
副主任……7542062
电气车间
主任……7548554
副主任……7544445
车间值班室……7544464
仪表车间
主任……7548049
副主任……7546614
车间值班室……7544943
供排水车间
主任……7542136
书记……7542058
锅炉车间
主任……7543043
副主任……7544911
罐区车间
主任……7545054
书记……7542068
副主任……7544649
中心试验室
主任……7546564
副主任……7546567
质检中心
主任……7548048
书记……7549058
副主任……7540271

第二化肥厂、二化实业部

厂长、党委办公室
主任……7582684
副主任……7582657
办公室……7582627
传真……7582773
生产管理部
部长……7582686
副部长……7582395
传真……7582693
白班调度……7583562
生产调度中心……7582626
传真……7582586
成本计划部
部长……7582690
传真……7583777
成本组……7583232
会计组……7589725
资产组……7583824
计统组……7582302
计算机……7583420
机械动力部
部长……7583548
副部长（设备）……7582558
副部长（电仪）……7582605
综合管理……7583716
动设备组……7589730
状态监测……7583718
动力组（电仪）……7589732
计划组……7583715
计划调度……7582604
安全环保部
部长……7582695
书记……7582396
副部长……7583251
环保管理……7582308
安全管理……7583419
安全教育……7583431
人力资源部
部长……7582691
副部长……7589761
技术人员与档案管理……7589844
员工管理……7582617
职工培训……7589754
工资保险……7583236
党委工作部
部长……7589728
副部长……7589760
办公室……7589845
纪检信访……7583336
档案室……7583434
群众工作部
部长……7582557
副部长……7583580
生活女工……7582633
生产文体……7589767
综合管理部
部长……7582570
副部长……7582696
办公室……7583359

空分车间
主任……7582683
书记……7583323
生产主任……7589768
设备主任……7589801
技术组……7583459
甲醇车间
主任（书记）……7582360
生产主任……7582358
设备主任……7589800
总控室……7583310
丁辛醇车间
主任……7582766
书记……7589513
设备主任……7583466
副主任……7582403
质量检查室
主任……7582618
书记……7582594
副主任……7583757
储运车间
主任……7582357
书记……7582769
副主任……7583381
电工车间
主任……7582356
书记……7582771
副主任……7583266
仪表车间
主任……7589802
书记……7582593
副主任……7582764
检修车间
主任……7582362
书记……7582595
副主任……7589776
水汽车间
主任……7582767
书记……7582412
副主任……7583616
工程管理中心
主任……7582669
土地管理室……7582664
经济管理室……7589741
施工管理室……7583570
计量中心
主任……7584504
副主任……7582689
办公室……7589512
信息中心
副主任……7589789
办公室……7583560
物资中心
主任……7582558
管理组……7582616
检验组……7583239
回收组……7583452
保管组……7583439
治安保卫中心
主任……7582406
副主任……7582552
资源优化项目部
经理……7582601
设备室……7582383
资料室……7582763
传真……7582572
电仪室……7583472
空分项目部
经理……7582369
经理室……7583273
齐鲁综合组……7582388
BOC 综合组……7583332
传真、资料室……7589799
达州化肥项目部……7582355
文化宫
主任……7589529
办公室……7582378
离退办
主任……7584836
书记……7583783
副主任……7584134
淄博鲁齐化工设计有限公司
所长……7583423
办公室……7582694

热电厂

厂长、党委办公室
主任……7580233
副主任……7580550
传真……7580768
生产技术部
部长……7580243
副部长……7526076

调度专工……7522585
热效节能管理……7521397
小指标管理……7522589
技术管理……7522591
技措管理……7522316
调度室……7580286

安全环保部
部长……7580775
副部长……7580572
安全、环保管理……7522745
职防管理……7522502
消防管理……7522693

机械动力部
部长……7580571
副部长……7580121
状态监测专工……7522751
汽机、燃化专工……7521711
锅炉、土防专工……7522392
电仪专工……7522197

计划财务部
部长……7580246
会计组……7580568
材料核算……7580240
成本核算……7522762
煤炭核算……7521569

人事教育部
部长……7580239
工资、劳动组织（调配）……7521489
奖金、保险统计……7522489
技术干部管理……7521107
员工培训……7522297
技能鉴定……7522192
计划生育……7580674
岗检组……7580748

综合管理部
部长……7580599
副部长……7580712
三基管理……7521496
现场管理……7521584
绩效考核……7522462
法律事务……7524099
预算管理……7521293
合同管理……7522334

党委工作部
部长……7580776
副部长……7580227
组织干部……7521580
宣传、企业文化……7521503
统战、共青团……7522308

纪委
副书记……7522146
办公室……7521717
信访、举报……7522400

工会
副主席……7580245
办公室、宣教……7521971

锅炉车间
主任……7522105
书记……7522196
运行副主任……7521338
检修副主任……7524605

汽机车间
主任……7522263
书记、副主任……7522261
副主任……7524600

电气车间
主任……7522505
书记……7522239
运行副主任……7521812
检修副主任……7524606

供电车间
主任……7521925
热电厂书记……7521936
副主任……7521570

燃料车间
主任……7522536
书记、副主任……7522727
运行副主任……7524075
检修副主任……7521548

化水车间
主任……7521454
书记……7521814
副主任……7522372

排灰车间
主任……7524077
书记……7522198
副主任……7521706

中化室
主任……7522371
书记……7524609

检一车间
主任……7521326

书记……7522861
副主任……7522271
检二车间
主任……7580071
书记……7522362
副主任……7522523
检三车间
主任……7522434
书记……7522634
副主任……7521739
仪表车间
主任、书记……7521576
副主任……7522358
电气实验室
主任……7522545
书记……7522201
副主任……7526096
后勤部
部长……7522728
书记……7522401
副部长……7580242
办公室……7522423
保卫部
部长……7580023
书记……7580772
值班室……7522278
信息中心
主任、书记……7524608
技术组……7521769
档案室……7523915
计量中心
主任……7524732
热能管理……7521451
电能管理……7524733
过衡管理……7521477
物资管理中心
主任……7580228
副主任……7522010
综合管理……7521787
综合计划……7524334
离退休管理中心
主任……7167087
书记……7187791
办公室……7538344
工程管理办公室
主任……7580500
副主任……7580288
办公室……7524195
研究发展中心
主任……7580022
书记……7524506

淄博鑫亚工贸有限责任公司

总经理……7580957
总支书记、生产副总经理……7580863
经营副总经理……7580865
财务副总经理……7580745
办公室
主任……7580817
传真……7524590
安全生产部
部长……7580863
生产技术……7522171
项目、设备管理……7522563
经营部
部长……7580865
经营管理……7525579
销售管理……7522034
煤炭管理……7524785
计划财务部
部长……7580745
财务……7522961
计统……7524434
工程部
部长……7580773
资质管理……7522002
法律公关部
部长……7524289
综合利用办公室
主任……7524034
化工环保公司
经理……7522477
技术、事务员……7522557
再生水厂……7523430
化验室……7524697
燃料转运站
站长……7580522
技术员……7522204
事务员……7524347
粉煤灰公司
经理……7521453
技术、事务员……7522439
控制室……7524610

脱硫剂厂
厂长……7522478
事务员……7522229
控制室……7522320
检维修队
队长……7522421
技术、事务员……7524114
废品回收……7524335
广告印务公司
经理……7525517
事务员……7524046
保洁队
队长……7524480
事务员……7522562
绿化队
队长……7524169
金丰建材公司
生产厂长……7325123
经营厂长……7361123
淄博鑫运运输有限公司
总经理、书记……7580247
副总经理……7524260
值班……7524263
淄博泓阁餐饮有限公司
总经理……7580749
总台……7580225
财务……7521370

腈纶厂

（北区电话）

办公室
主任……3576208
小车班……3576027
生产技术部
部长……3576046
副部长……3576009
调度值班……3582172
安全环保部
部长……3576316
副部长……3576679
办公室……3576010
设备部
部长……3576082
副部长……3576032
综合组……3576083
管理组……3576380
管理组……3576165
工程组……3576351
传真……3576016
财务部
部长……3576056
会计组……3576057
成本组……3576058
资金组……3576059
综合管理部
部长……3576617
副部长……3576033
三基、保险……3576075
岗检……3576072
经济责任制……3576608
考核组……3576003
培训……3576069
调配、技管……3576068
工程预算……3576070
工资……3576071
党群工作部
部长……3576366
组织、干部……3576213
理论教育……3576605
《简讯》编辑……3576040
纪委监察……3576529
科技开发中心
主任……3576113
副主任……3576149
技改组……3576087
产品开发……3576092
设计组……3576090
信息中心
主任……3576099
中心机房……3576067
档案室……3576021
阅览室……3576022
供销信息……3576363
计量中心
主任……3576162
计量一室……3576425
审计中心
主任……3576369
综合审计……3576062
工程……3576086
合同管理……3576199
计划统计中心
主任……3576063

传真……3576055
计划管理……3576064
综合统计……3576123
行政事务中心
主任……3576396
办公室……3576043
聚合车间
主任……3576253
书记……3576432
副主任……3576260
前纺车间
主任……3576212
书记……3576065
副主任……3576433
后纺车间
主任……3576229
书记……3576430
副主任……3576254
副主任……3576518
毛条车间
主任……3576501
副主任……3576503
电仪二车间
主任……3576348
书记……3576349
副主任……3576194
质量检验中心
主任……3576095
副主任……3576097
副主任……3576480
储运车间
主任……3576235
书记……3576680
副主任……3576246
消防保卫科
科长……3576268
副科长……3576527
供应公司
经理……3576611
书记……3576661
销售公司
经理……3576228
书记……3576577
副经理……3576321
销售公司驻厂办
主任……3576618

办公室……3576045
隽山派出所
所长……3576610
指导员、户籍……3576035

腈纶厂

（南区电话）

办公室
小车班……3576933
生产技术部（南区现场）
副部长……3576901
工艺质量管理……3576903
调度室
调度室……3576904
白班调度……3576906
能源管理……3576907
安全环保部
气防管理……3576910
安全管理……3576911
设备部
副部长……3576912
副部长……3576913
设备管理……3576914
办公室……3576915
现场管理
部长……3576909
副部长……3576991
办公室……3576908
财务部
资金管理……3576917
综合管理部
部长……3576918
办公室……3576919
计划统计……3576921
纪律检查……3576922
党群工作部
工会……3576923
科技开发中心
副部长……3576925
计量中心
计量一室……3576929
计量二室……3576930
信息中心
主任……3576799
网络维护……3576788
信息维修……3576755
档案室……3576711

丙烯腈车间
主任……………………………………3576700
书记……………………………………3576701
设备主任………………………………3576702
生产主任………………………………3576703
水汽车间
主任、书记……………………………3576750
办公室…………………………………3576751
设备副主任……………………………3576752
电仪一车间
主任……………………………………3576780
技术副主任……………………………3576781
设备副主任……………………………3576782
中心化验室
主任……………………………………3576810
书记……………………………………3576811
副主任…………………………………3576812
原料车间
主任、书记……………………………3576830
设备副主任……………………………3576831
工艺副主任……………………………3576832
消防保卫科
科长……………………………………3576860
副科长…………………………………3576861
保卫值班室……………………………3576864
机修车间
主任……………………………………3576880
办公室…………………………………3576881

供排水厂

成本管理部（办公室）
主任……………………………………7580679
副主任…………………………………7580285
结算组…………………………………7521758
成本组…………………………………7522346
销售组…………………………………7525760
小车班…………………………………7523696
信息中心
主任……………………………………7580463
网络组…………………………………7525436
生产安全管理部
部长……………………………………7580279
副部长…………………………………7580683
生产统计………………………………7523003
科研技措………………………………7523685
工艺管理………………………………7523694
安全检查………………………………7522572
调度台…………………………………7580860
机械动力部
部长……………………………………7580292
副部长…………………………………7580278
设备管理………………………………7522471
仪电管理………………………………7522195
计划管理………………………………7523686
备件库…………………………………7523162
企业管理部
部长……………………………………7580459
副部长…………………………………7522529
计划统计………………………………7524069
企管组…………………………………7522551
合同预算………………………………7521481
人力资源部
部长……………………………………7580716
薪酬管理………………………………7523697
保险奖金………………………………7523995
员工管理………………………………7523995
职工培训………………………………7524543
党群工作部
部长……………………………………7580862
副部长…………………………………7580850
组织员…………………………………7522996
纪检员…………………………………7523927
宣传组…………………………………7522950
生活女工………………………………7523621
宣教文体………………………………7523165
保卫中心（人武部）
主任（部长）…………………………7580287
副主任…………………………………7521015
值班室…………………………………7523901
行政服务中心
主任……………………………………7580675
计划管理………………………………7522438
绿化管理………………………………7521316
通勤管理………………………………7580275
离退休职工管理办公室
主任……………………………………7534968
书记、副主任…………………………7557285
管理组…………………………………7534814
计量销售中心
主任……………………………………7580283
书记……………………………………7580901
环保中心
主任……………………………………7580861

书记、副主任……7523376
技术组……7523379
供水一车间
主任……7522938
书记、副主任……7523789
副主任……7522128
供水二车间
主任……7580338
书记、副主任……7580376
副主任……7580321
净化车间
主任……7522976
书记、副主任……7522326
副主任……7521587
空分车间
主任……7580715
书记、副主任……7523934
副主任……7523020
中化室
主任……7523692
书记……7526189
副主任……7523024
电气车间
主任……7580523
书记、副主任……7523996
副主任……7522131
仪表车间
主任、书记……7523218
副主任……7523164
维修车间
主任……7523258
书记、副主任……7521752
膳食五部
经理……7580299
管理组……7580553
汽车五队
队长……7580294
副队长……7580684
调度……7522770

储运厂

综合管理部
部长……7580036
部长助理……7522108
综合管理……7521603
三基与体系……7521601
合同管理……7523600
计划统计……7523769
传真……7580030
党群工作部
部长、工会副主席……7580484
副部长、纪委副书记……7580038
干部管理……7523192
组织、纪检信访……7521457
宣传教育……7522683
企业文化管理……7521673
工会办公室……7521626
人力资源部
部长……7580481
绩效考核……7523110
员工、薪酬、保险……7522290
技术干部管理……7580040
员工、培训……7523365
培训、计生……7522398
技术设备部
部长……7580027
副部长……7580807
工艺技术……7524511
技术组……7523426
材料、固定资产……7523652
能源、工程管理……7523043
设备管理……7523363
工程计划、工程管理……7523510
工程预算……7580673
安全环保部
部长……7580486
副部长……7521699
安全管理……7523654
工业卫生、气防消防……7523190
环保管理、环保统计……7523678
财务部
部长……7580479
副部长……7580033
总账总审……7521240
人工成本、收入、出纳……7524532
固定资产……7522490
存货、成本……7522659
生产指挥中心
主任……7580041
副主任……7580485
调度台……7580672
质量检验中心
主任……7580482

副主任……7522343

计量中心

主任……7580476

副主任……7522116

信息中心

主任……7580490

副主任……7580845

保卫工作部

书记……7522435

副部长、副书记……7523832

老龄办

主任……7552703

书记……7557261

液体车间

主任……7522679

书记……7580474

设备副主任……7523210

生产副主任……7523673

洗修车间

主任……7522564

书记……7521663

副书记……7580029

装卸车间

主任……7522487

书记……7523669

副主任……7523507

货运车间

主任……7523648

书记……7523062

生产（安全）副主任……7522707

设备（技术）副主任……7580846

机务车间

主任……7580505

书记……7523351

副主任……7522393

工电车间

主任……7522761

书记……7580487

电仪车间

主任……7522126

书记……7580480

龙口储运站

办公室……(0535)88481

主控室……(0535)88485

值班室……(0535)88487

传真……(0535)88487

后勤保障中心

主任……7580025

书记……7521430

副主任……7523728

淄博齐威工贸有限公司

公司领导

总经理……7582128

副总经理……7582269

总会计师……7582949

党群部门

书记……7582128

工会主席……7582269

团支部……7582187

综合管理部

主任……7589418

办公室（传真）……7582187

劳资办……7581004

劳保用品店……7360189

财务部

主任……7582268

财务室……7582268

综合利用化工厂（淄博苗栗化工有限公司）

厂长（经理）……7580801

厂长助理（经理助理）……7521491

财务室……7580880

市场营销部（淄博岳毅坤运输有限公司）

经理……7316149

办公室……7555018

传真……7316149

金鹏公司

经理办公室……7580478

业务室……7523716

储运公司

经理……7521929

业务室……7526115

传真……7521929

联运公司（淄博日永冠经贸有限公司）

经理……7586883

传真……7586883

汽车衡（计量室）

主任……7580882

汽车衡……7580882

纯净水厂

厂长……7582933

塑料厂

厂长……7580878

业务室……7580878
汽车修理厂（淄博明冠汽车修理有限公司）
厂长（经理）……7586883
厂长助理（经理助理）……7589419
财务室……7589419
溶剂厂（淄博润茂化工有限公司）
厂长（经理）……7525667
办公室……7525667
榨油厂（淄博海臣经贸有限公司）
厂长（经理）……7555834
办公室……7522533

物资装备中心

办公室
主任……7556839
值班室……7534255
党群工作部
部长……7534830
纪监室主任、副部长、工会副主席……7534593
组干、宣传……7534849
纪监、工会……7534460
综合管理部
部长……7530047
副部长……7534261
企管组……7533134
合同组……7535194
价格组……7530264
微机组……7534215
供应商管理部
部长……7553593
副部长……7553365
管理组组长……7553293
开发组组长……7554241
人力资源部
部长……7534371
教育培训……7534153
绩效考核……7534153
工资、计划生育……7534461
财务部
部长……7535192
副部长……7534397
材料一组……7534022
材料二组……7534357
材料三组……7534497
费用报销……7534704
工资……7534231
质检中心
主任……7580124
书记……7522395
备件检验……7580255
质量管理……7521271
生产计划部
部长……7556035
副部长……7556310
综合计划组组长……7556193
调度……7554615
设备计划组组长……7556380
非金属计划组组长……7556631
金属阀配计划组组长……7554643
化工计划组组长……7556400
基建项目部
部长……7551729
书记……7551137
副部长……7551836
项目一组组长、设备计划……7551820
项目二组组长、配件计划……7551992
项目三组组长、设备计划……7551410
项目四组组长、综合计划……7551359
资备件采购部
部长……7553561
综合组组长……7553533
备品备件值班室……7534255
炼油组组长……7553305
橡胶组组长……7553401
二化组组长……7553409
烯烃组组长……7553471
氯碱组组长……7553415
热电、水厂组组长……7553387
塑料组组长……7553187
煤炭采购部
部长……7557001
采购验收组组长……7534115
综合组……7554287
化工采购部
部长……7551471
书记……7551510
副部长……7556173
化工组长……7551473
化工采购……7551477
化玻组长……7551437
原料采购部
部长……7554650
副部长……7534180

乙烯原料组……7554742
原盐采购组……7554741
金属阀配采购部
部长……7553553
副部长……7552670
配件采购组组长……7552992
金属采购组组长……7553490
阀门采购组组长……7552491
设备采购部
部长……7552943
副部长……7552040
设备采购组组长……7552562
电器采购组组长……7552440
仪表采购组组长……7552413
进口物资部
部长……7553743
书记……7553823
管理组……7553621
接运检验……7553219
总库办公室……7522001
非金属采购部
部长……7554167
副部长……7554182
水泥、橡塑……7554103
五金、保温……7554172
劳保杂品……7554206
物流部
部长……7521069
书记……7526297
副部长……7523189
综合部主任……7521597
离退休职工管理部
部长……7554254
书记……7556089
办公室……7556445
淄博玺天利工贸有限责任公司
总经理……7580267
副总经理……7523135
综合部……7521598
经营一部……7526265
阀门检验站……7522642

销售运输部

办公室
主任……7531138
副主任……7530540
传真……7535004
行政……7554716
综合管理……7555207
党群工作室……7536494
工会副主席……7581310
行政监察室副主任……7535344
人事档案室……7554851
财务室监控室……7554875
商情信息室……7554207
信息管理……7581358
营销策划室
营销策划……7554897
销售管理室
主任……7553237
副主任……7554821
销售管理……7535314
法律事务室
主任……7554122
副主任……7553426
法律事务……7554832
合同管理……7536014
计划调度室
主任……7581007
副主任……7555206
计划……7555205
调度……7581642
传真……7555190
客户服务、新产品开发部
主任……7554827
副主任……7554825
业务室……7554152
传真……7554823
市场服务室
主任……7553112
副主任……7554859
传真……7554819
运输管理一部
主任……7555185
铁运计划……7587219
铁运调度……7574463
运输管理二部
主任……7555171
副主任……7552994
传真……7534874
油品业务一部
主任……7555160
书记（副主任）……7555972

副主任……7555163
油品业务二部
主任……7555156
传真……7555155
化工业务一部
主任……7553010
传真……7555873
化工业务二部
主任……7534842
副主任……7554191
化工业务三部
主任……7554833
副主任……7554895
业务……7534314
传真……7554865
华南销售分公司
经理……(0757)22317
业务……(0757)22317
财务……(0757)22317
本部业务……7531366
京鲁公司
经理……(010)63367748
本部业务……7531618

研究院

综合管理部
部长……7581979
副部长……7589279
企管、合同……7582210
办公室……7511366
行政……7582131
传真……7512399
党群工作部
部长……7589579
副部长……7582727
纪检……7589285
工会、组织……7582242
人力资源部
部长……7589282
劳动工资……7589283
人事教育……7586449
计划管理部
部长……7589589
副部长……7582891
计划、统计……7589276
成本管理部
部长……7589589
副部长……7582891
总帐报表……7587800
成本会计……7589590

科研开发

科研开发部
部长……7582493
副部长……7512057
科研管理、专利……7582452
科研管理、标准化……7588234
中国石化 PTC 齐鲁石化分部
办公室……7512057
石油加工研究所
所长……7512129
办公室……7512126
分析、沥青……7512127
加氢硫磺……7512155
催化裂化……7512079
环境工程研究所(有机化工研究所)
所长……7581057
书记……7581080
办公室……7581301
研制组一组……7581091
研制组二组……7581221
污水组一组……7581270
污水组二组……7581220
分析组……7581229
化学工程研究所
所长……7582271
办公室……7589162
课题组……7589663
裂解组……7589660
综合组……7589162
动力学组……7589298
高分子工程研究所
所长……7511419
副所长……7589299
PE 组……7582495
PVC 组……7586024
PVC 装置组……7582282
加工组……7588401
PE 装置组……7581903
工业催化研究所
所长……7544767
书记……7544795
副所长……7548540
办公室……7547264

制氢研发组……7542710
分析组……7542071
制氢评价组……7542069
耐硫研发组……7542076
分析组……7542037
耐硫评价组……7547254
常压组……7547840
聚烯烃研究室
主任……7511419
副主任……7582496
PP 透明组……7582281
PP 抗冲组……7581113
PE 管材组……7511425
PE 中空组……7511423
PE 电缆组……7585676
聚氯乙烯研究室
主任……7582277
副主任……7589581
电缆组……7582130
管材组……7586348
型材组……7581929
分析测试中心
主任……7586970
书记……7581910
副主任……7589292
办公室、六组……7586537
检测一组……7511334
检测二组、三组……7582283
检测四组、五组……7584119
计量组……7512019
科技信息中心
主任……7512057
副主任……7581275
联机检索……7582367
情报组……7583732
硫磺协作组……7583021
《大氮肥》情报站……7582512
《大氮肥》信息……7582530
《齐鲁石油化工》……7582615
图书馆……7582261
安全生产部
部长……7589280
副部长……7586248
设备管理……7589615
安全工程管理……7582247
生产调度……7588249

中试基地
主任……7525235
书记……7524269
副主任……7523632
值班室……7524451
加工应用示范基地
主任……7582280
副主任……7585644
专用料基地
主任……3583735
书记……3583722
副主任……3583701
市场开发部
部长……7525235
营销管理……7521379
营销调度……7521537
营销核算……7521027
ACR、MBS……7521037
PE、特脂……7521067
保管组……7580047
自动化技术运行中心
主任……7581950
综合管理……7589296
核算办事……7589290
信息技术组……7589667
仪器仪表组（北）……7582823
仪器仪表组（南）……7548400
机电维护组（南）……7542387
机电维护组（北）……7581940
项目组……7582117
物资中心
主任……7581676
计划组……7512037
采购组……7588246
保管、核算……7582592
行政服务中心
主任……7589285
书记……7589287
副主任……7589288
车辆调度……7582275
保卫组……7581670
离退休中心
主任……7586562
书记……7586562
北院办公室……7589286
活动中心办公室……7539040

科力研究院

董秘室
- 主任……7544791
- 管理……7544757
- 传真……7542016

财务结算控制中心
- 主任……7542101
- 副主任……7544759
- 财务……7549375

生产技术部
- 部长……7544755
- 副部长……7544763
- 管理……7544720

市场开发部
- 部长……7542024
- 副部长……7548702
- 市场开发……7549109
- 营销……7543597
- 采购……7549397

催化剂厂
- 厂长……7549107
- 技术组……7542096
- 分析组……7549106
- 反应工段……7542020
- 成型工段……7543714

华表公司
- 经理……7542028
- 办公室（传真）……7548419
- 销售部……7548009
- 生产部……7548827
- 分析组……7549015

齐科苑公司
- 办公室……7542132
- 分析组……7542385

一化实业部

（公司劳动服务公司）

综合管理部
- 部长……7541001
- 副部长……7542531
- 办公室……7543277
- 安全计量管理……7542542
- 资产管理……7542883
- 传真……7548848

劳服工作办公室
- 主任……7547111
- 档案管理……7540490
- 工资管理……7547642
- 员工培训……7542089
- 劳务管理……7542616

党群工作部
- 部长……7542828
- 副部长……7548849
- 纪委监察室……7542821
- 组织教育组……7541010
- 干部组……7541038
- 办公室……7541136
- 经济工作部……7548714
- 电视编辑室……7541049

稳定工作办公室
- 主任……7548187
- 副主任……7541141
- 办公室……7541039
- 人武保卫……7541052
- 接访督办值班室……7541034

财务计划部
- 部长……7548778
- 副部长……7547641
- 中心资金……7547024
- 结算……7548209
- 集体企业……7543577
- 资产材料……7542994
- 预算……7542827

人力资源部
- 部长……7548205
- 薪酬绩效……7541100
- 员工保险……7541100
- 职工培训组……7542624
- 劳动家属……7542549

车队
- 副队长……7548246
- 调度……7542862

催化剂分厂
- 厂长……7541021
- 书记……7541085
- 生产副厂长……7541006
- 设备副厂长……7548191
- 一车间主任……7547040
- 二车间主任……7541090

一化劳服公司
- 经理、书记……7542445
- 副经理……7541119
- 办公室……7541139

财务……7541116
招待所服务台……7542824
印刷厂……7542719
氨水站……7542943
氨吸收……7541102
劳服饭店服务台……7543201
公泉公司
董事长……7540588
总经理……7540188
经理办主任……7541123
经理办……7547014
财务部业务……7541127
供销部长……7548293
生产部……7547199
技术部……7541089
齐茂公司
董事长经理……7587294
书记……7570478
副经理……7574957
经理助理……7570480
工会主席、供销科长……7570490
办公室主任……7574180
生产设备科科长……7561827
技术科科长……7577630
财务科科长……7574955
催化车间主任……7572224
干胶车间主任……7572455
齐鲁包装制品公司
经理……7548090
书记……7548092
销售科……7548091
财务科……7540355
制桶分厂……7543490

建设公司

总经理工作部（党办）
部长、党办主任……7580155
改制办主任……7524118
副部长、党办副主任……7580157
法律事务……7521086
企业管理……7580602
改制办……7526136
值班室……7521062
人力资源部（党群工作部、工会、纪委监察室）
部长……7580151
工会副主席、纪委副书记……7580524
副部长……7521032
纪委、组织……7523536
工会、教育、计生办……7526198
薪酬管理……7523568
宣传、编辑室……7521236
团委……7521032
计划财务部
部长……7580162
会计组……7522746
成本组……7524453
计财部资料室……7523533
炼厂财务组……7571491
经营管理部（生产调度中心）
部长……7521621
副部长……7580693
办公室……7521159
生产调度中心负责人……7580158
维护保运事业部
经理……7525567
副经理……7580601
调度室……7521042
综合室主任……7580601
炼厂调度台……7572000
炼厂区项目部……7571597
炼厂南区维护保运中心
主任……7571163
副主任……7573593
调度台……7573000
炼厂北区维护保运中心
主任……7570021
副主任……7572379
调度台……7570111
乙烯维护保运中心
主任……7521126
副主任……7522054
调度台……7521388
二化维护保运中心
主任……7582380
副主任……7583272
调度台（施工组）……7589999
公用工程保运中心
主任……7524510
副主任……7521420
调度台……7521288
生产技术部……7523827
工程建设事业部（质量技术中心）
经理……7580620

副经理……7523531
生产室主任……7521035
综合室主任……7521050
预算室主任……7522754
质量室主任……7521353
设备制造项目部
经理……7523531
副经理……7522071
经营办公室……7522102
电仪工程项目部
经理……7521026
副经理……7521184
调度预算……7521195
炼油项目部
经理……7575724
副经理……7574454
裂解炉项目部
经理……7523574
副经理……7523577
资源优化项目部
经理……7580465
副经理……7522053
黄岛大炼油项目部
经理……7521033
物流事业部（安全监督中心）
经理……7523549
副经理……7523031
审核中心（综合室）
主任……7523549
经营审计组……7521754
结算审核组……7521291
安全环保办公室
主任……7523031
办公室……7526036
督察办公室（综合治理、保卫办公室）
主任……7526196
办公室……7521019
值班室……7522639
监控室……7524145
信息中心
主任……7521055
办公室……7524844
市场开发中心
主任……7526056
招投标办公室……7521461
区域经理……7526391
物资装备中心
主任……7580161
副主任……7522796
人才储备中心（集体工管理）
主任……7580159
副主任……7523813
办公室……7523882
生活服务中心
主任……7580164
绿化、爱卫……7523522
老龄中心
主任……7580163
活动中心……7539544
起重运输中心
主任……7580454
副主任……7571849
检测中心
主任……7525358
调度室……7525296
清洗公司
经理……7580690

淄博齐鲁商业有限公司

综合管理部
办公室……7542497
企管、行政……7542497
劳资、离退办……7543818
文书、计生办……7543818
传真……7548408
值班室……7579191
党群部
办公室……7548032
财务部
部长……7548029
副部长……7548029
结算中心……7579159
核算中心……7574843
税务中心……7543749
物资供应部
经理……7542193
办公室……7548019
传真……7548019
业务值班……7548031
工程部……7549549
三利万客隆超市
经理……7587012
书记……7579158

办公室……7573458
炼厂三利百货
办公室……7587006
总服务台……7577176
加工厂
厂长……7548036
办公室……7543049
销售科……7543480
劳动服务公司
经理……7587014
办公室……7587014
传真……7587014
销售科……7579164
食品水产公司
经理……7548034
传真……7548034
副经理……7543322
三利彩扩
经理……7549703
三利彩扩总店……7555637

公用事业公司

办公室
主任……7548552
副主任……7543617
文书（传真）……7543562
收发、计生、档案……7543417
文印室、房管……7543981
党群工作部
部长……7543508
纪检……7548102
宣传……7542357
团委
书记……7542358
工会……7543179
企管办
科长……7548552
计划财务科
科长……7542243
副科长……7543917
会计室……7546178
工程管理……7543800
统计室……7543147
人事教育科
科长……7543946
职教……7543723
营运调度科
科长……7548127
客运热线……7543439
安全保卫科
科长……7548125
副科长……7542374
技术设备科
科长……7540488
副科长……7580839
供应科
科长……7548109
计划组……7543249
离退休管理科
科长……7542576
客运一队
队长……7548249
书记……7543026
调度……7543347
客运二队
队长……7580048
书记……7522428
调度……7522013
客运三队
队长、书记……7581426
副队长、调度……7581425
客运四队
队长……7582320
书记、副队长……7536037
调度……7536011
客车修理厂、齐粤汽车维修中心
厂长……7580088
书记……7580049
副厂长……7523758
生产调度……7523773
抢修热线……7525510
鲁临客运有限责任公司
经理……7548261
书记……7542736
副经理……7548123
调度……7543798
蜂山公园
主任……7543368
书记、副主任……7548124
鲁通安装防腐工程公司
经理……7548128
财务室……7542463
施工组……7548248

山东齐鲁物流有限公司

综合管理部
部长…………7580135
副部长…………7522973
计算机管理…………7580576
传真…………7580131
运营管理部（市场部）
部长…………7580137
副部长…………7580452
调度室…………7522987
驻销运部…………7581001
计划财务部
部长…………7522627
会计…………7522958
安全设备部
部长…………7580136
安全…………7580356
供应…………7580138
加油站…………7521978
人事教育部
部长…………7522647
党群工作部
部长…………7522524
综合…………7522891
第一分公司
经理…………7580141
书记…………7521437
副经理…………7521437
调度室…………7521713
第二分公司
经理…………7580581
书记…………7580891
副经理…………7522989
调度室…………7523276
仓储中心
主任…………7580892
保管室…………7521492
配载中心
主任…………7580133
调度室…………7523642
保修车间
主任…………7580139
调度室…………7523018

社区管理部

部办公室
主任…………7556578
办公室…………7581885
秘书室（传真）…………7581688
人力资源处
处长…………7581471
调配…………7551304
企业管理处
处长…………7581590
副处长…………7581786
财务处
处长…………7581451
报销组…………7530247
计算机室…………7581671
工程核算组…………7551354
生产安全处
处长…………7551274
副处长…………7551264
调度室…………7581894
党委工作处
处长…………7581763
办公室…………7551334
团委…………7530352
纪委
办公室…………7581863
工会
主任…………7551314
办公室…………7581691
行政事务管理中心
主任…………7581851
副主任…………7552247
计生办…………7536241
计划组…………7552247
房产产权办公室
主任…………7581988
办公室…………7534558
房产办公室…………7582326
产权办公室…………7551594
房地产管理办公室
主任…………7588612
土地管理室…………7589401
离退休管理办公室
主任…………7536576
书记…………7536321
办公室…………7536962
市容管理办公室
主任…………7536237
办公室…………7551534

绿化中心
主任……7551574
书记……7530354
办公室……7551584
辛店社区居委会（保卫处）
主任……7530357
书记……7555142
副主任……7552734
社区管理部
雪宫高层消防……7552174
部办公楼门卫……7556293
公益事业办公室
主任……7581987
副主任……7551704
办公室……7551614
住房资金管理中心
主任……7582707
办公室……7551947
物业管理办公室
主任……7551324
办公室……7551254
物供中心
主任……7531556
计划组……7531559
综合组……7531577
计量中心
主任……7536247
副主任……7551743
电气中心
主任……7582207
书记……7536792
副主任……7536793
维修中心
主任……7555017
书记……7557506
副主任……7553130
财务室……7553131
维修服务中心……7556011
维修服务热线……7532180
综合组……7581701
热力中心
主任……7551748
副主任……7557107
生产副主任……7581477
设备副主任……7554417
齐城工贸实业公司
经理……7551824
书记……7551814
副经理……7551834
办公室……7581791
财务科……7535164
印刷厂……7543019
防腐保温材料厂……7542135
汞山社区物业管理中心
主任……7580951
副主任……7580170
办公室……7580171
蜂山社区物业管理中心
主任……7548275
书记……7548466
副主任……7542315
调度室……7548180
燃料中心
经理……7581727
书记……7533974
副经理……7537514
办公室主任……7535742
传真……7535742
金桥市政公路工程公司
总经理……7580806
书记……7580809
副总经理……7580126
综合办主任……7580887
计划财务部部长……7580819
供销保障部部长……7521505
工程管理部部长……7521308
市政设施管理部长……7521409
拌和场场长……7521586

服务保障中心

综合管理部
部长……7525572
办公室……7525658
计生计量……7525573
人力资源……7523441
财务管理部
部长……7525621
成本组……7525590
资金组……7525620
车辆管理部
部长……7525601
安全运行……7525605
机动配件……7525387

餐饮管理部
部长……7580737
副部长……7525622
办公室……7525623
食品卫生监督……7523613
党群工作部
部长……7525591
副部长……7525592
办公室……7525593
组织纪检……7525353
汽车一队（烯烃厂）
队长……7580900
助理……7580545
调度……7522654
汽车二队（塑料厂）
队长……7524375
书记……7524498
调度……7524377
汽车三队（氯碱厂）
队长……7524718
书记……7524715
调度……7524816
汽车四队（橡胶厂）
队长……7548914
助理……7548424
调度……7546032
汽车五队（供排水厂）
队长……7580294
调度……7522770
叉车队
队长……7524713
副队长……7524815
调度……7521764
汽车修理厂
厂长……7525901
副厂长……7525902
膳食一部（烯烃厂）
经理……7523408
书记……7580736
膳食二部（塑料厂）
经理……7580538
膳食三部（氯碱厂）
经理……7521362
书记……7523620
膳食四部（橡胶厂）
经理……7548047
助理……7546597
膳食五部（供排水厂）
经理……7580299
助理……7525496
卫生绿化部
经理……7580909
办公室……7525963
配送中心
经理……7525313
纯净水厂
厂长……7548434
制水车间……7542902
离退办
办公室……7533776
机关服务部
经理……7580557
办事组……7522504
中继线……7580083
特车队
经理……7526181
调度组……7525603
物资采购部
经理……7524712
印务组……7525435
采购组……7521211
淄博齐鲁幼教集团
主任……7531755
副主任……7556933
综合部……7581788
财务、计划部……7554063
教研保育服务稽查部……7551504
人力资源部……7551504
采购配送部……7530772
青少年宫主任……7533658

电讯中心

综合管理部
部长……7581836
副部长……7511517
办公室……7581838
文秘、计划企管……7589566
传真……7585581
供应……7582518
合同管理、预决算……7581858
党群工作部
部长……7581830
副部长……7581140

办公室……………………………………7581839
生产技术部
部长……………………………………7581842
副部长…………………………………7581849
生产管理………………………………7582921
工程管理………………………………7582132
资料室…………………………………7581653
财务资产部
部长……………………………………7581875
资金室…………………………………7581874
会计室…………………………………7586800
微机室…………………………………7589138
人力资源部
部长……………………………………7581895
薪酬、保险……………………………7581860
人武保卫………………………………7586732
市场经营部
部长……………………………………7581821
副部长…………………………………7582186
业务管理………………………………7588929
传真……………………………………7582345
查号台…………………………………7581262
服务热线………………………………95900
北区电话站
站长……………………………………7581212
传真……………………………………7581322
西区电话站
站长……………………………………7580816
传真……………………………………7521500
南区电话站
站长……………………………………7548816
技术组…………………………………7543212
东区电话站
站长……………………………………7570926
传真……………………………………7570929
辛店电话站
站长……………………………………7535190
传真……………………………………7534939
交换运行维护中心
主任……………………………………7586779
技术组…………………………………7586012
行政组…………………………………7586013
计算机组………………………………7582349
电源运行维护中心
主任……………………………………7581849
副主任…………………………………7581850

集中监控机房…………………………7581292
多媒体运行中心
主任……………………………………7554909
技术组…………………………………7554503
宽带客服中心…………………………7555000

培训中心

（山东化工职业学院）

办公室
主任……………………………………7581156
副主任…………………………………7581177
工会办…………………………………7588824
文秘室…………………………………7581015
档案室…………………………………7589430
组织人事处（离退办）
处长……………………………………7582096
离退办…………………………………7581087
组织纪检………………………………7581197
人事劳资………………………………7581207
老年中心………………………………7556110
计划财务处
处长……………………………………7511247
财务室…………………………………7581247
教务科研处（图书馆）
处长……………………………………7588237
副处长…………………………………7581054
馆长……………………………………7586655
网络中心………………………………7585831
学生工作处（团委）
处长……………………………………7581243
副处长…………………………………7581017
副处长（团委）………………………7524639
保卫处
处长……………………………………7581278
北校保卫………………………………7582017
南校保卫………………………………7580605
总务处
处长……………………………………7581307
书记……………………………………7589926
副处长…………………………………7586490
卫生室…………………………………7589942
技能鉴定所
副所长…………………………………7512050
计划培训科……………………………7512051
鉴定考核科……………………………7512052
财务管理………………………………7512053
化学工程系

主任……7522867
书记……7580552
教务……7524969
机电工程系
主任……7580430
书记……7580876
教务……7524966
经济管理系
主任……7581567
书记……7581357
教务……7589887
计算机信息科学系
主任……7582026
书记……7589941
教务……7511731
基础教学部
书记（主任）……7511773
教研室……7581774
教务……7586492
实训中心
主任……7586827
书记……7586408
教务……7586409
培训部
主任……7582118
书记……7586816
教学管理……7586493
课题开发……7511732
成人教育……7582102
党校教育部
主任……7581104
书记……7581669
教务……7581442

齐华工贸总公司

综合事务部
部长……7532077
副部长……7530921
人事劳资……7530732
财务部
部长……7530983
会计……7530783
出纳……7530893
党委工作部
部长……7530621
工会……7530563
离退休管理部
部长……7533854

所属各单位及改制企业

齐华股份公司
经理……7546860
副经理……7546678
办公室……7546825
项目部……7546680
财务科……7546831
槽车管理部……7546810
槽车技术部……7546859
齐华工程公司
经理……7580146
副经理……7523079
办公室……7523186
传真……7523088
财务……7523104
预算科……7523077
淄博齐华托盘有限公司
经理……7548153
副经理……7540335
办公室……7542227
传真……7543963
财务……7400669
注塑车间……7543921
安德利公司
经理……7540586
激光印刷厂
厂长（传真）……7542480
办公室……7542428
业务室……7542478
财务室……7548936
山东齐华利达建材有限公司
董事长……7580937
总经理……7524418
办公室……7580936
传真……7525181
财务……7580948
营销部……7580875
型材车间……7521043
门窗车间……7580955
淄博齐华制衣有限公司
厂长……7540166
经理……7548155
办公室（传真）……7543856
财务科……7543398
生产科……7541880

技术科……7540079
销售部……7543783

烟台镇泰滚塑厂
厂长……(0535)6641555
副厂长……(0535)6251787
传真……(0535)6652473
财务科……(0535)6252474
企管部……(0535)6250843
供销科……(0535)6252814

厦门齐华公司
经理……(0592)2201411
办公室……(0592)2201209
传真……(0592)2201209
财务部……(0592)2201207
经贸部……(0592)2203703
驻辛办……(0535)7535222

淄博鲁峰消防器材有限公司
财务……7543767
传真……7543006
供应科……7548417
销售科……7547693
综合商店……7543532

新联工贸有限责任公司

经理（党委）办公室
主任……7524420
打字室（传真）……7523650
服务室……7524419

综合管理部
部长……7523499

财务部
部长……7521517
会计组……7522963

党群工作部
部长……7521358

人事部
部长……7521817

生产管理部
副部长……7523489

退休办
主任……7555593
书记……7521358

山东兴鲁化工股份有限公司
经理……7523000
副经理……7580780
总工……7521369
经理助理……7580089

综合办公室
主任……7580697
传真……7580627
办公室……7580096
劳资管理……7526012
合同管理……7524241

生产部
部长……7580095
办公室……7525996

机动部
部长……7580472
办公室……7521265

财务部
部长……7580867
办公室……7580098

供销部
部长……7580597
销售组……7523592
供应组……7580093
仓库……7523881

盐酸车间
主任……7580094
副主任……7524521
综合组……7523884
中控室……7523591
储运站……7524325
液体罐区……7522419

氯溶剂车间
主任……7521918
副主任……7580092
技术组……7524030
综合组……7524447
中控室……7523840

塑料车间
主任……7580696
副主任……7580055
综合组……7523817

助剂车间
主任……7523262
副主任……7523317

质检室
主任……7580091
分析室……7523563

氯碱工区
经理……7524460
副经理……7523433

仪表、电气…………………………………7521224
办事、财务组……………………………7524357
钳工、防腐…………………………………7521266
计调、门卫…………………………………7523562
电气值班室…………………………………7523593
木工组………………………………………7521480

已改制单位

山东齐隆化工股份有限公司
经理…………………………………………7523999
行政副经理…………………………………7580458
生产副经理…………………………………7523506
经营副经理…………………………………7580518
财务总监……………………………………7521280
综合部部长…………………………………7521817
设备动力部部长……………………………7526162
安环科科长…………………………………7526211
销售部部长…………………………………7522011
仓储中心主任………………………………7524918
磅房…………………………………………7524317
物流中心主任………………………………7580856
供应部部长…………………………………7580461
财务部部长…………………………………7521280
树脂一车间主任……………………………7521165
树脂二车间主任……………………………7524618
树脂三车间主任……………………………7580618
制萘车间主任………………………………7524908
生物车间主任………………………………7526311
碳十车间主任………………………………7525716
中化室主任…………………………………7523370
维修车间主任………………………………7521269
服务中心主任………………………………7526214
淄博新塑化工有限公司
经理…………………………………………7525331
生产副经理…………………………………7580671
行政副经理…………………………………7525200
经营副经理…………………………………7580211
经理办公室主任……………………………7580797
财务科科长…………………………………7580296
企管科科长…………………………………7525719
生产管理科科长……………………………7524696
质管科科长…………………………………7580864
市场营销一部部长…………………………7580508
市场营销二部部长…………………………7525691
市场营销三部部长…………………………7580797
市场营销四部部长…………………………7521913
热熔胶粉装置主任…………………………7526063

助剂一车间主任……………………………7523232
助剂三车间主任……………………………7524462
催化剂车间主任……………………………7580521
淄博天元化工有限公司
经理…………………………………………7580297
副经理………………………………………7580668
副经理（兼书记）…………………………7521017
综合管理科科长……………………………7580295
营销中心科长………………………………7522943
二氧化硫车间主任…………………………7524410
二氧化硫车间………………………………7524412
助剂车间主任………………………………7523790
助剂车间……………………………………7521349
气体车间主任………………………………7524791
气体车间……………………………………7523167
机关门卫……………………………………7521833
淄博齐塑工贸有限公司
经理…………………………………………7580519
副经理………………………………………7522586
综合部………………………………………7580009
综合部（传真）……………………………7522881
计财部………………………………………7523887
销售部………………………………………7523990
生产部………………………………………7524389
中空车间……………………………………7512148
专用料车间…………………………………7522115
化工车间……………………………………7780137
山东齐鲁融汇碱业有限公司
经理…………………………………………7580626
副经理………………………………………7580899
综合管理部部长……………………………7580329
办公室（传真）……………………………7522329
生产部部长…………………………………7580001
财务部部长…………………………………7580069
机动部部长…………………………………7522199
市场部部长…………………………………7580068
供应部部长…………………………………7580079
蒸发车间主任………………………………7580399
包装车间主任………………………………7521599
淄博公泉寓餐饮有限公司
经理…………………………………………7580566
财务（传真）………………………………7523463
总服务台……………………………………7580565
话务总机……………………………………7580446
餐厅…………………………………………7523347
印务公司

经理……7580566
印刷……7523463
山东容百亿塑编股份有限公司
经理……7226885
书记……7221107
工会主席……7220919
主任……7220909
办公室……7221020
传真……7225730
财务科……7225697
生产科……7220881
销售科……7225667
淄博临淄意华工贸有限公司
经理（传真）……7524776
综合部……7522132
财务科……7525102

催化剂齐鲁分公司

经理办公室
秘书室……6860208
文书室……6860010
组织科……6860739
宣传科……6860034
纪委监察室……6860034
工会……6860031
团委……6860032

中石化国际事业公司齐鲁经营部

综合管理部
部长……7511306
合同、党群……7581560
行政、人事……7581094
财务部
部长……7511309
出纳……7511339
会计……7581093
产品出口部
部长……7581035
业务……7581036
产品进口部
部长……7582635
业务……7582636
设备进出口部
部长……7581033
业务……7581034
商务中心……7581098
传真……7368551

淄博齐鲁第一化肥有限公司

综合部
部长……7548182
副部长……7542831
办公室……7547228
信息中心……7548207
传真……7542880
生产部
部长……7541099
副部长……7542836
办公室……7542546
调度台……7544833
机动部
部长……7542547
副部长……7541106
工程调度……7541309
技术部
部长……7541059
副部长……7541107
设计室……7541031
资料室……7541037
企划部
部长……7548585
副部长……7541002
计划管理……7541122
合同管理……7541101
财务部
部长……7548203
副部长……7548241
人事部
部长……7548184
副部长……7541026
供销部
部长……7548101
副部长……7548208
保卫部
部长……7548197
值班室……7541514
造气车间
主任……7544677
副主任……7541110
净化车间
主任……7541040
副主任……7541042
合成车间
主任……7542835
副主任……7541115

尿素车间
主任……7541054
副主任……7541025
水汽车间
主任……7541118
副主任……7541062
塑料分厂
厂长……7541073
生产厂长……7541075
办公室……7543692
电工车间
主任……7542838
生产副主任……7541015
供电副主任……7548640
仪表车间
主任……7542839
副主任……7548641
原料车间
主任……7548745
副主任……7544661
中化室
主任……7542543
主任助理……7541007
计量收费中心
主任……7541017
尿素销售公司
经理室……7542727
计财部……7542867
调运部……7542367

山东开泰实业有限公司（腈纶实业部）

办公室
主任……3576579
党群工作部
部长……3576053
人力资源部
部长……3576557
财务部
部长……3576029
生产管理部
部长……3576689
安全环保部
部长……3576693
供应部
部长……3576599
销售部
部长……3576567
科技部
部长……3576581
退管科
科长……3180629

山东齐鲁石化齐泰石油化工有限公司（丙烯腈实业部）

经理办、党办
主任……2990636
副主任……3579155
财务处
处长……3579198
财务……3579117
组织人事处
处长……3579120
副处长……3579121
生产技术处
处长……3579127
副处长……3579128
调度室……3579131
值班室……3579165
机械动力处
处长……3579132
副处长……3579133
安全环保处
处长……3579139
副处长……3579140
办公室……3579141
供销处
处长……3579143
供应一……3579145
供应二……3579146
销售一……3579147
销售二……3579148
退管处
处长……3579158
办公室……3579159
保卫处
处长……3579169
办公室……3579161
丙烯腈车间
主任……3579010
副主任……3579011
聚丙烯车间
主任……3579020
书记……3579021
糠醇车间

主任……3579030
书记……3579031
叔丁胺车间
主任……3579040
副主任……3579041
泰达分公司
经理……3579050
书记……3579051
塑料厂……3579055
印刷厂……3579056
行政管理处
处长……3579060
副处长……3579061
办公室……3579062
社区管理处
处长……3579090
办公室……3579091
卫生所
所长……3579070
门诊……3579071

山东齐鲁石化机械制造有限公司

经理办、党办（综合管理部）
主任……7582062
秘书……7589007
传真……7314346
人力资源部
部长……7582080
副部长……7589081
党群工作部
部长……7582730
纪委监事会……7589015
组宣……7582088
宣团……7582088
工会……7589017
安全保卫部
部长……7582061
副部长……7582737
值班室……7589080
财务部
部长……7582071
出纳……7589070
成本……7582475
生产部
部长……7589145
调度室……7582074
计划组……7511946
技术部
部长……7582082
经营部
部长……7582067
副部长……7582739
传真……7582504
质量控制部
部长……7589071
副部长……7582065
物资供应部
部长……7582085
副部长……7582069
设备管理部
部长……7582079
动力计量中心
主任……7582736
副主任……7582733
离退办
主任……7582113
书记……7582068
办公室……7582124
文化站……7582726
金结一车间
主任书记……7589092
副主任……7589091
调度室……7589093
金结二车间
主任书记……7582744
副主任……7589140
调度技术……7589146
金工车间
主任书记……7582469
副主任……7589095
调度技术……7589096
模具加工中心
办公室……7582745
旋压封头厂
厂长……7582076
书记……7589101
副厂长……7589100
生活保障中心
主任……7582729
书记……7582741
副主任……7589083
齐瑞无损检测公司
经理……7582732

副经理……7589077

鲁润铁路罐车公司

经理……7589170

副经理……7589364

调度……7589172

恒通机车公司

经理……7589103

副经理……7582066

办公室……7589102

经营……7589106

戈兰德机电公司

经理……7581921

副经理……7582060

办公室……7582728

申元汽运公司

经理……7582740

副经理……7582063

办公室……7589107

利生橡胶公司

经理……7582742

财务……7512115

生产经营……7589932

惠达华峰公司

经理……7582072

副经理……7582458

综合……7582459

化工厂……7582457

锻件厂……7589023

密封垫厂……7588854

齐腾达建安公司

经理……7582461

塑钢门窗厂……7586488

中空玻璃厂……7586869

宏远冶炼公司

经理……7582465

经营……7582464

山东齐鲁石化工程有限公司

综合管理部

部长……7556320

综合管理……7556619

传真……7552222

人力资源部

部长……7556192

人力资源管理……7556931

薪酬管理……7556231

综合管理……7556931

财务资产部

部长……7552399

总账报表管理……7556153

收入核算管理……7556153

成本核算管理……7556153

费用核算管理……7556133

出纳管理……7556133

市场部

部长……7556235

经营……7556222

合同管理……7556222

信息管理……7556222

项目控制部

部长……7534410

设计管理……7551404

工程管理……7556317

技术质量部

部长……7556752

技术支持……7556773

技术管理……7556773

工程质量管理……7556773

勘察、设计质量管理……7556773

HSE 管理……7556773

党群工作部

部长……7556795

组织纪检……7552333

宣传团委……7556275

工会人武……7556271

设计党总支

书记……7551346

工艺设计室

主任……7534094

传真……7551340

设备设计室

主任……7551405

电控设计室

主任……7534074

土建、公用工程设计室

主任……7534024

副主任……7534084

传真……7534419

采购招标中心

经理……7552426

工程党总支

书记……7556270

项目管理分公司

经理……7556512
副经理……7556531
监理分公司
经理……7556527
副经理……7536152
办事员……7556530
青岛分公司
经理……7556237
副经理……7534884
勘察测量分公司
经理……7533684
副经理……7533045
造价咨询分公司
经理……7551342
副经理……7551407
信息中心
主任……7551348
计算机站……7534402
情报资料……7534422
档案……7556037
三元商社
经理……7552598
事务部……7552529
翻译部……7552532
物业管理分公司
经理……7536768
总支书记……7556930
副经理……7556632
综合主管……7536974
财务主管……7556596
行政主管……7536155
淄博生辉工贸有限公司
办公室……7534903
齐工建筑安装有限公司
经理……7557669
副经理……7557887
书记……7536170
办公室……7536360
淄博齐工众信工贸有限公司
总经理……7556489
副总经理……7538777
总会计师……7536156
综合管理部……7534423
办公室……7556469
物业管理部……7534406
印务中心……7534405

车队……7551349
汽修厂……7360336
矿泉水厂……7081853
招待所……7553878
润沣经贸分公司……6092978
淄博齐鲁广厦实业开发有限公司
总经理……7557168
常务副总经理……7581552
副总经理……7534912
综合管理部……7534910
财务资产部……7536154
工程管理部……7534911
物业管理部……7536577
淄博齐鲁乙烯鲁华化工有限公司
办公室……7526059
经营部……7580585
财务部……7580387
生产技术部……7522842
综合部……7523764

淄博齐翔石油化工集团有限公司

综合管理部
部长……7548729
副部长（党群）……7548791
企业管理、传真……7548233
计算机、法律事务……7542486
治安办……7543304
人力资源部
部长……7549183
副部长……7549310
劳资……7548576
监察室……7549050
财务部
部长……7549699
副部长……7546607
结算中心……7545377
生产管理部
部长……7544901
副部长……7546559
科技开发部
部长……7548069
供应部
部长……7548164
副部长……7544598
工程部
部长……7545384
副部长……7544718

市场部
部长……7546788
副部长……7548070
传真……7540401
计量中心
主任……7548910
计量统计……7549055
信息中心
主任……7544571
腾达公司甲乙酮厂
厂长、书记……7549173
副厂长……7549525
腾达公司有机厂
厂长、书记……7546002
副厂长……7547334
惠达公司
经理、书记……7542061
副经理……7548550
办公室……7546804
翔达公司
经理、书记……7543030
副经理……7540307
祥东公司
经理、书记……7542529
副经理……7549970
综合办公室……7542530
工程公司
经理、书记……7548054
副经理……7542406
办公室……7544434
齐乐公司
经理……7548394
维修队长……7548856
退管办
主任……7549975
书记……7544241
综合办……7544242
宾馆
经理……7544869
财务……7544440
总台……7544432
传真……7545529
物业公司
经理、书记……7548907
副经理……7544215
办公室……7544977

双兴公司
经理……7402598
董事……7401977
办公室……7401729
财务……7400288
供销……7400208
胜发公司
经理……7501429
董事……7506210
财务……7503524
三鹏公司
经理……7831318
董事……7822729
财务……7830025
易丰化工厂
厂长……7543142
书记……7543447
生产厂长……7548557
经营厂长……7548912
办公室……7548901
生产技术部……7542047
财务部……7546594
供销部……7544236
综合部……7543674
市场部……7544959
机动部……7544273
质检科……7549285
炼胶车间……7546595
化工车间主任……7543728
纺器车间……7544237
包装材料车间……7546783

齐鲁石化医院集团

急用电话
总值班……7581041
120 急诊……7180783
急诊抢救室……7536164
急诊主任办……7534431
急诊护士办……7581049
救护车值班……7535228
治安值班室……7535614
党群工作部
部长……7556033
主任……7552199
办公室……7536363
工会……7531957
团委……7534582

医疗护理部
部长……7534262
医务科……7581891
病案室……7531951
护理部……7531952
院感办……7536632
病案评审……7536149
供应室……7536166
人力资源部
部长……7539007
人事科……7534765
科教科……7533108
回访办……7533040
计财部
部长……7555845
会计组……7539205
成本组……7539057
收入材料……7539572
信息组……7539993
住院处……7534157
住院处办……7534200
医保结算……7534158
计划设备科……7537790
社会事业部
部长……7533159
副部长……7581043
安保科……7539361
监控室……7535025
消防值班……7535290
行管组……7556107
文化协会……7536378
信息中心
主任……7530488
形象策划主任……7537900
学术厅……7533523
信息中心办……7537301
统计室……7533860
图书室……7536265
远程会诊……7554442
采购中心
主任……7536357
药库……7533714
计划保管……7533024
地下仓库……7533903
门诊部
主任……7581043
门诊部……7537548
挂号室……7536367
急诊收费……7537049
门诊收款……7535691
保健病房
干部保健办……7536165
心内科护办……7536169
预防保健科
主任……7534516
护士办……7535931
预防保健门诊……7536994
防疫组……7537985
感染病房
主任……7536445
二楼医护办……7536444
胜利医院
炼厂总机……7577204
院长……7572750
副院长……7572751
财务……7573905
办公室……7576400
医护办……8005
急诊室……7579113
蜂山门诊部
主任、书记……7548826
办公室、财务……7543762
急诊室……7543726
香山医院
院长……7542405
办公室……7542107
实业公司
经理……7539590
副经理……7530498
实业财务……7533223
印刷厂……7536182
珍味源饭店……7536971

齐都公安局

局值班室……7562117
局门卫室……7562118
指挥中心
主任……7562121
副主任……7562122
政治部
主任……7562109
副主任……7562131
人事科

科长……7562135
副科长……7562136
办公室……7562137
宣教科
副科长……7562138
办公室……7562140
机关党委
专职副书记……7562142
办公室……7562143
纪委工会督察
纪委书记、工会主席、督察长……7562108
纪委副书记、副督察长……7562144
装备财务科
科长……7562149
副科长……7562150
办公室……7562151
法制科
科长……7562160
办公室……7562161
户籍科
科长……7562163
办公室……7562164
警卫科
科长……7562165
办公室……7562166
经文保科
科长……7562131
办公室……7562167
治安支队
支队长……7562170
副支队长……7562171
办公室……7562172
网络监察支队
政委……7562181
副支队长……7562180
办公室……7562183
刑侦支队
支队长……7562201
政委……7562202
经侦支队
支队长……7562221
政委……7562222
副支队长……7562223
值班室……7562225
消防支队
支队长……7562241
政委……7562242
值班室……7562250
交巡警支队
支队长……7562251
政委……7562252
值班室……7562264
拘留所
所长……7562271
教导员……7562272
值班室……7562276
东区分局
局长……7562301
政委……7562302
副局长……7562303
分局值班室……7562329
指挥中心主任……7562306
西区分局
局长……7562401
政委……7562402
副局长……7562403
分局值班室……7562430
指挥中心主任……7562405
北区分局
局长……7562501
政委……7562502
分局值班室……7562517
齐都保安服务中心
经理……7562288
副经理……7562286
值班室……7562283

中国石化化工销售北京分公司

驻齐鲁石化办事处
主任……7554717
副主任……7554127
综合及销售服务组……7553425
计划信息组……7554150
合成树脂组……7581962
橡胶、有机化工组……7554852
山东兴华有限责任会计师事务所
所长……6091778
传真……7325799

山东齐鲁盛华房地产有限责任公司

公司领导
董事长……7517858
副董事长……7516045
副经理……7517037

财务总监……………………………………………7518177
综合部……………………………………………7516405
传真……………………………………………7516114

物业公司

经理……………………………………………7516409
齐都花园服务中心……………………………7516016

山东天辰股份有限公司

董事长……………………………………………7576666
董事长办公室（传真）…………………………7579999
财务经理…………………………………………7579777
生产经理…………………………………………7578777
办公室……………………………………………7576999

山东齐鲁武峰塑料制品有限公司

总机……………………………………………7580080
总经理……………………………………………7580077
董事长办公室……………………………………7580729
财务部……………………………………………7580082
销售部……………………………………………7580800

山东齐鲁增塑剂股份有限公司

总机……………………………………………7523868
办公室……………………………………………7580688
传真……………………………………………7524666
销售公司…………………………………………7580764
供应公司…………………………………………7524391
运输公司…………………………………………7522222
企管部……………………………………………7524513
财务部……………………………………………7580765
发展办……………………………………………7521714
生产技术部………………………………………7525428
设备管理科………………………………………7525458
调度……………………………………………7523867

山东环海石油化工有限公司

财务部……………………………………………7589834
市场部……………………………………………7582336
综合部……………………………………………7589832
隆力得……………………………………………7589831
物流公司…………………………………………7589803
罐区……………………………………………7525168
碱厂……………………………………………7580849

山东兴亚新材料股份有限公司

董事长……………………………………………7525800
总经理……………………………………………7525700
副总经理…………………………………………7525669
财务总监…………………………………………7525676
销售经理…………………………………………7525767
供应经理…………………………………………7525661
办公室主任………………………………………7525720

齐鲁伊士曼精细化工有限公司

总机……………………………………………7512800
经理办公室………………………………………7512705
传真……………………………………………7512708
客户服务部………………………………………7512727
采购部……………………………………………7512829
人事行政部………………………………………7512850

淄博奥思达、奥齐办公室电话

总经理办公室……………………………………7577333
奥思达生产办……………………………………7575308
奥思达办公室……………………………………7570333
奥思达国贸部……………………………………7578333
奥思达财务………………………………………7575303
奥思达保管………………………………………7572308
奥齐办公室………………………………………7572333
奥齐生产办………………………………………7575333

19. 中国石化集团上海高桥石油化工公司

地址：上海市浦东大道 3000 号
邮编：200129
区号：021
总机：58711001
传真：58712007
网址：www.sinogpc.com
E-mail：gpcc@sinogpc.com

上海高桥石化公司成立于 1981 年 11 月，是我国第一个跨行业、跨部门的特大型经济联合体，隶属于中国石油化工集团公司。

公司位于上海浦东新区，西临黄浦江，北近吴淞口，水陆交通十分便利，是我国重点建设的千万吨级炼油加工基地、清洁能源生产基地和化工产品生产基地之一。公司占地 3.4km²，现有原油加工能力 1130 万 t/a，是华东地区惟一能生产润滑油基础油、石蜡产品的综合型加工企业；化工现有合成橡胶、苯酚、丙酮、ABS 等系列产品。公司 2007 年销售收入 387 亿元，固定资产 127 亿元。公司共有 64 套生产装置，主要装置合计生产能力为：蒸馏 1130 万 t/a、催化 290 万 t/a、连续重整 80 万 t/a、航煤加氢精制 80 万 t/a、汽柴油加氢精制 480 万 t/a、加氢裂化 140 万 t/a、延迟焦化 260 万 t/a、润滑油加氢 30 万 t/a，顺丁橡胶 12 万 t/a、苯酚丙酮等 32 万 t/a、丁苯橡胶 10 万 t/a、ABS 20 万 t/a。

公司加快推进各板块的持续有效发展，促进漕泾新区和高桥老区“两翼齐飞”。大力开展科技创新，先后已有 100 多项科技成果获国家、上海市或集团公司科技进步奖、新产品奖。公司按国际标准或国外先进标准组织生产的产品占常年生产品种的 65%。

公司积极参与浦东开发，参与上海化学工业区建设。公司加强对外经济合作与交流，目前分别与世界著名大公司如德国巴斯夫公司、美国加德士公司、瑞士汽巴嘉基公司、日本三井石化烷基酚株式会社、韩国 SK 公司等合作，成立合资公司。

中国石化集团上海高桥石油化工公司

部门	公网电话
公司机关	
公司经理室	
经理	22208
经理办	58712902
总值班室	58712902
经理办公室	
主任	22302
秘书	22301
接待	22106
外事办公室	
主任	21110
小车班	20105
电话间	22225
党委书记室	
主任	22102
办公室	22104
秘书	22101
发展计划处	
处长	21709
规划	21723
	21726
系统	21708
投资	21707
	21744
综合计划部	
处长	21809
计划	21824
	21827
统计	21828
	21855
财务处	
处长	21731
会计	21754
	21751
审计处	
处长	21309
经济效益	21348
工程审计	21346
	21308
生产调度处	
处长	20542
生产调度	20523
	20525
生产计划	20532
动力调度	20531
调度机房	29999
设备处	
处长	20609
工程	20611
	20633
设备	20631
	20628
动力	20669
备品	20626
	20635
计量	20630
	20636
安全环保处	
处长	20664
安全管理	20663
安全监督	20665
安全教育	20662
技术质量处	
处长	20810
工艺炼油	20846
工艺化工	20855
质量	20849
人力资源处	
处长	21510
事务管理中心处	
主任	32150
办公室	32656
治安	32659
生产保卫	32557
公司门卫	28601
收发室	20141
多经处	
处长	21310
	21315
企管	21320
资产经营	21331
	21313
调研策划	21325
	21324
宣传部	
部长	21605

办公室……………………………………-21663
……………………………………-21659

纪委
纪委书记……………………………………-22013
办公室……………………………………-22041
……………………………………-22042

组织人事
处长……………………………………-21910
组织……………………………………-21950
任免……………………………………-21949
科技干部……………………………………-21927
老干部……………………………………-21930

公司工会
主席……………………………………-22107
……………………………………-22009
生活女工……………………………………-22036
生产部……………………………………-22027
文体部……………………………………-22008
退管会……………………………………-22046
办公室……………………………………-22044

公司团委
书记……………………………………-21612
办公室……………………………………-21637

机关党委工会
书记……………………………………-21906
办公室……………………………………-21905
工会……………………………………-21922

炼油事业部

总机……………………………………58611060
经理……………………………………-32201
书记……………………………………-32291
综合管理办……………………………………-32288
……………………………………-32694
党群工作部……………………………………-32291
生产运行部……………………………………-32228
设备动力部……………………………………-32006
技术与开发部……………………………………-32247
驻事业部核算部……………………………………-32808
市场部……………………………………-32845

化工事业部

总机……………………………………58610099
经理……………………………………-42111
书记……………………………………-42000
综合管理办……………………………………-42123
……………………………………-42124
党群工作部……………………………………-42301
生产运行部……………………………………-43101
设备动力部……………………………………-44101
技术与开发部……………………………………-43201
驻事业部核算部……………………………………-42601
市场部……………………………………-42901

精细化工厂

总机……………………………………58611682
经理……………………………………-55001
书记……………………………………-55002
综合管理办……………………………………-55006
党群工作部……………………………………-55003
生产运行部……………………………………-55057
设备动力部……………………………………-55034
技术与开发部……………………………………-55077
驻事业部核算部……………………………………-55019
市场部……………………………………-55199

聚氨酯事业部

总机……………………………………58613697
经理……………………………………-62201
书记……………………………………-62203
综合管理办……………………………………-62205
党群工作部……………………………………-62223
生产运行部……………………………………-62288
设备动力部……………………………………-62208
技术与开发部……………………………………-62368
驻事业部核算部……………………………………-62219
市场部……………………………………-62279

热电事业部

总机……………………………………58610076
经理……………………………………-77300
书记……………………………………-77331
综合管理办……………………………………-77305
党群工作部……………………………………-77357
生产运行部……………………………………-77137
设备动力部……………………………………-77188
技术与开发部……………………………………-77108
驻事业部核算部……………………………………-77366
市场部……………………………………-77018

供应销售部

总机……………………………………58612861
经理……………………………………-82308
主任……………………………………-82304
……………………………………-82309
办公室……………………………………-82307
市场部……………………………………-82316
采购部……………………………………-82341

计划部……………………………………………82295
燃化部……………………………………………82241
储运部……………………………………………82351

职工培训中心

主任………………………………………………34280
办公室……………………………………………34284
培训部……………………………………………34087
教务部……………………………………………34281

高化宾馆

经理室……………………………………………28880
办公室……………………………………………28881

20. 中国石化集团金陵石油化工有限责任公司

地址：江苏省南京市龙蟠路151号
邮编：210037
区号：025
总机：85097114
传真：85410220
网址：www.jlpec.com
E-mail：jlbm@jlpec.com

金陵石化位于南京市东北郊栖霞山麓，北濒长江黄金水道，南临京沪铁路和沪宁高速公路，西与新生圩港口相接，公司拥有万吨级原油、成品油码头，自备铁路专用线直接连接华东地区最大的尧化门铁路编组站，与禄口国际机场有高速公路相通，水陆空交通十分便捷，地理位置得天独厚。

金陵分公司是现代化程度较高的国家特大型石油化工联合企业，主要从事石油炼制及石化产品的加工生产和销售。公司拥有炼油、化肥、热电等40余套大型生产装置，原油加工手段齐全，生产技术力量雄厚，特别是经过“十五”炼油、化肥改造后，原油综合加工能力达到了1300万t/a，成为中国石化千万吨级原油加工基地之一。化肥经过原料路线改造，建成了水煤浆装置，公司内部油、化、电一体化优势进一步显现，整体竞争力明显提高。

金陵分公司生产石油产品近70种，其中有30余种产品先后荣获国家、部、省及中国石化集团公司优质产品称号，是华东及沿江地区汽油、煤油、柴油、燃料油、石油焦、液态烃、石油苯等产品的主要供应商，同时也是为南京周边地区的乙烯、烷基苯、化肥、PTA、PP等生产企业提供原料的重要基地。产品除供应华东地区外，还远销全国各地，并出口石脑油、航煤、汽油、石油焦至韩国、朝鲜、日本、印度、香港、东南亚等30多个国家和地区。

在未来的规划发展中，金陵分公司将结合自身实际，按照“区域优化、炼化一体化”的发展要求，在进一步改善产业结构，发挥炼油主业优势，提升整体竞争能力的同时，坚持节能和环保优先的发展战略，加大投入和治理力度，实施清洁生产，大力发展循环经济，做到“增产减污，增产减耗”，实现可持续发展，努力为我国的石化工业和国民经济的持续有效和谐发展作出新的更大的贡献。

中国石化集团
金陵石油化工有限责任公司

部门　公网电话

公司机关

经理（外事）办公室
主任……………………………………58981999
副主任…………………………………58980594
副主任…………………………………58977761
秘书科…………………………………58977751
综合科…………………………………58986908
接待科…………………………………58977132
总值班室………………………………58989318

党委办公室
主任……………………………………58977671

人力资源处
处长……………………………………58982999

财务资产部
部长……………………………………58977254

企业管理处
处长……………………………………58977357

法律事务室
副主任…………………………………58977397

技术质量处
处长……………………………………58987909

生产计划处
处长……………………………………58981340
总调度室………………………………58980354

机动处
处长……………………………………58988066

安环处
处长……………………………………58980158

发展项目处
处长……………………………………58989204

审计处
处长……………………………………58980489

保卫处
处长……………………………………58977377

直属单位

物资装备中心
主任……………………………………58986880

销售中心
主任……………………………………58980460

信息中心
主任……………………………………58987958

消防支队
队长……………………………………58977385

行政管理中心
主任……………………………………58977416

教育培训中心
主任……………………………………58979321

项目管理中心
副主任…………………………………58981752

离退休管理中心
主任……………………………………58977665

炼油厂
厂长……………………………………58989472

烷基苯厂
厂长……………………………………58975203

化工一厂
厂长……………………………………58976505

化肥联合车间
主任……………………………………58971771

热电联合车间
主任……………………………………58970543

油品分厂
主任……………………………………58989654

一联合车间
主任……………………………………58989302

二联合车间
主任……………………………………58983350

公用工程联合车间
主任……………………………………58980147

催化裂化车间
主任……………………………………58989351

重油催化车间
主任……………………………………58984935

二套常减压车间
主任……………………………………58989205

连续重整车间
主任……………………………………58989934

焦化车间
主任……………………………………58982684

气体分离车间
主任……………………………………58989343

铂重整车间
主任……………………………………58985326

管网车间
主任……………………………………58980965

净水车间

主任……58989341

硫磺车间

主任……58985726

综合利用车间

主任……58989262

质检中心

主任……58989453

研究中心

主任……58989231

计量管理所

所长……58980954

计量中心

主任……58980920

情报档案室

主任……58980244

21. 中国石化集团茂名石油化工公司

地址：广东省茂名市红旗北路2号
邮编：525011
区号：0668
传真：2269317
网址：www.mpcc.com.cn
E-mail：office@mpcc.com.cn

茂名石化位于茂名市，地处广东沿海，面向东南亚，背靠大西南，是一家以炼油为龙头，石油化工为主体的大型炼化一体化企业，也是中国最大的石油化工生产基地之一。原油一次加工能力1350万t/a，乙烯生产能力100万t/a，拥有70多套主要生产装置，拥有完善的港口码头、海上原油接卸和铁路运输系统以及原油、成品油管输系统（西南和珠三角成品油输送管线的起点和枢纽站）。2006年底，公司固定资产原值240.48亿元，净值134.22亿元。公司在册职工7488人。公司10次创造了全国企业新纪录，有国家授权专利30多项。

近年来，茂名石化牢牢抓住发展这第一要务。继30万t/a乙烯于1996年8月建成投产（第二年扩能达到36万t/a），公司实现炼油化工一体化后，1999年，对炼油进行扩能改造，1999年原油加工能力由850万t/a扩大到1350万t/a，成为我国首座炼油能力超千万吨的炼化基地。2004年以来，公司按照“质量升级、隐患整改、结构调整、技术改造、挖潜增效”的“五位一体”方针，新建了100万t/a焦化装置、120万t/a催化重整装置、260万t/a柴油加氢装置，并将1套60万t/a的焦化装置改造为100万t/a，使炼油加工手段更为完备，装置结构进一步合理。2004年12月15日，公司对乙烯实施改扩建，仅用21个月就于2006年9月16日建成投产，创下了国内同类乙烯工程建设工期短、投资省、开车好、设备和技术国产化程度高的新纪录。至此，乙烯生产能力由36万t/a扩大到100万t/a，茂名石化成为我国首座100万t/a乙烯生产基地。这样，中国石化就拥有了千万吨级的炼油和百万吨级的乙烯，其炼化规模在国内名列前茅，每年可为市场提供260多万t的化工产品和1000多万t吨的炼油产品，年均销售收入将超过800亿元，年均利税将超过100亿元，同时还可以带动数百亿元乃至上千亿元的乙烯后加工产值，对地方经济的发展将起到更大的推动作用。

2006年，茂名石化加工原油1400.33万t，生产乙烯52.21万t，达到历史最好水平。实现销售收入629.04亿元，同比增加145.95亿元，创出企业新的纪录。

中国石化集团茂名石油化工公司

部门	公网电话
经理办公室	
主任	2233966
综合科	2246009
综合管理处	
综合科	2248553
财务处	
内控科	2244068
企业管理处	
综合科	2244063
组织部	
综合科	2242586
纪委监察处	
办公室	2242282
保卫处	
综合科	2248675
武装部	
综合科	2243482
宣传部	
宣传科	2248285
工会	
办公室	2243031
团委	
组织部	2248390
机关党委	
办公室	2242731
离退休人员管理处	
办公室	2245236
社会保险管理处	
业务室	2231605
工程项目经理部	
综合管理部	2238378
职工培训中心	
综合科	2244643
机关事务中心	
综合科	2243514
动力厂	
办公室	2240000
港口分部	
办公室	2241039
铁运分部	
办公室	2242606

22. 中国石化集团天津石油化工公司

地址：天津市大港区北围堤路（西）160号
邮编：300271
区号：022
传真：25990747
网址：www.tpcc.com.cn

天津石化坐落于天津滨海新区的大港区，是隶属于中国石化的国家特大型石油化工企业。

截至2007年底天津石化固定资产原值为190.86亿元。拥有炼油装置15套，化工装置15套，化纤装置9套；原油加工能力550万t/a，生产能力为：乙烯20万t/a、对二甲苯 38万t/a、PTA 34.4万t/a、聚酯20万t/a、涤纶短纤维10万t/a、涤纶长丝9万t/a；原油储存能力46万m^3，拥有与主要生产装置相配套的装机容量20万kW、供水17万t/d等公用工程系统。

主要产品有车用清洁汽油、煤油、喷气燃料、轻柴油、液化气、燃料重油、船用燃料油、溶剂油、石油焦、对二甲苯、精对苯二甲酸、纯苯、乙烯、聚乙烯、聚丙烯、环氧乙烷、乙二醇、聚酯切片、涤纶长丝和短丝等石油炼制、石油化工、石油化纤三大类、279个规格的产品，产品具有较好的市场知名度，其中涤纶短纤维、3号喷气燃料为国优产品；"津港"牌车用无铅汽油、3号喷气燃料、轻柴油、"天仙"牌涤纶短纤维等产品被评为"天津市名牌产品"；"天仙"牌涤纶短纤维被评为"全国用户满意产品"和"国家标样产品"。

天津分公司有科研、设计和职工教育培训等完整的科研、教育体系，拥有雄厚的技术力量。公司根据市场需要，依靠科技力量，积极推进产品创新工作，不断采用新工艺新技术和新装备，开发新品种、新规格产品，如清洁汽油、差别化纤维等，公司获国家质量万里行上榜荣誉企业称号，下属主要生产厂均获得ISO9000系列认证。有6种产品被命名为天津市名牌产品，涤纶牵伸网络丝被评为全国用户满意产品。

"十一五"期间天津石化正在进行第三次创业，2006年6月26日，中国石化天津100万t/a乙烯及配套项目开工奠基，标志天津分公司全面进入第三次创业发展的新阶段，该项目是国家重点建设项目，也是天津滨海新区建设的龙头项目，对于推动地方经济的发展必将起到非常重要的作用。

2009年项目建成后，天津石化无论从装置规模、技术，还是销售收入、盈利能力，都将成为行业领先、国内一流的企业，核心竞争力和抗风险能力将得到极大的增强。炼油一次加工能力达到1500万t/a，乙烯生产能力120万t/a。到"十一五"末，天津石化基本做到主业突出、结构优良、管理科学、文化先进、环境友好、企业和谐，实现又好又快发展，成为中国石化的核心骨干企业。

中国石化集团天津石油化工公司

部门 公网电话

公司机关

总经理办公室
- 主任……63807262
- 秘书科……63804611
- 调研科……63804585
- 接待科……63804789
- 传真……25990747

信访办
- 信访办……63804622

法律事务部
- 部长……63804613
- 合同管理……63804215
- 诉讼事务……63804606
- 法律事务……63804303

发展规划部
- 部长……63804664
- 总图……63804990
- ……63804666
- 投资……63804662
- 规划……63804663

生产部
- 部长……63804640
- 综合管理……63804642
- 生产管理……63804545
- 动力管理……63804641
- 调度主任室……63804639
- 总调度室……63804636
- 电力管理……63804359
- MES 管理……63805850

技术质量部
- 部长……63804650
- 综合管理……63804652
- 技术创新……63804603
- 质量……63804656
- 工艺……63804655
- 计量……63804677

计量中心
- 主任……63804422
- 综合办……63804124
- 技术……63804137
- 生产……63804178

安全环保部
- 部长……63805209
- 综合管理……63804647
- 劳保……63804696
- 监督管理……63804699
- 环保管理……63804682
- 安全技术管理……63804694
- 危化管理……63804697
- 职业卫生管理……63803810

环保监测中心
- 主任……63803665

设备管理部
- 部长……63807533
- 综合管理……63804559
- 管理……63804583
- 资产……63804558
- 备件……63804531
- 工程……63804680
- 预算……63804674
- 电仪……63804672

财务部
- 部长……63804726
- 综合管理……63804792
- 资金……63804875
- 资产……63804883
- 会计……63804788
- 成本……63804718
- 机关经费……63804722
- 价税……63804497
- 人事……63803639
- 内控……63804885

计划部
- 部长……63804625
- 综合计划……63804681
- 生产计划……63804629
- 经营结算……63802395
- 原油采购……63804624
- 原油营运……63804645
- 综合统计……63804634

市场部
- 部长……63804869
- 综合管理……63804318
- 统配管理……63804306
- 统销管理……63804210
- 物流管理……63804326

物资管理……63804211
销售中心
综合办……63807270
企业管理部
部长……63805819
综合管理……63804892
企划……63804890
绩效考核……63805973
三基工作……63805974
体系管理……63803681
工程部
部长……63804477
综合管理……63804487
工程计划……63804340
招标管理……63804335
设计管理……63804336
消防管理……63804339
质量监督站
站长……63804280
信息管理部
部长……63804627
综合管理……63803188
档案……63804351
修志办……63804754
编辑……63804996
计算机管理……63804960
信息……63804757
网络管理……63804129
计算机维护……63804182
软件开发 IT 培训……63805228
通讯……63803225
ERP 支持中心
主任……63804107
ERP 业务支持……63803200
ERP 管理办……63804961
人力资源部
部长……63804301
综合管理……63805988
劳动组织……63804688
培训开发……63804828
技术干部管理……63804687
薪酬管理……63804094
社会保险……63804605
社保中心
主任……62080787
工程造价中心
部长……63805818
综合管理……63805829
合同管理……63805869
建筑科……63805876
安装科……63805896
审计部
部长……63804880
综合……63804343
工程审计……63804748
财务收支……63804290
经营审计……63804599
经营责任审计……63804887
多经审计……63804748
综合管理部
部长……63804668
综合管理……63803675
计划生育……63803105
人民武装……63804830
交通安全……63803847
治安保卫……63804800
综合治理……63804851
外事部
部长……63804770
综合管理……63804771
外联……63804773
翻译……63804774
项目合同……63804797
党委办公室
主任……63804802
保密专项……63804839
秘书……63801003
综合……63804855
调研……63803716
组织部（干部部）
部长……63804098
综合管理……63804003
组织管理……63804857
统战管理……63804006
干部管理……63804009
纪委（监察部）
部长……63804860
综合办……63804861
效能监察室……63804862
案件室……63804863
党委宣传部
部长……63804760

综合办……………………………………63804744

新闻中心

主任……………………………………63803251

记者站…………………………………63804761

报社……………………………………63804745

工会

副主席…………………………………63804840

综合办…………………………………63804841

基层工作部……………………………63804803

宣教文体部……………………………63804847

职工文化宫……………………………62084376

团委

书记……………………………………63804867

综合办…………………………………63804859

综合管理处

副部长…………………………………63804476

…………………………………………63804685

综合管理………………………………63803659

…………………………………………63803053

多经管理………………………………63804891

集体资产管理…………………………63804897

改革改制………………………………63803040

预留费用管理…………………………63804689

生产经营管理处

副部长…………………………………63804348

销售管理………………………………63804394

计划管理………………………………63804368

物资管理………………………………63804394

设备管理………………………………63804549

统计管理………………………………63803046

财务资产处

副部长…………………………………63804511

综合管理………………………………63804886

资产管理………………………………63803148

成本管理………………………………63804791

资金管理………………………………63803641

会计管理………………………………63804719

结算管理………………………………63803633

内控管理………………………………63804729

报表管理………………………………63803625

二级单位

聚醚部

经理……………………………………24377959

书记……………………………………24378805

办公室…………………………………2437862

传真……………………………………24373262

离退中心

主任……………………………………62083643

办公室…………………………………62083664

传真……………………………………62088449

西青管理处

主任……………………………………87953766

办公室…………………………………87953795

传真……………………………………27950637

华益物业

经理……………………………………62084400

书记……………………………………62084416

办公室…………………………………62084411

传真……………………………………62087403

天华宾馆

经理……………………………………63804806

书记……………………………………63804818

办公室…………………………………63804778

传真……………………………………63802888

23.中国石化集团扬子石油化工有限责任公司

地址：江苏省南京市大厂区新华路777号
邮编：210048
区号：025
总机：57782114
传真：57784389
网址：www.ypc.com.cn
E-mail：jwd@ypc.com.cn

中国石化集团扬子石油化工有限责任公司是中国石油化工集团公司全资子公司，是从事水电汽生产经营、污水处理、工程设计和建设管理、检维修安装制造、公路水路和铁路运输、信息技术以及生活后勤服务等多类业务多层次的集团化公司。现拥有装机容量为36万kW及每小时供蒸汽700t的热电厂和日供水66万t及每小时处理污水4600m^{3}的水厂；沿江建有固液体装卸码头14座、泊位16个，其中万吨级的码头4个，万吨级船舶可由海上直航扬子石化；铁路、公路各类运力高达140万t；并有3万门程控交换机和局域宽带网以及工程设计、工程管理、检维修安装制造等服务能力。

扬子石油化工有限责任公司地处中国最具经济活力的长江三角洲地区的南京市北部，位于投资政策优惠的南京化学工业园区内，拥有良好的石化背景和发展潜力，具有地理交通、公用工程、资源依托、技术人才、投资政策等多方面的优势。

中国石化集团
扬子石油化工有限责任公司

部门 公网电话

公司机关

党委办公室
- 主任 ……57784413
- 秘书 ……57782285

宣传部
- 部长 ……57784590
- 宣传教育科长 ……57783190
- 统战办公室 ……57782435
- 石化报记者站（外宣科）……57782007
- 扬子电视台台长 ……57786545
- 扬子报总编 ……57785437

纪律检查委员会（监察）
- 副书记 ……57771598
- 办公室 ……57771130

工会
- 副主席 ……58560966
- 办公室主任 ……57782015
- 传真 ……57784193
- 生产部长 ……57787249
- 女工部长 ……57783685
- 宣教部长 ……57784371
- 组织民管部长 ……57783691
- 文体部长 ……57771123
- 生活部长 ……57784487

团委
- 书记 ……57784057
- 办公室 ……57783256

机关党委
- 书记 ……58560688
- 办公室 ……57784061

人民武装部
- 部长 ……57784059
- 办公室 ……57783281

组织部、干部处
- 处长 ……58560688
- 组织科 ……57786165
- 干部科 ……57785751

发展计划部
- 部长 ……57783342
- 副部长 ……57784451
- 办公室 ……57782320

生产经营管理部
- 副部长 ……57784053
- 市场信息科 ……57782783

财务部
- 部长 ……57785298
- 副部长 ……58561169
- 办公室 ……57782158

科技信息部
- 部长 ……57782942
- 科技管理科长 ……57782755

人力资源处
- 处长 ……57784051
- 副处长 ……57787312
- 副处长 ……57784738
- 绩效考核和现代化管理科长 ……57784550

审计处
- 处长 ……57786951
- 办公室 ……57782744

保安部
- 部长 ……57784537
- 政委 ……57782344
- 综合管理科 ……57783703

消防支队
- 支队长 ……58561660
- 政委 ……57784355
- 办公室 ……57782040
- 支队值班室 ……57782515

科技档案资料馆
- 处长 ……57787083
- 综合翻译科长 ……57784063

合资外事处
- 处长 ……57784678
- 副处长 ……57771052
- 副处长 ……57787795
- 办公室 ……57783297

生产技术运行部
- 部长 ……57785317
- 副部长 ……57771395
- 副部长 ……57786569
- 办公室 ……57785909

HSE 部处
- 处长 ……57782483
- 副处长 ……57771945
- 管理科长 ……57787495

机械动力处

处长 ……57783974
处长 ……57785583
处长 ……57784027
办公室 ……57786035

热电厂

党委书记 ……57783304
党委办公室 ……57783540
纪委办公室 ……57782009
组织科办公室 ……57782107
宣传科办公室 ……57782932
工会主席 ……57782143
团委办公室 ……57782240
厂长 ……57782688
副厂长 ……57788715
副厂长 ……57783130
副总工 ……57787501
副总工 ……57771169
厂办主任 ……57783533
厂办公室 ……57786271
人教科长 ……57782533
计划财务科长 ……57783330
行政保卫科长 ……57782939
调度科长 ……57783414
调度台 ……57782013
安监科长 ……57782193
机动科长 ……57784127
物资装备科长 ……57771165

水厂

党委书记 ……57783921
党委办公室 ……57783253
纪委办公室 ……57785927
工会主席 ……57782500
厂长 ……57784709
副厂长 ……57782616
副厂长 ……57782922
厂办主任 ……57782970
人教科长 ……57783822
计划财务科长 ……57783864
调度科长 ……57782998
调度 ……57773229
安监科长 ……57782926
机动科长 ……57784107
生产科长 ……57783823
行政保卫科长 ……57786309
物资装备科长 ……57784109

运输公司

党办主任 ……57783062
纪委办公室 ……57785349
工会主席 ……57784129
经理 ……57785993
副经理 ……57782775
副经理 ……57782246
副总经济师 ……57786065
物业分公司经理 ……57782934
人事行政部长 ……57782537
生产经营部长 ……57788075
机动部长 ……57784821
HSE 部长 ……57785239

检修安装公司

党委书记 ……57784135
党办主任 ……57783387
纪委书记 ……57782741
宣传科长 ……57782223
工会主席 ……57786685
团委书记 ……57783390
经理 ……57782197
副经理 ……57786479
人事行政部长 ……57784510
财务经营部长 ……57783565
生产部长 ……57783381
设计实验检测中心 ……57783305

经营开发公司

经理 ……57771208
经理 ……57784505
副总会计师、财务部主任 ……57782911
经理办主任 ……57785097
计经部主任 ……57771270
开发部主任 ……57784221

国际事业公司

经理 ……58560701
经理 ……58560702
经理办主任 ……58560703
化工部经理 ……58560968
设备部经理 ……58560926
市场开发部经理 ……58561029
财务部经理 ……58560920

上海实业公司

经理 ……57775818
经营一部 ……57784541
经营二部 ……57785359

扬子宾馆

经理 ……………………………………57784300
副经理 …………………………………57785859
办公室 …………………………………57783282
总服务台 ………………………………57783214

南京扬子石化信息技术有限责任公司

经理 ……………………………………57787007
副经理 …………………………………57771369
办公室主任 ……………………………57787015
办公室 …………………………………57783238
值班室 …………………………………57787017
施工管理站长 …………………………57778866
固定站长 ………………………………57783322
移动站长 ………………………………57784849
生产部主任 ……………………………57791048
计算站长 ………………………………57781999
市场部主任 ……………………………57786099
物资供应站长 …………………………57784391

实业总公司

党委副书记、副总经理 ………………58561012
副总经理 ………………………………57784647
经理办主任 ……………………………57785797
办公室 …………………………………57782837
党委办公室 ……………………………57787311
人事部副主任 …………………………57787289
生产经营部副主任 ……………………57784787
生产科长 ………………………………57787313
资产财务部副主任 ……………………57784720

南京扬子石化工贸有限责任公司

党委书记 ………………………………57788650
经理 ……………………………………57784468
副经理 …………………………………57782212
行政人事部主任 ………………………57782234
计划财务部主任 ………………………57783070
生产安全部主任 ………………………57782295

炼化公司

党委书记 ………………………………57771379
党群工作部主任 ………………………57787093
经理 ……………………………………57787882
副经理 …………………………………57771381
副经理 …………………………………57784771
副总工 …………………………………57787881
副总经济师 ……………………………57784255
人事行政部主任 ………………………57787265
财务部主任 ……………………………57787457
安全生产部主任 ………………………57784859
营销部主任 ……………………………57784257
机动部主任 ……………………………57785409

金扬实业公司

政工部主任 ……………………………57782787
经理 ……………………………………57784227
副经理 …………………………………57786825
经理办主任 ……………………………57784137
办公室 …………………………………57782797
人力资源部主任 ………………………57782864
财务部主任 ……………………………57786121
物业管理部主任 ………………………57782811
工程部主任 ……………………………57782504
生产部主任 ……………………………57784139

塑料化工有限责任公司

党委书记 ………………………………57782154
党办主任 ………………………………57783447
党委办公室 ……………………………57785443
经理 ……………………………………57784027
副经理 …………………………………57783205
副总工 …………………………………57784223
副总经济师 ……………………………57784437
经理办主任 ……………………………57782333
经理办文秘 ……………………………57784157
人力资源部主任 ………………………57782631
计划财务部主任 ………………………57782628
生产管理部主任 ………………………57782150
供应部主任 ……………………………57784447
销售部主任 ……………………………57784648

客运公司

党委书记 ………………………………57782695
政工办 …………………………………57788304
经理 ……………………………………57785155
副经理 …………………………………57787419
经理办主任 ……………………………57784251
办公室 …………………………………57787409
财务科长 ………………………………57787401
安全科长 ………………………………57787921
供应科长 ………………………………57786171
机动科长 ………………………………57786051

扬子石化工程有限责任公司

党办主任 ………………………………57782965
纪委书记 ………………………………57782847
工会主席 ………………………………57784439
工会办公室 ……………………………57785577
经理 ……………………………………57784199
副经理 …………………………………58560212
副经理 …………………………………57784209

副经理 ……………………………………57784033
副经理 ……………………………………57782478
副经理 ……………………………………57787529
副总工程师 ………………………………57784529
人事行政部长 ……………………………57782877
财务部长 …………………………………57785187
设计部长 …………………………………57785979
经营计划部长 ……………………………57783289
质量安全部长 ……………………………57782217
工程项目部长 ……………………………57787527
监理部长 …………………………………57783874
采购部长 …………………………………57771040
院办主任（设计） ………………………57782921
传真（设计） ……………………………57784452
设计部主任（设计） ……………………57782353
经营部主任（设计） ……………………57787113
财务部主任（设计） ……………………57787211
质量技术部主任（设计） ………………57786861
行政部主任（设计） ……………………57789015
工艺主任（设计） ………………………57783600
公用工程主任（设计） …………………57786305
设备主任（设计） ………………………57783630
土建主任（设计） ………………………57782049
电控主任（设计） ………………………57787105

24. 中国石化集团巴陵石油化工有限责任公司

地址：湖南省岳阳市云溪区
邮编：414007
区号：0730
传真：8481456
E-mail：sinopecblshbgs@sina.com

巴陵石化位于湖南省岳阳市，临洞庭，倚长江，傍京广铁路、107国道和京珠高速公路，水陆交通十分便利。

公司有大型化工、化纤、化肥生产装置20余套，主要产品的生产能力为：合成氨36万t/a、尿素60万t/a、己内酰胺14万t/a、环己酮12.5万t/a、双氧水10万t/a、复合肥10万t/a、硫铵10万t/a、硫酸15t/a、尼龙6切片3.7万t/a、工业原丝1.3t/a、编织袋1400万条/年，是全国最大的己内酰胺生产基地，也是重要的化肥生产基地。

公司“芙蓉牌”尿素曾两次蝉联国家质量金牌，被用户誉为“江南一枝花”；“鹰王牌”己内酰胺、“鹰王牌”硫酸铵、“白蓉牌”双氧水等连续多年获得“湖南省名牌产品”称号。公司坚持“以质量为尊严，创造顾客与企业的最大价值；以预防为宗旨，树立健康与安全的企业典范；以环保为己任，追求人类与环境的和谐统一”，目前全面推行质量、健康、环境、安全一体化管理。

“十五”期间，公司在总部支持下，利用自主知识产权对己内酰胺装置进行了“7万t/a改14万t/a”扩能改造，使己内酰胺产品发展壮大为巴陵公司的核心业务，乃至成为中国石化的优势产业，并带动国内己内酰胺产业跨越式发展。同时，引进Shell（壳牌）煤气化技术对化肥原料路线进行了改造，2007年2月2日，煤代油装置全线开车成功并生产出合格产品。该项目的建成投产，不仅可以大幅降低尿素生产成本，还向公司提供大量廉价的氢、碳、硫资源，公司将充分利用这一资源，大力开发精细化工产品，实现企业多样化经营，增强企业抗风险能力。

公司将在中国石化“竞争、开放”经营理念指导下，努力塑造负责任的公司形象，一如既往为海内外客户提供优质的产品和一流的服务。

中国石化集团巴陵石油化工有限责任公司

部门	公网电话
总值班室	
	8492348（昼）
	8492127（夜）
总调度室	
	8493273
	8493899
总经理办公室	
	8499976
	8492255
综合计划部	
	8493345
	8493350
	8498901
企业管理部	
	8492585
	8493084
生产管理部	
	8492271
	8493787
	8495971
设备能源部	
	8492030
	8491822
	8492217
安全环保部	
	8492557
	8492391
	8495171
市场营销部	
	8493827
	8496562
	8492262
科技发展部	
	8493873
	8471215
工程建设部	
	8492691
	8492635
财务资产部	
	8492926
	8492758
审计部	
	8493277
	8493089
干部部（党委组织部）	
	8493636
	8493585
人事教育部	
	8492276
	8496885
信息管理部	
	8492601
	8492609
社区管理部	
	8493164
	8491067
保卫部（综治办、610办）	
	8493396
	8494749
党委宣传部（统战部）	
	8492152
	8493215
纪委	
	8495327
	8498656
	8492154
工会	
	8493814
	8492915
	8492069
团委	
	8493879
烯烃事业部	
	8493622
	8493620
环己酮事业部	
	8493613
	8491932
合成橡胶事业部	
	8493681
	8499294
环氧树脂事业部	
	8492008
	8492344
己内酰胺事业部	

……………………………………8503417
……………………………………8503421

化肥事业部
……………………………………8537298
……………………………………8536767

供排水事业部
……………………………………8493851
……………………………………8470197

热电事业部
……………………………………8497426
……………………………………8492824

动力事业部
……………………………………8537168
……………………………………8537180

供销部
……………………………………8492968
……………………………………8493807

物资装备部
……………………………………8491112
……………………………………8497300

技术中心
……………………………………8493675
……………………………………8493609

岳化社区管理中心
……………………………………8492819
……………………………………8492860

城区社区管理中心
……………………………………8501289
……………………………………8501290

职工培训学校（党校）
……………………………………8493251
……………………………………8492388

金石集团
……………………………………8822381
……………………………………8822375

隆兴实业公司
……………………………………8495855
……………………………………8495306

25. 中国石化集团长岭炼油化工有限责任公司

地址：湖南省岳阳市云溪区
邮编：414012
区号：0730
总机：8451000
传真：8452528
网址：www.clpec.com.cn
E-mail: jbfk@clpec.com.cn

长岭石化坐落在洞庭湖畔、长江之滨的湖南岳阳市，北临长江、南靠京广铁路，与107国道、京珠高速公路相邻，水陆交通便利。它是中国石油化工股份有限公司在中国华中地区的一座大型炼油化工生产企业，产品主要销往两湖、两广、云贵川等地区炼油及化工产品市场。

目前长岭石化拥有两套常减压、两套催化裂化、延迟焦化、催化重整、加氢、制氢、聚丙烯等21套炼油化工生产装置。原油加工能力达到500万t/a，生产聚丙烯能力10万t/a，重油催化裂化能力220万t/a，焦化处理能力120万t/a，催化重整能力50万t/a，污水处理能力为1000t/h。主要产品有汽油、喷气燃料、柴油、石脑油、苯类、液化气、溶剂油、工业硫酸、聚丙烯等60多种，有17种产品获省部级以上优质产品称号，其中出口轻柴油和6#抽提溶剂油获国家金质奖，石油甲苯、二甲苯和120#溶剂油等产品获国家银质奖，两次获得国家质量奖，首批成为国家一级企业，并于2002年顺利通过ISO9001:2000质量体系认证，2003年成功应用企业资源计划系统(ERP)，管理水平得到了有力提升。

长岭石化始终坚持靠科技求进步、图发展，形成了具有自己特点的技术优势和炼油化工一体化的生产格局以及完善的售后服务体系。目前，生产装置具有一定的规模，有较强的重油深度加工配套能力，工艺手段灵活，初步形成了炼油化工一体化的格局；开发了低温热发电供热、油气回收、密闭装车、单塔污水汽提等国内首创的炼油技术；建成了第一套国产化的聚丙烯环管聚合装置；重视利用信息技术改造传统产业，CIMS、PIMS技术、APC技术的研究与应用取得了显著成效。

中国石化集团长岭炼油化工有限责任公司

部门	公网电话
办公室	
主任	8451129
经营管理部	
经理	8452675
工程处	
处长	8451173
财务资产部	
经理	8451999
企业改革部	
经理	8451103
人力资源部	
经理	8451737
审计处	
处长	8451948
党委办	
主任	8451120
组织部	
部长	8451183
宣传部	
部长	8451184
纪委	
副书记	8451188
工会	
副主席	8451107
团委	
书记	8451807
综治协调办	
主任	8452165
长岭接待会议中心	
总台	8451013
总经理	8451921
油港处	
处长	8479008
办公室主任	8479011
沥青厂	
厂长	8452662
办公室主任	8452067
液化气站	
主任	8450140
长辰公司	
经理	8450135
办公室主任	8452534
长隆公司	
经理	8451887
办公室主任	8452516

26. 仪化集团公司

地址：江苏省仪征市胥浦
邮编：211900
区号：0514
传真：83233880
网址：www.ycfc.com
E-mail：zjb_wjp@ycfc.com

仪化集团公司位于江苏仪征市，占地 $10km^2$。1978 年筹建，1981 年 12 月成立仪征化纤工业联合公司。1993 年 12 月进行股份制改组，设立仪征化纤股份有限公司。1998 年加入中国石油化工集团公司。公司主要从事聚酯切片和涤纶纤维的生产及销售，并配套生产主要原料精对苯二甲酸(PTA)。主要产品有纤维级聚酯切片、瓶级聚酯切片、膜级聚酯切片、涤纶短纤维、涤纶中空纤维和涤纶长丝 POY、FDY、DTY。产品商标统一为“白斯特”牌。产品质量管理体系通过 ISO9001(2000 版)国际认证，ISO14001 环境管理体系通过国际认证。

部门	公网电话
经营计划部	
主任	83238778
资产财务部	
主任	83237988
综合	83234268
社区管理中心	
主任	83221055
综合管理	83221676
仪化东丽聚酯薄膜公司	
总经理	83231068
办公事务科	83236789
仪化博纳织物有限公司	
总经理	83235538
办公室	83235185
仪化集团公司工程塑料厂	
厂长	83232052
厂办	83236518
仪征化纤大康实业公司	
经理	83231689
综合办	83231962
培训中心	
主任	83233220
办公室	83232145
有线电视台	
台长	83221810
办公室	83222711
常州大明公司	
党委书记	(0519)88771259
办公室	(0519)88770350
无锡大通化纤公司	
总经理	(0510)85061935
办公室	(0510)85061815

27. 中国石化集团南京化学工业有限公司

地址：江苏省南京市六合区大厂葛关路189号
邮编：210048
区号：025
总机：57764114
传真：57792812
网址：www.ncic.cn
E-mail: ncicjlb@ncic.cn

2005年5月23日，中国石化集团公司对南京化学工业公司与南京化工厂进行了改革重组，组建现南京化学工业有限公司（简称南化公司）。南化公司占地面积980万m^2。公司本部位于南京市东北郊的六合区内，主要生产厂区沿长江八卦洲段北汊江布局。公司（经长江大桥）距离南京城区中心25km；长江二桥从厂区附近跨过；厂内自备铁路线连接津浦线浦口车站；距离南京通往苏北的咽喉要道六合城区14km；自建码头距南京新生圩码头18km，水路、铁路、公路运输极为方便。

南化公司现有56套主要生产装置，主要产品品种和年生产能力为：无机化工原料：合成氨近50万t，硫酸80万t，浓硝酸近13万t，硝酸铵15万t，纯碱100万t；有机化工原料：苯胺20万t，硝基苯近30万t，氯化苯8万t，硝基氯苯10万t，烧碱6万t，RT培司近3万t，橡胶化学品3万t；化肥：硫基复合肥40万t；化机（石油化工、化肥、聚酯设备）1万t，化机产品有炉类、塔类、反应器、反应釜、锅炉、冷却设备、容器等；帘子布3万t；化纤地毯280万m^2。

南化公司"红三角牌"、"兰花牌"商标是江苏省著名商标，享誉全国，是首批国家认定的国家级企业技术中心。公司是国家认可的国家级企业技术中心，先后荣获国家发明奖、国家科技进步奖及全国科学大会奖60余项，省级科技进步奖80余项，部级科技进步奖90项，中国石化集团公司科技进步奖近10项。公司是国内重要的压力容器和石化关键设备制造单位及机电产品出口基地，是全国首批获得具有国际权威的美国机械工程师学会（ASME）颁发的压力容器设计制造授权证书和U、U2、S钢印的企业之一，是国内首批获得三类压力容器设计制造许可证的企业。南化公司研究院在化肥及石油化工催化剂研究开发、化工原料气体净化技术、化工环保技术、硫酸工业技术研究、化工计算机应用、氨和甲醇合成反应器、仪表及自动化等领域形成了系列技术和产品优势，目前在甲醇合成催化剂、氨合成催化剂、低变催化剂、高变催化剂、甲烷化催化剂和硫酸生产用钒催化剂等领域居于全国的领先地位。

南化公司是目前国内无机化工、有机化工、精细化工的生产基地之一。主要产品系统为：以煤、盐、硫磺为原料的无机化工产品，合成氨30万t，氢气25万t，硫酸80万t，硝酸37万t，硝酸铵15万t，盐酸22万t，纯碱120万t，烧碱10万t；以石油、苯为原料的有机化工产品，苯胺20万t，硝基苯27万t，环己酮6万t，己内酰胺14万t，氯化苯12万t，硝基氯苯15万t，以橡胶助剂为主体的精细化工产品，RT培司3万t，橡胶、防老剂、促进剂1.5万t；传统优势产品，高浓度复合肥40万t；化工机械制造、甲醇催化剂以及化工工程科研、设计。

中国石化集团
南京化学工业有限公司

部门	公网电话
公司机关	
经理办公室	
主任	57765136
副主任	57766291
秘文科	57766014
文书室	57765017
传真室	57766484
接待科	57766096
外事科	57766474
信访科、民调办	57765888
小车班	57766049
会议中心	57766639
纪委、监察处	
副书记	57766603
办公室	57765149
检查室	57766476
审理室	57766812
效能监察室	57766813
干部处、组织处	
处长	57765782
副处长	57765392
干部管理科	57766396
技术干部科	57766115
组织科	57766398
机关党委工作科	57765432
档案室	57765883
政治工作处	
处长	57766056
副处长	57766345
宣传科	57765860
青年工作科	57766111
南化报总编室	57766282
南化报记者部	57763208
南化报编辑部	57763165
电视台台长	57765147
电视台记者部	57763203
电视台编辑部	57763207
武装部办公室	57766245
工会	
主席	57766307
副主席	57766605
办公室	57765871
计划生育	57766602
生产保护部	57766171
生活女工部	57766475
宣传文体部	57766586
财务室	57765315
社区管理处、老干部处	
处长	57765701
副处长	57766269
老干部科	57765700
退管科	57766150
水电房产科	57765813
房产管理办公室	57766349
水电管理办公室	57766629
行政事务科	57766693
康福公司	
经理	57766818
会计室	57765069
复合袋厂	57765298
财务资产处	
处长	57766609
副处长	57765574
成本科科长	57766338
工程、资产科科长	57766347
销售、价税科科长	57765906
销售核算科	57766413
会计科	57765689
出纳室	57766901
结算中心主任	57766966
发展计划处	
处长	57765217
副处长	57765786
规划发展	57765901
综合统计	57766353
投资计划	57765796
能源管理科	57765779
审计处	
处长	57765533
财务审计科	57765684
财务审计组	57766293
工程审计科	57765037
土建审计组	57765920
安装审计组	57765685
科技处	
处长	57766962

副处长……………………………57766593
副处长……………………………57765027
办公室……………………………57766142
科管科科长………………………57765722
科研管理…………………………57766209
科协………………………………57766207
档案馆馆长………………………57765609
信息站站长………………………57765560
计算站站长………………………57764381
劳资处
处长………………………………57765059
副处长……………………………57765428
工资科……………………………57766153
社会保险科………………………57765715
劳动管理科………………………57765445
教育科……………………………57766272
企业管理处、法律事务处
处长………………………………57766617
副处长……………………………57765543
企业管理科………………………57765555
合同管理科………………………57766445
法律事务科………………………57765939
生产处
处长………………………………57765793
副处长……………………………57765502
总调度长…………………………57765981
调度科……………………………57766199
总调度室…………………………57766333
综合科科长………………………57766366
质量管理科科长…………………57766275
生技科科长………………………57765778
机动处
处长………………………………57766083
副处长……………………………57765268
副处长……………………………57765730
动力科长…………………………57765621
电力运行…………………………57765153
电气检修…………………………57763855
电气设备…………………………57763854
装置电气…………………………57765140
设备科长…………………………57766253
计量科长…………………………57766127
仪表科长…………………………57763858
安环处
处长………………………………57766875
副处长……………………………57766210
副处长……………………………57765559
安全监督科科长…………………57765657
安全技术科科长…………………57766205
环保技术与管理科科长…………57765702
职业卫生科科长…………………57766337
环境监测站………………………57765943
消防队队长………………………57765761
工程建设处
处长………………………………57765945
副处长……………………………57765482
副处长……………………………57765161
计划………………………………57765113
材料………………………………57765105
合同………………………………57766523
审计………………………………57766497
调度………………………………57766826
保卫处
处长………………………………57765229
副处长……………………………57766073
治安保卫科科长…………………57765453
质监站
站长………………………………57765348
办公室……………………………57766048
监督一组…………………………57765347
监督二组…………………………57765349
合成氨部
主任………………………………57766656
书记………………………………57766426
副主任……………………………57765375
副主任……………………………57766300
综合组……………………………57763674
生产组……………………………57763695
设备组……………………………57766835
安全组……………………………57764989
空分装置…………………………57765585
气化装置…………………………57765227
合成装置…………………………57765585
合成气部
主任………………………………57765599
书记………………………………57765128
安全、设备、生产副主任………57766630
总值班室…………………………57764818
制气装置…………………………57765001
净化装置…………………………57766844
合成装置…………………………57765454
精细装置…………………………57766506

硝酸部
主任……57766062
书记……57765346
生产副主任……57766502
设备副主任……57765745
稀硝装置……57765366
浓硝装置……57765225
硝铵装置……57765225
苯化工部
主任……57766517
书记……57765169
副主任……57766824
副主任……57765205
值班室……57763545
苯胺装置……57764153
环己酮装置……57765542
硫酸磷肥部
主任……57765486
书记……57765475
设备副主任……57766322
行政副主任……57765196
生产副主任……57765874
硫酸装置……57765647
磷酸装置……57765028
硫基肥装置……57765406
氯碱部
主任……57766852
书记……57766840
生产副主任……57766841
设备副主任……57764301
安全技术管理……57763240
安全环保管理……57766839
设备技术管理……57763242
生产技术管理……57763241
硝基氯苯装置……57766827
离子膜装置……57766830
氯化苯装置……57766828
运行部总值班室……57764156
橡胶化学品部
主任……57766308
书记……57765746
行政副主任……57765738
生产副主任……57765747
设备副主任……57765742
RT 装置……57765752
RD 装置……57765759
NA/4020 装置……57765756
造粒装置……57765759
检验部
主任……57765062
书记……57765126
副主任……57765754
副主任……57765767
值班室……57764679
原料检验组……57766265
仪器检验组……57766357
化学检验组……57765601
氯碱助剂检验组……57765186
成品检验组……57765554
安环水质检验组……57765864
检维修部
主任……57766979
书记……57766239
副主任……57766255
副主任……57765283
检修一队……57766544
检修二队……57765817
检修三队……57765490
检修四队……57766553
电修队……57765244
仪表队……57765969
动力部
主任……57765991
书记……57765867
副主任……57766102
副主任……57765335
副主任室……57765997
副主任室……57765420
值班室……57766845
锅炉装置……57766126
汽机装置……57766120
电气装置……57766471
供水装置……57766072
水处理装置……57766173
储运部
书记……57765915
经理……57766591
副经理……57766541
副经理……57765341
主任……57766302
主任……57766138
值班室……57766091

党群工作科科长……57766002
生产科科长……57766621
财务科科长……57766879
安保科科长……57765351
机动科科长……57765830
检测站站长……57765735
储运一分部主任……57765385
储运二分部主任……57765333
储运三分部主任……57765829
储运四分部主任……57765540
电信分部主任……57766341
机修分部主任……57765984
航运分部主任……57765195
铁运分部主任……57765668
汽运分部主任……57765121

供销部
经理……57765365
副经理……57766862
总经济师……57765605
经营管理分部经理……57765603
综合管理分部经理……57765253
财务科科长……57765887
化肥销售分部经理……57765023
化工销售一分部经理……57765013
化工销售二分部经理……57765568
化工销售三分部经理……57765909
副产品销售分部经理……57765673
市场服务分部经理……57765459
原料供应一分部经理……57765101
原料供应二分部经理……57765219
原料供应三分部经理……57765670
设备供应分部经理……57766082
材料供应分部经理……57766212
储运分部经理……57766342

化工机械厂

党委
书记……57765194

纪委
书记……57765784
办公室……57765410

党群部
部长……57766327
政工……57766466
监察室……57765523
审计室……57766716

工会
主席……57765784
工会办……57766116
退管办……57765036
第二俱乐部……57764275
卫生室……57763710

厂部
厂长……57766320
副厂长……57766266
……57766122
总工程师……57766029
办公室主任……57766650

总师办质管办
主任……57765650
副总工……57765431
……57765703
办公室……57766836
微机房……57765774
档案室……57766690

研究所
所长……57765620
副所长……57765267
副总工……57764226
办公室……57765620
设计三组……57766946
焊接培训室……57765613

经营部
部长……57766085
副部长……57766713
副总工……57765496
经营一组……57765448
经营二组……57765148
计划组……57766331
综合组……57765448

生产部
部长……57763750
调度……57766189
……57766853
定额组……57765633
统计室……57765640

物供中心
主任……57766277
计划组……57764642
采购组……57765241
……57766103
炉料化工库……57764229

质监中心

主任……57766811
副主任……57766898
无损检测中心
主任……57766614
源库……57766708
机动科科长……57765932
副总工……57765932
设备室……57764571
土建室……57764571
安环保卫科
科长……57764238
办公室……57766675
保卫
副科长室……57766571
办公室……57766045
值班室……57766045
财务科
科长……57765803
成本组……57764223
资金组……57763323
会计组……57763323
劳动人事科
科长……57765509
副科长……57764231
工资……57764231
调配、教育……57765896
容一车间
主任……57765893
容二车间
主任……57766838
容三车间
主任……57766724
重铆焊厂房……57766896
容四车间
主任……57765211
副主任……57766711
容五车间
办公室……57766287
生产准备车间
主任……57765469
特材车间
主任……57765275
办公室……57764239
金一车间
主任……57766894
金二车间
主任……57765663
试样加工……57765170
金四车间
主任……57766722
副主任……57765645
热处理
主任……57766892
成品运输车间
主任……57763395
副主任……57766038
运输调度室……57766078
机动车间
主任……57765419
总机房……57763821
电工总值班……57763665

永大公司

经理……57766568
……57765451
……57766843
办公室……57766064
财务科……57766567
生产安全科……57765142
人事保卫科……57766780
门卫……57763488
编织袋……57766532
钾肥厂……57766564
防腐工程处……57766556
电器仪表厂……57766817

研究院

院长……57765076
副院长……57766290
……57765627
……57765450
工会主席……57766720
生产技术部……57766869
……57765792
科研设计管理部……57766186
技术经营部……57763752
计财部……57765162
人力资源部……57766731
……57766163
办公室……57766851
……57766274
小车班……57765677
党群工作部……57765380
市场营销部

办公室……………………………………………57765049
计划组……………………………………………57766768
仓库………………………………………………57763916

信息情报研究所
办公室……………………………………………57766663
资料室……………………………………………57764554

硫酸研究所
办公室……………………………………………57765301

催化研究所
办公室……………………………………………57766453
活性楼……………………………………………57765254
试验室（厂区）…………………………………57765758

气体净化研究所
办公室……………………………………………57765570
试验室（厂区）…………………………………57764302

信息与自动化研究所
办公室……………………………………………57765775
网络组……………………………………………57764600

标准监测所
办公室……………………………………………57764601
厂区………………………………………………57764949

物化检测中心
办公室……………………………………………57764906

公用工程设计室
办公室……………………………………………57764636
基建办……………………………………………57766522

精细化工研究所
办公室……………………………………………57765839

有机化工研究所
办公室……………………………………………57766640
实验室……………………………………………57766542

催化中试车间
办公室……………………………………………57766505
一工段……………………………………………57763262
二工段……………………………………………57764599
脱盐水岗位………………………………………57763550
苯胺装置…………………………………………57765716

纺丝中心
办公室……………………………………………57766524
操作前纺室………………………………………57766559
操作后纺室………………………………………57766384

检修中心
办公室……………………………………………57765330

设计院

党工部……………………………………………57763760
书记室……………………………………………57766043
纪委………………………………………………57766776
工会………………………………………………57763780
办公室……………………………………………57763114

连云港碱厂
总机……………………………………(0518)82310301
办公室…………………………………(0518)82311295

28. 中国石化集团广州石油化工总厂

地址：广东省广州市黄埔区石化路239号
邮编：510726
区号：020
总机：82123888
传真：82399045
E-mail: yangl@gpcmail.cn

广州石化是华南地区最大的现代化石油化工企业之一。该企业位于广州市黄埔区，地处中国经济发展迅速的珠江三角洲中心，毗邻港澳，北依广深高速公路，南临广园快速路、广深铁路和珠江黄埔港，水陆交通十分便利，拥有明显地缘经济优势。

广州石化主要由炼油、乙烯主业组成，现有年炼油1300万t、生产乙烯20万t的能力，石油化工主要生产装置50套。20万kW自备热电站，惠州港30万t原油码头和170km长输管线，以及相配套的贮运设施和产品出产设施。拥有雄厚的石油化工产品开发、生产、检验和营销的技术业务力量。现为国内首家全部加工进口原油企业。主要产品有汽油、柴油、航空煤油、石脑油、重油、溶剂油、液化气、道路沥青、石油焦、硫磺、纯苯、甲苯、二甲苯、苯乙烯、丁二烯、丙丁烷、己烷油、工业气体等60多种；固体塑料产品主要有聚乙烯、聚丙烯、聚苯乙烯三大类160多个牌号。产品销售网络覆盖整个华南地区，部分产品出口港澳和东南亚。产品出厂合格率保持100%，各级抽检合格率100%，在用户中享有较高信誉。企业全面推行ERP、ISO9000质量管理体系、HSE管理体系和TNPM管理体系。

广州石化坚持走保护环境的可持续发展道路，坚持生产建设与环境保护“三同时”的方针，狠抓环保工作，各项排放指标控制在国家排放标准内，被评为广东省环保先进单位和广州市花园式工厂。

2007年广州石化原油加工量首次突破1000万t，全年炼油加工原料油1057万t；生产乙烯21万t。广州石化千万t炼油改扩建工程全部建成，并实现投料开车一次成功，广州石化的原油加工能力提高到1500万t/a，综合加工能力达到1300万t/a，跨入了千万t级炼油企业的行列。惠州港广州石化30万t级原油码头和25万t航道扩建工程，以及CFB机组和蒸馏（一）装置加工含酸原油适应性改造工程建成投入使用。100万t催化重整联合装置动工建设。目前，广州石化正抓紧完善1300万t/a综合加工配套改造工作，积极推进中科南沙石化合资项目前期工作。

中国石化集团广州石油化工总厂

部门 公网电话

办公室
主任……82121088
党办
主任……82121181
文秘室
……82121632
接待室
……82121096
企业管理部
……82121663
组织劳人部
……82121652
发展规划部
……82121601
计划部
……82121133
财务部
……82121681
生产调度部
……82128636
机械动力部
……82128198
安全环保部
……82128093
工程管理部
……82120363
审计部
……82121060
技术开发部
……82120028
纪委监察部
……82121069
宣传部
……82121148
工会
……82121043
团委
……82121046
行政保卫部
……82120018
明珠宾馆
……82121125
离退养工作部
……82120272
物供中心
……82124816
运销中心
……82121818
仪控中心
……82120809
检验中心
……82122078
消防支队
……82120061
质量监督站
……82120366
煤油一部
……82124055
煤油二部
……82124213
煤油三部
……82124486
煤油四部
……82122683
化工一部
……82128838
化工二部
……82128278
储运部
……82122868
公用工程部
……82128839
动力事业部
……82124913
中冠安泰公司
……82398818
南沙项目部
……82121098
华德石化公司
……(0752)5599568

29. 中国石化集团安庆石油化工总厂

地址：安徽省安庆市石化四路20号
邮编：246002
区号：0556
总机：5371111
传真：5375852
E-mail: aqshzc@apw.com.cn

中国石化集团安庆石化总厂是中国石化集团下属的一个集炼油、化工、化纤、热电于一体的国有特大型联合生产企业。2000年2月28日，为了适应中国石化股份公司上市的需要，原安庆石油化工总厂正式重组为中国石化集团安庆石油化工总厂（存续部分）和中国石油化工股份有限公司安庆分公司（上市部分），并从2000年4月1日起正式分立运行。

安庆石化总厂主要承担为主业服务的公用工程、油品储运、检维修、建筑安装、工程设计、电话通讯、后勤服务、教育培训等业务以及多种经营业务，在服务主业的同时，也竭诚为广大社会用户提供优质服务。拥有一、二、三类压力容器设计、制造许可证（AP1 级），美国ASME锅炉压力容器授权证书和“U”钢印；石油化工工程施工二级、房屋建筑工程施工二级、消防工程施工二级和防火建筑装修资质；20t桥式起重机安装、检修资质；1000kg电梯修理资质；砼预制构件及险二级资质；土建实验室建筑施工二级实验资质。主要产品与服务：水、电、蒸汽；工程设计、建筑安装、检维修；机械制造（石油化工装置非标设备、液化石油气储罐、换热器、冷凝器、机泵配件、金属软硬密封碟阀等）、管件制造（弯头、大小头、弯管、三通、封头管等）；石油磺酸盐、工业窑炉用燃料油、高纯芳烃等。

安庆石化座落在安庆市西北郊，东南与安庆市毗邻，西南与黄金水道长江紧靠，周边有著名的旅游圣地黄山、九华山、庐山相伴。安庆机场与国内主要中心城市都有直达航班，上通京、津，下达粤、港的京九铁路可直达这里，交通十分便利。

中国石化集团
安庆石油化工总厂

部门	公网电话
科技发展部	
主任	5379369
副主任	5374232
副主任	5371034
质管部	
副主任	5377625
财务部	
主任	5375618
副主任	5371974
副主任	5377158
审计部	
主任	5376629
副主任	5376676
企管部	
主任	5375233
副主任	5375041
副主任	5378362
工程部	
主任	5374565
副主任	5371726
副主任	5371736
人教部	
主任	5374115
副主任	5375257
副主任	5375519
宣传部	
主任	5376411
副主任	5374135
纪委监察部	
主任	5376821
副主任	5374125
保卫部	
主任	5380699
工会	
主任	5375286
副主任	5374188
团委	
书记	5375324
机关党委	
书记	5375129
炼油一部	
主任	5374276
书记	5377723
炼油二部	
主任	5377785
书记	5377765
化肥一部	
主任	5375356
书记	5373994
化肥二部	
主任	5375186
书记	5377924
丙烯腈部	
主任	5375029
书记	5376704
腈纶部	
主任	5379201
书记	5373586
热电厂	
主任	5374166
书记	5375466
港贮部	
主任	5375251
书记	5375551
储运部	
主任	5371238
书记	5375477
公用工程部	
主任	5377346
书记	5375991
质监站	
主任	5371726
铁路工业站	
主任	5377992
书记	5370084
电仪部	
主任	5375576
书记	5378047
销售中心	
主任	5375163
副主任	5374163
物供中心	
主任	5374246
副主任	5374519
副主任	5375046

检验中心
　主任……………………………………5374021
　书记……………………………………5376656
　副主任…………………………………5374320
信息中心
　主任……………………………………5378052
　副主任…………………………………5379003
计量中心
　主任……………………………………5375248
　副主任…………………………………5374148
社区服务中心
　主任……………………………………5375198
　副主任…………………………………5375398
　副主任…………………………………5375598
　副主任…………………………………5374398
华成公司
　主任……………………………………5375376
　副主任…………………………………5375026
　副主任…………………………………5374226
劳动服务公司
　主任……………………………………5379820
　副主任…………………………………5374326
社管部
　主任……………………………………5381181
　副主任…………………………………5381281
　副主任…………………………………5372925
　书记……………………………………5374287
预决算
　主任……………………………………5375345
联合党总支
　书记……………………………………5376068
乙苯／苯乙烯
　主任……………………………………5377803

30．中国石化集团洛阳石油化工总厂

地址：河南省洛阳市吉利区
邮编：471012
区号：0379
总机：66996114
传真：66993999
网址：www.lypcc.com.cn
E-mail：lyfgs@lypcc.com.cn

中国石化集团洛阳石油化工总厂位于河南省洛阳市吉利区。南临黄河，东连207国道，西接焦枝铁路，距黄河小浪底水利枢纽仅13km，地理位置得天独厚，交通十分便利。其前身为河南炼油厂，1984年更名为洛阳炼油厂，1992年更名为洛阳石油化工总厂，2000年，按照中国石化集团重组改制的要求，重组为中国石油化工股份有限公司洛阳分公司（上市公司）和中国石化集团洛阳石油化工总厂（存续公司）。

部门	公网电话	部门	公网电话
厂长办公室		党委办公室	
主任	66992211	主任	66992301

（其他电话请参阅本书“中国石油化工股份有限公司洛阳分公司”）

31. 中国石化集团荆门石油化工总厂

地址：湖北省荆门市
邮编：448039
区号：0724
总机：2211501
传真：2211539

中国石化集荆门石油化工总厂（以下简称荆门石化总厂）位于湖北省荆门市，有着优越的地理位置，南贴荆州临长江，北近襄樊依汉水，东达武汉通九衢，西处三峡连云贵，公路、铁路和水路交通均十分便利。

荆门石化总厂始建于 1970 年。1983 年划归中国石油化工总公司。1993 年由国家大型企业升为国家特大型企业。2000 年 3 月企业重组改制为上市（主业）部分和存续部分，主业部分成立了中国石油化工股份公司荆门分公司（简称荆门分公司）。

荆门石化历经三十多年的发展,得以逐步壮大。1970 至 1975 年为建设投产阶段,自 1975 年始，正式承担国家炼油生产计划任务；1976 年至 1984 年为改扩建阶段，企业原油加工能力由 250 万 t/a 提高到 350 万 t/a；1985 年至 1990 年为依靠技术进步，提高企业素质阶段，开发了中高档润滑油新品种，原油加工能力达到 500 万 t/a，实现了不同品质原油的分炼；1991 年至 1997 年为转换经营机制，加快企业发展阶段，建成了被誉为生命工程的接卸原油能力为 350 万 t/a 的洪湖中转油港及输油管道工程；1998 年至 2000 年建成聚丙烯装置，转变为综合型石油化工企业；2000 年至今是重组改制后加快改革发展的阶段。新原油加工能力为 550 万 t/a，目前正在向 600 万 t/a 的目标迈进。公司拥有蒸馏、催化裂化、催化裂解、催化重整、延迟焦化、燃料油加氢精制、干气制氢、润滑油加氢改质、酮苯脱蜡（轻重）、润滑油和石蜡加氢精制、分子筛脱蜡和深度脱芳、聚丙烯等 39 套炼油化工生产装置，是全国石油炼制加工手段最齐全的骨干企业之一。

中国石化集团荆门石油化工总厂

部门	卫星网电话	公网电话
党委办公室	512-73074	2273074
党委组织部、干部处、机关党委	512-74682	2274682
党委宣传部	512-71374	2271374
人民武装部	512-77165	2277165
办公室	512-71440	2271440
生产处	512-76316	2276316
工程处、工程监理公司	512-71392	2271393
工程质量监督站	512-70974	2270974
财务处	512-76964	2276964
劳动工资处	512-71399	2271399
综合管理处、法律顾问室	512-76956	2276956
纪律检查委员会、监察处	512-74790	2274790
运销处	512-71391	2271391
供应处	512-77179	2277179
工会	512-71758	2271758
团委	512-70404	2270404
保卫处	512-71766	2271766
教育培训中心	512-71737	2271737
离退休管理中心	512-72174	2272174
动力厂	512-71713	2271713
维修公司	512-74866	2274866
油品装运公司	512-77153	2277153
仓储公司	512-71824	2271824
职工培训学校、党校	512-71784	2271784
鑫源服务公司	512-71354	2271354
临时用工管理站	512-74390	2274390
工程建设公司	512-74749	2274749
机械厂	512-74674	2274674
运输公司	512-77160	2277160
设计院	512-77032	2277032
贸易公司、湖北荆门石化国际贸易公司、外事处	512-75650	2275650
后勤服务公司	512-71800	2271800
报社	512-71810	2271810
有线电视台	512-70147	2270147
宾馆	512-71812	2271812
工贸总公司	512-71724	2271724
恒升石油化工公司	512-71734	2271734
湖北兴化股份有限公司	512-76889	2276889

32. 中国石化集团四川维尼纶厂

地址：重庆市长寿区维江路 36 号
邮编：401254
区号：023
总机：68974716
传真：68974009
网址：www.svwpc.com.cn
E-mail：cbmsk@svwpc.com.cn

中国石化集团四川维尼纶厂（以下简称川维厂），位于重庆市长寿区境内长江北岸的重庆（长寿）化工园区，是上世纪 70 年代初经毛主席、周总理亲自批准引进的四套大化纤项目之一。工厂于 1973 年由国家计委下达项目计划，1974 年破土动工，1979 年投料试生产，1983 年经国家竣工验收投产。同年整体进入中国石化。主要生产装置分别从英、法、德、日等国引进，基建投资 10 亿元。工厂目前隶属于中国石化集团资产经营管理有限公司。

经过 30 多年的建设与发展，尤其进入中国石化集团后，川维厂实现了快速发展，目前已成为国内最大的以天然气为主要原料，生产化工化纤产品的大型联合企业，也是中国石化集团惟一的天然气化工企业。全厂主要装置生产能力为年产乙炔 6 万 t、甲醇 35 万 t、醋酸乙烯 20 万 t、聚乙烯醇 6 万 t、甲醛 5 万 t、醋酸乙烯－乙烯共聚乳液 3 万 t、维纶 2 万 t，合资工厂醋酸 35 万 t、醋酸酯 8 万 t，主要产品在国际国内市场享有良好信誉。2006 年末，企业资产总值 36.37 亿元，资产负债率 17.99%。工厂先后获得“全国五一劳动奖状”、“全国质量效益型企业”、“全国思想政治工作优秀企业”等荣誉称号，并连续多年位居“重庆市工业企业 50 强”前列。

川维厂积极推进对外合资合作，大力实施“走出去”战略。与英国 BP 公司合资的扬子江乙酰化工有限公司，采用世界先进技术生产醋酸和醋酸酯，已先后分三期共投资 27.35 亿元建成醋酸和醋酸酯装置，投产后效益十分显著，成为中国石化和重庆市对外合资的典范。与新疆美克集团合资的新疆维美化工有限公司，以川维厂专有的天然气裂解制乙炔技术，在库尔勒市建设的乙炔岛工程将于 2008 年 3 月投产。

川维厂在天然气化工技术方面位居全国领先地位，天然气化工核心业务优势突出，企业经济效益和经营质量稳步提高，工厂已具备发展大规模天然气化工的实力。川维厂积极响应中国石化集团公司和重庆市人民政府提出的“打造百亿川维”的发展目标，“十一五”期间，将充分利用中国石化上下游一体化的优势，充分利用中国石化川东北地区丰富的天然气资源优势，充分发挥川维厂在天然气化工方面的技术、人才、管理和营销网络等优势，与川东北天然气勘探开发与管网建设协调发展。在“十一五”期间，建设 10 万 t/a 乙炔、30 万 t/a 醋酸乙烯、10 万 t/a 聚乙烯醇、甲醇整合 80 万 t/a。在此基础上，根据市场发展情况，进一步扩大装置产能规模，并择机建设 1,4－丁二醇，以及其它下游延伸项目。同时利用醋酸扩建后富产的氢气进一步扩大合成氨生产规模，利用乙炔尾气扩大甲醇生产规模。

中国石化集团四川维尼纶厂

部门	公网电话
厂部办公室	68974061
党委办公室	68974172
群团工作部	68974758
社区管理处	68974704
纪委办公室	68974653
财务资产处	68974491
审计处	68974916
科技处	68974392
企管处	68974536
环境保护与安全监督处	68974334
生产技术处	68974115
工程处	68974534
质监站	68974480
研究所	68974187
人力资源处	68974522
发展计划处	68974213
设备管理处	68974838
供销公司	68974967
信息中心	68974891

33. 中国石化集团九江石油化工总厂

地址：江西省九江市滨江东路228号
邮编：332004
区号：0792
总机：8614911
传真：8617005 8617006
网址：www.jjsh.com.cn
Email：jjfgs@jjsh.com.cn

九江石化位于江西省九江市东郊，北濒长江，南倚庐山，东临鄱阳湖，占地面积4.2km²，是江西省境内惟一的大型石油化工企业。地理位置优越，交通便利。生活区距长江仅1km，沿江设有7个5000t级和3个3000t级泊位的自备油品码头，可直接对外轮开放。原油主要以仪长原油管线输油进厂，也可以海运进长江到公司，还可从鲁宁输油管输送到仪征后，装船运送到公司。产品可沿长江往上运至四川、湖南、湖北等省，下达安徽、江苏、上海等地，也可出长江运到沿海各省乃至世界各地。铁路专用线与武（武昌）九（九江）线、京（北京）九（九龙）线、合（合肥）九（九江）线等国家干线相连，产品可通过铁路、水路发运到全国。2008年，九南樟成品油管输建成投产。

九江石化是在中国石化集团九江石油化工总厂的基础上重组改制设立的，其前身为九江炼油厂，1975年国家批准筹建，1980年10月建成投产。2000年3月九江石化总厂主业全部划入中国石化集团上市部分，组建了中国石油化工股份有限公司九江分公司，分公司是国家扶持的512户重点企业之一。九江石化拥有500万t/a原油加工能力和年产10万t聚丙烯、30万t合成氨和52万t尿素装置，共有生产装置53套，其中部分装置的技术经济指标处于国内同行业先进水平。合成氨、尿素装置是目前国内先进的化肥装置之一，主体装置的工艺、设备、仪表控制系统均达技术先进水平，各套装置具有操作弹性大、能耗低、自动化程度高的特点，达到国际先进水平。共获得国家科技进步奖2项，省部级含中石化集团公司科技进步奖2项。

九江石化于1999年4月通过ISO9002质量体系认证，2003年2月10日通过了ISO9001:2000质量管理体系转换认证，2002年7月16日HSE管理体系正式运行并对外发布，2005年“标准化良好企业行为活动”荣获国家标准“AAAA”认证，标志着企业管理工作已与国际接轨。生产、办公区已建立了计算机网络系统，初步实现了生产、经营、办公信息化管理。

中国石化集团九江石油化工总厂

部门 公网电话

办公室

主任……8495155
综合科科长……8492205
秘书科科长……8492966
政工科科长……8495699
信访办……8495633
值班室……8492326（夜间）
……8493204（白天）

综合管理部

部长……8494337
管理科……8494498
重组办……8494499
土地管理科……8494359
小车队队长……8492139
小车队调度……8492957
长江宾馆
经理……8492589
财会室……8492848
综合部……8492849
办事组……8495113
总服务台……8495000
驻京联络处……(010)64951122
北京浔庐宾馆……(010)64951122

财务资产部

副处长……8493116
财务科……8492955
会计科……8493015
资产科……8492116
传真……8492116

社区服务中心

副主任……8492138
副书记……8494105
办公室……8494107
离休管理科……8492993
退休管理科……8494799
文化宫
主任……8492439
图书室……8495809
居委会
主任……8494105
副主任……8492919

教育培训中心

主任……8492609
书记……8493347
工会主席……8492189
办公室主任……8492347
培训管理部……8492407
培训部……8492189
托幼中心
主任……8492399
办公室……8495072

保卫处

处长……8492374
东郊分局长……8492107
副处长……8492111
治安科长……8492108
经保科长……8492984
车管科长……8492366

压力容器检测站

站长……8494091
副站长、副书记……8494638
办公室……8494037
防腐室主任……8492927
检验室主任……8494043

供水车间

主任……8492436
书记……8492414
副主任……8493176
值班室……8494482

排水车间

主任……8492451
书记……8492458
副主任……8492461
值班室……8492427

改制单位

检安公司

综合管理部
部长……8492455
副部长……8494570
财务部
副部长……8494208
生产管理部
部长……8493039
副部长……8492056
调度室……8492465

值班室……8494352
质量安全部
部长、副部长……8492755
对外项目部
科长……8492757
副科长……8492132
物资供应站
站长、副站长……8492620
值班室……8492814
制造分公司
经理……8493140
安装分公司
经理……8494190
检修车间
主任……8495436
书记……8495437
副主任……8495438
值班室……8495439
金工车间
主任……8492997
书记……8492097
仪表车间
主任……8492611
书记……8492604
副主任……8492612
电修车间
主任……8492221
书记……8494687
副主任……8494109
维修车间
主任……8495031
书记……8493403
副主任……8495153
筑炉分公司
经理……8492238
副经理……8493100
密封件厂……8492471
汽修班……8492624

凯鑫公司

处长、书记……8494178
副处长……8492775
副书记、工会主席……8494228
总会计师……8492864
纪检特派员……8492776
办公室主任……8492778
房产科科长……8492574
维修队队长……8492860
单身宿舍管理科科长……8493234
绿化管理科长……8492857
环卫管理科长……8494511
冷饮厂……8493111
综合经营部……8494579
材料厂……8492154
食堂订餐……8495679
三富招待所……8495777

塑业公司

厂长……8492797
书记……8493440
生产副厂长……8493441
经营副厂长……8495292
工会主席……8494797
厂办主任……8495293
厂办公室……8494798
车间
拉丝车间……8495294
圆织车间……8493445
成品车间……8493446
电钳车间……8493447
涂膜车间……8493047
制线大班……8495174

华庐公司

经理……8495616
书记……8492730
副经理……8492976
工会主席……8492385
纪检特派员……8493427
办公室主任……8492579
保安部主任……8492379
财务部主任……8492733
经营部主任……8494508
生产部主任……8492799
退休管理办……8492909
污油车间主任、书记……8492041
清装车间主任……8492264
清装车间书记……8492431
油剂厂厂长……8494163
液化气站站长……8493428
印刷厂厂长……8493219
工程公司
经理……8493250
书记……8494161
鑫华公司

总经理……………………………………8492991
经理……………………………………8492316
精分车间
主任……………………………………8494845
书记……………………………………8494846
副主任……………………………………8494844
三鑫公司
总经理……………………………………8494282
书记……………………………………8492552
副总经理……………………………………8493293
工会主席……………………………………8493169
综合部经理……………………………………8492992
财务部经理……………………………………8495015
货代中心经理……………………………………8495001
市场部副经理……………………………………8493197
营业部主任……………………………………8493341
油库主任……………………………………8494019
零售部
经理室一站……………………………………8494834
经理室二站……………………………………8492908
经理室三站……………………………………8493029
用车服务中心
经理……………………………………8494173
调度……………………………………8492839
三鑫驾校……………………………………8492892
三鑫车队……………………………………8495618
客车队
队长、书记……………………………………8492963
货车队
队长、书记……………………………………8492614
调度……………………………………8492825
鑫庐化工公司……………………………………8493229

监理公司

经理……………………………………8494035
书记……………………………………8492760
副经理……………………………………8492477
副总工……………………………………8492260
办公室主任……………………………………8494760
经营部主任……………………………………8493019
监理部主任……………………………………8492478

设计工程公司

总经理……………………………………8492890
副总经理……………………………………8492892
……………………………………8494645
总工程师……………………………………8492891
综合部部长……………………………………8494576
项目管理部部长……………………………………8492895
技术质量部部长……………………………………8492891

石化医院

管委会主任……………………………………8494050
院长……………………………………8494051
书记……………………………………8492321
副院长……………………………………8492437
办公室主任……………………………………8492320

鑫乐公司

总经理……………………………………8492591
副总经理……………………………………8492074
财务部经理……………………………………8494649
市场部经理……………………………………8495125
生产部经理……………………………………8495335

力源公司

总经理……………………………………8493388
副总经理……………………………………8494010
财务部……………………………………8493283
综合部……………………………………8494664
经营部……………………………………8495191

34. 中国石化集团湖北化肥厂

地址：湖北省枝江市迎宾大道15号
邮编：443200
区号：0717
总机：4212012
传真：4212660
E-mail: hbhf@hbhf.cn

湖北化肥公司位于长江中上游结合部、江汉平原西缘——湖北省枝江市，具有良好的区位优势，交通便利，资源丰富。东临古城荆州，西接宜昌三峡，近临三峡国际机场，南濒万里长江，北靠宜黄高速公路。铁路专用线与全国铁路联网，产品可通过水路、铁路、公路、航空运往全国各地。国家西气东输工程——“忠武”线天然气管道直达生产区，正在建设中的“川气东送”天然气管线也经过企业所在地，具有优良的能源、交通和旅游环境。

湖北化肥公司是中国石化在湖北省内的唯一一家大型化肥生产企业，也是中南地区规模较大的化肥生产企业之一。建厂30多年来，累计生产优质尿素1200多万t，为农业生产作出了一定的贡献。现有固定资产总值28.7亿元。2005年实施了“天然气代油”改造，2006年12月底，历经3年多时间建设的煤气化装置竣工，并投料试车成功，生产出合格产品。至此，完成了原料路线的调整，大大提高了企业的抗风险能力和竞争能力。公用工程配套完善，有三台总蒸发量700t/h的高压煤锅炉和两台25MW的发电机组，为主装置生产提供动力供应。企业现年产能力为合成氨33万t，尿素56万t。除主导产品合成氨、尿素外，副产大颗粒尿素、复合肥、液体二氧化碳、氮气、氧气、氩气、粉煤灰砖等产品。

湖北化肥公司以“从严、求实、团结、文明、进取”的企业精神，不断创新企业管理。积极推行内控制度、HSE管理体系、全面质量管理等现代化管理手段，同时，坚持“三基”等传统的管理方式。先后荣获“全国五一劳动奖状”、“全国设备管理优秀单位”、“湖北省守合同重信用企业”等300多项省部级以上荣誉。获得ISO9001国际质量体系认证，“长江牌”尿素先后荣获国家质量银奖、湖北省名牌产品、国家质量免检产品称号及中国产品质量协会授予的“AAA”质量等级认证，“长江牌”复合肥连续多年获得“湖北省名牌产品”称号。产品在传统市场具有较强的市场竞争力。每年的安全环保指标达到了中国石化的考核标准。

湖北化肥公司具有良好的发展前景。现有的天然气头和煤头具备年产80万t合成氨的造气能力，为企业下一步的扩能提供了条件。特别是煤气化装置的建成，为企业开发煤化工产品，调整产品结构奠定了良好的基础。

中国石化集团湖北化肥厂

部门 公网电话

厂部机关

经理办
　主任……4232261
财务资产处
　处长……4232325
人事教育处
　处长……4232335
综合管理处
　处长……4232321
武装与保卫处
　处长……4232401
生产与工程管理处
　处长……4232610
离退休职工管理办公室
　主任……4232421
党群工作部
　部长……4232233
工会
　主席……4232411

石化宾馆

经理……4232110
财务室……4232106
综合部……4232105
总服务台……4232101
餐饮部……4232186
北楼服务台……4232150
门卫……4232104

动力分厂（水汽）

主任……4232501
党支部……4232502
副主任……4232638
办公室……4232506
设备组……4232505
工艺组……4232503
值班室……4232508
小煤锅炉……4232724
检修班……4232504
快锅……4232601
水处理……4232602
凉水塔……4232603
低锅……4232604
水厂泵房……4232605
排污泵房……4232606
水厂控制室……4232607
煤锅炉控制室……4232480
调度室……4232484
煤储运控制室……4232489
煤储运班……4232491
煤储运……4232490
循环水……4232492
灰渣岗位……4232493
轨道衡……4232497
动力 4.2 米办……4232476

万兴建安公司

经理……4232571
党支部……4232572
副经理……4232548
副经理……4232957
总工程师……4232946
财务……4232549
经营部（预算）……4232579
经营部（物供）……4232352
技术部（铆焊）……4232573
技术部（金工）……4232574
技术部（防腐）……4232965
工程一队……4232652
工程二队……4232540
工程三队……4232576
工程四队……4232570
起重班……4232577
金加工段……4232575
二氧化碳办公室……4232720
二氧化碳操作室……4232964
下料班……4232960
灰库……4232967
砖厂……4232945
白铁班……4232624
综合班……4232966
综合班……4232963

工贸公司

经理……4232961
党支部……4232771
副经理……4232772
副经理……4232962
财务室……4232770
复混肥厂……4232776

复混肥供销部……………………………………4232237
复混肥材料组……………………………………4232711
神龙印刷厂………………………………………4232970
捻线厂……………………………………………4232950
回收站……………………………………………4232350
工贸商场…………………………………………4233860

长塑分厂

厂长………………………………………………4232551
党支部……………………………………………4232552
副厂长……………………………………………4232556
办公室……………………………………………4232554
技术组……………………………………………4232553
财务室……………………………………………4232555
拉丝岗位…………………………………………4232557
圆织岗位…………………………………………4232760
缝纫岗位…………………………………………4232968
电工班……………………………………………4232558

物业饮业中心

主任………………………………………………4232441
书记办……………………………………………4232754
中心办……………………………………………4232451
技术组……………………………………………4232431
液化气站…………………………………………4232442
热水、收瓶站……………………………………4232447
微机室……………………………………………4232448
财务室……………………………………………4232449
绿化办公室………………………………………4232432
冰机房……………………………………………4232437
维修队（仓库）…………………………………4232440
检修班……………………………………………4232446
物业管理…………………………………………4232775

锅炉司机班………………………………………4232453
三江饭庄…………………………………………4232748
厂区食堂…………………………………………4232450
房委会……………………………………………4232721

石化医院

院长………………………………………………4232478
副院长……………………………………………4232461
医院办公室………………………………………4232731
医保办公室………………………………………4232684
门诊部……………………………………………4232460
门诊输液室………………………………………4232732
内科住院部………………………………………4232462
外科住院部………………………………………4232463
现场医务室………………………………………4232466

幼儿园

园长………………………………………………4232430
财会室……………………………………………4232436

子弟小学

校长………………………………………………4232386
总务室……………………………………………4232387
语数外……………………………………………4232383

初级中学

校长………………………………………………4232388
总务室……………………………………………4232428

厂驻外单位

厂驻武汉办事处…………………………(027)88049394
汉办宾馆…………………………………(027)88316387
海口三和实业公司……………………(0898)6254861
海口长江化工联合公司………………(0898)6254676

35. 中国石化集团石家庄炼油厂

地址：河北省石家庄市东郊
邮编：050032
区号：0311
总机：85166688
传真：85161234
网址：www.slhec.com
E-mail: email@slh.sinopec..com

中国石化集团石家庄炼油厂始建于1978年，1983年投产。经过20多年的建设和发展，已成为设施完善、生产配套、技术先进、管理科学的大型石化企业，目前主要由生产辅助、文教卫生、后勤服务系统等组成。

石家庄炼油化工股份有限公司（石炼化股份公司）是由中国石化集团石家庄炼油厂作为独家发起人，通过资产重组，采用局部改制方式，以炼油化工主体资产投入，募集发起设立的股份有限公司。1997年7月11日，经中国证券监督管理委员会批准，在深圳交易所上网定价向社会公开发行12000万股A股股票，募集资金68880万元，投资于石家庄化纤有限责任公司5万t/a己内酰胺工程，持有化纤公司股权43.35%；2001年8月，中国石化集团公司收购了石炼化股份公司持有化纤公司25%股权，目前石炼化股份公司持有化纤股权为18.35%。

2000年2月，经国家经贸委批准，中国石油化工股份有限公司正式成立。中国石化集团公司将石家庄炼油厂持有的本公司92044.4333万股国有法人股份注入中国石油化工股份有限公司，占本公司股本总额的79.73%，中国石油化工股份有限公司成为本公司第一大股东。

公司坚持以人为本，倡导依法、负责、执行、沟通、和谐为核心内容的企业文化，始终以不断改善产品质量、提供优质服务、实现利润最大化和股东权益最大化作为生产经营宗旨，以管理创新、机制创新、技术创新为主导，努力将企业建成炼油、化工、化纤一体化的大型石化基地。公司竭诚希望与国内外相关企业、科研院所建立友好伙伴关系，在发展炼油、化工、化纤生产技术和贸易往来等领域密切合作，共同发展。

中国石化集团石家庄炼油厂

部门　公网电话

厂职能处室

厂办室（党办）
主任……85161126
秘书室……85162245
文书室……85162314
档案室
主任……85163171
办公室……85163201
审计处
处长……85161353
办公室……85162387
企管处
处长……85162327
办公室……85161510
组织部
部长……85162291
办公室……85162232
宣传部
部长……85162292
办公室……85163084
纪委（监察处）
处长……85162486
办公室……85162329
工会
主席……85162283
办公室……85162345
团委
书记……85162885
办公室……85162549

石炼化

综合管理部
主任……85161686
办公室……85161961
财务处
处长……85161359
办公室……85161650
保卫处
处长……85162298
办公室……85162416
实业公司
经理……85161603
办公室……85161516
聚丙烯厂……85161548
建安公司……85163151
编织厂……85162825
石灵碳素……82510374
离退休办公室
主任……85163187
办公室……85163087
报社
总编……85162489
电信站
站长……85162188
办公室……85168989
文体活动中心
主任……85162013
职工培训中心
主任……85162885
宾馆
经理……85160680

36. 中国石化集团济南炼油厂

地址：山东省济南市工业南路 26 号
邮编：250101
区号：0531
总机：88831114
传真：88983622
网址：www.sjnr.com.cn
E-mail：sjnr@sjnr.com.cn

中国石化集团济南炼油厂（以下简称济南炼油厂）始建于 1971 年，1975 年投产，2000 年 8 月根据中国石化集团公司重组改制方案，进行主辅分离，主业进入中国石油化工股份有限公司，成为中国石油化工股份有限公司济南分公司，跟随中国石油化工股份有限公司在海内外上市；辅业仍保留中国石化集团济南炼油厂名称。根据集团公司安排部署，济南炼油厂持续推进企业改革改制，截至 2004 年底，先后完成了安装施工运输板块联友公司、后勤服务板块华鲁公司、集体企业联谊化工厂的改制分流以及子弟学校移交地方等改革改制工作。

济南炼油厂组织机构包括本部机关、3 个二级单位和控股、参股企业 6 家。控股、参股企业包括一个全资子公司——威海海兴石化开发总公司，三个控股子公司——山东金钥匙工程监理有限责任公司、济南联华石化工程设计有限公司、济南炼油厂鲁南联营销售公司，二个参股公司——山东康雅薄膜有限公司、济南华创有限公司。企业主营业务是沥青、石蜡的生产、销售及医疗卫生和社区服务等。

部门	公网电话
经理办公室	88832202
党委办公室	88832301
组织部统战部	88832306
宣传部	88832310
计划处	88832408
生产调度处	88832432
技术处	88832429
机动处	88832443
安全环保处	88832456
财务处	88832417
人力资源处	88832476
企业管理处	88832231
供应部	88832518
运销部	88832552

37. 中国石化集团武汉石油化工厂

地址：湖北省武汉市青山区青山镇长青路
邮编：430082
区号：027
总机：86515662
传真：86595188

中国石化集团武汉石油化工厂（以下简称武汉石油化工厂）是一座大型的燃料化工型企业，位于武汉市东北角的青山工业区，占地188公顷。武汉石油化工厂是中国石化集团公司直属国有大型一档工业企业，系中国首批转换经营机制典型企业，是湖北省暨武汉地区纳税大户。工厂可年加工原油400万t，是一座大型的燃料化工型企业。

武汉石油化工厂始建于1971年，扩建于1975年，投产于1977年，已开工生产装置23套。主要产品有：汽油（90#、93#、95#、97#）、灯用煤油、3#喷气式航空燃料油、轻柴油（0#、-10#）、石脑油、溶剂油、烷基苯料、环烷酸、MTBE、专用重油（1#、2#、3#）、30#和180#燃料油、工业片状硫磺、石油焦、聚丙烯树脂（粉料、粒料）、石油液化气等16种产品。其中13种产品获部优、省优，-10#柴油获国家银质奖。产品行销鄂、湘、川、渝等12个省区。武汉石油化工厂一分为三，即：以炼油装置为核心，成立了中国石化股份有限公司武汉分公司（简称武汉分公司）；以化工装置为核心的武汉凤凰股份有限公司（简称中国凤凰）；以辅助生产、服务储运、检维修工程建设、多种经营和文教卫社区服务五大板块为核心的武汉石油化工厂存续公司（仍称武汉石油化工厂，俗称“存续公司”）。主辅三大部分规范分立运行，由厂协调委员会负责对三方协调沟通。

武汉石油化工厂先后获中国设备管理先进企业、湖北省思想政治工作最佳企业、湖北省最佳文明单位、湖北省“五一”劳动奖状、湖北省工业计量管理先进企业、中国石化集团安全先进企业、武汉市经济效益先进企业、武汉市“五一”劳动奖状等称号。

中国石化集团武汉石油化工厂

部门	公网电话
机关处室	
党办	86595202
经理办	86595153
工会	86595231
团委	86595860
组织部	86595213
宣传部	86595302
纪委（行政监察室）	86595221
离退休工作处	86595680
生产调度处	86595500
安全环保处	86595430
机动处	86595460
工程处	86595700
物资处	86595600
技术处	86595560
计划处	86595350
运销处	86595660
财务处	86595340
审计处	86595370
劳动人事处	86595400
综合管理处	86595380
武装保卫处	86595250
教培中心（党校）	86595580
信息中心	86595800
计量办	86595770
汉新公司	
办公室	83516509
三昌公司	
办公室	86599650
改制单位	
武汉检安石化工程有限公司	
办公室	86596710
石化交通运输公司	
办公室	86599604
武汉炼化工程设计有限公司	
办公室	86599404
武汉石化液化气公司	
办公室	86599254
隆达石化有限公司	
办公室	86599108
武汉博达石化有限公司	
办公室	86599303
武汉市石化医院	
办公室	86599505

38. 中国石化集团沧州炼油厂

地址: 河北省沧州市北郊
邮编: 061000
区号: 0317
传真: 3552688
E-mail: czlycbgs@163.com

中国石化集团沧州炼油厂（沧州分公司）坐落于河北省沧州市北郊，是隶属于中国石化集团公司的大型炼油化工企业。

沧州炼油厂主要生产汽油、柴油、工艺用油、燃料油、液化石油气、石油焦、沥青、硫磺、溶剂油、精丙烯、石脑油等十一大类产品。

1. 汽油以 90 号、93 号和 97 号汽油为主。产品质量满足 GB17930—1998 的技术要求。90 号、93 号清洁汽油主要供应北京市场。其中清洁汽油达到欧 II 排放标准。

2. 轻柴油生产 0 号、+5 号、-5 号、-10 号、-20 号、-35 号 6 个牌号的轻柴油，产品技术指标满足 GB/T252-2000 的要求。

3. 沥青生产 10 号建筑沥青和 100 号甲道路石油沥青。10 号建筑沥青技术指标满足 GB/T494 的要求。100 号甲道路石油沥青满足 SH0522 行业标准要求。

4. 液化石油气生产的液化石油气的技术指标满足 GB1174 的要求。

5. 硫磺生产的工业硫磺的技术指标满足 GB2449 的要求。

6. 石油焦生产 3A 和 3B 两个牌号的延迟石油焦，其技术指标满足 SH0527 的要求。

7. 工艺用油生产铝箔油、变压器干燥油等工艺用油，执行企业标准。

8. 燃料油生产的燃料油适用于直燃式制冷（热）机组。

9. 溶剂油生产的溶剂油适用于油漆工业满足 GB/1922—80 技术指标。

10. 精丙烯生产聚合级精丙烯满足 GB7716—87 的技术标准要求。

11. 石脑油可以提供合格的乙烯装置用石脑油及重整用石脑油，产品执行企业标准。

除以上大宗主要产品以外，下属多经企业还生产饮用矿泉水、压力容器、金属冲压件、结构件、印刷品、炼油化工助剂，如复合脱硫剂、阻垢剂、脱硫醇活化剂、柴油降凝剂、消泡剂、缓蚀剂、助燃剂、防焦剂、防盐剂等。对外服务的公司主要经营项目还有: 建筑安装、运输仓储、机械加工、批发零售等。

中国石化集团沧州炼油厂

部门　公网电话

办公室
- 主任……3552345
- 秘书……3552247

党办
- 主任……3552076
- 秘书……3552095

组织部
- 部长……3552318
- 副部长……3552449

宣传部
- 部长……3552885
- 办公室……3552549

人力部
- 主任……3552596
- 办公室……3552077

纪委办
- 主任……3552261
- 办公室……3552208

工会
- 副主席……3551987
- 办公室……3552575

团委
- 书记……3552915

综合处
- 处长……3551797
- 办公室……3552463

保卫处
- 处长……3552393
- 办公室……3552325

生产部
- 主任……3552266
- 副主任……3551908
- 副主任……3551909

机动部
- 主任……3552132
- 副主任……3552038
- 副主任……3552288

安环部
- 主任……3552625
- 副主任……3552882

审计部
- 主任……3552481
- 副主任……3551897

财务部
- 主任……3552032
- 副主任……3551916

技术开发部
- 主任……3551579
- 副主任……3552780
- 副主任……3552772

化工公司
- 经理……3552651
- 书记……3552430

亚砜车间
- 主任……3552608
- 书记……3551725

供排水车间
- 厂长……3552334
- 书记……3552271

监理公司
- 经理……3552907
- 副经理……3552927

设计公司
- 经理……3552354
- 副经理……3551523

千百和公司
- 经理……3552786

渤海公司
- 经理……3552606
- 书记……3552023

嘉和公司
- 经理……3552810
- 办公室……3552792

石化物资公司
- 经理……3552346
- 书记……3552879

工贸公司
- 经理……3552626
- 办公室……3551816

开源公司
- 经理……3551695
- 书记……3552314

沧炼宾馆
- 经理……3552187
- 中继线……3552515

39. 中国石化长城润滑油集团有限公司

地址：北京市海淀区清河安宁庄西路6号
邮编：100085
区号：010
传真：62917732
网址：www.sinolube.com
E-mail：sinolube@sinolube.com

中国石化长城润滑油集团有限公司（以下简称长城公司）是中石化集团公司下属的润滑油专业生产企业。公司本部位于北京市高新技术产业开发试验区内，是北京市科学技术委员会批准认定的高新技术企业。

长城公司拥有世界一流的润滑油科研技术力量及生产装备，充分发挥中国石化集团的整体优势，实施独具长城特色的“质量－形象－科技”发展战略。先后通过ISO9002、QS9000质量保证体系的主证，及ISO14001和OHSAS18001环境及职业安全卫生体系认证，确保了产品质量的稳定。长城公司可生产各类润滑油19大类300多个牌号，产品全部精选优质基础油和添加剂，采用通过严格专业台架实验评定的高科技配方，除满足国家标准外，同时亦达到国际标准化组织（ISO）、美国石油学会（API）及多种特殊规格标准的要求。产品被广泛应用于航空航天、军工核能、交通运输、水利电力、建筑机械、采掘冶金、农业等众多领域，客户遍及全国，并远销俄罗斯、朝鲜、伊朗及东南亚等多个国家和地区。

部门	公网电话
综合管理部	
主任	62949734
办公室	62949880
传真	62913311
保卫	62949776
计划经营管理部	
主任	62949786
办公室	62949790
财务部	
主任	62949835
办公室	62949861
连锁经营部	
主任	62941670
办公室	62941713

（其他电话请参阅本书“中国石油化工股份有限公司润滑油分公司”）

40. 中国石化集团保定石油化工厂

地址：河北省保定市石化路58号
邮编：071059
区号：0312
传真：3112482
网址：www.bshih.com
E-mail：jszx@bdisp.com

中国石化集团保定石油化工厂（以下简称保定石化厂）位于河北省保定市西北郊工业区，占地面积0.44km²，是集石油炼制、建筑防水材料生产于一体的国有大一型企业。现有加工能力70万t/a常减压装置、16万t/a催化裂化装置、6万t/a氧化沥青装置、1400万m^2/a防水卷材生产装置和6000kW热电联产装置各一套，并配有原油长输管道、油品贮存、自备铁路专用线、汽车运输、污水处理、机修、电气、仪表等生产辅助设施。主要产品有90#、70#汽油、5#、0#、-10#柴油、200#溶剂油、10#建筑沥青、液化石油气、工业燃料油、2246抗氧化剂以及四大系列、二十多类、一百多个品种的高中档防水卷材产品。保定石化厂地处京、津、石大三角腹地，毗邻京广铁路、京深高速公路和保津高速公路，附近有华北、大港、渤海三大油田和天津、秦皇岛、黄骅三大港口，交通便利，地理位置优越。

保定石化厂始建于1972年，原行政隶属保定市化工局，1999年10月划归中国石化集团公司。2000年由于国际、国内经济形势急剧变化，原油价格一路攀升，成品油定价机制尚不健全，保定石化厂出现严重亏损，生产经营遇到前所未有的困难，为减少损失，保存实力，经请示中国石化集团公司批准，于2000年7月8日全厂炼油主业停产，进行产业结构调整。目前主要产品有2246抗氧化剂、蒸汽和系列防水卷材等。

中国石化集团保定石油化工厂

部门	公网电话
厂部	
副书记、工会主席	3109168
生产、设备副厂长	3109100
总工程师	3109158
调研员	3109099
调研员	3109232
厂办公室	
主任	3109006
科员	3109018
科员	3109019
档案	3109015
收发	3109016
打字	3109017
总机	3109101
小车队	3109068
	3109069
处室	
财务处	
处长	3109118
办公室	3109116
办公室	3109117
企管处	
处长	3109126
办公室	3109125
劳资处	
处长	3109065
办公室	3109066
计划处	
处长	3109003
办公室	3109002
生产调度处	
处长	3109038
办公室	3109039
安环处	
处长	3109128
办公室	3109127
办公室	3109129
供应处	
处长	3109028
办公室	3109026
办公室	3109011
库房	3109027
机动处	
处长	3109186
办公室	3109187
办公室	3109188
办公室	3112484
技术处	
处长	3109096
办公室	3109091
规划设计处	
处长	3109012
办公室	3109013
办公室	3109080
办公室	3109081
工程基建处	
处长	3109170
办公室	3109171
办公室	3109172
信息中心	
主任	3109082
办公室	3109083
运销处	
处长	3109008
办公室	3109010
办公室	3109056
办公室	3109058
铁路值班室	3109057
能源计量处	
处长	3109086
办公室	3109085
保卫处	
处长	3109098
办公室	3109097
消防队	
队长	3109111
办公室	3109110
总务处	
处长	3109160
办公室	3109161
食堂	3109162
房管处	
处长	3109108
办公室	3109109
卫生所	3109112
五一宿舍医保站	3019661

工会……………………………………………3109078
组织人事部……………………………………3109036
群工处
处长……………………………………………3109095
办公室…………………………………………3109087
办公室…………………………………………3109090
宣传处
处长……………………………………………3109121
办公室…………………………………………3109122
纪检
………………………………………………3109089
审计处
处长……………………………………………3109143
办公室…………………………………………3109092

热电车间

主任……………………………………………3109044
书记……………………………………………3109047
副主任…………………………………………3109045
副主任…………………………………………3109046
值班室…………………………………………3109040
安全工程师……………………………………3109159
劳资……………………………………………3109042
技术……………………………………………3109043
统计……………………………………………3109004
电试……………………………………………3109041
集中控制………………………………………3109048
主控室…………………………………………3109049
燃料……………………………………………3109113
除盐……………………………………………3109136
检修……………………………………………3109137
采暖锅炉………………………………………3109139
材料……………………………………………3109173

油品车间

办公室…………………………………………3109050
净化站…………………………………………3109005

质量管理处

处长……………………………………………3109020
2246 化验室……………………………………3109142

供排水车间

主任……………………………………………3109030
污水……………………………………………3109033

电气车间

主任……………………………………………3109073
副主任…………………………………………3109076
总配电室………………………………………3109074
油毡配电室……………………………………3109185

仪表车间

主任……………………………………………3109060
油毡仪表………………………………………3109061
热电仪表………………………………………3109063

液化气站

站长……………………………………………3109138
业务……………………………………………3109140

附属综合厂

厂长……………………………………………3130122
书记……………………………………………3109215
副厂长…………………………………………3109216
办公室…………………………………………3109219
财务科…………………………………………3109212
服务加工………………………………………3109213
液化气站………………………………………3331739
华溢油厂………………………………………3333382

防水材料分厂

厂长……………………………………………3130121
副厂长…………………………………………3109203
副厂长…………………………………………3109202
总工……………………………………………3109200
办公室…………………………………………3109199
传真……………………………………………3119464
财务科…………………………………………3109195
供应科…………………………………………3109196
销售部…………………………………………3109197
销售公司………………………………………3112485
施工公司………………………………………3120154
制毡制作………………………………………3109201

“2246”项目

主任……………………………………………3109131
副主任…………………………………………3109134
操作室…………………………………………3109279

设备检修安装处

经理……………………………………………3109165
书记……………………………………………3109167
内勤……………………………………………3109166

大车队

队长……………………………………………3109145
调度……………………………………………3109146

加油站

第一加油站（建北）…………………………3109208
第二加油站（满城）…………………………7071545
第三加油站（高保）…………………………2134949
第五加油站（于庄）…………………………7086616
第六加油站（京保）…………………………5019000

41. 中国石化工程建设公司

地址：北京市朝阳区安慧北里安园 21 号
邮编：100101
区号：010
总机：84879999
传真：64975660 64963395
网址：www.sei.com.cn
E-mail：office@sei.com.cn

中国石化工程建设公司（SEI）隶属中国石油化工集团公司，是集工程项目的可行性研究、技术咨询、设计、设备采购、施工管理和监理、工程总承包、项目管理服务、技术服务为一体的国际型工程公司，拥有工程设计综合资质甲级证书、工程监理甲级资格证书、工程造价咨询单位甲级资格证书、工程咨询甲级资格证书、甲级环境影响评价证书、工程招标代理机构甲级资质证书、工商领域固定资产投资咨询机构甲级资质证书等国家顶级资质，取得了 ISO9001-2000 质量体系认证证书和 HSE 认证证书。

中国石化工程建设公司具有 50 多年的发展历史，长期致力于中国石化工业的建设、创新与发展，承担设计和建设的大型炼油、石油化工生产基地遍布全国各地。特别在催化裂化、连续重整、加氢裂化、裂解炉、乙烯、聚丙烯等领域形成了有自己特色的工程技术，2007 年持有国家专利 100 余项和专有技术 80 余项。中国石化行业的 13 个专业设计技术中心站设在 SEI。

中国石化工程建设公司建有先进的计算机网络平台体系和应用体系，拥有国际先进的工艺技术、工程设计、项目管理及办公自动化等应用软件和工程数据库，能够按照国际通用模式开展工程设计和项目管理。

近年来，公司大力加强管理，重视基础建设，在市场开拓、技术研发、人力资源开发等方面大胆实施改革创新，取得了明显成效，生产经营指标连年大幅度提高，接连承接了一批大型炼油及石油化工项目。2007 年底已完成和正在执行的项目包括上海赛科 90 万 t/a 乙烯及配套工程、扬子巴斯夫乙烯工程部分装置、武汉 800 万 t/a 炼油扩建项目、茂名 100 万 t/a 乙烯改扩建工程、海南 800 万 t/a 炼油工程、青岛 1000 万 t/a 炼油项目、神华煤液化项目、延安炼油化工一体化工程、福建炼油化工一体化项目、川东天然气脱硫项目、独山子炼油化工一体化项目、天津炼油化工一体化项目、黄岛国家石油储备油库项目、惠州 1200 万 t/a 炼油项目，以及伊朗国家石油公司三座炼油厂改造工程、伊朗 Arak 炼油厂扩建工程、加拿大油砂项目等，综合实力得到很大提高。据 2007 年美国权威刊物 ENR（Engineering News Record）公布，中国石化工程建设公司在全球最大的 150 家工程公司排名中名列第 36 位。

中国石化工程建设公司与世界上著名的专利商、工程公司、科研机构和学府有着广泛的交流与合作，在国际工程建设市场上享有较高知名度和良好声誉。

中国石化工程建设公司

部门	公网电话
党委办公室	84876025
纪委、监察室	84876028
组织部	84876280
宣传部	84876216
工会	84876030
团委	84877164
总经理办公室	64975658
人力资源部	84876067
财务资产部	84876118
审计部	84876140
市场开发部	84876189
项目执行中心	84876341
海外项目部	84876186
技术部	84876217
质量安全标准部	84876198
采购部	84876486
施工管理部	84877018
工程造价部	84876799
信息技术中心	84876412
炼油工艺室	84877080
化工工艺室	84876864
咨询规划室	84878192
配管一室	84877362
配管二室	84877317
电气室	84876626
动设备室	84877495
仪表电控室	84876669
设备一室	84877658
设备二室	84877501
土建一室	84877978
土建二室	84877842
工厂系统室	84876541
环境工程室	84876511
印刷出版室	84877697
档案室	84876218
行政事务部	84878558
离退休工作处	84878050
保卫处	84876447

42. 中国石化集团上海工程有限公司

地址：上海市浦东新区张杨路 769 号
邮编：200120
区号：021
总机：58366600
传真：58358142
网址：www.ssec.com.cn
E-mail：ssec@ssec.com.cn

中国石化集团上海工程有限公司（英文简称 SSEC）创建于 1953 年，曾用名“上海医药设计院”、“中国石化集团上海医药工业设计院”等，是国内最早从事医药、石油化工和化工工程设计的大型综合性设计单位之一。

上海工程公司的主要业务领域分为三大类，一是石化、化纤、炼油化工等，二是医药化工和生物能源化工等，三是环保、电子、轻纺食品、天然气储运工程等领域；服务范围覆盖工程项目的前期立项咨询、可行性研究、总体规划和设计、采购、建设总承包、工程项目管理以及工程技术开发等。

上海工程公司现持有化工石化医药、建筑工程、石油天然气、商物粮、轻工纺织、建筑智能化、环境保护、消防设施、环境评价、压力容器、压力管道、工程咨询、工程造价等十多项甲级设计资质，电子、市政、冶金等行业多项乙级设计资质，还持有工程勘察甲级证书和建筑业企业贰级资质证书，取得了 ISO9001 质量管理体系认证证书和 ISO14001、GB/T28001、HSE 管理体系认证证书，拥有多项专利技术，建立了先进的万兆以太计算机办公网络，主办出版《化工设备设计》、《制药机械》、《医药工程设计》三种技术刊物。

五十多年来，上海工程公司完成了国内外 6000 多项各类工程项目，荣获国家、部、省（市）级优秀工程设计、工程总承包、工程项目管理、科技进步等各类奖项 400 多项，其中包括一大批代表我国石油化工、化工、医药等领域先进水平的重点工程项目。

五十多年来，上海工程公司保持与壳牌（Shell）、英国石油（BP）、埃克森美孚（Exxon Mobil）、巴斯夫（BASF）、拜尔（Bayer）、道化学（Dow Chemical）、罗氏、施贵宝、辉瑞、杨森、葛兰素等国际石油化工、医药行业巨头合作，并提供工程设计和项目管理服务；与 Bachtel、Fluor、Toyo、Chiyoda、Technip、JGC、Lugi、Amec、CTCI、Lummus、TR、Aker 等国际著名工程公司建立了紧密合作关系，共同承担过一系列国内外重大工程项目，赢得了良好的赞誉和知名度。

部门	公网电话
经理办	58354214
经营部	58354305
项目部	58354304
技术质量部	58354262
党委工作部	-5002
人事教育部	-6037
监察审计室	-3606

43. 中国石化集团洛阳石油化工工程公司

地址：河南省洛阳市中州西路27
邮编：471003
区号：0379
总机：64887114
传真：64857177
网址：www.lpec.com.cn
E-mail：jlb@lpec.com.cn

中国石化集团洛阳石油化工工程公司（LPEC）创建于1956年，是集工程设计、工程承包、工程监理、工程咨询于一体的国家重点勘察设计企业，又是集工程技术、炼油化工工艺和设备研究为一体的高新技术企业。

LPEC是国内第一批实行工程总承包试点的单位之一，持有国家建设部及有关部门颁发的工程设计、工程总承包、工程监理、工程咨询和环境影响评价等甲级资格证书；拥有国家外经贸部授予的对外经济合作经营权、国外承包工程劳务合作许可证；在1997年通过质量体系认证基础上，2003年按照GB/T 19001-ISO 9001:2000标准通过了质量体系换证审核，2004年又通过了HSE管理体系认证。多次在全国勘察设计单位百强评比中名列前茅。

50年来，LPEC已完成千余项国内石油炼制、石油化工、天然气及化工领域的工厂、装置、油库、长输管道、环保及市政设施等大中型工程建设项目设计、承包、监理任务，与国内外工程公司一起完成海外合作设计、采购、总承包项目40余项，业绩遍布全国29个省、市、自治区及亚洲、欧洲和非洲的8个国家和地区。已累计获国家科技进步奖47项；省、部级科技进步奖266项；国家优秀工程设计和优质工程奖24项；省、部级优秀设计和优质工程奖54项；国外专利授权11项，国内授权专利218项、专有技术74项。

LPEC始终信守“用先进可靠的技术和及时周到的服务，让顾客满意”的质量方针，与国内外用户真诚合作，谋求共同发展，实现新的跨越。

中国石化集团
洛阳石油化工工程公司

部门　　公网电话

经理办公室
……64887739
……64887749
接待……64887258
人力资源部
……64887266
……64887308
财务计划部
……64887566
……64887194
……64887471
企业发展部
……64887799
法律顾问……64887792
市场开发部
……64887335
……64887115
技术发展部
……64887316
期刊……64887689
质量安全部
……64887120
……64887142
……64887516
审计室
……64887805
……64887571
党委工作部
……64887085
……64887109
纪委（监察室）
……64887625
工会
……64887299
行政事务部
……64887078
项目管理部
……64887590
……64887484
海外项目部
……64887409
外事……64887549
采购部
……64887336
施工管理部
……64887236
广州分公司
……(020)82121476
……(020)82121430
传真……(020)82121391
工程研究院
……64330595
……64330751
传真……64310304
北京OFFICE
……(010)84987031
传真……(010)84987032

44. 中国石化集团宁波工程有限公司

地址：浙江省宁波市国家高新区院士路660号
邮编：315103
区号：0574
总机：87975660
传真：87915111
网址：www.snec.com
E-mail：snec@snec.com

中国石化集团宁波工程有限公司是以技术为先导，设计为基础，工程项目承包和工程项目管理为主体，集科研开发、工程咨询、工程设计、设备制造、装置施工和检维修服务于一体，拥有专利、专有技术并具备融资能力，面向国内、国际两个市场提供技术服务和管理服务的全能型工程公司。

公司管理经验丰富。多年来，先后完成了以乙烯及烯烃加工、合成氨及尿素、煤气化、有机硅、丙烯腈、甲醇、醋酸、TDI、合成橡胶等装置为代表的200多家工厂500多套装置的工程设计及施工建设。其中有24项成果获得了国家科学大会奖、国家科技进步特等奖、国家优秀设计金奖和工程总承包金钥匙奖等，9项工程获得了国家优质工程奖，有200多个项目获得省、部级优秀设计、优秀施工和优质工程奖。公司与国内外广大客户建立了良好的合作关系，以合理的工期、优异的质量、周到的服务和高度的社会责任感，在市场和社会上树立了良好的声誉和形象。

公司组织体系完善，技术力量雄厚，被宁波市认定为高新技术企业。公司设有三大业务运行体系，分别为经营业务运管中心、设计业务运管中心和EPC业务运管中心，18个职能管理部门和8个分支经营性机构。公司现有员工3000余人，其中国家级设计大师2人，高级职称233人，中级职称551人，其他管理和技术人员1000余人。公司拥有90多项专利、专有技术，形成了企业独有的核心技术优势和施工安装能力。在天然气化工、石油化工、煤化工以及合成气化工等领域的设计在全国处于领先地位；在设备制造、大型储罐和长输管线施工、大型或特大型设备吊装及管道钢结构工厂化预制方面构筑了强大的差异化竞争优势，已成为中国石化集团大型非标设备制造基地。

公司今后将在原有的煤化工、天然气化工、丙烯腈、聚烯烃、CFB锅炉等技术优势的基础上，以新能源、环境保护为主要跟踪领域和业务方向，重点围绕以不同原料气化技术为主导的制合成气、制氢、羰基合成和IGCC，围绕以气体净化技术，包括烟气脱硫、天然气净化和合成气净化，围绕合成油工艺技术，围绕相关领域石化装备技术开发等方面进行技术研发，进一步加强GTL、大甲醇等方面技术攻关，为推动经济社会的全面、协调、可持续发展，为建设资源节约型、环境友好型社会作出贡献。

中国石化集团宁波工程有限公司

部门	公网电话
总经理办公室（保卫处）	
主任	87975678
副主任	87974815
副主任	87975381
文秘	87975589
接待科	87975111
信访	87975658
行政科	87975500
小车队	87975218
综治科	87975115
通信站	87974567
消防监控	87974119
门警值班	87974011
安保监控	87974110
法律事务部	
副主任	87975381
法律事务管理	87975580
企业管理部	
主任	87975168
副主任	87975679
副主任	87975655
人力资源部	
主任	87975277
副主任	87975268
外事	87975492
工伤	87975493
社会保险	87975494
职称	87975498
执业资格	87975504
劳动合同	87975507
社会用工	87975517
工资、住房公积金	87975523
人事档案	87975527
财务计划部	
主任	87975676
副主	87975661
副主任	86433958
副主任	87975545
主任会计师	87975677
主任会计师	87975665
组织部	
部长	87974866
质量管理部	
主任	87974678
副主任	87974522
主任工程师	87975369
安全环保部（HSE 管理部）	
主任	87974218
副主任	(0574)87974283
副主任	87974242
主任工程师（二）	87974343
基建处（资产设备管理处）	
处长	87975662
副处长	87975099
审计处	
处长	87975378
监察处（纪委）	
处长	87974228
副处长	87974520
党群工作部（党委办公室）	
主任	87974366
副主任	87974155
团委副书记	87975260
团委副书记	87975279
工会	87984518
电视台	86433423
离退休人员管理中心	
主任	86433667
经营管理部	
主任	87975569
副主任	87975508
副主任	87985018
报价管理	87974441
北京市场开发部	
主任	(010)51238696
设计生产管理部	
主任	87975073
副主任	87975126
副主任	87975008
项目管控部	
主任	87975266
副主任	87985108
副主任	87975536
副主任	87975085
副主任	87974513
采购部	

主任……………………………………87975155
副主任……………………………………87975253
副主任……………………………………87975159
信息中心
主任……………………………………87974444
副主任……………………………………87975088
主任工程师……………………………………87975556
主任工程师……………………………………87975002
主任工程师……………………………………87975001
网络维护……………………………………87975005
IT 维修 ……………………………………87974271
网络维护……………………………………87975577
绘图房……………………………………87974949
档案室……………………………………87974237
培训中心
副主任……………………………………86433659
培训管理……………………………………86433310
工程概预算室
主任……………………………………87975081
概算管理……………………………………87984448
工艺系统室
主任……………………………………87975061
副主任……………………………………87974847
副主任……………………………………87974780
综合办公室……………………………………87974853
工艺安装室
主任……………………………………87975063
副主任……………………………………87974655
综合办公室……………………………………87974758
设备室
主任……………………………………87975501
副主任……………………………………87975210
副主任……………………………………87975226
综合办公室……………………………………87975568
电控室
主任……………………………………87975116
副主任……………………………………87975089
综合办公室……………………………………87974955
土建室
主任……………………………………87975143
综合办公室……………………………………87975072
环保室
主任……………………………………87975611
副主任……………………………………87975228
综合办公室……………………………………87975203
锅炉及发电项目部
主任 ……………………………………087975258
综合办公室……………………………………87974628
宁波技术研究院（技术中心）
常务副院长……………………………………87975205
技术管理部……………………………………87975286
设备开发室……………………………………87975128
工艺开发室……………………………………87974528
施工技术开发室……………………………………87975055
环保开发室……………………………………87974516
专利管理……………………………………87974272
标准管理……………………………………87975406
综合办公室……………………………………87974563
概预算中心站
副站长……………………………………87975231
概算管理……………………………………87974402
自控中心站
副主任 ……………………………………(021)64578936
上海公司
经理 ……………………………………(021)64578861
副经理 ……………………………………(021)64578916
副经理 ……………………………………(021)64578919
副经理 ……………………………………(021)64578980
上海综合设计室 ……………………………………(021)64578830
国际合作部副主任 ……………………………………(021)64578925
国际合作部 ……………………………………(021)64578947
综合办公室 ……………………………………(021)64578884
财务部 ……………………………………(021)64578892
兰州分公司
经理 ……………………………………(0931)7537620
副经理……………………………………(0931)7549289
副经理……………………………………(0931)7542682
综合办公室 ……………………………………(0931)7556710
兰州综合设计室 ……………………………………(0931)7543956
财务部 ……………………………………(0931)7556215
人事管理 ……………………………………(0931)7556337
离退休办 ……………………………………(0931)7556560
计划经营部 ……………………………………(0931)7544858
机械制造公司
总经理……………………………………86433609
党委书记……………………………………86433299
副经理……………………………………86433258
副经理……………………………………86433278
副经理……………………………………86433849
副经理……………………………………(021)57943943-8441
工会主席……………………………………86433298
综合办公室……………………………………86433266

财务部……86433289
人事科……86433625
经营科……86433749
技术科（设计研发室）……86433626
安全科……86433229
质量科……86433219
采购科……(0574)86433766
资产科……86433239
上海机械制造厂……(021)57943943
宁波机械制造厂……86433850
上海钢结构管道制造厂……(021)57245212

建设安装公司
经理……86433755
书记……86433665
副经理……86433740
副经理……86433971
综合办公室……86433830
劳人科……86433426
财务科……86433944
预算科……86433861
工程科……86433461
安保科……86433548
供应科……86433466
质量科……86433746
技术科……86433493

机械化施工公司
经理……86433613
书记……86433957
副经理……86433617
总工程师……86433953
综合办公室……86433616
经营科……86433963
财务科……86433970
安全科……86433951
设备供应科……86433621
技术科……86433772
汽修厂……86433961

储运安装公司
经理……86433761
书记……86433682
副经理……86433979
副经理……86433685
副经理……86433683
综合办公室……86433976
财务部……86433865
安保科……86433568
物装科……86433786
经营科……86433433
计调科……86433978
技术科……86433417
质检科……86433771

检维安装公司
经理……(021)67260858
书记……(021)67260898
副经理……(021)67260868
副经理……(021)57261472
副经理……(021)57951206
综合办公室……(021)57950115
财务科……(021)57265221
经营科……(021)57933061
工程科……(021)58649652
安环科……(021)57943800-38973
物装科……(021)57265225
质量科……(021)57943800-38972
维护科……(021)57261407-8017

45. 中国石化集团第二建设公司

地址：江苏省南京市栖霞区尧化门尧石二村 100 号
邮编：210046
区号：025
传真：85561051
网址：www.sccpec.com

中国石化集团第二建设公司位于江苏省南京市，始建于 1954 年，是中国石化集团公司直属大型施工企业，位居中国建筑施工综合实力百强企业之列，具有建筑、安装、设备制造、物资采购、大型设备运输和吊装、大型储罐、长输管道等综合配套的施工能力。持有化工石油工程施工总承包一级资质，国家一、二、三类压力容器制造及现场组焊许可证，一级锅炉安装许可证，压力管道安装许可证，特种设备安装改造维修许可证，美国机械工程师协会的 ASME “U” 钢印证书以及国外承包工程经营许可证等，通过了 ISO9001：2000 质量管理体系认证及安全、环境、健康管理体系（HSE）认证。

公司具有较强的施工能力和较丰富的施工经验，能同时组织 10 套以上大型、20 套以上中型石油化工、化纤、医药生产装置的施工。在催化裂化（裂解）、加氢裂化、重整、PX（对二甲苯）、PTA（精对苯二甲酸）、PP（聚丙烯）、EO/EG（乙二醇）、乙烯低温储存、长输管道等工程施工中优势明显，创造了许多国内纪录。

凭借鲜明的专业特点和较雄厚的技术实力，公司在国内石化施工领域发挥着骨干作用，先后承担过百余项国家重点工程建设，建设过几百套大、中型石油化工装置。与多家国际知名公司有过成功合作，可直接使用英文图纸资料和欧美技术标准组织施工，曾有在新加坡、科威特、伊拉克、沙特阿拉伯等境外施工的经历。目前公司正在沙特阿拉伯以联合 EPC 方式承建大型聚烯烃项目、乙二醇项目。

多年来，公司一直以“全面控制，持续创新，诚挚服务，顾客满意。”作为全体员工信守的准则。公司先后获得“鲁班奖”、国家优质工程奖 12 项，全国优秀焊接工程奖 18 项，省部级工程质量奖 150 余项。先后多次被评为全国用户满意施工企业和江苏省建筑业最佳企业，数次被国家工商行政管理总局评为全国守合同重信用企业，是连续多年的江苏省文明单位。

中国石化集团第二建设公司秉承“诚实、负责、竞争、领先”的企业理念，以其技术精湛、装备先进、人才济济以及综合配套施工管理的优势竭诚为海内外客户提供优质的可靠的工程产品。

中国石化集团第二建设公司

部门	公网电话
公司机关	
经理办公室	
主 任	85662167
秘书	85662160
接待	85662165
企业规划处	
处长	85662004
办公室	85662664
计算机中心	85662136
计算机中心	85662137
档案	85662168
档案	85662169
政治工作部	
主任	85662179
副主任	85662180
组干	85662198
团委	85662198
宣传	85662198
机要室	85662199
机关党委	85662181
纪委办公室	
主任室	85662172
办公室	85662173
工会	
副主席	85662192
副主席	85662193
秘书宣教	85662197
民管劳保	85662197
组织女工	85662195
文体财务	85662195
会议中心	85662194
图书阅览	85662206
物资装备处	
传真	85662243
处长	85662202
设备管理	85662244
设备管理	85662247
综合管理	85662249
工程管理处	
传真	85561128
处长	85662109
副处长	85662130
计划、统计	85662131
调度	85662132
保卫处	
处长	85662207
内勤	85662208
外勤	85662209
值班室	85662110
生活区南门	85662283
生活区北门	85662282
生活区停车场	85662284
生产基地东门	85663154
生产基地值班	85663110
安全环保处	
处长	85662271
值班室	85662119
安全管理	85662106
车辆管理	85662107
人力资源处	
处长	85662149
副处长	85662151
保险	85662152
干部	85662153
工资	85662157
工人	85662201
定额	85662154
教育	85662155
财务处	
传真	85662146
处长	85662218
副处长	85662147
报销	85662148
资金	85662146
综合	85662145
成本	85662156
市场开发部	
传真	85563553
经理	85662241
副经理	85662240
综合	85662242
综合	85569995
技术	85562245
技术	85662252
商务	85662246
商务	85662248

商务 ……85662251
审计处
处长 ……85662212
副处长 ……85662104
办公室 ……85662105
技术质量处
处长 ……85662182
副处长 ……85662188
办公室 ……85662185
办公室 ……85662189
办公室 ……85662183
设计室
副主任 ……85662186
……85662187
经营计划处
（法律事务处）传真（法律事务处）……85662184
处长（经营）……85662138
处长（法律）……85662143
副处长 ……85662102
计划统计 ……85662142
工程造价 ……85662140
……85662150
……85662101
合同 ……85662161
新闻中心
主任 ……85662176
记者部 ……85662177
编辑部 ……85662178
策划部 ……85662178
编辑室 ……85662175
值班室 ……85662174
离退办（居委会）
主任室 ……85662258
管理室 ……85662259
居委会 ……85662211

储罐工程公司

传真 ……85663111
经理 ……85663107
书记 ……85663109
副经理 ……85663108
副经理 ……85663115
总经济师 ……85663130
总工程师 ……85663117
副总 ……85663132
综合办（文书）……85663118
综合办（人事）……85663131
施工管理科 ……85663134
技术质量科 ……85663132
经营科（财务）……85663101
经营科（预算）……85663135

管道工程公司

传真 ……85663104
经理 ……85663149
书记 ……85663100
副经理 ……85663137
副经理 ……85663143
副经理 ……85663153
综合办（主任）……85663106
综合办 ……85663156
人力资源科 ……85663263
工程管理科 ……85663102
技术质量科 ……85663097
经营财务科 ……85663105

设备工程公司

传真 ……85663122
经理 ……85663393
书记 ……85663136
副经理（生产）……85663139
副经理（经营）……85663140
副经理（总工）……85663138
工会主席 ……85663136
工会副主席 ……85662663
综合办（主任）……85662663
综合办 ……85663122
人力资源科 ……85663142
工程管理科 ……85663141
技术质量科 ……85663146
经营财务科 ……85663145
团委 ……85662663
女工 ……85662663
工程一队 ……85663103
工程二队 ……85663218
工程三队 ……85663103

电仪工程公司

传真 ……85663155
经理 ……85663159
……85591096
书记室 ……85663162
副书记 ……85663160
副经理 ……85663160
副经理 ……85613161
总工室 ……85663248

综合办 ……………………………………85663164
工程管理科 ………………………………85663169
技术质量科 ………………………………85663168
财务科 ……………………………………85663152
供应室 ……………………………………85663247
经营科 ……………………………………85663163
人事教育科 ………………………………85663167
电仪一队 …………………………………85663252
调试队 ……………………………………85663171

机工（物装）公司

传真 ………………………………………85563199
经理 ………………………………………85663211
………………………………………85562664
副经理 ……………………………………85663212
副经理 ……………………………………85663221
副经理 ……………………………………85663228
副书记 ……………………………………85663216
综合办 ……………………………………85663226
经营财务科（科长）………………………85663151
经营财务科（会计）………………………85663158
工程管理科 ………………………………85663227
设备器材科（计划）………………………85663219
设备器材科（仓库）………………………85663232
工程队 ……………………………………85663230
重机队 ……………………………………85663229
汽运队 ……………………………………85663231
租赁业务部 ………………………………85663215

扬子分公司

经理 ………………………………………58561913
………………………………………58392629
书记 ………………………………………58392629
行政部 ……………………………………57784596
工程部 ……………………………57787691-8106
技质部 ……………………………57787691-8109
安监部 ……………………………57787691-8107
物资部 ……………………………………57150127
费用部 ……………………………57787691-8207

宁波分公司

经理 ………………………………………86449679
副经理 ……………………………………86449678
综合办 ……………………………………86449677

福建分公司

传真 ……………………………(0595)87781643
经理 ……………………………(0595)87786500
副经理 …………………………(0595)87779695
副经理 …………………………(0595)87779697
办公室 …………………………(0595)87781343

江北分公司

办公室 ……………………………(025)58394567
……………………………(025)58391420

上海分公司

办公室 ……………………………(021)65142422

46. 中国石化集团第四建设公司

地址：天津市大港区世纪大道180号
邮编：300270
区号：022
传真：25990156
网址：www.pfcc.com.cn
E-mail：fcc.ssij@sinopec.com.cn

中国石化集团第四建设公司成立于大庆会战时期的1962年3月26日，主要从事石油化工工程建设，为国家工程施工总承包一级企业，40余年来，建设足迹遍布大江南北，被誉为石化战线上的“铁军”。

公司现有员工4000余人，其中各类专业技术管理人员1500余人，包括教授级高级专家8人，享受政府特殊津贴专家9人，取得美国PMP资质认证39人，取得国家项目经理资质（或一级建造师执业资格）405人。公司还有固定协作人力资源20000余人。公司下设设备安装、管道安装、电器仪表安装、储罐安装、吊装运输和工厂化预制等专业化工程公司8个，可进行代业主管理和监理管理的工程项目管理公司1个，物业管理公司1个。

公司管理资质齐全，持有美国ASME“U”钢印授权证书、国家质量监督检验检疫总局颁发的“A3级压力容器制造现场组焊许可证”、“GA1、GB1、GB2、GC1级压力管道安装许可证”；拥有AR2、AR3压力容器制造安装许可证、“A1、A2、A3级压力容器修理改造许可证”、“一级锅炉安装许可证”；公司于1995年通过ISO9000标准质量体系认证，2001年通过ISO14001和OHSAS18001认证。

FCC是以施工为主体，集工程设计、采购供应、设备制造、工程施工、试车保运服务为一体的化工石油工程施工总承包一级企业。

公司拥有先进的施工安装机具和运输动力装备1842台，总功率12748kW，拥有国际领先国内独有的2500t液压吊装系统和亚洲吊装能力最大的1600t履带吊车。

公司历年承建国内各类工业装置千余套，并先后参加了朝鲜、科威特、新加坡、沙特阿拉伯、香港等国家或地区的40多套石油化工生产装置建设。

公司建立了完善的工程建设项目管理体系和标准体系，具有以“大型设备吊装、大型储罐安装、大型压缩机组安装调试、大型装置DCS和ESD安装调试、特种材料焊接”为核心的专业化施工、施工管理和工程项目管理为依托，可代业主及工程总承包方进行PMC、CM施工管理、工程监理管理的综合实力。经过多年的艰苦奋斗和创新发展，公司已经发展成为具有工程建设总承包、工程施工总承包、代业主管理、工程项目建设管理、工程项目施工管理能力的国内一流工程建设企业。

中国石化集团第四建设公司

部门　　公网电话

公司机关

总经理办公室
　主任……63862711
　副主任……63863611
　秘书……63862213
　文书……63862214
　总值班室……63862313
　传真……25990156
党委工作部
　部长……63863058
企业发展规划处
　处长……63862419
人力资源处
　办公室……63862235
工程管理处
　办公室……63863635
技术质量处
　办公室……63862721
安全环保处
　办公室……63863643
市场开发处
　办公室……63862347
物资装备处
　办公室……63862378
工会
　办公室……63862439
离退休管理处
　办公室……63862233

二级单位

第一设备安装工程公司
　办公室……63862822
第二设备安装工程公司
　办公室……63862048
第一管道安装工程公司
　办公室……63862863
第二管道安装工程公司
　办公室……63862912
基地工程公司
　办公室……63862696
储罐安装工程公司
　办公室……63862946
电气仪表工程公司
　办公室……63862772
吊装运输公司
　办公室……63862831
物业管理公司
　办公室……63862837
工程项目管理公司
　办公室……63863861

47. 中国石化集团第五建设公司

地址：甘肃省兰州市西固区康乐路27号
邮编：730060
区号：0931
传真：7356578
网址：www.s-fcc.com.cn
E-mail：fcc@public.lz.gs.cn

中国石化集团第五建设公司成立于1953年，原为化工部第五化工建设公司（简称五化建），1999年6月定名为中国石化集团第五建设公司。

公司持有化工石油工程施工总承包一级企业资质证书、国外工程承包资质书、对外经济合作经营资格证书、GB/T 19001-ISO 9001：2000质量体系认证证书、积业安全卫生管理体系认证证书、安全环境与健康（HSE）管理体系认证证书、AR3和BR1级压力容器制造安装许可证、A级锅炉安装许可证和A级锅炉修理改造许可证、压力管道安装许可证、压力管道元件制造单位安全注册证书、海洋石油工程二级资质证书。

公司50年来，管理施工经验丰富，技术力量精湛，实力雄厚，先后为国内外60余家客户承建了300余套大中型石油化工、炼油、化工、化肥、化纤装置，工程质量优良，均实现一次试车投产成功。在许多专业形成了独特的技术，特别是在大型锅炉安装、大型精密传动设备（组）安装与调试、特种钢焊接、DCS自动化集精控制系统安装与调试、空分工程、大型设备吊装等方面形成了独特的企业技术优势，居国内领先水平。近年来，有2项工程获中国建筑工程鲁班奖，有4项工程获国家优质工程银质奖，有29项工程获省（部）优质工程奖，3次获全国先进施工企业称号。

公司现有员工2780人，各类管理人员及工程技术人员862人，各工种技术工人1878人，拥有各类施工机械2330台，单台最大起重能力750t，全年可完成施工产值10亿元。

中国石化集团第五建设公司

部门 公网电话

公司机关

经理办公室
……7961410
……7356519
传真……7356578
市场开发部
……7981847
传真……7354044
财务计划处
……7983341
企业策划部
……7961385
人事教育处
……7961529
法律事务部
……7961483
项目管理部
……7961021
安全监督处
……7961216
技术开发处
……7961225
质量管理处
……7961207
物资管理处
……7961481
机械动力处
……7981846
审计处
……7961307
纪检监察部
……7961393
武装保卫部
……7982117
工会
……7961554
团委
……7961530
物业管理公司
……7961263
设计研究所
……7961205

二级单位

南京分公司
综合办……(025)58378138
传真……(025)58378330
安装一公司
经理……7962061
综合办……7961269
安装二公司
经理……7961095
综合办……7962475
安装三公司
经理……7961874
综合办……7962487
安装四公司
经理……7361528
副经理、主任……7962463
机械电仪工程公司
经理……7988468
综合办……7988472
机施公司
经理……(025)58378559
综合办……(025)58378551
经理……(0931)7961349
综合办……(0931)7961278
储罐公司
经理……(0931)7991056
综合办……(0931)7982084
海外工程公司
综合办……(0931)7983224
办公室……(0931)7360488

48. 中国石化集团第十建设公司

地址：山东省淄博市临淄区建设路29号
邮编：255438
区号：0533
传真：7501126
网址：www.sinopecten.com
E-mail：tcc@sinopecten.com

中国石化第十建设公司是中国石化集团直属的综合性大型施工企业。公司拥有国家化工石油工程施工总承包一级企业资质和多项专业承包资质；拥有AR3级压力容器制造许可证、1级锅炉安装许可证、GA1+GB+GC1类级别压力管道许可证、起重机械安装改造维修许可证，在同行业率先通过了ISO9001:2000质量体系认证和HSE体系认证。

公司具有先进的施工工艺技术和项目管理经验，可同时承建数套大中型化工、炼油、化肥、医药、纺织、市政、环保、送变电装置及其配套工程的新建、改造、扩建及检修工程，在大型和特大型设备吊装、大型构筑物施工、设备衬里、球罐组焊、精密传动设备安装、焊接、DCS调试等方面形成了自己的核心技术和优势。

自上世纪末以来，公司先后与法国德希尼布工程公司、芬兰凯米拉、BP、阿莫克、福陆丹尼尔等多个国际知名企业合作，承建了孟加拉国东方炼油厂、珠海PTA、厦门世佳柯达、湛江凯米拉复合肥工程和约旦亚喀巴复合肥等国际工程建设项目。近期，公司又一举中标叙利亚公共发电公司米哈德电厂两台锅炉机组改造工程。

为尽快与国际工程承包和管理方式接轨，公司成立了设计、采购、施工和试运行一条龙服务的具有工程总承包能力的金海湾工程公司，为公司进一步走出国门，进入国际市场，奠定了坚实的基础。

中国石化集团第十建设公司

部门	公网电话
经理办公室	
主任	6295171
副主任	6295292
副主任	6295123
总值班室	7501143
传真	7501126
市场开发部	
部长	6295184
副部长	6295137
副部长	6295218
副部长	6295249
综合科	6295066
传真	6295678
经营部	
部长	6295720
副部长	6295378
副部长	6295495
传真	7507816
项目管理部	
部长	6295499
副部长	6295467
副部长	6295257
项目科	6295604
传真	6090777
海外事业部	
副部长	6295008
办公室	6295231
传真	6295102
人力资源部（组织部）	
部长	6295181
副部长	6295420
副部长	6295511
传真	6299521
财务资产处	
处长	6295191
副处长	6295201
副处长	6295136
传真	6299818
企业管理处	
处长	6295221
副处长	6295931
综合科	6295179
技术管理处	
处长	6295194
副处长	6295318
综合科	6295223
传真	7508106
质量管理处	
处长	6295215
副处长	6295629
副处长	6295829
综合科	6295594
安全监督处	
处长	6295211
副处长	6295213
传真	7507192
审计处	
处长	6295235
副处长	6295196
物资装备处	
处长	6295421
副处长	6295422
副处长	6295262
传真	6299688
党委工作部	
部长	6295167
综合办	6295952
传真	7501131
纪委（监察处）	
处长	6295166
副处长	6295152
综合办	6295151
工会	
副主席	6295153
主任	6295154
传真	7506892
安装一公司	
经理	6295321
书记	6295322
综合办	6295323
传真	6299311
安装二公司	
经理	6295331
书记	6295332
综合办	6295333
传真	6296888
大连分公司	
经理	(0411)87644001
综合办	6295996

传真……………………………………6299888

南方分公司

经理……………………………………6295792
书记……………………………………6295802
综合办…………………………………6295922
传真……………………………………7505074

仪电一公司

经理……………………………………6295351
书记……………………………………6295352
综合办…………………………………6295358
传真……………………………………7501434

仪电二公司

经理……………………………………6295267
书记……………………………………6295912
综合办…………………………………6295508
传真……………………………………6295567

储运（球罐）工程公司

经理……………………………………6295791
副经理…………………………………6295458
综合办…………………………………6295872
传真……………………………………7507806

金海湾工程公司

经理……………………………………6295198
书记……………………………………6295197
综合部…………………………………6295251
传真……………………………………7503002

重机公司

经理……………………………………6295020
书记……………………………………6295943
综合办…………………………………6295340
传真……………………………………7501437

上海齐安公司（建筑工程公司）

经理……………………………………6295416
副经理…………………………………6295693
综合办…………………………………6295695
传真……………………………………6295695

社区管理中心

主任……………………………………6295028
综合科…………………………………6295795
传真……………………………………6295795

保卫处（人武部）

处长……………………………………6295933
综合科…………………………………6295226
传真……………………………………7501139

离退休管理处

处长……………………………………6295219
综合科…………………………………6295624

定额管理站

站长……………………………………6295187

49. 中国石油化工集团公司经济技术研究院

（中国石化咨询公司）

地址：北京市朝阳区安外小关街 24 号
邮编：100029
区号：010
传真：64449005

中国石油化工集团公司经济技术研究院的前身是成立于 1971 年的中国石油化学工业部规划设计院。1983 年中国石化总公司成立，中国石油化学工业部规划设计院更名为中国石化总公司规划院。1998 年中国石油石化工业的改革重组，更名为中国石油化工集团公司规划院。2000 年中国石油化工集团公司决定将中国石油化工集团公司规划院和原中国石化信息中心信息研究部分合并，成立中国石油化工集团公司经济技术研究（中国石化咨询公司）。

中国石化咨询公司是中国石油化工集团公司的专业公司，1985 年获得中国第一批甲级咨询资质，是国际咨询工程师联合会 (FIDIC) 正式会员，是中国工程咨询协会会员单位和常务理事单位。中国石油化工信息学会、中国工程咨询石化分会挂靠在中国石化咨询公司办公。

部门	公网电话
院办公室	64449006
党委办公室	64449030
人事教育处	64449085
财务处	64449035
行政处	64449131
经营部（综合管理处）	64449036
发展战略研究所	64449090
市场营销研究所	64449075
评估部	64449051
经济政策研究所	64449083
信息研究所	64449065
中石化上海咨询公司	64414501
基础部	64449144
图书馆	64449109
科技查新部	64414508
中国石油化工信息学会	64449036
中国工程咨询协会石化分会	64449098
石化咨询信息网	64449098
《当代石油石化》编辑部	64449093
《世界著名石油石化公司手册》编辑部	64449015
《石油化工要闻》编辑部	64449097
《中国石化文摘》编辑部	64449014
《参数与数据》编辑部	64449155
《中国石油石化产业经济研究年度报告》编辑部	64449083
《中国石化经济技术网》	64449104
图书发行部	64449124

50. 中国石化集团国际石油勘探开发有限公司

地址：北京市海淀区北四环中路263号
邮编：100083
区号：010
传真：82310841
E-mail：sipcinfo22@sipc.com

中国石化集团国际石油勘探开发有限公司（SIPC）是中国石化集团的全资子公司，成立于2001年1月，总部在北京，注册资本181.059亿元人民币。SIPC代表中国石化集团统一行使对海外油气资源的勘探开发和海外投资及项目实行统一经营管理，是集团公司从事上游海外投资经营的惟一专业化公司。SIPC下设15个职能部门和25个海外机构，共有海内外员工近2000人。

目前，SIPC的海外油气勘探开发项目遍布非洲、中亚、中东、俄罗斯、美洲、南亚太的十几个国家，已初步开成了海外油气生产合作的战略布局。

部门	公网电话
办公室	
主任	82310870
副主任	82310779
人力资源部	
经理	82310872
副经理	82312996
计划部	
经理	82312843
财务资产部	
经理	82310842
副经理	82328336
法律合同部	
经理	82310919
副经理	82312994
公共事务部	
经理	82310839
副经理	82328205
资产运营部	
经理	82310873
副经理	82318727
西非一亚太区项目部	
经理	82332959
副经理	82335306
规划和科技部	
经理	82332953
副经理	82332818
工程技术部	
经理	82332961
副经理	82332755
采办贸易部	
经理	82332963
副经理	58754005
HSE部	
副经理	82332973
	82332817
信息部（总值班室）	
经理	82310907
副经理	82328769
审计部	
经理	82310840
办公室	82327860
企业文化部（党群工作部）	
经理	82310920
办公室	82333202

51. 中国石化集团国际石油工程有限公司

地址：北京市西城区安德路甲 67 号
邮编：100011
区号：010
传真：51586550
网址：www.sipsc.com
E-mail：sipsc@sipsc.com

中国石化集团国际石油工程有限公司成立于 2003 年 12 月，注册资本金 4 亿元人民币。作为中国石化集团公司的全资子公司，是以从事国际石油工程承包和技术服务为主的经营管理公司，对集团公司国际石油工程承包、技术服务和劳务合作业务实行归口管理和统一协调；承担自营国际石油工程承包、技术服务和劳务合作业务的经营管理及油田企业自营国际石油工程承包、技术服务和劳务合作业务的管理、监督和协调。承包境外石油工程及境内国际招标工程；对外派遣实施境外工程所需的劳务人员；负责国际石油工程承包项目下的设备、技术和材料的出口工作及境外设备租赁、租购业务。

近年来，中国石化集团上游石油工程队伍在非洲、中东、中亚、美洲、南亚和东南亚等数十个国家和地区，通过开展合资合作、提供技术服务或以承包及分包的形式，实施了物探、钻井、测井、录井、固井、修井、油田地面建设、管道建设和水利、道路建设等石油工程及其他工程服务项目百余个。目前，在海外执行的石油工程服务项目中，中国石化集团的石油工程服务队伍在非洲、中东、中南美洲、中亚及南亚五大地区的 18 个国家拥有 91 个油气勘探和生产建设项目合同；境外作业队伍达 131 支。

中国石化集团
国际石油工程有限公司

部门　　公网电话

总经理办公室
- 主任 …………51586506
- 副主任 …………51586508
- 办公室 …………51586550
- …………51586503

人力资源部
- 经理 …………51586596
- 办公室 …………51586422
- …………51586424

计划财务部
- 经理 …………51586436
- 副经理 …………51586442
- 办公室 …………51586563
- …………51586421

经营条法部
- 经理 …………51586448
- 副经理 …………51586451
- 办公室 …………51586450
- …………51586447

市场开发部
- 经理 …………51586458
- 副经理 …………51586461
- 办公室 …………51586462
- …………51586471

项目管理部
- 经理 …………51586466
- 副经理 …………51586547
- 办公室 …………51586482
- …………51586484

物流管理部
- 经理 …………51586468
- 办公室 …………51586493
- …………51586492

装备筹备部
- 经理 …………51586488
- 办公室 …………51586560
- …………51586515

厄瓜多尔子公司
- …………00593-2-2529640 转 112

哈萨克斯坦子公司
- …………007-3272-912006

沙特分公司
- …………00996-3-8579180

苏丹项目
- …………00249-1-83282035

巴西项目
- …………51586407
- …………0055-21-25593965

52. 中国石化财务有限责任公司

地址：北京朝阳区朝阳门北大街22号
邮编：100728
区号：010

中国石化财务有限责任公司（以下简称财务公司）是经中国人民银行批准于1988年7月8日成立，以加强中国石化集团资金集中管理和提高集团资金使用效率为目的，为集团成员单位提供财务管理服务的非银行金融机构。公司现注册资本金25亿元人民币（内含6000万美元），注册地为北京，现设有上海办事处、广州办事处、南京办事处、兰州办事处、山东代表处和河南代表处共6个分支机构。

财务公司以“依托石化、服务石化”为经营宗旨，紧跟集团生产经营发展步伐，在筹集融通资金、调节资金流向、提高资金使用效率、降低企业财务费用等方面发挥了财务公司作为集团内部银行的职能作用。

经中国银行业监督管理委员会批准，公司经营的主要业务为：

1. 吸收成员单位3个月以上定期存款；
2. 发行财务公司债券；
3. 同业拆借；
4. 对成员单位办理贷款及融资租赁；
5. 办理集团成员单位产品的消费信贷、买方信贷及融资租赁；
6. 办理成员单位商业汇票的承兑及贴现；
7. 办理成员单位的委托贷款及委托投资；
8. 有价证券、金融机构股权及成员单位股权投资；
9. 承销成员单位的企业债券；
10. 对成员单位办理财务顾问、信用鉴证及其他咨询代理业务；
11. 对成员单位提供担保；
12. 境外外汇借款；
13. 办理成员单位之间内部转账结算业务；
14. 经中国银行业监督管理委员会批准的其他业务。

中国石化财务有限责任公司

部门　公网电话

经理办公室 ……59966357

结算部 ……59966363

财务会计部 ……59966388

人事劳资部 ……59966389

资金计划部 ……59966394

国际业务部 ……59966408

信贷部 ……59966418

投资银行部 ……59966424

信息部 ……59966435

风险控制部 ……59966458

稽核部 ……59966468

经济管理部 ……59966472

中国石化财务有限责任公司广州办事处

地址：广东省广州市天河区林和西路1号
广州国贸中心大厦25楼BC单元
传真：(020)38783040
邮编：510620

办公室 ……(020)38783365

中国石化财务有限责任公司南京办事处

地址：江苏省南京市中山北路45号
邮编：210008
传真：(025)83322960

办公室 ……(025)83322026

中国石化财务有限责任公司上海办事处

地址：上海市浦东新区张杨路500号
时代广场25楼
邮编：200122
传真：(021)58368288

办公室 ……(021)58367659

中国石化财务有限责任公司兰州办事处

地址：甘肃省兰州市庆阳路258号
国贸大厦9层
传真：(0931)8478870
邮编：730030

办公室 ……(0931)8478871

中国石化财务有限责任公司山东代表处

地址：山东省淄博市临淄区桓公路9号
工行9楼
传真：(0533)7586098
邮编：255400

办公室 ……(0533)7586099

中国石化财务有限责任公司河南代表处

地址：河南省郑州市经三路融丰花苑C座18D
传真：(0371)65786361
邮编：450008

办公室 ……(0371)65786362

53. 中国石化集团销售实业有限公司

地址：北京市朝阳区朝阳门北大街 22 号
邮编：100728
区号：010

中国石化集团销售实业公司是中国石油化工集团公司的直属企业，主要负责各生产企业成品油的统一收购、统一结算工作，并负责成品油的资源配置、区间调拨、协调运输、沟通信息和销售管理工作。

中国石化集团销售实业公司的主要经营范围：汽油、煤油、柴油、润滑油、石蜡、溶剂油和其他石油产品的销售。

部门	公网电话
办公室	59966901
业务处	59969030
运行处	59969040
零售管理处	59969057
润滑油经营管理处	59969070
燃料油经营管理处	59969078
进出口处	59969086
非油品业务处	59969091
财务处	59969098
发展规划处	59969112
信息管理处	59969120
安全数质量处	59969130
人事处	59969138
劳资处	59969148
企业改革管理处	59969155
政工处	59969165
审计处	59969161
监察处	59969169
管道处	59969173
合资企业管理处	59969179

华北分公司

地址：天津市和平区建设路 2 号
邮编：300040
传真：(022) 27124891
E-mail: huabei@eyou.com

部门	公网电话
办公室	
主任	27120719
副主任	27123881
副主任	27124497
人事处	
处长	27124629

监察审计
处长……………………………………27124234
副处长…………………………………27122727
业务处
处长……………………………………27124852
副处长…………………………………27122480
副处长…………………………………27121465
调运处
处长……………………………………27123720
副处长…………………………………27124058
财务处
处长……………………………………27120717
副处长…………………………………27119914
企管处
处长……………………………………27124187
副处长…………………………………27124110

华东分公司

地址：上海市长宁区愚园路819号
邮编：200050
传真：62119327
E-mail：hdsxgs@mail.online.sh.cn

办公室
主任……………………………………62119326
副主任…………………………………62119291
值班……………………………………62119325
传真……………………………………62119327
业务处
处长……………………………………62118739
副处长…………………………………62118767
副处长…………………………………62118925
财务处
处长……………………………………62119212
副处长…………………………………62119205
副处长…………………………………62119215
调运处
处长……………………………………62119081
副处长…………………………………62119225
副处长…………………………………62119075
副处长…………………………………62119085
综合管理处
处长……………………………………62119329
副处长…………………………………62119330
人事处
处长……………………………………62119053
副处长…………………………………62119052

监察审计处
处长……………………………………62118948
副处长…………………………………62118930

华中分公司

地址：湖北省武汉市汉口精武路39号
邮编：430022
传真：(027)85772810
E-mail：znshqgc@263.sina.com

办公室
主任……………………………………67598008
副主任…………………………………67598011
副主任…………………………………67598010
党委办公室
主任……………………………………67598021
副主任…………………………………67598022
业务处
处长……………………………………67598051
副处长…………………………………67598053
副处长…………………………………67598054
财会处
副处长…………………………………67598061
副处长…………………………………67598062
企管处
处长……………………………………67598041
副处长…………………………………67598042
副处长…………………………………67598043
人事处
副处长…………………………………67598049
审计处
处长……………………………………67598078

华南分公司

地址：广东省茂名市人民南路268号
邮编：525000
传真：(0668)3393366
E-mail：swpp@swpp.com.cn

办公室（党群工作办公室）
……………………………………………3393609
财务处
……………………………………………3393038
人事处（组织部）
……………………………………………3393678
审计监察处（纪检办）
……………………………………………3393093
业务处

……………………………………………………3393018

管道通信管理处

……………………………………………………3393819

安全环保科技处

……………………………………………………3393222

发展基建处（项目控制处）

……………………………………………………3393198

物资供应处

……………………………………………………3393108

调度控制中心

……………………………………………………3393788

东北分公司

地址：辽宁省沈阳市于洪区崇山东路51号

邮编：110032

总机：（024）86625855

传真：（024）86860772

E-mail: dbfgsehr@163.com

办公室

主任 ……………………………………86860285

副主任 …………………………………86621037

业务处

处长 ……………………………………86863840

发展处

处长 ……………………………………86621035

副处长 …………………………………86621030

财务审计处

处长 ……………………………………86859759

副处长 …………………………………86857689

副处长 …………………………………86859759

综合管理处

副处长 …………………………………86621037

西北分公司

地址：陕西省西安市北大街29号

中天国际大厦10层

邮编：710003

传真：（029）87257202

E-mail: zshzhc@vip.sina.com

综合处

处长 ……………………………………87257390

副处长 …………………………………87255917

财务处

处长 ……………………………………87257208

业务处

处长 ……………………………………87255799

副处长 …………………………………87257391

发展处

处长 ……………………………………87257557

川渝分公司

地址：四川省成都市人民南路一段86号

城市之心7楼

邮编：610016

总机：（028）86203022

传真：（028）86203122

E-mail: shcy@vip.sina.com

办公室

主任 ……………………………………86203105

副主任 …………………………………86203125

业务处

处长 ……………………………………86203036

财务审计处

处长 ……………………………………86203108

副处长 ……………………………………840

企业发展处

副处长 ……………………………………801

副处长 ……………………………………829

人事劳资处

副处长 …………………………………86203106

54. 中国石化集团物资装备公司

地址：北京市朝阳区惠新东街甲6号
邮编：100029
区号：010
传真：84642206

中国石化集团物资装备公司（以下简称物装公司）是中国石油化工集团公司直属专业公司，其主要职能是：受委托实施总部直接集中采购，负责实施招投标采购，负责资源市场日常管理，负责实施相同装置所需特殊材料、大型事故备件的集资储备，以及进入市场、开拓经营等。

物装公司注册资本2.5亿人民币。主要经营范围包括：经销各种原材料（含钢材、有色金属）、燃料、辅料和设备及零部件、汽车（其中小轿车销售到最终用户）、石油（成品油除外）及石化产品；建设工程设备招标代理；设备监造；废塑料、废纸张、废催化剂的回收、加工；煤炭经营；经营进出口业务（按批准的范围）；经营本系统商品的进出口业务；接受本系统单位的委托代理进出口业务；经营本系统的技术进出口业务；承办中外合资经营、合作生产、来料加工、来样加工、来件装配、补偿贸易、易货贸易及转口贸易业务。兼营房地产开发业务；与主营业务有关的技术开发、技术咨询、技术服务、信息服务。

物装公司通过预订、经销、代理、代销、代储、配送、总承包等多种形式，积极探索企业经营的新理念、新思路，努力开拓第三方物流采购与服务，建立了具有相当规模的资源渠道和业务网络，占有一定市场份额，扩大了对社会服务的范围和内容。

中国石化集团物资装备公司全体员工，将与时俱进，开拓创新，发扬中国石化集团“竞争、开放、规范、诚信”的企业文化，以崭新的精神风貌，拓展业务，做精服务，立足市场，开拓经营，诚实守信，广交朋友，竭诚为社会各界提供优质服务。

部门	公网电话
办公室（人事处）	
…………	64999419
…………	64999425
传真	84642206
综合管理处（审计处）	
…………	64999408
…………	64999445
传真	64999499
财务处	
…………	64999448
…………	64999449
传真	64999452
物资营销一处	
…………	64999690
…………	64999691
传真	64999504
物资营销二处	
…………	64999442
…………	64999540
传真	64999483

55. 中国石化集团炼化工程公司

地址：北京市朝阳区惠新东街11号紫光发展大厦A座11层
邮编：100029
区号：010

中国石化集团炼化工程公司成立于2007年7月，是中国石油化工集团公司深化炼化工程板块管理体制改革而成立的专业公司，对直属工程建设企业实行业务归口管理，对海外承包工程实行“统一品牌、统一市场、统一管理和统一经营”。公司发展目标是建设成为具有较强核心竞争力的国际工程公司。经营范围包括：境内外炼油、化工工程总承包和境内外储运工程总承包；境内外炼油，化工生产装置操作运行服务承包；境内外炼油、化工生产装置维护维修服务承包；境内外工程总承包所需的技术、设备、材料出口和复出口；境内外工程和服务的劳务出口；境内外工程项目咨询服务；境内外工程项目融资服务；境内国际招标项目的总承包；其他与境外工程总承包等。

部门	公网电话
办公室（党工办）	
	64823186
	64823128
	64823056
传真	64823772
人事处	
	64823136
	64823093
计划财务处	
	64823298
	64823308
法律事务处	
	64823586
企业管理处	
	64823271
	64823257
市场开发中心	
	64823815
国际项目管理中心	
	64823557
	64823515
招标公司	
	64823452
	64823439

56. 中石化百川经济贸易公司

地址：北京市朝阳区朝阳门北大街22号
邮编：100728
区号：010
传真：59960901

中石化百川经济贸易公司（中国石油化工集团公司机关服务中心，以下简称百川公司）成立于1993年，注册资本3000万元人民币，是主要为石化集团公司总部机关和专业公司提供后勤服务的直属专业公司，由机关事务部发展演变而来。百川公司主要业务为：办公楼的管理和服务、职工住宅的管理和服务、餐饮服务与管理、交通服务与管理、医疗服务与管理、洗衣服务等。

百川公司现有办公室、人事教育处、财务处、企业经营管理部4个综合管理处室；大楼管理处、房产管理处、基建处、生活处、交通处、医务室6个服务保障单位；实华饭店、劳动服务公司、招待所、华夏宾馆、国际旅行社5个经营实体。

中石化百川经济贸易公司

部门	公网电话
党委办公室	59960501
办公室	59960505
传真	59960901
人力资源处	59960556
财务处	59960285
企业管理处	59960918
房产管理处	59969909
基建工程处	59960166
安全保卫处	59960210
设备工程处	59960366
服务处	59960099
餐饮处	59960125
交通处	59960162
医务处	59960120
经营处	59960858
调研室	59960278
实华饭店	
总经理	64679688
副经理	64664368
副处长	64651128
办公室	64674113
总机	64665522
招待所	
所长	64990151
餐饮部	64990208
客户部	64990040
综合部	64990152
国际旅行社	
总经理	64990138
副总经理	64990139
副总经理	64990131
副总经理	64990132
办公室	64990142
	64990143
订票室	64998591
	64998592
华夏宾馆	64998555
北戴河办公室	(0335)4042228

57. 中国石化报社

地址: 北京市东城区安外大街58号
邮编: 100011
区号: 010
传真: 84273681 84271822
网址: www.sinopecnews.com.cn

中国石化报社成立于1988年7月1日，是中国石化集团公司直属事业单位，也是拥有报纸、杂志、电视、新闻网等多种宣传媒体的产业经济报社。

中国石化报社主办的《中国石化报》创刊于1988年7月1日，是中国石化集团公司党组的机关报，也是面向石油、石化行业的、对国内外公开发行的产业经济报。《中国石化报》经历十余年的发展，已由创刊初期的周三刊增加到现在的周五刊，发行数量为10余万份，读者除石化系统近80万职工和40万职工家属外，还覆盖全国其他行业及海外驻华机构，发行面广，影响大，深受读者欢迎。

中国石化报社还主办有《中国石化》和《中国石化新闻界》两本杂志。《中国石化》杂志是石油石化行业综合性经济刊物,为月刊。每月10日前出版;《中国石化新闻界》是新闻业务研究刊物，为双月刊，每双月月底出版。中国石化报社还主办有《中国石化电视新闻》，每周编辑制作《中国石化电视新闻》和电视专题片各1期，电视新闻和电视片以其先进的电视传媒手段，通过各石油、石化企业有线电视台报道中国石化集团公司系统重要新闻，收视人数超过百万人次。

中国石化报社还办有《中国石化新闻网》，中国石化新闻网以其丰富的内容，准确及时地发布石化新闻信息，大大提高了新闻宣传的时效性，深受广大境内外读者的好评。2003年1月8日中国石化报社创办了《车友报》,《车友报》以汽车司机为主要读者对象，以有关车、路、油等方面的信息和知识为主要内容，以加油站为主要发行渠道。

中国石化报社实行社长负责制。内部机构有：总编室、新闻部、专刊部、《中国石化》杂志编辑部、电视部、网络新闻部、车友报、记者部、通联部、经营管理部、广告部、综合办公室。

中国石化报社

部门	公网电话
总编室	
	84289766
	84274940
	84274953
传真	84273681
新闻部	
	84274942
	84274952
专刊部	
	84278920
	84274931
杂志编辑部	
	84281006
	84273198
电视部	
	84271863
	84271840
网络新闻部	
	84271824
	84274936
周刊部	
	84271835
	84287691
记者部	
	84273202
	84277218
通联部	
	84271829
	84274941
经营管理部	
	84285157
	84271810
广告部	
	84286617
	84271799
综合办公室	
	84271813
	84280007

车友报

部门	公网电话
编辑部	
	84280006
	84280202
传真	84280801

58. 中国石化出版社

地址：北京市东城区安定门外大街58号
邮编：100011
区号：010
传真：84289982
网址：www.sinopec-press.com
E-mail：press@sinopec.com.cn

中国石化出版社（原名烃加工出版社），成立于1984年12月，是中国石油化工集团公司主管和主办的中央级科技出版社，是中国石化集团公司的直属事业单位。出版社实行社长负责制，下设办公室、财务处、总编室、炼油化工编辑室、装备综合编辑室、勘探开发编辑室、年鉴科普编辑室、外语编辑室、展览业务处、发行部、印务部等部门。

中国石化出版社坚持正确的出版方向，严格执行党和国家的出版方针政策，主要出版石油天然气、石油炼制、石油化工、石油产品、石油化工装备、石油石化安全生产和环境保护等方面的科技图书、手册工具书、大中专教材、职工培训教材和行业标准规范等。

中国石化出版社（中国石化国内展览工作办公室）负责承办集团公司暨股份公司在国内举办的各种展览。负责集团公司年鉴、年报的编辑出版工作。

中国石化出版社拥有先进的出版手段和由著名专家、学者组成的作者队伍，所出版的图书多次获得全国优秀科技图书奖、中国石化集团科技进步奖及部级优秀教材成果奖等奖项。

中国石化出版社的办社宗旨是：以邓小平理论和“三个代表”重要思想为指导，严格遵守党和国家的出版政策和规定，坚持正确的出版方向，始终把社会效益放在首位，为石油石化工业服务，努力建设具有鲜明专业特色的科技出版社。

中国石化出版社认真贯彻落实党和国家的出版方针政策，按照科学发展观的要求，坚持正确的出版方向，始终把社会效益放在首位，实现经济效益与社会效益的结合；坚持为石油石化工业服务，贴近生产、贴近实际、贴近读者；坚持鲜明的石油石化专业特色，立足本专业、面向大科技；坚持质量第一，多出好书，实施精品工程；坚持“规范、严谨、诚信”的经营理念，规范图书出版行为，坚决抵制行业不正之风。

中国石化出版社

部门	公网电话
副总编	
	84289920
	84289932
办公室	
	84289981
	84278950
传真	84289982
财务处	
	84289917
	84289918
	84283214
传真	84289917
总编室	
	84289983
	84271850
传真	84287871
一编室	
	84275540
	84289921
	84275561
	84289934
传真	84289968
二编室	
	84289935
	84289938
	84289937
传真	84289978
三编室	
	84289951
	84289953
传真	84289951
展览处	
	84275563
	84289952
传真	84275563
四编室	
	84275549
	84279923
	84289965
传真	84275549
五编室	
	84287511
	84289961
传真	84287511
发行部	
	84289971
	84289974
	84289976
	84277922
	84289973
	84289975
	84289974
传真	84289972
印务部	
	84289980
	84289927
传真	84289980
储运部	
	61569515
传真	61569525

59. 石油化工管理干部学院

（人才培训中心、党校、继教中心）

地址：北京市朝阳区立水桥北甲1号
邮编：100012
区号：010
总机：51201188
传真：51201206
网址：www.sinopecmi.org.cn
E-mail：dzhb@sinopecmi.org.cn

石油化工管理干部学院成立于 1987 年 2 月，是中国石化集团公司高中级管理人才、高中级专业技术人才和国际化经营人才的培训基地，集石油化工管理干部学院、中国石化集团公司党校、人才培训中心、继续工程教育中心和信息技术培训中心五位于一体。

学院位于北京市朝阳区立水桥北，占地103亩，建筑面积51666m²。现有教职工155人，其中专职教师45人。教师中教授、副教授27人，有博士、硕士学位的31人。有客座教授50名，兼职教师572名。设有具备多媒体演示功能的各类教室52间，可容纳829位学员同时在校学习。另在朝阳区安翔北里设有分部，可容纳220名学员培训和食宿。学院宽带网络延伸到教室、办公室、图书馆和学员宿舍。文体中心有保龄球馆、游泳馆、羽毛球馆、乒乓球馆和多功能厅，室外体育场有200m跑道和篮球、排球、网球场。

学院主要服务于中国石化集团公司人才培训工作。具体从事高中级管理人才、高中级专业技术人才、国际化经营人才和企业后备领导人员的培训。发挥集团公司党校在党员领导干部培训方面的主阵地作用和培训工作的辐射作用，为企业党校培养骨干，整合教学资源，提供指导服务。担负集团公司暨股份公司需要的资质证书等培训。开展科研和咨询工作，在为教学服务的同时，为集团公司决策提供依据。截止到2006年底，共培训86980人次。

经过多年的实践和总结，学院形成了自己的文化。学院的院训是“厚德博学，报效石化”；价值观是“惟真、惟用、惟新”；院风是“勤勉、严谨、谦和”；学院愿景是“创国内一流培训品牌，建国际知名管理学院”。

学院致力于培训创新，大力推进培训内容创新、培训方法创新、体制机制创新，学习借鉴国内外先进培训理念和经验，紧密联系中国石化企业实际，不断增强培训的针对性和实效性，潜心打造培训品牌，进一步提高培训质量。努力把学院建成与国际接轨、特色鲜明、管理科学的人才培训基地。

石油化工管理干部学院

部门　公网电话

学院总机……51201188
健翔桥分校区总机……52058888
党政办公室
　主任……51201203
　办公室……51201215
　办公室……51201250
　保卫科……51201213
　文体中心……51201132
　总值班室……51201112
　监控室……51201259
　传真……51201206
组织人事部
　主任……51201113
　老干部活动中心……51201134
财务部
　主任……51201219
　办公室……51201223
教务部
　主任……51201107
　外事……51201105
　科研……51201321
　学报……51201217
管理培训部
　主任……51201305
专业技术培训部
　主任……51201327
　办公室……51201141
国际化培训部
　主任……51201327
　办公室……51201161
信息资源部
　主任……51201102
　网络……51201103
　图书馆……51201300
　电教……51201135
总务部
　主任……51201121
　行政科……51201252
　接待科……51201257
　膳食科……51201126
　修缮科……51201258
　综合科……51201117
　基建科……51201261
　医务室……51201262
　车队……51201122
　车队值班室……51201127
　总服务台（总机转）……30058
　前台（传真机）……51201270
创造学会
　办公室……51201136
健翔桥分校区
　主任……52058807
　接待科……52058809
　膳食科……52058810
　老干部活动站……52058868
《石化人力资源管理》杂志社
　总编辑……52058853
　办公室……52058848

60. 中国石化集团石油化工科学研究院

地址：北京市海淀区学院路18号
邮编：100083
区号：010
总机：62327551
传真：62311290
网址：www. ripp. sinopec. com
E-mail：914@ripp. sinopec. com

中国石化集团石油化工科学研究院（以下简称石科院）是中国石化直属的石油炼制与石油化工综合性科学技术研究开发机构，创建于1956年。石科院以石油炼制技术的开发和应用为主，注重油化结合，兼顾相关石油化工技术的研发。近年加强了在新型替代燃料和新能源领域的创新，正在向全方位的以炼油为主、油化结合的能源型研发机构转变。多年来，石科院在技术创新方面既重视与企业和设计单位的合作，注重市场拉动的作用，又十分重视开展导向性基础研究和应用基础研究，积累科学知识和工艺、工程经验，发挥知识创新对技术创新的推动作用。目前，石科院拥有从原油评价到各项炼油工艺技术及催化剂开发，直到石油产品研制和评价的全炼油厂成套技术的开发实力和研发优势。科研业务领域包括：清洁汽／煤／柴油生产技术、劣质和重质原油加工技术、油化结合技术、芳烃生产技术、石油产品生产技术、石油化学品生产技术、石油替代资源研究、炼化技术基础、计算机技术应用以及分析测试等配套技术共十个方面。

石科院下设17个研究部门，拥有一支综合技术优势突出的科研队伍，目前职工总数为967人，各类技术人员812人。其中，中国科学院、中国工程院院士6人，教授级高级工程师92人，高级技术人员378人，博士169人，硕士198人。拥有近千套中小型炼油和石油化工试验装置及各种化学分析仪器，涉及炼油工艺、石油化工、精细化工和添加剂以及油品应用研究等领域。石科院还下设炼油工艺与催化剂国家工程研究中心、石油化工催化材料与反应工程国家重点实验室、润滑油评定中心、水处理技术服务中心等机构；是全国石油产品标准化归口单位。另外，国家石油产品质量监督检验中心、中国石油学会石油炼制分会也挂靠在石科院；是《石油学报》、《石油炼制与化工》和英文版的《China Petroleum Processing and Petrochemical Technology》3个科技期刊的编辑、出版单位。石科院下设研究生部和博士后流动站，拥有化学工艺、应用化学专业博士学位、化学工艺、应用化学、工业催化和化学工程专业硕士学位的授予权。

部门	公网电话
院办公室	82310806
党群工作处	62311559
科研处	62310723
技术开发部	62311535
国际合作处	62310759
人力资源处	62311514

61. 中国石化集团北京化工研究院

地址：北京市朝阳区北三环东路 14 号
邮编：100013
区号：010
总机：59202000
传真：64228661
网址：www.brici.ac.cn
E-mail：lianjm@brici.ac.cn

北京化工研究院（以下简称北化院）创建于 1958 年 6 月，是中国最早从事石油化工综合性研究的科研机构之一。北化院本部地处北京市北三环内，院区环境优雅，交通方便，周边社区繁华，生活设施配套齐全。位于通州区的科学试验基地功能完备，发展前景广大。

北化院紧紧围绕中国石化主营业务，秉承“创新务实、成就客户”的核心价值理念，坚持“自主创新，重点跨越，支撑发展，引领未来”的科技发展指导方针，积极实施产品差别化创新战略、低成本创新战略和可持续发展战略。大力加强原始创新、集成创新和引进消化吸收再创新，以客户为导向，以材料为先导，产品、催化剂、工艺工程等多专业协同攻关，为客户提供综合解决方案，努力实现关键技术突破。形成了工业催化、有机合成、高分子聚合、塑料加工、化工环保、化学工程、分析表征和信息化 8 大技术创新平台。设立了聚烯烃国家工程研究中心、国家基本有机原料质量监督检验中心、国家化学建材测试中心和国家高分子材料与制品质量监督检验中心等全国性技术中心，以及《石油化工》、《石油化工快报》和《化工环保》等行业性杂志。

北化院认真贯彻落实科学发展观，坚持以人为本，以激发科技人员创造活力为出发点，大力引进和培养高层次创新人才。一支由国家工程院院士和国家“973”项目首席科学家组成的专家团队，不断将科学的奇迹转变为生产力。一大批创新人才崭露头角，一大批创新技术在国内外广泛应用。

部门	公网电话	部门	公网电话
综合办公室	-2350	机械工程部	64274617
财务部	64228665	化工自动化仪表部	59202293
人事部	64212042	北京北化研石化设计院	64239301
离退休办公室	64228664	北京华苑商贸公司	64217807
教育培训中心	64200679	北京北化研化工新技术公司	64211187
工程维修部	64296466	北京新大禹精细化学品公司	64299137

62. 中国石化集团抚顺石油化工研究院

地址：辽宁省抚顺市望花区丹东路东段31号
邮编：113001
区号：0413
总机：6427881
传真：6429551
网址：www.fripp.com.cn
E-mail：public@fripp.com.cn

抚顺石油化工研究院（以下简称抚顺石化院）是中国石化直属科研单位，创建于1953年，是国内最早建立的石油研究机构。经过50多年的不断发展，现已成为以临氢催化、生物化工、环境保护技术以及材料产品开发为核心专业领域的综合性科研开发基地。

抚顺石化院位于辽宁省抚顺市望花区，占地21万m^2，拥有中小型炼油及化工试验装置200余套，其中具有当今世界先进水平的加氢试验装置50多套，有各类大型分析测试仪器200余台。

抚顺石化院主要从事加氢裂化催化剂及工艺技术开发、馏分油加氢精制催化剂及工艺技术开发、渣油加氢处理催化剂及工艺技术开发、石油蜡类及特种溶剂油产品加氢精制催化剂及工艺技术开发、半再生固定床催化重整催化剂及工艺技术开发、生物及化工技术开发、石化企业和油田废水、废气、废渣治理技术开发以及石油沥青、特种蜡产品生产技术开发。此外，在临氢催化基础研究和催化剂表征、临氢催化动力学及其过程模拟软件开发、原油评价、油品分析测试和石油蜡类产品标准化、计算机应用开发、科研装备开发等方面也具有雄厚的技术实力。

截至2007年底，抚顺石化院共取得科技成果332多项，获国家科技进步奖和发明奖20项，已申请中国专利1236件，申请国外专利85件，获国内外专利授权838件。

部门	公网电话
院办公室	59202342
财务部	59202380
人力资源部	59202661
科技术开发部	59202670
审计监察室	59202365
安全保卫部	59202307
基建条件部	59202386
国际合作部	59202340
法律事务部	59202650
党委办公室	59202668
工会	59202353
有机原料研究所	59202249

部门	公网电话
精细化工研究所	59202557
塑料加工研究中心	59202738
环境保护研究所	59202588
基础研究部	59202702
乙烯裂解研究室	59202775
聚乙烯研究室	59202798
聚丙烯研究室	59202600
新产品开发研究室	59202618
标准研究室	59202427
生产技术研究室	59202214
分析研究室	59202311
信息中心	59202536
器材部	59202440

63. 中国石化集团上海石油化工研究院

地址：上海市浦东北路1658号
邮编：201208
区号：021
总机：68462197
传真：68462283
网址：www.sript.com.cn
E-mail：yuanban@sript.com.cn

上海石油化工研究院（简称上海石化院）创建于1960年，是中国石化直属的国内最早从事石油化工科技开发的综合性研究机构之一。上海石化院长期从事芳烃、丙烯、新能源化工、基本有机原料、功能高分子材料、精细化工及油田化学品等领域成套工艺技术、催化剂与新产品的研究开发和应用业务。

上海石化院设有基本有机原料催化剂国家工程研究中心、国家人事部博士后工作站、全国标准化委员会石油化学分技术委员会、中国石化有机原料科技情报中心站、中国石化有机原料标准化中心、上海市石油化工产品质量监督站、上海测试中心催化剂行业测试点等机构。

建院48年来，上海石化院成功开发了具有国际领先或先进水平的多系列石油化工成套技术及催化剂，其中大部分已成功应用于国内外大中型石化装置。甲苯歧化、乙苯脱氢、丙烯腈、PTA、异丙苯、裂解汽油加氢、醋酸乙烯等具有中国石化自主知识产权的成套技术保持了国际领先或先进水平。陆续开发了28万t/a丙烯腈、180万t/a甲苯歧化、50万t/a苯乙烯、16万t/a乙苯(气相)、30万t/a异丙苯、7.5万t/a MTBE、6000t/a乙醇脱水制乙烯、2000t/a二甲醚、3万t/a甲胺等60余项以催化剂为核心的成套技术工艺包。相继完成了镇海100万t/a甲苯歧化、齐鲁20万t/a苯乙烯装置、上海石化13万t/a丙烯腈装置技术服务与支撑。

建院至今，上海石化院取得省部级科技奖励220余项，其中国家科技进步一等奖1项，国家发明二等奖1项，亿利达科技奖、何梁何利奖、聂荣臻发明奖各1项。2007年，取得省部级科技奖励10项，其中集团公司科技进步一等奖2项、上海市科技进步一等奖1项、中国专利金奖1项。截至2007年，共申请中国专利1089件，取得国外申请115件专利。上海石化院已连续五届被评为上海市市级文明单位。

在新的发展阶段，上海石化院进一步完善了发展规划与目标：力争再用5～10年的时间，将上海石化院建设成为具有较强核心竞争力的支撑中国石化主业发展的国际一流研究院，并在芳烃、新能源化工、有机原料、合纤、功能高分子材料、油田化学品等领域形成特色。“十一五”后三年是上海石化院发展的重要战略期，上海石化院将着力推进科研创新，加强能力建设，为中国石化主营业务发展提供强力的技术支撑，发挥好研究院的“推进器”作用。

中国石化集团 上海石油化工研究院

部门	公网电话
院长办公室	
主任	68463662
办公室	68463371
科技管理部	
主任	68462925
973项目	68462947
外事办	68462824
人力资源部	
主任	68464779
财务部	
主任	68467146
法律与知识产权部	
主任	68467426
技术市场部	
主任	68462343
办公室	68462737
审计室、监察室	
主任	68462186
条件部	
主任	68463378
安全保卫部	
主任	68466090
主任（保卫）	68463380
基建项目部	
主任	68462534
物资供应部	
主任	68462445
党委工作部	
主任	68463266
工会办公室	
主任	68468655
情报部	
主任	68462433
图书馆	68462820
编辑部	68468623
物化室	
主任	68466285
标准化室	
主任	68462281
业务接待	转6201
全国石化分标会	68462281
研究一部	
主任	68461376
研究二部	
主任	68462542
研究三部	
主任	68464034
研究四部	
主任	68466268
研究五部	
主任	68466018
研究六部	
主任	57942346
研究七部	
主任	68467713
基础部	
主任	68466277
化学工程部	
主任	68465187
开发设计部	
主任	68466280
高分子部	
主任	68462546
评价中心	
主任	68468220
装备仪表室	
主任	68461754
动力保障部	
主任	68461274
金山分部（综合管理部）	
主任	57942922
漕泾工程化基地	
项目经理部	67121391

64. 中国石化集团安全工程研究院

地址：山东省青岛市延安三路 218 号
邮编：266071
区号：0532
传真：83861318
网址：www.qdrise.com.cn
E-mail：office@qdrise.com

中国石化集团安全工程研究院是我国石油化工安全健康科技创新、技术进步和应用开发的重要研究基地；亦是国家危险化学品危害预防与控制、产业安全风险评价、职业安全健康管理体系审核认证工作的主要技术支撑单位。按照人才一流、装备一流、管理一流、技术一流、成果一流的要求，经过 30 年的发展，先后承担了“863 计划”、国家科技攻关项目、中国石化和国家其他部委科研课题近百项，取得了一批科研成果和专利权，多次获得国家和省部级科技成果奖。

按照“贴近企业、贴近生产、贴近市场”的要求，通过安全评价、职业危害评价、职业健康安全管理体系、环境管理体系认证、国家安全一级培训资质、气体报警器国家计量认证证书、HSE 施工现场工程监理等，建立并完善了为企业安全生产提供技术服务的体系。

随着院“十一五”规划的编制和即将启动，中国石化集团安全工程研究院正稳步地向“国内领先、国际一流石化安全科技开发中心”迈进。

部门	公网电话
院办公室	83786201
党委办公室	83786278
技术开发处	83786212
科研管理处	83786718
人力资源处	83786220
财务处	83786228
综合处	83786286
化学品安全研究室	83786581
设备安全研究室	83786207
储运与安控技术研究室	83786702
安全工程研究室	83786728
监测检验研究室	83786518
事故应急救援研究室	83786571
职业卫生研究室	83786358
环境保护技术研究室	83786658
安全评价研究室	83786318
HSE 研究室	83786678
中化阳光认证中心	83786668
安全生产培训中心	83786631
安全卫生信息中心	83786267
健康监护中心	83786368
化学品登记中心	83786551
国家化学品事故应急咨询专线	83889090

65. 中国石化集团北京石油有限责任公司

地址：北京市朝阳区静安里12号楼
邮编：100028
区号：010
总机：84469988
传真：64678612
网址：www.bjoil.com
E-mail：bjoilbangong@sina. com

中国石化集团北京石油有限责任公司是中国石油化工集团公司直属销售公司，前身是中国油脂公司华北区北京石油分公司，创建于1950年4月25日。1985年1月从北京市一商局划出，归口市商委领导。1990年12月成立北京市石油产品销售总公司。1997年12月31日经北京市政府批准，改制为北京石油集团有限责任公司。1998年6月29日整建制划入中国石油化工集团公司，2000年重组为中国石油化工股份有限公司北京石油分公司和中国石化集团北京石油有限责任公司。

中国石化集团北京石油有限责任公司

部门	公网电话
经理办公室	
主任	84469506
	-208
副主任	64634674
副主任	-201
思想政治工作处	
处长	64678615
	-231
副处长	64678615
副处长	-212
经营管理处	
处长	84484187
	-340
副处长	64675143
零售中心	
经理	64668182
	-338
党委书记	64668183
	-391
副经理	84514036
副经理	-252
副经理	64678616
副经理	-294
商业客户中心	
经理	84484186
	-388
物流中心	
经理	64670786
	-307
党委书记	84484678
	-287
副经理	84484581
副经理	-239
财务资产处	
处长	84486680
副处长	-297
发展规划处	
处长	84483898
	-323
副处长	64629576
副处长	-328
人力资源处	
处长	64608088
	-311
副处长	64678619
副处长	-273
安全保卫处	
处长	64678617
	-234
副处长	64678617
副处长	-256
审计处	
处长	64614382
	-255
监察处	
处长	84512495
	-230
信息网络管理处	
处长	64621233
	-352
润滑油中心	
经理	67378354
副经理	68189016
燃料油中心	
副经理	67371667
结算中心	
主任	-279
副主任	-269

66. 中国石化集团天津石油有限责任公司

地址：天津市南开区南京路 338 号
邮编：300100
区号：022
传真：24134078

中国石化集团天津石油有限责任公司是中国石油化工集团公司直属企业。1998 年 6 月划至中国石化集团公司；1999 年 4 月，按照石化集团的要求，与华北销售公司进行了资产重组；2000 年 4 月按照中国石化集团公司整体重组改制上市的部署，重组成上市部分（中国石油化工股份有限公司天津石油分公司）和存续部分（中国石化集团天津石油有限责任公司）。

部门	公网电话
办公室	24134086
财务处	
处长	24134013
投资公司	
经理	24389060
设备公司	
经理	23919039
化轻公司	
经理	27124464
典当行	
经理	24137856
物业公司	
办公室	24156503
房管科	23317597
离退办	
主任	23126480
办公室	23312467
报社	
社长	27201911
办公室	27201912
培教中心	
主任	24134038
办公室	24134052

67. 中国石化集团河北石油有限责任公司

地址：河北省石家庄市桥东区槐安路6号
邮编：050021
区号：0311
传真：87182888
E-mail：hbsy@public.sj.he.cn

中国石化集团河北石油有限责任公司机关设置：经理办公室、劳资处、经营管理处、财务资产处，党务、工会、审计、监督受股份公司托管。公司全面工作开始分离动作。

河北石油有限责任公司以服务主业、积极创业、实现自立生存为目标，按照“两进两退”的要求，理清思路，提升服务质量，强化精细管理，规范关联交易；深化改革，理顺管理体制，大力推进市县经营、管理、核算一体化，凝聚整体优势；积极组织专业化经营，开拓石化产品经营，面向内外，扩充经营市场，开发企业新的支撑点；采取多种形式，改制分流，盘活存量资产，实现企业自立生存的发展目标。

中国石化集团河北石油有限责任公司

部门　　公网电话

公司机关

办公室
　主任 ……87182011
　副主任 ……87182501
值班 ……87182014

邯郸石油公司
（区号：0310）

办公室……3012166
政工处……3016235
人劳处……3015062
财务处……3065361
审计处……3014333
安储处……3018034
监察处……3015122
零售管理处……3102925
业务处……3015202
润滑油公司……3015063
企业发展处……3013684

邢台石油分公司
（区号：0319）

经理办公室……8313018
传真……8313017
政工办公室……8313022
人事劳资科……8313032
安全基建科……8313072
零售管理部……8313193
财务核算部……8313053
商业客户部……8313213
物流配送部……8313176
润滑油销售部……8313223

石家庄石油公司
（区号：0311）

办公室 ……85967934
政工办 ……85967944
销售管理处 ……85964841
资源管理处 ……85964845
零售管理处 ……85967954
财资处 ……85382170
审计处 ……85967249
安储处 ……85967951
人力资源处 ……85963256
企管处 ……85382171
监察处 ……85382172
信息处 ……85383170

保定石油公司
（区号：0312）

办公室……2025550
业务处……2023116
财资处……2023534
安规处……2021911
零售处……2026836

张家口石油公司
（区号：0313）

办公室……2014200
政工办……2015485
纪委、工会……2011460
人事处……2017451
零管处……2031213
基建处……2031422
财会处……2012370
审计处……2018138
企管处……2014068
业务处……2012704

承德石油公司
（区号：0314）

办公室……2187751
政工办……2183478
审计监察处……2193257
清欠办……2187750
财资处……2187697
人劳处……2184752
安规处……2182409
基建办……2181542
业务处……2182194
零管处……2180357

秦皇岛石油公司
（区号：0335）

办公室……3036635
党办室……3036644
人劳处……3036789
财务处……3036646
审计监察处……3039940
安基处……3225543
企管处……3226641
业务处……3032030

唐山石油公司

（区号：0315）

办公室……2221734
政工办……2218547
业务处……2223964
调运处……2228272
财务处……2219194
安保处……2223924
审计处……2218827
工会……2214285
人劳处……2223874

廊坊石油公司

（区号：0316）

办公室……2113107
党办室……2112930
财务处……2113108
审监处……2112154
人劳处……2114593
仓基处……2137745
企管处……2114286
零管处……2137782
业务处……2113523

沧州石油公司

（区号：0317）

办公室……3042971
政工办……3587375
工会、纪检……3040920
人力处……3042084
财务处……3041908
审计处……3045220
安基处……3042508
业务处……3042504
零管处……3041905
整顿办……3023333

衡水石油公司

（区号：0310）

办公室……2020152
财务处……2025149
零管处……2053935
人事处……2020495
业务处……2025249
基发处……2024497
润滑油公司……2025138

冀高石油公司

（区号：0311）

业务科……5803144

68. 中国石化集团山西石油总公司

地址：山西省太原市万柏林区大王路28号
邮编：030024
区号：0351
总机：6197566
传真：6197620
E-mail：sxsyzgs@public.tysx.cn

中国石化集团山西石油总公司（以下简称山西石油总公司）主要从事非成品油类石化产品的经营，石油电子仪器、仪表及专用设备和石油防爆、消防器材的销售；以及与中国石化股份有限公司山西石油分公司关联的各项服务，油品运输，物业管理，房屋租赁，系统内业务培训，石油设备加工、安装、维修；自营和代理各类商品和技术的进出口业务。

山西石油总公司担负着全省石油系统油品配送的运输任务；有负责系统物资采购供应的物资装备公司和售后服务网络；还有一定资质的石油设备安装工程公司，可承担系统内外石油设备的安装维修工程；另外利用现有的设施、场地、和经营网络，发挥集团公司一体化优势，对外开展液化气、重油、化肥、化工等石化产品的销售，存续企业有着不可替代的资源和技术优势。

部门	公网电话
公司机关	
综合办公室	
主任	6197617
办公室	6197619
人事劳资部	
主任	6197622
办公室	6197623
综合业务部	
主任	6197625
办公室	6197626
财务资产部	
主任	6197627
办公室	6197630
下属单位	
大同公司	(0352)2055622
忻州公司	(0350)3032421
阳泉公司	(0353)2160079-2049
太原公司	(0351)6181631
朔州公司	(0349)2028242
吕梁公司	(0358)8223992
晋中公司	(0354)2402912
长治公司	(0355)2061950-8051
晋城公司	(0356)2022415
临汾公司	(0357)2081098
运城公司	(0359)2123002
介休公司	(0354)7353454

69. 中国石化集团上海石油集团有限责任公司

地址：上海市中山东一路24号甲
邮编：200002
区号：021
总机：63219490
传真：63210762

中国石化集团上海石油集团有限责任公司是中国石化在上海的直属成品油大型销售企业，前身为上海石油（集团）有限公司。1998年9月，根据国务院组建中国石油、石化两大集团公司的决定，成建制划归中国石化集团公司统一管理，2000年2月按照中国石化集团公司整体重组改制上市的部署，原上海石油（集团）有限公司重组成上市部分（中国石油化工股份有限公司上海石油分公司）和存续部分（中国石化集团上海石油集团有限责任公司）。

公司从1953年10月创建以来，一直承担着上海地区成品油市场供应主渠道的任务，主营汽、柴、煤、润滑油、燃料油和其他石化产品的批发、零售、直销配送和仓储业务。公司依托中国石化在上海的整体优势和品牌优势，以进、销、存一体化和市场化、专业化、规范化、集约化的运作模式，逐步形成了布局合理、设施完备、功能齐全、服务规范、管理严谨，遍布上海城乡的营销网络和日臻完善的服务体系，为上海这座国际化大都市的经济建设与社会发展作出了积极的贡献。

部门	公网电话
公司机关	
综合办公室	63211805
财务资产部	63390259
离退休人员管理服务中心	63390240

部门	公网电话
下属单位	
浦东实华经济发展公司	58212598
房地产发展有限公司	63616117
实友期货公司	53857199

70.中国石化集团江苏石油有限责任公司

地址：江苏省南京市中山北路395号
邮编：210003
区号：025
传真：58803729
网址：www.yssy.sinopec.com
E-mail：yssy@yssy.sinopec.com

中国石化集团江苏石油有限责任公司位于江苏省南京市，是中国石油化工集团公司直属企业。公司成立于1953年，1997年10月改制为国有独资的江苏省石油集团公司，同年11月整体划入中国东联石化集团有限公司；1998年5月随中国东联石化集团有限公司并入中国石油化工集团公司。2000年资产重组，分有上市部分的中国石油化工股份公司江苏石油分公司和存续部分的中国石化集团江苏石油有限责任公司。

部门	公网电话	部门	公网电话
综合管理处	58823889	财务资产处	58804732

71. 中国石化集团浙江石油总公司

地址：浙江省杭州市河坊街58号
邮编：310009
区号：0571
总机：87818833
传真：87818822
E-mail: zpc@mail.hzzj.cn

中国石化集团浙江石油总公司位于浙江省杭州市，前身为中国石油公司杭州支公司，始建于1950年，1990年更名为浙江省石油总公司，1998年8月划转中国石油化工集团公司。2000年4月按照中国石油化工集团公司的统一部署实施重组，主营业务、资产、人员等划归中国石油化工股份有限公司，设立中国石油化工股份有限公司浙江石油分公司。

部门	公网电话
综合管理部	
经理	87829293
财务部	
经理	87822456
杭州分公司	
办公室	(0571)85114743
传真	(0571)85113869
温州分公司	
办公室	(0577)88056101
传真	(0577)88056166
嘉兴分公司	
办公室	(0573)82224610
传真	(0573)82224630
湖州分公司	
办公室	(0572)2022320
传真	(0572)2022299
金华分公司	
办公室	(0579)82323417
传真	(0579)82324566
台州分公司	
办公室	(0576)88225274
传真	(0576)88881162
舟山分公司	
办公室	(0580)2023517
传真	(0580)2027753
绍兴分公司	
办公室	(0575)85225922
传真	(0575)85115669
衢州分公司	
传真	(0570)3081426
丽水分公司	
办公室	(0578)2133056
传真	(0578)2156169
镇海油库	
办公室	(0574)86291328
传真	(0574)86292778

72. 中国石化集团安徽石油总公司

地址：安徽省合肥市屯溪路188号
邮编：230009
区号：0551
总机：2212800
传真：2212900

中国石化集团安徽石油总公司位于安徽省合肥市，是中国石油化工集团公司直属企业。主要开展成品油运输、石化小产品经营、石油设备的安装及为中国石油化工股份有限公司安徽石油分公司提供劳务服务等多种经营业务。公司坚持贯彻以人为本，以经济效益为中心，以服务社会为宗旨的经营理念，加快专业化重组步伐，努力实现经营效益最大化，使公司成为管理规范、经营有序、资产结构良好、具有竞争力的新型企业。

部门	公网电话
总机	2212800
传真	2212900
经理办公室	
主任	2212611
副主任	2212612
值班	2212800

73. 中国石化集团福建石油总公司

地址：福建省福州市中山路23号
邮编：350003
区号：0591
传真：87837153

中国石化集团福建石油总公司位于福建省福州市，是中国石油化工集团公司直属公司，其前身成立于1952年10月，1998年7月成建制划归中国石油化工集团公司，是福建省大型成品油销售企业。2002年按照中国石油化工集团公司统一部署实施重组，主营业务、资产、人员等划归中国石油化工股份有限公司，设立中国石油化工股份有限公司福建石油分公司。

部门	公网电话
经理办公室	
主任	87275399
政工处（纪检监察）	
处长	87850328
财务核算处	
处长	87809857
资产管理处	
处长	87272127

74. 中国石化集团江西石油总公司

地址：江西省南昌市洪都北大道102号
邮编：330046
区号：0791
总机：8512108
传真：8511107
E-mail: bgs-jxsy@yahoo.com.cn

江西省石油总公司成立于1950年10月，1998年10月成建制划转中国石油化工集团公司。2000年2月，主业改制为中国石油化工股份有限公司江西石油分公司；辅业资产及人员组建中国石油化工集团江西石油总公司，2007年4月又改制为中国石化集团资产经营管理有限公司江西石油分公司。

2007年，在中国石化的领导下，江西石油分公司深入贯彻落实科学发展观，积极开展“江西石油管理年”活动，努力把江西石油建设成为“诚信、创新、和谐、强盛”的新型石化企业，不断取得改革发展新突破，充分发挥了江西省成品油供应主渠道作用，顺利完成了各项经营指标和全年工作任务。

部门	公网电话
经理办公室主任	6304993
	8512247
综合管理处	6304853
	8514831
纪检监察	6304853
	8514831
机关工会	6304817
	8514514
人力资源	6304791
	8517423
营销管理处	6304957
	8512419
财务资产处	6304985
	8510468
零售管理处	6304895
	8516274
企业管理处	6304820
	8514910
安全基建处	6304897
	8511097
物流中心	6304862
	8160312
信息管理处	6304831
	8510503
审计处	6304785
	8518304
综合办公室	6304795
	8512992
高速分公司	6304795
经营公司	8650904
物资公司	6304977
	8505394
省公司驻京办	(010) 84648835
省公司住沪办	(010) 58704768

75. 中国石化集团山东石油总公司

地址：山东省济南市历山路 73 号
邮编：250013
区号：0531
传真：86947784
E-mail: sybgs@beelink.com

中国石化集团山东石油总公司组建于 2000 年 4 月，并与中国石油化工股份有限公司山东石油分公司分立运行。企业工商注册登记全称“山东省石油集团总公司”。

中国石化集团山东石油总公司按照中国石化集团公司实施资产战略重组的总体部署，从压缩管理层，采取多种形式做好减员工作入手，切实做足减法，大力开展“五减四无”工作，经过持续重组，取得了显著成效。

部门	公网电话	部门	公网电话
综合办公室		资产管理部	
主任	85870238	主任	85870277

76. 中国石化集团河南石油总公司

地址：河南省郑州市卫生路10号
邮编：450053
区号：0371
传真：63852769

中国石化集团河南石油总公司位于河南省省会郑州，是中国石油化工集团公司直属企业。公司成立于1999年12月，是河南省最大的石油成品油销售企业，担负着全省成品油计划编制、资源配置、市场供应和管理的任务。经过历年发展，至1997年底统管，1998年划归中石化集团公司后，绝大部分非统管的县（市）公司上收省公司管理。1999年重组上市，上市公司名称为中国石油化工股份有限公司河南石油分公司，2000年非上市公司名称确定为中国石油化工集团河南石油总公司。上划后河南石油总公司按照集团公司“多级法人，分级管理，三级统一核算办法”的管理模式，对市、县公司以产权关系为纽带实行分级管理。2001按集团公司部署退出主业经营，经营范围为主营劳务服务、运输服务、仓储、房屋及土地租赁，部分公司经营少量润滑油。

部门	公网电话
事务部	63827097
人事部	63829418
财务部	63937712
物业中心	63848108

77. 中国石化集团湖北石油总公司

地址：湖北省武汉市解放大道606号
邮编：430030
区号：027
传真：68837283

中国石化集团湖北石油总公司位于湖北省武汉市，是中国石油化工集团直属企业。公司现为独立法人单位，具有进出口业务资格。于2001年退出成品油经营，成品油设施租赁给湖北石油分公司经营。现在主要从事关联服务，燃料油、化工产品的批零经营，油品水陆运输，油库、加油站的工程设计和建设，房地产开发，宾馆酒店经营等业务。

部门	公网电话
综合处	
处长	68837286
副处长	68837282
财务处	
副处长	68837276
恩施工作部	(0718)8410857
宜昌工作部	(0713)8663838-8850
黄石工作部	(0714)6368639
荆门工作部	(0724)2336047
荆州工作部	(0716)8278078
十堰工作部	(0719)8889112
武汉工作部	(027)65662106
咸宁工作部	(0715)8272379
襄樊工作部	(0710)3403800
孝感工作部	(0712)2312124
宜昌工作部	(0717)6458580

78. 中国石化集团湖南石油总公司

地址：湖南省长沙市湘春路 113 号
邮编：410005
区号：0731
传真：4840659
E-mail：careylau@sohu.com

中国石化集团湖南石油总公司位于湖南省省会长沙市，是中国石油化工集团公司直属公司。前身为成立于 1950 年 7 月的中国石油公司长沙公司，1999 年湖南省石油总公司整体上划中国石油化工集团公司，2000 年随着中国石化集团公司内部重组改制并成功在境外上市，原湖南省石油总公司一分为二，重组为上市部分即中国石油化工股份有限公司湖南石油分公司，非上市部分（亦称存续公司）仍使用湖南省石油总公司名称。

湖南省石油总公司下辖 14 个市（州）公司，共有职工 515 人。公司经营范围及项目：宾馆服务、资产租赁等。

部门	公网电话
综合处	4841829
资产财务处	4840136
老干处	4840206

79. 中国石化集团广东省石油企业集团公司

地址：广东省广州市中山七路81号
邮编：510145
区号：020
总机：81298235
传真：81297207
E-mail：gdsyjlb@163.com

广东省石油企业集团公司是中国石化集团公司在广东的直属销售企业。公司的前身是中国石油贸易公司广州分公司，成立于1950年6月，受中南区石油公司及华南外贸局双重领导，1951年2月改归中南区公司和广东省商业厅双重领导。1973年1月更名为广东省石油公司。1985年4月，按照广东省人民政府批示，省石油公司建制升格为副厅级经济实体，定名为中国石化销售公司广东省石油公司。1992年8月按照广东省人民政府组建商业五大企业集团的文件规定，更名为广东省石油企业集团公司，并组建广东省石油企业集团。1998年7月与属下的116家市、县公司整体划归中国石化集团公司。2000年3月，经中国石化集团公司批准，改组为中国石化股份有限公司广东石油分公司和中国石化集团广东石油总公司，但现仍沿用广东省石油企业集团公司名称。

部门	公网电话
经理办公室	81298013
政工办	81298019
人力资源处	81298131
综合管理处	81298968
财务资产处	81298084
企业管理处	81298151
信息管理处	81298383
业务处	81298031
调运处	81297298
零配中心	81297400
发展处	81298284
零售管理处	81298170
非油品中心	81298199
安全储运基建处	81298140
审计督查处	81298988
监察处	81298025
计量质量管理处	81298038
燃料油中心	81298003

珠三角管道项目部
……………………………………………81298126
仓储分公司
……………………………………………82050666
润滑油中心
……………………………………………83283299
综合管理部
……………………………………………83283686
深圳分公司 (0755)
经理办公室……………………………83546199
广州分公司 (020)
经理办公室……………………………83295381
珠海分公司 (0756)
经理办公室 ……………………………2629183
粤东分公司 (0754)
经理办公室……………………………88996098
韶关分公司 (0751)
经理办公室 ……………………………8252828
梅州分公司 (0753)
经理办公室 ……………………………2253528

惠州分公司 (0752)
经理办公室 ……………………………2117158
东莞分公司 (0769)
经理办公室……………………………22762623
中山分公司 (0760)
经理办公室 ……………………………88821307
江门分公司 (0750)
经理办公室 ……………………………3279328
佛山分公司 (0757)
经理办公室 ……………………………83360118
阳江分公司 (0662)
经理办公室 ……………………………3188999
湛江分公司 (0759)
经理办公室 ……………………………3389320
茂名分公司 (0668)
经理办公室 ……………………………2735288
肇庆分公司 (0758)
经理办公室 ……………………………2900168
清远分公司 (0763)
经理办公室 ……………………………3371282

80. 中国石化集团广西石油总公司

地址：广西壮族自治区南宁市桃源路 67 号
邮编：530021
区号：0771
传真：5323338

中国石化集团公司广西石油总公司位于广西壮族自治区首府南宁市，是中国石化惟一设在少数民族自治区的省级石油公司。前身是成立于 1952 年的广西壮族自治区石油公司，1998 年 8 月，整体上划中国石化集团公司，2000 年 2 月，按照重组改制、主辅分离的原则，分别组建为上市的中国石油化工股份有限公司广西石油分公司和非上市的中国石化集团公司广西石油总公司。

部门	公网电话
经理办	5322886
综合处	
处长	5335823
办公室	5332945
财会处	
处长	5317824
办公室	5311538
	5317847
物装分公司	
副经理	5306308
办公室	5311508
	5325218
行政处	
调研员	5311528
办公室	5310488
保卫科	
科长	5300828
办公室	5310488
物业科	
科长	5310326
综合科	5303640
机关车队	5323499

南宁石油公司

地址：南宁市新阳北二路 4 号
邮编：530003
传真：(0771) 3165949

部门	公网电话
综合科	3854841
财会科	3168373
行政科	3181901
行政科	3181901
计生办	3151202
车队	3152485
	3152485

柳州石油公司

地址：柳州市航银路 29 号
邮编：545005
传真：(0772) 3219791

部门	公网电话
财会科	3219675
综合科	3976656
	3976653

桂林石油公司

地址：桂林市九华路 8 号
邮编：541001
传真：(0773) 2691279

部门	公网电话
综合科	2690156
	2690156
人事科	2691755
财会科	2695481
	2695481
危货公司	2697143
石化公司	2696800

物装公司……2692901
润滑油脂厂……3604260

梧州石油公司

地址：梧州市西堤一路24号
邮编：543002
传真：(0774) 3826550

财会科……3848675
综合管理科……3863130
物业管理中心……3828779
车队……2061760
船队……2061260
……2061260
维修部……2061944
西江公司……2061608

玉林石油公司

地址：玉林市大南路
邮编：537005
传真：(0775) 3837328

财会科……3829108
综合管理科……3829090
……3829027
车队……3829039
……3829039
液化气公司……3829073
……3829073

贵港石油公司

地址：贵港市金港大道
邮编：537100
传真：(0775) 4566831

财会科……4569122
综合科……4569640
物业管理中心……4566016
汽车队……4561082
检修队……4552662
……4552662
液化气公司……4567910
……4567910

右江石油公司

地址：田阳县田州镇解放西路43号
邮编：533600
传真：(0776) 3212024

物业中心……3212149
经管科……3212100
经管科……3212100
财会科……3221605
安装队……3221605
车队……3237081
……3237081
……3237110

金城江石油公司

地址：河池市中山路181号
邮编：547000
传真：(0778) 2285928

后勤保障中心……2282734
……2285384
……2282734
综合管理科……2235764
财会科……2284406
车队……2235978
……2235978

北海石油公司

地址：北海市北部湾西路20号
邮编：536000
总机：(0779) 3055858
传真：(0779) 3054803

综合管理科……3063276
石化大厦……3054692
……3054692
恒辉安装公司……2073133
……2073133
财务科……3066775

81. 中国石化集团海南石油总公司

地址: 海南省海口市龙舌路16号
邮编: 570203
区号: 0898
传真: 65324481

中国石化集团海南石油总公司是中国石油化工集团公司直属的销售公司。其前身是中国石油公司广东省海南公司,创建于1953年。1988年海南建省后从广东省公司划出,成立海南石油总公司。1998年9月划转中国石油化工集团公司，主营石油、天然气、石油化工、化纤及其他化工产品。2000年4月，按照中国石油化工集团公司重组改制的要求，划分为主业部分（中国石油化工股份公司海南石油分公司）和存续部分（中国石化集团海南石油总公司）。

部门	公网电话
综合管理处	
处长	65352609
财务处	
处长	65323408

82. 中国石化集团贵州石油总公司

地址：贵州省贵阳市解放路21号
邮编：550002
区号：0851
传真：5985902
E-mail: gz_sinopec@163.com

中国石化集团贵州石油总公司是中国石油化工集团公司重组改制由原贵州省石油总公司变更的，由过去的主营石油成品油为主业的经营企业改为以主营成品油以外辅业为主的多种经营企业。管理范围较之重组前减少了对上市县级公司的管理。贵州省石油公司（股份、存续）于2000年5月正式分离运行。

重组后，贵州石油总公司管辖9个地州市石油公司，4个县级整体非上市公司，4个县级存续公司，及5个直属单位。中国石化集团贵州石油总公司与上市公司实行主辅分立运行后，依托有形资产，积极开展房屋配送业务，围绕股份公司主营业务开展服务。

部门	公网电话
公司机关	
综合处	5947391
财务处	5947411
	5947433
物业处	5986680
物资公司（区号：0851）	
经理	5985949
财务科	5989264
综合办	5987950
筑城公司（区号：0851）	
经理	5986080
财务科	5986077
业务科	5986615
综合办	5986640
行政办	5986082
贵阳公司（区号：0851）	
经理	5986281
副经理	5986562
财务科	5986676
配送中心	5987490
综合办	5986446
遵义公司（区号：0852）	
经理	8873689
安顺公司（区号：0853）	
经理	3225961
黔南公司（区号：0854）	
经理	8226396
黔东南公司（区号：0855）	
经理	8222659
铜仁公司（区号：0856）	
经理	5223585
毕节公司（区号：0857）	
经理	8223294
办公室	8222220
六盘水公司（区号：0858）	
经理	8201817
黔西南公司（区号：0859）	
经理	3223395

83. 中国石化集团云南石油总公司

地址：云南省昆明市拓东路45号
邮编：650011
区号：0871
传真：3115210

中国石化集团云南石油总公司是中国石油化工集团公司直属公司，是按照中国石油化工集团公司重组改制的要求，由原云南省石油总公司划分出来的存续部分，其主业部分为中国石油化工股份公司云南石油分公司。

部门	公网电话	部门	公网电话
综合部	6113755	财务部	3115255

中国石油化工集团公司西北石油局
中国石油化工股份有限公司西北油田分公司

大型酸化压裂作业

中国石油化工集团公司西北石油局、中国石油化工股份有限公司西北油田分公司位于美丽、富饶的新疆维吾尔自治区，是中国石化上游油田企业之一，主要从事油气田勘探、开发与油气销售业务。按照现代油公司管理体制，西北油田分公司组建了以管理和研发为主的18个职能部门、4个生产单位、8个专业化管理单位、2个科研单位。领导班子成员9人，在册职工3380人，其中管理人员和科研人员占职工总人数的73%以上，是一支结构优化、精干高效的职工队伍。

中国石化勘探南方分公司

①勘探南方分公司矿权分布图；②元坝 1 井试气获得 50 万方 / 日高产工业气流，元坝地区海相勘探取得重大突破；③川东北地区长兴组沉积图；④元坝 1 井获得重大突破的“V”字形火焰，与普光交相辉映；⑤普光大气田的发现井试气象征“V”字形的火焰。

2007 年 3 月，为有效实施中国石化资源发展战略，集团公司调整油气勘探管理体制，由原南方勘探开发分公司和原中南分公司勘探研究、勘探管理及部分相关业务的人员整合重组成立了勘探南方分公司，隶属于勘探分公司。2008 年 5 月，总部再次调整勘探管理体制，撤销勘探分公司，明确勘探南方分公司保持现有体制、规模、级别不变，为股份公司直属单位，业务归口新的油田勘探开发事业部管理。

勘探南方分公司全面负责中石化南方新区风险勘探，承担股份公司“发展南方”资源战略重任。勘探对象包括海相中古生界地层和陆相中新生界地层，勘探领域分布在秦岭—大别—胶南造山带以南，自青藏高原至黄海之滨的南方广大地区，勘查区块总面积约 28 万平方千米，总资源量 18.4 万亿方。

勘探南方分公司按照“集团化决策、项目化管理、市场化运作、社会化服务”的运作机制，引入现代企业管理方法，采用全过程的项目管理，勘探项目均以公开招投标方式，引进各油田（大专院校）的专业队伍进行施工和综合研究。目前已经建立了一套适应南方新区特点的勘探项目管理模式和运行机制，确保了勘探项目的顺利实施。

勘探南方分公司坚持理论创新和技术创新、管理创新，发现了我国海相新区目前规模较大、丰度较高的整装大气田—普光气田。在持续推进南方海相勘探过程中，不断加强基础地质研究和科技攻关，逐步形成了一套从沉积模式、储层发育到生烃模式、成藏机理为核心的海相勘探系列地质理论，形成了一套以复杂山地深层碳酸盐岩储层预测为核心的地震勘探技术系列和适应海相碳酸盐岩勘探特点的深井超深井钻井测试工程技术系列，为加快落实“川气东送”工程资源基础，扩大油气勘探成果奠定了坚实的发展基础。

勘探南方分公司紧紧围绕中国石化“发展南方”油气勘探战略，以油气资源为核心、勘探突破为重点、发现大中型油气田为目标，按照“勘探展开、勘探突破、勘探准备”三个层次部署和实施油气勘探工作，获得了丰厚的油气勘探成果。2003 年至 2007 年，勘探南方分公司在四川盆地获得天然气探明地质储量 3812 亿方，控制地质储量 2841 亿方，预测地质储量 4545 亿方，三级储量合计达 11198 亿方。《海相深层碳酸盐岩天然气成藏机理、勘探技术与普光气田的发现》荣获国家科技进步一等奖。

地址：四川省成都市高新区二环路南四段九号高新之心大厦　　邮编：610041

电话：028-85164709　　传真：028-85164600　　邮箱：ktnfzhb@nfsinopec.com.cn　　网址：www.nfsinopec.com.cn

中国石化上海海洋油气分公司

中国石油化工股份有限公司上海海洋油气分公司（以下简称上海分公司）是一家专业从事海洋油气勘探和开发的上游油田企业，其前身是地矿部上海海洋地质调查局，1997 年 1 月整体归入新组建的中国新星石油公司，2000 年 3 月随中国新星石油公司整体并入中国石化集团公司，2002 年 7 月直属中国石化股份公司管理。

上海分公司主要承担三大主体业务，一是代表中石化参与西湖项目和平湖项目的管理，维护中石化的股东权益；二是在东海、南海等海域开展自营勘探；三是开展海外项目的前期调研和油气资源勘探开发评价。

上海分公司自 1974 年以来，在东海先后发现了平湖、春晓、天外天、宝云亭等 8 个油气田和玉泉、龙二等 4 个含油气构造，向国家提交了天然气探明加控制储量约 1300 亿立方米。平湖油气田是我国在东海海域率先开发的油气田，自 1999 年 4 月投产以来，平均每天向上海市供应优质天然气 120 万立方米，扩建工程投产后增至 180 万立方米；西湖春晓油气田开发于 2002 年 3 月正式启动，2006 年 2 月一期工程建成。东海油气的开发有效缓解了上海及长江三角洲地区能源供应紧张的局面，为改善能源供应结构，培育天然气应用市场作出了积极的贡献。

上海分公司在海岸带调查、海底矿产调查、海域划界、海底沉积地貌研究等领域取得了一系列成果，曾获得国家相关部委及地方政府颁发的重大勘探成果奖及各种奖项 60 多项，并荣膺地质找矿功勋单位光荣称号。

地址：上海市浦东新区商城路 1225 号
邮编：200120
电话：021 — 68763242（总机）
传真：021 — 68769284
网址：www. shopc. com. cn

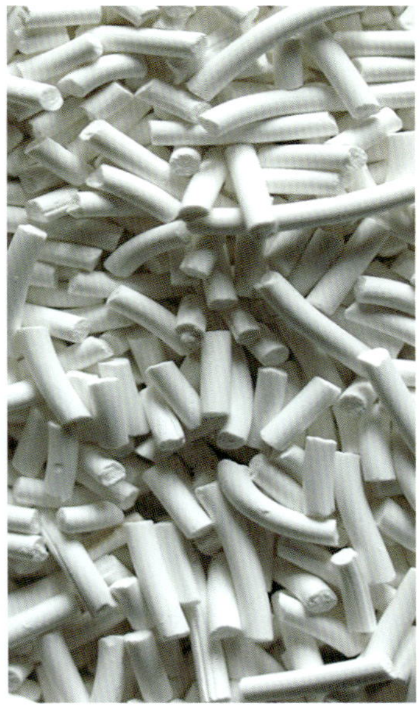

HAT 甲苯歧化催化剂用于镇海炼化装置

GS 苯乙烯催化剂用于广州石化装置

中国石化江苏油田

江苏油田隶属于中国石化集团公司，是集勘探开发一体化，油气生产、加工与销售配套，跨地区、跨行业的综合性大型国有企业。油田组建于1975年4月23日。1998年前隶属于中国石油天然气集团公司；1998年3月，整体划归中石化集团公司。油田主要分布在苏皖两省的6个地市12个县市76个乡镇。油田主力探区在苏皖地区的高邮、金湖凹陷，具有地上水网密布，地下构造破碎的典型复杂小断块油藏特征，素有“地质家考场”之称。

近年来，随着油田“走出去”步伐加快，勘探领域不断拓展，基本形成了东部苏皖地区，西部新疆准噶尔、青海柴达木，南方徐闻和北方二连等东、南、西、北四个勘探领域，市场发展到了中东、中亚、非洲和中美洲20多个国家。

油田实行油田总部—二级厂处—基层队站三级管理体制。油田现有二级单位28个、职工17879人。基层队伍300多支，其中地震队12个、钻井队36个、测录井队66个、试油作业队22个。油田现有固定资产原值127.38亿元，净值58.35亿元。

油田党委下属二级单位党委27个、直属党总支3个、直属党支部1个，有基层党支部571个，共有党员9015名。油田党群工作机构健全，人员配备到位，设有党委办公室、党委组织部、党委宣传部（统战部）、纪委、工会、团委等6个职能部门。各二级单位也对口设置了职能部门或配备了专人。成建制基层队大都配备了专职党支部书记，部分二级单位机关设立了党总支，配备了总支书记。

33年来，油田广大干部职工在“苏北如果找到油，年产一百万吨，就值得大搞”的指示精神激励下，团结拼搏，开拓进取，两个文明建设取得了丰硕成果。至2007年，油田东部地区累计探明石油地质储量2.39亿吨，累计生产原油2947万吨。2007年，油田生产原油170.2万吨，生产天然气5461万方，原油产量连续14年稳中有升，探明储量连续12年超一千万吨。全年实现收入突破110亿元大关，跨入了百亿元企业行列；上缴利税36亿元以上，创历史最高水平。

油田连续21年保持全国思想政治工作优秀企业，连续20年保持江苏省文明单位称号，连续3次被评为江苏省文明单位标兵，连续4次被评为江苏省先进基层党组织，并先后获得全国厂务公开先进单位、全国“五一”劳动奖状、国家技能人才培育突出贡献奖等荣誉称号。

中国石化集团管道储运公司

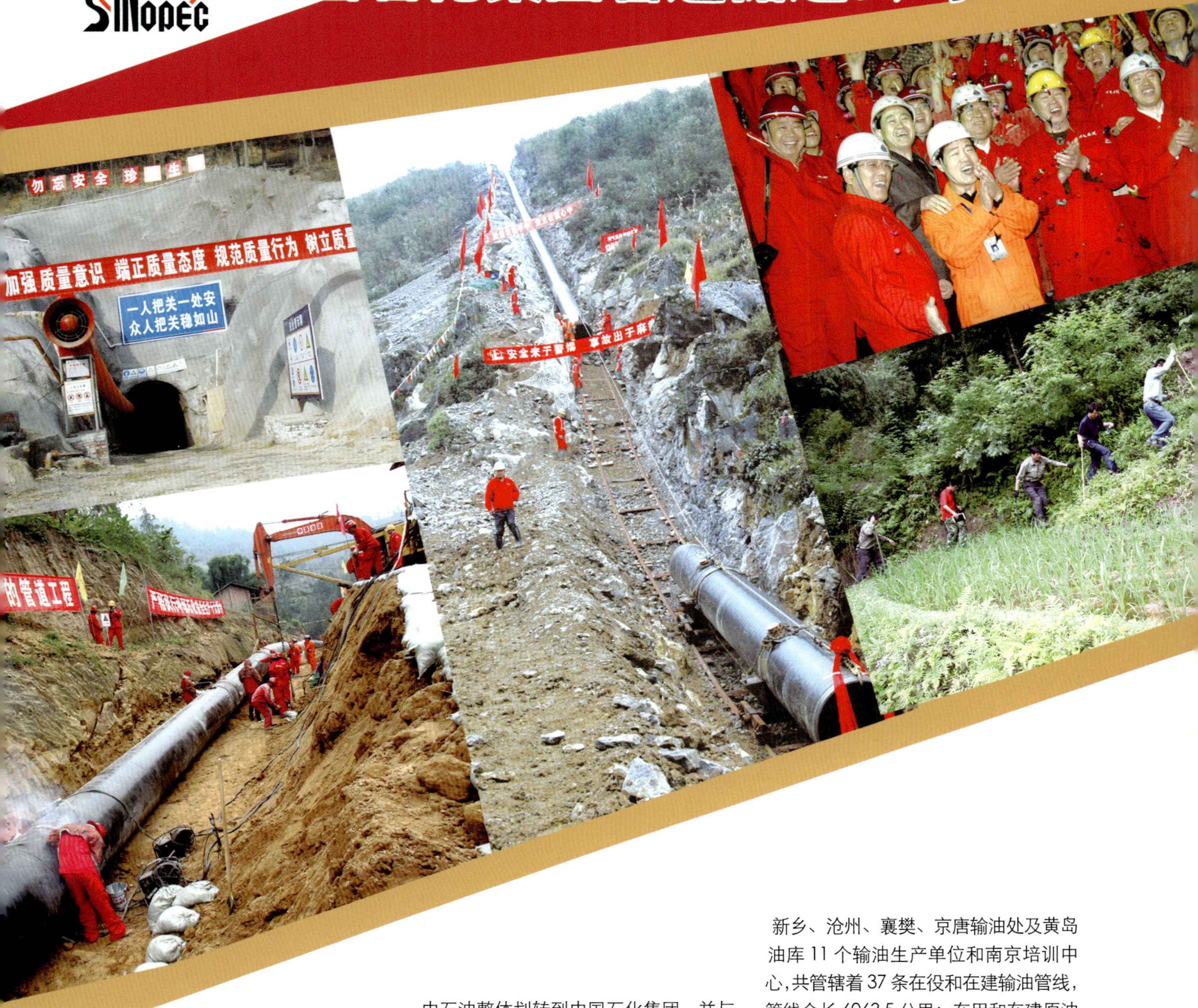

中国石化集团管道储运公司暨中国石油化工股份有限公司管道储运分公司（以下简称管道公司）是中国石化从事油气储运、油气管道规划、勘探、设计、施工的专业化管理企业。公司建立于1975年2月，始称“华东输油管线指挥部”，1978年9月更名为“华东输油管理局”，1998年6月，石油、石化两大集团重组，华东输油管理局由中石油整体划转到中国石化集团，并与原属于中石油管道局的三个输油处合并，成立了“中国石化集团管道储运公司”。2000年，随着集团公司重组改制工作的进一步深化，输油主业进入中石化股份公司，成立管道储运分公司，非上市部分仍称管道储运公司。截至2007年底，公司资产总计323.37亿元，其中公司19.93亿元，分公司303.44亿元；在册职工7575人，其中公司2267人，分公司5308人。

管道公司基地位于江苏省徐州市，占地面积1.09平方公里。基地以外有潍坊、南京、鲁宁、仪长、洪荆、聊城、新乡、沧州、襄樊、京唐输油处及黄岛油库11个输油生产单位和南京培训中心，共管辖着37条在役和在建输油管线，管线全长6063.5公里；在用和在建原油码头7座；输油泵站93座，总罐容841万立方米，原油一次输送能力达12523万吨/年；管线途经北京、天津、河北、河南、山东、江苏、安徽、上海、浙江、湖北、湖南、江西、广西13个省、自治区和直辖市，担负着胜利、中原、河南、江汉、华北等5家油田的原油以及部分进口原油输送任务，为燕山、天津、沧州、石家庄、洛阳、齐鲁、济南、青岛、仪征、金陵、扬子、上海、高桥、镇海、安庆、九江、荆门、武汉、长岭19家长江中下游及华北、东南沿海地区的炼化企业输转原油。

中国石油化工股份有限公司
塔河分公司

中国石油化工股份有限公司塔河分公司（简称塔河分公司）位于新疆库车县东城石化园区，是中国石化在新疆的一家炼化企业，也是中国石化响应中央号召实施西部开发战略的重要举措。

塔河分公司主要以加工塔河油田重质原油为主，原油加工能力达到220万吨/年，可生产90$^{\#}$、93$^{\#}$无铅汽油，0$^{\#}$、-10$^{\#}$、-20$^{\#}$、-35$^{\#}$轻柴油，190$^{\#}$溶剂油，50、70、90、110号符合交通部《公路沥青路面施工技术规范》(JTGF40-2004)的A、B、C级沥青，SBR改性沥青，100$^{\#}$、140$^{\#}$、180$^{\#}$、200$^{\#}$普通道路沥青，10$^{\#}$建筑沥青，7$^{\#}$燃料油，化工轻油，石油液化气，石油焦，硫磺，石油苯等产品。

2007年，塔河分公司全年加工原料油196.45万吨，实现销售收入54.11亿元，实现利润3.01亿元。

按照中国石化集团公司党组、股份公司的战略部署，塔河分公司全体干部职工团结奋进、开拓进取、与时俱进、务实创新，正在为建设西部、发展西部、振兴新疆经济而努力奋斗！

中国石化西安石化分公司

XI,AN PETROCHEMICAL COMPANY,SINOPEC GORP.

中国石油化工股份有限公司西安石化分公司（简称西安石化分公司）位于古城西安渭水之滨，东临西安机场高速公路，是中国石化五大沥青生产基地之一，沥青产量居中国石化第二。主要从事石油炼制、道路沥青、精细化工生产。企业年加工原油能力为250万吨，主要装置有沥青装置、A级沥青装置、改性沥青装置、常减压蒸馏装置、催化裂化装置、加氢制氢装置、气体分馏装置、硫磺回收装置等，储运和安全环保设施配套齐全。主要产品有汽油、柴油、90#、100#、140#道路沥青、AH-90重交通道路沥青、SBS改性沥青、液化石油气、丙烯等。企业总占地面积86万平方米，总资产18.58亿元，有职工1174人。近年来，企业荣获“全国模范职工之家”、“陕西省文明单位”、“西安市思想政治工作先进单位”、“西安市企业工委六好班子”、“西安市环保诚信先进单位”等多项荣誉称号。同时，涌现了“全国拥军模范”、“全国技术标兵”等一批先进个人。

2007年，企业加工原油177万吨，实现销售收入61亿元，一体化管理体系通过认证，ERP项目顺利上线，为进一步提高管理水平奠定了基础。企业坚定不移地贯彻中国石化集团公司的工作部署，服从大局和整体利益，认真贯彻落实总部的各项工作部署与安排，抓管理，保安全，降成本，增效益，扎实推进生产经营、改革发展、党的建设等各方面工作。按照“依托西部资源，突出沥青特色，做强炼油主业，实现有效发展”的企业战略，西安石化分公司将不断优化资源、坚持管理创新和科技进步，推动企业特色发展，力争成为管理规范、技术先进、经济效益显著、以高等级道路沥青为特色的国内一流的炼化企业。

WUPU DRILLING

华北五普

五普钻井公司（以下简称五普）系中国石化集团华北石油局下属企业。1958年建队以来，足迹遍及祖国的20多个省、市（自治区），为发现和扩大国内10余个大中型油气田作出了突出贡献，并成功开辟印度尼西亚和哈萨克斯坦等海外市场。

五普先后承担中国石油天然气总公司科学探索井、联合国经济开发署在新疆塔里木盆地实施的UNDP CPR/88/058项目和在山西地区实施的UNDP CPR/91/214煤层气项目等一系列重点工程。被中国石化集团授予“鄂尔多斯10亿方产能建设有功单位”。2007年，以1220.79米创中石化水平井水平段施工最长纪录。

五普拥有实力雄厚的钻井施工队伍和钻井技术服务队伍。2000米至7000米不同钻深能力的钻机配套完善；进口MWD、LWD无线随钻测量仪装备精良。能够同时承担多口水平井、分支井、负压井、超深井、特殊工艺井钻井施工；具备同时进行多口水平井技术服务、钻井液技术服务、定向井技术服务、取芯技术服务的能力。

五普管理规范，内控管理体系健全，通过了ISO9001：2000质量管理体系认证和HSE健康安全环保管理体系认证。

五普坚持科学发展观，以优势技术、一流人才、先进文化为支撑，打造精品工程，提供优质服务，愿意与业界同行竭诚合作，携手共创能源勘探开发新篇章。

通讯地址:河南省新乡市五普钻井公司　　邮编:453700
联系电话:0373-5798500　　传真:0373-3056090

中国石化股份有限公司荆门分公司
中国石化集团资产经营管理有限公司荆门分公司

荆门石化地处湖北省辖的荆门市，始建于1970年，是“三线”建设时的战备炼油厂，原隶属于石油部江汉石油管理局，1983年划归中国石化总公司，1991年更名为荆门石油化工总厂，1993年由国家大型（一）企业升为特大型企业。企业整体占地面积11.67km^2。2000年重组改制后，分为存续部分（荆门石化总厂）、上市部分（荆门分公司），2002年重组成立了润滑油荆门分公司。2007年10月份完成了体制转换，荆门石化总厂注销，成立了荆门资产分公司。

荆门石化现有一次原油加工能力550万吨/年，生产装置41套，其中燃料油系统17套、润滑油系统15套、综合利用7套、化工装置2套，主要加工南阳原油、江汉原油以及通过仪长管线进厂的鲁宁原油和进口原油等。能生产燃料油、润滑油（基础油）、石油蜡、聚丙烯等20多个品种100多个牌号的产品。截至2007年12月底，固定资产原值51.94亿元，净值21.16亿元，在册职工5316人，离退休人员4149人。

荆门石化从1975年正式承担国家计划，到2007年底，累计加工原油及原料油9280万吨，为社会提供石化产品8123万吨，上缴国家税费144亿元。共获得国家科技进步二等奖1项，中国石化集团公司科技进步一等奖2项，省部级科技进步奖9项；有3种产品获得了国家金银质奖，19种产品获得了省部级优质产品奖。企业曾先后获得“全国五一劳动奖状”等国家荣誉，从1998年开始连续保持了“全国思想政治工作优秀企业”、“全国模范职工之家”、“全国厂务公开先进单位”等称号。

石油化工管理干部学院

石油化工管理干部学院是中国石化集团公司人才培训中心、党校、继续工程教育中心和信息技术培训中心。现有教职工161人，其中专职教师46人，聘请了系统内外50位知名专家为客座教授。

学院是集培训、研究和咨询为一体的高层次人才培训基地；主要承担高层管理及后备人才、高级专业技术人才、国际化人才等重点和急需人才以及系统内师资的培训，履行集团公司远程教育中心相关职责，并对系统内其他培训机构进行培训业务咨询和指导，在人才培训、基地建设、课程和教材体系建设、培训理论研究等方面发挥引领和示范作用。

学院建于1987年2月，校址位于北京市朝阳区立水桥北甲一号，占地6.87万米^2，建筑面积5.17万米^2，拥有多媒体演示功能等各类教室52间，可供829位学员同时参加培训。分校区位于朝阳区安翔北里，可供220名学员同时参加培训。学院宽带网络直接延伸到教室、学员宿舍、图书馆、办公室等场所。建有保龄球馆、球类馆、游泳馆、多功能厅和室外体育场。

美国哈佛商学院教授讲座

英国阿什里奇商学院课程回顾

地址：北京市朝阳区立水桥北甲一号　　邮编：100012
信箱：北京1612信箱
总机：010-51201188
传真：010-51201206
网址：www.sinopecmi.org.cn

中国石油化工股份有限公司北京石油分公司

中国石油化工股份有限公司北京石油分公司是中国石油化工股份有限公司直属大型销售企业，成立于1950年，主要从事石油成品油经营业务。公司的前身是北京石油集团有限责任公司。1998年根据国家相关部门关于组建中国石油天然气集团公司和中国石油化工集团公司的决定，于7月1日整建制从北京市上划中国石油化工集团公司，2000年1月，按照中国石油化工集团公司重组改制方案的要求，将主营业务、资产、人员等划归中国石油化工股份有限公司，设立中国石油化工股份有限公司北京石油分公司。

北京石油分公司经过50多年的发展，已经成为一个拥有6座在营油库、500余座自营加油站、183公里输油管线，总资产达50亿元的国有大型企业，在北京成品油市场占据主导地位。

近年来，北京石油分公司在中国石化集团公司的正确领导下，坚持以解放思想、更新观念为先导，以改革统揽全局，建立了新型的经营管理体制；抓住机遇谋发展，强化管理保安全，服从大局促稳定，各项主要经济指标连年持续大幅增长，实现了“改革、调整、管理、创新、发展”的工作要求。

北京石油分公司将继续本着“严实诚信、追求卓越”的企业精神和“责任至上、质量至上、服务至上”的经营理念，在中国石化集团公司的领导下，以更开放的胸怀，更振奋的精神，更扎实的工作，更饱满的精神状态，努力为中国石化的发展、为首都经济的繁荣和社会进步作出新的贡献。

管理、创新、和谐、发展

建设百亿气田、实现跨越式发展

书百亿气田华章

①公司承担的石化生产装置大型压缩机组的安装与检修施工

②公司为燕山石化 100 万吨 / 年柴油加氢精制装置制造的加氢精制 / 降凝反应器

③公司承担的石化生产装置检修与改造施工

业务范围
设计、制造适用于各种工况要求的石油钻井机械，可按用户要求提供钻机整体解决方案、系统模块工程、成套钻机、单体部机、零配件及各项服务。
经营理念
核心价值：
帮助客户实现目标并创造价值
企业使命：
成为世界一流的钻井设备供应商
企业精神：
学习 创新 超越
成为世界一流的钻井设备供应商
中美合资
兰州兰石国民油井石油工程有限公司
LANZHOU LS-NATIONAL OILWELL PETROLEUM ENGINEERING CO., LTD.
http://www.lsnoi.com

天津港石油化工码头有限公司

TIANJIN PORT PETROCHEMICALS TERMINAL CO.,LTD.

天津港石油化工码头有限公司（TPPTC）地处天津港南疆石化区域，是天津港（集团）有限公司（TPG）下属子公司，是天津港专业从事散装液体货物装卸的公司。公司总资产 4.9 亿元人民币，2007 年实现吞吐量 2008 万吨。公司现有 30 万吨减载、8 万吨级、5 万吨级、4 万吨级四个泊位，可接卸 50 余种货物，设计年吞吐能力达 2039 万吨以上。公司于 1996 年和 2003 年分别通过了 ISO9000 和 OHSAS18000 认证，实现了质量安全一体化管理，2004 年继续改进和完善管理系统，进行 ISO14000 的贯标。在安全管理方面以“防控做一万，安全保万一”为安全工作方针，对公司生产过程中的危险源实施重点控制，实现了安全管理科学化、规范化，大大提高安全工作的可靠度。2005 年开始贯彻 GB/T19580 卓越绩效评价准则，全面推行全面均衡管理体系建设，自 2006 年起三年实现了三级跳：2006 年获得了“全面实施卓越绩效先进模式企业”称号、2007 年获得了“全国质量奖提名奖”、2008 年获得了“全国质量奖”。

天津是中石化、中石油、中海油三大集团的交汇点，天津港石油化工码头公司依托于中国北方一流的人工港口——天津港，凭借腹地广阔、交通便捷、设施完善之优势，与众多石化企业建立了良好的合作关系，港口吞吐量、储运、贸易量逐年快速增加，已逐渐成为中国北方重要的石化产品储运、集散贸易基地。

公司坚持以“顺天时，成就一流石化码头；借地利，成就每一位客户；造人和，成就每一名员工”为企业的奋斗目标，以现代企业制度为根本，不断进取，锐意创新，努力为社会和客户架起创造价值的桥梁！

联系方式：

地址：天津市塘沽区南一路 99 号

邮编：300452

电话：办公室：022-25709440　　传真：022-25708157

　　　市场部：022-25703270　　　　022-25703273

www.ptacn.com

全球阵营—150 年历史

工欲善其事，必先利其器
中空六方
方　驱
独特裂口扳手
海洋石油专用立管工具
TORQLITE 特固兰　世界液压紧固系统的领先者
全球知名的公司都信赖特固兰能帮助他们提高工作效率……
保障安全生产……　以及获得较大的投资回报率
近30年以来，特固兰的专业经验以及世界一流的解决方案一直在帮助全球500强的公司解决螺栓紧固、拆卸、法兰泄漏的问题，获得很高的信誉。
大中华区总代理
PROTECH
普若泰克科技发展（北京）有限公司
Add
北京市朝阳区东大桥
关东店北街1号
国安大厦15层
Tel
+8610-51262336
Fax
+8610-65925832
www.torqlitecn.com
诚征区域代理商
石油化工
BP英国石油
康菲石油公司
埃克森美孚公司
那伯斯海上石油公司
墨非公司
斯伦贝谢油田服务集团
威德福油田设备国际公司
哈里伯顿公司
伊士曼化工公司
国民油井公司
电　力
阿尔斯通公司
ENXCO风能
歌美飒风能
Clipper windpowe 风能
wasatch wind风能
美国西南电力股份有限公司
其　他
Tennessee Gas Pipeline an El Paso company
Tennessee 油气建设公司
Schooner 油气工程公司
Explorer管道安装工程公司

三、中国石油化工股份有限公司

中国石油化工股份有限公司

地址: 北京市朝阳区朝阳门北大街22号
邮编: 100728
邮编:010
网址: www.sinopec.com.cn

部门 公网电话

董事会秘书局

综合管理处
……59969566
财经信息处
……59969567
投资者关系处
……59969579
对外投资者热线
……59960028
……59960386

总裁办公室

办公室
……59969710
……59969711
……59969712
总值班室
……59962521
……59969999
……59962520
传真……59760111
……59760222
调研室
……59969713
……59969715
……59969717
信息处
……59969719
……59969721
……59969722
文件档案处
……59969723
……59969725
……59969726
……59969737
文印
……59969728
……59969729
收发
……59968999
信访保卫处
……59969744
……59969746
信访接待
……59969750
总师办
……59969748

发展计划部

办公室
……59968847
油气规划处
……59968852
炼油运销规划处
……59968862
化工规划处
……59968872
境内项目合作处
……59968885
境外油气项目合作处
……59968879
境外炼化项目合作处
……59968933
项目审查处
……59968895
投资计划处

……………………………………59968905

综合统计处

……………………………………59968916

新能源办公室

……………………………………59968925

生产经营管理部

办公室

……………………………………59969346

计划处

……………………………………59969349

调度处

……………………………………59969357

生产经营协调处

……………………………………59969366

国内原油处

……………………………………59969376

进口原油处

……………………………………59969386

财务部

综合处

……………………………………59969198

资产处

……………………………………59969218

价税处

……………………………………59969211

稽核处

……………………………………59969203

财务处

……………………………………59969295

信息处

……………………………………59969227

内控处

……………………………………59969233

会计处

……………………………………59969240

资金处

……………………………………59969249

科技开发部

办公室

……………………………………59968777

综合计划处

……………………………………59968779

油田处

……………………………………59968785

炼油处

……………………………………59968792

化工处

……………………………………59968798

化纤处

……………………………………59968805

装备与储运处

……………………………………59968809

国际合作处

……………………………………59968816

知识产权处

……………………………………59968820

技术监督处

……………………………………59968829

三剂处

……………………………………59968837

人事部

办公室

……………………………………59968710

领导人员管理处

……………………………………59968709

专业技术人员处

……………………………………59968666

技能操作人员处

……………………………………59968672

组织监督处

……………………………………59968677

劳动工资处

……………………………………59968683

培训开发处

……………………………………59968698

机关人事处

……………………………………59968703

法律事务部

办公室

……………………………………59968088

合同项目管理处

……………………………………59968075

纠纷诉讼管理处

……………………………………59968077

公司事务管理处

……………………………………59968082

普法培训处

……………………………………59968086

安全环保部

综合处
……59969777
安全监督处
……59969770
安全技术处
……59969775
环境保护处
……59969781
油田安全处
……59969787
安保基金处
……59969793

工程部

综合处
……59968336
项目管理处
……59968342
设计管理处
……59968350
油建储运工程处
……59968357
炼化工程处
……59968365
生产准备处
……59968372
招投标办公室
……59968377
标准定额处
……59968383
工程质量监督总站
……59968395
项目管理中心
……59968397
造价中心
……59968401

物资装备部
（国际事业公司）

办公室
……59966049
人事处
……59966041
财务处
……59966059
法律事务处
……59966085
财务处
……59966059
审计处
……59966159
监察处
……59966093
企业管理处
……59966110
物资管理处
……59966129
计划处
……59966101
信息处
……59966134
物流处
……59966149
招标处
……59966223
技术与条件处
……59966176
化工原料处
……59966187
化工辅料处
……59966206
煤炭处
……59966165
材料处
……59966235
动设备处
……59966251
静设备处
……59966262
电气设备处
……59966272
石化产品出口处
……59966282
设备材料出口处
……59966310

信息系统管理处

综合管理处
……59966001
投资计划处
……59966007
项目管理处
……59966012
系统管理处
……59966655

油田信息处 ……59966023

信息处 ……59966027

ERP 支持中心 ……59966800

外事部

办公室 ……59968715

财务处 ……59968725

对外联络处 ……59968732

出国管理处 ……59968748

国际合作处 ……59968760

境外机构管理处 ……59968768

审计部

综合处 ……59968291

计划处 ……59968297

审理处 ……59968303

制度处 ……59968315

投资处 ……59968320

北京分局 ……84628125

监察部
（党委纪检组）

纪检监察一处 ……59968256

纪检监察二处 ……59968266
……59968265

纪检监察三处 ……59968272

纪检监察四处 ……59968278

企业文化部

综合处 ……59968226

党建工作处 ……59968229

宣传处 ……59968234

直属纪委办公室 ……59968239

群众工作处 ……59968241

青年工作处 ……59968247

油区综合协调处 ……59968249

油田勘探开发事业部

综合办公室 ……59968456

计划处 ……59968462

财务处 ……59968471

企业管理处 ……59968480

调度处 ……59968488

东部勘探处 ……59968495

西部勘探处 ……59968508

开发处 ……59968513

天然气处 ……59968522

工程技术处 ……59968532

采收率处 ……59968545

油藏经营管理处 ……59968550

地面海工工程处 ……59968556

科技信息处 ……59968561

矿权与储量管理处 ……59968567

市场管理处 ……59968576

海相工作部

……………………………………………59968583

炼油事业部

综合处
……………………………………………59969438

调度处
……………………………………………59969439

计划处
……………………………………………59969446

技术处
……………………………………………59969452

设备处
……………………………………………59969467

财务处
……………………………………………59969471

质量处
……………………………………………59969478

市场处
……………………………………………59969483

化工事业部

综合处
……………………………………………59969496

调度处
……………………………………………59969499

财务处
……………………………………………59969509

化肥处
……………………………………………59969517

设备处
……………………………………………59969521

市场处
……………………………………………59969524

计划处
……………………………………………59969534

合纤处
……………………………………………59969543

树脂处
……………………………………………59969546

乙烯处
……………………………………………59969551

油品销售事业部
（销售有限公司）

办公室
……………………………………………59969001

业务处
……………………………………………59969030

运行处
……………………………………………59969044

零售管理处
……………………………………………59969057

润滑油经营管理处
……………………………………………59969070

燃料油经营管理处
……………………………………………59969078

进出口处
……………………………………………59969086

非油品业务处
……………………………………………59969091

财务处
……………………………………………59969098

发展规划处
……………………………………………59969112

信息管理处
……………………………………………59969120

安全质量处
……………………………………………59969130

人事处
……………………………………………59969138

劳资处
……………………………………………59969148

企业改革管理处
……………………………………………59969155

政工处
……………………………………………59969165

审计处
……………………………………………59969161

监察处
……………………………………………59969169

管道处
……………………………………………59969173

合资企业管理处
……………………………………………59969179

四、中国石油化工股份有限公司企事业单位

1. 中国石油化工股份有限公司胜利油田分公司

地址：山东省东营市东营区济南路258号
邮编：257001
区号：0546
传真：8221719
网址：www.slof.com
E-mail：webmaster@slof.com

中国石油化工股份有限公司胜利油田分公司（以下简称胜利油田分公司），主体位于黄河下游的东营市，油田机关位于东营市济南路258号，工作区域主要分布在山东省的东营、滨州、德州、济南、潍坊、淄博、聊城、烟台等8个市的28个县（区）。

截止2007年底，胜利油田分公司下设21个二级单位，185个三级单位，1292个四级单位，分公司机关设15个职能处室，3个直属单位，有员工87379人，其中固定职工58526人，有高级技术职称2952人，中级技术职称8529人；所辖石油专业队伍中，采油队343个，稠油热采注汽队25个，采气队7个，输油（气）队88个，运输队4个；固定资产和油气资产总量为652.05亿元，其中油气资产净值548.26亿元；机械装备总量30792万台，装机总功率237.93万kW，平均设备新度系数0.39。

胜利油田是中国陆上第二大石油生产基地，自1961年发现、1964年正式投入开发建设以来，到2007年底，先后找到75个不同类型的油气田，累计生产原油9.08亿t，生产天然气391.64亿m^3。胜利油田分公司现有油井22891口，开井17817口，原油年生产能力2700万t。全油田平均综合含水率为90.34%，自然递减率14.7%，综合递减率5.83%。有气井371口，开井94口，年工业产气量7.84亿m^3；有注水井7455口，日注能力61.73万m^3，累计注采比0.79。拥有计量站2103座，注水站261座，联合站50座，年处理液能力3.25亿t；接转站60座，年处理液能力7733万t；污水站55座，年污水处理能力3.4亿m^3；原油集输管线2.09万条/1.28万km；有93座海上采油平台，海底输油管线76条/144.4km；形成了具有胜利特色的原油集输、脱水、污水处理配套技术。

自1978年以来，胜利油田共取得各类科研成果6129项，其中获国家级奖励102项，获省部级奖励596项，取得专利1333件，累计实施专利技术972项。

胜利油田分公司严格按照公司法的规定规范运作，不断增强竞争实力和盈利能力，正逐步向决策科学、运作协调、管理严密的现代企业迈进。“十一五”期间，胜利油田以“共创百年胜利，共建和谐油田，共享美好生活”为目标，按照“三稳一保”的工作要求和集团公司整体部署，大力实施资源、市场和可持续“三大战略”，持续推进改革、管理、科技“三大创新”，全面推进党的建设、队伍建设、文化建设、民生建设、和谐环境建设等“五大和谐工程”，凝心聚力，向着科学发展、创新发展、和谐发展的目标奋勇前进。

中国石油化工股份有限公司
胜利油田分公司

部门	公网电话

公司机关

总经理办公室

主任……8559608
值班接待科……8552074
文书科……8775540
秘书科……8555959
调研督查科……8713370
综合科……8553582
史志科……8556419
油地校结合办公室……8552870

生产管理部（处）

主任……8717776
副主任……8551031
总调度室值班室……8556180
报表统计……8556497
产能科……8552482
海工科……8555740
交通管理科……8555805
综合信息科……8773208
用电管理科……8714443
农电办……8776374
电力技术科……8714449
水利科……8556787
节水科……8552358
部办公室……8556498

石油工程管理处

处长……8717168
副处长……8714343
综合信息科……8714248
工程技术科……8714473
井控管理科……8714246
工程质量科……8556486
市场协调科……8552850

基建处

处长……8717718
副处长……8556677
综合科……8553438
工程科……8552629
矿建科……8555997
招标办公室……8553240
结算科……8554428
技术科……8556140

设备管理处

处长……8555683
副处长……8710519
副处长……8710259
综合计划科……8553629
现场设备管理科……8554978
技术科……8553876
海洋设备管理科……8711213

油地工作处（土地管理处）

处长……8551319
副处长……8556494
综合科……8558111
征地科……8775743
地籍科……8773252
协调科……8554331

科技处（技术中心）

处长……8552750
副处长……8712243
综合管理科……8552596
项目管理科……8557771
新技术推广科……8555518
技术开发科……8710419
情报管理科……8711014
科协学会办公室……8712247
SPE 办公室……8713153
科展中心管理科……8558991

经营管理部（改革办公室）

主任……8550868
副主任……8714431
综合管理科……8714435
承包经营一科……8554306
承包经营二科……8712531
体制改革科……8776942
市场管理科……8556641
产权经营科……8714451
现代化管理科……8712597

规划计划部

主任……8775904
副主任……8712546
综合科……8553696
投资科……8553863

矿建科……………………………………8556527
生产经营计划科…………………………8553264
物资管理科………………………………8713294
重大项目开发办公室……………………8713294
统计科……………………………………8559436

财务资产部

主任………………………………………8777496
副主任……………………………………8559965
综合科……………………………………8552781
资金科……………………………………8553689
成本预算科………………………………8559897
投资科……………………………………8712115
海外项目管理科…………………………8712680
会计科……………………………………8713579
资产科……………………………………8776372
税务科……………………………………8553758
机关财务科………………………………8552183

劳动工资处

处长………………………………………8713114
副处长……………………………………8554139
劳动组织计划科…………………………8713292
编制科……………………………………8552525
薪酬管理科………………………………8559758
用工管理科………………………………8551226
检查督导科………………………………8553018
培训开发科………………………………8551338
题库开发科………………………………8713443
考务管理科………………………………8717295

法律事务处（合同管理处）

处长………………………………………8714346
副处长……………………………………8554695
综合科……………………………………8714425
招投标办公室……………………………8713993
合同管理科………………………………8711154
涉外合同管理科…………………………8714348
公司事务科………………………………8714376
诉讼管理科………………………………8714370
宣传培训科………………………………8714373

审计处

处长………………………………………8558509
副处长……………………………………8557225
综合科……………………………………8552962
财务审计科………………………………8558208
投资审计科………………………………8557046
审计管理科………………………………8711865
内控评审科………………………………8710792

审计中心

主任………………………………………8558509
副主任……………………………………8557225
滨海审计分处
　主任……………………………………8486926
　业务室…………………………………8586016
滨南审计分处
　主任……………………………………3463454
　业务室…………………………………3463434
胜北审计分处
　主任……………………………………8724981
　业务室…………………………………8724801
胜东审计分处
　主任……………………………………8736586
　业务室…………………………………8738032
胜南审计分处
　主任……………………………………8715256
　业务室…………………………………8715796
胜中审计分处
　主任……………………………………8711282
　业务室…………………………………8795442

技术监督处

处长………………………………………8712582
副处长……………………………………8554364
综合科……………………………………8551751
质量科……………………………………8713535
标准化科…………………………………8717263
计量科……………………………………8553593
节能科……………………………………8553888
海监科……………………………………8712033
质量稽查办公室…………………………8711327

安全环保处

处长………………………………………8712716
副处长……………………………………8714039
综合管理科………………………………8553929
工业安全一科……………………………8713539
工业安全二科……………………………8553933
工业安全三科……………………………8713416
交通安全科………………………………8552546
安全技术科………………………………8555006
安全标准科………………………………8772414
海上安全环保科…………………………8551567
海上安全环保科副科长…………………8711603
环境管理科………………………………8553184
污染治理科………………………………8556276
安全生产监察支队………………………8701685

西部安全监督办公室……………(0991)7996717

勘探处

处长……………………………………8554647
副处长…………………………………8711900
综合计划科……………………………8711257
技术信息科……………………………8714810
矿产资源管理科………………………8711257

开发处（油藏经营管理办公室）

处长……………………………………8556447
综合规划科……………………………8556448
生产管理科……………………………8552400
开发管理科……………………………8551815
产能建设科……………………………8557687
开发信息科……………………………8557628
油藏经营科……………………………8550229

采油工程处

处长……………………………………8711256
副处长…………………………………8555588
综合规划科……………………………8710851
采油管理科……………………………8552567
集输管理科……………………………8555328
注水管理科……………………………8775005
数据信息科……………………………8557629
工程技术科……………………………8710926

规划计划处

处长……………………………………8712613
副处长…………………………………8712379
综合计划科……………………………8777443
项目管理科……………………………8553328
投资计划科……………………………8551033
生产计划科……………………………8712044
统计科…………………………………8552754

财务资产处

处长……………………………………8712038
副处长…………………………………8710257
资产科…………………………………8776841
机关财务科……………………………8774267
成本科…………………………………8795766
会计科…………………………………8771495
资金科…………………………………8553193
税务稽查科……………………………8502992
综合科…………………………………8555086
预算科…………………………………8710236
信息科…………………………………8554574

二级单位

滨南采油厂

地址：山东省滨州市黄河六路531号
邮编：256606

厂办公室
副主任…………………………………3461378
值班室…………………………………3461278

生产科室
油地工作科……………………………3461343
生产办公室……………………………3460994
开发管理科……………………………3461867
基建工程管理中心……………………3461357
设备管理科……………………………3461846
安全环保科……………………………3461811
规划计划科……………………………3462243
劳动工资科……………………………3461328
经营管理科……………………………3462162
法律事务科……………………………3462462
党委办公室……………………………3461221
党委组织科……………………………3463846
党委宣传科……………………………3462212
纪委监察科……………………………3461365
工会……………………………………3461215
团委……………………………………3462223
机关管理科……………………………3461271
老年管理中心…………………………3460490
公共事业中心…………………………3461298
信息中心………………………………3461164
人民武装部……………………………3461197
财务资产管理中心……………………3461349
技术质量安全监督中心………………3463488
物资供应科……………………………3460105

采油一矿
矿长……………………………………3466212
教导员…………………………………3466131
矿办……………………………………3466123
财务……………………………………3466432
调度……………………………………3466221

采油二矿
教导员…………………………………3465211
矿长……………………………………3465311
矿办……………………………………3465521
生产办…………………………………3465199

财务……………………………………3465141
采油三矿
教导员……………………………………3465217
矿长……………………………………3465129
调度室……………………………………3465551
矿办……………………………………3465519
财务……………………………………3465194
采油四矿
书记……………………………………3467211
矿长……………………………………3467311
矿办……………………………………3467521
调度室……………………………………3467231
财务……………………………………3467241
油气集输大队
大队长……………………………………3477576
副教导员……………………………………3477744
队办公室……………………………………3477661
调度……………………………………3477727
地质研究所
教导员……………………………………3462528
所长……………………………………3461018
油田地质室……………………………………3461387
方案规划室……………………………………3462342
动态室……………………………………3461376
生产管理室……………………………………3461433
计算机室……………………………………3461998
钻井室……………………………………3460404
工艺研究所
教导员……………………………………3461821
所长……………………………………3461796
综合管理室……………………………………3460414
监测大队
教导员……………………………………3461515
大队长……………………………………3461415
生产办……………………………………3460775
调度室……………………………………3460795
财务……………………………………3460745
综合大队
教导员……………………………………3462488
大队长……………………………………3460642
生产办……………………………………3460324
调度室……………………………………3461471
水电讯大队
教导员……………………………………3460264
大队长……………………………………3461169
经营办……………………………………3464594

生产办……………………………………3462537
调度……………………………………3464549
职工培训中心
教导员……………………………………3461955
主任……………………………………3460857
中心办公室、教务……………………………………3460133
教研室……………………………………3462217
车辆管理中心
教导员……………………………………3462272
主任……………………………………3462281
调度……………………………………3461292
滨西分局
局长……………………………………3464786
政委……………………………………3464689
指挥中心值班室……………………………………3461669
作业公司
党委书记……………………………………3460015
大队长……………………………………3460025
大队办……………………………………3460970
生产办……………………………………3460063
准备大队
党委书记……………………………………3468451
大队长……………………………………3460015
生产办……………………………………3468337
调度室……………………………………3468354
特车大队
书记……………………………………3468768
大队长……………………………………3768007
调度室……………………………………3477261

采油工艺研究院

地址：山东省东营市东营区西三路188号
邮编：257000

机关部室
党政办……………………………………8557219
文化站……………………………………8557232
人力资源部……………………………………8557236
纪监审计部……………………………………8557235
群众工作部……………………………………8557263
团委……………………………………8557231
科研计划部……………………………………8559481
财务资产……………………………………8701266
经营管理……………………………………8557233
工程技术中心
主任……………………………………8550061

副主任……………………………………8705223
主任工程师………………………………8550062
东部项目组………………………………8778306
生产管理中心
主任……………………………………8701194
副主任…………………………………8557202
安全环保………………………………8557201
HSE ……………………………………8552303
公共事业中心
书记……………………………………8557317
主任……………………………………8557268
副主任…………………………………8557277
治安保卫中心
主任……………………………………8773425
治安保卫………………………………8557275
采油机械研究所
书记……………………………………8781220
所长……………………………………8789766
副所长…………………………………8781215
主任工程师……………………………8794632
稠油开采研究所
书记……………………………………8557285
所长……………………………………8557228
副所长…………………………………8705220
主任工程师……………………………8793181
三次采油研究所
书记……………………………………8701187
所长……………………………………8557270
副所长…………………………………8557271
主任工程师……………………………8556560
浅海采油研究所
书记……………………………………8797593
所长……………………………………8557794
副所长…………………………………8791501
主任工程师……………………………8550230
敏感油藏研究所
书记……………………………………8781250
所长……………………………………8557280
副所长…………………………………8502085
主任工程师……………………………8705041
注水工艺研究所
书记……………………………………8777752
所长室…………………………………8557291
主任工程师……………………………8781561
主任工程师办公室……………………8774702
天然气开采研究所
书记室…………………………………8781185
所长室…………………………………8781579
副所长…………………………………8557244
主任工程师……………………………8557244
防砂技术研究中心
书记……………………………………8558801
主任……………………………………8552225
副主任…………………………………8557240
主任工程师室…………………………8773536
微生物采油研究中心
书记……………………………………8557241
主任……………………………………8705133
副主任…………………………………8557230
压裂酸化研究中心
书记……………………………………8557207
主任……………………………………8557208
副主任…………………………………8557272
主任工程师……………………………8557272
修井完井研究中心
书记……………………………………8556330
主任……………………………………8557289
副主任…………………………………8557210
主任工程师……………………………8778564
采油工程信息中心
书记……………………………………8557264
主任……………………………………8552251
副主任…………………………………8776515
主任工程师……………………………8555760
材料检测中心
书记……………………………………8552591
主任……………………………………8793098
副主任…………………………………8555621
新工具试制中心
书记……………………………………8557251
主任……………………………………8701078
副主任…………………………………8557278
西部分院
办公室…………………………………8781185
办公室（新疆）……………………(0991)6627298
技术监督室
主任……………………………………8557246
综合档案室
主任室…………………………………8557273
物资供应中心
主任室…………………………………8557319
汽 车 队

队长……8557250
调度……8557284
综合维修队
书记……8551687
队长……8557281
环卫绿化队
队长……8559477
综合队
队长……8557277

纯梁采油厂

通讯地址：山东省博兴县陈户镇纯梁采油厂
邮编：256504

政工科室
党办……8753195
组织科……8755573
职改办……8751551
宣传科……8753304
纪监审计科……8753417
工会……8751836
团委……8753771
行政科室
厂办……8753148
厂办值班室……8753413
厂办档案室……8753157
地质档案室……8755496
劳资档案室……8753823
生产经营科室
生产办……8753512
生产办值班室……8753400
注采科……8753404
油气集输科……8753931
安全环保科……8753156
油地科……8757566
设备科……8753152
经营管理科……8753905
劳资科……8751303
计划科……8756012
物资供应科……8751678
作业大队
教导员……8753679
大队长……8753331
人力资源组……8753904
组织、纪检办公室……8753834
生产运行组……8753902
经营管理组……8755668
安全机动组……8753907
劳资办公室……8753443
采油一矿
教导员……8753386
矿长……8753221
调度室……8753358
采油二矿
矿长……8759211
副矿长……8759289
党政办公室……8759270
矿办公室……8759269
调度室……8759208
采油三矿
教导员……8759699
矿长……8759686
党政办公室……8759636
经营办公室……8759656
生产办公室……8759665
调度室……8759628
车辆管理中心
教导员……8753030
主任……8755801
党政办公室……8753966
中心办公室……8753837
监测大队
教导员……8753068
大队长……8753935
党政办公室……8751389
生产准备大队
教导员……8753772
大队长……8753231
党政办公室……8753327
调度室……8753258
油气集输大队
教导员……8753462
大队长……8751388
调度室……8753295
供电大队
教导员……8753031
大队长……8753279
调度室……8753477
特车大队
教导员……8753973

大队长……………………………………8753416
调度室……………………………………8751858
地质研究所
教导员……………………………………8753181
所长………………………………………8753348
调度室……………………………………8753138
综合室……………………………………8756148
地质室……………………………………8753647
方案室……………………………………8753349
管理室……………………………………8753137
勘探室……………………………………8753245
工艺研究所
教导员……………………………………8752881
所长………………………………………8753812
政工办公室………………………………8757435
调度室……………………………………8753158
劳资办公室………………………………8757436
方案运行室………………………………8753173
油田化学室………………………………8753347
财务资产管理中心
主任………………………………………8753706
副主任……………………………………8752550
综合办公室………………………………8752339
作业监督中心
教导员……………………………………8753199
主任办……………………………………8751381
综合办公室………………………………8751396
科技信息中心
教导员……………………………………8753418
主任………………………………………8753351
成果推广办公室…………………………8756036
治安保卫中心
主任………………………………………8751361
教导员办…………………………………8757783
中心值班室………………………………8753775
工程设计管理中心
教导员……………………………………8753395
主任………………………………………8753303
工艺组……………………………………8753591
建筑组……………………………………8753829
预算组……………………………………8756093
预算组……………………………………8753927
综合室……………………………………8757280
公共事业管理中心
主任………………………………………8755881
副主任……………………………………8755215

综合办公室………………………………8755773
老年管理中心
教导员……………………………………8753016
主任………………………………………8753012
办公室……………………………………8753053
技术质量安全监督中心
教导员……………………………………8756060
主任………………………………………8753541
办公室……………………………………8757217
调度室……………………………………8753543
华宇实业总公司
总经理……………………………………8753518
副书记……………………………………9853956
综合办公室………………………………8753888
工程公司…………………………………8755015
化工公司…………………………………8757922
机电公司…………………………………8753579
农副业公司………………………………8755296
作业公司…………………………………8755296
再就业服务站
站长………………………………………8753827
副站长办…………………………………8751365
站办………………………………………8751385
物资配送队
队长………………………………………8753952
指导员办…………………………………8751313
调度………………………………………8753344

地质科学研究院

地址：东营市东营区聊城路3号
邮编：257015

机关部室
党政办公室………………………………8558306
组织劳资部………………………………8716251
思想政治工作部…………………………8715518
生产管理部………………………………8715003
科研计划部………………………………8715893
企管安全部………………………………8716178
财务部……………………………………8552859
纪监审计部………………………………8715231
物资供应中心……………………………8715125
技术监督中心……………………………8715705
公共事业中心……………………………8715610
治安保卫中心……………………………8716110
老年管理中心……………………………8716051

汽车队……8715015
勘探综合研究室
书记……8715455
主任……8716653
工程师……8715227
沾车海勘探研究室
书记……8715498
主任……8715330
工程师……8715329
东昌惠勘探研究室
书记……8715370
主任……8715460
工程师……8715474
天然气及区域勘探研究室
书记……8715992
主任……8716125
工程师……8715132
新疆油气勘探研究室
书记……8715047
主任……8715347
储量管理研究室
书记……8715416
主任室……8715412
北方勘探研究室
书记……8715101
主任……8715571
油气地质与采收率期刊社
主任……8715337
编辑组……8715246
出版组……8715240
整装油田开发研究室
书记……8715177
主任……8715771
断块油田开发研究室
书记……8715633
主任……8715378
低渗透油田开发研究室
书记……8715341
主任……8715275
稠油热采开发研究室
书记……8716366
主任……8715430
办公室……8715295
滩海油田开发研究室
书记……8715153
主任……8715399
开发综合规划研究室
书记……8715257
主任……8715379
海外研究中心
书记……8715301
主任……8715736
科技信息研究室
书记……8715770
主任……8716483
油田建设规划室
主任……8715611
地球物理技术研究室
书记……8716320
主任……8715653
渗流力学研究室
书记……8715405
主任……8715810
计算机技术研究室
书记……8715426
主任……8716263
地层古生物实验室
书记……8715361
主任……8715264
地球化学实验室
书记……8716789
主任……8716602
开发试验室
书记……8715280
主任……8715324
采收率试验室
书记……8715215
主任……8716450
现代试井室
书记……8715241
主任……8715363
岩心管理室
书记……8550474
主任……8559308
综合档案室
书记……8715351
主任……8715517
制图印刷厂
书记……8716486
厂长……8716060
办公室……8715506

胜利油田东胜精攻石油开发集团股份有限公司

地址：东营市东营区西四路
邮编：257000

公司办公室
主任……8687778
副主任……8687553
传真……8223619
值班电话……8687550
人力资源部
副主任……8688569
传真……8218799
生产管理部
主任……8687669
副主任……8687656
传真……8687756
开发技术部
主任办……8687666
副主任……8687651
传真……8558089
经营管理部
主任……8687577
副主任……8687570
传真……8775799
安全环保部
主任……8687670
副主任……8687758
传真……8687750
企业管理部
主任……8687559
副主任……8687562
传真……8788299
财务资产部
副主任……8687593
副主任……8687765
传真……8556399
职业监督部
副主任……8687558
传真……8239677
基建管理部
主任……8687697
副主任……8687766
传真……8795567
油区工作部（社会治安综合治理办公室）
主任……8687682
副主任……8687759
传真……8235977
勘探开发研究中心
主任……8688659
副主任……8688651
传真……8206757
国外项目部
主任……8687752
副主任……8687751
传真……8788546
牛庄公司
经理……8296336
副经理……8296366
传真……8296296
无棣公司
经理……(0543)6496088
副经理……(0543)6496435
传真……(0543)6496019
高青公司
经理办……(0533)6992202
副经理……(0533)6992205
传真……(0533)6996161
潍北公司
经理办……(0536)7806881
副经理办……(0536)7806885
传真……(0536)7802072
河口公司
经理……8573666
副经理……8572553
传真……8571685
鑫联公司
经理……8355999
副经理……8355581
传真……8355599
滨南公司
经理……(0543)3464700
副经理……(0543)3460987
传真……(0543)3460374
胜兴公司
经理……8753188
副经理……8759718
传真……8756889
兴东公司
经理……8583766
副经理……8583667
传真……8583748
胜临公司

经理……8461160
副经理……8461775
传真……8461850
金角公司
经理……8871966
副经理……8871967
传真……8871996
信远公司
经理……8532796
副经理……8535323
传真……8533345
东安公司
经理……8631796
副经理……8631658
传真……8738887
蒙古项目
乌兰巴托办公室……2989138
传真……0097611312104
宗巴音生产基地……8687792
传真……00976152552309
经理……8687786
副经理……8687781
财务总监……8688781
星源公司
书记……8296555
经理……8296677
燃料公司……8293298
运输公司……8613772
作业公司……8292666
工程公司……8851534
工贸公司……13792097058
东胜海天酒店公司
书记……8688916
经理……8688927
传真……8688908
东胜大厦（总机）……8687777
总台……8687600

东辛采油厂

地址：东营市黄河路216号
邮编：257094

机关科室
党委办公室……8557389
党委组织科……8533055
职改办……8557390
党委宣传科……8557391
纪委监察科……8557392
工会……8532969
团委……8556902
机关直属党委……8557726
厂办公室
副主任……8554092
文书……8531122
值班室……8531096
传真……8552019
生产办公室
主任……8557373
生产调度值班室……8531256
采油注水科科长……8557375
油气集输科科长……8531858
规划计划科科长……8557664
定额站站长……8533336
设备管理科科长……8557728
安全环保科科长……8535306
油地工作科科长……8557381
水电管理科科长……8557388
劳动工资科科长……8557379
经营管理科科长……8557707
档案室主任……8533502
供应科
教导员……8533015
科长……8532037
办公室……8531973
调度……8531293
财务资产管理中心
主任……8531555
副主任……8557362
基建工程管理中心
主任……8535268
副主任……8557731
治安保卫中心
主任……8557393
副主任……8531478
综合……8531140
信息管理中心
主任……8533507
副主任……8531156
信息中心……8557372
作业监督中心
主任……8531512
副主任……8535352

调度室……………………………8531325
技术质量安全监督中心
教导员……………………………8531184
主任……………………………8533021
副主任……………………………8535362
调度……………………………8531502
公共事业中心
教导员……………………………8535026
主任……………………………8533678
副主任……………………………8531949
调度……………………………8531353
老年管理中心
主任……………………………8557727
副主任……………………………8533532
边远井管理队
队长……………………………8535169
副队长……………………………8533801
生产调度……………………………8535272
采油一矿
矿长……………………………8763021
教导员……………………………8762166
调度室……………………………8763391
采油二矿
教导员……………………………8732828
矿长……………………………8732731
调度室……………………………8732301
采油三矿
教导员……………………………8766178
矿长……………………………8766677
调度室……………………………8766370
采油四矿
教导员……………………………8559918
矿长……………………………8559786
调度室……………………………8558986
采油五矿
教导员……………………………8635138
矿长……………………………8635136
调度室……………………………8635001
特种作业项目部
教导员……………………………8733969
主任……………………………8732772
生产办公室……………………………8731908
调度室……………………………8633496
作业大队
教导员……………………………8633966
大队长……………………………8633999
生产办公室……………………………8631303
调度室……………………………8732052
采油地质研究所
教导员……………………………8532450
所长……………………………8533535
调度……………………………8531497
地质室……………………………8531532
综合室……………………………8531390
采油工艺研究所
教导员……………………………8532869
所长……………………………8531731
生产调度……………………………8531989
综合大队
教导员……………………………8532909
大队长……………………………8531270
生产调度室……………………………8531240
综合二大队
教导员……………………………8532966
大队长……………………………8532766
经营办公室……………………………8533067
生产办公室……………………………8531312
供电大队
教导员……………………………8531187
大队长……………………………8535398
调度室……………………………8531640
汽车大队
教导员……………………………8532348
大队长……………………………8531905
调度……………………………8531865
监测大队
教导员……………………………8531223
大队长……………………………8532482
调度室……………………………8531713
护卫大队
教导员……………………………8557363
大队长……………………………8532453
党校
副校长……………………………8531143
培训部……………………………8531414
政研部……………………………8531248
总务部……………………………8531218
山东胜利新大实业集团
人力资源与行政管理部……………………………8531581
经营发展部……………………………8535127
内控管理与物资采购部……………………………8531262
财务资产部……………………………8531552

市场发展部……8532778
新大科学技术研究所……8632877
新大作业项目部……8535126
新大夹砂玻璃钢公司……8736833
新大复合材料有限公司……8631368
新大玻璃钢储罐一公司……8732810
新大玻璃钢储罐二公司……8735301
新大玻璃钢储罐三公司……8731886
新大高压玻璃钢公司……8831179
新大玻璃钢油管公司……8831116
新大玻璃钢管件公司……8831187
新大化工公司……8533570
新大作业一部……8761156
新大作业二部……8765004
新大作业三部……8631078
新大管具有限公司……8631689
新大安装工程公司……8535118
新大电器公司……8533598
新大综合公司……8731277
新大物流公司……8533630
惠丰公司……8201921

技术检测中心

地址：东营市东营区西二路480号
邮编：257000

机关科室
党政办公室……8552877
生产办公室……8552866
组织劳资科……8775347
经营管理科……8558652
财务资产科……8775346
纪检监察科……8792349
群众工作科……8778784
特种设备检验所
所长……8551181
书记、副所长……8557445
综合技术管理室……8551176
特检一室……8775340
特检二室……8775214
特检三室……8551173
特检四室……8775241
护品室……8775404
值班室……8787514
安全教育管理站
书记、副站长……8555848
站长……8792801
综合室……8773614
教研室……8774647
培训一室……8775284
培训二室……8554372
培训三室……8792342
安全环保研究中心
主任……8775339
书记、副主任……8792374
技术管理室……8559873
安全评价一室……8797700-6406
安全评价二室……8797611-6112
安全评价三室……8797522-6312
标准化研究所
书记、副所长……8775257
所长……8558650
综合室……8559877
标准发行站……8775248
标准库……8773490
研究室……8775248
档案室……8559877
技术检测信息中心
书记、副主任室……8701751
主任……8551175
系统运行室……8701013
软件开发室……8702075
技术管理室……8773121
腐蚀与防护研究所
所长……8559283
书记、副所长……8503010
信息工程室……8775249
技术开发室……8551512
管线探测室……8555673
腐蚀检测室……8555673
能源监测站
书记、副站长……8557144
站长……8553675
综合室……8775174
开发室……8775134
机电室……8775149
热工室……8775147
环境监测总站
书记……8552297
站长……8552737
综合室……8775242
检测一室……8559382

检测二室……8557024
质控室……8775245
评价室……8775246
治理研究室……8775247

计量测试研究所
书记、副所长……8773896
所长……8773388
综合室……8775343
检定一室……8775341
检定二室……8773710
计量考核办公室……8554363
科研室……8775342

质量监督检验所
书记、副所长……8556590
所长……8551177
技术管理室……8775444
机械室……8775454
电器室……8775457
化工室……8559872
水质室……8787067

工程质量监督站
站长……8773786
书记、副站长……8556219
综合管理室……8775434
土建室……8788960
安装室……8775441
监测评价室……8705085
建材试验室……8557448
分站管理室……8773392

流量检定站
书记、副站长……8781434
站长……8558637
综合管理室……8784244
原油流量检定室……8784245
天然气流量检定室……8787244
化验室……8791404

设备监测站
站长……8784840
书记……8778712
技术管理室……8784841
润滑剂检测室……8784842
井架检测室……8773293
状态检测室……8559013

防雷与地震评价中心
书记、副站长……8558445
站长……8778573
综合技术管理室……8551554
地震安评室……8796644
监测值班……8553175
雷电防护技术室……8558446

节能减排研究所
书记、副所长……8556282
所长……8552297
治理研究室……8719715
分析化验室……8785901

综合服务中心
书记、主任……8776759
副主任、车队队长……8558081
综合室……8557838
招待所总台……8791047

治安保卫中心
副主任……8719273
副主任……8792384
治安保卫……8776684

老年党支部
办公室……8792345

孤岛采油厂

地址：东营市河口区孤岛镇
邮编：257231

机关部室
党政办公室……8885043
人力资源（组织）部……8885182
思想政治工作部……8885183
纪委监察部……8885152
生产管理部……8886539
技术管理部……8886911
安全环保油地部……8886575
物资装备部……8885305
规划计划部……8885533
经营管理部……8898189
财务资产部……8885718

机关直属
综合大队（综合管理中心）……8885850
中心办公室……8886255
生活房产绿化管理……8886435
机关事务管理办公室……8885781
文联……8886892
招待所……8886834
科技图书办公室……8885820
电视编辑部……8886534

技术质量安全监督中心……8885995
信息（档案）中心……8882290
工程建设管理中心……8886302
定额预算管理中心……8889020
治安保卫中心……8885161
物资配送中心室……8885116
作业管理中心……8885117
三采办……8886911
老年工作管理中心……8886358
操作技能管理站……8886486

孤一油藏经营管理区
书记……8899856
经理……8888200
调度……8885277

孤二油藏经营管理区
书记……8897127
经理……8885502
调度……8886519

孤三油藏经营管理区
书记……8886621
经理……8886273
生产办……8885775
调度……8886004

孤四油藏经营管理区
书记……8893616
经理……8885175
生产办……8892156
调度……8891361

垦西油藏经营管理区
书记……8886856
经理……8886759
调度……8888349

边远井油藏经营管理区
书记……8886901
经理……8886607
生产办……8885511

垦利油藏经营管理区
书记……8889128
经理室……8889127
生产办……8889172

集输注水大队
书记……8882618
大队长……8885618
调度……8886652

热采大队
书记……8886360
副大队长……8881114
调度……8885362

作业一大队
大队长……8885861
书记……8891406
调度……8886721

作业二大队
书记……8885118
大队长……8885902
调度……8886641

生产准备大队
书记……8889968
大队长……8885760
调度……8885831

特车大队
大队长办……8885535
书记……8886016

监测大队
书记……8886318
大队长……8886656
调度……8886378

护卫大队
大队长……8885052
书记……8891800

水电大队
书记……8885658
大队长……8886160
调度……8886051

地质所
书记……8885358
所长……8885582
生产室调度……8886550

工艺所
所长……8885523
书记……8885238
办公室……8885729
安全、调度……8885524

金岛实业有限责任公司
董事长、总经理……8886257
党委书记……8886792
公司办……8885715
财务……8885890

胜岛石油机械厂
经理……8885682
书记……8886376
销售公司……8880273

财务……………………………………………8886648
安全、调度……………………………………8886380
胜鑫防腐公司
经理……………………………………………8956702
书记……………………………………………8956709
公司办…………………………………………8956701
生产部…………………………………………8956706
思远工程安装公司
经理……………………………………………8885965
书记……………………………………………8886916
公司办…………………………………………8886824
石油工程技术公司
经理……………………………………………8899301
书记……………………………………………8899551
公司办…………………………………………8886783
运输公司
经理……………………………………………8885073
书记……………………………………………8897252
公司办…………………………………………8886421
调度……………………………………………8886709
农工贸分公司
经理……………………………………………8886297
书记……………………………………………8885730
公司办…………………………………………8886270
金岛中心超市
书记、经理……………………………………8899556
店长……………………………………………8886734

孤东采油厂

地址：东营市河口区仙河镇
邮编：257237

政工科室
党委办公室……………………………………8582221
组织科…………………………………………8582225
宣传科…………………………………………8582226
纪委监察科……………………………………8582503
工会……………………………………………8581562
团委……………………………………………8582851
生产经营科室
厂长办公室……………………………………8582534
值班室…………………………………………8582111
生产办公室……………………………………8583187
节电办主任……………………………………8583187
大班办公室……………………………………8583377
注采科…………………………………………8584231
集输科…………………………………………8582229
作业科…………………………………………8582821
设备管理科……………………………………8582859
安全环保技术科………………………………8582245
规划计划科……………………………………8582247
劳资科…………………………………………8582383
经营管理科……………………………………8581983
油地工作科……………………………………8581237
机关直属
财务资产管理中心……………………………8582293
基建中心………………………………………8582580
技术质量监督站………………………………8582642
信息工程管理中心……………………………8585121
治保大队………………………………………8583089
后勤综合管理站………………………………8582797
老年管理中心…………………………………8582656
机关车队………………………………………8582559
银洲宾馆………………………………………8582600
文化管理站……………………………………8481426
采油一矿
教导员…………………………………………8583588
矿长……………………………………………8583296
矿办公室………………………………………8583526
调度室…………………………………………8583233
采油二矿
教导员…………………………………………8583441
矿长……………………………………………8583420
调度室…………………………………………8583535
采油三矿
教导员…………………………………………8583878
矿长室…………………………………………8583986
调度值班室……………………………………8583816
采油四矿
教导员…………………………………………8584202
矿长……………………………………………8584203
调度值班室……………………………………8584222
新滩试采矿
教导员…………………………………………8583000
矿长……………………………………………8583009
调度室…………………………………………8589750
三采中心
书记……………………………………………8583968
主任……………………………………………8583615
值班室…………………………………………8583167
作业一大队
教导员…………………………………………8583373

大队长……………………………8583978
作业二大队
教导员……………………………8583843
大队长……………………………8583265
准备大队
教导员……………………………8589509
大队长……………………………8581408
调度室……………………………8582289
特车三大队
教导员……………………………8583038
大队长……………………………8583126
集输大队
教导员……………………………8583577
大队长……………………………8583975
调度室……………………………8583826
监测大队
教导员……………………………8581887
大队长……………………………8581777
调度室……………………………8582683
运输大队
教导员……………………………8582165
大队长……………………………8581031
调度长……………………………8581650
综合大队
教导员……………………………8582045
大队长……………………………8582041
调度室……………………………8583275
水电大队
教导员……………………………8582091
大队长……………………………8582791
调度室……………………………8483844
海堤管理站
站长……………………………8581452
副教导员……………………………8581344
调度室……………………………8582552
物资管理中心
书记……………………………8582726
主任……………………………8581760
站办公室……………………………8482683
地质所
教导员……………………………8588394
所长……………………………8581951
调度室……………………………8582603
工艺所
所长……………………………8581952
副教导员……………………………8582641

调度室……………………………8582612
劳动就业技能管理站
书记……………………………8586253
站长……………………………8582986
技能培训……………………………8582511
胜利油田东方实业投资集团有限责任公司
党政办公室主任……………………………8482840
值班室……………………………8581939
人力资源部主任……………………………8481515
经营管理部主任……………………………8581607
安全环保部主任……………………………8581292
作业分公司……………………………8583223
胜利油田东强设备安装工程有限责任公司
……………………………8583717
胜利油田盛嘉化工有限责任公司……………………………8583086
东营市逸腾石油科贸有限公司……………………………8581772
东营市神舟物流有限责任公司……………………………8581156
东营新东方建设机械有限责任公司……………………………8586053
农牧分公司……………………………8582507
饮食服务分公司……………………………8487770
东营力诺玻璃制品有限责任公司……………………………8584199
东营胜利绿野农药化工有限公司……………………………8584229

海洋采油厂

地址：东营市河口区仙河镇
邮编：257237

机关科室
党政办公室……………………………8483408
值班室……………………………8582903
人力资源部……………………………8483412
宣传科……………………………8485142
监察科……………………………8582913
群众工作部、工会……………………………8581322
生产办公室……………………………8588686
调度值班室……………………………8581235
开发管理科……………………………8585117
设备管理科……………………………8587711
安全环保科……………………………8580015
规划计划科……………………………8484209
经营管理（法律事务）科……………………………8581265
科技外事科……………………………8582973
物资供应科……………………………8871103
机关直属
技术质量安全监督中心……………………………8481608
工程管理站……………………………8483459

财务资产管理中心……………………8483449
信息中心………………………………8482601
环境预报站……………………………8789574
老年管理办公室………………………8588105
物资配送队……………………………8871285

海一生产管理区
教导员…………………………………8582071
经理……………………………………8484345
党政办…………………………………8484684
生产办…………………………………8587733
调度值班室……………………………8870288

海二生产管理区
教导员…………………………………8484425
经理……………………………………8484409
党政办…………………………………8481863
调度值班室……………………………8870287

海三生产管理区
教导员…………………………………8870616
经理办…………………………………8870626
党政办…………………………………8870733
生产办…………………………………8870605
调度值班室……………………………8870610

油气集输大队
教导员…………………………………8870293
大队长…………………………………8870292
政工办…………………………………8870678
生产办…………………………………8870284
调度值班室……………………………8870317

维修大队
教导员…………………………………8871977
大队长…………………………………8871315
政工办…………………………………8871228
生产办…………………………………8871085
调度值班室……………………………8871247

海工准备大队
教导员、大队长………………………8870899
副教导员………………………………8870256
党政办…………………………………8870332
生产办…………………………………8870289
调度值班室……………………………8870588

汽车大队
教导员…………………………………8483485
大队长…………………………………8581845
政工办…………………………………8483490
生产办…………………………………8489113
调度值班室……………………………8581512

港区管理站
教导员…………………………………8870206
站长……………………………………8870226
党政办…………………………………8870196
生产办…………………………………8870307
调度值班室……………………………8870090

油田开发研究所
所长……………………………………8484222
教导员…………………………………8581092
综合办…………………………………8484212
调度值班室……………………………8581091

综合服务中心
教导员…………………………………8582811
主任……………………………………8586480
党政办…………………………………8483494
生产办…………………………………8483847
调度值班室……………………………8482331

治安保卫中心（护卫大队）
党支部书记……………………………8484206
主任（大队长）………………………8585287
党政办…………………………………8585343
调度值班室……………………………8482238
生产办…………………………………8581191

山东海盛海洋工程集团有限公司（海盛集团）
党政办公室主任………………………8484319
财务资产部主任………………………8484595
人力资源部主任………………………8582901
海盛集团工程公司……………………8586001
胜利油田海发环保化工有限责任公司……8871102
副经理办公室…………………………8871162
胜利油田畅海石油技术有限公司………8871698
胜利油田黄河海港航务工程有限公司……8870162
胜利油田海洋电气有限责任公司………8587799
海盛集团车队…………………………8586709
海盛集团船务公司……………………8870669

海洋石油船舶中心

地址：龙口市环海北路2299号
邮编：265700

政工科室
党政办公室……………………………8598568
党委组织科……………………………8598221
群众工作科……………………………8598201
纪监审计科……………………………8598231

生产科室

生产办公室……………………………8599555
设备管理科……………………………8599255
安全环保科……………………………8599150
规划计划科……………………………8598227
劳资培训科……………………………8598219
经营管理科……………………………8598235
物资供应科……………………………8598231
财务资产部……………………………8598769

信息通讯部
教导员、副主任………………………8599213
主任……………………………………8599567
调度……………………………………8598485

公共事业部
党委书记、副主任……………………8598765
主任、党委副书记……………………8598173
综合办公室……………………………8599662

治安保卫部
教导员、副主任………………………8599676
主任……………………………………8598537
值班……………………………………8598110
综合办公室……………………………8598536

船舶一大队
党委书记、副大队长…………………8598803
大队长、党委副书记…………………8599615
党政办公室……………………………8599553
生产安全办公室………………………8599550

船舶二大队
党委书记………………………………8599718
大队长室………………………………8599893
党政办公室……………………………8598277
生产安全办公室………………………8598725

海洋应急中心
教导员…………………………………8599628
大队长…………………………………8598846
调度办公室……………………………8598474
综合办公室……………………………8598922

港务管理站
教导员、副站长………………………8599626
站长……………………………………8598307
生产办公室……………………………8598255

汽车大队
党总支书记、副大队长………………8599868
大队长、党总支副书记………………8599507
生产办公室……………………………8598394

修船厂
厂长……………………………………8599617
教导员…………………………………8599598
党政办公室……………………………8599155
生产办公室……………………………8598499

综合服务大队
党总支书记、副大队长………………8598801
大队长…………………………………8599066
综合办公室……………………………8598473

桩西前线
调度室…………………………………8870061
党政办公室……………………………8870205
生产办公室……………………………8870215
经营管理科……………………………8870237
安全环保科……………………………8870212
海洋应急中心…………………………8870040
海洋消防中队…………………………8870177
溢油回收队……………………………8870014
应急抢险队……………………………8870043

龙口基地管理中心
主任、党委副书记……………………8598776
党委书记、副主任……………………8598796
值班……………………………………8598501

物业管理公司
党总支书记、副经理…………………8598476
经理、党总支副书记…………………8598532
生产办公室……………………………8598498

卫生院
教导员、副院长………………………8599627
院长、副教导员………………………8598234
门诊值班室……………………………8598233

胜利油田龙口海舟公司
经理……………………………………8598379
教导员、副经理………………………8598948
海运分公司……………………………8598604
建安分公司……………………………8598400

临盘采油厂

地址：临邑县
邮编：251507

政工科室
党委办公室……………………………8861230
机关党委………………………………8861350
组织科…………………………………8861233
宣传科…………………………………8861356
监察科…………………………………8861025
纪委办公室……………………………8869009

工会……8867068
团委……8867194
生产科室
厂办公室……8861182
生产办公室……8866017
调度室……8861733
水电讯科……8869445
开发管理科……8866086
输油科……8861698
作业科……8861912
机动科……8869348
工农科……8869701
安全科……8861383
经营管理科……8861512
规划计划科……8869705
劳动工资科……8861189
副科长办公室……8869426
机关直属
财务资产管理中心……8863768
基建工程管理中心……8867058
技术质量监督中心……8861852
公共事业管理中心……8869906
老年管理中心……8861827
综合治理保卫中心……8861289
信息中心……8867188
招待所……8861255
采油一矿
教导员……8861925
矿长……8861520
值班调度……8861555
采油二矿
教导员……8461918
矿长……8461806
调度值班室……8461805
采油三矿
教导员……8465156
矿长……8465158
调度……8465007
采油四矿
教导员……8861820
矿长……8861729
调度室……8861776
地质研究所
所长……8861922
教导员……8861761
工艺所
所长……8865186
教导员……8861166
调度室……8861532
监测大队
教导员……8868958
大队长……8860331
调度……8861250
综合大队
教导员……8861987
大队长室……8861098
调度室……8861723
供电大队
教导员……8861473
大队长……8861721
调度室……8861444
车辆管理大队
教导员……8867315
大队长……8867668
生产调度……8869416
小车调度……8861218
培训学校
教导员……8869138
校长……8869571
校办公室……8869436
教务处……8862734
总务处……8868673
供应站
科长……8861394
副科长……8861715
调度室……8861330
作业大队
教导员……8861471
大队长……8868576
调度室……8861493
特车大队
教导员……8861428
大队长……8861453
调度室……8861777
准备大队
教导员……8869306
大队长……8860137
调度室……8861484

胜利油田鲁明油气勘探开发有限公司

地址：东营市济南路57号大明大厦
邮编：257000

机关部室
党政办公室……8558412
人力资源部……8252198
思想政治工作部……8251986
生产管理部……8202227
规划计划部……8201956
经营管理部……8223977
技术管理部……8203737
安全环保部……8224834
财务资产部……8222894
物资装备部……8558075
后勤综合服务中心
主任……8551219
副主任……8714409
办公室……8215145
科研中心
主任……8714152
办公室……8712519
济北公司
经理……8463118
副经理……8463098
办公室……8463112
甘泉公司
经理……(0911)4572496
副经理……(0911)4572428
办公室……(0911)4572426
商河公司
经理……(0531)82333661
副书记……(0531)82333676
办公室……(0531)82333686
滨海公司
经理……8589311
副经理……8589324
办公室……8589323
滨东公司
经理……8705592
书记……8791196
副经理……8705583
办公室……8705582
高青公司
经理……0533-6356367
书记……0533-6358871
副经理……0533-6356551
办公室……0533-6358842
沾化公司
经理……3185018
副经理……3186159
办公室……3186139
昌邑公司
经理……(0536)7221136
副书记……(0536)7121759
副经理……(0536)7123167
办公室……(0536)7123126
天然气公司
经理……8797229
书记……8718256
副经理……8718276
办公室……8775908
富林公司
经理……8880997
副书记……8880989
副经理……8892222
办公室……8889169
滨北公司
经理……8663797
副经理……8661711
办公室……8663919
临邑公司
经理……8867738
副经理室……8867756
办公室……8867535

胜利采油厂

地址：东营市东营区西四路483号
邮编：257051

政工科室
党委办公室……8554972
信访接待室……8775507
机关直属党委……8555273
组织科……8623755
宣传科……8622035
有线电视台……8776404
胜采周报编辑部……8622052
纪监审计科……8555812
纪委监察科……8622053
文联……8520910
团委……8552583
厂办公室
主任……8557573
副主任、调研室主任……8777310

副主任、档案管理中心主任……8776418
副主任、招待所所长……8776478
值班室……8553322
生产科室
生产办公室……8628958
调度值班室……8553075
注采科……8622932
油气集输科……8555001
油地工作科……8623035
科技管理科……8553131
经营管理科……8555232
法律事务科……8551002
设备管理科……8776432
技术监督科……8551018
安全环保科……8554928
规划计划科……8553120
劳动工资科……8556761
物资供应科……8776240
财务资产管理中心
主任……8623273
副书记……8622866
副主任……8623866
作业管理中心
书记……8552523
主任……8623303
副主任……8623310
基建工程管理中心
书记……8557618
主任……8777337
副主任……8777343
信息中心
主任……8528328
副书记……8528326
副主任……8528338
值班室……8528336
治安保卫中心
书记……8528301
副主任……8623361
值班室……8528736
质量安全监督中心
书记……8552457
主任……8554928
副主任……8776713
老年管理中心
书记……8623626
主任……8623812

副主任……8822791
中心办公室……8623400
家属管理站
书记……8528726
文体、综合……8528325
劳资、财务……8528325
采油一矿
教导员……8742909
矿长……8742598
矿办公室……8742201
调度室……8742278
采油二矿
教导员……8745956
矿长……8745926
矿办公室……8742714
调度值班室……8742113
采油三矿
教导员……8742463
矿长……8745166
矿办公室……8742250
采油四矿
教导员……8744633
矿长……8741791
矿办公室……8740042
调度室……8742144
作业一大队
教导员……8742992
大队长……8741276
生产办公室……8742671
现场调度、环保……8742220
综合一大队
教导员……8624502
大队长……8623327
大队办公室……8624402
调度室……8623213
技术监测大队
教导员……8623528
大队长……8623502
调度室……8554345
地质研究所
所办公室……8784704
开发室主任……8551048
综合室主任……8776548
勘探室主任……8623652
生产调度……8554790
工艺研究所

所办公室……………………………………8520257
综合运行室…………………………………8528308
机采研究室…………………………………8528386
注水研究室…………………………………8528380
油层改造室…………………………………8528382
堵水调剖室…………………………………8528397

水电讯大队

教导员办公室………………………………8624826
大队长办公室………………………………8622827
调度室………………………………………8623365

汽车大队

教导员办公室………………………………8554980
大队长办公室………………………………8555187
调度室………………………………………8553398

综合大队

教导员………………………………………8528357
大队长………………………………………8528356

职工培训学校

教导员………………………………………8625057
校长…………………………………………8625032
校办…………………………………………8624858

物资质检配送站

书记…………………………………………8776240
站长…………………………………………8778907
调度室………………………………………8553127

胜兴集团

董事长………………………………………8622823
文秘…………………………………………8557609
法律事务办公室……………………………8557605
计划、安全办公室…………………………8795460
资产出纳办公室……………………………8557602
财务结算中心………………………………8557603
胜兴坨二轻烃站……………………………8742334
胜兴注汽分公司……………………………8629171
胜利油田胜采石油开发技术服务有限公…8623882
胜利油田胜采工程有限公司………………8622334
胜利油田华兴石油技术服务有限责任公司
……………………………………………8742538
胜利油田胜兴变压器有限责任公司………8742589
胜利油田胜兴博诺服装有限责任公司……8622667
东营东方化学工业有限公司………………8742574
胜利油田胜兴堵驱新技术开发有限责任公司
……………………………………………8740837
胜利油田胜兴泵电有限责任公司…………8624911
胜利油田瑞兴石油设备有限责任公司……8626211
东营市同兴石油化工有限责任公司………8742930
东营市群兴石油化工有限责任公司………8740919
东营市长兴石油化工有限责任公司………8744566
胜利油田胜兴防腐材料有限责任公司……8624486
胜利油田胜兴特种电缆有限责任公司……8166817
东营胜兴物业管理有限责任公司室………8730306
胜利油田胜兴石油配件有限责任公司……8621083
胜利油田胜兴科工贸有限责任公司………8629258
胜利油田胜建机电有限责任公司…………8520375
胜利油田胜兴电磁线有限责任公司………7736920

石油化工总厂

通讯地址：东营市东营区郝纯路

邮编：257019

机关科室

党委办公室…………………………………8596281
党委组织科…………………………………8597060
党委宣传科（团委）………………………8596297
工会（计生办）……………………………8596308
纪委…………………………………………8596247
总厂办公室…………………………………8596307
经营管理科…………………………………8596628
劳动工资科…………………………………8596266
设备基建科…………………………………8596702
安全环保科…………………………………8596836
计划规划科…………………………………8596275
生产技术科…………………………………8596752
生产管理中心………………………………8596800

技术质量安全监督中心

主任…………………………………………8596332
副书记、副主任……………………………8596791

财务资产管理中心

主任…………………………………………8596599
副主任………………………………………8596436

信息中心

主任…………………………………………8596140
副主任………………………………………8596253

治安保卫中心（护卫大队）

书记、副主任………………………………8596311
主任、护卫大队……………………………8596350

老年管理中心

书记…………………………………………8418341
主任…………………………………………8596289

销售管理中心

书记…………………………………………8597260
主任…………………………………………8596560

综合服务中心
书记……8596922
主任……8596912
党校
副校长……8596569
副主任……8596134
常减压车间
主任……8596680
副书记、副主任……8596690
重油催化车间
书记、副主任……8596627
副主任……8596651
加氢重整车间
书记……8596536
主任……8596315
硫磺回收车间
书记、副主任……8596528
主任……8596538
气体分馏车间
书记、副主任……8596799
主任……8596283
延迟焦化车间
书记……8596842
主任……8596854
动力车间
书记……8597047
主任……8596602
空气分离车间
书记……8596378
主任……8597125
油品储运车间
书记、副主任……8596678
主任……8596638
净化水车间
书记……8596326
主任……8596539
供排水车间
主任……8596637
副主任……8596667
电气车间
主任……8596459
副书记、副主任……8596185
仪表车间
书记……8596592
主任……8596613
机修车间
主任……8596348
副书记……8596643
中心化验室
书记……8596490
主任……8596480
原油管理中心
主任……8597457
副书记……8597459
轻烃储运车间
书记、主任……8597721
副主任……8596511
装运车间
书记、副主任……8597719
主任……8596319
水处理车间
书记、副主任……8596409
主任……8596681
设计室
主任……8596240
新闻宣传中心
主任……8596218
电视编辑室……8597474
物资配送队
书记……8596792
队长……8596482
工程质量监督站
站长……8596722
设备防腐办公室
主任……8596722
计量站
站长……8596425
副站长……8596362
生产运行室
主任……8596780
管网管理队
队长……8596814
副队长……8596544
小车队
书记……8597055
队长……8596249
大车队
书记……8596006
队长……8596278
绿化环卫队
书记、队长……8596158
副队长……8596298

综合队
- 队长…………8418040
- 副队长…………85972940
- 护卫中队
- 队长…………8596301
- 副队长…………8552343

消防中队
- 书记、队长…………8596564
- 副队长…………8596703

天宇集团公司
- 书记、经理…………8418998
- 副经理…………8596208

石油开发中心

地址：东营市东营区西四路111号
邮编：257000

机关部室
- 党政办公室…………8794233
- 值班室（传真）…………8794328
- 人力资源（组织）部…………8794989
- 思想政治工作部…………8794069
- 生产管理部…………8794067
- 安全环保部…………8794309
- 油地工作办公室…………8794231
- 经营管理部…………8794285
- 规划计划部…………8794216
- 财务资产部…………8794306
- 基建工程管理中心…………8715096
- 技术监督中心…………8715171
- 物资供应办公室…………8794169
- 信息管理中心…………8794859

胜科管理区
- 经理…………8651966
- 副经理…………8651566
- 生产运行室…………8651707
- 调度…………8651997
- 生产技术室…………8651771
- 资料室…………8651799
- 生产管理室…………8651019
- 人力资源室…………8651663
- 经营室…………8651770

胜凯管理区
- 经理…………8568123
- 副经理…………8568161
- 综合管理室…………8568105
- 生产技术室…………8568102
- 生产运行办…………8568108
- 调度…………8568158
- 生产管理室…………8568117
- 经营管理室…………8568103

胜龙管理区
- 经理…………8587901
- 副经理…………8587261
- 生产技术室…………8581281
- 生产管理室…………8587903
- 经营管理室…………8587783
- 综合管理室…………8587831
- 调度室…………8587902

胜发管理区
- 经理…………8578181
- 副经理…………8578182
- 生产技术室…………8578767
- 生产管理室…………8578183
- 调度…………8578308
- 经营管理室…………8578628
- 综合管理室…………8578168

胜鑫管理区
- 副经理办公室…………(0534)4577110
- 副经理办公室…………(0534)4577110
- 综合经营…………(0534)4576110
- 生产调度…………(0534)4576110

胜海管理区
- 经理…………8589776
- 副经理…………8583776
- 生产管理室…………8589778
- 调度…………8589779
- 生产经营室…………8589789
- 生产技术室…………8589788
- 资料室…………8583115
- 综合管理室…………8583117

胜丰管理区
- 经理…………(0543)3231598
- 副经理…………(0543)3231957
- 生产运行室…………(0543)3231753
- 调度室…………(0543)3231345
- 生产管理室…………(0543)3232090
- 资料室…………(0543)3231753
- 综合队…………(0543)3231982
- 综合管理室…………(0543)3231395

合作项目部
- 经理办公室…………8715802

副经理办公室……………………8715580
调度……………………………8715538
经营……………………………8715830
生产管理…………………………8715270
综合、人力资源…………………8715638
地质研究中心
主任办公室………………………8794158
勘探组……………………………8794367
综合组……………………………8794278
开发组……………………………8794167
数据组……………………………8794351
采油工艺研究中心
副主任……………………………8794927
工艺组……………………………8794115
生产服务中心
教导员……………………………8555067
经理………………………………8794882
综合办公室………………………8794153
生产经营办公室…………………8794655
人力资源办公室…………………8794892
生产管理办公室…………………8794165
生产调度…………………………8553200
生产技术办公室…………………8794150
公共事业管理中心
副主任……………………………8716759
副主任……………………………8715209
综合办公室………………………8794855
经营办公室………………………8716999

物探研究院

通讯地址：东营市北1路210号
邮编：257022

机关部室
党政办公室………………………8553534
组织劳资部………………………8702602
思想政治工作部…………………8794946
科研信息部………………………8553166
生产管理部………………………8797276
经营计划部………………………8556860
设备安全技监部…………………8553524
纪检监察部………………………8771046
机关直属
财务资产管理中心………………8553218
物资供应中心……………………8553472
公共事业中心……………………8773213
职工食堂…………………………8792892
环卫绿化队………………………8557036
治安保卫中心……………………8772209
老年管理中心……………………8557113
场地管理室
书记………………………………8551316
主任………………………………8774572
办公室……………………………8791813
计算室
书记………………………………8778802
主任………………………………8772914
办公室……………………………8792370
生产调度运行室
书记………………………………8778804
主任………………………………8555415
办公室……………………………8793570
信息技术研究室
书记………………………………8793697
主任………………………………8553754
办公室……………………………8793685
新区勘探研究室
书记………………………………8793855
主任………………………………8557993
办公室……………………………8793880
海外油气研究室
书记………………………………8702722
主任室……………………………8702332
办公室……………………………8793960
勘探战略研究室
书记、主任………………………8797021
副主任……………………………8789970
办公室……………………………8797113
西部地震资料处理室
书记………………………………8778793
主任………………………………8793351
专家办公室………………………8796255
科技情报室
书记………………………………8553516
主任室……………………………8558240
办公室……………………………8792781
勘探数据库室
书记、主任………………………8553145
副主任……………………………8792025
勘探数据库………………………8771545
油藏地球物理研究室
书记………………………………8557992

主任……………………………………8794947
办公室…………………………………8792150
地球物理勘探方法研究室
书记……………………………………8778815
主任……………………………………8557008
主任师办公室…………………………8791067
地震资料处理一室
书记……………………………………8791132
主任……………………………………8553202
办公室…………………………………8791135
地震资料处理二室
书记……………………………………8778812
主任……………………………………8553538
办公室…………………………………8791180
地震资料特殊处理室
书记、主任……………………………8797203
副主任…………………………………8552913
综合分析组……………………………8791311
综合研究室
书记、主任……………………………8702535
副主任…………………………………8789733
办公室…………………………………8791325
东营东部研究室
书记、主任……………………………8702673
副主任…………………………………8789731
东营西部研究室
书记、主任……………………………8788895
副主任…………………………………8702733
桩西孤岛研究室
书记……………………………………8702751
主任……………………………………8789701
主任师办公室…………………………8702761
沾化车镇研究室
书记、主任……………………………8702775
副主任…………………………………8789685
主任师办公室…………………………8702773
惠民研究室
书记、主任……………………………8789671
副主任…………………………………8702853
主任师办公室…………………………8702803
制图印刷室
书记、主任……………………………8796531
副主任…………………………………8772744
生产调度………………………………8796620
档案管理室
书记……………………………………8793061

主任……………………………………8792955
办公室…………………………………8795320
编辑部
主任……………………………………8552611
副主编…………………………………8552611
办公室…………………………………8792787
职工文化站
站长……………………………………8557037
副站长…………………………………8771543
办公室…………………………………8797313
车队
书记……………………………………8791121
队长……………………………………8776590
副队长（调度）………………………8791101
护卫中队
指导员…………………………………8553500
队长……………………………………8771313
新疆分院
院长……………………………(0991)3726482
主任办…………………………(0991)3725489
办公室…………………………(0991)3724755

物资供应处

地址：东营市东营区西四路377号
邮编：257024

经营管理系统
党委办公室……………………………8555424
党委组织科……………………………8553277
党委宣传科……………………………8716252
纪委监察科……………………………8558341
工会……………………………………8554714
团委……………………………………8554532
处办公室（值班室）…………………8552393
劳动工资科……………………………8553275
法律事务科……………………………8772136
规划计划科……………………………8225383
安全科…………………………………8553089
经营管理科……………………………8553404
设备管理科……………………………8786444
物资供应管理系统
物资供应办公室………………………8552176
供办值班室……………………………8716371
供办调度………………………………8553044
金属材料科……………………………8555162
石油配件科……………………………8554043

设备科……………………………8553139
化工材料科……………………………8552167
机电科……………………………8555371
建材科……………………………8554642
工矿配件科……………………………8555342
劳保科……………………………8553032
国外材料科……………………………8559432
物资供应管理办公室……………………………8557763
物资管理科……………………………8558444
市场管理科……………………………8716591
招标办公室……………………………8554427
物资价格管理科……………………………8799533
物资检验监督科……………………………8554232

财务资产管理中心
书记……………………………8716502

老年管理中心
书记……………………………8551099
主任……………………………8703007
办公室……………………………8553439

科技节能办公室
主任……………………………8553783
副主任……………………………8555468

治安保卫中心
主任……………………………8553212
副主任……………………………8553786

信息档案中心
书记……………………………8558941
主任……………………………8558940

公共事业中心
书记……………………………8716728
主任……………………………8716736
办公室……………………………8716758

物资总库
主任……………………………8554142
书记……………………………8784294
办公室……………………………8552887

油料公司
经理……………………………8553222
书记……………………………8556598
办公室……………………………8553708
值班室……………………………8795004

物资检验所
书记……………………………8559326
所长……………………………8557035
办公室……………………………8555713

综合大队
书记……………………………8716278
队长……………………………8716677
值班室……………………………8716727

胜利物流中心
书记……………………………8716186
主任……………………………8716226
办公室……………………………8716026

废旧物资管理中心
书记……………………………8551275
主任……………………………8551276
办公室……………………………8552445

车辆管理中心
书记……………………………8716763
主任……………………………8554782
办公室……………………………8553914

经贸中心
主任……………………………8559697
书记……………………………8716273
办公室……………………………8557000

实业管理中心
书记……………………………8778904
主任……………………………8777978
办公室……………………………8777973

仙河物资配送中心
书记……………………………8587015
主任……………………………8587009
办公室……………………………8587087

煤炭公司
经理……………………………8594061
副经理……………………………8594582
办公室……………………………8595684
调度……………………………8595250

法制教育中心
主任……………………………8716700
办公室……………………………8554205

辛店库
书记……………………………8859326
主任……………………………8859311
办公室……………………………8859316

招待所
书记……………………………8552992
所长……………………………8783686
总服务台……………………………8553325

物华实业发展有限公司
董事长……………………………8552789
党委书记……………………………8559825

公司办公室……8554295
企管部……8703522
财务部（综合）……8552791
人力资源部……8558172
非金属材料公司……8559859
石油装备制造有限公司……8553302
天康工贸有限责任公司……8252236
化工厂……8776162
运输修理厂……8553031
电器厂……8556139
派菲特石油钢管分公司……8797220
物华经贸公司……8778385

供应方圆石油装备有限责任公司
总经理……8774498
副总经理……8558038
办公室……8716783
经营部……8716570
销售部……8778378
财务部……8716682
综合管理部……8705237

深圳市胜利通兴工贸有限公司
经理……0755-83297985
财务……0755-83212686
东营联络处……0546-8799510
山东胜利通兴套管制造有限公司…(0535)2177066

烟台恒强商贸有限公司
总经理……8782729
业务室……8716933

海南金时田实业发展有限公司
总经理……8716987
办公室……(0898)66764638

大连保税区胜利国际贸易有限公司
总经理……(0411)82728519
副总经理……(024)86423236
业务部……(0411)82728776
财务部……(024)86429109
东营联络处……(0546)8716976

现河采油厂

地址：东营市东营区济宁路4号
邮编：257068

政工科室
党委办公室……8556345
组织科……8793114
宣传科……8773182
机关党委……8793944
团委……8556323
纪委监察科……8556352
监察科……8554088
工会……8785244
劳调办……8793943

厂办公室
主任……8559989
副主任……8558883
值班室……8556327
传真……8222683

生产科室
生产办公室……8556523
生产调度……8553086
计划科……8558981
注采科……8782042
油气集输科……8773785
设备管理科……8556384
油地工作科……8705818
用电管理科……8557683
经营管理科……8558043
劳动工资科……8556346
法律事务科……8778199
安全环保科……8778806
物资供应科……8223321

直属单位
财务资产管理中心……8774218
基建工程管理中心……8773798
公共事业中心……8784591
技术质量安全监督中心……8795467
作业管理中心……8501137
信息中心……8556349

采油一矿
教导员……8611086
矿长……8613229
调度……8613303

采油二矿
矿长……8718306
教导员……8773078
调度……8555869

采油三矿
教导员……8651550
矿长……8652116
调度……8651509

采油四矿
教导员……8651740

矿长……………………………………8651748
调度……………………………………8651320
作业三大队
教导员…………………………………8773556
大队长…………………………………8773423
生产调度………………………………8553539
综合三大队
教导员…………………………………8501187
大队长…………………………………8503016
调度……………………………………8774609
地质所
所长……………………………………8793941
教导员…………………………………8773497
调度组…………………………………8559664
作业组…………………………………8773978
开发组…………………………………8702512
工艺所
教导员…………………………………8782048
所长……………………………………8785342
调度……………………………………8785594
综合室…………………………………8773272
水电讯大队
教导员…………………………………8787646
大队长…………………………………8773259
调度……………………………………8553346
监测大队
教导员…………………………………8780001
大队长…………………………………8773277
调度……………………………………8559794
汽车运输大队
教导员…………………………………8773396
大队长…………………………………8773950
调度……………………………………8556271
综合大队
教导员…………………………………8773054
大队长…………………………………8787641
调度……………………………………8554799
护卫大队（治安保卫中心）
大队长…………………………………8222858
副教导员………………………………8781140
党校
校长……………………………………8615764
副校长…………………………………8615604
办公室…………………………………8615114
物资配送站
站长……………………………………8518306

指导员…………………………………8519254
调度……………………………………8558641
新海兴达集团
总经理…………………………………7757002
副总经理………………………………7757005
油气分公司……………………………7757091
作业工程公司…………………………7757212
采油工程技术公司……………………7757185
机械修造公司…………………………7757717
农副业公司……………………………7757232
电器制修公司…………………………7757154
汽修厂…………………………………8227700
综合楼总机……………………………8773100
工贸公司………………………………7757240
安装工程公司…………………………7757269
兴盛石油化工公司……………………7759876
房地产开发公司………………………7757287
科技开发项目部………………………7757297

新疆勘探开发中心（新疆工委）

地址：东营市东营区西四路633号
邮编：257000

党政办公室
主任……………………………………8559317
副主任…………………………………8810089
办公室…………………………………8557579
传真……………………………………8558114
办公室、传真（乌鲁木齐）………(0991)7997017
办公室（奎屯）……………………(0992)3212811
工委综合办公室
主任……………………………………8810857
主任（新疆）………………………(0996)6793225
办公室…………………………………8810857
办公室（新疆）……………………(0996)6793227
人力资源（组织）部
主任……………………………………8558132
办公室…………………………………8558429
办公室（新疆）……………………(0991)7997017
党群工作部
主任……………………………………8810017
副主任、工会副主席…………………8557807
办公室…………………………………8557807
办公室（新疆）……………………(0991)7997017
财务资产部
主任办公室……………………………8556948

主任办公室（新疆）……………………(0991)7896667
办公室……………………………………8556426
办公室（新疆）…………………………(0991)7996243
勘探管理部
主任………………………………………8558451
主任（新疆）……………………………(0991)7880507
副主任……………………………………8556414
副主任（新疆）…………………………(0991)7896657
工程技术部
主任………………………………………8559227
主任（新疆）……………………………(0991)7996350
办公室（乌鲁木齐）……………………(0991)7996351
办公室（奎屯）…………………………(0992)3215567
经营计划部
主任………………………………………8557949
主任（新疆）……………………………(0991)7996247
科技信息部
主任………………………………………8558493
主任（新疆）……………………………(0991)7880507
办公室……………………………………8810915
办公室（新疆）…………………………(0991)7880932
油藏管理部
主任………………………………………8810701
主任(新疆)………………………………(0991)7996254
办公室……………………………………8559322
办公室、传真（新疆）…………………(0991)7996245
采油工程管理部
主任………………………………………8558479
主任（新疆）……………………………(0991)7996637
办公室……………………………………8810721
办公室（奎屯）…………………………(0992)3215598
生产管理部
主任………………………………………8773072
主任（新疆）……………………………(09921)3214629
办公室……………………………………8558131
办公室、传真（新疆）…………………(09921)3215202
安全环保（油地）部
主任（油地）……………………………8810560
主任（油地）（新疆）…………………(0991)7896617
主任（安全）……………………………8810583
主任（安全）（新疆）…………………(0991)7896617
办公室……………………………………8810581
办公室（乌鲁木齐）……………………(0991)7996957
办公室（奎屯）…………………………(09921)3216300
春光采油管理区
经理………………………………………8810922
经理（新疆）……………………………(09921)3983888
副经理……………………………………(09921)3983903
传真………………………………………(09921)3982806
永进采油管理区
永1井……………………………………(0546)8502282-92000500
董1井……………………………………(0546)8502282-92000480
原油转运站
站长………………………………………8810630
站长（新疆）……………………………(09921)3691318
办公室、传真（新疆）…………………(09921)3691319
物资配送站
站长………………………………………8810172
办公室（新疆）…………………………(09921)3982682

油气集输总厂

地址：东营市东营区黄河路680号
邮编：257000

政工科室
党委办公室………………………………8558561
机关党委…………………………………8772406
组织科……………………………………8558603
纪委………………………………………8558583
纪监审计科………………………………8775717
宣传科……………………………………8773627
工会………………………………………8558579
计生办……………………………………8558607
团委………………………………………8558593
厂办公室
主任………………………………………8774296
副主任……………………………………8773704
办公室……………………………………8556845
传真………………………………………8558584
值班室……………………………………8558564
生产管理科室
生产调度室………………………………8554610
生产办公室………………………………8557642
输油科……………………………………8773799
输气科……………………………………8774591
设备管理科………………………………8556238
安全环保科………………………………8557643
油地工作科………………………………8558553
计划科……………………………………8791146
供应科……………………………………8774156
劳动工资科………………………………8773663
经营管理科………………………………8784779

机关直属
基建工程管理中心……8558190
科技信息中心……8558592
技能鉴定站……8552649
财务资产管理中心……8773664
技术安全监督中心……8558622
治安保卫中心……8784815
公共事业中心……8786623
老年管理中心……8792334
地质所室……8773944
职工培训中心……8558610
车管中心
教导员……8784848
主任……8778822
调度……8774223
综合维修中心
教导员……8774065
副主任……8774378
干部值班室……8774216
输油分厂
教导员……8787548
厂长……8554025
办公室……8774520
调度……8553409
输气分厂
教导员……8641136
厂长……8641613
生产办……8641396
调度……8641347
孤岛分厂
教导员……8892624
厂长……8892667
生产办……8892747
调度……8886161
集输总厂天然气管理中心
书记……8789910
主任……8789711
生产办主任……8789609
调度室……8786081
计划经营办主任……8788807
综合治理办主任……8789502
财务办公室主任……8789705
胜中供气站……8776133
胜东供气站……8738868
胜北供气站……8721599
胜南供气站……8516971
滨南供气站……3460082
河口供气站……8571063
孤岛供气站……8886679
仙河供气站……8585163
基地配气队……8776922
基地输气队……8781676
综合服务队……8776021
东安混合烃站……8729687
集兴石化安装有限公司
总经理……8787798
副总经理……8785596
公司办公室……8793858
生产办公室……8781682
经营办公室……8773605
财务管理中心……8774168
集兴旅行社……8777199
轻烃检修公司……8556392
建安分公司……8778607
化工分公司……8642236
兴源经贸中心……8705780
汽车大修厂……8701823
腾龙科技分公司……8229882

桩西采油厂

地址：东营市河口区仙河镇
邮编：257237

党群科室
党委办公室……8582868
组织科……8486393
宣传科……8484430
监察科……8582131
工会……8581932
计生办……8582460
团委……8587256
机关党委……8582679
管理科室
厂办值班室……8582803
主任办公室……8582956
劳资科……8587076
经营管理（法律事务）科……8589017
油地工作科……8582489
规划计划科……8481673
生产科室
调度值班室……8582691
主任办公室……8582874

开发管理科……8581337
设备管理科……8581150
安全环保科……8582361
物资供应科……8588196

直属单位

财务资产管理中心……8582567
公共事业中心……8487736
科技信息中心……8487538
基建工程管理中心……8581910
老年管理中心……8581160
技术质量安全监督中心……8581398
治安保卫中心……8484429

桩一生产管理区

书记……8871520
经理……8871886
调度室……8871305

桩二生产管理区

书记……8871232
经理……8871166
调度室……8871226

油气集输大队

教导员……8871448
大队长……8871591
调度室……8871457

作业大队

教导员……8582439
大队长……8582839
调度室……8582651

综合大队

教导员……8587863
大队长……8580273
调度室……8581753

运输大队

教导员……8581653
大队长……8484045
调度室……8582320

生产准备大队

教导员……8582339
大队长……8582220
调度室……8581268

地质研究所

教导员……8581460
所长……8581409
所办公室……8482845
调度室……8581618

工艺研究所

教导员……8582748
所长……8484288
调度室……8581513
所办公室（传真）……8581713

海堤管理站

教导员……8484055
站长……8482198
调度室……8582410

综合车队

教导员……8582837
队长……8581924
调度室……8582714

北方实业有限责任公司

总经理……8582592
副总经理……8581346
财务总监……8581581
党政办公室……8582908
生产运行管理部……8581154
经营管理部……8581330
财务管理部……8581581
人力资源管理部……8581163
鑫新设备安装公司……8481044
油气技术服务公司……8581192
井下技术服务公司……8484014
电器工程公司……8587655
综合服务公司……8580264

桩西精细化工有限责任公司……8871101

物资装备部……8582151
新项目开发部……8486991
伟业泓瑞劳务服务公司……8586761

经济开发研究院

地址：东营市东营区西四路如意街4号
邮编：257001

国际室石油研究室

主任……8799347
主管工程师……8713073
办公室……8717105
办公室……8787077

经济运行评价研究室

主任……8714661
主管工程师……8710448
办公室……8554105
办公室……8714975

企业发展战略研究室

副主任……………………………………………8714418
主管工程师………………………………………8710133
办公室……………………………………………8710151
办公室……………………………………………8554054

经济改革研究室
主任………………………………………………8710646
副主任……………………………………………8710115
主管工程师………………………………………8799345
办公室……………………………………………8771850

劳动定额定编研究所
所长………………………………………………8554880
副所长……………………………………………8554650
办公室……………………………………………8554850

人才工作研究所
所长………………………………………………8799346
副所长……………………………………………8713997
办公室……………………………………………8554195

法律法规研究所
所长………………………………………………8553791
办公室……………………………………………8550218
办公室……………………………………………8712499

综合研究室
主任………………………………………………8710523
副主任……………………………………………8554040
主管工程师………………………………………8710227
办公室……………………………………………8712649

财务科
科长………………………………………………8713798
副科长……………………………………………8799348
办公室……………………………………………8552475

党政办
主任………………………………………………8713448
副主任……………………………………………8710486
办公室……………………………………………8554003

2. 中国石油化工股份有限公司中原油田分公司

地址：河南省濮阳市中原路277号
邮编：457001
区号：0393
传真：4828300
E-mail：jbwsk@zpeb.sinopec.com.cn

中国石油化工股份有限公司中原油田分公司（以下简称中原油田）是中国东部一个重要的石油天然气生产基地。油区横跨河南、山东两省的6市12个县（区），主要勘探开发区域东濮凹陷面积5300km³。目前拥有固定资产原值453.39亿元，净值160.51亿元。

截至2007年底，累计探明含油面积443.01km²、含气面积149.07km²；探明石油地质储量5.67亿t、凝析油地质储量797.38万t，探明天然气地质储量1301亿m³、溶解气地质储量685.13亿m³；动用石油地质储量5.18亿t、天然气地质储量1061亿m³，累计生产原油1.205亿t、天然气385.93亿m³。2007年新增探明油气地质储量1129万t，生产原油305万t、天然气14.8亿m³。

近年来，油田积极调整勘探思路，老区以增加优质储量为目标，新区以发现和突破为重点，强化精细勘探和效益勘探，推行项目管理和勘探开发一体化，形成了良好的工作机制。连续三年每年新增探明石油地质储量1000万t以上、天然气地质储量10亿m³以上，勘探成功率由47%提高到53%，储量当年动用率由34%提高到73%，油气勘探质量和效益稳步提高。全面推进油藏经营管理，努力实现“四个转变”，即由开发油藏向经营油藏转变、由行政生产单位管理向油藏开发单元管理转变、由投资成本管理向储量资产效能管理转变、由单纯成本总量控制向经营管理成本转变。通过强化精细研究、精细注水、精细挖潜，新区产能建设和老区调整治理见到显著成效。油田自然递减由23.74%下降到17.6%，储量替换率由77%提高到104.3%，综合含水和油层压力保持稳定，可采储量稳步增长，稳产基础得到加强，开发状况不断改善，推进了油气主业的持续有效发展。

中原油田是我国最复杂的断块油气田之一，构造破碎、油气埋藏深、渗透率低，高温、高压、高盐，许多勘探开发难题属于世界级的课题。“十五”期间，中石化在中原油田组织了新一轮三年科技攻关会战，2项成果达到国际领先水平，17项成果达到国际先进水平，21项成果达到国内领先水平，21项技术获得国家专利，形成了具有中原油田特色的综合配套技术。2007年，油田加大科技投入，整合科研力量，强化项目管理，突出解决瓶颈难题，实施重大科研项目69项，承担集团公司科研项目18项、国家“十一五”科技支撑计划项目1项，引进推广一批先进工艺技术，在勘探开发、石油工程等关键技术上取得了积极进展，为实现东濮中生界勘探新突破提拱了技术支撑。深化对高含硫气藏特征、开采难点及潜在危险的研究，初步形成了安全高效开发高含硫气田的配套技术。

当前，油田整体上已进入一个新的发展阶段。油田公司以油藏经营管理为主线，以科技创新为手段，以改革管理为动力，稳定东濮、加快普光，安全环保、节能降耗，以人为本、促进和谐，在新的起点上扎实推进油田又好又快发展。

中国石油化工股份有限公司
中原油田分公司

部门　公网电话

局长办公室
（政策研究室）

主任……4819001
主任（政研室）……4823402
副主任……4733776
副主任……4733319
副主任（政研室）……4731269
值班室……4822172
传真……4828300
秘书科……4823324
传真……4821957
文书科……4821597
传真……4821230
政研科……4829230
调研科……4822157
督查科……4818620
传真……4822747
接待科……4891934
传真……4819320
文印站……4816297

规划计划部

主任……4821269
副主任……4822637
副主任……4810710
综合科
　科长……4822499
　值班……4822499
　传真……4731007
开发项目科
　科长……4824893
　办公室……4821421
配套项目科
　科长……4733376
　办公室……4822487
生产计划科
　科长……4822387
　办公室……4819493
　传真……4822387
规划科
　科长……4824625
　办公室……4818468
　传真……4824625
招标合同科
　科长……4816046
　办公室……4821159

财务资产部

处领导
　主任……4821702
　副主任……4819650
综合管理科
　科长……4732026
　综合管理科……4821618
成本会计科
　科长……4824943
　成本会计科……4827838
税务管理科
　科长……4816748
　税务管理科……4827223
资产装备科
　科长……4822897
　资产装备科……4825293
管理会计科
　科长……4731001
　管理会计科……4731557
资金管理科
　科长……4818307
　资金管理科……4824429
　内控管理科……4824429
科技部
　主任……4819760
　综合科……4733709
　勘探开发科……4822553
　勘探开发科……4821265
　石油工程科……4823134
　知识产权学会科……4822020

油气销售管理部

处领导
　主任……4822229
　副主任……4893177
综合科
　科长……4818701
　办公室……4818687

油品销售管理科
科长……4822891
办公室……4826291
天然气销售管理科
科长……4891170
办公室……4819170
轻烃销售管理科
科长……4816026
办公室……4810426
销售运行科
科长……4810202
办公室……4810203

开发管理部

处领导
主任……4893010
副主任……4823126
副主任……4822956
科室
综合科……4821506
传真……4821785
油藏管理科……4821192
气藏管理科……4891573
产能建设科……4821585
油藏监测科……4820010
开发规划科……4824048
生产管理科……4823299
信息管理科……4822509

勘探管理部

部领导
主任……4893468
副主任……4825985
副主任……4822318
副主任……4731093
科室
综合科……4822495
传真……4820114
勘探规划科……4893466
矿权管理科……4820104
勘探项目管理科……4824929
新区项目管理科……4820105
勘探技术科……4820110
财经管理科……4820113

油气技术管理部

部领导
主任……4732161
副主任……4894141
副主任……4823590
副主任……4732108
科室
综合管理科……4822987
采油（气）工程科……4822087
油田注水科……4821391
井下作业科……4822562
钻井工程科……4823957
地面工程科……4824941
三次采油科……4732160
油田防腐科……4822779

档案管理处

处领导
处长、书记……4731676
副书记……4731077
副处长……4822215
副总师……4732188
科室
综合办公室主任……4732186
值班电话……4822357
劳资财务……4731408
安全……4826089
业务指导科……4823576
史志办公室……4733836
油田志编辑部……4822253
档案管理科……4823689
网络科……4819432
人事档案科……4891723
一厂档案室……4851309
二厂档案室……4841707
三厂档案室……4831570
四厂档案室……4854552
五厂档案室……4812267
六厂档案室……4861271
一公司档案室……4800272
二公司档案室……4817324
三公司档案室……4865927
四公司档案室……4834049
井下档案室……4875209
炼化档案室……4876277
集输档案室……4875975
机厂档案室……4822734
水电档案室……4824647
物探档案室……4898833

钻井院档案室……………………………4899345
测井档案室……………………………4824820
培训中心档案……………………………4816694
地质院档案室……………………………4821243
地质录井处档案室……………………………4822862
采油院档案室……………………………4890061
设计院档案室……………………………4824574
事业单位档案室……………………………4817334
油建档案室……………………………4826472
建工档案室……………………………4887275
供应档案室……………………………4882307
公共事业档案室……………………………4819434
普光档案室……………………………4736741

概预算中心

处领导
主任……………………………4810211
副主任……………………………4816798
副主任……………………………4892652
综合管理科
科长……………………………4821350
传真……………………………4732530
定额价格管理科
科长……………………………4732462
采油工程定额科
科长……………………………4824082
石油专业工程定额科
科长……………………………4892644
油建工程审查科
科长……………………………4821275
矿建工程审查科
科长……………………………4732779

信息中心

中心领导
主任……………………………4823408
副主任……………………………4825866
副主任……………………………4825833
中心办
主任……………………………4824645
人事（副主任）……………………………4824946
文秘……………………………4891240
财务经营科
副总会计师……………………………4823556
科长……………………………4893188
办公室……………………………4894437
应用管理室
主任……………………………4825855
办公室……………………………4825857
信息规划室
副总工程师……………………………4825858
主任……………………………4825856
办公室……………………………4894449
综合信息室
主任……………………………4818709
办公室……………………………4823190
办公室……………………………4731576
技术工程室
支部书记……………………………4819526
副主任……………………………4824676
网络建设……………………………4731801
网络建设……………………………4824448
市场……………………………4819488
售后……………………………4822138
售后……………………………4893600
合同……………………………4891140
技术培训室
主任……………………………4819696
副主任……………………………4824276
库房……………………………4810031
库房……………………………4891143
二楼培训教室……………………………4820321
三楼培训教室……………………………4820345
网络管理室
副总工程师……………………………4891310
主任……………………………4891307
办公室……………………………4818370
图书馆
馆长……………………………4824545
副馆长……………………………4819401
目录厅……………………………4823690
分编……………………………4823645
期刊……………………………4823290

西部勘探经理部

部领导
经理……………………………4732206
书记……………………………4732356
副经理……………………………4732076
副经理……………………………4732346
综合办公室
科长……………………………4732348
办公室……………………………4732347

计划财务科
科长……………………………………4732348
办公室…………………………………4823016
地质科
办公室…………………………………4732349
工程科、安全科
办公室…………………………………4732350

内蒙采油事业部

部领导
经理…………………………(0478)5910333
……………………………………………4893368
副经理………………………(0478)5911078
……………………………………………4819826
副经理………………………(0478)5913758
副总经济师…………………(0478)5911178
……………………………………………4828251
党政办公室
主任…………………………(0478)5917589
……………………………………………4823181
副主任………………………(0478)5911235
……………………………………………4823181
办公室………………………(0478)5912919
……………………………………………4823181
会议室………………………(0478)5918252
留守处科长……………………………4829512
办公室…………………………………4823164
经营管理部
经营部主任…………………(0478)5917568
……………………………………………4820134
人事科副科长…………………………4891707
财务科科长…………………(0478)5916280
经营科副主任………………(0478)5913289
……………………………………………4891707
办公室………………………(0478)5910667
办公室…………………………………4823164
对外关系部
经理助理／主任……………(0478)5910038
办公室………………………(0478)5919551
生产协调部
调度室………………………(0478)5688039
副总工程师…………………(0478)5917786
……………………………………………4818505
副主任………………………(0478)5688012
办公室………………………(0478)5688039
安全（环保）技术监督部
经理助理／主任……………(0478)5917528
……………………………………………4894232
副主任………………………(0478)5911359
……………………………………………4894233
地质开发工艺技术研究所
副总地质师／所长…………(0478)5919908
……………………………………………4817025
副总地质师…………………(0478)5918779
副所长………………………(0478)5913615
……………………………………………4894943
办公室…………………………………4893620
办公室………………………(0478)5913651
工艺监督……………………(0478)5915260
地面工程管理部
副总工程师…………………(0478)5918656
……………………………………………4891510
副主任………………………(0478)5918255
物资（产品）营销部
主任…………………………(0478)5910909
……………………………………(0478)5688002
办公室………………………(0478)5689673
银川售油……………………(0951)2158939
呼市售油……………………(0471)5606720
综合装备管理部
主任…………………………(0478)5918285
……………………………………(0478)5688035
办公室………………………(0478)5688007
桑合采油管理区
主任…………………………(0478)5689601
书记…………………………(0478)5689601
达尔其采油管理区
主任…………………………(0478)5689537
书记…………………………(0478)5689537

陕北油气项目管理部

项目部领导
经理……………………………………4891185
副经理…………………………………4819305
综合管理办公室
办公室…………………………………4893191
（陕北前线）………………(0911)3223130
生产技术管理科
办公室…………………………………4891021
（陕北前线）………………(0911)3223125
经营管理科
办公室…………………………………4891180

（陕北前线） ……………………（0911）3222723

普光气田开发项目管理部

指挥部

综合部……………………………4736100
生产技术管理部…………………4736673
开发部……………………………4736680
计划财务部………………………4736731
党群部……………………………4736840
保障部……………………………4736903
HSE 监督管理部…………………4736733
钻采工程项目部…………………4736791
集输工程项目部…………………4736725
净化厂工程项目部………………4736722
公用工程项目部…………………4736834
应急求援及环境监测站…………4736835
工程管理部………………………4736726
对外关系部………………………4736841
审计监察部………………………4736843

其他单位

普光气田通信管理处……………4736670
普光气田结算科…………………4736618
普光气田报社、电视台…………4736676
普光气田质检站…………………4736745
普光气田二所……………………4736760
普光气田综合档案室……………4736833
普光气田技术监测中心…………4736701
普光气田设计院…………………4736900
普光气田钻井一公司……………4736806
普光气田钻井二公司……………4736827
普光气田钻井三公司……………4736784
普光气田钻井四公司……………2682718
普光气田钻井研究院……………2203418
普光气田地质录井………………2398916
普光气田测井公司………………5700583
普光气田固井工程处……………5822595
普光气田管具工程处……………4736775
普光气田井下特种作业处………4736772
普光气田工程建设总公司………4736883
普光气田建筑集团（建工） ……4736821
普光气田中油工程公司监理部…4736821
普光气田销售公司………………4736770

采油一厂

厂领导

厂长………………………………4852666
书记………………………………4850116
工会主席…………………………4851332
副厂长……………………………4851769
副厂长……………………………4851349
副厂长……………………………4851388
副厂长……………………………4851923
副厂长……………………………4853969
总会计师…………………………4852201

厂首席专家

副总地质师………………………4851188
副总工程师………………………4852191

专职副总师

厂长助理…………………………4852141
副总工程师………………………4852377
副总工程师………………………4851342
副总地质师………………………4851562
副总地质师………………………4851180

厂办

主任………………………………4851316
主任………………………………4851678
副主任……………………………4850506
事务秘书…………………………4851890
值班室……………………………4851318
打字室……………………………4851547

党委办公室

主任………………………………4851259
副主任……………………………4851143
团委………………………………4852558
办公室……………………………4851497
传真………………………………4851497

群众工作办公室

主任………………………………4851469
计生主任…………………………4858225
女工主任…………………………4851437
团委书记…………………………4852276
科员………………………………4851681

党委组织科

科长………………………………4851742
副科长……………………………4851173
办公室……………………………4851027

厂机关党总支

书记………………………………4859957

纪检监察科

科长………………………………4858493
办公室……………………………4851205

人力资源科

科长……4852131
统筹保险……4853092
工资统计……4853093
劳动管理……4851721
经管管理科
科长……4853215
副科长……4850127
科员……4852910
计划科
科长……4851592
副科长……4850169
副科长……4859905
科员……4851685
科员……4850701
财务资产科
科长……4852708
副科长……4851505
办公室……4852706
作业科
科长……4853921
副科长……4852362
注水科
科长……4851363
副科长……4851808
机动科
科长……4851627
副科长……4858618
办公室……4851225
安全环保监督科
科长……4851580
副科长……4858020
副科长……4858270
办公室……4851323
办公室……4851808
技术管理科
科长……4853969
副科长……4858678
副科长……4851374
副科长……4852397
科技办……4851216
办公室……4851419
供应站
站长……4851139
书记……4851779
副站长……4859680
库房……4851165
办公室……4851347
计划组……4852130
电料组……4851375
钻井工程监督站
站长……4858012
书记……4851654
副站长……4851648
副站长……4851164
经管办……4850909
办公室……4851662
对外关系科
主任……4851922
副主任……4851913
副主任……4851952
副主任……4858159
调度……4851352
办公室……4851038
厂调
调度长……4852191
副调度长……4851733
资料室……4851251
调度……4851191
三配一调……4851212
防洪组……4851418
传真……4851492
办公室……4851527
会议专线……4852743
培训考核站
站长……4851241
书记……4851265
副站长……4851249
副站长……4851942
副书记……4852138
培训办……4852142
采油一区
经理……4851373
书记……4859390
生产副经理……4850476
工程副经理……4858340
地质副经理……4852140
前线调度……4851020
生产组……4858343
工程组……4859079
地质组……4852402

综合组……4859353

采油二区

经理……4853515

书记……4852872

生产副经理……4859710

工程副经理……4859051

地质副经理……4859932

前线调度……4851016

生产组……4859823

工程组……4852139

地质组……4851311

综合组……4858404

采油三区

经理……4859693

书记……4851546

生产副经理……4852137

工程副经理……4859691

地质副经理……4851529

前线调度……4851392

生产组……4858440

工程组……4858433

地质组……4850734

综合组……4858413

资料室……4852637

采油四区

经理……4851694

书记……4853163

生产副经理……4859737

工程副经理……4859178

地质副经理……4858458

前线调度……4853475

生产组……4858474

工程组……4858251

地质组……4858475

综合组……4858476

资料室……4851441

采油五区

经理……4858407

书记……4858416

生产副经理……4859197

工程副经理……4853612

地质副经理……4859863

前线调度……4852194

生产组……4858473

地质组……4858472

综合组……4858471

采油六区

经理……4851049

书记……4851654

生产副经理……4851357

工程副经理……4851046

地质副经理……4858479

前线调度……4851926

生产组……4858477

工程组……4858478

地质组……4851712

综合组……4858482

采油七区

经理……4850512

书记……4851356

生产副经理……4851829

工程副经理……4859551

地质副经理……4859667

前线调度……4853057

生产组……4858483

工程组……4853414

地质组……4851760

综合组……4853417

采油八区

经理……4853896

书记……4851995

生产副经理……4851571

工程副经理……4859861

地质副经理……4859512

前线调度……4852972

生产组……4858257

工程组……4859114

地质组……4853469

综合组……4859512

资料室……4853724

保管……4859490

治保大队

大队长……4851666

书记……4851058

副大队长……4851175

副大队长……4851730

副大队长……4858262

副大队长……4852627

办公室主任……4852670

测试大队

大队长……………………………………4851594
书记……………………………………4851687
副大队长………………………………4851361
副大队长………………………………4850423
调度室…………………………………4851306
办公室…………………………………4850422
总机……………………………………4851362
测试四队………………………………4858574

注水大队

大队长…………………………………4851684
书记……………………………………4851803
副大队长………………………………4852771
注水二队………………………………4851061
政工办…………………………………4851294
注水一队………………………………4851365
大队资料室……………………………4851498
注三值班室……………………………4851961
调度……………………………………4853123
经营组…………………………………4858037
注三资料室……………………………4858402

维修大队

大队长…………………………………4851832
副书记…………………………………4851041
副大队长………………………………4851600
副大队长………………………………4851931
副大队长………………………………4852573
生产组…………………………………4851992
经营组…………………………………4851203
机动组…………………………………4851246
政工组…………………………………4851773

气采队

大队长…………………………………4851664
书记……………………………………4850467
副大队长………………………………4850142
副大队长………………………………4853173
调度……………………………………4851070
气举办…………………………………4850714
站长办…………………………………4858270
副站长办………………………………4852026

供电大队

大队长…………………………………4851751
副书记…………………………………4852353
副大队长………………………………4851410
高压队…………………………………4851666
变电队…………………………………4852761
综合队…………………………………4853630
调度……………………………………4851851

集输大队

大队长…………………………………4851485
书记……………………………………4852357
副大队长………………………………4858510
副大队长………………………………4853640
经营办…………………………………4850436
大队调度………………………………4850309

工艺研究所

所长……………………………………4851180
书记……………………………………4851416
副所长…………………………………4850592
副所长…………………………………4851359
机采室…………………………………4851709
计算机室………………………………4852215
井况室…………………………………4852495
仪表室…………………………………4851509
工艺室…………………………………4858283
综合室…………………………………4851677
电泵室…………………………………4853175
调度……………………………………4859844
气举室…………………………………4850741
方案室…………………………………4851059

气举采油管理站

站长……………………………………4851123
副站长…………………………………4851388
副站长…………………………………4852026
办公室…………………………………4850714

地质研究所

所长……………………………………4851923
书记……………………………………4851562
副所长…………………………………4858260
副所长…………………………………4858092
副所长…………………………………4851217
方案室主任……………………………4851159
副主任…………………………………4851201
文中室…………………………………4851471
文东室…………………………………4851523
静态室主任……………………………4858015
副主任…………………………………4851740
资料室主任……………………………4851861
规划室…………………………………4851746
图形室…………………………………4851783
动态室…………………………………4859713

天然气室……4851014
生产室……4851561
化验室……4850784
信息中心所长……4851906
信息中心办……4859250
信息中心主任……4859711

生产服务大队

大队长……4853303
书记……4852291
副大队长……4852111
副大队长……4858141
小车队队长……4851661
资料室……4852031
综合办……4852165
维修班……4851103
调度……4851453

采油二厂

厂领导

厂长……4840566
书记……4841601
副厂长……4841007
副厂长……4841210
财务总监……4842509
财务总监……4841122
总地质师……4841100
副厂长……4842188
副厂长……4841108
工会主席……4841228
副总工程师……4840658
副总地质师……4841711
副总地质师……4841401
副总地质师……4841931
副总经济师……4841617
电力副总师……4841301
副总地质师……4841931
副总工程师……4844525
副总工程师……4841307
对外关系办公室……4841629

厂长办公室

主任……4841502
值班室……4841404
政研室主任……4844644
政研室……4841604
文书……4841504
打字室……4841704
复印室……4842504

厂办招待所

所长……4841420
副所长……4841317
副所长……4840102
总服务台……4841010

党委办公室

主任……4841213
副主任……4841113
宣传……4841703
文书（传真）……4841313
机关党委书记……4841903
机关党委……4844821

组织科

科长……4841403
干部管理……4845593
党员管理……4841503

纪检监察科

科长……4840074
副科长……4841803
干事……4840113

群众工作办公室

办公室主任……4846345
女工主任……4842634
团委书记……4842614
工会干事……4841104
团干事……4841304

人力资源科

科长……4841709
副科长……4843233
干部管理……4841809
人事调配……4841009
工资管理……4841909
统计（档案）……4841710

计划科

科长……4841901
副科长……4841109
生产计划……4841723
预算……4841014
统计……4841309

经营管理科

科长……4841115
副科长……4841797
合同管理……4841509
考核……4841209

经济评价……………………………………4841204
财务资产科
科长……………………………………4844165
副科长……………………………………4841409
副科长……………………………………4841212
副科长……………………………………4846030
老总……………………………………4842670
成本……………………………………4841214
副科长……………………………………4842086
资金……………………………………4842098
机房……………………………………4842089
生产调度室
调度长……………………………………4841002
副调度长……………………………………4841004
副调度长……………………………………4841005
综合……………………………………4841003
车辆调度……………………………………4841515
电力运行……………………………………4841951
电力管理（节能）……………………………4841905
值班室……………………………………4841215
会议专线……………………………………4843644
作业科
科长……………………………………4843974
副科长……………………………………4841508
副科长……………………………………4841302
油井……………………………………4841408
水井……………………………………4840374
装备科
科长……………………………………4845168
副科长……………………………………4841708
副科长……………………………………4841608
设备管理……………………………………4841416
资料……………………………………4841406
化验室……………………………………4846149
安全环保科
科长……………………………………4841619
副科长……………………………………4841918
副科长……………………………………4841609
安全监督……………………………………4841808
环保……………………………………4844476
安全管理……………………………………4841898
交通管理……………………………………4845513
监察室……………………………………4844508
技术管理科
科长……………………………………4842657
副科长……………………………………4843543
副科长……………………………………4841207
副科长……………………………………4841107
科技管理……………………………………4842497
集输管理……………………………………4843545
地面管理……………………………………4841377
注水科
科长……………………………………4841634
副科长……………………………………4841208
注水管理……………………………………4841452
地质研究所
所长……………………………………4841924
书记……………………………………4841928
副所长……………………………………4841932
副所长……………………………………4844121
副所长……………………………………4841911
副所长……………………………………4841935
综合室（主任）……………………………4841950
西区室（主任）……………………………4843814
东区室（主任）……………………………4843824
南区室（主任）……………………………4844543
文 51 室（主任）…………………………4843442
外围室（主任）……………………………4843432
天然气室（主任）…………………………4843354
综合开发室（主任）………………………4846563
管理室（主任）……………………………4841962
静态室（主任）……………………………4841953
化验室（主任）……………………………4841960
计算机室（主任）…………………………4841961
会议室……………………………………4842052
值班室……………………………………4844274
综合室（司机班）…………………………4843562
工艺研究所
所长……………………………………4843813
书记……………………………………4841028
副所长……………………………………4841023
副所长……………………………………4840374
副所长……………………………………4844944
副所长……………………………………4840619
综合室主任……………………………………4841052
材料……………………………………4841053
调度……………………………………4841040
财务人事……………………………………4843044
机采室……………………………………4841047
压裂室……………………………………4841413

堵水室（主任）……………………………4841051
调堵队……………………………………4840142
化验室……………………………………4843815
油化室……………………………………4841046
电泵管理…………………………………4840557
采气室（主任）……………………………4846564
注水室……………………………………4840624
大修室……………………………………4842677
综合室……………………………………4845719
采油一区
经理………………………………………4846821
书记………………………………………4846881
副经理……………………………………4846883
副经理……………………………………4846785
副经理……………………………………4846726
副经理……………………………………4846722
副经理……………………………………4846701
生产组长…………………………………4846746
地质组长…………………………………4846724
综合组长…………………………………4846757
调度室……………………………………4846842
生产组……………………………………4846772
工程组……………………………………4846814
综合组……………………………………4846740
维修班……………………………………4846760
司机班……………………………………4846761
治保组……………………………………4846756
治保组值班室……………………………4846897
生产组长…………………………………4846723
工程组长…………………………………4846728
地质组长…………………………………4846754
综合组长…………………………………4846736
调度室……………………………………4846742
采油二区
经理………………………………………4847268
书记………………………………………4847298
副经理……………………………………4847061
副经理……………………………………4847135
生产组长…………………………………4847161
综合组长…………………………………4847264
地质组长…………………………………4847210
工程组长…………………………………4847047
注水组长…………………………………4847271
资料班长…………………………………4847163
调度室……………………………………4847142
治保组长…………………………………4847508
中心一站…………………………………4847079
中心二站…………………………………4847040
采油三区
经理………………………………………4847124
书记………………………………………4847128
副经理……………………………………4847131
副经理……………………………………4847608
副经理……………………………………4847606
生产组长…………………………………4847146
工程组长…………………………………4847794
地质组长…………………………………4847154
综合组长…………………………………4847136
调度室……………………………………4847342
治保组……………………………………4847476
采油四区
经理………………………………………4843401
书记………………………………………4841810
副经理……………………………………4840578
副经理……………………………………4840738
副经理……………………………………4842225
副经理……………………………………4845649
工程组长…………………………………4843455
地质组长…………………………………4843449
综合组长…………………………………4840638
调度室……………………………………4842042
治保组……………………………………4841256
采油五区
经理………………………………………4841237
书记………………………………………4842786
副经理……………………………………4842756
副经理……………………………………4842636
生产组长…………………………………4840197
工程组长…………………………………4840294
地质组长…………………………………4840497
综合组长…………………………………4841163
调度室……………………………………4841242
治保组……………………………………4843709
采油六区
经理………………………………………4844156
书记………………………………………4842835
副经理……………………………………4840619
副经理……………………………………4840791
副经理……………………………………4841290
……………………………………………4844194

生产组长……4840004
工程组长……4842114
地质组长……4846247
综合组长……4841212
调度室……4841542
治保组……4842874

采油七区

经理……4841616
书记……4844216
副经理……4841781
副经理……4843741
副经理……4840846
生产组长……4840547
工程组长……4841545
地质组长……4841064
综合组长……4841957
调度室……4841642
治保组……4840942

零散井开发部

经理……4841305
书记……4841807
副经理……4840184
生产组……4841324
卸油点……4840650

油气集输

大队长……4846286
书记……4840118
副大队长……4842145
副大队长……4846137
生产组长……4844564
政工组长……4841836
综合组长……4841857
机动……4844974
基建维修（安全）……4842297
工会团委……4841103
女工（打字室）……4840752
财务……4840717
人事……4841205
计划（盘库）……4846214
电工……4840036
材料员……4843230
调度室 1……4840214
调度室 2……4840203
司机班……4840147
治保组长……4842728
濮一联站长……4841173
濮一联书记……4841165
濮一联调度……4841843
濮二联站长……4847073
濮二联书记……4847374
濮二联输油……4847078
濮三联站长……4841273
濮三联书记……4841249
濮三联调度……4841043
计量队队长……4842164
计量队书记……4841478

注水大队

大队长……4841846
调度室……4843233
濮一污站长……4841174
濮一污书记……4843714
濮二污站长……4847375
濮二污书记……4847376
濮二污副站长……4847381
濮三污站长……4841230
濮三污书记……4841245

测试队

队长……4840370
队总支书记……4840314
副队长……4842162
副队长……4846331
综合办主任……4840304
财务经营……4846614
生产组长……4840747
机动员、安全……4841074
技术组长……4840344
测试一队……4841162
测试二队……4841262
测试三队……4841362
测试四队……4841343
测试五队……4841154
调度室……4840324
库房……4841065

维修大队

大队长……4841724
书记……4841907
副大队长……4842427
副大队长……4840849
副大队长……4841854
生产组长……4841746
调度室……4841742
现场调度……4841731

党群办……………………………………4844174
人事……………………………………4841736
财务……………………………………4841753
培训……………………………………4841757
安全……………………………………4841056
机动……………………………………4841747
维修五队………………………………4841760
安装队…………………………………4841767
泵修队…………………………………4841848
车队……………………………………4841773
电气维修队……………………………4841029
仪表鉴定队……………………………4841511
综合队…………………………………4841880
库房……………………………………4841735
政工组…………………………………4841751
综合治理………………………………4841732

供电大队

大队长…………………………………4844315
书记……………………………………4842716
副大队长………………………………4841481
副书记…………………………………4842068
生产组长………………………………4843146
技术组组长……………………………4842709
政工组组长……………………………4842717
财务……………………………………4842721
库房……………………………………4843520
变电队队………………………………4844435
车队……………………………………4841750
电气一队………………………………4841775
电气一队书记…………………………4841855
电气二队………………………………4841756
电气三队………………………………4840154
调度……………………………………4841740
调度……………………………………4841805
濮一变电所……………………………4841178
濮二变电所……………………………4847087
濮三变电所……………………………4841278
濮四变电所……………………………4846717

派出所

所长……………………………………4841513
内勤中队长……………………………4841713
户证办…………………………………4841813
邢侦中队………………………………4841823
办公室…………………………………4842172
副所长…………………………………4843689
传真室…………………………………4840414
110 值班室……………………………4841110
民警责任区……………………………4845374
安保办…………………………………4840724

治保大队

大队长…………………………………4841588
书记……………………………………4842674
副大队长………………………………4840417
副大队长………………………………4840734
后勤……………………………………4846636
111 值班室……………………………4845110
办公室主任……………………………4841001
政工组长………………………………4841201

工程监督站

站长……………………………………4846578
副站长…………………………………4841221
副站长…………………………………4840152
项目组…………………………………4844397
项目组…………………………………4845002
钻井监督………………………………4843674

培训考核站

站长……………………………………4841821
副站长…………………………………4844421
副站长…………………………………4840272
培训……………………………………4841977
考核……………………………………4841101

对外关系办公室

主任……………………………………4842193
副主任…………………………………4841605
副主任…………………………………4844634
副主任…………………………………4841382
综合组…………………………………4841164
协调组…………………………………4841306
协调组…………………………………4842047
征地管理………………………………4840124
财务……………………………………4844694

生产服务大队

大队长…………………………………4841798
书记……………………………………4845665
副大队长………………………………4841720
副大队长………………………………4840251
副大队长………………………………4840317
综合组组长……………………………4841691
综合组…………………………………4842463
调度……………………………………4844290

生产组……………………………………4840024
小车队……………………………………4841657
服务队队长………………………………4840046
服务队指导员……………………………4842767
维修班……………………………………4841831
物资供应站
站长………………………………………4841030
书记………………………………………4841225
副站长……………………………………4842108
副站长……………………………………4841125
管理组组长………………………………4842270
生产组组长………………………………4841147
机电组组长………………………………4841180
配件组组长………………………………4841189
材料组组长………………………………4842352
保管组组长………………………………4841179
财务………………………………………4841158
试采管理区
经理………………………………………4844941
副经理……………………………………4844942
政工、安全………………………………4844930
人力资源…………………………………4844931
经营管理…………………………………4844932
综合办……………………………………4841878
沙一段项目部
经理………………………………………4846801
副经理……………………………………4846803
副经理……………………………………4846802
副经理……………………………………4846805
陕北项目部
经理………………………………………4842826
特车调度…………………………………4841840

采油三厂

厂领导
厂长………………………………………4831459
书记………………………………………4832820
副书记、工会主席………………………4831128
副厂长……………………………………4832108
财务总监…………………………………4831591
副厂长、总地质师………………………4831360
副厂长……………………………………4831269
调研员……………………………………4832808
副总师……………………………………4831931
副总师……………………………………4831035
厂长助理…………………………………4831036

厂长办公室
厂办主任…………………………………4832320
秘书………………………………………4832775
传真………………………………………4831707
值班室……………………………………4831156
打字室……………………………………4831680
党委办公室
党办主任…………………………………4831207
秘书岗……………………………………4831315
传真………………………………………4831807
党委组织科
科长………………………………………4832824
办公室……………………………………4831425
纪检监察科
科长………………………………………4831289
办公室……………………………………4831366
群众工作办公室
主任………………………………………4831585
副主任……………………………………4832092
工会办公室………………………………4831240
团委办公室………………………………4831287
机关总支…………………………………4831505
人力资源科
科长………………………………………4831125
副科长……………………………………4831136
管理岗……………………………………4831072
工资岗……………………………………4831418
计划科
科长………………………………………4831646
副科长……………………………………4831869
副科长……………………………………4831628
办公室……………………………………4831732
……………………………………………4831073
经营管理科
科长………………………………………4831129
副科长……………………………………4831787
经管办……………………………………4832584
合同办……………………………………4831959
财务资产科
科长………………………………………4831118
副科长……………………………………4831342
副科长……………………………………4831161
资金组……………………………………4831933
资产组……………………………………4831341
成本组……………………………………4831230

综合组……4831563
稽核岗……4831067
装备科
科长……4831512
副科长……4831681
办公室……4831155
生产调度室
调度长……4831078
副调度长……4831137
副调度长……4831517
综合岗……4831349
值班室……4831121
安全环保监督科
科长……4831157
副科长……4831645
综合岗……4831608
环保岗……4831293
质监岗……4831522
压力容器岗……4831558
技术管理科
科长……4831007
副科长……4831399
科技岗……4831270
采油岗……4831930
集输岗……4831595
作业科
科长……4831026
副科长……4832170
运行岗……4831046
结算岗……4831971
注水科
科长……4831913
办公室……4831410
对外关系办公室
主任……4831932
书记……4832389
副主任……4832312
办公室……4831265
治保大队
大队长……4831566
书记……4831204
副大队长……4832747
值班室……4831448
交通……4831126
户籍……4831158

政工……4831130
明一采油区
经理……4832858
书记……4832465
副经理……4832419
副经理……4831674
副经理……4832073
调度室……4831392
生产组……4832497
技术组……4832440
地质组……4832417
政工组……4832426
综合组……4832437
明二采油区
经理……4832061
书记……4832063
副经理……4832062
副经理……4832021
副经理……4832024
调度室……4832412
生产组……4832432
技术组……4832502
地质组……4832455
政工组……4832494
综合组……4832087
卫一采油区
经理……4831611
书记……4831012
副经理……4831936
副经理……4831610
副经理……4831031
调度室……4831352
生产组……4831468
技术组……4831508
地质组……4831633
政工组……4831450
综合组……4832236
卫二采油区
经理……4831183
书记……4832720
副经理……4831330
副经理……4831551
副经理……4831055
调度室……4831492
生产组……4831408

技术组……4831045
地质组……4832142
综合组……4831402
卫三采油区
经理……4831797
书记……4831383
副经理……4832271
副经理……4831428
副经理……4831911
调度……4831801
生产组……4831503
技术组……4832273
地质组……4832573
政工组……4832207
综合组……4832794
卫东采油区
经理……4831616
书记……4831702
副经理……4831062
副经理……4831015
副经理……4831701
调度室……4832754
生产组……4831084
技术组……4831793
地质组……4831429
综合组……4831439
卫四采油区
经理……4831237
书记……4832725
副经理……4831483
副经理……4832557
副经理……4831025
生产组……4831872
技术组……4831022
政工组……4831743
综合组……4831461
马寨采油区
经理……4877402
书记……4876138
副经理……4876132
副经理……4876130
副经理……4740361
调度室……4876134
生产组……4876133
技术组……4879194
地质组……4876135
综合组……4876008
政工组……4876402
采气区
经理……4831263
书记……4831201
副经理……4831034
副经理……4831682
调度室……4831205
生产组……4831527
政工组……4831305
经营组……4831427
资料室……4831203
油气集输大队
大队长……4831857
副大队长……4831032
副大队长……4831048
副大队长……4831149
生产组……4831367
政工组……4831582
经营组……4831744
明一联……4831037
明二联……4832014
马寨联……4876472
液化气站……4832792
维修大队
大队长……4831343
书记……4831907
副大队长……4831597
副大队长……4831340
调度室……4831292
生产组……4831238
政工组……4831251
人事组……4831364
经营组……4831206
维修队……4831223
安装队……4831584
机械队……4831852
供电大队
大队长……4831538
书记……4831213
副大队长……4832029
副大队长……4831175
调度室……4831441
生产组……4831134

政工组……………………………………4831904
劳资……………………………………4831194
电工一队……………………………………4831040
电工二队……………………………………4832374
电工三队……………………………………4831024
综合队……………………………………4831905
地质研究所
所长……………………………………4831381
书记……………………………………4831273
副所长……………………………………4831473
副所长……………………………………4831655
副所长……………………………………4831749
副所长……………………………………4831005
大队办……………………………………4831623
生产室……………………………………4831472
明一项目组……………………………………4831622
明二项目组……………………………………4831654
卫一项目组……………………………………4831405
卫二项目组……………………………………4831300
卫三项目组……………………………………4831588
卫四项目组……………………………………4831384
卫东项目组……………………………………4831640
马寨项目组……………………………………4831840
低速项目组……………………………………4831588
油藏项目组……………………………………4832274
静态室……………………………………4831841
综合室……………………………………4831661
计算中心……………………………………4831653
工艺研究所
所长……………………………………4831673
书记……………………………………4831613
副所长……………………………………4831671
副所长……………………………………4831914
副所长……………………………………4831556
调度室……………………………………4831241
机采室……………………………………4831059
井况室……………………………………4831770
工艺室……………………………………4831672
油改室……………………………………4831523
经营室……………………………………4831635
注水大队
大队长……………………………………4832700
书记……………………………………4831775
副大队长……………………………………4831050
副大队长……………………………………4831019
副大队长……………………………………4832405
调度……………………………………4831973
生产组……………………………………4831160
技术组……………………………………4831051
经营组……………………………………4832771
泵修队……………………………………4831420
注水队……………………………………4832174
明一污……………………………………4832147
明二污……………………………………4832486
马寨污……………………………………4870541
工程监督站
站长……………………………………4832190
书记……………………………………4831651
副站长……………………………………4831843
副站长……………………………………4831994
监督岗……………………………………4832148
综合岗……………………………………4831482
测试队
队长……………………………………4831548
书记……………………………………4832191
副队长……………………………………4831432
调度室……………………………………4831557
生产服务大队
大队长……………………………………4832798
书记……………………………………4831596
副大队长……………………………………4831122
副大队长……………………………………4831216
办公室……………………………………4831365
小车队……………………………………4831495
纯净水厂……………………………………4831871
机关门卫……………………………………4831058
物资供应站
站长……………………………………4832838
书记……………………………………4831550
副站长……………………………………4831076
管理组……………………………………4831421
统计组……………………………………4831261
保管组……………………………………4832361
计划 1 组……………………………………4831451
计划 2 组……………………………………4831870
财务组……………………………………4831581
职工培训站
站长……………………………………4831178
书记……………………………………4832033
副站长……………………………………4832023

培训管理……4831101
培训班……4831377
综合办……4831311
招待所
所长……4831135
书记……4831115
招待服务台……4831302
餐厅……4831327

采油四厂

厂领导
厂领导……4854456
厂领导……4854116
厂领导……4854155
厂领导……4854338
厂领导……4854246
厂领导……4854488
厂领导……4854302
厂领导……4854352
厂领导……4854266
厂领导……4854335
副总师
副总经济师……4854535
副总会计师……4854006
副总工程师……4854287
副总地质师……4854455
副总工程师……4854349
副总工程师……4855020
副总工程师……4854443
厂长办公室
主任……4854545
副主任……4854510
秘书室……4854331
文书室……4854564
值班室……4854445
职工热线……4854516
机要传真……4854614
人力资源科
科长……4854566
副科长……4854264
办公室……4854364
办公室……4854464
计划科
科长……4855020
副科长……4854124
办公室……4854152
办公室……4854324
财务资产科
科长……4854005
副科长……4855578
预算组……4854553
资金组……4855576
成本组……4855282
经营管理科
科长……4855244
办公室……4854357
经营承包……4855202
生产调度室
调度长……4854318
副调度长……4855603
副调度长……4854547
副调度长……4854214
综合组……4854188
节能……4855045
调度……4854229
调派……4854424
电话会议室……4854270
技术管理科
科长……4854379
副科长……4854366
副科长……4855212
注水科
科长……4855124
副科长……4854503
作业科
科长……4856042
副科长……4854772
办公室……4854442
综合……4854354
调度……4854689
安全环保监督科
科长……4854192
副科长……4854436
交通管理……4854507
办公室……4854521
监控室……4854307
装备科
科长……4854118
副科长……4854425
办公室……4854308
党委办公室

主任……4854148
副主任……4854205
宣传……4854211
机关总支……4854162

党委组织科
科长……4854462
办公室……4854211

群众工作办公室
副主任……4854688
团委书记……4854361
工会办公室……4854101
团委办……4854452
计生办……4854014
维权服务热线……4854666
职工献计献策热线……4857666

纪检监察科
科长……4854316
办公室……4854142

对外关系办公室
主任……4855389
书记……4854446
副主任……4856415
副主任……4856432
调度……4854347
会计……4855193
协调一组……4854914
协调二组……4854306

工程技术监督站
站长……4854809
书记……4854348
副站长……4854220
副站长……4854690
副站长……4854021
综合岗……4855724
钻井工程监督岗……4854554
计量标准化岗……4854253
抄表岗……4854702
项目管理……4854373
作业监督……4854453
质量标准化岗……4854113
老点值班室……4854034
调度……4855247

地质研究所
所长……4854386
书记……4748183
副所长……4748182
副所长……4854103
副所长……4855533
经营……4854020
开发主任……4855564
开发一室……4854404
开发二室……4854279
生产调度……4854465
综合室……4854549
综合室……4854353
滚动室……4855590
天然气室……4855524
天然气室……4854140
信息室……4854094

工艺研究所
所长……4854512
书记……4855727
副所长……4854213
副所长……4748175
经营室……4854314
分层室……4854135
综合室……4854313
酸化室……4854437
挤堵室……4854350
机采室……4854392
科技图书……4857397
压裂室……4855140

注气站
站长……4854268
书记……4856574
办公室……4856547
注气站……4854141

培训考核站
站长……4854185
办公室……4854494

油藏管理一区
经理……4854741
书记……4854001
副经理……4854145
副经理……4856734
副经理……4854472
调度室……4854541

油藏管理二区
经理……4854368
书记……4854275

副经理……4856374
副经理……4856614
调度室……4854529
油藏管理三区
经理……4854568
书记……4854007
副经理……4854687
副经理……4857194
调度室……4854378
油藏管理四区
经理……4854175
书记……4854896
副经理……4856904
副经理……4855574
副经理……4854341
调度室……4854168
油藏管理五区
经理……4855558
书记……4854431
副经理……4854561
副经理……4854680
副经理……4854291
调度室……4854241
油藏管理六区
经理……4855585
书记……4855770
副经理……4856774
副经理……4856934
调度室……4854129
油气集输大队
大队长……4855060
书记……4854265
副大队长……4854243
副大队长……4855194
副大队长……4854470
副大队长……4856874
安全工程师……4855143
文二联队部……4854106
污水站队部……4854763
维修队队部……4854417
调度室……4854362
生产组……4855027
经营组……4855094
技术组……4854104
政工组……4855086
总机……4854743
集气站……4856422
测试队
队长……4855573
书记……4854830
副队长……4854283
副队长……4854773
值班室……4854321
资料室……4856974
资料室……4854320
维修大队
大队长……4854513
书记……4854312
副大队长……4854413
副大队长……4855623
副大队长……4856492
副大队长……4748181
经营组……4854459
政工组……4854057
材料组……4854508
工程机械监督……4854193
生产组长……4854345
泵修料房……4854667
材料组……4855577
回厂检查站……4854509
供电大队
大队长……4855906
书记……4854492
副大队长……4855107
副大队长……4854504
副大队长……4854540
副大队长……4854691
工程师……4854478
调度……4854159
政工组……4854166
人事劳资……4855575
经营……4855745
通讯管理……4748067
治保大队
大队长……4854305
书记……4854244
副大队长……4855071
副大队长……4854530
值班室……4854475
一中队……4854215

二中队……4857879
三中队……4854203
刑侦中队……4854474
政工组……4748148

物资供应站
站长……4854727
书记……4854165
副站长……4854560
副站长……4855540
副站长……4854834
经管……4855434
经营组长……4854537
核算……4854565
综合组……4854303
门岗……4854322
计划组组长……4854428
计划一组……4854326
计划二组……4854479
计划三组……4854397
库房组……4854426
润滑油站……4855684

生产服务大队
大队长……4855066
书记……4854105
副大队长……4855013
副大队长……4854383
副大队长……4854705
副大队长……4854045
公共事业管理……4854506
经营材料政工组……4855571
小车队调度……4854226

采油五厂

厂领导
厂长、党委副书记……4812062
党委书记……4812785
副厂长……4812640
副厂长……4812152
副厂长、总工程师……4814596
工会主席……4812639
副总地质师……4812145
厂长助理……4812189
副总工程师……4812014
副总地质师……4812302

厂长办公室
主任……4812263
秘书办公室……4812262
文书办公室……4815952
值班室……4812260

生产调度室
调度长……4719168
调派……4719048
副调度长……4719118
副调度长……4719076
前线值班室……4719006
综合办公室……4812178

计划科
科长……4812482
投资预算……4812167
统计……4812166
土建施工……4813105
盘库……4812169

经营管理科
科长……4812378
副科长……4812339
经营管理……4812342
工商管理……4812341
合同管理……4814974

财务资产科
科长……4812381
副科长……4812172
副科长……4813174
办公室……4812171

人力资源科
科长……4812330
薪酬管理……4812332
统筹定额……4812419
干部管理……4814557
培训考核……4812067

安全环保监督科
科长……4812665
副科长……4814456
环保监督……4812309
监控室……4812500
安全监督……4812086

技术管理科
科长……4812503
副科长……4812163
副科长……4812164
油气集输……4812164
科技防腐……4812163

采油管理……………………………4812303
注水科
科长……………………………………4813102
副科长…………………………………4813044
办公室…………………………………4812398
装备科
科长……………………………………4812156
副科长…………………………………4812184
泵、车辆………………………………4812181
电气管理………………………………4812184
综合……………………………………4813408
作业科
科长……………………………………4812660
副科长…………………………………4812308
办公室…………………………………4812124
党委办公室
主任……………………………………4812712
副主任…………………………………4812703
机要室…………………………………4812634
办公室…………………………………4811246
党委组织科
科长……………………………………4812642
办公室…………………………………4812282
纪检监察科
科长……………………………………4812806
办公室…………………………………4812353
群众工作办公室
主任……………………………………4812360
副主任、团委副书记…………………4812272
女工主任………………………………4812335
工会……………………………………4812662
采油管理一区
经理兼书记……………………………4719002
副经理…………………………………4719001
副经理…………………………………4719069
副书记…………………………………4719178
调度……………………………………4719106
采油管理二区
经理……………………………………4719188
书记……………………………………4719116
副经理…………………………………4719121
副经理…………………………………4719049
调度……………………………………4719105
采油管理三区
经理……………………………………4719588
书记……………………………………4719566
副经理…………………………………4719569
副经理…………………………………4719596
调度……………………………………4719516
采油管理四区
经理……………………………………4759086
书记……………………………………4759088
副经理…………………………………4759095
副经理…………………………………4759076
副经理…………………………………4759096
调度……………………………………4719530
采油管理五区
经理……………………………………4759068
书记……………………………………4759066
副经理…………………………………4759056
副经理…………………………………4759058
调度……………………………………4759060
采油管理六区
经理……………………………………4719166
书记……………………………………4719007
副经理…………………………………4719206
副经理…………………………………4719009
副经理…………………………………4719208
调度……………………………………4719145
油气集输大队
大队长…………………………………4719126
书记兼副大队长………………………4719128
副大队长………………………………4719013
副大队长………………………………4719130
副大队长………………………………4719012
调度……………………………………4719015
维修大队
大队长…………………………………4812366
书记……………………………………4812996
副大队长………………………………4812141
副大队长………………………………4812486
副大队长………………………………4815841
调度……………………………………4812363
供电大队
大队长…………………………………4719098
书记……………………………………4719056
副大队长………………………………4719136
副大队长………………………………4719176
调度……………………………………4719086
治保大队

大队长……………………………………4719156
书记……………………………………4812346
副大队长………………………………4814011
副大队长………………………………4719017
调度室…………………………………4719110

生产服务大队
大队长…………………………………4812689
书记……………………………………4812340
副大队长………………………………4812391
副大队长………………………………4812759
综合办…………………………………4812299
文印站…………………………………4812265

测试队
队长……………………………………4812132
书记……………………………………4812133
副队长…………………………………4811371
调度……………………………………4812134

地质研究所
所长……………………………………4898508
书记兼副所长…………………………4898533
副所长…………………………………4898557
副所长…………………………………4898239
副所长…………………………………4898755
副所长…………………………………4898583
所办……………………………………4898272

工艺研究所
所长……………………………………4812183
书记……………………………………4812336
副所长…………………………………4812162
副所长…………………………………4813648
所办……………………………………4812155

物资供应站
站长……………………………………4812102
书记……………………………………4812246
副站长…………………………………4812399
副站长…………………………………4814340
调度……………………………………4812139

工程技术监督站
站长、副书记…………………………4719158
副站长…………………………………4719031
副站长…………………………………4812157
钻井室…………………………………4812343
调度室…………………………………4719115

对外关系办公室
主任……………………………………4812288
副主任…………………………………4812326
副主任…………………………………4719117
办公室…………………………………4812325

新疆项目部
经理……………………………………4812189
书记……………………………………4812586

内蒙项目部
办公室…………………………………4812717

采油六厂

厂领导
厂长……………………………………4861718
书记……………………………………4861231
副厂长…………………………………4861101
副厂长…………………………………4861968
纪委书记………………………………4861381
副厂长…………………………………4861332

厂长办公室
厂办主任………………………………4861495
副主任…………………………………4861647
厂办秘书………………………………4861166
传真……………………………………4861171
文书……………………………………4862077

党委办公室
党办主任………………………………4861503
副主任…………………………………4861481
党委办…………………………………4861723

党委组织科
科长……………………………………4861273
办公室…………………………………4861664

纪检监察科
纪委办…………………………………4861904

群众工作办公室
主任……………………………………4861412
副主任…………………………………4861232
办公室…………………………………4861740

生产调度室
调度长…………………………………4861161
副调度长………………………………4861233
副调度长………………………………4863378
副调度长………………………………4861461
值班调度………………………………4861451
综合调度………………………………4863376

计划科
科长……………………………………4861369
副科长…………………………………4861372

办公室……4861341
办公室……4861432
财务资产科
科长……4861459
副科长……4861303
办公室……4861074
经营管理科
科长……4863456
办公室……4861570
技术管理科
科长……4861561
副科长……4861731
办公室……4861242
作业科
科长……4861541
办公室……4863417
办公室……4862417
装备科
科长……4861512
办公室……4861442
天然气管理科
科长……4861928
办公室……4862910
人力资源科
科长……4861162
副科长……4861272
办公室……4861552
安全环保监督科
科长……4861452
副科长……4861963
办公室……4861742
对外工作办公室
主任……4861482
副主任……4861891
办公室……4861582
工程监督站
站长……4861536
书记……4861377
钻井监督……4861175
作业监督……4861082
职工培训部
办公室……4861340
桥口采油管理区
经理……4861216
书记……4861395
副经理……4861370
副经理……4861004
副经理……4861499
生产值班……4861336
生产办……4861506
资料室……4861140
经营……4861240
马厂采油管理区
经理……4860151
书记……4862150
副经理……4860286
副经理……4860148
副经理……4860153
综合组……4860138
工程组……4860152
生产值班……4860117
网络……4860186
徐集采油管理区
经理……4861483
书记……4861589
副经理……4861599
资料室……4861674
技术室……4861574
白庙采气管理区
经理……4861351
书记……4861363
副经理……4861563
副经理……4861163
副经理……4861342
技术组……4862250
生产值班……4861609
经营组……4863470
采气资料……4861316
输气资料……4861127
配气站……4861416
三春采油管理区
经理……4865754
书记……4865510
副经理……4866843
生产值班……4865611
办公室……4865757
人事……4865724
财务……4865684
机动……4867740
会议电话……4865498

材料……4867764
地质……4865511
桥口联合站
站长……4759018
书记……4759010
副站长……4759016
机动安全……4759011
外输岗……4759012
三相岗……4759017
马厂联合站
站长……4860127
书记……486037
副站长……4860143
计量……4860042
注水……4860133
污水……4860055
分离……4860033
地质研究所
所长办……4861136
书记办……4861765
副所长办……4861526
副所长办……4861236
网络室……4861767
静态室……4861293
天然气室……4861446
生产综合……4861533
开发室……4861546
试井队……4861146
工艺研究所
大队长办……4861143
书记办……4861227
副大队长办……4861356
副大队长办……4863460
综合室……4861430
机采室……4861514
资料室……4861556
油化室……4863401
维修大队
大队长办……4861306
书记办……4861206
副大队长办……4861534
副大队长办……4862456
油管门岗……4863147
大队调室……4861244
维修一队……4861144
润滑油站……4863464
运输队……4861544
经营、材料……4861671
人事政工……4861106
维修二队……4860154
马厂值班……4860141
机动安全……4861465
特车队……4861720
供电大队
大队长办……4861105
书记办……4863440
副大队长……4863442
调度室……4863441
经营材料……4863452
桥口供电队……4862414
马厂变电所……4860103
桥口变电所……4759013
马厂供电队……4860183
治保大队
办公室……4861142
办公室……4861433
桥口前指……4759014
马厂前指……4860110
马厂前指……4860210
物资管理站
站长办……4861657
副站长办……4861172
计划组……4861360
库房……4861655
配拨组……4863437
会计站
总会计师……4862169
办公室……4862840
生活服务大队
队长办……4861266
书记办……4861420
副队长办……4863459
车派……4861141
安全机动……4861401
马厂办……4860013
招待所
宾馆餐厅……4861104
宾馆餐厅……4861170
服务台……4861487
马厂上产组

上产组……………………………………4860076
招待所……………………………………4860026
马厂会议…………………………………4860165
大桥收费站
站长办公室………………………………4880615
副站长办…………………………………4880492
办公室……………………………………4887085
中队………………………………………4887035

天然气处理厂

厂领导
厂长………………………………………4874808
党委书记…………………………………4874809
纪委书记、工会主席……………………4874899
副厂长……………………………………4874816
副厂长、总工程师………………………4878526
副厂长……………………………………4877666
副厂长……………………………………4874688
副总师（厂长助理）
副总工程师………………………………4877958
副总工程师………………………………4877692
副总会计师………………………………4874968
副总工程师………………………………4874851
副总工程师………………………………4871866
副总经济师………………………………4871588
副总经济师………………………………4878534
厂长助理…………………………………4878244
厂长助理…………………………………4874698
厂长助理…………………………………4874136
厂长办公室
主任………………………………………4878523
副主任……………………………………4874822
副主任……………………………………4874881
秘书………………………………………4877910
文书………………………………………4874881
值班室……………………………………4874858
会务组……………………………………4878517
文印室……………………………………4874807
传真………………………………………4878414
网站管理…………………………………4877843
网络维护…………………………………4871567
生产调度室
副调度长…………………………………4877976
综合………………………………………4877979
值班室……………………………………4874819
计划财务科
副科长……………………………………4877053
生产计划…………………………………4871256
工程预算…………………………………4874890
生产成本…………………………………4877894
财务报销…………………………………4871559
基建成本…………………………………4871369
企业管理科
副科长……………………………………4877957
办公室……………………………………4871599
安全科
科长………………………………………4877977
副科长……………………………………4877842
副科长……………………………………4877820
办公室……………………………………4874689
机动装备科
科长………………………………………4874859
副科长……………………………………4877938
办公室……………………………………4877887
技术质量管理科
科长………………………………………4874838
副科长……………………………………4877998
工艺………………………………………4874839
质量………………………………………4874437
人力资源科
副科长……………………………………4871598
干部管理…………………………………4877904
党委办公室
主任………………………………………4874692
总支书记…………………………………4874898
宣传………………………………………4874865
传真（秘书）……………………………4877973
组织纪检科
科长………………………………………4874732
组织………………………………………4874896
纪检………………………………………4874828
工团办公室
主任………………………………………4874826
团委副书记………………………………4874693
女工主任…………………………………4874827
计生………………………………………4874827
项目办公室
副主任……………………………………4877968
副主任……………………………………4877981
办公室……………………………………4878174
油气经销部

部长……4878129
部长……4878528
书记……4874173
副部长……4874172
副部长……4877892
副部长……4878529
劳资政工……4878529
网络信息……4874506
统计结算……4878420
财务……4877898
铁路……4874172
传真……4877891
市场开发……4874174
发泡剂组……4874801
溶剂油组……4874171
单烃组……4874526

物资供应站

站长……4874628
书记……4878245
副站长……4874670
副站长……4874886
计划……4874270
管理……4874673
保管……4877844

后勤服务大队

大队长……4871658
书记……4874837
副大队长……4874861
副大队长……4878132
调度……4874821
政工……4878459
劳资成本……4877717
机动安全……4874141
职工食堂……4878147
前线食堂……4874734
厂机关办公楼服务班……4874443
维修班……4877840
机关餐厅……4874802
招待所总机……4877857

精细化工研究所

所长……4877792
书记……4874177
副所长……4878514
开发组……4874143
研究组……4878504

……4874413
实验室……4874563
项目室……4874337
综合组……4874504

计量化验中心

主任……4875507
书记……4875737
副主任……4875411
副主任……4875465
技术……4875409
政工……4875627
机动……4875643
中心检定室……4874342
中心化验室……4874811
第一化验室……4852613
第二化验室……4875336
第三化验室……4874812
第四化验室……4875903
三气厂计量站……4874784
柳屯计量站……4876252

维修队

队长……4878340
书记……4878341
副队长……4874453
副队长……4878342
副队长……4874730
值班室……4877834
财务后勤……4878343
保管……4878344

治保大队

大队长……4871899
书记……4877959
副大队长……4878419
副大队长……4878437
副大队长……4736841
外勤……4874043
交管……4874805
消防……4874245
工农……4874470
内勤……4874793
劳资……4878554
司机班……4874792

第一气体处理厂

厂长……4853848
书记……4850353

副厂长……………………………………4859176
安全……………………………………4853573
劳资……………………………………4850514
统计工会………………………………4852415
消防泵房………………………………4859946
装车……………………………………4851281
材料……………………………………4850563
生产一组………………………………4852608
生产二组………………………………4851496
生产三组………………………………4852617
传真……………………………………4858069

第二气体处理厂

厂长……………………………………4870224
书记……………………………………4878743
副厂长…………………………………4878776
副书记…………………………………4875367
调度……………………………………4875359
工艺……………………………………4870174
项目……………………………………4875332
设备……………………………………4875244
安全……………………………………4875195
材料……………………………………4875366
销售……………………………………4876484
财务……………………………………4877224
劳资……………………………………4875606
成本……………………………………4875614
政工……………………………………4875198
保卫……………………………………4875388
运行一组………………………………4875610
运行二组………………………………4875467
运行三组………………………………4875448

第三气体处理厂

书记……………………………………4871668
副厂长…………………………………4874743
副厂长…………………………………4877946
副书记…………………………………4878374
安全保卫………………………………4874860
机动材料………………………………4877714
劳资统计政工…………………………4874853
运行组…………………………………4878124
中控室…………………………………4874856
储运组…………………………………4874874
储运岗…………………………………4874857
装车场…………………………………4878347
维修组…………………………………4874855
门岗……………………………………4871669
电梯……………………………………4874610

第四气体处理厂

厂长……………………………………4874852
书记……………………………………4877936
副厂长…………………………………4874240
副厂长…………………………………4877799
工艺电器………………………………4874971
消防保卫………………………………4874903
中控室…………………………………4874401
燃机组…………………………………4874530
经营组…………………………………4877600

丁烷厂

厂长……………………………………4874140
书记……………………………………4878214
副厂长…………………………………4874892
副厂长…………………………………4871870
工艺计量………………………………4874134
安全材料………………………………4874893
劳资统计………………………………4871552
中控室…………………………………4874137

胶乳厂

厂长……………………………………4740145
书记……………………………………4740146
副厂长…………………………………4878023
生产组…………………………………4740144
劳资统计………………………………4740143

轻烃站

站长……………………………………4875117
书记……………………………………4875267
副站长…………………………………4878789
技术……………………………………4875849
安全保卫………………………………4875207
运销统计………………………………4875300
劳资……………………………………4875169
电工……………………………………4875443
计量……………………………………4875301
传真……………………………………4875288

对外技术服务部

经理……………………………………4871926
书记……………………………………4871986
副经理…………………………………4871595
副经理…………………………………4871078
办公室…………………………………4871683

天然气产销厂

厂领导
厂长……4874629
书记……4874696
副厂长……4874779
副厂长……4874659
工会主席、纪委书记……4874868
副厂长……4874678
副厂长……4877037
总工程师……4874665
副总师（厂长助理）
副总地质师……4877853
副总机械师……4878141
副总工程师……4874869
厂长助理……4874543
副总工程师……4874818
副总经济师……4877866
厂长助理……4874658
副总经济师……4874676
厂长办公室
主任……4874616
副主任（传真）……4874433
秘书……4874615
值班室……4878247
传真……4874577
打字室……4874725
门卫值班室……4878524
生产调度室
调度长……4877841
副调度长……4878162
综合……4874191
值班室……4874636
值班室……4874891
电、讯、车辆……4874639
防洪电话……4770307
安全环保监督科
科长……4874658
副科长、科员……4874415
采气工程技术科
科长……4874970
副科长、科员……4878314
集输气技术管理科
科长……4874869
副科长、科员……4878434
计量管理科
科长……4874818
副科长……4878142
计量管理、质量标准化
办公室……4874412
传真……4874747
装备科
科长……4878141
副科长……4874253
科员……4871529
人力资源科
科长……4874676
副科长、工资、统计……4877797
培训考核……4874606
统计……4874728
财务资产科
科长……4878433
副科长、报销……4874909
成本、资金预算……4874936
维修队核算站……4874233
濮城核算站……4840091
文留核算站……4851812
治保大队核算站……4874073
计划科
科长……4871290
副科长……4877024
科长、概预算……4874385
经营管理科
科长……4877866
副科长……4874608
党委办公室
主任……4874680
副主任、科员……4874685
机要室……4874785
党委组织科
科长……4874407
组织干事……4874931
纪检监察科
科长……4874705
办公室……4874960
群众工作办公室
主任……4874956
副主任……4877795
团委干事……4874703
工会干事……4874703
天然气大流量站
站长……4874940

副站长……………………………………4871172
副站长……………………………………4874943
色谱分析室………………………………4874735
润滑油站…………………………………4874973
办公室……………………………………4877017
检定室……………………………………4878417
样品收发室………………………………4878470
值班室……………………………………4874840
工程技术监督站
站长………………………………………4874975
副站长……………………………………4874242
办公室……………………………………4871227
局监督中心（聘）………………………4874975
对外关系办公室
主任………………………………………4874619
副主任……………………………………4877763
副主任……………………………………4877821
办公室……………………………………4874712
物资供应站
站长………………………………………4874906
书记………………………………………4874908
副站长……………………………………4874320
计划组……………………………………4874661
保管组……………………………………4874662
经营………………………………………4874663
管理组……………………………………4874695
传真………………………………………4877734
资产监管…………………………………4877805
资产保管…………………………………4877817
值班室……………………………………4874441
培训考核站
站长………………………………………4874676
培训考核…………………………………4874606
天然气经销部
部长………………………………………4874508
副部长……………………………………4878241
副部长……………………………………4874047
办公室……………………………………4878427
安全异体监督站
站长………………………………………4874658
副站长……………………………………4874130
办公室……………………………………4878491
集输气技术研究所
所长………………………………………4878117
副所长……………………………………4878441
软件维护…………………………………4874040
网络维护…………………………………4874101
防腐工艺…………………………………4874260
计量自控…………………………………4874251
设备技术…………………………………4871589
维修大队
队长………………………………………4874679
书记………………………………………4874247
副队长……………………………………4877082
副队长……………………………………4874417
副队长……………………………………4877855
副队长……………………………………4877967
安全员……………………………………4874182
预算、成本………………………………4871509
生产服务大队
队长………………………………………4874862
书记………………………………………4874322
副队长、调度……………………………4874655
副队长……………………………………4874323
劳资………………………………………4878477
安全员……………………………………4877741
维修班……………………………………4874011
餐厅办公室………………………………4878431
办公室……………………………………4871137
治保大队
大队长、书记……………………………4874878
综治办主任、副大队长…………………4877815
副大队长…………………………………4874717
副大队长…………………………………4877727
交管站长…………………………………4874715
值班室……………………………………4874879
气田地质工艺研究所
所长………………………………………4877737
书记………………………………………4874980
副所长……………………………………4874690
人力资源…………………………………4874405
静态室……………………………………4874403
微机室……………………………………4877884
工艺室……………………………………4874404
调度………………………………………4877877
动态室……………………………………4878549
机动安全…………………………………4877867
传真………………………………………4878371
采气管理一区
经理………………………………………4851782

书记……4859686
副经理……4851727
……4852314
……4852124
技术组……4851302
计量……4852224
劳资、统计……4851301
输油……4851834
净化站……4853355
化验室……4850787
食堂……4851714
成本……4852152
值班室……4859256
采气管理二区
经理……4851828
书记……4852525
副经理……4851964
……4858396
计量、信息……4852214
工程地质组……4851951
劳资、异体监督……4851220
技术、资料……4858386
值班室……4858366
采气管理三区
经理……4846279
书记……4841968
副经理……4841947
……4841373
区部……4841371
技术组……4841964
普光采气区
办公室……(0818)5608639
输气管理一区
经理……4851071
书记……4853524
经理……4859441
……4851153
劳资……4852324
技术组……4853542
文二联增压站……4854219
文二联增压站……4854394
文三联配气站 ……4851617-8018
东明增压站……(0530)7260123
东明增压站……(0530)7260043
输气管理二区
经理……4859136
书记……4852793
副经理……4859038
安全、保卫……4852697
劳资……4851658
技术组……4852779
车辆调度……4851655
生产调度……4853544
中开值班……4852794
中开站……4852234
文留增压站……4858446
东明站……(0530)7260123
文一联……4851047
LNG 配气站……4859748
维修班……4852794
输气管理三区
经理……4841929
书记……4841265
副经理……4841934
……4840143
……4842192
安全员……4846465
濮三联增压站……4843505
调度室……4841941
政工干事……4845456
技术组……4846416
人力资源……4841937
材料库……4841979
经营……4841927
计量室……4842256
装车班……4841417
输气管理四区
经理……4870183
书记……4740102
副经理……4875830
副经理……4740103
技术组……4740104
计量组……4870307
材料……4870194
柳屯配气站……4875401
柳屯增压站……4870173
三气配气站……4874297
三力配气站……4874573
1# 院配气站……4877774
区中继……4740141
输气管理五区

经理……4739171
书记……4739172
副经理……4839175
副经理……4739173
调度室……4739162
特修配气站……4821498
劳资、计量组……4739190
技术组……4739163
市区配气站……4629348
甲醇……4629349
水电配气站……4802072
五号 CNG 站……4694533
华龙配气站……4777161

输气管理六区（区号：0378）
站长……2923848
书记……2925252
副站长……2658452
副站长……2658450
副站长……2658321
生产办……2658845
保卫……2658451
劳资……2658520
政工组……2658610
计量……2923847
输气工艺 1……2658477
输气工艺 2……2658747
财务……2923844
车调……2658162
输气一班……2924863
输气二班……2925251
维修班……2658404
兰考站……6990087
三春集站……7841013

巡线一支队
大队长……4859428
书记……4859440
副支队长……4859408
人事劳资……4859527
安全、成本……4859461
应急班……4859460
综合班……4859470
文南班……4851299
民警班……4859463
值班室……4859046
800 兆电话……8892353

巡线二支队
大队长……4841970
书记……4843654
副支队长……4846340
劳资……4840091
安全……4842293
应急班……4843774
资料……4842294
巡线三班……4878234

乡企供气管理一区
经理……4851971
书记……4852642
副经理……4851645
副经理……4872422

乡企供气管理二区
经理……4845438
书记……4845436
副经理……4845435
副经理……4845427
濮企 1 号站……4841476
濮企 2 号站……4847414
濮企 3 号站……4840042
濮企 4 号站……4844427
濮企 7 号站……4847748
监督岗……4846442
值班室……4843763
资料室……4845429
人事……4846442

乡企供气管理三区
经理……4830965
书记……4830920
副经理……4830560
副经理……4830630
调度……4830012

石油化工总厂

厂领导
厂长……4879696
书记……4879223
纪委书记兼工会主席……4879011
副厂长……4879039
副厂长……4879042
副厂长、总工程师……4879945
副厂长……4879392
副厂长……4879558
副厂长……4879196

副总师

副总工程师……4879051
副总经济师……4879004
副总会计师……4879994
副总机械师……4879052
副总工程师……4879060
副总经济师……4879001

厂长办公室

主任……4879569
副主任……4879986
办公室……4879980
接待室……4879888

人力资源科

科长……4879020
副科长……4879025
工资统计……4879021

调度室

调度长……4879049
副调度长……4879743
副调度长……4879045
生产调度……4879046

机动科

科长……4879052
副科长……4879847
设备管理……4879053

安全科

科长……4879056
副科长……4879058
办公室……4879057

技术科

科长……4879993
副科长……4879062
办公室……4879953

质量管理科

科长……4879068
办公室……4879110

财务资产科

科长……4879994
副科长……4870934
副科长……4870351
报销……4879081

企业管理科

科长……4879971
副科长……4879812
合同工商……4879002

计划科

科长……4879006
计划统计……4879005

党委办公室

主任……4879074
副主任……4879075
传真室……4879076

组织纪检科

科长……4879974
组织……4879976
纪检……4879784

工团办公室

主任……4879067
女工委主任……4879012
团委副书记……4879015
办公室……4879055

营销部

主任……4879004
副主任……4879889
办公室……4879070

工程部

主任……4879051
副主任……4879903
副主任……4879054
办公室……4879904

技术研究所

所长……4879060
副所长……4879946
副书记……4879667
资料室……4879978

治安保卫大队

大队长……4879958
书记……4879539
副站长……4879411

常压车间

主任……4879238
书记……4879186
副主任……4879227
副主任……4879227
值班室……4879247

特种油车间

主任……4879956
书记……4879148
副主任……4879063
副主任……4879879

副主任……4879643
值班室……4879647

催化车间
主任……4879258
书记……4879346
副主任……4879317
副主任……4879313
副主任……4879317
值班室……4879330

气聚车间
主任……4879308
书记……4879559
副主任……4879245
副主任……4879598
值班室……4879758

二氧化碳车间
主任……4879658
副主任……4879171
副主任……4879697
副主任……4879030
值班室……4879231

动力车间
主任……4879343
书记……4879366
副主任……4879959
值班室……4879371

油品一站
站长……4879408

综合服务站
站长……4879311
书记……4879919
副站长……4879722
副站长……4879693
办公室……4879804
副科长……4879064
办公室……4879065

油品二站
站长……4759126
书记……4759121
副站长……4759127
副站长……4759123
值班室……4879496

污水处理站
站长……4879529
副站长……4879532
副站长……4879967
副站长……4879745
值班室……4879540

化验监测站
站长……4879546
书记……4879918
副站长……4879549
值班室……4879578

机修车间
主任……4879593
书记……4879640
副主任……4879957
副主任……4879960
值班室……4879634

仪表车间
主任……4879656
书记……4879676
副主任……4879678
值班室……4879645

电修车间
主任……4879708
副主任……4879738
副主任……4879718
值班室……4879742

运输大队
大队长……4879429
书记……4879859
副大队长……4879398
副大队长……4879096
值班室……4879878

物资供应站
站长……4879072
书记……4879990
副站长……4879689
综合管理……4879071

综合服务站
站长……4879311
书记……4879919
副站长……4879722
副站长……4879693
办公室……4879804

物资供应处

处领导
经理……4883988
书记……4886686

副经理……………………………………4882163
副经理……………………………………4885918
副处级调研员……………………………4882278
经理助理…………………………………4721656
经理办公室
主任………………………………………4882263
副主任……………………………………4882262
副主任……………………………………4882868
秘书………………………………………4886899
值班室……………………………………4882127
传真………………………………………4882440
打字室……………………………………4882279
收发室……………………………………4882260
机关政工支部
书记………………………………………4885766
人力资源科
科长………………………………………4882625
副科长……………………………………4882254
劳动组织岗………………………………4882226
薪筹保险管理岗…………………………4882297
党委办公室
主任………………………………………4882133
副主任……………………………………4885766
副主任……………………………………4883125
秘书………………………………………4883645
宣传………………………………………4883125
传真………………………………………4882076
人事组织科（纪检）
科长………………………………………4882133
副科长……………………………………4882239
纪检办主任………………………………4721719
办公室……………………………………4882452
纪检办……………………………………4882348
群众工作办公室
主任………………………………………4882134
副主任……………………………………4882146
办公室……………………………………4882248
计生办……………………………………4882240
财务科
科长………………………………………4882996
副科长……………………………………4722227
报销岗……………………………………4882362
审核岗……………………………………4882105
税价岗……………………………………4882106
结算岗……………………………………4882630
计算机室…………………………………4882309
物资材料核算科
科长………………………………………4722177
副科长……………………………………4721718
综合岗……………………………………4882627
综合组……………………………………4721849
集中核算…………………………………4721970
成本核算…………………………………4882583
机关生产支部
书记………………………………………4722076
企业管理科
科长………………………………………4881308
副科长……………………………………4882111
办公室……………………………………4882113
合同岗（大厅）…………………………4881547
物资供应管理科
科长………………………………………4881549
副科长……………………………………4722226
仓储管理…………………………………4883012
资源市场管理……………………………4882196
统计………………………………………4886084
印刷品发放………………………………4721681
物资计划管理科
科长………………………………………4882676
副科长……………………………………4721326
计 划 管 理 ……………………………4886294
一大类……………………………………4881564
专用仪表…………………………………4721561
专用设备…………………………………4722748
化工………………………………………4722746
钻采配件…………………………………4721383
29 大类 …………………………………4721063
信息科
科长………………………………………4882445
副科长……………………………………4881206
系统管理…………………………………4882451
系统维护（大厅）………………………4722201
ERP 技术支持（大厅）…………………4721946
控制室……………………………………4722306
调度室
调度长……………………………………4722736
副调度长…………………………………4882148
值班室……………………………………4882188
大班调度…………………………………4881391
运费结算…………………………………4881146

传真……………………………………4882600

生产装备管理科

科长……………………………………4882115

副科长…………………………………4722076

副科长…………………………………4882124

维修……………………………………4882424

设备……………………………………4882246

安全质量监督科

科长……………………………………4882433

副科长…………………………………4882219

交通……………………………………4882219

质量管理………………………………4882343

机关供应支部

书记……………………………………4721396

配件科

科长……………………………………4721109

副科长…………………………………4882116

工矿……………………………………4721005

大马力…………………………………4882117

汽配……………………………………4721509

钻配……………………………………4721017

专用工具（三吊一卡）………………4721031

专用工具（钻头）……………………4882615

设备科

科长……………………………………4883088

副科长…………………………………4882107

动力岗…………………………………4882677

专用岗…………………………………4882109

通用岗…………………………………4882108

阀门岗…………………………………4882574

电工岗…………………………………4721293

化工科

科长……………………………………4882364

副科长…………………………………4721113

副科长…………………………………4722208

橡胶制品………………………………4886446

采油化工………………………………4884594

钻井化工………………………………4884593

火工……………………………………4882344

金属材料科

科长……………………………………4882075

副科长…………………………………4722046

管材型材、有色金属…………………4882345

线材、板材……………………………4883514

建材科

科长……………………………………4885768

副科长…………………………………4882119

地方建材、建筑材料…………………4882140

普通水泥………………………………4882255

油井水泥………………………………4882118

木材、包装物…………………………4885107

机电科

科长……………………………………4721329

副科长…………………………………4881362

通用工具………………………………4882295

小五金岗和日用电器…………………4721462

小五金…………………………………4721217

劳保……………………………………4721285

杂品……………………………………4721202

机电门市（运输）……………………4728325

专用管材科

科长……………………………………4882242

副科长…………………………………4721546

业务办…………………………………4884699

电器仪表科

科长……………………………………4882233

副科长…………………………………4721935

电工材料………………………………4882177

电器元件………………………………4721560

通讯器材………………………………4882361

电子产品及元器件……………………4883333

专用仪器仪表…………………………4722277

通用仪器仪表…………………………4882359

油品燃料科

科长……………………………………4882143

副科长…………………………………4882187

煤炭……………………………………4882298

油品……………………………………4882304

普光气田物资采购供应部

部长……………………………………4882110

副部长…………………………………4722052

副部长…………………………………4886987

业务办…………………………………4721585

西部市场开发部

主任……………………………………4722718

书记……………………………………4722829

副部长…………………………………4882696

业务办…………………………………4722138

财务……………………………………4721985

物资交易厅

科长……………………………………4721713
副科长……………………………………4721556
招标管理……………………………………4881208
合同审核……………………………………4881792
建材交易……………………………………4881793
电器仪表交易……………………………………4721121
化工交易……………………………………4882299
设备交易……………………………………4721317
汽配交易……………………………………4881506
钻配交易……………………………………4881546
五金轻纺交易……………………………………4721361

中心库

主任……………………………………4882268
书记……………………………………4882325
副主任……………………………………4884368
副主任……………………………………4882320
副主任……………………………………4882587
副主任……………………………………4882174
……………………………………(0372)6237496
机关支部……………………………………4882173
政工组……………………………………4882457
人事……………………………………4882172
女工……………………………………4882171
管理组……………………………………4882323
生产组……………………………………4882621
财务组……………………………………4882321
材料组……………………………………4882175
计算机室……………………………………4882318

物资配送部

主任……………………………………4722499
书记……………………………………4722929
副主任……………………………………4722916
综合办……………………………………4722733
财务……………………………………4722939
夜班值班室……………………………………4722386
配送夜班值班室……………………………………4722039
生产管理……………………………………4722146
配送队……………………………………4882472
……………………………………4882266
调运队……………………………………4722330
配调……………………………………4882618
热线……………………………………4882619
传真……………………………………4882319
现场调度组……………………………………4882149

套管配送大队

大队长……………………………………4721536
书记……………………………………4721592
副大队长……………………………………4721530
副大队长……………………………………4721538
副大队长……………………………………4721539
机关支部……………………………………4721026
队办……………………………………4721534
财务组……………………………………4721535
调度室……………………………………4721543
传真……………………………………4722936
管材班……………………………………4721542
内线总机……………………………………4721537
厂区……………………………………4721029

小车队

队长……………………………………4886638
书记……………………………………4885294
副队长……………………………………4882274
综合办……………………………………4722784
安全……………………………………4722854

治安大队（保卫科）

科长……………………………………4882275
书记……………………………………4882158
副科长……………………………………4881271
内勤……………………………………4882551
外勤……………………………………4882159
大楼门卫……………………………………4882215
大厅门卫……………………………………4721114

技术质量检测站

站长……………………………………4881769
书记……………………………………4722178
副站长……………………………………4882449
副站长……………………………………4882439
综合办公室……………………………………4882199
管理组……………………………………4882243
设备计量管理……………………………………4721646
阀门检测室……………………………………4882245
化验室……………………………………4882470
专用管材室……………………………………4882461
值班室……………………………………4883984

物资销售中心

主任……………………………………4889963
书记……………………………………4880229
副主任……………………………………4888518
副主任……………………………………4888922
综合组……………………………………4888606

财务组……………………………………4888070
物资管理组…………………………………4888072
物资销售组…………………………………4888690
物流项目组…………………………………4887116
车队……………………………………………4887540
仓储库…………………………………………4753915

勘探开发科学研究院

院领导
院长……………………………………………4810906
书记……………………………………………4731016
副书记…………………………………………4823118
副院长…………………………………………4821294
副院长…………………………………………4826796
副院长…………………………………………4731091
副院长…………………………………………4823543
副院长…………………………………………4816924
副总师
副总地质师…………………………………4821881
副总工程师…………………………………4825324
副总地质师…………………………………4828764
副总地质师…………………………………4731081
院长助理……………………………………4824789
副总工程师…………………………………4823453
副总地质师…………………………………4816300
副总地质师…………………………………4816194
副总工程师…………………………………4821609
院长办公室
主任……………………………………………4892996
值班室…………………………………………4823441
行政……………………………………………4819125
传真……………………………………………4819744
党群工作部
主任……………………………………………4816914
组织……………………………………………4821281
工会纪检……………………………………4823843
团委宣传……………………………………4823043
计生办…………………………………………4817617
传真……………………………………………4891933
科技管理科
科长……………………………………………4732373
传真……………………………………………4821581
科研……………………………………………4823264
计划经营科
科长……………………………………………4821343
合同……………………………………………4822319
计划财务科
科长……………………………………………4822982
财务……………………………………………4824689
统资核…………………………………………4824809
人事劳资科
科长……………………………………………4816244
劳资……………………………………………4823853
培训……………………………………………4893240
物资装备科
科长……………………………………………4816304
材料……………………………………………4816463
维修……………………………………………4731273
会计核算站
科长……………………………………………4816205
办公室…………………………………………4816203
东濮勘探支部
书记……………………………………………4824747
勘探规划室
主任……………………………………………4825639
办公室…………………………………………4810661
濮卫勘探项目
主任……………………………………………4821781
明马勘探项目
主任……………………………………………4816894
文留勘探项目
主任……………………………………………4829748
办公室…………………………………………4824309
刘庄勘探项目
主任……………………………………………4816197
胡状勘探项目
主任……………………………………………4819487
庆祖集勘探项目
主任……………………………………………4810377
桥口勘探项目
主任……………………………………………4810987
马厂勘探项目
主任……………………………………………4819791
东濮区域勘探项目
主任……………………………………………4816207
办公室…………………………………………4822957
新区勘探支部
书记……………………………………………4816449
白音查干南坡勘探项目
主任……………………………………………4816167

办公室……………………………………4819011
白音查干北坡勘探项目
主任……………………………………4816445
办公室……………………………………4732375
陕北勘探项目
主任……………………………………4816194
办公室……………………………………4829295
查干凹陷勘探项目
主任……………………………………4823314
永利区块勘探项目
主任……………………………………4810867
海外勘探项目
主任……………………………………4816832
办公室……………………………………4816190
钻井工程设计室
主任……………………………………4825324
办公室……………………………………4825340
物探技术应用室
主任……………………………………4821939
办公室……………………………………4891996
开发支部
书记……………………………………4816064
开发规划室
主任……………………………………4823453
办公室……………………………………4823769
三城油藏评价项目
主任……………………………………4824451
办公室……………………………………4823153
文留油藏评价项目
主任……………………………………4816117
西斜坡油藏评价项目
主任……………………………………4824057
黄河南油藏评价项目
主任……………………………………4824106
白音查干油藏评价项目
主任……………………………………4816164
办公室……………………………………4816130
低渗油藏开发项目
主任……………………………………4823869
办公室……………………………………4893241
断块油藏开发项目
主任……………………………………4816074
办公室……………………………………4893243
非均质油藏开发项目
主任……………………………………4824947
办公室……………………………………4816104
濮城油田开发项目
主任……………………………………4893247
办公室……………………………………4816047
天然气支部
书记……………………………………4893244
储量管理项目研究室
主任……………………………………4816344
办公室……………………………………4823267
普光气田开发研究项目
主任……………………………………4821543
办公室……………………………………4816348
北部天然气开发项目
主任……………………………………4824206
办公室……………………………………4732850
南部天然气开发项目
主任……………………………………4823233
办公室……………………………………4732851
测井技术研究室
主任……………………………………4816478
办公室……………………………………4820145
石油地质实验中心支部
书记……………………………………4824406
地球化学实验室
主任……………………………………4823643
办公室……………………………………4820147
地层沉积实验室
主任……………………………………4816843
办公室……………………………………4816214
开发试验室
主任……………………………………4816204
办公室……………………………………4819012
地层流体实验室
主任……………………………………4823132
办公室……………………………………4732853
实验办公室
主任……………………………………4824840
办公室……………………………………4816842
办公室……………………………………4816084
采收率研究室
主任……………………………………4824940
办公室……………………………………4732852
新技术应用所支部
书记……………………………………4893242

勘探开发数据中心
主任……4731061
办公室……4816314
勘探开发图形室
主任……4816240
办公室……4816177
计算机管理室
主任……4816224
办公室……4824176
办公室……4822037
决策评估中心支部
书记……4823945
天然气情报室
主任……4823456
办公室……4824045
石油情报室
主任……4823035
办公室……4823356
断块油气田
主任……4824857
办公室……4820093
咨询评估室
主任……4820135
办公室……4820337
经济评价室
主任……4893245
办公室……4891245
综合支部
书记……4816448
综合管理室
主任……4829353
办公室……4824047
稳定办……4731825
纯净水……4816148
综合服务部
经理……4894396
副经理……4825437
副经理……4894216
办公室……4825354
车队
队长……4829543
办公室……4821043
博士后流动站
勘探博士……4821943
开发博士……4823653

采油工程技术研究院

院领导
院长……4890991
书记……4890172
副院长……4898269
纪检书记……4771179
副院长……4890065
副院长……4890897
副院长……4890571
副总师
副总师……4890057
副总师……4890066
副总师……4890503
副总师……4890203
副总师……4890206
副总师……4771999
副总师……4890535
院长助理……4899793
院长办公室
主任……4890068
秘书……4897910
值班室……4899338
传真……4890648
党群工作部
主任……4895693
纪检……4890175
工会……4890682
计生办……4890682
团委……4899508
人力资源科
科长……4890795
人力资源科……4890279
财务资产科
科长……4890066
财务资产科……4890872
计划经营科
科长……4890170
计划经营科……4890002
科技生产管理科
科长……4890057
科技生产管理科……4899055
物资管理科
科长……4890111
物资管理科……4890126
技术安全科

科长……………………………………………4890092
生产技术安全科……………………………4890073
核算站
科长……………………………………………4890379
核算站…………………………………………4890131
低渗油藏研究所
所长……………………………………………4890236
书记……………………………………………4890121
办公室…………………………………………4890105
中高渗油藏研究所
所长……………………………………………4890021
书记……………………………………………4890572
办公室…………………………………………4890277
天然气技术研究所
书记……………………………………………4895701
办公室…………………………………………4890261
井下工具研究中心
主任……………………………………………4890102
书记……………………………………………4895938
办公室…………………………………………4897715
井况防治技术研究中心
主任……………………………………………4890361
书记……………………………………………4771801
办公室…………………………………………4898531
防腐技术研究中心
主任……………………………………………4734029
书记……………………………………………4823977
办公室…………………………………………4824174
新技术推广中心
主任……………………………………………4890156
书记……………………………………………4890778
办公室…………………………………………4890605
油气层保护中心
主任……………………………………………4890788
书记……………………………………………4890478
办公室…………………………………………4890201
试井技术研究中心
主任……………………………………………4899331
书记……………………………………………4771558
办公室…………………………………………4771282
测井技术研究中心
主任……………………………………………4890097
书记……………………………………………4890974
办公室…………………………………………4896571
测试仪表技术研究中心
主任……………………………………………4890894
书记……………………………………………4897399
办公室…………………………………………4890679
情报信息中心
书记……………………………………………4890362
办公室…………………………………………4890472
生产服务中心
书记……………………………………………4899793
办公室…………………………………………4890016
综合汽车队
队长……………………………………………4890727
书记……………………………………………4896000
调度……………………………………………4890584

物探研究院

院领导
院长……………………………………………4821983
书记……………………………………………4822510
副院长…………………………………………4824796
涉外总监………………………………………4823211
副总师…………………………………………4819697
副总师…………………………………………4821626
副总师…………………………………………4826116
副总会计师……………………………………4891445
院长办公室
主任……………………………………………4818376
人事……………………………………………4829733
值班……………………………………………4824476
传真……………………………………………4892480
干部值班室……………………………………4823247
党群办公室
主任……………………………………………4824371
办公室…………………………………………4828923
计划财务科
科长……………………………………………4891445
办公室…………………………………………4819691
科技生产科
科长……………………………………………4824243
办公室…………………………………………4823639
综合服务室
主任……………………………………………4824896
办公室…………………………………………4823683
系统管理室
主任……………………………………………4824996
副主任…………………………………………4823483
办公室…………………………………………4823524

机房值班……4823283
软件室
主任……4822986
应用软件开发……4824445
物探数据管理……4823583
地震处理系统软件集成……4818372
苏丹处理中心
项目长……4824196
办公室……4819435
处理项目管理办公室
项目长……4893207
复杂断快地震成像项目
办公室……4891441 转 8310
马厂高精度整体解释项目
项目长……4893251
勘探新区地震资料处理项目
项目长……4824396
储层地球物理研究项目
项目长……4821725
办公室……4893844
西部勘探研究项目
项目长……4824455
东北勘探研究项目
项目长……4824464

油气储运管理处

处领导
经理……4870184
书记……4877470
副书记……4740388
副经理……4879972
副经理……4870940
经理办公室
主任……4870046
办公室……4870184
党群办公室
主任……4870943
副主任……4877557
团委书记……4870776
办公室……4877470
生产调度室
调度长……4875312
副调度长……4870777
值班室……4870203
办公室……4876540
人力资源科
科长……4876905
副科长……4877109
办公室……4875249
经营财务科
科长……4870741
办公室……4875287
技术安全科
科长……4870740
副科长……4877482
办公室……4878874
市场开发部
主任……4878034
办公室……4875775
传真……4877573
会计核算站
科长……4875126
办公室……4877659
柳屯油库
主任……4875197
副主任……4875279
值班室……4877274
集输大队
大队长……4870947
书记……4875272
办公室……4878842
计量技术研究所
所长……4877320
副所长……4875515
办公室……4875101
运销办公室……4875412
网络值班室……4875522
治保大队
大队长……4870904
书记……4740666
副大队长……4879930
值班室……4870747
护线大队
大队长……4870924
书记……4878849
值班室……4875497
综合大队
大队长……4875375
书记……4877323
车队……4870477
办公室……4875495

维修站

站长……4875298

书记……4875417

新疆油气集输项目部

主任……(0997)7989318

书记……(0997)7989328

山东天然气集输项目部

济南输气工区

书记……(0531)81302616

副经理……(0531)81302618

调度值班室……(0531)81302611

德州筹备组

书记……(0534)2556626

办公室……(0534)2556689

济宁筹备组

书记……(0537)4911161

副经理……(0537)4911102

办公室……(0537)4911109

淄博输气工区

副经理……(0533)7320410

办公室……(0533)7320457

青岛输气工区

书记……(0532)87966990

副经理……(0532)87966971

办公室……(0532)87966981

治保大队

书记……4871271

值班室……4877745

天然气管理中心

中心领导

经理……4728168

书记……4728167

副经理……4728706

副经理……4728578

副书记……4728118

副经理……4728169

副经理……4728166

副经理……4728198

经理办公室

主任……4728158

副主任……4728176

副主任……4728101

秘书……4728199

文书、传真……4728102

信息管理站……4728011

党群办公室

主任……4728106

副主任……4728379

女工计生……4728107

纪检……4728572

团委……4728010

生产技术科

科长……4728190

副科长……4728189

副科长……4728385

副科长……4728375

技术……4728013

检定站……4728023

调度室……4728180

人力资源科

科长……4728181

副科长……4728177

劳动管理……4728182

计划经营科

科长……4728186

副科长……4728061

计划经营……4728187

财务资产科

科长……4728108

副科长……4728409

结算……4728109

核算……4729610

收费管理站……4729300

技术安全监督科

科长……4728156

副科长……4728155

工程项目科

科长……4728071

副科长……4728273

资料……4728007

物资供应站

站长……4728676

书记……4728677

采购……4728116

计划保管……4728117

管输大队

大队长……4821775

书记……4816575

副大队长……4816257

值班室……4821751

维修抢险队
队长……4823587
书记……4823719
副队长……4823337
值班室……4823255
维修班……4823563
综合服务队
队长……4728036
书记……4728051
车队
队长……4728160
书记……4728161
调度……4728162
治安保卫大队
大队长……4728196
书记……4728121
副大队长……4728123
办公室……4728111
门卫……4728110
供气一大队
大队长……4850779
书记……4852486
副大队长……4858187
调度……4852491
经营劳资……4858190
气站……4852533
供气二大队
大队长……4842519
书记……4843404
副大队长……4843744
调度……4843450
财务组……4846443
地方队……4843763
二厂队……4846447
一号站……4841641
二号站……4840654
供气三大队
大队长……4832953
书记……4830745
副大队长……4839456
调度……4831235
经营……4832517
收费室……4830173
一号站……4839572
输配气监督岗……4831833
供气四大队
大队长……4748069
书记……4856274
副大队长……4855368
调度……4854715
经营……4748132
收费室……4854698
输配气监督岗……4748207
一号站……4854698
二号站……4748094
综合队……4855146
供气五大队
大队长……4815653
书记……4813446
副大队长……4812847
经营……4812009
一号站……4815327
综合队……4811273
收费室……4812345
供气六大队
大队长……4871516
书记……4877871
副大队长……4874795
调度室……4874487
经营……4871371
长青站……4876336
天然站……4877971
向阳站……4873895
一号站……4877872
二号站……4877114
三号站……4877142
四号站……4873914
综合队……4877870
供气七大队
大队长……4722369
书记……4722389
副大队长……4722628
调度……4722946
办公室……4722941
综合队……4722619
建工南区……4888030
盟东气站……4888330
添运气站……4729201
兴隆气站……4824301
供气八大队

大队长……………………………………4730942
书记……………………………………4730462
副大队长……………………………………4730463
副大队长……………………………………4730943
调度室……………………………………4730945
财务组……………………………………4730944
综合队……………………………………4730947
师苑气站……………………………………4898417
光明气站……………………………………4821550
超越气站……………………………………4898904
碧云气站……………………………………4899547
康乐气站……………………………………4890919
科技气站……………………………………4730604
登峰气站……………………………………4817545
世纪景苑……………………………………4766129
绿景气站……………………………………4817389

供气九大队

大队长……………………………………4729511
书记……………………………………4729522
副大队长……………………………………4729500
副大队长……………………………………4729866
调度室……………………………………4729906
经营……………………………………4729886
综合队……………………………………4729116
登月气站……………………………………4739265
凌云气站……………………………………4824719

液化气服务一大队

大队长……………………………………4892292
书记……………………………………4822328
副大队长……………………………………4824378
办公室……………………………………4893655
财务……………………………………4826473
调度……………………………………4733396
胜利气站……………………………………4721497
临河气站……………………………………4881041
添运气站……………………………………4888413
建安气站……………………………………4753864
建业气站……………………………………4752311
建设气站……………………………………4753257
盟城气站……………………………………4885804

液化气服务二大队

大队长……………………………………4820199
书记……………………………………4827292
副大队长……………………………………4828076
调度室……………………………………4816409
办公室……………………………………4732580
经营管理……………………………………4892927
技术安全……………………………………4829301
劳资……………………………………4820261
充装班……………………………………4816075
康平气站……………………………………4824114
庆西气站……………………………………4819940
绿景气站……………………………………4893982
干城气站……………………………………4827546
超越气站……………………………………4896923

液化气服务三大队

大队长……………………………………4711266
书记……………………………………4711366
副大队长……………………………………4711388
副大队长……………………………………4711916
调度室……………………………………4710972
经营管理……………………………………4710010
技术安全……………………………………4710713
劳资……………………………………4710011
政工……………………………………4710712
管理站……………………………………4710535
换气站……………………………………4710383
气站……………………………………4710456

液化气经销部

经理……………………………………4828433
书记……………………………………4732097
副经理……………………………………4733161
副经理……………………………………4821433
综合办……………………………………4823376
经营……………………………………4893937
安全……………………………………4733161
计财……………………………………4817109

供电管理处

机关领导

经理……………………………………4719306
书记……………………………………4823008
副经理……………………………………4819298
财务总监……………………………………4892760
副经理……………………………………4822647
经理助理……………………………………4732008

经理办公室

经理助理……………………………………4828028
副主任……………………………………4731906
接待室……………………………………4823512
打字室……………………………………4816644

传真……………………………………4821657
生产调度室
经理助理………………………………4823149
副主任…………………………………4732405
副主任…………………………………4732405
统计……………………………………4824533
生产调度………………………………4822419
企业管理办公室
科长……………………………………4823632
办公室…………………………………4823375
计划项目办公室
科长……………………………………4828609
副科长…………………………………4824849
办公室…………………………………4734024
财务资产科
副总师…………………………………4824685
副科长…………………………………4819396
成本核算………………………………4823623
报销……………………………………4824331
会计核算科
科长……………………………………4823746
办公室…………………………………4732165
人事劳资科
科长……………………………………4824028
干部统计………………………………4824473
工资……………………………………4823075
教育培训………………………………4822670
安全科
科长……………………………………4822021
副科长…………………………………4824494
办公室…………………………………4804322
技术科
科长……………………………………4893656
副科长…………………………………4804005
办公室…………………………………4822010
三电办公室
主任……………………………………4824667
办公室…………………………………4824583
设备资产科
科长……………………………………4732826
办公室…………………………………4820397
对外关系科
科长……………………………………4816294
副科长…………………………………4816334
办公室…………………………………4817452
党委办公室
副总师…………………………………4823732
办公室…………………………………4823115
组织科
科长……………………………………4824273
纪检办公室
主任……………………………………4731327
机关党总支
书记……………………………………4824253
工会办公室
主任……………………………………4731325
女工委员会
主任……………………………………4822072
电力调度中心
副总师…………………………………4824562
书记……………………………………4828560
副主任…………………………………4822219
办公室…………………………………4822128
自动化班………………………………4731003
电力调度………………………………4822219
供电线路工区
主任……………………………………4848341
书记……………………………………4893150
副主任…………………………………4893095
办公室…………………………………4893115
调度室…………………………………4821974
变电检修工区
主任……………………………………4848086
副书记…………………………………4818014
副主任…………………………………4893144
办公室…………………………………4824928
材料组…………………………………4893094
调度室…………………………………4824447
变电运行工区
主任……………………………………4730037
书记……………………………………4730048
副主任…………………………………4848734
副主任…………………………………4730045
生产组…………………………………4824337
政工组…………………………………4823447
材料组…………………………………4848743
运行车间
车间主任………………………………4731021
书记……………………………………4731020
柳屯变电站

站长……………………………………4875318
柳屯变……………………………………4875582
三气变……………………………………4871707
呼坨变电站
站长……………………………………4875895
呼坨变……………………………………4875722
炼厂变……………………………………4875075
马寨变……………………………………4876204
黄庄变电站
站长……………………………………4831618
黄庄变……………………………………4831413
钻四变……………………………………4834335
李拐变电站
站长……………………………………4841054
李拐变……………………………………4841989
水源变……………………………………13839364470
金堤变电站
站长……………………………………4859337
值班室……………………………………4853454
赵村变电站
站长……………………………………4828820
值班室……………………………………4821456
郭村变电站
站长……………………………………4854581
值班室……………………………………4854257
三厂变电队
队长……………………………………4831041
卫一变……………………………………4831845
卫二变……………………………………4831331
卫三变……………………………………4831419
经营计量中心
主任……………………………………4823301
书记……………………………………4804683
副主任……………………………………4804683
技术组……………………………………4848243
营业室……………………………………4816864
配电一工区
经理助理……………………………………4721916
书记……………………………………4721917
副主任……………………………………4721913
政工、材料组……………………………………4721913
生产技术组……………………………………4721902
财务组……………………………………4721921
调度室……………………………………4721900
配电二工区
主任……………………………………4803041
书记……………………………………4803528
副主任……………………………………4891141
财务组……………………………………4802054
技术政工组……………………………………4822075
劳资材料组……………………………………4823293
居民补贴……………………………………4822213
值班室……………………………………4823446
水电供电队……………………………………4732452
值班室……………………………………4849414
配电三工区
主任……………………………………4893846
书记……………………………………4828026
副主任……………………………………4810456
副主任……………………………………4734146
副主任……………………………………4734146
副主任……………………………………4824596
政工／劳资……………………………………4816374
财务组……………………………………4894353
材料组……………………………………4823834
调度室……………………………………4828048
配电四工区
主任……………………………………4800860
书记……………………………………4800456
政工……………………………………4809020
劳资……………………………………4808344
材料……………………………………4805610
财务……………………………………4800792
调度室……………………………………4809121
配电五工区
主任……………………………………4833156
书记……………………………………4833028
副主任……………………………………4833840
副主任……………………………………4830906
副主任……………………………………4748251
生产组……………………………………4833845
调度室……………………………………4830508
配电六工区
主任……………………………………4875419
副书记……………………………………4879235
副主任……………………………………4879240
副主任……………………………………4870407
副主任……………………………………4870407
副主任……………………………………4870407
财务……………………………………4876672

治安保卫大队

队长……4801043

书记……4823642

副队长……4893063

办公室……4734114

值班室……4891444

汽车队

队长……4730302

副书记……4739149

办公室……4827914

调度室……4822231

供应站

经理助理……4819919

副书记……4823032

副站长……4810712

计划组……4821913

材料组……4823071

保管组……4821601

废旧物资组……4892294

综合组……4819167

再就业服务中心

主任……4731045

书记……4739107

副主任……4739107

办公室……4849744

教研室……4739105

基础工作办公室……4739145

文体服务站

站长……4739103

书记……4739104

收发室……4893065

活动室……4826731

阅览室……4739120

柳屯供电队

队长……4875803

书记……4876779

调度室……4878724

生产组……4875800

消防支队

支队总机……4818035

支队领导

党委书记、支队长……4893836

副支队长……4818253

纪委书记……4894482

副支队长……4824778

副总经济师……4822371

副总工程师……4822254

政治处

主任……-8239

纪委、文指办……-8226

工会……-8276

团委……-8227

活动室……-8245

办公室

主任……4828658

文秘……-8217

机要、打字……-8214

通讯员……-8257

传真……4821735

车队队长……-8230

车队……-8231

指挥中心

值班室……4822220

通信室……-8222

防火监督科

副科长……-8252

内勤……-8251

战训科

科长……-8212

副科长……-8253

内勤……-8213

警卫班……-8224

建筑审核科

科长……-8207

内勤……-8237

经管财务科

副科长……-8215

财务……-8281

劳动工资科

科长……-8259

内勤……-8229

函授站……-8258

后勤装备科

科长……-8211

副科长……-8208

装备……-8267

食堂……-8244

机动安全科

科长……-8232

内勤……-8220

安全……………………………………………………-8242
维修……………………………………………………-8243
一中队
值班室………………………………………………4851532
队部…………………………………………………4851193
二中队
值班室………………………………………………4841119
队部…………………………………………………4841229
三中队
值班室………………………………………………4831329
队部…………………………………………………4831359
四中队
值班室………………………………………………4854119
队部…………………………………………………4854158
五中队
值班室………………………………………………4719119
队部…………………………………………………4719089
六中队
值班室………………………………………………4861321
队部…………………………………………………4861417
七中队
值班室………………………………………………4800119
队部…………………………………………………4800386
八中队
值班室………………………………………………4865331
队部…………………………………………………4865332
九中队
值班室………………………………………………4875147
队部…………………………………………………4875836
十中队
值班室………………………………………………4879119
队部…………………………………………………4875847
十一中队
值班室……………………………………(0372)6237894
队部……………………………………(0372)6215894
十二中队
值班室………………………………………………4821298
队部…………………………………………………4821537
十三中队
值班室………………………………………………4710041
火警电话……………………………………………4710094
特勤队
值班室………………………………………………-8234
队部…………………………………………………-8236

技术监测中心

中心领导
主任、书记…………………………………………4898877
副书记………………………………………………4897777
副主任………………………………………………4898515
副主任………………………………………………4829702
副总工程师…………………………………………4771091
主任办公室
主任…………………………………………………4771036
副主任………………………………………………4828517
传真…………………………………………………4828520
接待…………………………………………………4819077
人力资源科
科长…………………………………………………4896121
办公室………………………………………………4828522
党群办公室
党群办主任…………………………………………4816743
党群办公室…………………………………………4816578
党委宣传科…………………………………………4828527
工会、团委、女工、计生办………………………4890400
生产技术科
科长…………………………………………………4828477
办公室………………………………………………4828535
计划财务科
科长…………………………………………………4897121
办公室………………………………………………4823778
装备监测总站
书记…………………………………………………4892889
传真…………………………………………………4892230
设备检测站站长……………………………………4824834
技术开发站站长……………………………………4894237
设备修理站站长……………………………………4821061
设备润滑站站长……………………………………4823063
节能监测站
站长、书记…………………………………………4816043
副站长………………………………………………4771050
化工产品监测总站
站长…………………………………………………4890309
书记…………………………………………………4897100
办公室………………………………………………4890001
水泥室………………………………………………4771021
产品质量监测总站
站长、书记…………………………………………4890856
副站长………………………………………………4895057
办公室………………………………………………4890242
计量监测站

站长……………………………………4822483
书记……………………………………4890787
综合室…………………………………4890268
监测一室………………………………4890389
监测二室………………………………4822102
监测三室………………………………4822612
监测四室………………………………4890191

环保监测总站

站长、书记……………………………4828850
办公室…………………………………4828547

安全监测站

站长、书记……………………………4895072
副站长…………………………………4895012
办公室…………………………………4895071

大流量监测站

站长……………………………………4875379
办公室…………………………………4875154

会计核算站

站长……………………………………4819390
办公室…………………………………4828525

综合服务站

站长……………………………………4828530
书记……………………………………4890530
办公室…………………………………4771530
调度……………………………………4824905

标准化所

所长……………………………………4828517
副所长…………………………………4828494
办公室…………………………………4824582
网络室…………………………………4890253

财务结算中心

中心领导

主任……………………………………4817158
党委书记………………………………4810506
副主任…………………………………4820486

党政办公室

主任……………………………………4821467
副主任…………………………………4828404

群工办公室

主任……………………………………4821445
计生办主任……………………………4819067

人力资源科

科长……………………………………4826278

财务科

科长……………………………………4828020

结算管理科

副科长…………………………………4821503

电算科

科长……………………………………4825159
副科长…………………………………4829531

综合科

科长……………………………………4829486
副科长…………………………………4732066

保卫科

科长……………………………………4821443

内控稽查科

科长……………………………………4810722

销售资金科

科长……………………………………4826330
副科长…………………………………4891950

销售税务科

科长……………………………………4893934

财产保险科

科长……………………………………4818519
副科长…………………………………4733115

会计档案科

科长……………………………………4817069

分公司机关会计核算科

科长……………………………………4893896

勘探局机关会计核算科

科长……………………………………4820398
副科长…………………………………4732392

分公司结算一科

科长……………………………………4817060

分公司结算二科

科长……………………………………4826216

分公司结算三科

科长……………………………………4891935
副科长…………………………………4894344

胜利路结算科

科长……………………………………4882426

勘探局结算一科

科长……………………………………4817055
副科长…………………………………4817057

探局结算二科

科长……………………………………4826316

勘探局结算三科

科长……………………………………4817050

勘探局结算四科

科长……………………………………4817052
勘探局结算五科
科长……………………………………4817053
普光结算科
科长……………………………………4736619
陕北结算处
主任………………………………(0911)2112297
副主任……………………………(0911)2112197
新疆结算处
主任………………………………(0991)3664361
副主任……………………………(0991)3671622

中原总机厂石油设备有限公司

总机……………………………………4821259
公司领导
董事长、总经理…………………………4892500
副总经理、总工程师……………………4892405
书记、副总经理…………………………4828357
副总经理………………………………4817676
副总经理………………………………4731068
财务总监………………………………4825158
副总工程师……………………………4816594
总经理办公室
主任……………………………………4894119
副主任…………………………………4817654
文秘、团委办公室………………………4817654
保安部…………………………………4827894
纪检办公室……………………………4821140
生产部
主任……………………………………4892404
副主任…………………………………4817988
调度室…………………………………4817094
人力资源部
主任……………………………………4819182
办公室…………………………………4828486
法律合同部
主任……………………………………4821839
办公室…………………………………4817636
计划财务部
主任……………………………………4732109
副主任…………………………………4820310
会计核算………………………………4821424
成品库…………………………………4823343
装备安全环保部
主任……………………………………4821459
办公室…………………………………4821392
科技发展部
主任……………………………………4820651
办公室…………………………………4817637
工会办公室
副主任…………………………………4817652
技术开发中心
主任……………………………………
副主任…………………………………4820375
设计室1………………………………4824270
设计室2………………………………4461908
质量检测中心
主任……………………………………4823966
副主任…………………………………4827864
计量室…………………………………4827874
销售部
经理……………………………………4828654
副经理…………………………………4817662
国内市场………………………………4819417
国际市场………………………………4826050
东北销售部
经理……………………………………4733043
石化机械车间
主任……………………………………4824324
副主任…………………………………4817347
钻采设备车间
主任……………………………………4829503
副主任…………………………………4817043
统计、技术组……………………………4824404
工程技术车间
主任……………………………………4817640
副主任…………………………………4821859
调度室…………………………………4733023
油管抽油杆车间
主任……………………………………4827950
副主任…………………………………4816593
统计核算………………………………4828740
技术组…………………………………4823472
通用机械车间
主任、副主任……………………………4817337
统计、调度室……………………………4733040
井下工具车间
主任……………………………………4829137
副主任…………………………………4821435
技术组…………………………………4817045
钻采配件车间

主任……4817650
副主任……4733021
数控加工车间
主任、副主任……4823864
技术、统计室……4817634
调度室……4820372
铸造车间
主任……4817534
副主任……4733020
抽油机车间
主任……4828741
副主任……4826924
汽车队
队长、副队长……4817716
物资供应站
主任……4732469
副主任……4733110
计划组……4829084
管理组……4824080

中油特种车辆有限公司

公司领导
总经理……4751723
书记……4752363
副总经理……4752366
副总经理……4752364
副总经理……4752093
副总经理……4751965
工会主席……4752365
经理办公室
主任……4752368
办公室……4751823
传真……4751423
人力资源部
主任……4752378
办公室……4753379
财务资产部
主任……4752377
办公室……4751377
企业发展部
主任……4752210
办公室……4752369
党群工作部
主任……4756384
办公室……4752383
传真……4751831
生产组织部
总经理助理、主任……4751822
副主任……4752370
副经理……4751963
财务……4752832
传真……4752431
配件……4751414
值班……4751273
办公室……4751711
固压特车厂
厂长……4752390
书记……4752391
副厂长……4755392
调度……4755392
采油特车厂
厂长……4752395
书记……4752395
副厂长……4752394
调度……4752394
经营组……4753393
钻修设备厂
厂长……4752437
书记……4752396
副厂长……4752723
经营组……4752397
测试车辆厂
厂长……4752399
书记……4752399
副厂长……4752399
调度……4755410
经营组……4753400
机械制造厂
厂长……4752621
副厂长……4752621
调度……4754694
经营组……4752704
技术部
主任……4752372
书记……4752237
办公室……4752373
质量部
主任……4752101
副主任……4751573
办公室……4752375
物资部

经理……4752403
书记……4752985
副经理……4752985
物调站副站长……4752402
调度……4752492
采购……4751851
招标……4752520
传真……4752623
后勤部
总经理助理、主任……4752380
书记……4754389
副经理……4751010
生活站……4752388
车队……4752405
治安队……4751462
调度……4751641
市场部
总经理助理、书记……4751955
副经理……4751963
副经理……4751963
电缆厂
厂长……4880618
书记……4780476
副厂长……4887873
调度……4880463
经营组……4751380
电缆车间……4880463
胶管车间……4753020
注采设备厂
厂长……4898952
副厂长……4899930
调度……4890843
经营组……4898061
技术组……4890843
加工车间……4890303
仪表车间……4890873
特车修理厂
厂长……4721325
书记……4881533
副厂长……4721120
调度……4881592
经营组……4721451
材料组……4721121
金属结构厂
厂长……4753342
书记……4752406
副厂长……4753342
调度……4752257
经营组……4752406

濮阳市油田教育中心

中心领导
主任……4818226
书记……4824865
纪委书记……4733788
副主任……4822457
机关科室
主任办主任……4821328
主任办……4823095
传真……4829234
中教科科长……4829243
小教科科长……4891404
招生办主任……4820666
督导室主任……4821570
人事科科长……4829245
退休办……4824013
财务科科长……4731838
安全环保科科长……4817135
行管科科长……4891396
武保科科长……4891431
计生办主任……4731407
校舍服务部副主任……4819411
经管科科长……4893687
党委办主任……4824113
组织科科长……4829042
团工委书记……4731437
纪监科科长……4824959
工会副主席……4822829
教研室主任……4819241
教科室主任……4731702
师训部主任……4731578
教学服务部主任……4824802
教学服务部副主任……4819278
教学服务部……4823616
值班室……4819278
车队队长……4733136
印刷厂厂长……4894347
服装厂厂长……4894024
第一中学
校长……4822023
书记……4893676

副校长……………………………………4821033
工会主席…………………………………4823686
校办………………………………………4822372
党群办……………………………………4816466
高中教导处………………………………4825767
初中教导处………………………………4893130
总务………………………………………4825415
团委………………………………………4823686
传真………………………………………4810261

第二高级中学
校长………………………………………4887373
书记………………………………………4880562
副校长……………………………………4880582
校办………………………………………4880283
教务处……………………………………4880583
总务………………………………………4880514
传真………………………………………4887796

第三高级中学
校长………………………………………4821892
书记………………………………………4821105
副校长……………………………………4828152
副校长……………………………………4733828
办公室……………………………………4822525
教务………………………………………4894327
政教………………………………………4820049
总务………………………………………4891874
团委………………………………………4738295

第四高级中学
校长………………………………………4824810
书记………………………………………4731758
副校长……………………………………4821679
办公室……………………………………4824664
工、团……………………………………4828497
教务处……………………………………4825780
政教处……………………………………4822480
教辅………………………………………4823910
总务处……………………………………4849564

艺术中学
校长………………………………………4848526
副校长……………………………………4824134
副书记……………………………………4821909
副校长……………………………………4849884
办公室……………………………………4821909
教务………………………………………4822902
政教处……………………………………4824134
总务处……………………………………4822028

职业学校
校长………………………………………4893281
副校长……………………………………4893281
副书记……………………………………4820740
校办………………………………………4825749
教务………………………………………4820324

第三中学
校长………………………………………4800738
副校长……………………………………4800416
副校长……………………………………4809347
校办………………………………………4800304
教务处……………………………………4809347

第四中学
校长………………………………………4875560
书记………………………………………4875099
副校长……………………………………4875442
传真………………………………………4875560

第五中学
校长………………………………………4882566
副校长……………………………………4722276
副书记……………………………………4722279
副校长……………………………………4721987
校办………………………………………4885364
教务………………………………………4882350
政教………………………………………4721427

第六中学
校长………………………………………4817242
书记………………………………………4816678
副校长……………………………………4829173
校办………………………………………4894336
教务处……………………………………4825434
政教………………………………………4825742

第七中学
校长………………………………………4851798
副校长……………………………………4851570
办公室……………………………………4851570
教务处……………………………………4850272
政教处……………………………………4858040

第八中学
校长………………………………………4841321
书记………………………………………4841421
校办………………………………………4841421
教导处……………………………………4842310

第九中学

校长……4832887
书记……4832895
副校长……4831246
办公室……4831246
第十中学
校长……4828418
副校长……4823406
办公室……4827183
第十二中学
校长……4823956
书记……4818517
副校长……4825980
校办……4829631
中学教务……4732902
小学教务……4823349
总务……4732038
政教……4732601
第十三中学
校长……4824851
书记……4827143
副校长……4829014
校办……4825412
中学教务……4829074
政教……4829224
第十四中学
校长……4862847
书记……4861364
副校长……4861404
第十五中学
校长……4865119
副校长……4865113
校办……4865047
传真……4865047
第十七中学
校长……4897618
书记……4897057
副校长……4898034
中学教务……4898034
小学教务……4898024
总务……4899447
第十八中学
校长……4888870
书记……4888871
副校长……4720864
办公室……4729945
教务……4888874
政教……4829742
传真……4887414
第十九中学
校长……4752451
书记……4752331
副校长……4752452
校办……4752451
第二十中学
校长……4836986
副校长……4834317
办公室……4834327
教务处……4834337
第二十一中学
校长……4854483
副校长……4856946
教务处……4857834
第二十六中学
校长……4812877
副校长……4815676
校办……4812247
第一小学
校长……4821925
书记……4822272
副校长……4816569
办公室……4820173
教务……4731733
传真……4818605
第二小学
校长……4848140
书记……4848143
副校长……4802104
值班室……4804472
教务……4804457
第三小学
校长……4802141
书记……4804229
副校长……4803406
副校长……4804229
副校长……4803406
教导处……4803406
第四小学
校长……4880374
书记……4880510
副校长……4880374

教务……4729754
校办……4729784
第五小学
校长……4882286
书记……4722578
副校长……4882436
教导处……4882436
第六小学
校长……4817625
书记……4820140
副校长……4817543
第七小学
校长……4852091
书记……4851248
副校长……4858685
校办……4858686
教导处……4858685
值班室……4852447
第八小学
校长……4841323
书记……4842132
副校长……4841223
值班室……4841223
第九小学
校长……4831198
书记……4831198
副校长……4831052
第十小学
校长……4854375
副校长……4854682
教导处……4854486
第十一小学
校长……4800721
副校长……4800481
办公室……4809422
教导处……4809344
分校……4800316
第十二小学
校长……4865620
副校长……4865388
校办……4865237
第十三小学
校长……4875351
书记……4878896
副校长……4875618
第十四小学
校长……4872343
书记……4873756
第十五小学
校长……4821596
书记……4849644
校办……4803474
教务……4803274

中原油田公安局

总机……4821510
局长……4818326
政委……4818346
纪委书记……4893586
副局长……4823241
副局长……4821998
副局长……4822750
政治部主任……4822620
副局长……4819068
政治部……4821990
宣　传……4829654
控申科……4894335
人事劳资科……-39017
办公室……4821878
装财科……-39040
法制科……-39090
皇甫拘留所……4710610
网络监察科……-39170
国保支队……-39060
经侦支队……-39070
治安管理支队……-39504
指挥中心……4824754
刑事侦查支队……4822016
交通管理支队……-39200
油区警察支队……4870050

中油物流有限公司

公司领导
董事长兼总经理……4880626
副董事长兼副总经理……4880696
副董事长……4889816
监事会主席……4880651
副总经理……4729368
副总经理……4729366
财务总监……4880726

总经理办公室
主任……4889577
办公室……4880672
传真……4880632
人力资源部
部长……4729556
办公室……4888541
经营规划部
部长……4729305
办公室……4880646
财务资产部
部长……4729306
副部长……4880653
办公室……4880623
生产协调部
部长……4889231
办公室……4889110
技术安全部
部长……4729557
办公室……4729304
党群工作部
部长……4880636
办公室……4729303
国际项目部
部长……4729307
办公室……4729307
一分处
经理……4887989
书记……4880401
综合……4880330
调度室……4821321
技术安全……4880444
财务……4880435
二分处
经理……4880503
书记……4880314
综合……4889950
调度室……4880527
技术安全……4880543
财务……4880554
三分处
经理……4834167
书记……4834120
综合……4834740
调度室……4834137
技术安全……4834147
财务……4834560
修理厂
厂长……4880517
副厂长……4729559
综合……4729460
财务……4729428
生产办……4729430
物流市场开发中心
副经理……4888687
副经理……4880520
综合……4880602
财务……4880653
多元市场开发中心
经理……4729302
书记……4889166
副经理……4880292
综合……4887922
财务……4880653
汽配供销中心
经理……4729136
综合……4729258
新疆分公司
经理……(0996)4685271
书记……(0996)4685460
综合……4880621
上海快可物流有限公司……(021)65619529

濮阳中油工程管理有限公司

公司领导
经理……4893108
副经理……4819136
副经理……4826516
总师办
副总师……4733056
副总师……4826459
综合办公室
主任……4894016
办公室……4823415
办公室（传真）……4826460
财务部
部长……4822149
计划经营部
部长……4893579
办公室……4822350
预算站

站长……………………………………………4893610
办公室…………………………………………4894241
工程管理站
办公室…………………………………………4893470
项目一站
办公室…………………………………………4851226
项目二站
办公室…………………………………………4841712
项目三站
办公室…………………………………………4832564
项目四站
办公室…………………………………………4854518
项目五站
办公室…………………………………………4812316
项目六站
办公室…………………………………………4861532
项目七站
办公室…………………………………………4870254

中原油田总医院

总机……………………………………………4821116
院领导
院长……………………………………………4893588
书记……………………………………………4732366
副院长…………………………………………4822059
纪委书记………………………………………4821743
财务总监………………………………………4817550
院长办公室
主任……………………………………………4821228
副主任…………………………………………4828755
值班室…………………………………………4821096
院总值班室……………………………………4822696
救护车班 ………………………………………6786
人力资源部
副主任…………………………………………4821296
办公室…………………………………………4817754
职改办…………………………………………4817754
综合办…………………………………………4825331
财务资产部
主任……………………………………………4822796
副主任…………………………………………4819139
资金组…………………………………………4819139
成本组 1………………………………………4892453
成本组 2………………………………………4892453
经营管理部
主任……………………………………………4819297
……………………………………………………-6666
合同办…………………………………………-6669
全质办…………………………………………4816241
医院发展办公室
主任……………………………………………4733815
办公室…………………………………………-6158
党群工作部
主任……………………………………………4822496
副主任…………………………………………4816246
机要室…………………………………………4891154
计生宣传办……………………………………4816339
纪检组织办……………………………………4821029
工会团委办……………………………………4817764
医务部
副主任…………………………………………4822063
办公室…………………………………………4816473
护理部
主任……………………………………………4891432
办公室…………………………………………-6218
安全保卫部
主任……………………………………………4827489
书记……………………………………………4824636
值班室…………………………………………4822096
信息中心
副主任…………………………………………4826583
微机室…………………………………………4826583
统计室…………………………………………-6328
图书摄影室……………………………………-6256
物资供应中心
主任……………………………………………4824505
办公室…………………………………………4822896
保管办…………………………………………-6345
后勤服务中心
主任……………………………………………4820187
书记……………………………………………4821882
办公室…………………………………………-6321
住院处
主任……………………………………………4821848
书记……………………………………………4821848
结算室…………………………………………-6290
登计室…………………………………………-6289
门诊部
主任……………………………………………4829564
书记……………………………………………4821953
办公室…………………………………………4824135

急诊科
　急诊室……120
　观察室……-6121
　主任……4824566
皮肤科
　主任……4828274
　办公室……-6814
放射科
　主任……4827831
　书记……-6278
检验科
　主任……4823498
　书记……-6292
输血科
　办公室……4824114
超声科
　主任……-6299
　书记……-6300
　办公室……4824230
病理科
　主任……4816493
　办公室……4816493
功能科
　主任……4826601
　书记……-6866
康复医学中心
　主任……4826465
手术麻醉科
　主任……4816504
　书记……-6259
供应室
　主任……4823914
　办公室……-6281
一病区儿科
　护理站……4823615
　监护室……-6006
二病区血液内分泌科
　护理站……4823668
　透析室……4816495
三病区泌尿中医科
　护理站……4823727
四病区骨外科
　护理站……4821962
五病区消化科
　护理站……4828924
六病区普外科
　护理站……4822582
七病区神经内科
　护理站……4822342
八病区呼吸肿瘤科
九病区妇科
　护理站……4823107
十病区产科
　护理站……4822537
十一病区心血管内科
　护理站……4828994
十二病区烧伤整形科肛肠科
　护理站……4818544
十三病区耳鼻喉科口腔科
　护理站……4828044
十四病区胸心外科
　护理站……4824257
十五病区神经外科眼科
　护理站……4828054
十六十七病区干部病房科
　十六病区护理站……4819044
　十区病区护理站……4819344
十九病区传染一科
　护理站……4821496
十八病区传染二科
　护理站……4823806
药品管理处
　门诊西药房……4732727
　门诊中药房……4821826
　急诊药房……4810114
　……-6311
　住院药房……4816472
第十四分院
　院长……4882251
　副院长……4882229
　所办……4882667
第十五分院
　院长……4828619
　院办……4891237
第十八分院
　院长……4816367
　院办……4820014
第十九分院

院长……………………………………4828590
院办……………………………………4828385
第二十分院
院长……………………………………4880369
院财务…………………………………4880405
第二十一分院
院长……………………………………4897388
院财务…………………………………4899187

河南中原绿能高科有限责任公司

公司领导
经理……………………………………4826576
副书记…………………………………4825571
副经理…………………………………4893835
副总师（经理助理）
副总工程师……………………………4893834
副总会计师……………………………4828446
副总工程师……………………………4816354
机关部室
经理办…………………………………4893832
值班室…………………………………4826572
党群工作部……………………………4826571
安全生产指挥部………………………4892937
企业管理部……………………………4893823
人力资源部……………………………4894814
金融财务部……………………………4826570
综合治理办公室………………………4828864
基层单位
科研所…………………………………4828234
结算站…………………………………4731171
营销中心………………………………4731459
物资站…………………………………4731707
工程技术部……………………………4826883
工程维修大队…………………………4891495
LNG 工厂
厂长……………………………………4853379
书记……………………………………4853280
副厂长…………………………………4851994
办公室…………………………………4859503
中控室…………………………………4859701
配电室…………………………………4853322
开封燃气中心
开封 1 号站…………………………(0378)2295866
开封 2 号站…………………………(0378)3921002
开封 3 号站…………………………(0378)3866237

中友劳务技术服务有限公司

总经理…………………………………4731501
经理助理兼劳资科长…………………4731503
经理助理兼财务科长…………………4731502
办公室…………………………………4732056
值班室…………………………………4819996
人事劳资科……………………………4731503
计划财务科……………………………4732033

濮阳中原劳务技术服务有限公司

公司领导
总经理…………………………………4896268
副总经理………………………………4890298
经理办公室
主任……………………………………4890566
副主任…………………………………4890616
办公室…………………………………4890616
传真……………………………………4896202
人力资源部
主任……………………………………4896222
副主任…………………………………4890871
办公室…………………………………4890871
财务部
主任……………………………………4890178
办公室…………………………………4890928
党群部
主任……………………………………4896203

五大行业公司机关

公司领导
董事长…………………………………4777199
联合党委书记…………………………4777189
总经理…………………………………4777066
财务总监………………………………4777077
机关部室
办公室主任……………………………4777258
办公室…………………………………4777068
党群部部长……………………………4777117
工会、纪检办…………………………4777181
人力资源部部长………………………4777326

化工行业

濮阳中原三力实业有限公司
总经理…………………………………4800100
书记……………………………………4800243

副经理……4800483
财务总监……4809388
办公室（传真）……4800609
财务科……4805713
信息部……4800266
化工一厂……4800620
化工二厂……4806626
化工三厂……4800101
化工四厂……4800096
化工五厂……4805675
化工六厂……4800866
合成化工厂……4800551
橡胶制品厂……4800105
创高机械……4804843
融发化工……8807155
成邦油气……4734520
圣雅化工……8807156
中新钻采……4898008

濮阳市信原实业有限公司

经理……4720078
副经理……4881923
副经理……4734668
经理办……4880321

濮阳市恒美实业开发中心

董事长……8971196
总经理……8971176
副经理……8971171
办公室……8971170
人事企管部……4883136
财务部……4884084
润滑油厂……4819683
涂料厂……4886777
综合化工厂……4882103
精细化工厂……8971173
市场部……4721001

濮阳市濮油化工总厂

总经理……4851938
书记……4853625
副经理……4853637
办公室主任……4851940
财务科……4853657
化学助剂厂……4851021
文中化工厂……4853101
综合化工厂……4851479
制氧厂……4851354

濮阳联力化工总厂

总经理……4841906
生产副总……4841913
财务副总……4841326
经营副总（传真）……4841701
财务科……4841334
生产技术科……4841412
经营管理科……4841817
人事科……4842143

濮阳宏大化工总厂

总经理……4896218
书记……4899451
副经理……4899809
副经理……4899706
经营科……4899811
财务科……4897623
值班室……4899762
新区办……4777126

濮阳中环橡胶总厂

总经理……4800278
副总经理……4800899
副总经理……4809881
副总经理……4800756
副总经理……4805766
副总经理……4807757
财务总监……4800951
办公室主任……4809398
人事劳资科……4809880
经营管理科……4809679
安全监督科……4809420
物资供应科……4800874
生产协调科……4809424
销售一科……4800756
销售二科……4808441
销售三科……4809423
技术监督科……4809882 转 8778
计划生育办公室……4809679
化工厂……4825948

濮阳市新发展石油化工总厂

经理……4753568
副经理……4754648
办公室主任……4753654
值班室……4754783
销售科……4754648
财务科……4754945

分厂……………………………………4754932

濮阳瑞邦化工有限公司

总经理……………………………………4829366

办公室……………………………………4893494

濮阳市金盾消防有限公司

经理……………………………………4894896

副经理……………………………………4822717

办公室主任……………………………………4825551

财务科……………………………………4825557

销售部……………………………………4752930

供应部……………………………………4825573

制造厂……………………………………4752931

工程部一处……………………………………4727137

工程部二处……………………………………4727138

贸易部……………………………………4727139

国际市场部……………………………………4727690

濮阳市东方贝尔实业有限公司

董事长……………………………………4895685

副总经理……………………………………4896096

总经理助理……………………………………4895525

总会计师……………………………………4895915

办公室（传真）……………………………………4890956

传真……………………………………4895568

财务部……………………………………4895195

销售部……………………………………4895525

技术安全部……………………………………4896096

濮阳天河化工总厂

总经理……………………………………4876166

书记……………………………………4870903

副经理……………………………………4875273

副经理……………………………………4875489

办公室主任……………………………………4875500

值班室……………………………………4870671

濮阳龙泽化建总厂

经理……………………………………4819398

办公室主任……………………………………4829384

濮阳惠众化工总厂

经理……………………………………4854422

书记……………………………………4854620

副经理……………………………………4854746

办公室主任……………………………………4854489

财务……………………………………4854464

东明中原金丰化工厂

经理……………………………………4861730

办公室主任……………………………………4861450

兰考盛达化工总厂

总经理……………………………………4865350

副经理……………………………………4865153

副经理……………………………………4865739

财务……………………………………4865712

办公室……………………………………4865942

值班室……………………………………4869118

传真……………………………………4869568

库房……………………………………4869626

销售部……………………………………4866696

濮阳市科润石油工程技术公司

总经理……………………………………4894644

副经理……………………………………4893587

办公室主任……………………………………4892911

财务科……………………………………4822417

值班室……………………………………4827758

新区办公室……………………………………4777055

新区财务办……………………………………4777062

濮阳瑞丰精细化工总厂

经理……………………………………4874697

濮阳市科力化工有限公司

办公室……………………………………4841111

濮阳市银太源化工有限公司

经理……………………………………4895328

副经理……………………………………4890256

办公室……………………………………4898606

濮阳市万象化学工程有限公司

经理……………………………………4732195

书记……………………………………4733387

副经理……………………………………4732183

办公室……………………………………4732182

濮阳市盛世龙都化工机械公司

办公室……………………………………4710375

濮阳市铁马科技发展有限公司

办公室……………………………………4891786

濮阳四源化工科技有限公司

董事长……………………………………4777118

总经理……………………………………4777168

副总经理……………………………………4777368

传真……………………………………4777218

值班室……………………………………4777298

工程师……………………………………4777366

财务部……………………………………4777296

经营部……………………………………4777268

综合化工厂……………………………………4777388

二分厂……4468160
三分厂……4777266
四分厂……4777216
濮阳市新达化工科技有限公司
办公室……4464608
濮阳市亚联实业有限公司
经理……4893603
濮阳合力化工厂
经理……4828443
厂办……4827073
营销部……4827153
濮阳市恒邦化工有限公司
办公室……4834233
濮阳市宇飞化工有限公司
办公室……4893390
濮阳市达威消防器材工程公司
经理……13949729396
书记……13839318676
副经理……13707670856
办公室主任……13503930179
办公室……4825388
濮阳市油龙实业有限公司
经理（传真）……4881385
书记……4887878
副经理……4722688
值班室……4887878
濮阳市民安消防器材有限公司
办公室……4829718
濮阳鑫利特科技发展有限公司
办公室……4895651
濮阳市瑞特隆消防器材有限公司
办公室……4732953
濮阳市双峰油漆有限公司
办公室……4895787
传真……4771787
濮阳市利东石油工程技术公司
经理……4777318
副经理……4777300
办公室……4777418
濮阳市格瑞特石油科技有限公司
经理……4895100
书记……8915908
副经理……4895077
办公室主任……4233385
值班室……4898853

濮阳市凯利实业有限公司
办公室……4733339
濮阳市濮中化工有限公司
董事长……6686666
总经理……8977555
副经理……6686777
值班室……8961885
濮阳市融发化工有限公司
办公室……8807155
濮阳市昌龙消防器材有限公司
经理……8966159

机电行业

濮阳中石集团有限公司
董事长……4805609
副书记……4805679
副董事长……4805579
副总经理……4800919
副总会计师……8973592
办公室主任……4805719
财务科……4805729
安全科……4805749
钻井分公司……4800919
采油分公司……4807996
彩钢分公司……4806919
电气分公司……4809664
钢结构分公司……4827006
抽油泵厂……4809842
固井附件厂……4800109
濮阳濮中机电制造总厂
董事长……4823937
总经理……4824626
副经理……4824683
副经理……4816721
办公室……4824781
财务科……4891773
机械加工厂……4804042
枪身厂……4849748
电线厂……4896073
电瓶厂……4890645
野营房厂……4893431
建材助剂厂……4812584
濮阳市信宇石油机械化工公司
董事长……4818518
副董事长……4887606
副董事长……4887768

监事会主席……………………………………4887956
副总经理……………………………………4887976
总经理办公室………………………………4880272
财经部………………………………………4880290
技术监督部…………………………………4888751
科研所………………………………………4729661
生产办………………………………………4729542
营销部………………………………………4888969
汽修一厂……………………………………4887976
汽修二厂……………………………………4728050
汽修五厂……………………………………4729859
汽修六厂……………………………………4880862
汽修八厂……………………………………4729468
机械加工厂…………………………………4727237
仪表厂………………………………………4729545
机械修理厂…………………………………4729569
发动机厂……………………………………4888689
特车修理厂…………………………………4880693
滤芯厂………………………………………4200697
抽油机厂……………………………………4727252
抽油泵厂……………………………………4880228
钻采设备厂…………………………………4729640
铸造厂………………………………………4727395
起重机厂……………………………………4728125
联钢机电设备厂……………………………4887907
钻修设备厂…………………………………4889782

濮阳满江红电子电器厂

经理…………………………………………4822108
副经理………………………………………4894143
综合科………………………………………4894100
财务科………………………………………4892734
一分厂………………………………………4890877
二分厂………………………………………4899528

濮阳市三龙轿车修理有限公司

经理…………………………………………4899412
副经理………………………………………4897602

濮阳市皇甫电泵电缆有限公司

办公室………………………………………4884477

濮阳市众兴机械设备有限公司

办公室………………………………………4888361

濮阳市金宝石油机械修造公司

经理…………………………………………4821089
书记…………………………………………4821063
副经理………………………………………4821037
办公室主任…………………………………4824682
值班室………………………………………4821097

开封中原众成综合加工总厂

总经理………………………………………4865929
副经理………………………………………4866106
办公室………………………………………4866154
人事科………………………………………4865921
财务科………………………………………4866106
物资科………………………………………4866116
销售科………………………………………4866234
调度室………………………………………4866720
新区办………………………………………4777226

濮阳市通达石化设备有限公司

董事长………………………………………4722378
财务总监……………………………………4886728
销售部………………………………………4886592
人力资源部…………………………………4884911

濮阳中油名辉实业开发中心

办公室………………………………………4722145

濮阳市双发实业有限责任公司

经理…………………………………………4710605
生产部主任…………………………………4710608
办公室主任…………………………………4710102
办公室………………………………………4710604
传真…………………………………………4710603
销售部………………………………………4884871
财务部………………………………………4884872
人事部………………………………………4710125
技术部………………………………………4710601

濮阳市中原汇腾实业有限公司

董事长………………………………………4898098
总经理………………………………………4896698
财务总监……………………………………4895736
管理部………………………………………4890563
办公室主任…………………………………4897276
值班室………………………………………4895731

濮阳市大力科技发展有限公司

经理…………………………………………4777008
副经理………………………………………4777186
财务部………………………………………4777009
办公室………………………………………4777186

濮阳市鑫益实业有限公司

总经理………………………………………4777050
书记…………………………………………4777036
生产技术科…………………………………4777005
办公室………………………………………8807985

濮阳市世纪腾飞机械制造公司

经理……………………………………………4771538

副经理…………………………………………4771353

办公室主任……………………………………4771473

濮阳市瑞璞设备有限公司

办公室…………………………………………4499888

濮阳市明乐石油设备修造公司

经理……………………………………………4818854

办公室…………………………………………4409333

濮阳兴隆综合开发中心

办公室…………………………………………4728623

濮阳市誉邦机械安装工程公司

办公室…………………………………………4730965

濮阳市诚鑫机械加工有限公司

办公室…………………………………………4205827

濮阳市吉立石油机械配件公司

总经理…………………………………………4777369

副经理…………………………………………4777378

办公室…………………………………………4777379

财务……………………………………………4777316

濮阳兴泰金属结构制品有限公司

办公室…………………………………………4822866

濮阳市历亚电器有限公司

办公室…………………………………………4822866

濮阳市丰华科技发展有限公司

经理……………………………………………4822707

副经理…………………………………………4492950

财务办…………………………………………4890607

濮阳市运煌机械制造维修公司

办公室…………………………………………4732201

濮阳市中江电子机械有限公司

总经理…………………………………………4890300

值班室…………………………………………4893788

办公室…………………………………………4890048

濮阳市东昊机械电子有限公司

总经理…………………………………………8915986

营销部…………………………………………8915918

财务部…………………………………………8915958

办公室…………………………………………8915966

传真……………………………………………4771366

值班室…………………………………………8915900

濮阳市海华石油机械有限公司

办公室…………………………………………4620956

濮阳市豫鑫机械修理有限公司

办公室…………………………………………4233685

濮阳市英轩汽车修理有限公司

办公室…………………………………………4233908

濮阳市大通机泵有限公司

经理……………………………………………4801897

办公室…………………………………………8680312

传真……………………………………………8680311

濮阳市德强石油机械制造公司

办公室…………………………………………4233993

濮阳市亚波石油设备修造公司

办公室…………………………………………4233799

北京市东辉永泰信息技术公司

经理……………………………………………4895807

副经理…………………………………………4896297

办公室…………………………………………4897007

值班室…………………………………………8920107

濮阳市市区中义兴仪表厂

经理……………………………………………4814021

濮阳市宝利通石油机械有限公司

办公室…………………………………………4804836

濮阳市宏盛石油配件有限公司

办公室…………………………………………4882182

濮阳县中石机械摩擦材料公司

办公室主任……………………………………4875202

传真……………………………………………4878696

濮阳市创业电线电缆有限公司

办公室…………………………………………4858388

濮阳市思源钻采设备修造公司

经理……………………………………………4849864

办公室主任……………………………………4233505

新区办…………………………………………4777178

濮阳市慧鑫化工机械有限公司

办公室…………………………………………4896050

濮阳市恒立科技发展有限公司

经理……………………………………………4205449

副经理…………………………………………4205482

办公室主任……………………………………4204428

濮阳市吉源机械电子有限公司

办公室…………………………………………4826306

濮阳市住友机械电子有限公司

办公室主任……………………………13623935077

值班室…………………………………………8806070

濮阳市康威石油机械制造公司

总经理…………………………………………8805997

濮阳市众鑫钻采设备修造公司
办公室……………………………………4696728
濮阳市光华机械电器修造公司
经理………………………………………4848169
办公室主任………………………………4848598
值班室……………………………………4848628
濮阳市齐力石油机械设备公司
办公室……………………………………4732521
濮阳市浩德机械电子有限公司
经理……………………………13839276303
副经理…………………………13938309865
办公室主任……………………13839336090
值班室……………………………………8817899
濮阳市东环路旭日石油机修厂
办公室……………………………………4233939
濮阳市隆盛机械电子有限公司
办公室……………………………………8806072
濮阳市四方装饰工程有限公司
经理………………………………………4887378
办公室……………………………………4887376
濮阳市天地人环保工程技术公司
经理………………………………………4802699
书记………………………………………4892709
副经理……………………………………4822279
办公室主任………………………………4802699
值班室……………………………………4822279
濮阳市龙泉石油机械有限公司
经理………………………………………4890555
副经理……………………………………4772588
值班室……………………………………8915900
濮阳市中原锐实达石油设备公司
经理………………………………………4203538
财务部（传真）…………………………4203536
销售部……………………………………4203516
生产部……………………………………4203506
技术部……………………………………4203526
值班室……………………………………4203826
濮阳市长安机械修造有限公司
经理……………………………13803935968
副经理…………………………13803937614
办公室主任……………………13703475237
值班室……………………………………4816269
濮阳市中德电缆电器有限公司
办公室……………………………………4887152
濮阳市大龙石油机械制造公司
办公室……………………………………7832997
濮阳市九豫机械制造有限公司
办公室……………………………………4828598
濮阳市勇攀石油机械化工公司
经理………………………………………4800151
书记………………………………………4806838
副经理……………………………………4805918
值班室……………………………………4800154
濮阳市巨源电工电器有限公司
办公室……………………………………4729669
濮阳市星科机械设备修理公司
办公室……………………………………4880590
河南省金正石油电器有限公司
值班室……………………………………7223988
濮阳市嘉泰实业有限公司
办公室……………………………………4490770
濮阳市瑞麟机械电子有限公司
办公室……………………………………4898115
濮阳市中江科峰石油新技术公司
办公室……………………………………4801676
濮阳市艺海石油机械有限公司
经理………………………………………4201851
书记………………………………………4205369
副经理……………………………………4201396
濮阳市凯辰电器设备有限公司
办公室……………………………………8800038
濮阳市中软科技发展有限公司
销售部经理………………………………4829211
办公室……………………………………8855719
濮阳市德鑫石油机械有限公司
经理……………………………13603433159
濮阳市亚太机械修造有限公司
办公室……………………………………4823780
濮阳市宏力机械电子有限公司
经理………………………………………4887804
书记………………………………………4888996
副经理……………………………………8805777
办公室主任………………………………4202550
值班室……………………………………4777007
濮阳市鑫洲机械化工有限公司
办公室……………………………………4734459
河南远博实业有限公司
办公室……………………………………8853386
传真………………………………………8853389

值班室……………………………………8853256

濮阳市珠峰石油机械有限公司

办公室……………………………………4771855

濮阳市中瑞机械修造有限公司

经理……………………………………4804960

濮阳市通达汽车销售服务公司

办公室……………………………………4777716

濮阳新集成实业开发中心

经理……………………………………4777089

副经理……………………………………4777109

副经理……………………………………4777108

财务……………………………………4777096

办公室……………………………………4777095

山东省华东石油管材钻具公司

办公室……………………………………7618888

濮阳市濮东石化机械制造公司

办公室……………………………………4202361

濮阳市军胜实业有限公司

值班室……………………………………4899000

濮阳市方都石油机械有限公司

经理……………………………………4777188

办公室……………………………………4777282

濮阳市皇锦钻采配件加工公司

办公室……………………………………4820546

濮阳市鑫川石化设备有限公司

办公室……………………………………4734459

濮阳市源隆机械设备有限公司

办公室……………………………………4822190

濮阳市益海物资有限公司

经理……………………………………13803936512

副经理……………………………………13193558632

副经理……………………………………4885059

办公室……………………………………4721866

建材行业

濮阳市中建实业中心

经理……………………………………4826726

副经理……………………………………4491258

副经理……………………………………4491257

副经理……………………………………4826746

办公室主任……………………………………4826749

办公室……………………………………4826741

财务科……………………………………4826745

生产科……………………………………4826744

乙炔气厂……………………………………4751245

钢塑门窗厂……………………………………4820967

电气开关厂……………………………………4819408

施工大队……………………………………4818117

机械运输处……………………………………4820946

环宇工程处……………………………………4826173

昱通办公室……………………………………4810655

濮阳中油化工建材总厂

总经理……………………………………4810568

副经理……………………………………4800873

办公室主任……………………………………4894477

办公室……………………………………4826617

经营财务科……………………………………4826908

PVC 塑钢厂……………………………………4800988

水泥制品厂……………………………………4894504

化工厂……………………………………4818029

开封运杰建材总厂

办公室……………………………………4732808

塑钢厂……………………………………4865461

油毡厂……………………………………4865758

木器厂……………………………………4825382

濮阳市秋实建材有限公司

办公室……………………………………4825758

濮阳市精成彩钢工程有限公司

经理……………………………………4808536

副经理……………………………………4808138

办公室……………………………………4805608

濮阳市中濮综合轻纺厂

办公室……………………………………4881720

濮阳市华龙区宏祥建材厂

办公室……………………………………4827166

濮阳市良坤散热制品有限公司

办公室……………………………………4897946

濮阳市鑫朋金属结构有限公司

经理……………………………………4887804

书记……………………………………4888996

副经理……………………………………8805777

办公室主任……………………………………4233119

兰考兰丰木业有限公司

经理……………………………………4866170

办公室……………………………………4866710

濮阳市宏发原工贸有限公司

值班室……………………………………4820531

濮阳市荣盛建材有限公司

经理……………………………………4710088

劳保行业

濮阳中蕾劳保制品总厂

经理……………………………………………4897690
值班室…………………………………………4890672
濮阳市中原开宇服装鞋帽厂
经理……………………………………………4827553
办公室…………………………………………4820828
濮阳市锦绣服饰有限公司
办公室…………………………………………4885258
濮阳市东旭服饰有限公司
办公室…………………………………………4882518
濮阳市春晖服饰有限公司
办公室…………………………………………4823547
传真……………………………………………4491858
濮阳市源通劳保用品有限公司
办公室…………………………………………4824886
濮阳市方华实业有限公司
经理……………………………………………4731766
办公室…………………………………………4731389
濮阳市双新鞋帽服饰有限公司
办公室…………………………………………4885138
濮阳市蓝宝石服饰有限公司
办公室…………………………………………4882706
濮阳市宝利来服饰有限公司
经理……………………………………………4883573
书记……………………………………………8976958
濮阳市丰达劳动防护用品公司
经理……………………………………………4880408
副经理…………………………………………4463263
濮阳市利达服饰有限公司
办公室…………………………………………4426372

施工行业

濮阳市天正电器装配有限公司
总经理…………………………………………4899908
副经理…………………………………………4899083
财务科…………………………………………4899891
预算科…………………………………………4890739
办公室…………………………………………4895285
濮阳市华达石化机械设备公司
新区办…………………………………………4777518
河南中油建设工程有限公司
董事长…………………………………………4732088
经理……………………………………………4732099
副经理…………………………………………4894099
办公室主任……………………………………4825176
值班室…………………………………………4825718
濮阳市能达建安防腐工程公司
总经理…………………………………………4460026
财务科…………………………………………4466812
濮阳市中拓管道清洗修复公司
总经理…………………………………………4887328
副经理…………………………………………4887680
营销部…………………………………………4887370
办公室…………………………………………4720146
财务部…………………………………………4729947
传真……………………………………………4887712
修复分公司办公室……………………………4887370
试压分公司办公室……………………………4729453
濮阳市奥依尔电器仪表有限公司
经理……………………………………………4890226
副经理…………………………………………4899588
办公室主任……………………………………4896557
新区办…………………………………………4777083
濮阳市越华工程建设有限公司
经理……………………………………………4777016
办公室主任……………………………………4777110
财务科长………………………………………4777160
濮阳市非常工程技术有限公司
办公室…………………………………………4731115
值班室…………………………………………4817777
濮阳市鸿耀防腐工程有限公司
经理……………………………………………4897295
副经理…………………………………………4823532
值班室…………………………………………8705296
传真……………………………………………4820243
濮阳市锐达电气自动化有限公司
经理……………………………………………4896927
副经理…………………………………………4896915
濮阳市中艺文化服务有限公司
办公室…………………………………………4897808
濮阳市新振工程技术有限公司
经理……………………………………………4895061
副经理…………………………………………4890726
濮阳市科力恒石油机械有限公司
办公室…………………………………………4824828
濮阳市翔宇石油机械防腐公司
经理……………………………………………8116334
副经理…………………………………………4427381
办公室主任……………………………………8116334
濮阳市洁士建安工程有限公司
经理（传真）…………………………………4823218
副经理…………………………………………4823811

办公室……4821911
濮阳市科洋化工有限公司
总经理……4828039
书记……4825609
办公室……4200369
濮阳市晨光建安工程有限公司
办公室……8959616
濮阳市华瑞机修有限公司
办公室……4733791
濮阳市海申勘探开发技术公司
办公室……4771228
濮阳市卯达物资有限公司
办公室……4828974
濮阳市惠普装饰有限公司
办公室……4840960
濮阳中原石油助剂有限公司
办公室……4731887
濮阳市中南科技服务有限公司
办公室……4490449
濮阳市中建钢结构工程有限公司
办公室……4659999
濮阳市中原锐驰清洗防腐公司
总经办……4777198

中国石化中原石油化工有限责任公司

总机……4471114
总经理办公室
主任……4471306
副主任……4471231
秘书科……4471077
接待科……4471075
党委办公室
主任……4471084
秘书科……4471067
组织科……4471068
生产调度处
处长……4471376
调度台……4471336
机械动力处
处长……4471234
副处长……4471360
综合科……4471526
检修科……4471475
动力科……4471390
安全环保处
处长……4471288
安全科……4471279
环保科……4471283
技术监督处
处长……4471463
技术科……4471330
计量科……4471002
综合计划处
处长……4471307
副处长……4471108
计划科……4471356
信息科……4471315
财务处
处长……4471117
资产科……4471441
会计科……4471092
成本科……4471090
资金科……4471048
销售科……4471093
人事教育处
处长……4471078
干部科……4471013
工资科……4471181
教培科……4471208
企业管理处
处长……4471256
企管科……4471350
合同科……4471299
审计处
处长……4471216
工程审计……4471273
财务审计……4471551
党委宣传部
部长……4471237
宣传科……4471069
电视台……4472102
监察处
处长……4471248
办公室……4471204
监察室……4471210
审理室……4471172
工 会
副主席……4471070
女工部长……4471071
生产劳保……4471101

文体中心……………………………4472294
图书馆……………………………4472947
退管站……………………………4472494

青年工作部

部长……………………………4471219

经营部

主任……………………………4471042
原料科……………………………4471438
信息科……………………………4471431

物资供应处

处长……………………………4471010
书记……………………………4471023
管理科……………………………4471385
器材科……………………………4471380
化工科……………………………4471483
备件科……………………………4471205
库房……………………………4471341

保卫处

处长……………………………4471026
综治办……………………………4471316
治安科……………………………4471215
工农办……………………………4471083
消防队……………………………4471246
经警队……………………………4471130

华苑实业有限公司

公司领导

总经理……………………………4821700
副经理……………………………4732970
财务总监……………………………4732804
总经理助理……………………………4810455

综合办公室

主任……………………………4732843
副主任……………………………4821500

生产技术管理科

科长……………………………4733223
库房……………………………4728693

经营管理科

科长……………………………4733235

销售部

部长……………………………4810765

财务科

科长……………………………4733207

人事劳资科

科长……………………………4733150

化工项目办公室

主任……………………………4821700

针织一厂

厂长……………………………4729782
副厂长……………………………4729870
缝纫车间……………………………4720954
工艺车间……………………………4720974
整理车间……………………………4720994
职工食堂……………………………4729883

针织二厂

厂长……………………………4852998

标牌厂

厂长……………………………4880532
副厂长……………………………4728532
业务部……………………………4880432

保温材料厂

厂长……………………………4710685

公证处

主任……………………………4826122
办公室……………………………4828543

濮阳诚德会计师事务所

所长……………………………4894631
综合办公室……………………………4828416
审计一部……………………………4810350
审计二部……………………………4894630
代理记帐部……………………………4824925
代理记帐部……………………………4824925
综合业务部……………………………4810360
会计司法鉴定部……………………………4810689
资产平估司法鉴定部……………………………4810532
资产平估部……………………………4824463
工程预决算审计部……………………………4828523
财务咨询……………………………4810922
检查培训部……………………………4810622

卓越彩印有限公司

经理……………………………4823256
办公室……………………………4821893
业务生产部……………………………4823312
财务部……………………………4825883
业务部……………………………4825882
安保值班室……………………………4823302
传真……………………………4821893

3. 中国石油化工股份有限公司河南油田分公司

地址：河南省南阳市宛城区官庄镇
邮编：473132
区号：0377
传真：3839973
E-mail: mps.hnyt@sinopec.com

中国石油化工股份有限公司河南油田分公司地处河南省南部南阳盆地，总部位于南阳市宛城区官庄镇。油区横跨南阳、驻马店、平顶山市（地）的八个县区，并在新疆巴音郭楞自治州库尔勒市及焉耆、博湖县开展了石油勘探开发工作。下属10个二级单位，集中了河南油田的优质资源和优良资产，是一个集油气勘探开发、炼油化工于一体的大型国有企业。

油田勘探区域除在河南南阳、泌阳等东部区块外，1993年先后在西部中标新疆三塘湖、焉耆盆地两个风险勘探项目，1997年取得内蒙古巴彦浩特盆地的勘探权，2001年2月随着股份公司在塔里木盆地取得探矿权，进军塔克拉玛干沙漠。2004年初在股份公司的统一部署下中标三江盆地的油气勘探与评价权。2005年又取得敦化盆地油气勘探权。截止2007年底，共发现油田15个（其中西部2个），探明含油气面积 180.47km²，探明石油地质储量28858万t（油当量）。在油气勘探过程中，还发现了泌阳的安棚天然碱矿（储量5000万t）和舞阳的中原盐田（岩盐储量2300亿t）。1991年被国家授予“全国地质勘查功勋单位”荣誉称号、1997年获“全国地质勘探先进集体”称号。截止目前，河南油田所辖探区自营区块的油气总资源量为7.37亿t，具有良好的油气勘探前景。

油田1977年开始产能建设会战，1978年全面投入开发，油田开发管理达到国内先进水平，主力油田－双河油田被原中国石油天然气总公司和中国石化股份有限公司多次评为高速高效开发油田。2007年生产原油180.0086万t。到2007年底累计生产原油6392.3686万t。始建于1975年的南阳石蜡精细化工厂，经30年不断发展和技术改造已形成了一个集燃料－润滑油（蜡）－化工为一体的综合型炼油化工生产企业。

油田投入开发后，仅用6年多时间就收回了国家全部投资。截止2007年底，全油田累计完成投资240.16亿元。2001年至2007年，分公司累计完成投资103.89 亿元。

油田建立了科研、新技术开发和推广应用为一体的多学科、多层次、完善配套的科技体系，形成了一整套勘探开发各类油气藏的先进工艺技术。中小型盆地的油气勘探综合配套技术、高分辨率地震勘探技术处于国内领先水平，地球化学录井技术、水驱提高采收率配套技术、高温聚合物驱油配套技术、浅薄层特超稠油开采技术、注水产液结构调整采油工艺配套技术、大厚层细分开采工艺配套技术、HNS型高效三相分离器、抽油机1.14kV防窃节能配电成套装置、钻进式井壁取芯器、系列修井机、系列钻机等处于国内先进水平。具备了承担不同类型探区油气勘探和多种类型油气田的开发能力。

中国石油化工股份有限公司
河南油田分公司

部门	公网电话

党政办公室

主任……3857888
……3830038
副主任……3833269
秘书科……3830810
……3830243
值班室……3830011
……3856567
传真……3830027
文书……3830024
政研室……3830042
……3830594
督查科……3830676
……3830028
行政科……3830033
机要科……3830043
机要科传真……3830044
接待科……3030514
接待科传真……3830513

武装部
（综治办）

部长……3830851
办公室……3837011

组织部
（干部处）

部长、处长……3830049
副部长、副处长……3856989
综合科……3830046
组织科……3830055
……3830048
干部科……3830052
档案室……3830056
技干科……3830051
职改办……3830166
机关干部科……3830053
干部培训科……3830050

宣传部

部长……3830058
副部长……3830400
宣传综合科……3830543
政治教育科……3830059
新闻统战科……3830060
文化办公室
　主任……3830061
　中国石油画报记者站……3830248
　文化市场办……3836352
中国石化报记者站
　站长……3830062
　办公室……3856291
电视台
　总支书记……3838859
　总以……3830515
　副台长……3830844
　总编辑……3852290
　办公室……3852394
　总编室……3852595
　……3830719

局纪委、监察处

副书记、处长……3830064
副书记……3830067
副处长……3859757
办公室
　主任……3830632
　……3830066
案件一室
　主任……3830452
　副主任……3854842
　综合办……3830153
案件二室
　主任……3856410
　副主任……3854841
效能监察室
　主任……3830697
　副主任……3830154
信访室
　主任……3830694
　……3830817
　……3854840
审理室
　主任……3830630
　副主任……3830065
调研室
　主任……3854843
　副主任……3854845

局工会

副主席……………………………………3838836
……………………………………3830075
办公室主任……………………………3830548
办公室…………………………………3830072
……………………………………3830634

局团委

副书记…………………………………3830635
……………………………………3830636
办公室…………………………………3830079
青年志愿者服务总站…………………3838000
……………………………………3838111

局机关党委

书记……………………………………3839166
机关纪委书记…………………………3830083
调研员…………………………………3833455
机关党委办公室………………………3830084
机关纪委、团委………………………3836801
机关保卫科……………………………3830086

总调度室

总调度长………………………………3830890
副总调度长……………………………3830520
总工程师………………………………3830408
总经济师………………………………3830654
调度台…………………………………3830412
……………………………………3830413
总公司联网……………………………3837630
电调联网………………………………3857337

安全处

处长……………………………………3830129
副处长…………………………………3830116
总工程师………………………………3830347
环保办
　主任…………………………………3830119
　办公室………………………………3836907
环境监测中心站
　站长…………………………………3853480
……………………………………3852443

机动处

处长……………………………………3830095
副处长…………………………………3830657
副处长…………………………………3830098
综合科科长……………………………3830678
办公室…………………………………3830656
修理制造科……………………………3830097
现场管理科……………………………3830096

基建处

处长……………………………………3830105
总工程师………………………………3830107
综合科…………………………………3830647

科技处

处长……………………………………3830662
……………………………………3830607
副处长…………………………………3830801
副处长…………………………………3830673
综合管理科……………………………3830609
……………………………………3838771
项目管理科……………………………3830608
……………………………………3830802
技术市场办……………………………3830294
科协办…………………………………3830660
情报室…………………………………3830611
传真……………………………………3856983
计算机室………………………………3830337

规划计划处

处长……………………………………3830529
副处长…………………………………3830433
副处长…………………………………3833400
规划科…………………………………3830190
……………………………………3833403
项目科…………………………………3830127
……………………………………3833402
设计管理科……………………………3830108
投资计划科……………………………3830123
……………………………………3830124

财务处
（国有资产处）

办公室…………………………………3830649
……………………………………3833233

不良资产管理办公室

主任……………………………………3855886
副主任、总会计师……………………3857679

人力资源处

处长……………………………………3830419
副处长…………………………………3830134
总经济师………………………………3833108
总经济师………………………………3833153
总经济师………………………………3830753
社会保险中心
　主任…………………………………3859755
　副主任………………………………3835907

企管法规处

处长……………………………………3830482

副处长……………………………………3830483
总经济师…………………………………3830319
总工程师…………………………………3830553

审计处

副处长……………………………………3830449
副处长……………………………………3830669
南阳市中实会计师事务所
所长……………………………………3833949
综合室…………………………………3830571

对外合作处

主任………………………………………3836626
副主任……………………………………3830610

公共事业部

主任………………………………………3830016
副主任……………………………………3836835

勘探事业部

主任………………………………………3830903
副主任……………………………………3858043

开发事业部

主任………………………………………3830090
副主任……………………………………3830087
副主任……………………………………3830638
副主任、总工程师………………………3830090
副主任……………………………………3830185
总地质师…………………………………3830090
总会计师…………………………………3830637

炼化事业部

主任………………………………………3830236
副主任……………………………………3830122

概预算中心

主任………………………………………3830653
总经济师…………………………………3830652

信息中心

主任………………………………………3856969
支部书记、副主任………………………3839863

人才劳动力交流中心
（再就业服务中心）

主任………………………………………3830054
副主任……………………………………3830423
下岗职工管理科…………………………3830756

文体中心

主任………………………………………3835310
副主任（体委）…………………………3854366
副主任（中心）…………………………3836880
文化宫
主任……………………………………3830532
副主任…………………………………3830252
文体活动中心
副主任…………………………………3836882
活动室…………………………………3836880
电影公司
经理……………………………………3830140
办公室…………………………………3830534
体育场
主任……………………………………3830880
办公室…………………………………3830854
青少年宫
主任……………………………………3830576
副主任…………………………………3830511

钻井工程公司

地址：河南吉南阳市宛城区河南油田
邮编：473132
区号：0377

办公室……………………………………3850097

第一采油厂

地址：河南省桐柏县粟楼镇河南油田
邮编：474800
区号：0377

办公室……………………………………3843115

第二采油厂

地址：河南省唐河县河南油田
邮编：473400
区号：0377

办公室……………………………………3840476

地质调查处

地址：河南省南阳市宛城区河南油田
邮编：473132
区号：0377

办公室……………………………………3838657

油建公司

地址：河南省唐河县张店镇河南油田
邮编：473132
区号：0377

办公室……………………………………3839039

测井公司

地址：河南省南阳市宛城区河南油田

邮编：473132
区号：0377
办公室……………………………………………3839367

录井公司
地址：河南省南阳市宛城区河南油田
邮编：473132
区号：0377
办公室……………………………………………3837212

工程院
地址：河南省南阳市宛城区河南油田
邮编：473132
区号：0377
办公室……………………………………………3837341

精蜡厂
地址：河南省南阳市宛城区河南油田
邮编：473132
区号：0377
办公室……………………………………………3827826

水电厂
地址：河南省南阳市宛城区河南油田
邮编：473132
区号：0377
办公室……………………………………………3836308

机修厂
地址：河南省唐河县张店镇河南油田
邮编：473132
区号：0377
办公室……………………………………………3839581

南机厂
地址：河南省南阳市中州路河南油田
邮编：473065
区号：0377
办公室……………………………………………3577210

物资供销处
地址：河南省南阳市宛城区河南油田
邮编：473132
区号：0377
办公室……………………………………………3838387

运输处
地址：河南省南阳市宛城区河南油田
邮编：473132
区号：0377
办公室……………………………………………3838084

研究院
地址：河南省南阳市宛城区河南油田
邮编：473132
区号：0377
办公室……………………………………………3856461

设计院
地址：河南省南阳市宛城区河南油田
邮编：473132
区号：0377
办公室……………………………………………3834173

华油集团
地址：河南省南阳市宛城区河南油田
邮编：473132
区号：0377
办公室……………………………………………3830145

通信公司
地址：河南省南阳市宛城区河南油田
邮编：473132
区号：0377
办公室……………………………………………3839821

职工医院
地址：河南省南阳市宛城区河南油田
邮编：473132
区号：0377
办公室……………………………………………3852611

人力资源中心
地址：河南省南阳市宛城区河南油田
邮编：473132
区号：0377
办公室……………………………………………3853709

天然碱公司
地址：河南省南阳市宛城区河南油田
邮编：473132
区号：0377

办公室……………………………………………3845453

涧河社区

地址：河南省南阳市宛城区河南油田

邮编：473132

区号：0377

办公室……………………………………………3820922

双河社区

地址：河南省桐柏县粟楼镇河南油田

邮编：473132

区号：0377

办公室……………………………………………3843068

五一社区

地址：河南省南阳市宛城区河南油田

邮编：473132

区号：0377

办公室……………………………………………3830457

教育中心

地址：河南省南阳市宛城区河南油田

邮编：473132

区号：0377

办公室……………………………………………3830469

离退休管理中心

地址：河南省南阳市宛城区河南油田

邮编：473132

区号：0377

办公室……………………………………………3830310

塔里木河南勘探公司

地址：新疆焉耆县

邮编：841000

区号：0996

办公室……………………………………………6029730

4. 中国石油化工股份有限公司江汉油田分公司

地址：湖北省潜江市广华寺江汉路1号
邮编：433124
区号：0728
总机：6501000
传真：6502784
网址：www.jhpa.com.cn
邮箱：jbwsk@jhpa.com.cn

江汉油田地处美丽富饶的江汉平原，本部设在中国明星城市——湖北省潜江市，东距九省通衢之都武汉150km，西距历史文化名城荆州60km，拥有优越的地理位置和便利的交通条件。经过40多年的开发建设，江汉油田已发展成为中国南方重要的油气勘探开发基地、工程技术服务基地和石油机械装备制造基地，盐卤化工、科研设计、辅助生产和社区服务也具有一定的规模和实力。至2007年底，有在职职工3.24万人，资产总额153.32亿元。

油气勘探开发已建成江汉油区、山东八面河油田、陕西安塞坪北油田和建南气田等四个油气生产基地，累计发现油田30个，探明石油地质储量3.22亿t；发现气田1个，探明天然气地质储量99.04亿m^3；原油年生产能力161万t，天然气年生产能力1.84亿m^3；累计生产原油4791万t、天然气21.03亿m^3。

石油工程技术服务在石油物探、钻井、测录井、油气井测试、压裂酸化、井下作业等方面形成了一定的特色和优势技术，能够提供从油气田勘探开发到地面建设一体化的工程技术服务，所属6个工程技术施工单位均通过ISO国际质量体系认证。

石油机械制造所属江钻股份公司、四机厂、三机厂、钢管厂等4家石油机械制造企业均通过ISO国际质量体系认证和美国API认证，主要生产石油钻头、固井压裂成套设备、车装钻机、修井机、钢管、天然气压缩机、抽油机、水处理设备等，优势产品远销美国、加拿大、俄罗斯等20多个国家和地区，是中石化石油钻采机械装备制造基地，也是国内目前最大的石油机械装备制造与出口基地。

管道勘察设计、施工能力较强，近年来先后完成苏丹班布油田、巴西管道工程等项目设计；管道水平定向穿越居国内领先，曾成功穿越汉江、黄浦江、苏丹青尼罗河、巴西巴拉依巴拉苏河等多条河流；中标并开工“川气东送”、“西气东输”工程多条标段管线。

钢管制造技术和产品质量处于国内先进水平，直缝、螺旋钢管配套年生产能力达35万t。

盐卤化工资源丰富，探明岩盐储量7900亿t、卤水1000亿m^3，所属盐化工总厂拥有自主知识产权的钠法漂粉精生产技术国际领先，具备独立设计和建设年产5000t、10000t漂粉精生产装置的能力，漂粉精产品98%销往东南亚、欧美等58个国家和地区。

中国石油化工股份有限公司江汉油田分公司

部门 公网电话

公司机关

经理办公室

主任……6586938
副主任……6586995
……6509487
值班室……6502051
……6502074
传真……6502784
秘书科……6502894
政研科……6502556
……6592369
督查科……6502963
文书科……6502086
……6507178
接待科……6502141
……6504743
综合科……6592093

总调度室

总调度长……6586916
副总调度长……6503917
……6586926
……6586704
……6503024
……6502554
生产调度科……6502011
……6502211
传真……6502795
综合科……6507927
能源科……6503611
运输科……6502521
防汛办……6503547
工农办……6502931
土地办……6502232

安全环保处

处长……6503801
副处长……6502541
……6509292
……6503341
……6506035
综合科……6502454
机关安全科……6503803
劳保科……6502198
监察科……6503802
工业科……6502632
交通科……6502558
环保科……6506703
……6502789

基建处

处长……6503282
副处长……6500445
综合科……6502195
工程科……6502293
矿建科……6507403
招标科……6502135

资产装备处

处长……6507137
副处长……6502127
……6502261
……6502852
综合科……6500071
资产科……6502737
设备科……6502163
经营科……6502083
产权科……6506800

劳动工资处

处长……6586256
副处长……6504517
……6500668
……6502191
主任经济师……6586694
综合科……6502909
管理科……6502313
工资科……6507938
组织科……6502924
技能鉴定中心……6503833
监察科……6504785
劳动仲裁办……6504121
机关劳资科……6504924

工程技术处

处长……6509681
副处长……6504660
……6500548
……6504660
工程管理科……6500459
市场管理科……6503179

财务资产处

处长……6509576
副处长……6509121
……6501573
资金科……6509153
会计科……6509256
资产科……6509123
管理科……6509105
机关财务科……6507946
价税科……6509226
设备科……6509120
内控科……6509113

计划处

处长……6586936
副处长……6504968
……6504966
……6504866
主任经济师……6505208
规划科……6502706
经营科……6502424
计划科……6501964
……6586583
投资科……6502323
……6504776
统计科……6502707
传真……6503624

审计处

处长……6506887
副处长……6500249
……6504976
……6503034
……6507046
……6505840
综合科……6502537
……6502091
审理科……6502090

企业经营管理处

处长……6505418
副处长……6501575
……6500511
……6500248
……6586012
综合科……6509070
……6502072
改制办……6509779
经营科……6501227
项目科……6586705
市场科……6503918
招投标科……6502388

科技处

处长……6501844
副处长……6503162
……6505794
综合科……6501634
……6503423
科研……6509991
技术市场……6503678
科协……6503509
石油学会……6502880

勘探处

处长……6502965
副处长……6503157
……6501499
……6502698
地质科……6502698
工程科……6502273
综合科……6502732
传真……6503183

开发处

处长……6502881
副处长……6505389
……6502250
……6503153
综合科……6503153
生产科……6502793
油藏科……6501059
工程科……6502320
传真……6504584

法律事务处

处长……6500910
副处长……6505859
工商科……6592160
合同科……6502876
诉讼科……6501936

机关直属单位

经济研究与信息中心
主任……6504921
副主任……6502096
……6503352
综合科……6505276
信息管理科……6504222
……6501714

传真……………………………………6501977
网站编辑部……………………………6503114
ERP 管理科……………………………6501450
项目咨询科……………………………6505475
经济研究科……………………………6504759
化工科…………………………………6503717
地质工程设计监督中心
主任……………………………………6506054
副主任…………………………………6500498
地质总监………………………………6502097
主任工程师……………………………6502786
设计科…………………………………6502417
地质科…………………………………6502953
…………………………………………6502375
工程科…………………………………6503016
试油科…………………………………6509343
综合科…………………………………6505048
…………………………………………6504181
概预算与关联交易中心
主任……………………………………6504886
副主任…………………………………6500468
…………………………………………6504314
…………………………………………6503116
主任经济师……………………………6502633
综合科…………………………………6503478
建筑造价科……………………………6504314
安装造价科……………………………6503116
石油造价科……………………………6503932
关联交易科……………………………6506547
工程项目科……………………………6506724
劳动就业服务中心
主任……………………………………6501278
副主任…………………………………6500476
…………………………………………6500160
综合科…………………………………6501284
…………………………………………6504507
档案科…………………………………6500060
职介科…………………………………6502351
…………………………………………6506677
信息科…………………………………6503882
培训科…………………………………6504838
广华管理站……………………………6500460
五七管理站……………………………6575655
劳务管理科……………………………6505449
…………………………………………6502162
财务资产科……………………………6503728

财务结算中心
主任……………………………………6502376
审核科…………………………………6503576
会计科…………………………………6504214
出纳科…………………………………6504234
广华办事处……………………………6504217
向阳办事处……………………………6571004
五七办事处……………………………6571024
红旗办事处……………………………6598941
周矶办事处……………………………6584014
档案馆
馆长……………………………………6503287
副馆长…………………………………6505424
…………………………………………6502479
史志办…………………………………6503880
综合档案………………………………6502134
编辑部…………………………………6509331
北京联络处
办公室……………………………(010)84129988
武汉办事处
处办………………………………(027)84844832
武昌招待所………………………(027)88871157
汉阳招待所………………………(027)84844830

下属公司

钻井公司
办公室…………………………………6574514
传真……………………………………6571443
调度室…………………………………6574161
…………………………………………6574929
江汉采油厂
办公室…………………………………6574327
调度室…………………………………6574421
…………………………………………6574629
清河采油厂
办公室……………………………(0546)8838325
传真………………………………(0546)8838627
调度室……………………………(0546)8838338
…………………………………(0546)8838571
松滋采油厂
办公室……………………………(0716)6812637
调度室……………………………(0716)6813329
坪北经理部
办公室……………………………(0911)6448218
传真………………………………(0911)6448052
调度室……………………………(0911)6448012
…………………………………(0911)6448022

井下作业公司
办公室……6572654
传真……6571949
调度室……6572754
……6572549
石油天然气销售公司
办公室……6503112
……6586933
油田建设工程公司
办公室……6574318
……6574471
调度室……6574001
……6574541
地球物理勘探公司
办公室……6590589
……6242567
调度室……6590345
……6242241
测录井工程公司
办公室……6574172
……6573075
传真……6573013
调度室……6574019
……6574937
勘探开发研究院
办公室……6502436
传真……6503622
调度室……6502892
……6502839
采油工艺研究院
办公室……6575353
……6574992
调度室……6574936
……6574036
物探研究院
办公室……6590332
……6599449
调度室……6590499
……6599448
运输公司
办公室……6584480
……6584028
调度室……6584569
……6584317
水电厂
办公室……6588473
……6588475
调度室……6588731
……6588757
通信公司
办公室……6502325
……6501594
传真……6505042
供应处
办公室……6508869
……6508488
调度室……6508883
勘察设计研究院
办公室……(027)59722157
……(0728)6596020
盐化工总厂
办公室……6581242
传真……6581940
调度室……6581361
江汉石油钻头股份有限公司
办公室……6518147
……87925825
传真……6518529
……87924884
农林处
办公室（传真）……6503632
职工培训中心
办公室……6574723
传真……6575142
离退休管理处
办公室……6503567
……6502106
房地产管理处
办公室……6502528
……6503924
公共事业处
办公室……6500223
……6505101
调度室……6505789
……6502143
向阳实业总公司
办公室……6580641
……6580445
调度室……6580431
社会保险服务中心
办公室……6507203
传真……6502640

国际合作公司

办公室……………………………………6505155

外事办公室……………………………6519403

传真……………………………………6505153

天然气勘探开发处

办公室……………………………(0718)7557155

……………………………………(023)58565355

传真………………………………(0718)7557160

……………………………………(023)58565360

调度室……………………………(0718)7557122

……………………………………(0718)7557101

……………………………………(023)58565310

……………………………………(023)58565309

技术监督处

办公室……………………………………6505224

……………………………………………6504849

川东北工作部

办公室……………………………(0818)2526322

调度室……………………………(0818)2526077

西部勘探公司

办公室……………………………(0991)3848008

……………………………………(0991)3845268

传真………………………………(0991)3844300

第三机械厂

办公室……………………………………83248789

……………………………………………83248702

传真……………………………………83248799

第四机械厂

办公室……………………………(0716)8429809

……………………………………(0716)8429150

传真………………………………(0716)8429152

调度室……………………………(0716)8429625

……………………………………(0716)8429213

钢管厂

办公室……………………………(0716)8302635

……………………………………(0716)8301888

传真………………………………(0716)8302564

调度室……………………………(0716)8301420

江汉油田教育实业集团

办公室……………………………………6502610

……………………………………………6586760

传真……………………………………6501449

江汉石油仪器仪表有限公司

办公室 …………………………………51012096

传真 ……………………………………51012099

调度室 …………………………………51012087

5. 中国石油化工股份有限公司江苏油田分公司

地址：江苏省扬州市文汇西路1号
邮编：225009
区号：0514
传真：87760009
网址：www.joeco.com.cn
E-mail：joeco@joeco.com.cn

中国石油化工股份有限公司江苏油田分公司，是集石油勘探开发一体化，油气生产、加工与销售相配套，跨地区、跨行业的综合性大型石油企业。分公司下设9个单位，主要生产队中有油气采输队29个。

分公司机关设在江苏省扬州市，油区主要分布于江苏、安徽两省的6市12县境内，包括江苏扬州市的江都、邗江、高邮、仪征，泰州市的兴化，淮阴市的金湖、盱眙、洪泽、镇江市的句容，盐城市的东台、射阳，安徽滁州市的天长等。

分公司勘探开发成效显著、前景可观。2007年，分公司新增三级储量3869万t，连续12年提交探明石油地质储量超过1000万t；生产原油170.2万t，生产天然气0.5461亿m^3。到目前为止，已先后发现了36个油气田，累计探明石油地质储量2.2836亿t，探明含油面积195.14km^2，天然气地质储量78.7亿m^3，探明含气面积140.97km^2。从整体发展态势上看，油气生产目前和今后相当长的时期内仍处于兴盛期。特别是作为勘探接替领域的北部湾盆地徐闻区块、二连、准噶尔、柴达木等盆地江苏探区，以及苏皖下扬子中古生界，资源总量超过20亿t，目前尚处在前期评价研究和早期勘探评价突破阶段，蕴藏着巨大潜力。

分公司勘探开发技术领先，独树一帜。多年的不懈努力，形成了具有在地上水网密布、地下构造复杂，素有“地质家考场”之称的长江金三角地带，从事复杂小断块群油气藏滚动勘探开发的成功经验和技术；拥有全行业第一套全三维处理软件以及用于油藏早期描述评价的无井LOG反演技术；发展配套了以全三维地震、油藏描述等四项技术为核心的复杂断块地区滚动勘探开发综合配套技术，建立起一套高速、高效增储上产的技术系列，百万吨产能建设投资水平为同行业先进。全油田内已完成信息网络基础设施建设，与中石化总部和因特网已实现互联互通，信息技术广泛应用于勘探、开发、生产、科研、经营、管理等领域，新技术的使用在全国中小油田处于领先水平。

中国石油化工股份有限公司江苏油田分公司

部门　　公网电话

经理办公室

主任……87760030
副主任……87760051
值班室……87762001
……87762004
接待科……87760170
秘书科……87762100
文书科……87762002
信访科……87762003
档案科……87762007
收发室……87762005

规划计划处

处长……87761315
计划科……87761313
规划科……87761314
项目科……87760152
统计科……87761312

财务资产处

处　长……87761100
副处长……87762349
综合科……87760614
会计科……87762063
成本科……87762065
价税科……87760612
资产科……87760775
资金科……87762062
机关财务科……87762068
勘探处财务科……87762195
开发处财务科……87762138
开发财务科……87760799

勘探处

处长……87760145
副处长……87760491
主任工程师（物探）……87762732
主任工程师（试油）……87762991
主任工程师（地质）……87762196
处长办公室……87762872
项目部……87761413
财务科……87762195
项目部（高邮、金湖）……87762191
项目部（外围）、监督部……87760431
项目部（调度）……87762193
监督部……87762192
计划经营部……87762194

开发处

处长……87761597
副处长……87760128
主任地质师……87762597
主任工程师……87760964
副主任经济师（项目管理）……87760834
副主任工程师（地面工程）……87762135
副主任地质师（规划部署）……87762417
油藏工程科……87762137
采油工程科……87762134
项目管理科……87762136
财务科……87762138

试采一厂

党委书记……86763536
厂长……86763099
生产副厂长……86763516
经营副厂长……86763505
纪委书记．工会主席……86763513
主任工程师……86763506
党办……86763528
厂办……86763098
计划科……86769443
预（结）算中心……86763594
劳资科……86763670
财务科……86763595
企业管理科……86763423
审计科……86764815
生产调度……86763562
对外项目办……86763512
安全科……86763590
注采工艺所……86763583
地面工程建设站……86763174
机动科……86763587
物资管理站……86764975
土地公关环保科……86763534
地质研究所……86763625
教育培训中心……86763601
技术监督中心……86763618
作业监督站……86763665

试采二厂

党委书记……86741203

厂长……86741201
纪委书记……86741209
副厂长……86741205
副厂长……86741584
主任师……86741215
厂办……86741222
企管科……86741206
审计科……86741424
组织人事科……86741291
财务资产科……86741076
计划经营科……86741214
安全科……86741247
生产调度室……86741003
公关科……86741672
装备科……86741147
物资管理科……86741013
基建办……86744254
作业大队……86744049
运输大队……86741271
综合大队……86741219
生活管理站……86744844
金东采油作业区……86741603
采油一队……(0517)86821143
采油三队……86741606
采油五队……86741621
金西采油作用区……86744005
采油四队……86744017
采油六队……86744058
采油七队……(0517)86408702
黄珏作业区……87769730
采油八队……87769012
采油二队……87769746
采油九队……87769967
采油十队……(0514)83883420
油田工艺研究所……86741231
油田开发研究所……86741207
技术监督中心……86741055

安徽采油厂

党委书记……86745555
厂长……86745666
副厂长……86745688
主任工程师……86745588
党办……86745558
工会……86745556
保卫科……86745552
厂办……86745678
经营计划科……86745516
劳动人事科……86745536
财务科……86745600
生产调度室……86745501
安全科……86745616
机动科……86745586
地质研究所……86745568
原油调运站……86745228
运输队……86745306
试井队……86745308
采油一队……(0550)7651040
采油二队……(0550)7651725
采油三队……(0550)7538567
生活服务站……(0550)7315081

物资供销处

党委书记……87763999
处长……87763998
副处长、工会主席……87763866
生产副处长……87763816
党办……87763801
工会……87763805
保卫科……87763809
处办……87763818
人事教育科……87763828
审计科……87763899
财务科……87763988
调度安全科……87763838
企业管理科……87763808
技术监督科……87763852
材料科……87763868
机电科……87763878
配件科……87763886
油品科……87763881
邵伯物资总库……87762660
真武供销科……87763351
真武成品油库……87763821
金湖供销科……86741060
安徽汊涧供应站……86745253

地质科学研究院

书记……87760430
院长……87760949
副院长……87766186
副院长……87761142
主任师……87762356
主任师……87762357
主任师……87762353

党办……87760078
组干科……87762871
团委．宣传科……87762391
工会……87762360
院办……87762390
劳资科……87762366
财务科……87762362
科办……87761040
生产值班……87762358
企管科……87760941
勘探一室……87762368
勘探二室……87762380
勘探三室……87761240
开发一室……87762385
开发二室……87762386
开发三室……87761164
储量规划室……87762354
开发规划室……87762363
储量组……87762355
勘探规划……87761194
计算机室……87762400
制图室……87762382
实验中心……87762364
岩芯库……86762367
管理组……87762398
信息档案室……87762381

石油工程技术研究院

书记……87760296
院长……87761014
副院长……87760409
副院长．工会主席……87760361
主任师……87761132
主任师……87760406
党政办公室……87760701
档案资料室……87760408
计算机房……87760633
院财务……87760647
钻井工艺研究室……87762407
采油工艺研究一室……87760907
实验室……87760410
江苏油田瑞达石油工程技术开发公司……87762405

物探技术研究院

书记……86743326
院长……86743332
副院长……86743292
副院长……86743396
主任工程师……86743316
主任工程师……86743396
党政、工会办公室……86743324
团委……86743189
人力资源科（组干）……86743262
生产技术科……86743328
经营管理科……86743360
财务资产科……86743266
解释研究一部……86743353
解释研究二部……86743356
资料处理一部……86743399
资料处理二部……86743317
计算机服务部……86743339
技术开发部……86743398

扬州石化有限责任公司

（区号：0514）

总经理……86850188
书记（副总经理）……86850021
副书记（副总经理）……86850182
副总经理……86850166
副总经理……86850041
工会主席……86850061
总工程师……86850109
总会计师……86850166
办公室……86850055
党办……86850006
企业管理部……86850458
生产运行部……86850090
安全环保部……86850032
机械动力部……86850139
财务资产部……86850035
分析检测中心……86850070
催化车间……86850089
化纤车间……86850416
给排水车间……86850161
聚丙烯车间……86850171
油品车间……86850085
电仪车间……86850186
热电车间……86850048
检修车间……86850083
采购销售部……86850108
三益分公司……86850086
后勤服务中心……86850014
消防经警队……86850120
物资管理站……86850496
小车队……86850126

6. 中国石油化工股份有限公司勘探南方分公司

地址：四川省成都市高新区二环路南四段9号
高新之心大厦
邮编：610041
区号：028
传真：85164600
E-mail：ktnffgs@nfsinopec.com.cn

2007年3月12日，为有效实施中国石化资源发展战略，中国石化集团公司调整油气勘探管理体制，组建成立了中国石油化工股份有限公司勘探南方分公司。

勘探南方分公司全面负责中国石化南新区风险勘探，肩负着国家“十一五”重点工程“川气东送”工程油气资源落实扩大的重任，承担中石化“发展南方”资源战略重任。勘探领域包括海相中古今界和陆相中新生界，勘探区块分布在秦岭、大别山、胶南造山带以南、自青藏高原沿长江至东海之滨的南方地区，横跨川、渝、鄂、皖、苏、浙、赣、湘、黔、桂、藏、甘、陕、青等15个省市区，面积约200万km^2，勘察区块总面积约32万km^2。

勘探南方分公司紧紧围绕中国石化“发展南方”油气勘探战略，以油气资源为核心、勘探突破为重点、发现大中型油气田为目标，坚持科技创新和管理创新，按照“勘探展开、勘探突破、勘探准备”三个层次部署和实施油气勘探工作，发现了目前国内海相领域规模最大、丰度最高的整装大气田——普光气田，取得了通南巴构造带和元坝区块的勘探大突破，并形成了一套适应南方海相油气勘探专业技术和管理模式，为推动川东北探区油气勘探持续突破，落实”川气东送”工程资源地奠定了坚实的基础。

勘探南方分公司在推进南方海勘探的过程中，逐步形成了“求实、奉献、开拓、创新、和谐”的企业精神，进一步推进动了企业的发展进步。同时，在公司企业精神引领下，广大干部职工根据企业形式任务发展的需要，加快推进川东北探区油气勘探和大南方外围勘探，进一步扩大油气资源，力争获得更多的探明储量，为保障国家能源安全作出更大贡献。

中国石油化工股份有限公司勘探南方分公司

部门　　公网电话

综合办公室

副主任……85164707

人力资源处

处长……85164697

副处长……85164696

……85164695

接待科……85164680

综合科……85164708

劳动组织科……85164698

党群工作部

党务科……85164717

企业文化科……85164720

副主任……85164713

工会综合科……85164719

安全环保处

处长……85164690

副处长……85164682

安全监管科……85164684

环保管理科……85164685

科技处

副处长……85164671

……85164667

物探处

副处长……85164655

……85164651

……85164650

科技科

项目管理科……85164672

综合管理科……85164670

计划财务处

处长……85164777

副处长……85164638

主任经济师……85164637

计划统计科……85164636

勘探处

处长……85164620

副处长……85164621

……85164622

……85164623

……85164628

综合管理科……85164631

监理中心

主任……85164700

副主任……85164678

……85164674

综合管理科……85164675

生产管理处

处长……85164688

副处长……85164701

……85164703

综合管理科……85164702

井筒技术处

副处长……85164656

……85164657

综合科……85164664

信息中心

处长……85164722

副处长……85164723

……85164725

综合科……85164728

勘探研究院

副院长……85164728

……85164780

总质地师……85164788

办公室……85164758

物资供应中心

副主任……85164756

综合办公司……85164751

外围工作部

副主任……85164732

总工程师……85164733

综合科……85164736

青藏项目部

主任……85164740

总支书记……85164739

综合科……85164741

7. 中国石油化工股份有限公司上海海洋油气分公司

地址：上海市浦东新区商城路1225号
邮编：200120
区号：021
总机：68763242
传真：68769284
网址：www.shopc.com.cn
E-mail：shopc@shopc.com

中国石油化工股份有限公司上海海洋油气分公司（以下简称上海分公司）是中国石化专业从事中深海油气勘探和开发的上游油田企业，拥有丰富的海洋油气勘探经验，掌握着一定的开发技术。

上海分公司主要有三大主体业务，一是代表中国石化参与东海西湖和平湖两个油气田开发项目的管理，包括勘探评价研究、开发建设和生产技术管理工作，维护中国石化的股东权益；二是在东海、南海、黄海等海域开展自营勘探，争取发现新的油气田，尽快建立自营勘探开发基地；三是承担海外油气资源勘探开发项目的评价研究。

自营勘探以实现新区油气突破为目标。2007年，编制完成了琼东南深水区三维地震勘探项目设计书，并获中国石化批准，同时完成了三维采集合同的谈判和签约工作；开展了《琼东南深水钻井技术调研及作业前期评价》先导项目研究，对深水钻井技术、相关装备进行了调研，积极着手深水钻探前期准备；组织实施《东海南部二维地震资料重处理》等两个地球物理技术攻关项目，为中国石化海域探区基础地质研究和勘探潜力评价奠定了基础。

截至2007年底，上海分公司拥有份额探明石油地质储量916.1万t、份额探明天然气地质储量316.7亿m^3，已钻探井和评价井46口，勘探成功率达60%以上。到目前为止，拥有海域自营勘探区块12个，面积56748km^2，分布在东海陆架盆地和南海琼东南盆地及北部湾盆地。与中国海洋石油总公司共同持有勘查区块13个，开采区块2个，面积37765km^2，分布在东海陆架盆地西湖凹陷。

上海分公司在海岸带调查、海底矿产调查、海域划界、海底沉积地貌研究等领域取得了一系列成果，曾获得国家科委、计委、经贸委、全国矿产资源委员会、地矿部、科技部、财政部、中国石化集团公司和股份公司、上海市政府等颁发的重大勘探成果奖等各种奖项60多项，并获得全国地质找矿功勋单位等光荣称号。

中国石油化工股份有限公司
上海海洋油气分公司

部门	公网电话
办公室	68769671
法律事务处	68767241
科技处	68767622
勘探处	50589070
开发（工程）处	58304072
人力资源处	68752052
计财处	50810877
物资装备处	68766984
审计处	68766855
安环处	58310948
信息中心	68769416
研究院	68752171

8. 中国石油化工股份有限公司西南分公司

地址：四川省成都市提督街108号
邮编：610016
区号：028
总机：86755566
传真：86750066
E-mail：dzbgs@sswpc.cn

中国石油化工股份有限公司西南分公司是中石化在西南地区进行油气勘探开发销售的油田企业。西南油气分公司的前身是为发现大庆油田、吉林油田、辽河油田作出过重大贡献的国家地质勘查功勋队伍。2007年3月按照中国石油化工股份有限公司整合重组方案，与原南方勘探开发分公司重组整合，形成了新的西南油气分公司。

20世纪60年代以来，西南油气分公司一直在四川、云南、贵州和广西等地区的油气勘探开发实践中，建立了覆盖油气勘探开发、输配营销等专业领域的科研和工程专业队伍，培养了一批省、部级的学术和技术带头人，形成了以博士后科研工作站为基础的青年人才培养基地。通过充分利用社会科技资源，先后与国内外大专院校、科研院所和石油公司进行了良好的技术合作。在油气成藏地质理论和地质地震、钻井、完井、测井、测试、采输等工艺技术方法的研究上取得一批高水平的科研成果，曾获得国家科技进步一等奖2项、二、三等奖3项，省、部级一等奖15项、二、三等奖206项。

西南油气分公司目前拥有油气勘查区块19个，开采区块17个，开发准备区块5个，探采矿区块合计面积约3.4万km^2，拥有天然气总资源量8万亿m^3以上，截止2007年底西南油气分公司在四川盆地合计拥有三级地质储量折合油当量83499.32万t。

2007年，西南油气分公司生产天然气27亿m^3。现有油气井1000多口，输（配）气站310余座，各类天然气集输管道累计达3000余km，形成了系统性相对较强、独立的天然气产、供、销集输网络。天然气市场主要分布在成都、德阳、绵阳等川西和川北地区。

西南油气分公司将坚持“管理、创新、和谐、发展”的工作方针，解放思想，真抓实干，全力推进百亿气田建设，努力实现跨越式发展。

中国石油化工股份有限公司西南分公司

部门　　公网电话

公司机关

经理办公室
主任……86747755
副主任……86748877
副主任……86780743
传真……86750066

川西采输处

地址：四川省德阳市泰山北路三段 399 号
邮编：618000
传真：(0838) 2408050
办公室……2422382

川东北采气厂

地址：四川省阆中市七里镇
邮编：637402
传真：(0817) 6300102
办公室……6305477

勘探开发研究院

地址：四川省成都市成华区青龙场
邮编：610081
传真：(028) 83510332
办公室……83505926

工程技术研究院

地址：四川省德阳市龙泉山北路 298 号
邮编：618000
传真：(0838) 2552071
办公室……2551501

工程监督中心

地址：四川省德阳市天元经济开发区青海路东段
邮编：618000
传真：(0838) 2801033
办公室……2801033

物资供应处

地址：四川省成都市一环路北四段 116 号
邮编：610000
传真：(0838) 83384950
办公室……83352649

德阳新场气田开发有限责任公司

地址：四川省德阳市泰山北路二段 86 号
邮编：618000
传真：(0838) 2273132
办公室……2273132

德阳联益石油天然气勘探开发有限公司

地址：德阳市天元经济开发区青海路东段
邮编：61800
传真：(0838) 2800397
办公室……2800397

成都龙星天然气开发有限责任公司

地址：四川省成都市龙泉驿区龙平路
锦苑小区综合楼
邮编：610100
传真：(028) 84863414
办公室……84845515

川东北油气勘探开发项目部

地址：四川省巴中市江北大道农业发展银行 9 楼
邮编：636000
传真：(0827) 2222806
办公室……2222807

9. 中国石油化工股份有限公司西北分公司

地址：新疆乌鲁木齐市北京北路91号
邮编：830011
区号：0991
总机：3600114
传真：6637597
E-mail：xbytfgs@thof.cn

中国石油化工股份有限公司西北分公司位于美丽、富饶的新疆维吾尔自治区，是中国石化上游油田企业之一。总部机关设在自治区首府乌鲁木齐市，并在巴音郭楞蒙古自治州轮台县建立了前线指挥基地，所属的塔河油田位于天山南麓塔克拉玛干沙漠北缘的戈壁荒漠地带，地处新疆库车县和轮台县境内，东北距轮台县城约50km，地表海拔930m左右。截止2007年底，西北油田分公司在塔里木盆地拥有9个油气勘查区块，勘查总面积2.85万km^2，拥有油气远景资源量77.39亿t油当量，完成三级地质储量25.01亿t油当量；共投入开发的有塔河、西达里亚、雅克拉、大涝坝4个油气田，拥有油气井648口，开井536口，累计产油3091万t。

中国石化西北油田分公司是原地质矿产部一支从事石油地质普查勘探的功勋队伍，曾先后参与发现了大庆、辽河、胜利等油气田，为新中国石油工业的起步和发展作出了卓越的贡献。1978年进入新疆，先后在塔里木、准噶尔、吐哈等盆地开展石油地质普查勘探；1984年9月22日，西北石油局部署在塔里木盆地沙雅隆起的沙参2井实现重大油气突破，发现了中国第一个海相古生界碳酸盐岩油气田，正式拉开了塔里木盆地大规模油气勘探的序幕；1997年针对海西早期古侵蚀面之下奥陶系碳酸盐岩勘探领域部署的沙46井、沙48井分别获高产、稳产工业油气流，发现了我国第一个古生界海相大油田——塔河油田，实现了我国古生代海相碳酸盐岩油气勘探真正意义上的重大突破；2003至2007年塔河油田进入快速发展期，原油年产量平均增幅在60多万t，约占中国石化上游年增产幅度的80%。塔河油田正成为中国石化最主要的产量增长区和接替区。2007年，生产原油536.25万t，生产天然气9.5亿m^3。2008年计划生产原油609万t，生产天然气10.5亿m^3。

西北石油局、西北油田分公司将继续按照中国石化集团公司制定的“东部硬稳定、西部快上产，天然气大发展”的资源战略，以“塔河之下找塔河、塔河之外找塔河、提高采收率再造一个塔河”为突破口，加大勘探开发力度，力争到2010年实现探明石油储量10亿t，天然气储量2500亿m^3，新建原油产能1138万t，期末原油产量达到700～800万t，天然气产量20～30亿m^3，实现1000万t油当量的发展目标。同时，西北石油局、西北油田分公司将全面贯彻落实十七大精神，以科学发展观为指导，全面提高管理水平，增强自主创新能力，实现企业与社会、环境的和谐发展，为国家能源安全、中国石化上游发展、地方经济建设而努力拼搏，为实施西部大开发战略和推进社会主义和谐社会建设作出更大贡献。

中国石油化工股份有限公司西北分公司

部门　公网电话

经理办公室

主任……6637586
副主任……6637056
总值班……3600161
……3600163
传真……6637597

党委办公室

主任……6636007
……3600646
副主任……3600645
副主任……3600643
传真……3600763

生产运行处

处长……6637157
……3600320
副处长……3600635
副处长……3600212
办公室……3600637
传真……6636351

计划处

处长……6636006
……3600628
副处长……3600180
办公室……3600677
传真……3600263

组织、人事处

处长……6637623
……3600638
副处长……3600639
传真……3600162
医保办……3600282

勘探处

处长……3600619
副处长……3600273
副处长……3600613
办公室……3600617
……3600615
传真……3600309

开发处

处长……3600863
副处长……3600182
综合组……3600271
传真……3600869

油田建设处

处长……3600216
副处长……3600875
综合组……3600866
传真……3600667

科技与外事处

副处长……3600936
办公室……3600612

工程技术处

处长……6635832
……3600829
副处长……3600301
办公室……3600932
传真……3600934

安全环保处

处长……6659258
……3600663
副处长……6659828
副处长……3600686
办公室……3600665
传真……3600322

物资装备处

处长……3600629
办公室……3600631
传真……3600208

审计处

处长……6636126
……3600626
办公室……3600671

市场管理办公室

处长……6633955
……3600633
办公室……3600251

企业管理处

处长……3600268
办公室……3600321

纪委
（监察处）

处长……6637625
……3600219
综合办……3600682

工会／团委

副主席……………………………………6637598
……………………………………3600661
办公室……………………………………3600659

机关党委

书记……………………………………3600262
办公室……………………………………3600683

规划设计研究院

院长……………………………………6636753
……………………………………3600700
书记……………………………………6637576
……………………………………3600701
院办公室……………………………………3600708
……………………………………3600709
传真……………………………………6636694

工程技术研究院

院长……………………………………3835326
……………………………………3600803
书记……………………………………3851162
办公室……………………………………3850682
传真……………………………………3836807

采油一厂

厂长……………………………………(0996)4688068
书记……………………………………(0996)4688066
综合办……………………………………(0996)4688085
传真……………………………………(0996)4688084

采油二厂

厂长……………………………………(0996)4687518
书 记……………………………………(0996)4687528
综合办……………………………………(0996)4687506
传真……………………………………(0996)4687507

雅克拉采气厂

厂长……………………………………(0997)7989232
书记……………………………………(0997)7989098
综合办……………………………………(0997)7989061
传真……………………………………(0997)7980130

完井测试中心

主任……………………………………4689718
书记……………………………………4689703
综合办公室……………………………………4689706
传真……………………………………4689752

器材供应中心

主任……………………………………4689558
书记……………………………………4689518
综合办公室……………………………………4689538
传真……………………………………4689540

工程监督中心

主任……………………………………4689618
书记……………………………………4689638
综合办……………………………………4689611
传真……………………………………4689613

油气销售公司

经理……………………………………6623485
……………………………………3600839
办公室……………………………………3600760
……………………………………3600767
传真……………………………………6624816

油田维护中心

主任……………………………………4688258
书记……………………………………4688296
综合办……………………………………4688186
传真……………………………………4688185

油田供电管理中心

主任……………………………………4687678
书记……………………………………4687677
综合办……………………………………4687638
传真……………………………………4687676

信息中心

主任……………………………………6637156
……………………………………3600166
副主任……………………………………3600256
副主任……………………………………3600858
综合办……………………………………3600855
传真……………………………………3600970

概预算中心

主任……………………………………6637911
……………………………………3600672
综合办……………………………………3600685
传真……………………………………6636454

小车服务中心

主任……………………………………6637213
……………………………………3600698
综合办……………………………………3600859
……………………………………3600185
传真……………………………………3600968

10. 中国石油化工股份有限公司华东分公司

地址：江苏省南京市热河南路 37 号
邮编：210011
区号：025
总机：58822288
传真：58822000

中国石油化工股份有限公司华东分公司（以下简称华东分公司）是具有丰富经验的油气田勘探开发企业，指挥机关位于六朝古都、江苏省会南京市，下设 7 个生产、研究单位。

华东分公司油气勘探开发和工作区域分布于苏北和东北，勘探开发面积约 63500km²。该公司在苏北老油区工作了半个多世纪，1970 年在苏 20 井实现了江苏找油史上第一次突破，此后，共在江苏地区发现了 40 多个油气田，目前由华东分公司负责开发的有草舍、洲城、台兴、边城、溪南庄、金南、祝庄、北汉庄、腰滩、金南、吕家庄等 20 个油气田。从上个世纪 90 年代开始，华东分公司在东北的松辽地区开展勘探，经过近 10 年的不懈努力，2003 年在腰英台实现了油气突破，2005 年又在腰英台坳陷层和断陷层实现重大突破、发现了亿吨级大型油气田。腰英台油气田于 2006 年进入规模化开发阶段，已具年产 20 万 t 油气能力，2008 年，经中石化审批通过的第 3 个 10 万 t 产能建设项目及 10 亿 m^3 天然气产能建设项目已开始建设。华东分公司还积极响应中石化油气资源发展战略，在国内，积极参与后备战略接替区的研究工作，开展了南方下扬子领域前瞻性研究；在国外，配合兄弟单位实施"走出去"战略，成为中石化哈萨克斯坦等国际勘探开发项目的技术支撑单位。

华东分公司有着丰富的小油田勘探开发经验，熟悉剩余油富集规律，运用成熟配套的技术和方法，有效控制老油田自然递减率，所辖苏北小油田已经历了几十年开采，依然处于良好的稳产增产状态。近几年，平均每年向国家提交三级石油地质储量 2000 万 t 以上，提交探明地质储量 500 万 t 以上。至 2007 年末，共提供三级油气地质储量已达 1.9 亿 t 油当量。

务生产之需的作风，宽松的学术气氛，博众家之长的传统，使华东分公司不断实现技术创新、科研创新，形成了针对苏北复杂超小型断块油田和针对东北松南地区大面积低孔渗、低丰度岩性-构造复合型油气田的勘探开发方法技术系列。在油气田开发中广泛采用了三维地震勘探、定向井、丛式井、水平井、小井眼开窗侧钻、侧钻水平井、油藏精细描述、剩余油研究、油气层保护、水力加砂压裂改造、分层注水、深度调驱、油田水回注、CO_2 吞吐及注 WPS 三次采油技术等工艺技术，有效推动了勘探发现，提高了储量动用程度和采收率。我们真诚地希望同业人士加强合作，共谋发展。

中国石油化工股份有限公司华东分公司

部门　　公网电话

公司机关

经理办公室……5877021
劳动人事处……-1312
……-1313
对外合作处……58827476
……-8903
物资装备处……-1104
……-8901
安全环保处……-1314
……-1315
审计处……-1015
信息中心……58772591
……-1666
计划处……58817121
……-1415
财务处……58768619
……-1401
勘探处……-1207
……-1209
开发处……-1212
……-1205
工程建设处……-1306
……-1304
生产调度处……58835711
……58822000
……-1309
原油销售处……58835332
……-1005

采油厂

地址：江苏省泰州市五里桥
邮编：225300
区号：0523
办公室……6662786
传真……6663677

规划设计院

地址：江苏省南京市江东北路191号春光大厦
邮编：210036
区号：025
办公室……86204015
传真……86203147

资料处理中心

地址：江苏省南京市白下区天坛新村9号
邮编：210007
区号：025
办公室……84878965

资料信息中心

地址：江苏省南京市白下区天坛新村9号
邮编：210007
区号：025
办公室……86234686
传真……86234518

物资采供中心

地址：江苏省泰州市五里桥
邮编：225300
区号：0523
办公室……6662750
传真……6663232

吉林项目经理部

地址：吉林省长春市绿园区锦西路1151号
邮编：130062
区号：0431
办公室……7984970
传真……7984970

11. 中国石油化工股份有限公司华北分公司

地址：河南省郑州市伏牛路南段 197 号
邮编：450006
传真：(0371)68612902
E-mail: hbj220@public2.zz.ha.cn

中国石油化工股份有限公司华北分公司（以下简称华北分公司）是中国石油化工股份有限公司直接管理的油气分公司，成立于 2002 年 5 月，其前身（地质矿产部华北石油局）是一支具有五十年光荣历史、勘探力量雄厚的油气勘探开发综合队伍，其主体队伍的足迹遍及中国 22 个省（市、自治区），为大庆等 9 个油田的发现发挥了战略性的先导作用，为石油石化工业的发展作出了历史性的突出贡献。

2006 年新增天然气探明储量 133 亿 m^3，控制储量 414 亿 m^3，预测储量 515 亿 m^3；累计拥有天然气探明储量 3066 亿 m^3，控制储量 1438 亿 m^3，预测储量 2188 亿 m^3，三级储量共计 6692 亿 m^3，为中石化能源战略发展和 30 亿 m^3 产能建设提供了雄厚的物质基础。2006 年新增石油探明储量 295 万 t，控制储量 297 万 t，预测储量 676 万 t；累计拥有石油探明储量 546 万 t，控制储量 449 万 t，预测储量 1589 万 t，三级储量共计 2584 万 t。

2006 年油气产量达到 116 万 t 油当量。实现了历史性的跨越，迈进了百万吨级油田企业行列。

2006 年华北分公司提前 18 天完成年度天然气销售任务。4 月 20 日正式向燕山石化供气，为中国石化下游企业降本增效作出了贡献。5 月 10 日开始向山东供气，开拓了天然气市场，树立了中石化国有大企业的形象。12 月 8 日实现了向河南郑州供气，缓解了郑州民用天然气供应紧张的局面。

2006 年华北分公司新建天然气产能 4.61 亿 m^3，累计产能达到 15.93 亿 m^3，当年新增产能列石化第一。新建石油产能 2.6 万 t。

科技创新取得了突出的成果。有效地解决了勘探开发中的主要技术难点，使天然气勘探井成功率一直保持在 85% 以上，开发井成功率达 95% 以上，为大牛地气田的快速发现和高效建成提供了支撑。“大牛地气田天然气成藏规律及勘探开发技术”项目获得集团公司科技进步一等奖。

中国石油化工股份有限公司华北分公司

部门 公网电话

经理办公室

主任 ……68629220
办公室 ……68629519
传真 ……68621514

勘探处

处长 ……68619087
办公室 ……68629216
……68612215
传真 ……68631215

开发处

处长 ……68629130
……68619101
办公室 ……68619102
……68629583
传真 ……68612795

工程处

处长 ……68610780
办公室 ……68619115
……68629309

调度处

处长 ……68617391
办公室 ……68617930
……68617931
传真 ……68619212

计划处

办公室 ……68629230
……68629070

财务处

处长 ……68629297
办公室 ……68629254
……68629505
机关财务 ……68629239
内控办 ……68629302

科技处

处长 ……68619095
办公室 ……68619708

审计处

办公室 ……68329237

国际合作处

处长 ……68629253
办公室 ……68628594
……68617932

企业管理处

处长 ……68629219
办公室 ……68629687

物装处

处长 ……68629266
办公室 ……68619716

档案室

主任 ……68619082
办公室 ……68619081
办公室 ……68619083
办公室 ……68619084
办公室 ……68619704

销售处

处长 ……68629619
办公室 ……68629882

油气田建设处

办公室 ……68629807
办公室 ……68629030
办公室 ……68619015

油气田维护保障中心

办公室 ……68629225

监督中心

办公室 ……68619106

信息网络中心

主任 ……68629296
……68629378
办公室 ……68619701
办公室 ……68619623
机房 ……68629768

协调处

办公室 ……68617630

物资供应中心

处长 ……68627171
办公室 ……68619077
……68629787
……68619124
……68629787
……68619757
财务 ……68619094
物控中心 ……68629214

规划设计研究院

院长 ……68619318
……68624760

副院长 ……………………………68619308
工会主席 …………………………68629307
总工 ………………………………68619338
……………………………………68619804
总会计师 …………………………68629327
……………………………………68614681
院办公室 …………………………68619358
……………………………………68612927
传真 ………………………………68624782
劳资 ………………………………68619738
文秘 ………………………………68624792
计财 ………………………………68629306
科技办 ……………………………68629312
石油所 ……………………………68629359
……………………………………68619360
储量所 ……………………………68619321
开发所 ……………………………68629315
……………………………………68629035
……………………………………68619305
地球物理所 ………………………68619351
天然气所 …………………………68619375
……………………………………68629326
钻采所 ……………………………68629023
……………………………………68629037
实验室 ……………………………67816301
……………………………………67816253
……………………………………67816323
……………………………………67817699
离退办 ……………………………68629380
胶印厂 ……………………………68619734

大牛地气田基地

地址：陕西省榆林市榆阳区小壕兔乡
邮编：719012
区号：0912

办公室……………………………3629161
传真………………………………3629308
工程处……………………………3629165
……………………………………3629313
传真………………………………3629328
开发处……………………………3629169
协调处……………………………3629170
……………………………………3629298
传真………………………………3629316
计划财务…………………………3629290
……………………………………3629286
传真………………………………3629163
预结算中心………………………3629312
油建处……………………………3629171
……………………………………3629288
传真………………………………3629314
调度处……………………………3629168
……………………………………3629166
……………………………………3629167
传真………………………………3629309
勘探处……………………………3629177
安全环保处………………………3629178
物装处……………………………3629180
销售处……………………………3629175
……………………………………3629278
物供中心…………………………3629179
油田维护…………………………3629176
党办………………………………3629173
销售处……………………………3629175
岩芯库……………………………3629279

分公司工程监督中心

主任………………………………3629189
综合办……………………………3629188
传真………………………………3629310
监督办……………………………3629181
……………………………………3629182
……………………………………3629183
……………………………………3629184
……………………………………3629185
……………………………………3629186
……………………………………3629190

分公司第一采气厂（前线）

厂领导……………………………3629191
……………………………………3629193
……………………………………3629192
……………………………………3629320
……………………………………3629321
……………………………………3629270
办公室……………………………3629194
传真………………………………3629195
生产技术…………………………3629196
传真………………………………3629311
物质装备…………………………3629174
采气工艺…………………………3629198
安全环保…………………………3629197
计划财务…………………………3629269
人力审计…………………………3629268

第一采气厂

地址：河南省郑州市须水
邮编：450065
区号：0371

办公室……………………………………67811134
传真………………………………………67811134

盐池采油厂

地址：宁夏回族自治区盐池县广河大酒店
邮编：751500
区号：0953

办公室……………………………………6010053
传真………………………………………6010055

陕北采油厂（定边）

地址：陕西省定边县引黄局转
邮编：718600
区号：0912

办公室……………………………………4228494
传真………………………………………4227000

镇泾采油厂

地址：甘肃省庆阳市西峰区隆兴机诚厂
邮编：745000
区号：0934

办公室……………………………………8217113
传真………………………………………8215552

油气田维护保障中心

地址：山西晋中市榆次区中都北路53号
邮编：30600
区号：0354

办公室……………………………………3038208
传真………………………………………3027481

12. 中国石油化工股份有限公司东北分公司

地址：吉林省长春市绿园区西安大路4936号
邮编：130062
区号：0431
总机：87998800
传真：87974693
E-mail：dbyq2008@163.com

中国石油化工股份有限公司东北分公司（以下简称东北油气分公司），是中国石化在东北地区惟一一支从事石油天然气勘探开发和生产经营的大一型企业。

东北油气分公司地处松辽盆地南部地区，总部机关设在吉林省长春市西安大路4936号，主要油气生产区域分布在吉林省公主岭市、四平市、松原市。勘探登记区块38块，总面积14.8万km^2，勘探区块分布于松辽盆地的南北缘、辽河盆地西缘、二连盆地、三江盆地、敦化盆地等，行政区跨黑龙江省、辽宁省、吉林省和内蒙古自治区。

2008年初，按照中国石化集团公司重组、整合及勘探开发一体化要求，对东北地区三家上游企业进行整合重组。整合后的东北油气分公司油气资源量23.88亿t油当量，其中石油15.11亿t，天然气资源量8769亿m^3，已获得石油探明储量5340万t，天然气探明储量654亿m^3。二氧化碳探明储量36亿m^3，初步具备了实现快速发展的资源基础。

截止目前，东北油气分公司拥有四五家子、八屋、孤家子、秦家屯、伏龙泉、长岭、所图、腰英台、松南气田等十几个油气田和含油气构造，日输气能力90万m^3，日产原油500t。日销二氧化碳100t。通往长春市、吉林市、公主岭市、长岭县等市镇输气管线1000多km。为吉林省数百万户城镇居民和数十家大中型企业提供天然气能源，占吉林省天然气市场70%以上的份额。

东北油气分公司将紧紧抓住整合后的发展机遇，进一步加快新老区块油气勘探进度，力争在深部和外围区块取得新的发现和突破，为“十一五”末建成百万吨级油气田而努力奋斗。

中国石油化工股份有限公司东北分公司

部门　　公网电话

经理办公室
主任……87987825
副主任……87987825
收发室……87958811
信息中心
办公室……87999123
主任……87958818
小车队
队长……87958825
勘探处
处长……87984430
……87958827
副处长……87958828
办公室……87958829
……87958830
开发处
处长……87984460
……87958832
副处长……87958833
办公室……87958835
……87958836
工程处
处长……87984428
……87958838
副处长……87958839
办公室……87958840
……87958841
调度处
处长……87983610
……87958842
副处长……87958891
办公室……87958843
……87958844
安卫处
处长……87984455
……87958845
副处长……87958846
办公室……87958847
财务处
处长……87994568
……87958850
副处长……87999850
副处长……87958851
办公室……87958852
……87958855
计划处
处长……87999820
……87958858
副处长……87958859
办公室……87958860
……87958861
审计处
处长……87958862
人事处
处长……87993951
……87958863
副处长……87958865
办公室……87958866
物资装备处
处长……87984450
……87958896
副处长……87958877
办公室……87958878
销售处
处长……87992958
……87958868
副处长……87958869
办公室……87958870
科技处
处长……87958872
副处长……87958873
党委工作部
部长……87958906
副部长……87958909
办公室……87958907
……87958908
监察处
处长……87999578
……87958910
工会
办公室……87958911
勘探开发研究院
院长……87999848
……86805630
书记……86805631

办公室……………………………………86805635

油田工程公司

经理……………………………………87999658

……………………………………86805685

书记……………………………………87992533

……………………………………86805686

办公室……………………………………87972882

……………………………………86805689

物资公司

经理……………………………………87997525

……………………………………86805678

书记……………………………………86805679

办公室……………………………………86805682

油田服务公司

经理……………………………………87960359

……………………………………86805606

书记……………………………………87997870

……………………………………86805607

办公室……………………………………87998301

……………………………………86805609

基地服务中心

经理……………………………………87990096

……………………………………86805612

书记……………………………………87996108

……………………………………86805613

离退办

处长……………………………………86805625

副处长……………………………………86805626

液碳公司

经理……………………………………87993608

办公室……………………………………87976823

……………………………………87986654

采输一厂

经理……………………………(0434)6451394

采输二厂

经理……………………………(0434)5807321

采输三厂

经理……………………………(0434)6411770

采输四厂

经理……………………………(0438)8721500

13. 中国石油化工股份有限公司管道储运分公司

地址: 江苏省徐州市泉山区翟山新村
邮编: 221008
区号: 0516
传真: 83888434
网址: www.gdcygs.com
E-mail: zhanglh@gdcygs.com

管道储运分公司是中国石油化工股份有限公司油气储运管道专业化公司，是联系中国石化上中下游企业的桥梁和枢纽。基地位于江苏省徐州市，下设潍坊、南京、聊城、新乡、沧州、襄樊、鲁宁、仪长、洪荆、京唐输油处和黄岛油库等11个输油生产单位，共管辖着35条在役和在建管线，业务范围涉及北京、天津、河北、河南、山东、江苏、安徽、上海、浙江、湖北、湖南、江西、广西13个省、自治区和直辖市，管线全长5882.9km，油罐总罐容841万m^3，原油一次输送能力9000万t/a，担负着胜利、中原、河南等几个油田的原油以及部分进口原油输送任务，为齐鲁、仪征、扬子、上海、镇海、安庆、九江、荆门、洛阳等19个长江中下游及华北、东南沿海地区的炼化企业输转原油。

近年来，随着中国石化资源战略不断实施和深化，石化管道事业得到了迅猛发展。2007年管道储运分公司实现输油6656万t，完成固定资产投资41.1亿元，连续实现了第八个安全生产年。2008年，管道储运分公司将进一步抓住石化管道发展的大好机遇，以提高管道专业化管理和科技发展水平为重点，坚持以人为本，强化管理和科技创新，稳步推进各项改革，切实加强安全生产和节能降耗工作，更加重视改善职工群众生活，充分调动各方面积极性，全面完成今年各项目标任务，努力实现第九个安全生产年，为中国石化建设具有较强国际竞争力的跨国能源化工公司作出更大的贡献。

管道运输作为先进运输方式之一，市场前景广阔，开拓潜力巨大，其安全、高效、快捷和运费低的特点越来越受到人们的重视和认同，目前正处在快速发展过程中。

部门	卫星网电话	公网电话
机关处室		
经理办公室		
主任（外事办）	922-5494	83455495
外事办副主任	922-6512	83456512
外事办	922-2483	83452483
秘书科	922-4204	83454204
文书科	922-3144	83453144
档案馆	922-3195	83453195
运销处		
处长	922-3235	83453235
副处长	922-3092	83453092
调度科	922-3230	83453230

调度室……………………922-3137　83453137
运销科……………………922-3209　83453209
技术科……………………922-3233　83453233
设备科……………………922-3207　83453207
三电办……………………922-3234　83453234
运销处值班室……………922-5787　83455787

管道管理处
处长……………………922-4775　83454775
管道科……………………922-3218　83453218
综合办……………………922-3333　83453333

安全环保监察处
处长……………………922-3140　83453140
副处长……………………922-4740　83454740
综合科……………………922-3141　83453141
安监科……………………922-4117　83454117
消防交通环保科…………922-3142　83453142

计划处
处长……………………922-2952　83452952
副处长……………………922-6570　83456570
规划科……………………922-3184　83453184
计划科……………………922-4722　83454722

财务处
处长……………………922-3188　83453188
副处长……………………922-2894　83452894
预算科……………………922-3193　83453193
会计科……………………922-3191　83453191
资产科……………………922-2503　83452503
销售科……………………922-3194　83453194

人力资源处
副处长……………………922-5657　83455657
管理科……………………922-3130　83453130
工资科……………………922-3395　83453395

科技处
处长……………………922-3216　83453216
副处长……………………922-3128　83453128
能源科……………………922-3127　83453127
质管科……………………922-3222　83453222
科技办……………………922-3132　83453132

审计处
副处长……………………922-5875　83455875
办公室……………………922-3149　83453149

监察处（纪委）
处长……………………922-3213　83453213
案审室主任………………922-2891　83452891
案审室……………………922-2378　83452378
检查室……………………922-2083　83452083

概预算管理中心
主任……………………922-5640　83455640
副主任……………………922-3389　83453389
综合科……………………922-2140　83452140
基建科……………………922-5424　83455424
工程管理科………………922-2194　83452194

通信处
处办……………………922-3044　83453044
人教科……………………922-2100　83452100
管理科……………………922-3003　83453003
财务科……………………922-3093　83453093
技术室……………………922-3000　83453000
机线班……………………922-2355　83452355
市话班……………………922-2111　83452111

供应处
处办……………………922-2718　83452718
党群……………………922-2237　83452237
综合管理科………………922-2940　83452940
财务中心…………………922-2647　83452647
安保科……………………922-2450　83452450
材料科……………………922-3057　83453057
机配科……………………922-2087　83452087
仓库……………………922-2837　83452837

管道科学研究院
院办……………………922-3382　83453382
生产经营部………………922-3210　83453210
财务经营部………………922-2344　83452344
计算机室…………………922-3090　83453090
工艺室……………………922-3157　83453157
线路规划室………………922-5146　83455146
设备室……………………922-3036　83453036
土建室……………………922-7217　83457217
水暖室……………………922-4959　83454959
电气室……………………922-4955　83454955
仪表室……………………922-3159　83453159
防腐室……………………922-4958　83454958
检测中心…………………922-3200　83453200
技术经济室………………922-4952　83454952
出版档案室………………922-3082　83453082

襄樊输油处

地址：湖北省襄樊市长虹路 41 号
邮编：441002
区号：0710

办公室……………………9354-6312　3216312
生产科……………………9354-6512　3216512

安全科……………………9354-6315　3216315
财务科……………………9354-6232　3216232
计划科……………………9354-6541　3216541
人教科……………………9354-6515　3216515
通信站……………………9354-6287　3216287
供应站……………………9354-6580　3216580
抢险队……………………9354-7738　3217738
魏岗输油站
　站长……………………9354-5001　3215001
　书记……………………9354-5002　3215002
襄樊输油站
　站长……………………9354-7740　3217740
　书记……………………9354-7741　3217741
荆门输油站
　站长……………………9354-5601　3215601
　书记……………………9354-5602　3215602

南京输油处

地址：江苏省南京市尧化门4603信箱
邮编：210046
总机：(025)5561904

办公室……………………9351-6350　-6350
生产科……………………9351-6368　-6368
运销科……………………9351-6365　-6365
管道科……………………9351-6373　-6373
安全科……………………9351-6374　-6374
计划科……………………9351-6377　-6377
人教科……………………9351-6380　-6380
财务科……………………9351-6383　-6383
通信站……………………9351-6451　-6451
供应站……………………9351-6401　-6401
仪征输油站
　站长……………………(0514)2667701
　副站长…………………(0514)2667710
扬子输油站
　站长……………………(025)86837600
　副站长…………………(025)86837601
扬子计量站
　站长……………………(025)86837620
　副站长…………………(025)86837621
石埠桥站
　站长……………………(025)86837630
　书记……………………(025)86837631
长兴输油站
　站长……………………(025)86837640
高桥计量站
　站长……………………(021)58647153
白沙湾输油站
　站长……………………(0573)5264780
　副站长…………………(0573)5264781
　抢修中心………………(0573)5264790
岚山输油站
　站长……………………(0574)86442001
　副站长…………………(0574)86442002
　副站长…………………(0574)86442051
大榭岛油库
　书记……………………(0574)86772500
　主任……………………(0574)86772501
　副主任…………………(0574)86772502
　码头调度………………(0574)86772550

新乡输油处

地址：河南省新乡市平原路506号
邮编：453003
总机：(0373)3763114

办公室……………………9314-2326　-2326
生产技术部………………9314-2419　-2419
管道运销科………………9314-2442　-2442
安全科……………………9314-2364　-2364
财务科……………………9314-2306　-2306
综合计划科………………9314-2324　-2324
人教科……………………9314-2368　-2368
纪监审……………………9314-2084　-2084
抢修队……………………9314-2290　-2290
通讯站……………………9314-2260　-2260
供应站……………………9314-2361　-2361
濮阳输油站
　站长……………………9314-2122　-2122
　书记……………………9314-2128　-2128
滑县输油站
　站长……………………9314-2422　-2422
　书记……………………9314-2964　-2964
卫辉输油站
　站长……………………9314-2432　-2432
　书记……………………9314-2438　-2438
新乡输油站
　站长……………………9314-2391　-2391
　书记……………………9314-2393　-2393
武陟输油站
　站长……………………9314-2452　-2452
　书记……………………9314-2455　-2455
温县输油站

站长……………………9314-2462　-2462
书记……………………9314-2468　-2468
洛阳输油站
站长……………………9314-2472　-2472
书记……………………9314-2479　-2479

鲁宁输油处

地址：山东省邹城市天平路
邮编：273500
区号：0537

处办……………………9350-3053　5273053
生产科…………………9350-3028　5273028
安全科…………………9350-3109　5273109
计划科…………………9350-3107　5273107
会计核算中心…………9350-3126　5273126
人教科…………………9350-3160　5273160
通信站…………………9350-3015　5273015
维修队…………………9350-3219　5273219
供应站…………………9350-3117　5273117
临邑输油站
站长……………………9350-5108　5275108
书记……………………9350-5100　5275100
齐河输油站
站长……………………9350-3418　5273418
书记……………………9350-5124　5275124
长清输油站
站长……………………9350-3428　5273428
书记……………………9350-3423　5273423
宁阳输油站
站长……………………9350-3438　5273438
书记……………………9350-3430　5273430
邹城输油站
站长……………………9350-3448　5273448
书记……………………9350-3440　5273440
滕州输油站
站长……………………9350-3468　5273468
书记……………………9350-3463　5273463
贾汪站
站长……………………9350-3401　5273401
睢宁站
站长……………………9350-7101　5277101
泗县站
站长……………………9350-7201　5277201
泗洪站
站长……………………9350-7301　5277301
盱眙站
站长……………………9350-7401　5277401
六合站
站长……………………9350-7501　5277501
盱眙维修队……………9350-7461　5277461

聊城输油处

地址：山东省聊城市东昌西路 188 号
邮编：252000
总机：(0635) 8423427

处办……………………9352-8026　-8026
人教科…………………9352-8051　-8051
计划科…………………9352-8090　-8090
审计科…………………9352-8197　-8197
安全科…………………9352-8046　-8046
财务科…………………9352-8049　-8049
生产科…………………9352-8030　-8030
莘县输油站
站长……………………9352-8131　-8131
调度……………………9352-8542　-8542
高唐输油站
站长……………………9352-8473　-8473
教导员…………………9352-8446　-8446
聊城输油站
站长……………………9352-8396　-8396
范县输油站
站长……………………9352-8438　-8438
候营输油站
站长……………………9352-8420　-8420
教导员…………………9352-8421　-8421
赵寨子输油站
站长……………………9352-8413　-8413
段庄输油站
站长……………………9352-8415　-8415
濮阳输油站
站长……………………9352-2016　-2016
副站长…………………9352-2018　-2018

潍坊输油处

地址：山东省潍坊市北宫北街 3 号
邮编：261021
区号：0536

处办……………………9312-2252　8182252
调度科…………………9312-2217　8182217
生产科…………………9312-2206　8182206
抢修队…………………9312-3116　8183116
运销科…………………9312-2613　8182613

管道科……………………9312-2685　8182685
安全科……………………9312-2259　8182259
计划科……………………9312-2261　8182261
财务科……………………9312-2287　8182287
审计科……………………9312-2723　8182723
人教科……………………9312-2265　8182265
通信站……………………9312-2317　8182317
东营输油站
　站长……………………9312-3603　8183603
　书记……………………9312-3619　8183619
昌邑输油站
　站长……………………9312-2550　8182550
　书记……………………9312-2552　8182552
寿光输油站
　站长……………………9312-2521　8182521
　书记……………………9312-2520　8182520
广饶输油站
　站长……………………9312-3652　8183652
　书记……………………9312-3651　8183651
滨州输油站
　站长……………………9312-4336　8184336
　书记……………………9312-4354　8184354
惠民输油站
　站长……………………9312-4380　8184380
　书记……………………9312-4370　8184370
商河输油站
　站长……………………9312-4383　8184383
　副站长…………………9312-4387　8184387
乔庄输油站
　站长……………………9312-4568　8184568
　副站长…………………9312-4566　8184566
淄胶输油站
　站长……………………9312-4560　8184560
　副站长…………………9312-4557　8184557
青岛胶州站
　站长……………………9312-2575　8182575
　副站长…………………9312-2032　8182032
齐鲁输油站
　站长……………………………(0533)7573935

沧州输油处

地址：河北省沧州市吴官屯
邮编：061000
总机：(0317)3062712

处办……………………9353-6239　-6239
安全科……………………9353-6143　-6143
生产科……………………9353-6240　-6240
管道科……………………9353-6244　-6244
财务科……………………9353-6236　-6236
计划科……………………9353-6267　-6267
人事科……………………9353-6264　-6264
审计科……………………9353-6471　-6471
沧州输油站
　站长……………………9353-6354　-6354
　书记……………………9353-6276　-6276
东光输油站
　站长……………………9353-4805　-4805
　书记……………………9353-4816　-4816
德州输油站
　站长……………………9353-3188　-3818
　书记……………………9353-3839　-3839
河间输油站
　站长……………………9353-6761　-6761
　书记……………………9353-6760　-6760
天津输油站
　站长……………………9353-6076　-6076
　副站长…………………9353-6079　-6079
饶阳输油站
　站长……………………9353-6848　-6848
　副站长…………………9353-6849　-6849
何庄西站
　站长……………………9353-6769　-6769
　副站长…………………9353-6770　-6770
石家庄站
　站长……………………9353-6858　-6858
　副站长…………………9353-6859　-6859

黄岛油库

地址：青岛市黄岛区油岗一路8号
邮编：266550
总机：(0532)86852810

办公室……………………9318-2021　-2021
党办……………………9318-2022　-2022
计划科……………………9318-2027　-2027
生产科……………………9318-2031　-2031
安全科……………………9318-2033　-2033
财务科……………………9318-2043　-2043
综合管理站………………9318-2171　-2171
输油一队…………………9318-2121　-2121
输油二队…………………9318-2141　-2141
维修队……………………9318-2161　-2161
消警队……………………9318-2181　-2181

14. 中国石油化工股份有限公司天然气分公司

地址：北京市西城区安德路甲67号
邮编：100011
区号：010
电话：51586658
传真：51586668

中国石油化工股份有限公司天然气分公司（以下简称然气分公司）成立于2005年6月6日，是中国石油化工股份有限公司负责天然气工程建设、营运、天然气销售的专业化公司，是独立核算的经济实体和利润中心。

天然气分公司成立以来，瞄准国内外先进天然气输销企业的管理水平，以“管理专业化、运作市场化、效益最大化”为工作原则，以建立“新体制、新机制、新模式”为工作目标，切实加强基础建设，积极开展管理创新，确立了“油公司”业务管理模式，建立健全了内控管理体系和各项管理制度，实施了ERP系统、全面绩效管理系统、生产运行指挥系统和自动化办公系统，促进了各项业务的快速发展。目前开展的主要业务有：负责中国石化山东天然气管网运行管理和天然气销售工作，担负着为山东济南、青岛、潍坊、淄博、德州、聊城、莱芜、泰安及河南郑州供气的任务；作为川气东送管道工程、榆济输气管道工程的建设单位和运行管理单位，参与组织管道工程建设，负责管道的生产运行准备工作，组织沿线目标市场调研落实及天然气销售工作；负责组织山东、澳门LNG工程建设工作及市场开发工作；根据股份公司授权，负责与长输管道沿线省（市）进行天然气业务的合资合作工作，已于江苏、江西、广东等省成立了省级天然气公司。

天然气分公司按照中国石化“天然气大发展”的战略部署和“资源、市场、管网、效益”相统一的原则，确立了“十一五”后三年“建立五大体系、实现五大目标”的工作思路，即建立完善并有效实施市场营销体系、生产运行保障体系、HSE管理体系、经营管理体系和员工发展体系，努力实现经营规模不断扩大、骨干管网设施基本完善、市场占有率不断提高、经济效益持续提升、优秀企业文化逐步形成的工作目标，为推动中国石化天然气事业的持续、有效发展，为构建资源节约型、环境友好型社会，作出积极的贡献！

部门	公网电话
办公室	
副主任	51586677
副主任	51586648
党群工作部	
主任	51586616

15. 中国石油化工股份有限公司北京燕山分公司

地址：北京市房山区燕山岗南路1号
邮编：102500
区号：010
总机：69341114
传真：69342736
网址：www.bypc.com.cn
E-mail：office@bypc.com.cn

中国石油化工股份有限公司北京燕山分公司位于北京西南郊的房山区境内，是中国石油化工股份公司直属的特大型石油化工联合企业，成立于1970年7月20日。原油加工能力1000万t/a，乙烯生产能力71万t/a，拥有生产装置88套，辅助装置71套，可生产汽油、柴油、航空煤油、石蜡、乙烯、聚乙烯、聚丙烯、苯酚、丙酮、顺丁橡胶、丁基橡胶等120个品种494个牌号的石油化工产品，主要产品中，合成树脂、合成橡胶、苯酚丙酮是国内最大的生产商之一。2007年6月22日1000万t/a炼油系统改造工程实现一次开车成功，至此，燕山分公司成为国内首家欧Ⅳ标准清洁汽柴油生产基地，用十年时间走完西方国家二十年走过的油品质量升级路。

燕山分公司始终坚持以技术进步为先导，以服务客户为宗旨。汽油、聚乙烯、聚丙烯、顺丁橡胶等12大类产品多次荣获国家优质产品奖，14种产品被命名为“北京市名牌产品”。燕山分公司大力推进技术进步，在国内石化业率先进行了两轮乙烯改造，走出了一条系统优化、内涵发展的道路。公司拥有了一批达到国内先进水平的自有技术，有368项科技成果通过部市级以上鉴定，269项技术成果在国内外获得专利权，并开创了我国成套石化技术出口的先河。

近年来，燕山分公司坚持以科学管理为主线，不断强化基础管理，推进管理创新，各主要生产厂均通过了ISO9001体系和HSE体系认证。燕山分公司坚持科学发展观，注重人与自然和谐发展，不断加大对“三废”的处理力度，深入开展污水回用项目研究，投用了多套污水回用装置。先后被评为国家环保与综合利用先进企业、国家绿化先进单位和“北京市花园式工厂”。

燕山分公司始终履行“大企业要为国家作大贡献”的历史使命，始终弘扬“团结、求实、严细、创新”的企业精神，始终坚持“精心工作、严细管理、持续创新，科学发展”的管理理念，大力推进产业结构、产品结构和组织结构调整，努力把燕山分公司建设成为产品特色突出、技术实力雄厚、管理科学规范、员工素质优良、文化独特鲜明、发展持续稳定的现代石油化工企业，实现企业安全、稳定、健康、和谐发展。

中国石油化工股份有限公司北京燕山分公司

部门 公网电话

公司机关

总经理办公室 ……69342295
党委办公室 ……69343151
组织干部部 ……69342083
人力资源部 ……69342082
党委宣传部 ……69343944
纪委监察部 ……69342292
公司工会 ……69346726
公司团委 ……69344116
机关党委 ……69343108
企业管理部 ……69342415
财务资产部 ……69342339
分公司财务部 ……69347268
生产管理部 ……69344930
经营计划部 ……69348102
发展计划部 ……69344062
科技部 ……69342092
机械动力部 ……69342949
安全监察部 ……69345945
环境保护部 ……69342987
工程管理部 ……69346069
市场营销部 ……69343093
审计部 ……69343614
保卫武装部 ……69346866
行政管理部 ……69343463
法律事务室 ……69347209
信息部 ……69341378
对外合作部 ……69349900

二级单位

发展研究中心 ……69346402
炼油一厂 ……69343516
炼油二厂 ……69334844
炼油三厂 ……69346312
合成橡胶厂 ……69347472
化工一厂 ……69342613
化工二厂 ……69342581
化工三厂 ……69345272
化工六厂 ……80344919
化工七厂 ……69343798
化工八厂 ……69342120
储运一厂 ……69334562
储运二厂 ……69343681
动力事业部 ……69342642

生产运行保障中心
……………………………………………69341138
气体产品事业部
……………………………………………69345253
水务管理中心
……………………………………………69341067
研究院
……………………………………………69346146
物资装备中心
……………………………………………69344182
营销中心
……………………………………………69344308
铁路运输部
……………………………………………69345275
树脂所
……………………………………………69341124
塑料分公司
……………………………………………69341503
消防支队
……………………………………………69345019
电信事业部
……………………………………………69342010
生产厂区服务中心
……………………………………………69340241
生活社区服务中心
……………………………………………69347642
质量检验中心
……………………………………………69344227
教育培训中心
……………………………………………69343328
离退休管理中心
……………………………………………69343878
公务车服务管理中心
……………………………………………69347817
统计调查中心
……………………………………………81344863
档案信息管理中心
……………………………………………69342175
传媒中心
……………………………………………69342889
会计中心
……………………………………………80345030
职防所
……………………………………………69345258
飞燕环保
……………………………………………69342700
经警大队
……………………………………………69344305
锅炉压力容器检验所
……………………………………………80344885
工程质量监督站
……………………………………………69339701

16. 中国石油化工股份有限公司齐鲁分公司

地址：山东省淄博市临淄区桓公路15号
邮编：255408
传真：(0533)7180406
网址：www.qilu.com.cn
E-mail：qilu@mail.qilu.com.cn

齐鲁石化坐落于山东省淄博市临淄区，西距省会城市济南120km，东距海滨城市青岛200km，北距胜利油田90km，占地面积24.8km²。齐鲁石化现由两部分组成，分别为“中国石化股份有限公司齐鲁分公司”（以下简称齐鲁分公司）和“中国石化集团资产公司齐鲁石化分公司”（以下简称齐鲁石化分公司）。

公司始建于1966年。上世纪的60年代建设了炼油；70年代建设了合成橡胶和化肥；80年代建设了30万t/a乙烯；90年代进行了一系列的扩能改造，并于1997年兼并了淄博化纤总厂和淄博石油化工厂，形成了油、化、纤一体话的生产格局。进入新世纪以来，相继实施了以1000万t/a炼油、80万t/a乙烯为重点的大规模技术改造，使企业的经济总量和效益跃上了一个新的台阶。

目前，公司拥有大型石油石化生产装置112套，可生产各类石化产品120余种。炼油年加工能力超过1000万t，是国内最大的高硫高酸原油加工基地之一；乙烯年生产能力80万t，单套装置的乙烯产能在国内名列前茅；合成树脂生产能力110万t/a，烧碱45万t/a，橡胶17万t/a，苯类产品45万t/a，醇类产品43.5万t/a，热电装机容量50万kW。丁苯橡胶、烧碱、聚氯乙烯等多项产品被评为“中国名牌”。

齐鲁石化业务范围包括石油炼制、化工生产、科研设计和社区管理服务等四大板块。

公司具有较强的科技创新能力、科技推广应用能力和科技竞争能力，2002年经国家人事部批准设立了企业博士后科研工作站。公司掌握并成功运用了世界石化行业许多先进技术，拥有国内石化行业许多专利技术。仅最近五六年间，就获得专利授权93项，有16项科技成果获国家级奖励。公司目前拥有授权专利134项，自主开发的硫磺回收技术及催化剂、丙烯腈成套生产技术、大型苯乙烯国产化生产技术、炼厂气等温绝热加氢技术、超声波强化原油破乳技术、轻烃醚化技术填补了国内空白。

中国石油化工股份有限公司齐鲁分公司

部门　公网电话

公司机关

办公室
- 主任……7588635
- 副主任……7511266
- 办公室……7180777
- 传真……7180406
- 秘书室……7588367
- 文书室……7588637
- 打字室……7588313
- 机要室……7511593
- 收发室……7581744
- 接待室……7588414
- 天齐值班室……7589498
- 公共关系办公室……7588626
- 史志办公室……7588645
- 车队队长……7588684
- 调度室……7588687
- 安全……7581233
- 值班室……7586355

生产管理部
- 部长……7511597
- 副部长……7588436
- 生产调度室……7588432
- 调度台……7588437
- 传真……7581127
- 储运管理室……7586770
- 储运管理室（油田）……8859390
- 系统工程室……7588434
- 管廊管理中心……7511152
- 三基管理室……7588431
- 司机……7582849

计划部
- 部长……7589135
- 副部长……7588208
- 生产计划……7511621
- 原料计划……7589651
- 供应计划……7588690
- 投资计划……7589412
- 长远计划……7589489
- 合资合作……7588673
- 统计……7589447

科学技术部
- 部长……7511786
- 副部长……7588476
- 传真……7588380
- 工艺管理室……7588479
- 技措管理室……7588475
- 科研管理室……7588693
- 产品质量室……7589939
- 科协办公室……7588496
- 学会部……7589924
- 咨询部……7512039

设备管理部
- 部长……7588482
- 副部长……7511797
- 设备管理室……7588438
- 资产计划室……7588442
- 仪表管理室……7588486
- 特种设备室……7589423
- 工程管理室……7588446
- 备件管理室……7589607
- 工程预算室……7511529

安全环保部
- 部长……7588382
- 副部长……7586641
- 安全管理室……7588383
- 安全防护室……7588385
- 安全技术教育室……7588384
- 安全监控中心……7588386
- 环保综合管理室……7588491
- 环保技术管理室……7588493
- 安全教育中心……7522940

动力计量部
- 部长……7588483
- 副部长……7588439
- 综合室……7588448
- 电气室……7588640
- 动力室……7588447
- 计量一室……7588485
- 计量二室……7511635
- 技术室……7589443
- 调度室……7588850
- 调度台……7588851

工程部
- 部长……7589987

副部长……………………………………7588934
工程管理科……………………………7581938
设计管理科……………………………7588746
计划统计………………………………7588140
概预算管理……………………………7582931
综合……………………………………7589975
传真……………………………………7586079
人力资源部
部长……………………………………7512797
副部长…………………………………7512316
综合业务室……………………………7512006
传真……………………………………7582327
管理人员室……………………………7588719
劳动组织室……………………………7588718
计划统计室……………………………7589677
员工管理室……………………………7589994
绩效管理室……………………………7588378
规划开发室……………………………7588728
继续教育室……………………………7588731
技能培训室……………………………7511503
移交办公室……………………………7585670
保险办公室……………………………7588722
保险统筹室……………………………7586919
工伤保险室……………………………7555492
保险财务室……………………………7555493
企业改革部
部长……………………………………7588656
副部长…………………………………7588662
企业改革室……………………………7588655
政策研究室……………………………7588660
集体企业室……………………………7589449
资本运营室……………………………7588659
法律事务部
部长……………………………………7586615
副部长…………………………………7588620
法律事务室……………………………7588663
合同管理室……………………………7588661
法规制度室……………………………7586550
传真……………………………………7589675
审计部
部长……………………………………7588680
副部长…………………………………7589697
部长室（分部）………………………7511347
传真……………………………………7512261
审计管理室……………………………7512271
审计审理室……………………………7588544
工程项目审计室………………………7589700
集体企业审计室………………………7589687
工程项目审计室………………………7511242
财务收支审计室………………………7511447
经济效益审计室………………………7588920
经济责任审计室………………………7511747
信息技术部
部长……………………………………7588171
副部长…………………………………7511451
综合管理室……………………………7585518
技术支持中心主任……………………7511452
维护中心主任…………………………7586402
系统……………………………………7588714
网络……………………………………7588172
应用……………………………………7581040
运行……………………………………7512222
硬件维护………………………………7585519
交换机房………………………………7511225
中心机房………………………………7581400
传真……………………………………7588711
外事办公室
主任……………………………………7582841
接待室…………………………………7581780
出国管理室……………………………7588429
外经项目合同室………………………7310814
传真……………………………………7310835
财务部
部长……………………………………7589508
副部长…………………………………7585667
会计室…………………………………7588677
档案室…………………………………7588947
微机室…………………………………7588679
成本室…………………………………7589983
资产室…………………………………7588676
机关财务室……………………………7589949
集体企业财务管理室…………………7588274
资金室…………………………………7588621
结算室…………………………………7589441
公益事业部（卫生处）
部长……………………………………7511701
公共卫生管理…………………………7511301
红十字会办公室………………………7589995
预防保健管理…………………………7588717
计划生育办公室………………………7588734
计划统计管理…………………………7589997
公司机关计生办………………………7589445

医保办
保险管理科科长……7554469
医疗管理科科长……7581110
财务科科长……7552912
卫生防疫站
卫生防疫站站长……7547465
公共卫生网络直报……7543205
疾病控制……7547473
食品卫生……7547471
公共卫生……7547472
卫生检验……7547475
妇保所
妇幼保健所所长……7547463
儿童保健……7547495
妇女保健……7547493
离退休职工管理部
部长……7588755
副部长……7581150
党总支副书记……7589304
综合协调室……7585606
劳资室……7589990
事务室……7589993
老年大学……7536899
老年活动中心……7536317
干休所……7581454
机关服务三科……7581387
机关事务服务中心
主任……7588877
副主任……7588750
事务管理室主管……7589002
文秘……7588335
工程维修……7589054
计划、统计、劳资……7588735
夜间总值班室……7588739
机关车队
队长……7588686
副队长……7586727
工会主席……7588563
车辆调度……7588331
组织部（干部部）
部长……7588764
副部长……7588715
综合室……7588767
传真……7589422
干部室……7589815
组织室……7588765

纪委（监察室）
副书记……7588760
办公室……7586425
检查室……7588761
审理室……7588762
效能监察室……7589813
宣传部（统战部）
部长……7588769
副部长……7588768
综合室……7588770
宣传室……7588772
新闻室……7586148
统战室……7588774
思想政治工作研究会办公室……7583653
工会（团委）
副主席……7588453
办公室……7589822
财务……7588874
组织民管部……7588456
生产保护部……7588457
宣教部……7588458
生活女工部……7588460
文联办公室……7588465
团委副书记……7588467
团委组织部……7589274
团委青工部……7588469
稳定工作办公室
主任……7588613
副主任……7511523
业务室……7582264
信访室……7588355
人民武装部
部长……7588471
军事室……7589884
政工室……7588472
人防室……7588473
机关党委
书记……7588877
工会主席……7588078
纪委书记……7588738
办公室主任……7588741
组织……7588745
纪检……7588740
机关工会……7588743
机关团委……7588744
报社

总编……7586145
副总编……7586149
记者部……7586146
记者部（摄影）……7586548
编辑部……7512453

电视台
台长……7530196
副台长……7530182
编辑部主任……7553451
记者部主任……7530197
对外报道部主任……7530179
文艺部主任……7553450
录制部主任……7530191
技术部主任……7530195
数字电视咨询……7530192
财务……7530178

印刷所
厂长……7570392
办公室……7587209

工会文体部
部长……7530040
副部长……7553448
综合科……7536416
传真……7581010

规划院
院长……7588348
综合管理科……7581271
工艺室……7589644
城市规划室……7589684
勘测室……7589499
调研编辑室……7586078
石化信息网站……7588944

档案馆
主任……7589493
档案一科科长……7582007
党群人事档案……7582474
行政生产经营档案……7589490
声像档案机房……7589492
档案系统管理……7589034
档案二科科长……7582473
基建设备档案……7582010
改造项目档案……7582472
档案编研科科长……7589491
会计档案……7582009
图书管理……7582835
期刊管理……7589044

消防支队
支队长……7588557
政委……7582116
副政委……7582148
副支队长……7589404
工会主席……7585683
办公室主任……7511057

职业病防治研究所
所长……7547462
副所长……7547492
职业卫生与职业病室……7544727
辐射防护室……7547492
尘毒检测室……7547491

动力管理中心
主任……7580771
副主任……7580466
综合管理科……7526065
计划财务科……7521386

工程质量监督分站
站长……7512466
综合技术科……7512146
设备室……7512147
电仪室……7512145

压力容器监测中心
主任……7582488
副主任……7582941
总工程师……7582972
传真……7582943
办公室……7582940
财务……7582486
计划合同……7582487
技术室主任……7582945
容器室主任……7582946
无损检测室主任……7582970
理化室主任……7581971
特检室主任……7582485

计量测试所
所长……7589577
副所长……7589576
办公室……7589501
综合管理室……7589500
仪器收发室……7581707
技术管理室……7581762
电学检测室……7589503
力学检测室……7581792
热学检测室……7589578

齐鲁分站罐车副站长……7581731

环境保护监测站

站长……7581655

副站长……7589645

办公室……7589646

劳资办公室……7586405

技术管理室……7581755

质量保证室……7585595

综合管理室……7581766

水质监测室……7589649

大气监测室……7589648

仪器监测室……7589647

采样室……7588275

传真……7586400

自监中心站……7511016

金秋公司

总经理……7542768

办公室主任……7548753

财务部部长……7543768

市场开发部部长……7543768

煤炭经营部部长……7548753

安装公司经理……7549008

齐青公司经理……7548493

仪表厂厂长……7540237

天齐宾馆

经理……7581928

副经理……7582265

经理办公室……7582751

总机……7588000

传真……7587999

总服务台……7581720

财务科……7587905

济南办事处

主任……(0531)88936

副主任……(0531)88151

办公室……(0531)88151

计财部……(0531)88151

行政科……(0531)88151

宾馆……(0531)88151

齐华宾馆总台……(0531)88151

青岛疗养院

总机……(0532)85879

院长……(0532)85879

副院长……(0532)85926

办公室……(0532)85882

工会……(0532)85882

计财科……(0532)85882

齐海花园大酒店

中继线……(0532)85879

前厅部……(0532)85882

市场销售部……(0532)85885

销售热线……(0532)85879

总经理……(0532)85882

执行总经理……(0532)85873

香海宾舍

中继线……(0532)85925

前台……(0532)85921

办公室……(0532)85925

华海宾馆

总机……(0631)52618

总服务台……(0631)52618

传真……(0631)52612

总经理……(0631)52625

副经理……(0631)52617

经理办公室……(0631)52613

北京办事处

总机……(010)64962288

传真……(010)64965312

主任……(010)64965326

前台 ……总机转 9

财务……(010)64965328

办公室……(010)64965319

广州齐鲁大酒店

经理 ……(020)85599851

副经理 ……(020)85595835

传真 ……(020)85599826

上海浦东齐海石化实业公司

经理 ……(021)58518636

传真 ……(021)58518636

炼油厂

厂长办公室

主任……7574003

副主任……7587422

传真……7180841

机关服务中心主管……7571494

生产调度处

处长……7587550

书记……7574885

副处长……7587448

综合质量科……7575134

油品科……………………………………7574803
工艺科……………………………………7574865
调度台……………………………………7574067
安全环保处
处长……………………………………7587453
副处长……………………………………7571157
安全教育一室……………………………7572303
安全教育二室……………………………7574663
安全监察一室……………………………7572301
安全监察二室……………………………7574523
安全教育室………………………………7561004
环保管理室………………………………7574651
生产技术处
处长……………………………………7570642
副处长……………………………………7587418
工艺科长…………………………………7574993
技措科研科长……………………………7577337
传真……………………………………7571006
机械动力处
处长……………………………………7574661
副处长……………………………………7587537
传真……………………………………7181757
设备科长…………………………………7587407
工程计划科科长…………………………7587458
人力资源处
处长……………………………………7587436
副处长……………………………………7574510
员工管理…………………………………7571152
劳动组织与保险…………………………7574715
工资……………………………………7574134
培训科……………………………………7574548
成本计划处
处长……………………………………7587435
会计……………………………………7574813
成本核算…………………………………7571843
工程结算…………………………………7571643
多种经营…………………………………7573043
综合管理处
处长……………………………………7587434
副处长……………………………………7571848
计划科科长………………………………7571796
投资计划…………………………………7572796
生产计划…………………………………7574489
企管科……………………………………7572260
岗检组组长………………………………7574709
组织干部处
处长……………………………………7574039
干部组……………………………………7572151
组织组……………………………………7574042
团委……………………………………7587432
宣传处
处长……………………………………7587439
电视报道…………………………………7587428
通讯报道…………………………………7572106
宣传教育…………………………………7574059
纪委
副书记……………………………………7587429
案件审理室主任…………………………7572673
信访接待室………………………………7587441
传真……………………………………7573093
工会
主席……………………………………7573378
副主席……………………………………7579104
办公室主任………………………………7573158
生产部部长………………………………7572309
工伤重症管理中心………………………7561007
联合装置车间
主任……………………………………7571113
书记……………………………………7587472
生产副主任………………………………7572125
设备副主任………………………………7572126
值班室……………………………………7574252
气体车间
主任……………………………………7571375
书记……………………………………7574278
生产副主任………………………………7574279
设备副主任………………………………7574284
值班……………………………………7561153
延迟焦化车间
主任……………………………………7575611
书记……………………………………7587602
设备副主任………………………………7572116
生产副主任………………………………7572692
铂重整车间
主任……………………………………7572161
书记……………………………………7574274
副主任……………………………………7574273
第二催化车间
主任……………………………………7574307
书记……………………………………7571271
生产副主任………………………………7574313
设备副主任………………………………7574411

第二常减压装置
主任……7574300
书记……7587484
副主任……7576264
值班……7561165
第三常减压装置
主任……7572772
书记……7574924
副主任……7574301
加氢精制车间
主任……7571144
书记……7574327
生产副主任……7574325
生产副主任……7574330
设备副主任……7572321
重油加氢车间
主任……7573037
书记……7587510
生产、设备副主任……7574349
连续重整车间
主任……7574449
生产副主任……7574310
设备副主任……7574456
制氢车间
主任……7574782
生产副主任……7574364
设备副主任……7578707
第三加氢车间
主任……7587403
书记……7574353
生产副主任……7577657
设备副主任……7561138
硫磺车间
主任……7587179
书记……7571581
副主任……7572472
沥青车间
主任……7587504
书记……7571629
生产副主任……7571630
设备副主任……7577364
热电车间
主任……7572218
书记……7574421
生产副主任……7574417
设备副主任……7574182
车间值班室……7561244
热力联合车间
主任……7577158
书记……7577187
副主任……7577096
值班室……7577192
第一油品车间
主任……7571456
书记……7571653
副主任……7572098
第二油品车间
主任……7571886
书记……7573078
副主任……7571885
第三油品车间
主任……7574712
书记……7574331
副主任……7587474
生产值班……7574402
化验中心
主任……7587477
书记……7571772
生产主任……7571254
设备主任……7571342
化验调度……7574484
南站
站长……7571714
工程师……7561348
北站
站长……7570640
办公室……7571417
成品站
站长……7571297
工程师……7561365
调运处
处长……7574706
书记……7574882
副处长……7573972
处值班长室……7561524
产品管理科
科长……7587483
业务一室……7571622
业务二室……7587482
生产技术科
科长……7575824
计划……7574702

运调车间
主任……7572150
书记……7574535
副主任……7574536
技术组……7571135
调度长……7575991
第一装洗车间
主任……7572724
书记……7574544
副主任……7574545
值班室……7561542
第二装洗车间
主任……7571781
书记……7574549
副主任……7574551
车间值班室……7561571
机务车间
主任……7573554
书记……7574539
副主任……7574543
值班室……7561578
维修车间
主任……7573081
书记……7576613
值班室……7561586
钳工车间
主任……7571579
书记……7571383
副主任……7573059
北维修车间
主任……7587508
书记……7575860
副主任……7571123
调度……7561332
电气分厂
厂长……7571396
书记……7587480
副厂长……7576488
技术科科长……7571192
调度室……7587505
电气一车间
主任……7571542
书记……7574491
副主任……7575455
电修车间
主任……7587141
副主任……7574232
电气二车间
主任……7572629
书记……7574492
副主任……7572408
供电车间
主任……7587497
副主任……7571452
仪表分厂
厂长……7587479
书记……7571326
副厂长……7573970
值班室……7561475
仪表一车间
主任……7574994
副主任……7574496
调度……7574494
仪表二车间
主任……7574908
书记……7574410
副主任……7574503
办公室……7561488
仪表三车间
主任……7574961
书记……7574505
副主任……7574507
仪修车间
主任……7587457
副主任……7574414
办公室……7561509
自动化信息所
所长……7587469
书记……7574007
副所长……7587600
传真……7182716
值班室……7587557
技术管理室主任……7579114
软件开发室主任……7574205
系统运行室主任……7574208
北区自控室主任……7574209
南区自控室主任……7561081
机关车队
队长……7570643
书记……7574725
综合办事……7574187
计量中心

主任……7574135
书记……7574931
副主任……7579940
物资配件管理中心
主任……7572026
书记……7571009
副主任……7575304
传真……7575203
保卫处
处长……7573914
书记……7572156
副处长……7587295
综合治理办公室……7575814
门岗警卫队
队长……7587284
党支部……7574177
副队长……7574653
监控室……7561039
检测中心
所长……7574887
书记……7570644
副所长……7571378
工会……7561102
综合技术室主任……7571954
工艺研究室主任……7571971
防腐研究室主任……7571972
水质研究室主任……7571973
沥青研究室主任……7571249
清洗公司经理室……7571393
消防队
队长……7587267
书记……7573821
副队长……7573558
气防急救……7561070
情报档案所
所长……7575544
书记、科协……7587468
副所长……7574482
传真……7181768
情报组组长……7571904
档案组组长……7561119
图书组组长……7574241
军代室
总代表……7574760
副总代表……7571858
计划运输……7574218

质量管理……7575104

炼油实业部

办公室
主任……7574691
副主任……7574002
文秘科科长……7571845
总务……7587464
接待……7574877
社区改制办公室主任……7573742
办公室……7561966
小车队
队长……7561665
书记……7571750
安全……7574115
调度……7587423
工会
主席……7587320
副主席……7587433
办公室主任……7574679
生产生活部部长……7571175
纪委、行政监察室
副书记、监察室主任……7574667
办公室主任……7571805
信访接待……7587473
组织干部处
处长……7574876
干部组……7587426
组织组……7571613
青工科……7573390
宣传处
处长……7587431
通讯报道、电视新闻……7574856
编辑、理论、制作……7574752
炼油实业编辑部……7587427
电视台编辑室……7579729
财务处
处长……7587413
副处长……7587440
成本核算……7572361
会计审核……7573132
计生办
主任……7587470
独生子女管理……7571304
登记管理……7573709
劳动人事处
处长……7574769

副处长……………………………………7574825
技术干部管理……………………………7574131
工资、奖金管理…………………………7571665
劳动保险管理……………………………7578497
统计、档案管理…………………………7574136
经营管理处
处长………………………………………7577642
副处长……………………………………7576157
计划科科长………………………………7587421
合同管理…………………………………7574802
经营管理…………………………………7576047
综合统计…………………………………7576070
生产管理处
处长………………………………………7572127
书记、副处长……………………………7587450
副处长……………………………………7574106
生产管理…………………………………7561602
技术开发…………………………………7574095
环保管理…………………………………7573664
安全管理…………………………………7577157
备件管理…………………………………7574086
设备管理…………………………………7574730
车辆管理…………………………………7561650
资产管理…………………………………7574093
工程管理处
处长………………………………………7574716
书记、副处长……………………………7587460
副处长……………………………………7587456
预算科科长………………………………7587461
施工科科长………………………………7574520
质检科科长………………………………7572475
保卫处
处长………………………………………7587430
书记………………………………………7576066
副处长……………………………………7561652
值班室……………………………………7572306
计量管理中心
主任………………………………………7574757
副主任……………………………………7574756
管理组……………………………………7561742
教育培训中心
主任………………………………………7587438
书记………………………………………7573181
副主任……………………………………7579084
财务………………………………………7576284
培训办公室………………………………7573406
综合办公室………………………………7573405
文体活动中心
主任………………………………………7574036
书记、副主任……………………………7573533
第一净化水车间
主任………………………………………7574439
书记………………………………………7571935
副主任……………………………………7574440
值班室……………………………………7561707
第二净化水车间
主任………………………………………7571708
书记………………………………………7574446
副主任……………………………………7574447
供水车间
主任………………………………………7573929
书记………………………………………7571274
副主任……………………………………7574427
值班室……………………………………7561733
动力管网车间
主任………………………………………7571354
书记………………………………………7573916
副主任……………………………………7574419
管网运行中心
主任………………………………………7587475
书记………………………………………7573334
副主任……………………………………7571245
调度长……………………………………7571302
调度………………………………………7571246
水质检测中心
主任………………………………………7574837
书记………………………………………7587415
副主任……………………………………7571360
值班室……………………………………7561649
物业管理中心
经理………………………………………7571828
书记………………………………………7578357
副经理……………………………………7561761
管理科科长………………………………7574857
行政科
科长………………………………………7571863
书记………………………………………7561756
办公室……………………………………7561765
房产组组长………………………………7573906
房产维修队

队长……7571562
书记……7574609
调度……7574592
宿舍管理科
书记……7574593
办公室……7572497
绿化保洁中心
主任……7572265
书记、副主任……7574101
副主任……7574616
办公室……7574614
生活服务公司
经理……7572602
书记……7571870
副经理……7587490
总会计师……7587476
管理科长……7561758
综合办公室……7571810
经贸部
主任……7571791
副主任……7574513
调度室……7574514
食堂管理科
书记……7577457
财务、采购……7561627
离退休管理中心
主任……7573787
书记、副主任……7571815
财务……7572072
总务……7571234
工会……7587491
老年大学……7571883
枫林公司
企管科……7561606
电气维修主任……7587140
熔块厂……7561609
汽修厂厂长……7574242
油漆厂……7573923
离退办
主任……7587503
书记……7574270
办公室……7574889
退休办
主任……7587503
书记……7574244
居委会
主任……7574610
书记……7587257
副主任……7579009
办公室……7574587

齐胜工贸总公司

公司领导
总经理……7587611
书记……7587178
副总经理……7574773
总会计师……7570940
工会主席……7574734
经理办公室
主任……7571013
机关支部……7562093
秘书室……7574792
安全生产部
部长……7571857
生产……7572146
调度……7574731
设备工程部
部长……7571045
计划施工……7571047
结算……7570012
财务部
部长……7570941
报销……7573731
出纳……7579012
胜华财务……7572944
蓝天财务……7574790
供销部
部长……7562086
采购……7571230
合同保管……7562087
计划统计……7587232
保安部
部长……7571001
内勤……7571906
外勤……7562029
质检室
主任……7574211
综合室……7574740
质检组……7562075
技术组组长……7562079
润滑油车间
主任……7587208
副主任……7578377

装卸油车间
主任……7573753
副主任……7572487
油品车间
主任……7587293
副主任……7571140
医药中间体车间
主任……7573763
副主任……7587261
技术组长……7562069
水精制车间
主任……7574990
副主任……7571814
氨精制车间
主任……7571831
副主任……7571841
助剂车间
主任……7575177
副主任……7572499
蓝天公司
经理……7576533
书记……7571560
副经理……7574644
管理科长……7573944
办公室……7571519
市场部长……7571657
生产科长……7571667
储运车间主任……7572781
调合车间主任……7577934
胜华公司
经理……7572708
书记……7570645
生产综合科长……7571247
供销科……7576486
蓝天印务公司
经理……7587465
业务室……7572453
胜利大厦
总经理……7574328
书记……7587424
副经理……7574795
综合办公室……7561823
传真……7574776
总机……7570400
胜利汽修厂
厂长……7587300
调度……7587197
财务……7574257
盛鑫源酒店（齐胜酒店）
经理……7570942
接待室……7561815
总台……7574618
胜炼化工厂
厂长……7572517
书记……7574851
副厂长……7574770
总工程师……7573048
总会计师……7571424
办公室
主任……7574850
招待所……7562026
管理科
科长……7561897
办公室……7579675
计财科
科长……7574991
会计……7572994
生产科
科长……7574920
生产科……7577609
岗检办……7571382
技术科
科长……7576764
计量班……7570516
档案室……7561973
供应科
科长……7561970
供应仓库……7561972
销售科
科长……7579679
副科长……7572556
销售科……7574701
化验室
主任……7562013
化验室……7562014
溶剂油车间
主任……7561976
技术组……7561980
办事员……7561981
操作室……7561982
机修车间
主任……7561987

副主任……7561990
仪表班……7562001
制作车间
主任……7562024
胜曦公司
保管……7562021
操作室……7562022
晨曦公司
经理……7587495
副经理……7587024
中齐宾馆
经理……7587205
副经理……7574627
办公室……7574797
总台……7561825
总机……7574630
临淄化工厂
厂长……7571888
书记……7587277
副厂长……7574435
总会计师……7571364
工会主席……7587279
办公室
主任……7587280
副主任……7587276
办公室……7579405
财务部
主任……7587281
副主任……7579406
人力资源部
主任……7574475
副主任……7561935
劳务部
主任……7574765
副主任……7561936
党群工作部
副主任……7574985
工会……7571594
技术开发部
主任……7574648
副主任……7570414
办公室……7561937
退休办
主任……7574247
书记……7570412
办公室……7570410

炼油车间
主任……7574147
副主任……7587496
综合办公室……7574027
服装加工车间
主任……7571880
书记……7574363
副主任……7574365
办公室……7571838
清洗车间
主任……7578414
书记……7574128
副主任……7570420
锐博公司
董事长……7587611
总经理……7575377
炼油实业部财务……7572413
生产部主任……7561912
综合部主任……7575777
供销部主任……7579402
精制车间主任……7576029
储运车间主任……7579403
沥青开发中心
经理（传真）……7579718
副经理……7579717
综合科……7579716
技术科……7579117
财务科……7579116
淄博吉泰工贸有限公司
经理……7571967
传真……7571937
副经理……7572995
财务科……7573975
办公室……7570487
供销科……7570459
生产设备科……7587414
临淄区石化燃料公司
总经理……7577577
副经理……7587128
财务总监……7579089
办公室……7587260
生产科……7570345
销售……7571771
值班……7579797
淄博市临淄区胜利安装有限公司
经理……7574777

副经理……7573456
办公室……7676173
北岳公司
经理……7570080
副经理……7577677
书记……7574945
综合部部长……7561847
财务部部长……7573985
安装车间主任……7572338
清洗车间主任……7574404
保温材料厂主任……7573580
凯美可工贸公司
董事长、总经理……7587498
书记……7573498
综合管理部
经理……7577229
办公室……7579737
生产安全部
经理……7571200
办公室……7579739
财务部
经理……7573572
会计……7577227
供应部
经理……7573871
销售部
经理……7574434
办公室……7561907
助剂车间
主任……7574358
操作室……7577247
化工车间
主任……7561915
办事员……7561920
山东三维石化工程有限公司
董事长（总经理）……7587467
书记……7574188
技术总监……7576134
市场总监……7587502
总经理助理（设计部部长）……7573041
总经理助理（工程部部长）……7571575
综合部（传真）……7574189
淄博齐昊石化机械有限公司
总经理……7579016
副经理……7571131
财务部长……7573042
营销部部长……7573904
生产部长……7572685
堵漏分公司……7575877
空调分公司……7561872

烯烃厂

办公室
主任……7580558
副主任……7580201
办公室……7580962
生产技术部
部长……7580504
副部长……7580963
统计管理……7522954
计划管理……7522309
技措管理……7523490
质量管理……7524281
工艺管理……7521357
调度中心
调度室……7580207
传真……7525015
成本管理部
副部长……7580066
材料组……7521214
成本组……7522214
会计组……7523484
预算组……7524278
安全环保部
部长……7580529
副部长……7580195
安全技术组……7525027
环保技术组……7523847
机械动力部
部长……7580735
副部长……7580065
静设备组……7521085
动设备组……7521924
电仪组……7525004
计划组……7522234
人力资源部
部长……7580960
副部长……7580939
薪酬管理……7522292
劳动保险……7521202
员工管理……7580547
员工培训……7521681
纪检组……7521232

党委工作部
部长……7580833
副部长……7580654
组干……7521162
文字宣传……7523971
团委……7580061
纪委（监察室）
副书记……7580734
办公室……7580017
工会
主任……7523975
副主任……7523944
中心化验室
主任……7580527
书记……7521694
副主任……7523420
乙烯项目部
副主任……7525033
办公室……7525031
信息中心
主任……7580561
副主任……7580840
办公室……7524942
计量中心
副主任……7580831
仪表管理……7523744
检定管理……7522264
物料管理……7580180
工程设计中心
主任……7580548
副主任、书记……7580005
副主任……7580868
行政事务中心
主任……7580067
书记……7525811
保卫处
处长……7580977
书记……7580653
裂解车间
主任……7580741
书记……7580003
生产主任……7522230
技术主任……7522446
设备主任……7522205
芳烃车间
主任……7580742
书记……7524287
生产主任……7522464
设备主任……7580063
技术主任……7524285
苯酐车间
主任……7580743
书记……7523745
生产主任……7521642
设备主任……7523741
技术主任……7523816
动力车间
主任……7580526
书记……7522268
副主任……7522913
总值……7522715
油品车间
主任……7580549
书记……7522986
生产主任……7522925
设备主任……7524286
供水车间
主任书记……7524275
生产主任……7522040
设备主任……7580567
车间调度……7524276
机修车间
主任……7580921
书记……7580744
副主任……7521378
计调组……7521389
值班室……7524648
电工车间
主任……7580456
书记……7521226
副主任……7580637
仪表车间
主任……7580457
书记……7580062
副主任……7521250
储运站
站长……7580560
书记……7523488
副站长……7521516
老龄办公室
主任……7535147
总支书记……7556210

服务保障中心

膳食一部
经理……7580736
副经理……7523408
汽车一队
队长……7580545
书记……7580900
调度……7522654
卫生绿化部
经理……7523389
一工区绿化组……7523178
卫生组……7522374

塑料厂

办公室
主任……7580209
副主任……7580192
传真……7580933
综合管理部
部长……7580467
副部长……7523535
贯标管理……7580931
绩效管理……7523569
三基管理……7523521
合同管理……7580908
预算管理……7524356
投资管理……7523578
生产管理部
部长……7580641
副部长……7580173
运行管理……7523254
综合管理……7523308
计划管理……7523319
调度中心……7580916
成本管理部
部长……7580468
副部长……7524198
会计报销……7580755
成本核算……7523571
安全环保部
部长……7580492
副部长……7580648
消防管理……7523375
环保技术……7523001
职业卫生……7523854
安全管理……7521911
安全技术……7521141
气防站……7523369
机械动力部
部长……7580204
副部长……7523342
设备管理……7580790
动力管理……7523778
综合计划……7523857
技术管理部
部长……7580930
副部长……7580535
售后服务中心主任……7580759
人力资源部
部长……7580491
副部长（计生办主任）……7580910
纪律检查办公室主任……7580911
事务管理中心
主任……7525097
副主任……7580493
经济保卫处
处长……7580642
书记……7580932
武装部……7524231
纪委
副书记……7580536
办公室主任……7580914
党委工作部
部长……7580537
副部长……7580174
团委书记……7580647
工会
副主席……7580556
办公室……7580844
计量科
科长……7580701
副科长……7524773
备件科
科长……7580202
书记……7580165
工程设计室
主任……7524723
书记……7523871
副主任……7522546
信息中心
主任……7523447
副主任……7580918
高密度聚乙烯车间

主任……7580791
书记……7524226
生产副主任……7524225
设备副主任……7522567
技术副主任……7522387

低密度聚乙烯车间
主任……7580792
书记……7580941
生产副主任……7523732
设备副主任……7523443
技术副主任……7523752

聚丙烯车间
主任……7580793
书记……7580942
生产副主任……7521030
设备副主任……7523710
技术副主任……7523702

苯乙烯车间
主任……7580794
书记……7580943

高压聚乙烯车间
主任……7580778
书记……7524879
生产副主任……7524491
设备副主任……7524492
技术副主任……7524490

成品车间
主任……7580835
书记……7580945
生产副主任……7523027
设备副主任……7523037

固体车间
主任……7580494
书记……7580946
生产副主任……7523919
设备副主任……7522833

质检科
科长……7580704
书记……7580947
生产副科长……7524303
设备副科长……7521091

水汽车间
主任……7580757
书记……7580925
生产副主任……7524360
设备副主任……7524353
技术副主任……7521314

机修车间
主任……7580663
书记……7580926
生产副主任……7522838
设备副主任……7522153
技术副主任……7522284

电工车间
主任……7580662
书记……7580927
生产副主任……7523412
设备副主任……7521501

仪表车间
主任……7580664
书记……7580873
生产副主任……7524877
设备副主任……7523010
技术副主任……7522032

中试
主任……7580795
书记……7580836
副主任……7580874

储运站
站长……7580640
书记……7580837

离退办（企业工作调研室）
主任……7161173
书记……7161175
办公室……7557080

氯碱厂

办公室
主任……7580400
副主任……7580414
传真……7580785

综合管理部
部长……7580427
副部长……7580010
合同管理……7523601
体系管理……7522168
基层管理……7521287
投资管理……7522340
绩效考核……7523294
岗检组……7523149

人力资源部

部长……………………………………7525587
副部长…………………………………7521352
成本管理部
部长……………………………………7580691
副部长…………………………………7523139
会计组…………………………………7580057
成本组…………………………………7524645
材料组…………………………………7523850
销售组…………………………………7523545
工资组…………………………………7523006
生产管理部
部长……………………………………7580416
副部长…………………………………7521784
调度台…………………………………7521321
白班调度………………………………7522514
公用工程………………………………7521573
计划、统计……………………………7521335
技术管理部
部长……………………………………7580417
副部长…………………………………7521510
工艺管理………………………………7523132
质量管理………………………………7521373
标准化…………………………………7521390
科研开发………………………………7521768
技改技措………………………………7523894
机械动力部
部长……………………………………7580419
副部长…………………………………7521915
综合计划………………………………7523954
设备管理………………………………7522208
电仪管理………………………………7521394
车辆管理………………………………7523951
安全环保部
部长……………………………………7580423
副部长…………………………………7580551
安全管理………………………………7521857
安全教育………………………………7521515
环保管理………………………………7580100
党委工作部
部长……………………………………7580996
副部长…………………………………7524265
干部管理………………………………7521278
组织管理、团委………………………7521730
纪委
副书记…………………………………7580635
案检室主任……………………………7523709

工会
副主席…………………………………7580421
办公室主任……………………………7523707
工程管理处
处长……………………………………7521998
副处长…………………………………7524828
综合管理………………………………7521382
防腐管理………………………………7524782
土建管理………………………………7522482
公用工程………………………………7521615
土建结构………………………………7523310
电仪管理………………………………7580107
保卫处
处长……………………………………7522215
副处长…………………………………7524700
人武部…………………………………7521755
行政事务中心
主任……………………………………7525418
机关总支书记…………………………7580102
副主任…………………………………7525779
机关工会主席…………………………7523259
信息中心
主任……………………………………7523086
副主任…………………………………7525351
档案室…………………………………7521771
图书室…………………………………7523300
物资中心
主任……………………………………7524997
副主任…………………………………7525950
值班室…………………………………7521806
计量中心
主任……………………………………7580101
副主任…………………………………7525739
退休职工管理办公室
主任……………………………………7176531
书记……………………………………7184652
办公室…………………………………7176530
装置达标办公室
主任……………………………………7580104
技术组…………………………………7524719
综合组（传真）………………………7580026
电化车间
主任……………………………………7523880
书记……………………………………7523224
生产副主任……………………………7523774
设备副主任……………………………7523227

烧碱车间
主任……7523801
书记……7523048
生产副主任……7523476
设备副主任……7522911
氯乙烯车间
主任……7523391
书记……7521953
生产副主任……7523212
设备副主任……7521986
聚氯乙烯车间
主任……7521863
书记……7523842
生产副主任……7521602
设备副主任……7525796
环氧车间
主任……7521793
书记……7521796
生产副主任……7523313
设备副主任……7521874
行政副主任……7521402
成品车间
主任……7523207
书记……7521878
生产副主任……7523754
设备副主任……7524348
水汽车间
主任……7580591
书记……7522394
生产副主任……7522379
设备副主任……7522099
固体车间
主任……7580307
书记……7522768
生产副主任……7580636
设备副主任……7524395
电气车间
主任……7522368
书记……7522369
副主任……7522376
仪表车间
主任……7580634
书记……7523527
副主任……7525922
机修车间
主任……7524706
书记……7521993
副主任……7525829
防腐车间
主任……7580011
书记……7521532
副主任……7521564
原盐储管中心
主任……7521079
副主任……7523483
中试中心
主任……7521561
工艺组……7522311
控制室……7522312

橡胶厂

厂办、党办
主任……7544699
副主任……7548903
传真……7548168
工会
主席……7548235
副主席……7548854
综合办公室……7542115
安全环保部
部长……7548906
副部长……7542519
办公室……7542606
环保管理……7546562
监测站长……7544008
分析化验……7544007
现场管理……7540085
安全技术……7544009
生产管理部
部长……7549452
副部长……7548940
调度台……7543473
综合管理……7547104
生产统计……7544937
生产计划……7546571
厂夜间值班室……7544016
机动部
部长……7544675
副部长……7548163
计调组……7542139
动力组……7548944
资产管理……7544921
设备管理……7544918

值班室……7546563

成本管理部

部长……7548219

会计……7542613

成本组……7546572

资金组……7546573

行政事务中心

主任……7544993

副主任……7541956

印刷所长……7544443

邮政所……7542820

招待所所长……7548870

综合管理部

部长……7548040

橡胶厂副部长……7546001

投资管理……7542517

企业管理……7544409

认证管理……7548162

合同管理……7546003

人力资源部

部长……7548216

副部长……7544382

培训中心主任……7548942

计生办主任……7542114

技术管理部

部长……7542233

副部长……7548967

工艺、技措……7545376

科研管理……7545124

标准化……7545747

质量管理……7545746

节能管理……7545394

中控分析……7545748

信息中心

主任……7542060

副主任……7548138

信息调研……7545489

计算机室……7543307

档案一室……7545488

档案二室……7545487

党委工作部

部长……7548169

副部长……7548215

组织干部……7543883

宣传教育……7544383

团委书记……7548840

纪委

副书记……7548909

办公室……7545151

传真……7545200

保卫处

处长……7548908

副处长……7544411

武装部……7542514

值班室……7542518

原料管理处

处长……7542342

副处长……7549909

工会、安全……7544864

办公室……7542623

物资管理科

科长……7548218

副科长……7549705

备件计划……7543243

综合计划……7544758

设计科

科长……7548904

高工……7542238

办公室……7545740

成品管理科

科长……7546550

橡胶厂副科长……7542895

计量中心

主任……7548224

副主任……7548941

传真……7547222

工程科

科长……7544678

综合办公室……7544412

离退办

主任……7544707

副主任……7540602

书记……7546570

单体车间

主任……7543325

工艺副主任……7544058

设备副主任……7544401

书记……7544354

聚合车间

主任……7543327

书记……7544992

副主任……7545115

设备主任……7546343

丁苯车间

主任……7548857

书记……7546010

工艺副主任……7546011

设备副主任……7544508

碳四车间

主任……7543352

书记……7544886

工艺主任……7545804

设备主任……7545976

机修车间

主任……7544365

副主任……7542062

电气车间

主任……7548554

副主任……7544445

车间值班室……7544464

仪表车间

主任……7548049

副主任……7546614

车间值班室……7544943

供排水车间

主任……7542136

书记……7542058

锅炉车间

主任……7543043

副主任……7544911

罐区车间

主任……7545054

书记……7542068

副主任……7544649

中心试验室

主任……7546564

副主任……7546567

质检中心

主任……7548048

书记……7549058

副主任……7540271

第二化肥厂、二化实业部

厂长、党委办公室

主任……7582684

副主任……7582657

办公室……7582627

传真……7582773

生产管理部

部长……7582686

副部长……7582395

传真……7582693

白班调度……7583562

生产调度中心……7582626

传真……7582586

成本计划部

部长……7582690

传真……7583777

成本组……7583232

会计组……7589725

资产组……7583824

计统组……7582302

计算机……7583420

机械动力部

部长……7583548

副部长（设备）……7582558

副部长（电仪）……7582605

综合管理……7583716

动设备组……7589730

状态监测……7583718

动力组（电仪）……7589732

计划组……7583715

计划调度……7582604

安全环保部

部长……7582695

书记……7582396

副部长……7583251

环保管理……7582308

安全管理……7583419

安全教育……7583431

人力资源部

部长……7582691

副部长……7589761

技术人员与档案管理……7589844

员工管理……7582617

职工培训……7589754

工资保险……7583236

党委工作部

部长……7589728

副部长……7589760

办公室……7589845

纪检信访……7583336

档案室……7583434

群众工作部
部长……7582557
副部长……7583580
生活女工……7582633
生产文体……7589767
综合管理部
部长……7582570
副部长……7582696
办公室……7583359
空分车间
主任……7582683
书记……7583323
生产主任……7589768
设备主任……7589801
技术组……7583459
甲醇车间
主任（书记）……7582360
生产主任……7582358
设备主任……7589800
总控室……7583310
丁辛醇车间
主任……7582766
书记……7589513
设备主任……7583466
副主任……7582403
质量检查室
主任……7582618
书记……7582594
副主任……7583757
储运车间
主任……7582357
书记……7582769
副主任……7583381
电工车间
主任……7582356
书记……7582771
副主任……7583266
仪表车间
主任……7589802
书记……7582593
副主任……7582764
检修车间
主任……7582362
书记……7582595
副主任……7589776
水汽车间
主任……7582767
书记……7582412
副主任……7583616
工程管理中心
主任……7582669
土地管理室……7582664
经济管理室……7589741
施工管理室……7583570
计量中心
主任……7584504
副主任……7582689
办公室……7589512
信息中心
副主任……7589789
办公室……7583560
物资中心
主任……7582558
管理组……7582616
检验组……7583239
回收组……7583452
保管组……7583439
治安保卫中心
主任……7582406
副主任……7582552
资源优化项目部
经理……7582601
设备室……7582383
资料室……7582763
传真……7582572
电仪室……7583472
空分项目部
经理……7582369
经理室……7583273
齐鲁综合组……7582388
BOC 综合组……7583332
传真、资料室……7589799
达州化肥项目部……7582355
文化宫
主任……7589529
办公室……7582378
离退办
主任……7584836
书记……7583783
副主任……7584134
淄博鲁齐化工设计有限公司
所长……7583423

办公室……………………………………………7582694

热电厂

厂长、党委办公室

主任……………………………………………7580233

副主任…………………………………………7580550

传真……………………………………………7580768

生产技术部

部长……………………………………………7580243

副部长…………………………………………7526076

调度专工………………………………………7522585

热效节能管理…………………………………7521397

小指标管理……………………………………7522589

技术管理………………………………………7522591

技措管理………………………………………7522316

调度室…………………………………………7580286

安全环保部

部长……………………………………………7580775

副部长…………………………………………7580572

安全、环保管理………………………………7522745

职防管理………………………………………7522502

消防管理………………………………………7522693

机械动力部

部长……………………………………………7580571

副部长…………………………………………7580121

状态监测专工…………………………………7522751

汽机、燃化专工………………………………7521711

锅炉、土防专工………………………………7522392

电仪专工………………………………………7522197

计划财务部

部长……………………………………………7580246

会计组…………………………………………7580568

材料核算………………………………………7580240

成本核算………………………………………7522762

煤炭核算………………………………………7521569

人事教育部

部长……………………………………………7580239

工资、劳动组织（调配）……………………7521489

奖金、保险统计………………………………7522489

技术干部管理…………………………………7521107

员工培训………………………………………7522297

技能鉴定………………………………………7522192

计划生育………………………………………7580674

岗检组…………………………………………7580748

综合管理部

部长……………………………………………7580599

副部长…………………………………………7580712

三基管理………………………………………7521496

现场管理………………………………………7521584

绩效考核………………………………………7522462

法律事务………………………………………7524099

预算管理………………………………………7521293

合同管理………………………………………7522334

党委工作部

部长……………………………………………7580776

副部长…………………………………………7580227

组织干部………………………………………7521580

宣传、企业文化………………………………7521503

统战、共青团…………………………………7522308

纪委

副书记…………………………………………7522146

办公室…………………………………………7521717

信访、举报……………………………………7522400

工会

副主席…………………………………………7580245

办公室、宣教…………………………………7521971

锅炉车间

主任……………………………………………7522105

书记……………………………………………7522196

运行副主任……………………………………7521338

检修副主任……………………………………7524605

汽机车间

主任……………………………………………7522263

书记、副主任…………………………………7522261

副主任…………………………………………7524600

电气车间

主任……………………………………………7522505

书记……………………………………………7522239

运行副主任……………………………………7521812

检修副主任……………………………………7524606

供电车间

主任……………………………………………7521925

热电厂书记……………………………………7521936

副主任…………………………………………7521570

燃料车间

主任……………………………………………7522536

书记、副主任…………………………………7522727

运行副主任……………………………………7524075

检修副主任……………………………………7521548

化水车间

主任……………………………………………7521454

书记……………………………………………7521814

副主任…………………………………………7522372

排灰车间
- 主任……7524077
- 书记……7522198
- 副主任……7521706

中化室
- 主任……7522371
- 书记……7524609

检一车间
- 主任……7521326
- 书记……7522861
- 副主任……7522271

检二车间
- 主任……7580071
- 书记……7522362
- 副主任……7522523

检三车间
- 主任……7522434
- 书记……7522634
- 副主任……7521739

仪表车间
- 主任、书记……7521576
- 副主任……7522358

电气实验室
- 主任……7522545
- 书记……7522201
- 副主任……7526096

后勤部
- 部长……7522728
- 书记……7522401
- 副部长……7580242
- 办公室……7522423

保卫部
- 部长……7580023
- 书记……7580772
- 值班室……7522278

信息中心
- 主任、书记……7524608
- 技术组……7521769
- 档案室……7523915

计量中心
- 主任……7524732
- 热能管理……7521451
- 电能管理……7524733
- 过衡管理……7521477

物资管理中心
- 主任……7580228
- 副主任……7522010
- 综合管理……7521787
- 综合计划……7524334

离退休管理中心
- 主任……7167087
- 书记……7187791
- 办公室……7538344

工程管理办公室
- 主任……7580500
- 副主任……7580288
- 办公室……7524195

研究发展中心
- 主任……7580022
- 书记……7524506

淄博鑫亚工贸有限责任公司

总经理……7580957

总支书记、生产副总经理……7580863

经营副总经理……7580865

财务副总经理……7580745

办公室
- 主任……7580817
- 传真……7524590

安全生产部
- 部长……7580863
- 生产技术……7522171
- 项目、设备管理……7522563

经营部
- 部长……7580865
- 经营管理……7525579
- 销售管理……7522034
- 煤炭管理……7524785

计划财务部
- 部长……7580745
- 财务……7522961
- 计统……7524434

工程部
- 部长……7580773
- 资质管理……7522002

法律公关部
- 部长……7524289

综合利用办公室
- 主任……7524034

化工环保公司
- 经理……7522477
- 技术、事务员……7522557
- 再生水厂……7523430

化验室……………………………………………7524697
燃料转运站
站长……………………………………………7580522
技术员…………………………………………7522204
事务员…………………………………………7524347
粉煤灰公司
经理……………………………………………7521453
技术、事务员…………………………………7522439
控制室…………………………………………7524610
脱硫剂厂
厂长……………………………………………7522478
事务员…………………………………………7522229
控制室…………………………………………7522320
检维修队
队长……………………………………………7522421
技术、事务员…………………………………7524114
废品回收………………………………………7524335
广告印务公司
经理……………………………………………7525517
事务员…………………………………………7524046
保洁队
队长……………………………………………7524480
事务员…………………………………………7522562
绿化队
队长……………………………………………7524169
金丰建材公司
生产厂长………………………………………7325123
经营厂长………………………………………7361123
淄博鑫运运输有限公司
总经理、书记…………………………………7580247
副总经理………………………………………7524260
值班……………………………………………7524263
淄博泓阁餐饮有限公司
总经理…………………………………………7580749
总台……………………………………………7580225
财务……………………………………………7521370

腈纶厂
（北区电话）

办公室
主任……………………………………………3576208
小车班…………………………………………3576027
生产技术部
部长……………………………………………3576046
副部长…………………………………………3576009
调度值班………………………………………3582172
安全环保部
部长……………………………………………3576316
副部长…………………………………………3576679
办公室…………………………………………3576010
设备部
部长……………………………………………3576082
副部长…………………………………………3576032
综合组…………………………………………3576083
管理组…………………………………………3576380
管理组…………………………………………3576165
工程组…………………………………………3576351
传真……………………………………………3576016
财务部
部长……………………………………………3576056
会计组…………………………………………3576057
成本组…………………………………………3576058
资金组…………………………………………3576059
综合管理部
部长……………………………………………3576617
副部长…………………………………………3576033
三基、保险……………………………………3576075
岗检……………………………………………3576072
经济责任制……………………………………3576608
考核组…………………………………………3576003
培训……………………………………………3576069
调配、技管……………………………………3576068
工程预算………………………………………3576070
工资……………………………………………3576071
党群工作部
部长……………………………………………3576366
组织、干部……………………………………3576213
理论教育………………………………………3576605
《简讯》编辑 …………………………………3576040
纪委监察………………………………………3576529
科技开发中心
主任……………………………………………3576113
副主任…………………………………………3576149
技改组…………………………………………3576087
产品开发………………………………………3576092
设计组…………………………………………3576090
信息中心
主任……………………………………………3576099
中心机房………………………………………3576067
档案室…………………………………………3576021
阅览室…………………………………………3576022
供销信息………………………………………3576363
计量中心

主任……3576162
计量一室……3576425
审计中心
主任……3576369
综合审计……3576062
工程……3576086
合同管理……3576199
计划统计中心
主任……3576063
传真……3576055
计划管理……3576064
综合统计……3576123
行政事务中心
主任……3576396
办公室……3576043
聚合车间
主任……3576253
书记……3576432
副主任……3576260
前纺车间
主任……3576212
书记……3576065
副主任……3576433
后纺车间
主任……3576229
书记……3576430
副主任……3576254
副主任……3576518
毛条车间
主任……3576501
副主任……3576503
电仪二车间
主任……3576348
书记……3576349
副主任……3576194
质量检验中心
主任……3576095
副主任……3576097
副主任……3576480
储运车间
主任……3576235
书记……3576680
副主任……3576246
消防保卫科
科长……3576268
副科长……3576527
供应公司
经理……3576611
书记……3576661
销售公司
经理……3576228
书记……3576577
副经理……3576321
销售公司驻厂办
主任……3576618
办公室……3576045
隽山派出所
所长……3576610
指导员、户籍……3576035

腈纶厂

（南区电话）

办公室
小车班……3576933
生产技术部（南区现场）
副部长……3576901
工艺质量管理……3576903
调度室
调度室……3576904
白班调度……3576906
能源管理……3576907
安全环保部
气防管理……3576910
安全管理……3576911
设备部
副部长……3576912
副部长……3576913
设备管理……3576914
办公室……3576915
现场管理
部长……3576909
副部长……3576991
办公室……3576908
财务部
资金管理……3576917
综合管理部
部长……3576918
办公室……3576919
计划统计……3576921
纪律检查……3576922
党群工作部
工会……3576923
科技开发中心

副部长……………………………………3576925
计量中心
计量一室……………………………………3576929
计量二室……………………………………3576930
信息中心
主任……………………………………3576799
网络维护……………………………………3576788
信息维修……………………………………3576755
档案室……………………………………3576711
丙烯腈车间
主任……………………………………3576700
书记……………………………………3576701
设备主任……………………………………3576702
生产主任……………………………………3576703
水汽车间
主任、书记……………………………………3576750
办公室……………………………………3576751
设备副主任……………………………………3576752
电仪一车间
主任……………………………………3576780
技术副主任……………………………………3576781
设备副主任……………………………………3576782
中心化验室
主任……………………………………3576810
书记……………………………………3576811
副主任……………………………………3576812
原料车间
主任、书记……………………………………3576830
设备副主任……………………………………3576831
工艺副主任……………………………………3576832
消防保卫科
科长……………………………………3576860
副科长……………………………………3576861
保卫值班室……………………………………3576864
机修车间
主任……………………………………3576880
办公室……………………………………3576881

供排水厂

成本管理部（办公室）
主任……………………………………7580679
副主任……………………………………7580285
结算组……………………………………7521758
成本组……………………………………7522346
销售组……………………………………7525760
小车班……………………………………7523696
信息中心
主任……………………………………7580463
网络组……………………………………7525436
生产安全管理部
部长……………………………………7580279
副部长……………………………………7580683
生产统计……………………………………7523003
科研技措……………………………………7523685
工艺管理……………………………………7523694
安全检查……………………………………7522572
调度台……………………………………7580860
机械动力部
部长……………………………………7580292
副部长……………………………………7580278
设备管理……………………………………7522471
仪电管理……………………………………7522195
计划管理……………………………………7523686
备件库……………………………………7523162
企业管理部
部长……………………………………7580459
副部长……………………………………7522529
计划统计……………………………………7524069
企管组……………………………………7522551
合同预算……………………………………7521481
人力资源部
部长……………………………………7580716
薪酬管理……………………………………7523697
保险奖金……………………………………7523995
员工管理……………………………………7523995
职工培训……………………………………7524543
党群工作部
部长……………………………………7580862
副部长……………………………………7580850
组织员……………………………………7522996
纪检员……………………………………7523927
宣传组……………………………………7522950
生活女工……………………………………7523621
宣教文体……………………………………7523165
保卫中心（人武部）
主任（部长）……………………………………7580287
副主任……………………………………7521015
值班室……………………………………7523901
行政服务中心
主任……………………………………7580675
计划管理……………………………………7522438
绿化管理……………………………………7521316
通勤管理……………………………………7580275

离退休职工管理办公室
主任……7534968
书记、副主任……7557285
管理组……7534814
计量销售中心
主任……7580283
书记……7580901
环保中心
主任……7580861
书记、副主任……7523376
技术组……7523379
供水一车间
主任……7522938
书记、副主任……7523789
副主任……7522128
供水二车间
主任……7580338
书记、副主任……7580376
副主任……7580321
净化车间
主任……7522976
书记、副主任……7522326
副主任……7521587
空分车间
主任……7580715
书记、副主任……7523934
副主任……7523020
中化室
主任……7523692
书记……7526189
副主任……7523024
电气车间
主任……7580523
书记、副主任……7523996
副主任……7522131
仪表车间
主任、书记……7523218
副主任……7523164
维修车间
主任……7523258
书记、副主任……7521752
膳食五部
经理……7580299
管理组……7580553
汽车五队
队长……7580294
副队长……7580684
调度……7522770

储运厂

综合管理部
部长……7580036
部长助理……7522108
综合管理……7521603
三基与体系……7521601
合同管理……7523600
计划统计……7523769
传真……7580030
党群工作部
部长、工会副主席……7580484
副部长、纪委副书记……7580038
干部管理……7523192
组织、纪检信访……7521457
宣传教育……7522683
企业文化管理……7521673
工会办公室……7521626
人力资源部
部长……7580481
绩效考核……7523110
员工、薪酬、保险……7522290
技术干部管理……7580040
员工、培训……7523365
培训、计生……7522398
技术设备部
部长……7580027
副部长……7580807
工艺技术……7524511
技术组……7523426
材料、固定资产……7523652
能源、工程管理……7523043
设备管理……7523363
工程计划、工程管理……7523510
工程预算……7580673
安全环保部
部长……7580486
副部长……7521699
安全管理……7523654
工业卫生、气防消防……7523190
环保管理、环保统计……7523678
财务部
部长……7580479
副部长……7580033
总账总审……7521240

人工成本、收入、出纳……7524532
固定资产……7522490
存货、成本……7522659
生产指挥中心
主任……7580041
副主任……7580485
调度台……7580672
质量检验中心
主任……7580482
副主任……7522343
计量中心
主任……7580476
副主任……7522116
信息中心
主任……7580490
副主任……7580845
保卫工作部
书记……7522435
副部长、副书记……7523832
老龄办
主任……7552703
书记……7557261
液体车间
主任……7522679
书记……7580474
设备副主任……7523210
生产副主任……7523673
洗修车间
主任……7522564
书记……7521663
副书记……7580029
装卸车间
主任……7522487
书记……7523669
副主任……7523507
货运车间
主任……7523648
书记……7523062
生产（安全）副主任……7522707
设备（技术）副主任……7580846
机务车间
主任……7580505
书记……7523351
副主任……7522393
工电车间
主任……7522761
书记……7580487
电仪车间
主任……7522126
书记……7580480
龙口储运站
办公室……(0535)88481
主控室……(0535)88485
值班室……(0535)88487
传真……(0535)88487
后勤保障中心
主任……7580025
书记……7521430
副主任……7523728

淄博齐威工贸有限公司

公司领导
总经理……7582128
副总经理……7582269
总会计师……7582949
党群部门
书记……7582128
工会主席……7582269
团支部……7582187
综合管理部
主任……7589418
办公室（传真）……7582187
劳资办……7581004
劳保用品店……7360189
财务部
主任……7582268
财务室……7582268
综合利用化工厂（淄博苗栗化工有限公司）
厂长（经理）……7580801
厂长助理（经理助理）……7521491
财务室……7580880
市场营销部（淄博岳毅坤运输有限公司）
经理……7316149
办公室……7555018
传真……7316149
金鹏公司
经理办公室……7580478
业务室……7523716
储运公司
经理……7521929
业务室……7526115
传真……7521929
联运公司（淄博日永冠经贸有限公司）

经理……7586883
传真……7586883
汽车衡（计量室）
主任……7580882
汽车衡……7580882
纯净水厂
厂长……7582933
塑料厂
厂长……7580878
业务室……7580878
汽车修理厂（淄博明冠汽车修理有限公司）
厂长（经理）……7586883
厂长助理（经理助理）……7589419
财务室……7589419
溶剂厂（淄博润茂化工有限公司）
厂长（经理）……7525667
办公室……7525667
榨油厂（淄博海臣经贸有限公司）
厂长（经理）……7555834
办公室……7522533

物资装备中心

办公室
主任……7556839
值班室……7534255
党群工作部
部长……7534830
纪监室主任、副部长、工会副主席……7534593
组干、宣传……7534849
纪监、工会……7534460
综合管理部
部长……7530047
副部长……7534261
企管组……7533134
合同组……7535194
价格组……7530264
微机组……7534215
供应商管理部
部长……7553593
副部长……7553365
管理组组长……7553293
开发组组长……7554241
人力资源部
部长……7534371
教育培训……7534153
绩效考核……7534153
工资、计划生育……7534461
财务部
部长……7535192
副部长……7534397
材料一组……7534022
材料二组……7534357
材料三组……7534497
费用报销……7534704
工资……7534231
质检中心
主任……7580124
书记……7522395
备件检验……7580255
质量管理……7521271
生产计划部
部长……7556035
副部长……7556310
综合计划组组长……7556193
调度……7554615
设备计划组组长……7556380
非金属计划组组长……7556631
金属阀配计划组组长……7554643
化工计划组组长……7556400
基建项目部
部长……7551729
书记……7551137
副部长……7551836
项目一组组长、设备计划……7551820
项目二组组长、配件计划……7551992
项目三组组长、设备计划……7551410
项目四组组长、综合计划……7551359
资备件采购部
部长……7553561
综合组组长……7553533
备品备件值班室……7534255
炼油组组长……7553305
橡胶组组长……7553401
二化组组长……7553409
烯烃组组长……7553471
氯碱组组长……7553415
热电、水厂组组长……7553387
塑料组组长……7553187
煤炭采购部
部长……7557001
采购验收组组长……7534115
综合组……7554287
化工采购部

部长……7551471
书记……7551510
副部长……7556173
化工组长……7551473
化工采购……7551477
化玻组长……7551437
原料采购部
部长……7554650
副部长……7534180
乙烯原料组……7554742
原盐采购组……7554741
金属阀配采购部
部长……7553553
副部长……7552670
配件采购组组长……7552992
金属采购组组长……7553490
阀门采购组组长……7552491
设备采购部
部长……7552943
副部长……7552040
设备采购组组长……7552562
电器采购组组长……7552440
仪表采购组组长……7552413
进口物资部
部长……7553743
书记……7553823
管理组……7553621
接运检验……7553219
总库办公室……7522001
非金属采购部
部长……7554167
副部长……7554182
水泥、橡塑……7554103
五金、保温……7554172
劳保杂品……7554206
物流部
部长……7521069
书记……7526297
副部长……7523189
综合部主任……7521597
离退休职工管理部
部长……7554254
书记……7556089
办公室……7556445
淄博玺天利工贸有限责任公司
总经理……7580267
副总经理……7523135
综合部……7521598
经营一部……7526265
阀门检验站……7522642

销售运输部

办公室
主任……7531138
副主任……7530540
传真……7535004
行政……7554716
综合管理……7555207
党群工作室……7536494
工会副主席……7581310
行政监察室副主任……7535344
人事档案室……7554851
财务室监控室……7554875
商情信息室……7554207
信息管理……7581358
营销策划室
营销策划……7554897
销售管理室
主任……7553237
副主任……7554821
销售管理……7535314
法律事务室
主任……7554122
副主任……7553426
法律事务……7554832
合同管理……7536014
计划调度室
主任……7581007
副主任……7555206
计划……7555205
调度……7581642
传真……7555190
客户服务、新产品开发部
主任……7554827
副主任……7554825
业务室……7554152
传真……7554823
市场服务室
主任……7553112
副主任……7554859
传真……7554819
运输管理一部
主任……7555185

铁运计划……7587219
铁运调度……7574463
运输管理二部
主任……7555171
副主任……7552994
传真……7534874
油品业务一部
主任……7555160
书记（副主任）……7555972
副主任……7555163
油品业务二部
主任……7555156
传真……7555155
化工业务一部
主任……7553010
传真……7555873
化工业务二部
主任……7534842
副主任……7554191
化工业务三部
主任……7554833
副主任……7554895
业务……7534314
传真……7554865
华南销售分公司
经理……(0757)22317
业务……(0757)22317
财务……(0757)22317
本部业务……7531366
京鲁公司
经理……(010)63367748
本部业务……7531618

研究院

综合管理部
部长……7581979
副部长……7589279
企管、合同……7582210
办公室……7511366
行政……7582131
传真……7512399
党群工作部
部长……7589579
副部长……7582727
纪检……7589285
工会、组织……7582242
人力资源部
部长……7589282
劳动工资……7589283
人事教育……7586449
计划管理部
部长……7589589
副部长……7582891
计划、统计……7589276
成本管理部
部长……7589589
副部长……7582891
总帐报表……7587800
成本会计……7589590

科研开发

科研开发部
部长……7582493
副部长……7512057
科研管理、专利……7582452
科研管理、标准化……7588234
中国石化 PTC 齐鲁石化分部
办公室……7512057
石油加工研究所
所长……7512129
办公室……7512126
分析、沥青（办）……7512127
加氢硫磺（办）……7512155
催化裂化（办）……7512079
环境工程研究所（有机化工研究所）
所长……7581057
书记……7581080
办公室……7581301
研制组一组……7581091
研制组二组……7581221
污水组一组……7581270
污水组二组……7581220
分析组……7581229
化学工程研究所
所长……7582271
办公室……7589162
课题组……7589663
裂解组……7589660
综合组……7589162
动力学组……7589298
高分子工程研究所
所长……7511419
副所长……7589299
PE 组……7582495

PVC 组……7586024
PVC 装置组……7582282
加工组……7588401
PE 装置组……7581903
工业催化研究所
所长……7544767
书记……7544795
副所长……7548540
办公室……7547264
制氢研发组……7542710
分析组……7542071
制氢评价组……7542069
耐硫研发组……7542076
分析组……7542037
耐硫评价组……7547254
常压组……7547840
聚烯烃研究室
主任……7511419
副主任……7582496
PP 透明组……7582281
PP 抗冲组……7581113
PE 管材组……7511425
PE 中空组……7511423
PE 电缆组……7585676
聚氯乙烯研究室
主任……7582277
副主任……7589581
电缆组……7582130
管材组……7586348
型材组……7581929
分析测试中心
主任……7586970
书记……7581910
副主任……7589292
办公室、六组……7586537
检测一组……7511334
检测二组、三组……7582283
检测四组、五组……7584119
计量组……7512019
科技信息中心
主任……7512057
副主任……7581275
联机检索……7582367
情报组……7583732
硫磺协作组……7583021
《大氮肥》情报站……7582512
《大氮肥》信息……7582530
《齐鲁石油化工》……7582615
图书馆……7582261
安全生产部
部长……7589280
副部长……7586248
设备管理……7589615
安全工程管理……7582247
生产调度……7588249
中试基地
主任……7525235
书记……7524269
副主任……7523632
值班室……7524451
加工应用示范基地
主任……7582280
副主任……7585644
专用料基地
主任……3583735
书记……3583722
副主任……3583701
市场开发部
部长……7525235
营销管理……7521379
营销调度……7521537
营销核算……7521027
ACR、MBS……7521037
PE、特脂……7521067
保管组……7580047
自动化技术运行中心
主任……7581950
综合管理……7589296
核算办事……7589290
信息技术组……7589667
仪器仪表组（北）……7582823
仪器仪表组（南）……7548400
机电维护组（南）……7542387
机电维护组（北）……7581940
项目组……7582117
物资中心
主任……7581676
计划组……7512037
采购组……7588246
保管、核算……7582592
行政服务中心
主任……7589285

书记……………………………………………7589287
副主任…………………………………………7589288
车辆调度………………………………………7582275
保卫组…………………………………………7581670
离退休中心
主任……………………………………………7586562
书记……………………………………………7586562
北院办公室……………………………………7589286
活动中心办公室………………………………7539040

科力研究院

董秘室
主任……………………………………………7544791
管理……………………………………………7544757
传真……………………………………………7542016
财务结算控制中心
主任……………………………………………7542101
副主任…………………………………………7544759
财务……………………………………………7549375
生产技术部
部长……………………………………………7544755
副部长…………………………………………7544763
管理……………………………………………7544720
市场开发部
部长……………………………………………7542024
副部长…………………………………………7548702
市场开发………………………………………7549109
营销……………………………………………7543597
采购……………………………………………7549397
催化剂厂
厂长……………………………………………7549107
技术组…………………………………………7542096
分析组…………………………………………7549106
反应工段………………………………………7542020
成型工段………………………………………7543714
华表公司
经理……………………………………………7542028
办公室（传真）………………………………7548419
销售部…………………………………………7548009
生产部…………………………………………7548827
分析组…………………………………………7549015
齐科苑公司
办公室…………………………………………7542132
分析组…………………………………………7542385

一化实业部
（公司劳动服务公司）

综合管理部
部长……………………………………………7541001
副部长…………………………………………7542531
办公室…………………………………………7543277
安全计量管理…………………………………7542542
资产管理………………………………………7542883
传真……………………………………………7548848
劳服工作办公室
主任……………………………………………7547111
档案管理………………………………………7540490
工资管理………………………………………7547642
员工培训………………………………………7542089
劳务管理………………………………………7542616
党群工作部
部长……………………………………………7542828
副部长…………………………………………7548849
纪委监察室……………………………………7542821
组织教育组……………………………………7541010
干部组…………………………………………7541038
办公室…………………………………………7541136
经济工作部……………………………………7548714
电视编辑室……………………………………7541049
稳定工作办公室
主任……………………………………………7548187
副主任…………………………………………7541141
办公室…………………………………………7541039
人武保卫………………………………………7541052
接访督办值班室………………………………7541034
财务计划部
部长……………………………………………7548778
副部长…………………………………………7547641
中心资金………………………………………7547024
结算……………………………………………7548209
集体企业………………………………………7543577
资产材料………………………………………7542994
预算……………………………………………7542827
人力资源部
部长……………………………………………7548205
薪酬绩效………………………………………7541100
员工保险………………………………………7541100
职工培训组……………………………………7542624
劳动家属………………………………………7542549
车队
副队长…………………………………………7548246
调度……………………………………………7542862
催化剂分厂
厂长……………………………………………7541021

书记……7541085
生产副厂长……7541006
设备副厂长……7548191
一车间主任……7547040
二车间主任……7541090

一化劳服公司
经理、书记……7542445
副经理……7541119
办公室……7541139
财务……7541116
招待所服务台……7542824
印刷厂……7542719
氨水站……7542943
氨吸收……7541102
劳服饭店服务台……7543201

公泉公司
董事长……7540588
总经理……7540188
经理办主任……7541123
经理办……7547014
财务部业务……7541127
供销部长……7548293
生产部……7547199
技术部……7541089

齐茂公司
董事长经理……7587294
书记……7570478
副经理……7574957
经理助理……7570480
工会主席、供销科长……7570490
办公室主任……7574180
生产设备科科长……7561827
技术科科长……7577630
财务科科长……7574955
催化车间主任……7572224
干胶车间主任……7572455

齐鲁包装制品公司
经理……7548090
书记……7548092
销售科……7548091
财务科……7540355
制桶分厂……7543490

建设公司

总经理工作部（党办）
部长、党办主任……7580155
改制办主任……7524118
副部长、党办副主任……7580157
法律事务……7521086
企业管理……7580602
改制办……7526136
值班室……7521062

人力资源部（党群工作部、工会、纪委监察室）
部长……7580151
工会副主席、纪委副书记……7580524
副部长……7521032
纪委、组织……7523536
工会、教育、计生办……7526198
薪酬管理……7523568
宣传、编辑室……7521236
团委……7521032

计划财务部
部长……7580162
会计组……7522746
成本组……7524453
计财部资料室……7523533
炼厂财务组……7571491

经营管理部（生产调度中心）
部长……7521621
副部长……7580693
办公室……7521159
生产调度中心负责人……7580158

维护保运事业部
经理……7525567
副经理……7580601
调度室……7521042
综合室主任……7580601
炼厂调度台……7572000
炼厂区项目部……7571597

炼厂南区维护保运中心
主任……7571163
副主任……7573593
调度台……7573000

炼厂北区维护保运中心
主任……7570021
副主任……7572379
调度台……7570111

乙烯维护保运中心
主任……7521126
副主任……7522054
调度台……7521388

二化维护保运中心
主任……7582380
副主任……7583272
调度台（施工组）……7589999
公用工程保运中心
主任……7524510
副主任……7521420
调度台……7521288
生产技术部……7523827
工程建设事业部（质量技术中心）
经理……7580620
副经理……7523531
生产室主任……7521035
综合室主任……7521050
预算室主任……7522754
质量室主任……7521353
设备制造项目部
经理……7523531
副经理……7522071
经营办公室……7522102
电仪工程项目部
经理……7521026
副经理……7521184
调度预算……7521195
炼油项目部
经理……7575724
副经理……7574454
裂解炉项目部
经理……7523574
副经理……7523577
资源优化项目部
经理……7580465
副经理……7522053
黄岛大炼油项目部
经理……7521033
物流事业部（安全监督中心）
经理……7523549
副经理……7523031
审核中心（综合室）
主任……7523549
经营审计组……7521754
结算审核组……7521291
安全环保办公室
主任……7523031
办公室……7526036
督察办公室（综合治理、保卫办公室）
主任……7526196
办公室……7521019
值班室……7522639
监控室……7524145
信息中心
主任……7521055
办公室……7524844
市场开发中心
主任……7526056
招投标办公室……7521461
区域经理……7526391
物资装备中心
主任……7580161
副主任……7522796
人才储备中心（集体工管理）
主任……7580159
副主任……7523813
办公室……7523882
生活服务中心
主任……7580164
绿化、爱卫……7523522
老龄中心
主任……7580163
活动中心……7539544
起重运输中心
主任……7580454
副主任……7571849
检测中心
主任……7525358
调度室……7525296
清洗公司
经理……7580690

淄博齐鲁商业有限公司

综合管理部
办公室……7542497
企管、行政……7542497
劳资、离退办……7543818
文书、计生办……7543818
传真……7548408
值班室……7579191
党群部
办公室……7548032
财务部
部长……7548029
副部长……7548029
结算中心……7579159

核算中心…………7574843
税务中心…………7543749
物资供应部
经理…………7542193
办公室…………7548019
传真…………7548019
业务值班…………7548031
工程部…………7549549
三利万客隆超市
经理…………7587012
书记…………7579158
办公室…………7573458
炼厂三利百货
办公室…………7587006
总服务台…………7577176
加工厂
厂长…………7548036
办公室…………7543049
销售科…………7543480
劳动服务公司
经理…………7587014
办公室…………7587014
传真…………7587014
销售科…………7579164
食品水产公司
经理…………7548034
传真…………7548034
副经理…………7543322
三利彩扩
经理…………7549703
三利彩扩总店…………7555637

公用事业公司

办公室
主任…………7548552
副主任…………7543617
文书（传真）…………7543562
收发、计生、档案…………7543417
文印室、房管…………7543981
党群工作部
部长…………7543508
纪检…………7548102
宣传…………7542357
团委
书记…………7542358
工会…………7543179
企管办
科长…………7548552
计划财务科
科长…………7542243
副科长…………7543917
会计室…………7546178
工程管理…………7543800
统计室…………7543147
人事教育科
科长…………7543946
职教…………7543723
营运调度科
科长…………7548127
客运热线…………7543439
安全保卫科
科长…………7548125
副科长…………7542374
技术设备科
科长…………7540488
副科长…………7580839
供应科
科长…………7548109
计划组…………7543249
离退休管理科
科长…………7542576
客运一队
队长…………7548249
书记…………7543026
调度…………7543347
客运二队
队长…………7580048
书记…………7522428
调度…………7522013
客运三队
队长、书记…………7581426
副队长、调度…………7581425
客运四队
队长…………7582320
书记、副队长…………7536037
调度…………7536011
客车修理厂、齐粤汽车维修中心
厂长…………7580088
书记…………7580049
副厂长…………7523758
生产调度…………7523773
抢修热线…………7525510
鲁临客运有限责任公司

经理……7548261
书记……7542736
副经理……7548123
调度……7543798

蜂山公园
主任……7543368
书记、副主任……7548124

鲁通安装防腐工程公司
经理……7548128
财务室……7542463
施工组……7548248

山东齐鲁物流有限公司

综合管理部
部长……7580135
副部长……7522973
计算机管理……7580576
传真……7580131

运营管理部（市场部）
部长……7580137
副部长……7580452
调度室……7522987
驻销运部……7581001

计划财务部
部长……7522627
会计……7522958

安全设备部
部长……7580136
安全……7580356
供应……7580138
加油站……7521978

人事教育部
部长……7522647

党群工作部
部长……7522524
综合……7522891

第一分公司
经理……7580141
书记……7521437
副经理……7521437
调度室……7521713

第二分公司
经理……7580581
书记……7580891
副经理……7522989
调度室……7523276

仓储中心
主任……7580892
保管室……7521492

配载中心
主任……7580133
调度室……7523642

保修车间
主任……7580139
调度室……7523018

社区管理部

部办公室
主任……7556578
办公室……7581885
秘书室（传真）……7581688

人力资源处
处长……7581471
调配……7551304

企业管理处
处长……7581590
副处长……7581786

财务处
处长……7581451
报销组……7530247
计算机室……7581671
工程核算组……7551354

生产安全处
处长……7551274
副处长……7551264
调度室……7581894

党委工作处
处长……7581763
办公室……7551334
团委……7530352

纪委
办公室……7581863

工会
主任……7551314
办公室……7581691

行政事务管理中心
主任……7581851
副主任……7552247
计生办……7536241
计划组……7552247

房产产权办公室
主任……7581988
办公室……7534558
房产办公室……7582326

产权办公室……7551594
房地产管理办公室
主任……7588612
土地管理室……7589401
离退休管理办公室
主任……7536576
书记……7536321
办公室……7536962
市容管理办公室
主任……7536237
办公室……7551534
绿化中心
主任……7551574
书记……7530354
办公室……7551584
辛店社区居委会（保卫处）
主任……7530357
书记……7555142
副主任……7552734
社区管理部
雪宫高层消防……7552174
部办公楼门卫……7556293
公益事业办公室
主任……7581987
副主任……7551704
办公室……7551614
住房资金管理中心
主任……7582707
办公室……7551947
物业管理办公室
主任……7551324
办公室……7551254
物供中心
主任……7531556
计划组……7531559
综合组……7531577
计量中心
主任……7536247
副主任……7551743
电气中心
主任……7582207
书记……7536792
副主任……7536793
维修中心
主任……7555017
书记……7557506
副主任……7553130
财务室……7553131
维修服务中心……7556011
维修服务热线……7532180
综合组……7581701
热力中心
主任……7551748
副主任……7557107
生产副主任……7581477
设备副主任……7554417
齐城工贸实业公司
经理……7551824
书记……7551814
副经理……7551834
办公室……7581791
财务科……7535164
印刷厂……7543019
防腐保温材料厂……7542135
汞山社区物业管理中心
主任……7580951
副主任……7580170
办公室……7580171
蜂山社区物业管理中心
主任……7548275
书记……7548466
副主任……7542315
调度室……7548180
燃料中心
经理……7581727
书记……7533974
副经理……7537514
办公室主任……7535742
传真……7535742
金桥市政公路工程公司
总经理……7580806
书记……7580809
副总经理……7580126
综合办主任……7580887
计划财务部部长……7580819
供销保障部部长……7521505
工程管理部部长……7521308
市政设施管理部长……7521409
拌和场场长……7521586

服务保障中心

综合管理部
部长……7525572

办公室……………………………………7525658
计生计量…………………………………7525573
人力资源…………………………………7523441
财务管理部
部长……………………………………7525621
成本组…………………………………7525590
资金组…………………………………7525620
车辆管理部
部长……………………………………7525601
安全运行…………………………………7525605
机动配件…………………………………7525387
餐饮管理部
部长……………………………………7580737
副部长…………………………………7525622
办公室…………………………………7525623
食品卫生监督……………………………7523613
党群工作部
部长……………………………………7525591
副部长…………………………………7525592
办公室…………………………………7525593
组织纪检…………………………………7525353
汽车一队（烯烃厂）
队长……………………………………7580900
助理……………………………………7580545
调度……………………………………7522654
汽车二队（塑料厂）
队长……………………………………7524375
书记……………………………………7524498
调度……………………………………7524377
汽车三队（氯碱厂）
队长……………………………………7524718
书记……………………………………7524715
调度……………………………………7524816
汽车四队（橡胶厂）
队长……………………………………7548914
助理……………………………………7548424
调度……………………………………7546032
汽车五队（供排水厂）
队长……………………………………7580294
调度……………………………………7522770
叉车队
队长……………………………………7524713
副队长…………………………………7524815
调度……………………………………7521764
汽车修理厂
厂长……………………………………7525901
副厂长…………………………………7525902
膳食一部（烯烃厂）
经理……………………………………7523408
书记……………………………………7580736
膳食二部（塑料厂）
经理……………………………………7580538
膳食三部（氯碱厂）
经理……………………………………7521362
书记……………………………………7523620
膳食四部（橡胶厂）
经理……………………………………7548047
助理……………………………………7546597
膳食五部（供排水厂）
经理……………………………………7580299
助理……………………………………7525496
卫生绿化部
经理……………………………………7580909
办公室…………………………………7525963
配送中心
经理……………………………………7525313
纯净水厂
厂长……………………………………7548434
制水车间…………………………………7542902
离退办
办公室…………………………………7533776
机关服务部
经理……………………………………7580557
办事组…………………………………7522504
中继线…………………………………7580083
特车队
经理……………………………………7526181
调度组…………………………………7525603
物资采购部
经理……………………………………7524712
印务组…………………………………7525435
采购组…………………………………7521211
淄博齐鲁幼教集团
主任……………………………………7531755
副主任…………………………………7556933
综合部…………………………………7581788
财务、计划部……………………………7554063
教研保育服务稽查部……………………7551504
人力资源部………………………………7551504
采购配送部………………………………7530772
青少年宫主任……………………………7533658

电讯中心

综合管理部
- 部长……7581836
- 副部长……7511517
- 办公室……7581838
- 文秘、计划企管……7589566
- 传真……7585581
- 供应……7582518
- 合同管理、预决算……7581858

党群工作部
- 部长……7581830
- 副部长……7581140
- 办公室……7581839

生产技术部
- 部长……7581842
- 副部长……7581849
- 生产管理……7582921
- 工程管理……7582132
- 资料室……7581653

财务资产部
- 部长……7581875
- 资金室……7581874
- 会计室……7586800
- 微机室……7589138

人力资源部
- 部长……7581895
- 薪酬、保险……7581860
- 人武保卫……7586732

市场经营部
- 部长……7581821
- 副部长……7582186
- 业务管理……7588929
- 传真……7582345
- 查号台……7581262
- 服务热线……95900

北区电话站
- 站长……7581212
- 传真……7581322

西区电话站
- 站长……7580816
- 传真……7521500

南区电话站
- 站长……7548816
- 技术组……7543212

东区电话站
- 站长……7570926
- 传真……7570929

辛店电话站
- 站长……7535190
- 传真……7534939

交换运行维护中心
- 主任……7586779
- 技术组……7586012
- 行政组……7586013
- 计算机组……7582349

电源运行维护中心
- 主任……7581849
- 副主任……7581850
- 集中监控机房……7581292

多媒体运行中心
- 主任……7554909
- 技术组……7554503
- 宽带客服中心……7555000

培训中心
（山东化工职业学院）

办公室
- 主任……7581156
- 副主任……7581177
- 工会办……7588824
- 文秘室……7581015
- 档案室……7589430

组织人事处（离退办）
- 处长……7582096
- 离退办……7581087
- 组织纪检……7581197
- 人事劳资……7581207
- 老年中心……7556110

计划财务处
- 处长……7511247
- 财务室……7581247

教务科研处（图书馆）
- 处长……7588237
- 副处长……7581054
- 馆长……7586655
- 网络中心……7585831

学生工作处（团委）
- 处长……7581243
- 副处长……7581017
- 副处长（团委）……7524639

保卫处
- 处长……7581278
- 北校保卫……7582017
- 南校保卫……7580605

总务处
处长……7581307
书记……7589926
副处长……7586490
卫生室……7589942
技能鉴定所
副所长……7512050
计划培训科……7512051
鉴定考核科……7512052
财务管理……7512053
化学工程系
主任……7522867
书记……7580552
教务……7524969
机电工程系
主任……7580430
书记……7580876
教务……7524966
经济管理系
主任……7581567
书记……7581357
教务……7589887
计算机信息科学系
主任……7582026
书记……7589941
教务……7511731
基础教学部
书记（主任）……7511773
教研室……7581774
教务……7586492
实训中心
主任……7586827
书记……7586408
教务……7586409
培训部
主任……7582118
书记……7586816
教学管理……7586493
课题开发……7511732
成人教育……7582102
党校教育部
主任……7581104
书记……7581669
教务……7581442

齐华工贸总公司

综合事务部
部长……7532077
副部长……7530921
人事劳资……7530732
财务部
部长……7530983
会计……7530783
出纳……7530893
党委工作部
部长……7530621
工会……7530563
离退休管理部
部长……7533854

所属各单位及改制企业

齐华股份公司
经理……7546860
副经理……7546678
办公室……7546825
项目部……7546680
财务科……7546831
槽车管理部……7546810
槽车技术部……7546859
齐华工程公司
经理……7580146
副经理……7523079
办公室……7523186
传真……7523088
财务……7523104
预算科……7523077
淄博齐华托盘有限公司
经理……7548153
副经理……7540335
办公室……7542227
传真……7543963
财务……7400669
注塑车间……7543921
安德利公司
经理……7540586
激光印刷厂
厂长（传真）……7542480
办公室……7542428
业务室……7542478
财务室……7548936
山东齐华利达建材有限公司
董事长……7580937
总经理……7524418
办公室……7580936

传真……7525181
财务……7580948
营销部……7580875
型材车间……7521043
门窗车间……7580955

淄博齐华制衣有限公司
厂长……7540166
经理……7548155
办公室（传真）……7543856
财务科……7543398
生产科……7541880
技术科……7540079
销售部……7543783

烟台镇泰滚塑厂
厂长……(0535)6641555
副厂长……(0535)6251787
传真……(0535)6652473
财务科……(0535)6252474
企管部……(0535)6250843
供销科……(0535)6252814

厦门齐华公司
经理……(0592)2201411
办公室……(0592)2201209
传真……(0592)2201209
财务部……(0592)2201207
经贸部……(0592)2203703
驻辛办……(0535)7535222

淄博鲁峰消防器材有限公司
财务……7543767
传真……7543006
供应科……7548417
销售科……7547693
综合商店……7543532

新联工贸有限责任公司

经理（党委）办公室
主任……7524420
打字室（传真）……7523650
服务室……7524419

综合管理部
部长……7523499

财务部
部长……7521517
会计组……7522963

党群工作部
部长……7521358

人事部
部长……7521817

生产管理部
副部长……7523489

退休办
主任……7555593
书记……7521358

山东兴鲁化工股份有限公司
经理……7523000
副经理……7580780
总工……7521369
经理助理……7580089

综合办公室
主任……7580697
传真……7580627
办公室……7580096
劳资管理……7526012
合同管理……7524241

生产部
部长……7580095
办公室……7525996

机动部
部长……7580472
办公室……7521265

财务部
部长……7580867
办公室……7580098

供销部
部长……7580597
销售组……7523592
供应组……7580093
仓库……7523881

盐酸车间
主任……7580094
副主任……7524521
综合组……7523884
中控室……7523591
储运站……7524325
液体罐区……7522419

氯溶剂车间
主任……7521918
副主任……7580092
技术组……7524030
综合组……7524447
中控室……7523840

塑料车间
主任……7580696

副主任……………………………………7580055
综合组……………………………………7523817
助剂车间
主任………………………………………7523262
副主任……………………………………7523317
质检室
主任………………………………………7580091
分析室……………………………………7523563
氯碱工区
经理………………………………………7524460
副经理……………………………………7523433
仪表、电气………………………………7521224
办事、财务组……………………………7524357
钳工、防腐………………………………7521266
计调、门卫………………………………7523562
电气值班室………………………………7523593
木工组……………………………………7521480

已改制单位

山东齐隆化工股份有限公司
经理………………………………………7523999
行政副经理………………………………7580458
生产副经理………………………………7523506
经营副经理………………………………7580518
财务总监…………………………………7521280
综合部部长………………………………7521817
设备动力部部长…………………………7526162
安环科科长………………………………7526211
销售部部长………………………………7522011
仓储中心主任……………………………7524918
磅房………………………………………7524317
物流中心主任……………………………7580856
供应部部长………………………………7580461
财务部部长………………………………7521280
树脂一车间主任…………………………7521165
树脂二车间主任…………………………7524618
树脂三车间主任…………………………7580618
制萘车间主任……………………………7524908
生物车间主任……………………………7526311
碳十车间主任……………………………7525716
中化室主任………………………………7523370
维修车间主任……………………………7521269
服务中心主任……………………………7526214
淄博新塑化工有限公司
经理………………………………………7525331
生产副经理………………………………7580671
行政副经理………………………………7525200
经营副经理………………………………7580211
经理办公室主任…………………………7580797
财务科科长………………………………7580296
企管科科长………………………………7525719
生产管理科科长…………………………7524696
质管科科长………………………………7580864
市场营销一部部长………………………7580508
市场营销二部部长………………………7525691
市场营销三部部长………………………7580797
市场营销四部部长………………………7521913
热熔胶粉装置主任………………………7526063
助剂一车间主任…………………………7523232
助剂三车间主任…………………………7524462
催化剂车间主任…………………………7580521
淄博天元化工有限公司
经理………………………………………7580297
副经理……………………………………7580668
副经理（兼书记）………………………7521017
综合管理科科长…………………………7580295
营销中心科长……………………………7522943
二氧化硫车间主任………………………7524410
二氧化硫车间……………………………7524412
助剂车间主任……………………………7523790
助剂车间…………………………………7521349
气体车间主任……………………………7524791
气体车间…………………………………7523167
机关门卫…………………………………7521833
淄博齐塑工贸有限公司
经理………………………………………7580519
副经理……………………………………7522586
综合部……………………………………7580009
综合部（传真）…………………………7522881
计财部……………………………………7523887
销售部……………………………………7523990
生产部……………………………………7524389
中空车间…………………………………7512148
专用料车间………………………………7522115
化工车间…………………………………7780137
山东齐鲁融汇碱业有限公司
经理………………………………………7580626
副经理……………………………………7580899
综合管理部部长…………………………7580329
办公室（传真）…………………………7522329
生产部部长………………………………7580001
财务部部长………………………………7580069
机动部部长………………………………7522199

市场部部长……7580068
供应部部长……7580079
蒸发车间主任……7580399
包装车间主任……7521599

淄博公泉寓餐饮有限公司
经理……7580566
财务（传真）……7523463
总服务台……7580565
话务总机……7580446
餐厅……7523347

印务公司
经理……7580566
印刷……7523463

山东容百亿塑编股份有限公司
经理……7226885
书记……7221107
工会主席……7220919
主任……7220909
办公室……7221020
传真……7225730
财务科……7225697
生产科……7220881
销售科……7225667

淄博临淄意华工贸有限公司
经理（传真）……7524776
综合部……7522132
财务科……7525102

催化剂齐鲁分公司

经理办公室
秘书室……6860208
文书室……6860010
组织科……6860739
宣传科……6860034
纪委监察室……6860034
工会……6860031
团委……6860032

中石化国际事业公司齐鲁经营部

综合管理部
部长……7511306
合同、党群……7581560
行政、人事……7581094

财务部
部长……7511309
出纳……7511339
会计……7581093

产品出口部
部长……7581035
业务……7581036

产品进口部
部长……7582635
业务……7582636

设备进出口部
部长……7581033
业务……7581034
商务中心……7581098
传真……7368551

淄博齐鲁第一化肥有限公司

综合部
部长……7548182
副部长……7542831
办公室……7547228
信息中心……7548207
传真……7542880

生产部
部长……7541099
副部长……7542836
办公室……7542546
调度台……7544833

机动部
部长……7542547
副部长……7541106
工程调度……7541309

技术部
部长……7541059
副部长……7541107
设计室……7541031
资料室……7541037

企划部
部长……7548585
副部长……7541002
计划管理……7541122
合同管理……7541101

财务部
部长……7548203
副部长……7548241

人事部
部长……7548184
副部长……7541026

供销部
部长……7548101
副部长……7548208

保卫部

部长……7548197
值班室……7541514
造气车间
主任……7544677
副主任……7541110
净化车间
主任……7541040
副主任……7541042
合成车间
主任……7542835
副主任……7541115
尿素车间
主任……7541054
副主任……7541025
水汽车间
主任……7541118
副主任……7541062
塑料分厂
厂长……7541073
生产厂长……7541075
办公室……7543692
电工车间
主任……7542838
生产副主任……7541015
供电副主任……7548640
仪表车间
主任……7542839
副主任……7548641
原料车间
主任……7548745
副主任……7544661
中化室
主任……7542543
主任助理……7541007
计量收费中心
主任……7541017
尿素销售公司
经理室……7542727
计财部……7542867
调运部……7542367

山东开泰实业有限公司（腈纶实业部）

办公室
主任……3576579
党群工作部
部长……3576053
人力资源部
部长……3576557
财务部
部长……3576029
生产管理部
部长……3576689
安全环保部
部长……3576693
供应部
部长……3576599
销售部
部长……3576567
科技部
部长……3576581
退管科
科长……3180629

山东齐鲁石化齐泰石油化工有限公司
（丙烯腈实业部）

经理办、党办
主任……2990636
副主任……3579155
财务处
处长……3579198
财务……3579117
组织人事处
处长……3579120
副处长……3579121
生产技术处
处长……3579127
副处长……3579128
调度室……3579131
值班室……3579165
机械动力处
处长……3579132
副处长……3579133
安全环保处
处长……3579139
副处长……3579140
办公室……3579141
供销处
处长……3579143
供应一……3579145
供应二……3579146
销售一……3579147
销售二……3579148
退管处
处长……3579158

办公室……3579159
保卫处
处长……3579169
办公室……3579161
丙烯腈车间
主任……3579010
副主任……3579011
聚丙烯车间
主任……3579020
书记……3579021
糠醇车间
主任……3579030
书记……3579031
叔丁胺车间
主任……3579040
副主任……3579041
泰达分公司
经理……3579050
书记……3579051
塑料厂……3579055
印刷厂……3579056
行政管理处
处长……3579060
副处长……3579061
办公室……3579062
社区管理处
处长……3579090
办公室……3579091
卫生所
所长……3579070
门诊……3579071

山东齐鲁石化机械制造有限公司

经理办、党办（综合管理部）
主任……7582062
秘书……7589007
传真……7314346
人力资源部
部长……7582080
副部长……7589081
党群工作部
部长……7582730
纪委监事会……7589015
组宣……7582088
宣团……7582088
工会……7589017
安全保卫部
部长……7582061
副部长……7582737
值班室……7589080
财务部
部长……7582071
出纳……7589070
成本……7582475
生产部
部长……7589145
调度室……7582074
计划组……7511946
技术部
部长……7582082
经营部
部长……7582067
副部长……7582739
传真……7582504
质量控制部
部长……7589071
副部长……7582065
物资供应部
部长……7582085
副部长……7582069
设备管理部
部长……7582079
动力计量中心
主任……7582736
副主任……7582733
离退办
主任……7582113
书记……7582068
办公室……7582124
文化站……7582726
金结一车间
主任书记……7589092
副主任……7589091
调度室……7589093
金结二车间
主任书记……7582744
副主任……7589140
调度技术……7589146
金工车间
主任书记……7582469
副主任……7589095
调度技术……7589096
模具加工中心

办公室……………………………………7582745
旋压封头厂
厂长……………………………………7582076
书记……………………………………7589101
副厂长…………………………………7589100
生活保障中心
主任……………………………………7582729
书记……………………………………7582741
副主任…………………………………7589083
齐瑞无损检测公司
经理……………………………………7582732
副经理…………………………………7589077
鲁润铁路罐车公司
经理……………………………………7589170
副经理…………………………………7589364
调度……………………………………7589172
恒通机车公司
经理……………………………………7589103
副经理…………………………………7582066
办公室…………………………………7589102
经营……………………………………7589106
戈兰德机电公司
经理……………………………………7581921
副经理…………………………………7582060
办公室…………………………………7582728
申元汽运公司
经理……………………………………7582740
副经理…………………………………7582063
办公室…………………………………7589107
利生橡胶公司
经理……………………………………7582742
财务……………………………………7512115
生产经营………………………………7589932
惠达华峰公司
经理……………………………………7582072
副经理…………………………………7582458
综合……………………………………7582459
化工厂…………………………………7582457
锻件厂…………………………………7589023
密封垫厂………………………………7588854
齐腾达建安公司
经理……………………………………7582461
塑钢门窗厂……………………………7586488
中空玻璃厂……………………………7586869
宏远冶炼公司
经理……………………………………7582465
经营……………………………………7582464

山东齐鲁石化工程有限公司

综合管理部
部长……………………………………7556320
综合管理………………………………7556619
传真……………………………………7552222
人力资源部
部长……………………………………7556192
人力资源管理…………………………7556931
薪酬管理………………………………7556231
综合管理………………………………7556931
财务资产部
部长……………………………………7552399
总账报表管理…………………………7556153
收入核算管理…………………………7556153
成本核算管理…………………………7556153
费用核算管理…………………………7556133
出纳管理………………………………7556133
市场部
部长……………………………………7556235
经营……………………………………7556222
合同管理………………………………7556222
信息管理………………………………7556222
项目控制部
部长……………………………………7534410
设计管理………………………………7551404
工程管理………………………………7556317
技术质量部
部长……………………………………7556752
技术支持………………………………7556773
技术管理………………………………7556773
工程质量管理…………………………7556773
勘察、设计质量管理…………………7556773
HSE 管理………………………………7556773
党群工作部
部长……………………………………7556795
组织纪检………………………………7552333
宣传团委………………………………7556275
工会人武………………………………7556271
设计党总支
书记……………………………………7551346
工艺设计室
主任……………………………………7534094
传真……………………………………7551340
设备设计室
主任……………………………………7551405

电控设计室
主任……7534074
土建、公用工程设计室
主任……7534024
副主任……7534084
传真……7534419
采购招标中心
经理……7552426
工程党总支
书记……7556270
项目管理分公司
经理……7556512
副经理……7556531
监理分公司
经理……7556527
副经理……7536152
办事员……7556530
青岛分公司
经理……7556237
副经理……7534884
勘察测量分公司
经理……7533684
副经理……7533045
造价咨询分公司
经理……7551342
副经理……7551407
信息中心
主任……7551348
计算机站……7534402
情报资料……7534422
档案……7556037
三元商社
经理……7552598
事务部……7552529
翻译部……7552532
物业管理分公司
经理……7536768
总支书记……7556930
副经理……7556632
综合主管……7536974
财务主管……7556596
行政主管……7536155
淄博生辉工贸有限公司
办公室……7534903
齐工建筑安装有限公司
经理……7557669
副经理……7557887
书记……7536170
办公室……7536360
淄博齐工众信工贸有限公司
总经理……7556489
副总经理……7538777
总会计师……7536156
综合管理部……7534423
办公室……7556469
物业管理部……7534406
印务中心……7534405
车队……7551349
汽修厂……7360336
矿泉水厂……7081853
招待所……7553878
润沣经贸分公司……6092978
淄博齐鲁广厦实业开发有限公司
总经理……7557168
常务副总经理……7581552
副总经理……7534912
综合管理部……7534910
财务资产部……7536154
工程管理部……7534911
物业管理部……7536577
淄博齐鲁乙烯鲁华化工有限公司
办公室……7526059
经营部……7580585
财务部……7580387
生产技术部……7522842
综合部……7523764

淄博齐翔石油化工集团有限公司

综合管理部
部长……7548729
副部长（党群）……7548791
企业管理、传真……7548233
计算机、法律事务……7542486
治安办……7543304
人力资源部
部长……7549183
副部长……7549310
劳资……7548576
监察室……7549050
财务部
部长……7549699
副部长……7546607
结算中心……7545377

生产管理部
部长…………7544901
副部长…………7546559
科技开发部
部长…………7548069
供应部
部长…………7548164
副部长…………7544598
工程部
部长…………7545384
副部长…………7544718
市场部
部长…………7546788
副部长…………7548070
传真…………7540401
计量中心
主任…………7548910
计量统计…………7549055
信息中心
主任…………7544571
腾达公司甲乙酮厂
厂长、书记…………7549173
副厂长…………7549525
腾达公司有机厂
厂长、书记…………7546002
副厂长…………7547334
惠达公司
经理、书记…………7542061
副经理…………7548550
办公室…………7546804
翔达公司
经理、书记…………7543030
副经理…………7540307
祥东公司
经理、书记…………7542529
副经理…………7549970
综合办公室…………7542530
工程公司
经理、书记…………7548054
副经理…………7542406
办公室…………7544434
齐乐公司
经理…………7548394
维修队长…………7548856
退管办
主任…………7549975
书记…………7544241
综合办…………7544242
宾馆
经理…………7544869
财务…………7544440
总台…………7544432
传真…………7545529
物业公司
经理、书记…………7548907
副经理…………7544215
办公室…………7544977
双兴公司
经理…………7402598
董事…………7401977
办公室…………7401729
财务…………7400288
供销…………7400208
胜发公司
经理…………7501429
董事…………7506210
财务…………7503524
三鹏公司
经理…………7831318
董事…………7822729
财务…………7830025
易丰化工厂
厂长…………7543142
书记…………7543447
生产厂长…………7548557
经营厂长…………7548912
办公室…………7548901

17. 中国石油化工股份有限公司上海高桥分公司

地址：上海市浦东大道 3000 号
邮编：200129
区号：021
总机：58711001
传真：58712207
网址：www.sinogpc.com
E-mail：gpcc@sinogpc.com

中国石油化工股份有限公司上海高桥分公司位于上海浦东新区，西临黄浦江，北近吴淞口，水陆交通十分便利，是我国重点建设的千万吨级炼油加工基地、清洁能源生产基地和化工产品生产基地之一。公司占地 3.4km^2，现有原油加工能力 1130 万 t/a，是华东地区惟一能生产润滑油基础油、石蜡产品的综合型加工企业；化工现有合成橡胶、苯酚、丙酮、ABS 等系列产品。公司 2007 年销售收入 387 亿元，固定资产 127 亿元。公司共有 64 套生产装置，主要装置合计生产能力为：蒸馏 1130 万 t/a、催化 290 万 t/a、连续重整 80 万 t/a、航煤加氢精制 80 万 t/a、汽柴油加氢精制 480 万 t/a、加氢裂化 140 万 t/a、延迟焦化 260 万 t/a、润滑油加氢 30 万 t/a，顺丁橡胶 12 万 t/a、苯酚丙酮等 32 万 t/a、丁苯橡胶 10 万 t/a、ABS 20 万 t/a。

公司加快推进各板块的持续有效发展，促进漕泾新区和高桥老区“两翼齐飞”。大力开展科技创新，先后已有 100 多项科技成果获国家、上海市或集团公司科技进步奖、新产品奖。公司按国际标准或国外先进标准组织生产的产品占常年生产品种的 65%。

中国石油化工股份有限公司上海高桥分公司

部门	公网电话

公司机关

公司经理室
- 经理……22208
- 经理办……58712902
- 总值班室……58712902

经理办公室
- 主任……22302
- 秘书……22301
- 接待……22106

外事办公室
- 主任……21110
- 小车班……20105
- 电话间……22225

党委书记室
- 主任……22102
- 办公室……22104
- 秘书……22101

宣传部
- 部长……21605
- 办公室……21663
- ……21659

纪委
- 纪委书记……22013
- 办公室……22041
- ……22042

组织人事处
- 处长……21910
- 组织……21950
- 任免……21949
- 科技干部……21927
- 老干部……21930

公司工会
- 主席……22107
- ……22009
- 生活女工……22036
- 生产部……22027
- 文体部……22008
- 退管会……22046
- 办公室……22044

公司团委
- 书记……21612
- 办公室……21637

机关党委工会
- 书记……21906
- 办公室……21905
- 工会……21922

发展计划处
- 处长……21709
- 规划……21723
- ……21726
- 系统……21708
- 投资……21707
- ……21744

综合计划部
- 处长……21809
- 计划……21824
- ……21827
- 统计……21828
- ……21855

财务部
- 处长……21810
- 会计……21821
- ……21840
- 财务报销……20516
- 出纳室……20522

审计处
- 处长……21309
- 经济效益……21348
- 工程审计……21346
- ……21308

人力资源处
- 处长……21510

生产调度处
- 处长……20542
- 生产调度……20523
- ……20525
- 生产计划……20532
- 动力调度……20531
- 调度机房……29999

设备处
- 处长……20609
- 工程……20611
- ……20633
- 设备……20631
- ……20628

动力……………………………………………-20669
备品……………………………………………-20626
…………………………………………………-20635
计量……………………………………………-20630
…………………………………………………-20636
技术质量处
处长……………………………………………-20810
工艺炼油………………………………………-20846
工艺化工………………………………………-20855
质量……………………………………………-20849
安全环保处
处长……………………………………………-20664
安全管理………………………………………-20663
安全监督………………………………………-20665
安全教育………………………………………-20662
事务管理中心处
主任……………………………………………-32150
办公室…………………………………………-32656
治安……………………………………………-32659
生产保卫………………………………………-32557
公司门卫………………………………………-28601
收发室…………………………………………-20141
多经处
处长……………………………………………-21310
…………………………………………………-21315
企管……………………………………………-21320
资产经营………………………………………-21331
…………………………………………………-21313
调研策划………………………………………-21325
…………………………………………………-21324

炼油事业部

总机……………………………………………58611060
经理……………………………………………-32201
书记……………………………………………-32891
综合管理办……………………………………-32288
…………………………………………………-32694
党群工作部……………………………………-32291
生产运行部……………………………………-32228
设备动力部……………………………………-32006
技术与开发部…………………………………-32247
驻事业部核算部………………………………-32080
市场部…………………………………………-33005

化工事业部

总机……………………………………………58610099
经理……………………………………………-42111
书记……………………………………………-42000
综合管理办……………………………………-42123
…………………………………………………-42124
党群工作部……………………………………-42301
生产运行部……………………………………-43101
设备动力部……………………………………-44101
技术与开发部…………………………………-43201
驻事业部核算部………………………………-42601
市场部…………………………………………-42901

精细化工厂

总机……………………………………………58611682
经理……………………………………………-55001
书记……………………………………………-55002
综合管理办……………………………………-55006
党群工作部……………………………………-55003
生产运行部……………………………………-55057
设备动力部……………………………………-55034
技术与开发部…………………………………-55077
驻事业部核算部………………………………-55019
市场部…………………………………………-55199

聚氨酯事业部

总机……………………………………………58613697
经理……………………………………………-62201
书记……………………………………………-62203
综合管理办……………………………………-62205
党群工作部……………………………………-62223
生产运行部……………………………………-62288
设备动力部……………………………………-62208
技术与开发部…………………………………-62368
驻事业部核算部………………………………-62219
市场部…………………………………………-62279

热电事业部

总机……………………………………………58610076
经理……………………………………………-77300
书记……………………………………………-77331
综合管理办……………………………………-77305
党群工作部……………………………………-77357
生产运行部……………………………………-77137
设备动力部……………………………………-77188
技术与开发部…………………………………-77108
驻事业部核算部………………………………-77366
市场部…………………………………………-77018

供应销售部

总机……………………………………………58612861
经理……………………………………………-82308
主任……………………………………………-82304
…………………………………………………-82309

办公室……………………………………………-82307
市场部……………………………………………-82316
采购部……………………………………………-82341
计划部……………………………………………-82295
燃化部……………………………………………-82241
储运部……………………………………………-82351

职工培训中心

主任………………………………………………-34280
办公室……………………………………………-34284
培训部……………………………………………-34087
教务部……………………………………………-34281

高化宾馆

经理室……………………………………………-28880
办公室……………………………………………-28881

18. 中国石油化工股份有限公司金陵分公司

地址：江苏省南京市栖霞区甘家巷
邮编：210033
区号：025
总机：58988114
传真：85592004
网址：www.jlpec.com
E-mail：jlbm@jlpec.com

中国石油化工股份有限公司金陵分公司（以下简称金陵分公司）位于历史文化名城南京市东北郊，北依“黄金水道”长江，拥有万吨级原油、成品油码头，南临京沪铁路和沪宁高速公路，铁路专用线直达华东地区最大的铁路编组站尧化门站，与禄口国际机场有快速通道相通，地理位置得天独厚，水陆空交通十分便捷。

经过多年的建设与发展，金陵分公司已成为现代化程度较高的国家特大型石油化工联合企业，主要从事石油炼制及石化产品的加工生产和销售。拥有炼油、化肥、热电等40余套大型生产装置。公司原油加工手段齐全，生产技术力量雄厚，特别是经过“十五”炼油、化肥改造后，原油综合加工能力达到了1350万t/a，其中加工含硫原油能力达800万t/a。化肥经过原料路线改造，建成了水煤浆装置，内部油、化、电一体化优势进一步显现，整体竞争力得到明显提高。

2006年，金陵石化公司实现销售收入523.57亿元，同比增长15.66%；实现税金14.52亿元，与上年基本持平；加工原油1076.6万t，同比增长2.12%；生产汽煤柴油638.5万t，同比减少4.2%；生产化工轻油174.6万t，同比增长10.75%。生产合成氨14.7万t、尿素25.6万t，发电13.6亿kW·h。生产烷基苯10.4万t、轻蜡11.8万t、苯酐8.9万t、增塑剂6.3万t。

部门	公网电话
公司机关	
经理（外事）办公室	
主任	58981999
副主任	58980594
副主任	58977761
秘书科	58977751
综合科	58986908
接待科	58977132
总值班室	58989318
党委办公室	
主任	58977671
人力资源处	
处长	58982999
财务处	
处长	58987569
企业管理处	
处长	58977357
法律事务室	
副主任	58977397

技术质量处
处长……58987909
生产计划处
处长……58981340
总调度室……58980354
机动处
处长……58988066
安环处
处长……58980158
发展项目处
处长……58989204
审计处
处长……58980489
保卫处
处长……58977377

直属单位

物资装备中心
主任……58986880
销售中心
主任……58980460
信息中心
主任……58987958
消防支队
队长……58977385
行政管理中心
主任……58977416
教育培训中心
主任……58979321
项目管理中心
副主任……58981752
离退休管理中心
主任……58977665
炼油厂
厂长……58989472
烷基苯厂
厂长……58975203
化工一厂
厂长……58976505
化肥联合车间
主任……58971771
热电联合车间
主任……58970543
油品分厂
主任……58989654
一联合车间
主任……58989302
二联合车间
主任……58983350
公用工程联合车间
主任……58980147
催化裂化车间
主任……58989351
重油催化车间
主任……58984935
二套常减压车间
主任……58989205
连续重整车间
主任……58989934
焦化车间
主任……58982684
气体分离车间
主任……58989343
铂重整车间
主任……58985326
管网车间
主任……58980965
净水车间
主任……58989341
硫磺车间
主任……58985726
综合利用车间
主任……58989262
质检中心
主任……58989453
研究中心
主任……58989231
计量管理所
所长……58980954
计量中心
主任……58980920
情报档案室
主任……58980244

19. 中国石油化工股份有限公司茂名分公司

地址：广东省茂名市红旗北路2号
邮编：525011
区号：0668
传真：2269317
网址：www.mpcc.com.cn
E-mail：office@mpcc.com.cn

中国石油化工股份有限公司茂名分公司（以下简称茂名分公司）位于茂名市，地处广东沿海，面向东南亚，背靠大西南，是一家以炼油为龙头，石油化工为主体的大型炼化一体化企业，也是中国最大的石油化工生产基地之一。原油一次加工能力1350万t/a，乙烯生产能力100万t/a，拥有70多套主要生产装置，拥有完善的港口码头、海上原油接卸和铁路运输系统以及原油、成品油管输系统（西南和珠三角成品油输送管线的起点和枢纽站）。2006年底，公司固定资产原值240.48亿元，净值134.22亿元。公司在册职工7488人。公司10次创造了全国企业新纪录，有国家授权专利30多项。

近年来，茂名分公司牢牢抓住发展这第一要务。继30万t/a乙烯于1996年8月建成投产（第二年扩能达到36万t/a），公司实现炼油化工一体化后，1999年，对炼油进行扩能改造，1999年原油加工能力由850万t/a扩大到1350万t/a，成为我国首座炼油能力超千万吨的炼化基地。2004年以来，公司按照“质量升级、隐患整改、结构调整、技术改造、挖潜增效”的“五位一体”方针，新建了100万t/a焦化装置、120万t/a催化重整装置、260万t/a柴油加氢装置，并将1套60万t/a的焦化装置改造为100万t/a，使炼油加工手段更为完备，装置结构进一步合理。2004年12月15日，公司对乙烯实施改扩建，仅用21个月就于2006年9月16日建成投产，创下了国内同类乙烯工程建设工期短、投资省、开车好、设备和技术国产化程度高的新纪录。至此，乙烯生产能力由36万t/a扩大到100万t/a，茂名分公司成为我国首座100万t/a乙烯生产基地。这样，茂名分公司就拥有了千万吨级的炼油和百万吨级的乙烯，其炼化规模在国内名列前茅，每年可为市场提供260多万t的化工产品和1000多万t的炼油产品，年均销售收入将超过800亿元，年均利税将超过100亿元，同时还可以带动数百亿元乃至上千亿元的乙烯后加工产值，对地方经济的发展将起到更大的推动作用。

中国石油化工股份有限公司茂名分公司

部门	公网电话
经理办公室	
主任	2233966
综合科	2246009
计划管理部	
生产计划科	2244080
企业管理部	
综合科	2244063
财务部	
综合科	2248501
生产管理部	
生产管理科	2243625
技术质量部	
技术科	2232291
机动部	
设备科	2249368
安全环保部	
安全科	2242381
人事部	
综合科	2242586
审计部	
综合审计科	2242438
销售中心	
综合室	2247080
供应中心	
综合科	2248397
信息中心	
综合科	2248513
生产设备监测中心	
综合科	2248369
消防支队	
综合科	2243686
炼油分部	
办公室	2243818
化工分部	
办公室	2238288
新中美公司	
办公室	0759-2356881

20. 中国石油化工股份有限公司天津分公司

地址：天津市大港区北围堤路（西）160号
邮编：300271
区号：022
传真：25990747
网址：www.tpcc.com.cn
E-mail：tjgf-office@tpcc.com.cn

中国石油化工股份有限公司天津分公司坐落于天津滨海新区的大港区，是2000年4月由原中国石化集团天津石油化工公司主业部分重组改制而成立的国家特大型石油化工企业。

截至2007年底天津分公司固定资产原值为190.86亿元。拥有炼油装置15套，化工装置15套，化纤装置9套；原油加工能力550万t/a，生产能力为：乙烯20万t/a、对二甲苯 38万t/a、PTA 34.4万t/a、聚酯20万t/a、涤纶短纤维10万t/a、涤纶长丝9万t/a；原油储存能力46万m^3，拥有与主要生产装置相配套的装机容量20万kW、供水17万t/d等公用工程系统。

主要产品有车用清洁汽油、煤油、喷气燃料、轻柴油、液化气、燃料重油、船用燃料油、溶剂油、石油焦、对二甲苯、精对苯二甲酸、纯苯、乙烯、聚乙烯、聚丙烯、环氧乙烷、乙二醇、聚酯切片、涤纶长丝和短丝等石油炼制、石油化工、石油化纤三大类、279个规格的产品，产品具有较好的市场知名度，其中涤纶短纤维、3号喷气燃料为国优产品"津港"牌车用无铅汽油、3号喷气燃料、轻柴油、"天仙"牌涤纶短纤维等产品被评为"天津市名牌产品"；"天仙"牌涤纶短纤维被评为"全国用户满意产品"和"国家标样产品"。

天津分公司有科研、设计和职工教育培训等完整的科研、教育体系，拥有雄厚的技术力量。公司根据市场需要，依靠科技力量，积极推进产品创新工作，不断采用新工艺新技术和新装备，开发新品种、新规格产品，如清洁汽油、差别化纤维等，公司获国家质量万里行上榜荣誉企业称号，下属主要生产厂均获得ISO9000系列认证。有6种产品被命名为天津市名牌产品，涤纶牵伸网络丝被评为全国用户满意产品。

"十一五"期间天津分公司正在进行第三次创业，2006年6月26日，中国石化天津100万t/a乙烯及配套项目开工奠基，标志天津分公司全面进入第三次创业发展的新阶段，该项目是国家重点建设项目，也是天津滨海新区建设的龙头项目，对于推动地方经济的发展必将起到非常重要的作用。

2009年项目建成后，天津分公司无论从装置规模、技术，还是销售收入、盈利能力，都将成为行业领先、国内一流的企业，核心竞争力和抗风险能力将得到极大的增强。炼油一次加工能力达到1500万t/a，乙烯生产能力120万t/a。到"十一五"末，天津石化基本做到主业突出、结构优良、管理科学、文化先进、环境友好、企业和谐，实现又好又快发展，成为中国石化的核心骨干企业。

中国石油化工股份有限公司
天津分公司

部门　　公网电话

公司机关

经理办公室

主任……63807262
秘书科……63804611
调研科……63804585
接待科……63804789
传真……25990747

信访办

信访办……63804622

法律事务部

部长……63804613
合同管理……63804215
诉讼事务……63804606
法律事务……63804303

发展规划部

部长……63804664
总图……63804990
投资……63804662
规划……63804663

生产部

部长……63804640
综合管理……63804642
生产管理……63804545
动力管理……63804641
调度主任室……63804639
总调度室……63804636
电力管理……63804359
MES 管理……63805850

技术质量部

部长……63804650
综合管理……63804652
技术创新……63804603
质量……63804656
工艺……63804655
计量……63804677

计量中心

主任……63804422
综合办……63804124
技术……63804137
生产……63804178

安全环保部

部长……63805209
综合管理……63804647
劳保……63804696
监督管理……63804699
环保管理……63804682
安全技术管理……63804694
危化管理……63804697
职业卫生管理……63803810

环保监测中心

主任……63803665

设备管理部

部长……63807533
综合管理……63804559
管理……63804583
资产……63804558
备件……63804531
工程……63804680
预算……63804674
电仪……63804672

财务部

部长……63804726
综合管理……63804792
资金……63804875
资产……63804883
会计……63804788
成本……63804718
机关经费……63804722
价税……63804497
人事……63803639
内控……63804885

计划部

部长……63804625
综合计划……63804681
生产计划……63804629
经营结算……63802395
原油采购……63804624
原油营运……63804645
综合统计……63804634

市场部

部长……63804869
综合管理……63804318
统配管理……63804306
统销管理……63804210
物流管理……63804326

物资管理……………………………………63804211

销售中心

综合办……………………………………63807270

企业管理部

部长……………………………………63805819

综合管理……………………………………63804892

企划……………………………………63804890

绩效考核……………………………………63805973

三基工作……………………………………63805974

体系管理……………………………………63803681

工程部

部长……………………………………63804477

综合管理……………………………………63804487

工程计划……………………………………63804340

招标管理……………………………………63804335

设计管理……………………………………63804336

消防管理……………………………………63804339

质量监督站

站长……………………………………63804280

信息管理部

部长……………………………………63804627

综合管理……………………………………63803188

档案……………………………………63804351

编辑……………………………………63804996

计算机管理……………………………………63804960

网络管理……………………………………63804129

计算机维护……………………………………63804182

软件开发 IT 培训 ……………………………63805228

通讯……………………………………63803225

ERP 支持中心

主任……………………………………63804107

ERP 业务支持 ……………………………63803200

ERP 管理办 ……………………………63804961

人力资源部

部长……………………………………63804301

综合管理……………………………………63805988

劳动组织……………………………………63804688

培训开发……………………………………63804828

技术干部管理……………………………………63804687

薪酬管理……………………………………63804094

社会保险……………………………………63804605

社保中心

主任……………………………………62080787

工程造价中心

部长……………………………………63805818

综合管理……………………………………63805829

合同管理……………………………………63805869

建筑科……………………………………63805876

安装科……………………………………63805896

审计部

部长……………………………………63804880

综合……………………………………63804343

工程审计……………………………………63804748

财务收支……………………………………63804290

经营审计……………………………………63804599

经营责任审计……………………………………63804887

多经审计……………………………………63804748

综合管理部

部长……………………………………63804668

综合管理……………………………………63803675

计划生育……………………………………63803105

人民武装……………………………………63804830

交通安全……………………………………63803847

治安保卫……………………………………63804800

综合治理……………………………………63804851

外事部

部长……………………………………63804770

综合管理……………………………………63804771

外联……………………………………63804773

翻译……………………………………63804774

项目合同……………………………………63804797

党委办公室

主任……………………………………63804802

保密专项……………………………………63804839

秘书……………………………………63801003

综合……………………………………63804855

调研……………………………………63803716

组织部（干部部）

部长……………………………………63804098

综合管理……………………………………63804003

组织管理……………………………………63804857

统战管理……………………………………63804006

干部管理……………………………………63804009

纪委（监察部）

部长……………………………………63804860

综合办……………………………………63804861

效能监察室……………………………………63804862

案件室……………………………………63804863

党委宣传部

部长……………………………………63804760

综合办……………………………………63804744

新闻中心

主任……63803251
记者站……63804761
报社……63804745

工会
副主席……63804840
综合办……63804841

团委
书记……63804867
综合办……63804859

综合管理处
副部长……63804476
综合管理……63803659
多经管理……63804891
集体资产管理……63804897
改革改制……63803040
预留费用管理……63804689

生产经营管理处
副部长……63804348
销售管理……63804394
计划管理……63804368
物资管理……63804394
设备管理……63804549
统计管理……63803046

财务资产处
副部长……63804511
综合管理……63804886
资产管理……63803148
成本管理……63804791
资金管理……63803641
会计管理……63804719
结算管理……63803633
内控管理……63804729
报表管理……63803625

二级单位

炼油部
经理……63807271
书记……63807275
办公室……63807663
传真……25990065

烯烃部
经理……63822006
书记……63822345
办公室……63822035
传真……25994230

芳烃部
经理……63805326
书记……63805202
办公室……63805310
传真……25990844

聚酯部
经理……63805800
书记……63805500
办公室……63805810
传真……25990097

热电部
经理……63805081
书记……63805003
办公室……63805038
传真……63805010

动力部
经理……63805400
书记……63805401
办公室……63805376
传真……63805406

运销部
经理……63805016
书记……63803869
办公室……63804411
传真……63804400

物资装备部
经理……63802886
书记……63802800
办公室……63805681
传真……63802277

研究院
院长……63804001
书记……63804002
办公室……63804041
传真……63804015

机研所
所长……63804025
书记……63802675
办公室……63804027
传真……25990700

消防支队
队长……63804912
综合办……63804969
传真……25991201

培训中心
主任……62086300
办公室……62082442
传真……25990224

21. 中国石油化工股份有限公司巴陵分公司

地址：湖南省岳阳市云溪区
邮编：414007
区号：0730
传真：8481456
E-mail：sinopecblshbgs@sina.com

中国石油化工股份有限公司巴陵分公司（以下简称“巴陵分公司或公司”）位于湖南省岳阳市，临洞庭，倚长江，傍京广铁路、107国道和京珠高速公路，水陆交通十分便利。

公司2000年4月由巴陵石油化工有限责任公司所属的洞庭氮肥厂、鹰山石油化工厂的主业部分重组设立而成。有大型化工、化纤、化肥生产装置20余套，主要产品的生产能力为：合成氨36万t/a、尿素60万t/a、己内酰胺14万t/a、环己酮12.5万t/a、双氧水10万t/a、复合肥10万t/a、硫铵10万t/a、硫酸15t/a、尼龙6切片3.7万t/a、工业原丝1.3t/a、编织袋1400万条/年，是全国最大的己内酰胺生产基地，也是重要的化肥生产基地。

公司“芙蓉牌”尿素曾两次蝉联国家质量金牌，被用户誉为“江南一枝花”；“鹰王牌”己内酰胺、“鹰王牌”硫酸铵、“白蓉牌”双氧水等连续多年获得“湖南省名牌产品”称号。公司坚持“以质量为尊严，创造顾客与企业的最大价值；以预防为宗旨，树立健康与安全的企业典范；以环保为己任，追求人类与环境的和谐统一”，目前全面推行质量、健康、环境、安全一体化管理。

公司在总部支持下，利用自主知识产权对己内酰胺装置进行了“7万t/a改14万t/a”扩能改造，使己内酰胺产品发展壮大为巴陵分公司的核心业务，乃至成为石化股份公司的优势产业，并带动国内己内酰胺产业跨越式发展。同时，引进Shell（壳牌）煤气化技术对化肥原料路线进行了改造，2007年2月2日，煤代油装置全线开车成功并生产出合格产品。该项目的建成投产，不仅可以大幅降低尿素生产成本，还向公司提供大量廉价的氢、碳、硫资源，公司将充分利用这一资源，大力开发精细化工产品，实现企业多样化经营，增强企业抗风险能力。

中国石油化工股份有限公司巴陵分公司

部门　公网电话

总值班室
……8492348（昼）
……8492127（夜）

总调度室
……8493273
……8493899

总经理办公室
……8499976
……8492255

综合计划部
……8493345
……8493350
……8498901

企业管理部
……8492585
……8493084

生产管理部
……8492271
……8493787
……8495971

设备能源部
……8492030
……8491822
……8492217

安全环保部
……8492557
……8492391
……8495171

市场营销部
……8493827
……8496562
……8492262

科技发展部
……8493873
……8471215

工程建设部
……8492691
……8492635

财务资产部
……8492926
……8492758

审计部
……8493277
……8493089

干部部（党委组织部）
……8493636
……8493585

人事教育部
……8492276
……8496885

信息管理部
……8492601
……8492609

社区管理部
……8493164
……8491067

保卫部（综治办、610 办）
……8493396
……8494749

烯烃事业部
……8493622
……8493620

环己酮事业部
……8493613
……8491932

合成橡胶事业部
……8493681
……8499294

环氧树脂事业部
……8492008
……8492344

己内酰胺事业部
……8503417
……8503421

化肥事业部
……8537298
……8536767

供排水事业部
……8493851
……8470197

热电事业部
……8497426
……8492824

动力事业部

……………………………………………8537168
……………………………………………8537180

供销部
……………………………………………8492968
……………………………………………8493807

物资装备部
……………………………………………8491112
……………………………………………8497300

技术中心
……………………………………………8493675
……………………………………………8493609

金石集团
……………………………………………8822381
……………………………………………8822375

隆兴实业公司
……………………………………………8495855
……………………………………………8495306

22. 中国石油化工股份有限公司长岭分公司

地址：湖南省岳阳市云溪区
邮编：414012
区号：0730
总机：8451000
传真：8451824
网址：www.clpec.com.cn
E-mail：cl@clpec.com.cn

中国石化股份有限公司长岭分公司坐落在洞庭湖畔、长江之滨的湖南岳阳市，北临长江、南接京广铁路，与107国道和京珠高速公路相邻，水陆交通便利，产品主要销往两湖、两广、云贵川等地区。

公司目前拥有两套常减压、两套催化裂化、延迟焦化、催化重整、加氢、制氢、聚丙烯等21套炼油化工生产装置。原油加工能力达到500万t/a，生产聚丙烯能力7万t/a，重油催化裂化能力220万t/a，焦化处理能力80万t/a，催化重整能力50万t/a。公司生产汽油、柴油、石脑油、苯类、液化气、溶剂油、聚丙烯等60多种石油化工产品。有17种产品获省部级以上优质产品称号，其中出口轻柴油和6#抽提溶剂油获国家金质奖，石油甲苯、二甲苯和120#溶剂油等产品获国家银质奖。

长岭分公司始终坚持靠科技求进步、图发展，形成了具有自己特点的技术优势和炼油化工一体化的生产格局以及完善的售后服务体系。目前，生产装置具有一定的规模，有较强的重油深度加工配套能力，工艺手段灵活，初步形成了炼油化工一体化的格局；开发了低温热发电供热、油气回收、密闭装车、单塔污水汽提等国内首创的炼油技术；建成了第一套国产化的聚丙烯环管聚合装置；重视利用信息技术改造传统产业，CIMS、PIMS技术、APC技术的研究与应用取得了显著成效。

长岭炼化始终坚持“全面增强活力，全力提高效益”的企业方针，以“求实、严细、开放、创新”的企业作风，加强管理，加快改革，加速发展，迎接新挑战，创造新的业绩。

中国石化股份有限公司
长岭分公司

部门 公网电话

经理办
　办公室主任……8451923
计划处
　处长……8452049
生产质量处
　处长……8451070
　副处长……8452052
机动工程处
　处长……8451102
　副处长……8450872
技术开发处
　处长……8451071
　副处长……8450489
安全环保处
　处长……8452153
人力资源处
　处长……8451050
　副处长……8452112
财务处
　处长……8451061
　副处长……8451777
销售公司
　经理……8451343
　书记……8450443
审计处
　处长……8451948
　副处长……8451701
工程处
　处长……8451173
长盛公司
　总经理……8453811
　党委书记……8450039
物资供应处
　处长……8451803
　书记……8451079
中心化验室
　主任……8452191
　书记……8478722
计量中心
　主任……8452193
消防支队
　支队长……8452213
　政委……8452591
环保监测站
　主任……8452192
档案馆
　馆长……8452211
油品管理处
　处长……8450332
　书记……8451914
计算机应用研究所
　所长……8451849
　书记……8450413
信息中心
　主任……8451080

23. 中国石油化工股份有限公司镇海炼化分公司

地址：浙江省宁波市镇海区
邮编：315207
总机：(0574)86440114
传真：(0574)86270077
网址：www.zrcc.com.cn
E-mail：jlb@zrcc.com

中国石油化工股份有限公司镇海炼化分公司（以下简称“镇海炼化”）是中国石化旗下的骨干企业，前身为始建于1975年的浙江炼油厂，1994年经整体改制成立镇海炼油化工股份有限公司并在香港联合交易所上市。根据中国石化整体战略部署，2006年3月镇海炼化股份公司撤回上市地位，同年9月注册成立中国石油化工股份有限公司镇海炼化分公司。

镇海炼化拥有2000万t/a原油综合加工能力、60万t/a尿素、100万t/a芳烃、20万t/a聚丙烯生产能力，4500万t/a吞吐能力的深水海运码头，以及超过280万m^3的储存能力，是中国最大的原油加工基地、进口原油加工基地、含硫原油加工基地、成品油出口基地和重要的原油集散基地。国际著名的所罗门咨询公司最新的绩效评估报告显示，镇海炼化竞争能力居亚太地区72个炼厂第一组群。据美国《油气杂志》最新统计，镇海炼化2006年炼油能力居世界第18位。

镇海炼化加工手段配套齐全，炼油化肥化工联合紧密，深度加工能力、劣质原油加工能力强。生产装置均实行DCS控制，主要装置实施APC先进控制。其中，1000万t/a常减压、300万t/a催化裂化、200万t/a延迟焦化、300万t/a柴油加氢及180万t/a蜡油加氢联合装置、50万t/a对二甲苯、20万t/a聚丙烯、410t/h循环流化床锅炉等都是中国规模领先、技术领先的炼油、化工和热电装置，集中代表了中国炼油业的先进水平。

镇海炼化致力向社会提供清洁环境友好产品，致力以中间石化产品带动下游产业发展，致力于创新开发各类高端石化产品，主要生产和销售各种规格的清洁汽油、优质柴油、航空煤油、液化气、高等级道路沥青、尿素、芳烃等40多个品种的优质石油化工产品，其中汽油、航空煤油、芳烃等多种产品出口美国、日本、印度、韩国、新加坡等国及香港、台湾等地区。镇海炼化生产的“东海”牌F1沥青在上海国际赛车场赛道项目中成功中标应用，并进入国际汽联选用沥青名单。镇海炼化还开发并向市场投放了相当于欧Ⅲ标准和奥运会标准的98#清洁汽油，以及澳洲规格汽油、城市低硫柴油、增效尿素、京标B汽油、胶体磨SBS重交沥青等各类石化新产品。

2007年，在分两批对包括Ⅱ套常减压、Ⅱ焦化等装置在内的15套主要装置实施大修改造的情况下，镇海炼化加工原油1861万t，占到中国石化股份公司的12%、全国的6%，再创历史新高。全年生产汽油246万t，柴油739万t，煤油154万t，石脑油134万t，为缓解国内成品油市场紧张作出了贡献。

中国石油化工股份有限公司
镇海炼化分公司

部门	公网电话
公司办公室（经理办公室、党委办公室）	
主任	86445988
机要科	86444000
调研室	86444666
接待科	86445513
公司外事办公室	86444925
小车队	86444088
东海宾馆	86444806
党委组织部（机关党委）	86444439
组织一科	86444216
组织二科	86445705
党委宣传部（党委统战部）	86444431
宣传科	86444803
纪委、监察处	86445639
办公室	86444407
检查室（效能监察室）	86445454
公司工会	86444659
办公室	86446681
生产保护部	86444248
保障部	86445717
宣传教育部	86445016
文化站	86444720
公司团委	86445460
办公室	86445671
法律顾问室	86445223
人事教育处	86444528
人事一科	86445019
人事二科	86445002
工资科	86444911
教培科	86445101
综合管理处	86445158
计划一科	86445443
计划二科	86445440
技术开发科	86444789
企管科	86440145
生产处（总调度室）	86444264
生产调度科	86444269
技术科	86444286
机械动力处	86444227
管理科	86445957
设备科	86444656
动力科	86445379
公司计量室	86444713
安全环保处	86445001
管理科	86444317
安全科	86445224
环保科	86444175
消防大队	86444364
公司环保监测站	86444977
工程处	86442814
计划科	86444824
项目管理科	86444748
合同预算科	86445847
公司质监站	86445064
经济贸易处	86445568
市场信息科	86444028
业务科	86441666
调运科	86445347
市场开发科	86445765
财务处	86445236
会计科	86445436
成本科	86444702
财务科	86445435
资产科	86444582
工程科	86444938
审计处	86446178
审计一科	86444406
审计二科	86444726
乙烯项目经理部	86446368
综合管理部（党群工作部）	86446400
设计管理部	86446410
生产准备部	86446563
物资装备部	86444792
重大设备国产化部	86444517
工程管理部	86446568
质量控制部	86446570
HSE 管理部	86446426
新闻中心	86444431
公司电视台	86445312
镇海炼化报社	86446195
行政事务管理中心（人武部、保卫处）	86442228
综合管理科	86445404
保卫科	86440440
交管科	86444633
职业卫生科	86444940

厂容绿化队……86444612
经济护卫大队……86444636
镇海炼化医院……86444031
教育培训中心……86445898
离退休职工管理中心……86446158
办公室……86441417
管理一科……86442140
管理二科……86449578
技术中心……86445028
综合管理科……86445919
研究室……86442574
信息中心……86444447
档案馆……86444426
电讯站……86442345
商情部……86445105
物资装备中心……86440443
管理科……86444057
设备科……86444652
材料科……86440447
配件科……86444808
仓库……86445268
公司驻上海联络处 ……(021)58213207
质量管理中心……86444236
质管科……86444743
质检科……86444164
炼油一部……86445954
炼油二部……86445328
炼油三部……86445074
炼油四部……86444838
炼油五部……86444168
化工部……86445245
公用工程部……86445956
储运部……86445955
港务储运部……86448220
综合管理部……86448279
机械动力部……86448278
安全环保部……86448348
生产营运部……86448234
电气部……86444537
仪控部……86444645
检修安装公司……86445890
党办……86445164
纪委、监察科……86445891
办公室……86445892
组织科、人教科、保卫科……86445897
财务科……86444735
生技科……86443557
安全科……86445917
质检科……86445010
镇海炼化压检站……86449549
供应科……86444073
经营科……86444831
机一车间……86444640
机二车间……86443746
机三车间……86448354
检一车间……86444931
检二车间……86444313
检三车间……86445659
检四车间……86445561
综维车间……86445370
设备制造车间……86444551
电修车间……86445887
海达发展公司……86445227
党办、办公室……86444003
纪委、监察科……86444170
组织科、人教科、保卫科……86443548
财务科……86444802
生产经营科……86445739
幼儿园……86445546
充装造粒分公司……86445468
综合实业分公司……86444020
房产维修分公司……86444600
饮食服务分公司……86445247

24. 中国石油化工股份有限公司广州分公司

地址：广东省广州市黄埔石化路239号
邮编：510726
区号：020
总机：82123888
传真：82399045

中国石油化工股份有限公司广州分公司（简称“广州分公司”）是华南地区最大的现代化石油化工企业之一。该企业位于广州市黄埔区，地处中国经济发展迅速的珠江三角洲中心，毗邻港澳，北依广深高速公路，南临广园快速路、广深铁路和珠江黄埔港，水陆交通十分便利，拥有明显地缘经济优势。

广州分公司主要由炼油、乙烯主业组成，现有年炼油1300万t、生产乙烯20万t的能力，石油化工主要生产装置50套。20万kW自备热电站，惠州港30万t原油码头和170km长输管线，以及相配套的贮运设施和产品出产设施。拥有雄厚的石油化工产品开发、生产、检验和营销的技术业务力量。现为国内首家全部加工进口原油企业。主要产品有汽油、柴油、航空煤油、石脑油、重油、溶剂油、液化气、道路沥青、石油焦、硫磺、纯苯、甲苯、二甲苯、苯乙烯、丁二烯、丙丁烷、己烷油、工业气体等60多种；固体塑料产品主要有聚乙烯、聚丙烯、聚苯乙烯三大类160多个牌号。产品销售网络覆盖整个华南地区，部分产品出口港澳和东南亚。产品出厂合格率保持100%，各级抽检合格率100%，在用户中享有较高信誉。企业全面推行ERP、ISO9000质量管理体系、HSE管理体系和TNPM管理体系。

广州分公司坚持走保护环境的可持续发展道路，坚持生产建设与环境保护“三同时”的方针，狠抓环保工作，各项排放指标控制在国家排放标准内，被评为广东省环保先进单位和广州市花园式工厂。

2007年广州分公司原油加工量首次突破1000万t，全年炼油加工原料油1057万t；生产乙烯21万t。广州石化千万吨炼油改扩建工程全部建成，并实现投料开车一次成功，广州石化的原油加工能力提高到1500万t/a，综合加工能力达到1300万t/a，跨入了千万吨级炼油企业的行列。惠州港广州石化30万t级原油码头和25万t航道扩建工程，以及CFB机组和蒸馏（一）装置加工含酸原油适应性改造工程建成投入使用。100万t催化重整联合装置动工建设。目前，广州石化正抓紧完善1300万t/a综合加工配套改造工作，积极推进中科南沙石化合资项目前期工作。

中国石油化工股份有限公司广州分公司

部门	公网电话
办公室	
主任	82121088
党办	
主任	82121181
文秘室	82121632
接待室	82121096
企业管理部	82121663
组织劳人部	82121652
发展规划部	82121601
计划部	82121133
财务部	82121681
生产调度部	82128636
机械动力部	82128198
安全环保部	82128093
工程管理部	82120363
审计部	82121060
技术开发部	82120028
纪委监察部	82121069
宣传部	82121148
工会	82121043
团委	82121046
行政保卫部	82120018
明珠宾馆	82121125
离退养工作部	82120272
物供中心	82124816
运销中心	82121818
仪控中心	82120809
检验中心	82122078
消防支队	82120061
质量监督站	82120366
煤油一部	82124055
煤油二部	82124213
煤油三部	82124486
煤油四部	82122683
化工一部	82128838
化工二部	82128278
储运部	82122868
公用工程部	82128839
动力事业部	82124913
中冠安泰公司	82398818
南沙项目部	82121098
	82121016
华德石化公司	(0752)5599568

25. 中国石油化工股份有限公司安庆分公司

地址：安徽省安庆市石化四路20号
邮编：246002
区号：0556
传真：5380542
电话：5381717
E-mail：aqfgs@apw.com.cn

中国石油化工股份有限公司安庆分公司（以下简称安庆分公司）坐落在安徽省安庆市西北郊，地处长江下游的北岸，占地面积7km²。依托航空、长江黄金水道、京九铁路干线和高度发达的高速公路网，这里水、陆、空交通四通八达，便利的交通为安庆分公司的发展提供了有利的条件。

安庆分公司目前拥有的主要生产装置及能力为：年加工原油550万t/a的常减压装置、年加工能力140万t/a的催化裂化装置、70万t/a催化裂解装置、150万t/a延迟焦化装置、160万t/a加氢精制装置、22万t/a催化重整装置、3万t/a聚丙烯装置；日处理煤2000t，每小时产出有效气（$CO + H_2$）14.2万m^3的壳牌粉煤气化装置；33万t/a的合成氨装置、58万t/a的尿素装置；8万t/a的丙烯腈装置、7万t/a的腈纶装置等；拥有50万t/a的化肥装船码头、20万t/a的液态烃码头以及全长13km的厂内铁路专用线和一个工业编组站。主要产品有以“双环”牌为主的化肥、油品系列，以“双铃”牌为主的化工系列和以“黄山”牌为主的腈纶系列等各类优质产品40余种，其中15种产品获省优、部优称号，部分产品出口美国、日本、法国、澳大利亚、越南、韩国等国家。2003年6月，“双环”和“黄山”两个品牌，被中国企业品牌推进委员会审定授予“中国著名品牌”称号。尤其2002年以来，安庆石化先后荣获了“全国守合同重信用企业”、“全国厂务公开民主管理先进单位”、“全国职业卫生示范企业”、“安徽省文明单位”、“安徽省质量先进集体”、“安徽省十五发展创新工程先进集体单位”等称号。

随着化肥原料“油改煤”项目、6#燃煤锅炉的建成投用，10万t/a乙苯－苯乙烯、13万t/a丙烯腈扩建、220万t/a蜡油加氢新建、“安庆—合肥”成品油管线等重点工程项目的相继启动和实施，以及预计投资100亿元的800万t/a原油加工非乙烯炼化一体化项目的大力推进，企业将进一步“做特、做优、做大、做强”。面对新的形势，安庆分公司将按照中国石化总部的统一部署，以党的十七大精神为指导，全面贯彻科学发展观，走质量效益型和人与环境和谐发展的道路，延长产业链，增强竞争力，实现企业发展史上新一轮腾飞。

中国石油化工股份有限公司安庆分公司

部门　　公网电话

科技发展部
- 主任……5379369
- 副主任……5374232
- 副主任……5371034

质管部
- 副主任……5377625

财务部
- 主任……5379252
- 副主任……5379883

审计部
- 主任……5376629
- 副主任……5376676

企管部
- 主任……5375233
- 副主任……5375041
- 副主任……5378362

工程部
- 主任……5374565
- 副主任……5371726
- 副主任……5371736

人教部
- 主任……5374115
- 副主任……5375257
- 副主任……5375519

宣传部
- 主任……5376411
- 副主任……5374135

纪委监察部
- 主任……5376821
- 副主任……5374125

保卫部
- 主任……5380699

工会
- 主任……5375286
- 副主任……5374188

团委
- 书记……5375324

机关党委
- 书记……5375129

炼油一部
- 主任……5374276
- 书记……5377723

炼油二部
- 主任……5377785
- 书记……5377765

化肥一部
- 主任……5375356
- 书记……5373994

化肥二部
- 主任……5375186
- 书记……5377924

丙烯腈部
- 主任……5375029
- 书记……5376704

腈纶部
- 主任……5379201
- 书记……5373586

热电厂
- 主任……5374166
- 书记……5375466

港贮部
- 主任……5375251
- 书记……5375551

储运部
- 主任……5371238
- 书记……5375477

公用工程部
- 主任……5377346
- 书记……5375991

质监站
- 主任……5371726

铁路工业站
- 主任……5377992
- 书记……5370084

电仪部
- 主任……5375576
- 书记……5378047

销售中心
- 主任……5375163
- 副主任……5374163

物供中心
- 主任……5374246
- 副主任……5374519
- 副主任……5375046

检验中心

主任…………………………………………5374021
书记…………………………………………5376656
副主任………………………………………5374320
信息中心
主任…………………………………………5378052
副主任………………………………………5379003
计量中心
主任…………………………………………5375248
副主任………………………………………5374148
社区服务中心
主任…………………………………………5375198
副主任………………………………………5375398
副主任………………………………………5375598
副主任………………………………………5374398
华成公司
主任…………………………………………5375376
副主任………………………………………5375026
副主任………………………………………5374226
劳动服务公司
主任…………………………………………5379820
副主任………………………………………5374326
社管部
主任…………………………………………5381181
副主任………………………………………5381281
副主任………………………………………5372925
书记…………………………………………5374287
预决算
主任…………………………………………5375345
联合党总支
书记…………………………………………5376068
乙苯／苯乙烯
主任…………………………………………5377803

26. 中国石油化工股份有限公司洛阳分公司

地址：河南省洛阳市吉利区
邮编：471012
区号：0379
总机：66996114
传真：66993999
网址：www.lypcc.com.cn
E-mail：lyfgs@lypcc.com.cn

中国石油化工股份有限公司洛阳分公司位于十三朝古都洛阳市东北约 33km 的吉利区境内，北依太行，南临黄河，东连 207 国道和二广高速公路，西接焦枝铁路，地理位置优越，交通十分便利。洛阳分公司是中国石油化工股份有限公司直属的特大型油、化、纤一体化石油化工企业。2007 年原料油加工量达 5922 万 t。

企业始建于 1978 年，1984 年开工投产后，边生产边建设，投入产出滚动发展。相继建成了 500 万 t/a 常减压、140 万 t/a 重油催化裂化（两套）、80 万 t/a 溶剂脱沥青、70 万 t/a 连续催化重整、80 万 t/a 直馏柴油加氢精制、80 万 t/a 催化柴油加氢精制、30 万 t/a 气体分馏、10 万 t/a 氢氟酸烷基化、7 万 t/a 聚丙烯、2 万 t/a 双向拉伸薄膜、26 万 t/a 芳烃抽提、21.5 万 t/a 对二甲苯、32.5 万 t/a 精对苯二甲酸、20 万 t/a 聚酯、10 万 t/a 直接纺涤纶长丝、10 万 t/a 直接纺涤纶短纤维等大型炼油、化工、化纤装置及相应配套的公用工程和安全环保设施。

目前洛阳分公司的主要产品有：97#汽油、93#汽油、90#汽油、-10#柴油、0#柴油、+5#柴油、3#航空煤油、灯用煤油、分子筛料、沥青、燃料油、液化气、丙烯、工业硫磺、石油酸、液氨、聚丙烯、双向拉伸薄膜、苯、甲苯、对二甲苯、溶剂油、精对苯二甲酸、聚酯熔体和切片、涤纶全牵伸丝、涤纶预取向丝、高强高模棉型和毛型纤维等 60 多种。

多年来，洛阳分公司紧紧依靠技术进步，管理创新，实现连续安全运行，取得了较好的经济效益和社会效益。1999 年企业通过 ISO14001 环境管理体系认证，并取得 UKAS 国际证书，被中国石油化工集团公司确定为首批清洁生产示范企业；2003 年通过 ISO9001 质量管理体系认证。目前企业形成了质量、环境、职业安全健康整合型管理体系，企业管理标准化，制度化和科学化水平不断提高。企业的设备管理、环境绿化、档案管理等多项专业管理处于全国先进水平，先后荣获“全国五一劳动奖状”、“全国模范职工之家”、“全国职业道德建设先进单位”等荣誉称号。

为进一步优化装置和产品结构，提升汽、柴油产品质量，提升生产技术经济指标，提高企业经济效益和整体竞争力，洛阳分公司规划并开始实施油品质量升级改造项目。届时，洛阳分公司的原油加工能力将达到 800 万 t/a，向建设我国中部地区特大型炼化一体化生产基地迈进。

中国石油化工股份有限公司洛阳分公司

部门 公网电话

公司机关

党委办公室
- 主任……66992301
- 办公室……66992200

组织部
- 部长……66992715
- 组织科……66992340

纪委监察处
- 处长……66992733
- 综合室……66994123

宣传部
- 部长……66992717
- 办公室……66994064

工会
- 副主席……66992237
- 办公室……66994369

团委
- 书记……66992720
- 干事……66993550

经理办公室
- 主任……66992211
- 办公室……66992688

生产调度处
- 处长……66994885
- 办公室……66994979

机动处
- 处长……66992725
- 办公室……66994097

安全环保处
- 处长……66994673
- 安环科……66992731

财务处
- 处长……66992392
- 综合科……66992087

资产管理处
- 处长……66996087
- 综合科……66992499

计划处
- 处长……66992945
- 综合统计……66991758

企业管理处
- 处长……66992099
- 办公室……66992435

发展规划处
- 处长……66991895
- 办公室……66992052

技术质量处
- 处长……66992157
- 质检科……66994414

审计处
- 处长……66992729
- 经营科……66991246

法律事务处
- 处长……66993811
- 法律顾问……66992085

人力资源处
- 处长……66992736
- 人事科……66992399

离退休职工管理办
- 主任……66992730
- 管理科……66992240

原油采购部
- 主任……66993983
- 综合科……66996154

保卫处
- 处长……66992735
- 综合办……66992257

信息中心
- 主任……66992748
- 办公室……66992886

物资装备部
- 主任……66992337
- 办公室……66994173

铁路运输部
- 主任……66992760
- 综合办……66994970

营销部
- 主任……66992038
- 综合办……66992819

聚丙烯有限责任公司
- 经理……66992727
- 销售……66992848

下属公司以及三产单位

洛阳石化宏达实业总公司
总经理……………………………………66992098
办公室……………………………………66991632
洛阳石化惠康物业管理公司
总经理……………………………………66992421
办公室……………………………………66992617
洛阳石油化工总厂工程公司
经理………………………………………66992169
办公室……………………………………66994384
洛阳金达石化有限责任公司
经理………………………………………66992633
办公室……………………………………66994313
洛阳吉利自来水有限责任公司
经理………………………………………66991680
综合办公室………………………………66994457
洛阳石化宏业劳务有限公司
董事长……………………………………66992596
综合管理…………………………………66995141

洛阳石化工程设计有限公司
院长………………………………………66994836
办公室……………………………………66992436
洛阳石化医院
院长………………………………………66994548
院办公室…………………………………66992321
洛阳隆惠石化工程有限公司
经理………………………………………66992107
办公室……………………………………66992108
洛阳石化通达运输工程有限责任公司
董事长、总经理…………………………66992661
办公室……………………………………66992065
洛阳三隆安装检修有限公司
经理………………………………………66992126
办公室……………………………………66992159
洛阳石化工程建设有限责任公司
总经理……………………………………66992368
办公室……………………………………66991900

27. 中国石油化工股份有限公司荆门分公司

地址：湖北省荆门市白庙路
邮编：448039
区号：0724
总机：2211501
传真：2211539

中国石油化工股份有限公司荆门分公司（以下简称荆门分公司）位于湖北省中部的荆门市，有着优越的地理位置，南贴荆州临长江，北近襄樊依汉水，东达武汉通九衢，西处三峡连云贵，公路、铁路和水路交通均十分便利。

荆门分公司是从原荆门石化总厂中以优良资产组成的国有企业，同时也是湖北省最大的石油化工企业及中南地区最大的润滑油、石蜡生产基地。分公司曾先后被国家有关部委授予：全国500家最优工业企业，石油开采及加工工业第一名，全国行业十强企业，全国最佳信誉企业，全国最佳工业企业，全国最佳形象AAA级等荣誉。

荆门分公司历经三十多年的发展，得以逐步壮大。1970至1975年为建设投产阶段，自1975年始，正式承担国家炼油生产计划任务；1976年至1984年为改扩建阶段，企业原油加工能力由250万t/a提高到350万t/a；1985年至1990年为依靠技术进步，提高企业素质阶段，开发了中高档润滑油新品种，原油加工能力达到500万t/a，实现了不同品质原油的分炼；1991年至1997年为转换经营机制，加快企业发展阶段，建成了被誉为生命工程的接卸原油能力为350万t/a的洪湖中转油港及输油管道工程；1998年至2000年建成聚丙烯装置，转变为综合型石油化工企业；2000年至今是重组改制后加快改革发展的阶段。新原油加工能力为550万t/a，目前正在向600万t/a的目标迈进。分公司拥有蒸馏、催化裂化、催化裂解、催化重整、延迟焦化、燃料油加氢精制、干气制氢、润滑油加氢改质、酮苯脱蜡（轻重）、润滑油和石蜡加氢精制、分子筛脱蜡和深度脱芳、聚丙烯等39套炼油化工生产装置，是全国石油炼制加工手段最齐全的骨干企业之一。

中国石油化工股份有限公司荆门分公司

部门	卫星网电话	公网电话
办公室	512-71440	2271440
总调度室	512-76838	2276838
计划处	512-73666	2273666
机动处	512-72594	2272594
安全环保处	512-77073	2277073
技术处	512-71397	2271397
人力资源处	512-77085	2277085
企业管理处	512-70668	2270668
财务处	512-71750	2271750
审计处	512-76905	2276905
纪律检查委员会、监察处	512-71022	2271022
运销处	512-71391	2271391
供应处	512-77179	2277179
质量管理中心	512-74747	2274747
计量中心	512-71394	2271394
信息通讯中心	512-70066	2270066
石油化工研究院	512-70737	2270737
消防大队	512-71084	2271084
洪湖输油处	512-23191	2205039
蒸馏车间	512-73741	2273741
催化裂化一车间	512-70995	2270995
焦化车间	512-76380	2276380
加氢重整车间	512-76982	2276982
气体分馏车间	512-76056	2276056
酮苯车间	512-72558	2272558
润滑油精制车间	512-74951	2274951
丙烷沥青车间	512-72180	2272180
分子筛脱蜡车间	512-72176	2272176
石蜡车间	512-72992	2272992
环保车间	512-75646	2275646
空分车间	512-70099	2270099
成品车间	512-75203	2275203
油品车间	512-72663	2272663
中转车间	512-73212	2273212
化工厂	512-76937	2276937

28. 中国石油化工股份有限公司九江分公司

地址：江西省九江市滨江东路228号
邮编：332004
区号：0792
总机：8614911
传真：8617005　8617006
网址：www.jjsh.com.cn
E-mail：jjfgs@jjsh.com.cn

中国石油化工股份有限公司九江分公司（以下简称九江分公司）位于江西省九江市东郊，北濒长江，南倚庐山，东临鄱阳湖，占地面积4.2km^2，是江西省境内惟一的大型石油化工企业。地理位置优越，交通便利。生活区距长江仅1km，沿江设有7个5000t级和3个3000t级泊位的自备油品码头，可直接对外轮开放。原油主要以仪长原油管线输油进厂，也可以海运进长江到公司，也可从鲁宁输油管输送到仪征后，装船运送到公司。产品可沿长江往上运至四川、湖南、湖北等省，下达安徽、江苏、上海等地，也可出长江运到沿海各省乃至世界各地。铁路专用线与武（武昌）九（九江）线、京（北京）九（九龙）线、合（合肥）九（九江）线等国家干线相连，产品可通过铁路、水路发运到全国。2008年，九南樟成品油管输建成投产。

九江分公司是在中国石化集团九江石油化工总厂的基础上重组改制设立的，其前身为九江炼油厂，1975年国家批准筹建，1980年10月建成投产。2000年3月九江石化总厂主业全部划入中国石化集团上市部分，组建了中国石油化工股份有限公司九江分公司，分公司是国家扶持的512户重点企业之一。截止2007年底分公司固定资产达604758万元。分公司内现有炼油、化肥、化工三大板块。

九江分公司拥有500万t/a原油加工能力和年产10万t聚丙烯、30万t合成氨和52万t尿素装置，共有生产装置53套，其中部分装置的技术经济指标处于国内同行业先进水平。合成氨、尿素装置是目前国内先进的化肥装置之一，主体装置的工艺、设备、仪表控制系统均达技术先进水平，各套装置具有操作弹性大、能耗低、自动化程度高的特点，达到国际先进水平。共获得国家科技进步奖2项，省部级含中国石化集团公司科技进步奖2项。

九江分公司于1999年4月通过ISO9002质量体系认证，2003年2月10日通过了ISO9001:2000质量管理体系转换认证。HSE管理体系正式运行并对外发布，“标准化良好企业行为活动”荣获国家标准“AAAA”认证，标志着企业管理工作已与国际接轨。生产、办公区已建立了计算机网络系统，初步实现了生产、经营、办公信息化管理。

中国石油化工股份有限公司九江分公司

部门　　公网电话

总经理办公室

主任……8495155
综合科科长……8492205
秘书科科长……8492966
政工科科长……8495699
信访办……8495633
值班室……8492326

组织部

部长……8492534
组织科……8492872
干部科……8492572

纪委监察处

书记……8492344
副处长……8493306
办公室……8492555
检查室……8492705
审理室……8493121
效能监察室……8493121

宣传部

部长……8493014
宣传科……8492314
文明办……8494059
电视台台长……8492515
电视台总编室……8492037
江西记者站……8492945
报社总编室……8492380

工会

主席……8492236
副主席……8493506
办公室……8492325
生产部部长……8492793
组织宣传部……8492195
劳保部部长……8495339

团委

书记……8493207
办公室……8492207

武装部

部长办……8494718
办公室……8492418

计划处

处长……8492545
副处长……8495261
统计科……8492073
计划科……8492419
投资管理科……8492842
预决算中心……8492061

企管处

处长……8492985
管理科……8492642
基础管理科……8492373
体系管理办公室……8494698
法律事务室……8492632
企咨办……8494776
……8492428

人力资源处

处长……8493042
劳动科……8492978
工资科……8492967
社保科……8492783
培训科……8492407
……8492567

财务处

处长……8493016
副处长……8495011
财务管理科……8492524
成本科长……8492541
资产科长……8492542
会计科长……8494527
销售财务科……8492575

审计处

处长……8492445
副处长……8495062
工程审计……8492481
财务审计……8492745
价格审计……8494062

生产调度处

处长……8493041
副处长……8492786
副处长……8492224
调度科长……8492225
能源办主任……8493056
节能办……8492213
生产科科长……8494536
生产技术科……8493046

科技开发处

处长……8492647
副处长……8493500
开发科……8492678
技改科……8494045
规划科……8495391

科协

科协秘书长……………………………………8492724

办公室…………………………………………8492989

省石油学会……………………………………8492430

机动处

处长……………………………………………8492697

副处长…………………………………………8492827

副总工程师……………………………………8492033

副总工程师……………………………………8493496

综合科科长……………………………………8492099

设备科科长……………………………………8492958

动力科科长……………………………………8492698

电气仪表管理科科长…………………………8493496

安全环保处

处长……………………………………………8492318

副处长（安全）………………………………8492917

副处长（环保）………………………………8494080

安技科科长……………………………………8492657

HSE 办公室……………………………………8494571

安全教育科科长………………………………8492548

抗震……………………………………………8493471

工业卫生科科长………………………………8492519

环保管理科长…………………………………8492469

监测站站长……………………………………8492017

质管中心

主任……………………………………………8492180

书记……………………………………………8494276

生产主任………………………………………8494277

设备主任………………………………………8494278

质量主任………………………………………8494288

工会主席………………………………………8494298

综合科主任……………………………………8492931

技术科科长……………………………………8492933

质检科科长……………………………………8492673

质管科科长……………………………………8494686

计量中心

主任……………………………………………8492027

副主任…………………………………………8492219

……………………………………………………8495183

综合管理科长…………………………………8492072

计量统计科科长………………………………8493081

检定站站长……………………………………8492219

计量站站长……………………………………8493091

技术中心

主任……………………………………………8492603

综合部主任……………………………………8492601

炼油部…………………………………………8493163

化工技术部……………………………………8494720

分析检测部主任………………………………8494101

物资中心

处长……………………………………………8492824

书记、工会主席………………………………8492654

副处长…………………………………………8492680

副处长…………………………………………8492823

综合办主任……………………………………8492621

综合办…………………………………………8493375

计调科科长……………………………………8492693

设备科科长……………………………………8492902

配件科科长……………………………………8492815

材料科科长……………………………………8492626

燃料科科长……………………………………8495337

保管科科长……………………………………8492695

销售中心

经理……………………………………………8492450

副经理…………………………………………8493161

纪检特派员……………………………………8493171

调运部经理……………………………………8492178

原油部经理……………………………………8493170

油品部经理……………………………………8492275

化肥部经理……………………………………8495041

化工部经理……………………………………8493230

市场部经理……………………………………8493199

石化产品销售热线……………………………8493000

信息中心

主任、书记……………………………………8495429

副书记…………………………………………8492866

副主任…………………………………………8492266

副主任…………………………………………8492147

计算机管理科科长……………………………8492220

综合科…………………………………………8495677

档案情报………………………………………8492309

通迅站…………………………………………8492868

石油化工编辑部………………………………8492707

消防支队

队长……………………………………………8492444

书记……………………………………………8492527

副队长…………………………………………8494822

防火监督科……………………………………8493324

战训科…………………………………………8493325

办公室…………………………………………8493346

气防站…………………………………………8494333

气防站值班室…………………………………8497917

工程管理中心

主任……………………………………………8494759

副主任…………………………………………8495395

总工程师………………………………………8493008

工程调度科……8495435
项目一部……8495428
项目二部……8494447

常减压车间

主任……8492371
书记……8492294
工艺副主任……8492951
设备副主任……8492292
设备副主任……8494763
值班室……8493457

催化车间

主任、书记……8492493
副主任……8493493
值班室……8493493
工会……8492492

焦化车间

主任……8495600
书记……8495601
副主任……8495602
……8495603
值班室……8495608

二联合车间

主任……8492666
书记……8493183
新加氢主任……8493181
生产副主任……8494146
设备副主任……8494147
工会……8492837

聚丙烯车间

主任……8493495
书记……8493106
副主任……8494795
综合管理办……8494165

化肥作业部

部长……8494458
书记……8494460
副部长……8494700
副部长……8494461
工会主席……8493084
办公室……8494459
值班室……8494462
工艺组组长……8494290
设备组组长……8494406

动力作业部

部长……8493512
书记……8495141
副部长……8492335
副部长……8492332
副部长……8493415
总工程师……8493052
工会主席……8493137
电力调度中心……8492051
生产组组长……8492051
值班室……8495140
技术组组长……8492336
设备组组长……8492840

码头作业部

部长……8493082
书记……8493087
副部长……8494326
工会主席……8493241
值班室……8492377
生产组组长……8493242
技术组组长……8495342
设备组组长……8495345

油品车间

主任……8492375
书记……8492495
副主任……8492295
技术组组长……8495034
设备组组长……8494475
生产组组长……8495344
综合组组长……8494675
值班室……8494477

成品车间

主任……8494726
书记……8494656
工程师……8494061
生产副主任……8494292
设备副主任……8494256
设备副主任……8494653
工会主席……8494728
值班室……8494777

热电作业部

部长……8494250
书记……8494052
燃运副部长……8494260
生产副部长……8494560
设备副部长……8494549
总工程师……8494466
工会主席……8494566
综合部……8492566
值班室……8494384
设备组组长……8494550
技术组组长……8494559

机运车间

主任……………………………………………8492206
书记……………………………………………8493200
行政副主任……………………………………8493201
工会主席………………………………………8493201
生产副主任……………………………………8493202
设备副主任……………………………………8493203
值班室…………………………………………8494254

溶脱联合车间

主任……………………………………………8495455
书记……………………………………………8492577
副主任…………………………………………8492507
副主任…………………………………………8495458
气分装置主任…………………………………8494140
值班室…………………………………………8495454

其他单位

铁路工业站长…………………………………8492700
铁路工业车号…………………………………8492701
铁路工业调度…………………………………8492702
铁路工业货运…………………………………8492703
铁路工业运联…………………………………8492209
铁路治安联防…………………………………8493125
仪长原油九江末站……………………………8495615
公安消防队……………………………………8492268
驻厂军代表室…………………………………8492223
九江税务驻厂…………………………………8492727
南京油轮公司…………………………………8492725
驻厂九港调度…………………………………8492280
港监……………………………………………8492726
粮站……………………………………………8492338
建设银行………………………………………8492470
工商行储蓄所…………………………………8492468
邮电支局………………………………………8492368
化三建东区……………………………………8492861
湖北保得………………………………………8495179
省政府液化气…………………………………8493408
浔阳区搬运队…………………………………8494493
浔阳装卸公司…………………………………8495658
华东销售公司…………………………………8494127
波涛科技公司…………………………………8495423
天鑫公司………………………………………8492785
力生公司………………………………………8492772
华庐美食………………………………………8492708
武汉办事处……………………………(027)88077021
上海办事处……………………………(021)56639741
南昌办事处……………………………(0791)8510245
九江办事处……………………………………8577532
61局营业厅……………………………………8611288
61局维修点……………………………………8613488

29. 中国石油化工股份有限公司湖北化肥分公司

地址：湖北省枝江市迎宾大道15号
邮编：443200
区号：0717
总机：4212012
传真：4212660
E-mail：hbhf@hbhf.cn

中国石油化工股份有限公司湖北化肥分公司（以下简称湖北化肥分公司）位于长江中上游结合部、江汉平原西缘——湖北省枝江市，具有良好的区位优势，交通便利，资源丰富。东临古城荆州，西接宜昌三峡，近临三峡国际机场，南濒万里长江，北靠宜黄高速公路。铁路专用线与全国铁路联网，产品可通过水路、铁路、公路、航空运往全国各地。国家西气东输工程——“忠武”线天然气管道直达生产区，正在建设中的“川气东送”天然气管线也经过企业所在地，具有优良的能源、交通和旅游环境。

湖北化肥分公司是中国石化在湖北省内的惟一一家大型化肥生产企业，也是中南地区规模较大的化肥生产企业之一。建厂30多年来，累计生产优质尿素1200多万t，为农业生产作出了一定的贡献。现有固定资产总值28.7亿元。2005年实施了“天然气代油”改造，2006年12月底，历经3年多时间建设的煤气化装置竣工，并投料试车成功，生产出合格产品。至此，完成了原料路线的调整，大大提高了企业的抗风险能力和竞争能力。公用工程配套完善，有三台总蒸发量700t/h的高压煤锅炉和两台25mW的发电机组，为主装置生产提供动力供应。企业现年产能力为合成氨33万t，尿素56万t。除主导产品合成氨、尿素外，副产大颗粒尿素、复合肥、液体二氧化碳、氮气、氧气、氩气、粉煤灰砖等产品。

湖北化肥分公司以“从严、求实、团结、文明、进取”的企业精神，不断创新企业管理。积极推行内控制度、HSE管理体系、全面质量管理等现代化管理手段，同时，坚持“三基”等传统的管理方式。先后荣获“全国五一劳动奖状”、“全国设备管理优秀单位”、“湖北省守合同重信用企业”等300多项省部级以上荣誉。获得ISO9001国际质量体系认证，“长江牌”尿素先后荣获国家质量银奖、湖北省名牌产品、国家质量免检产品称号及中国产品质量协会授予的“AAA”质量等级认证，“长江牌”复合肥连续多年获得“湖北省名牌产品”称号。产品在传统市场具有较强的市场竞争力。每年的安全环保指标达到了中国石化的考核标准。

湖北化肥分公司具有良好的发展前景。现有的天然气头和煤头具备年产80万t合成氨的造气能力，为企业下一步的扩能提供了条件。特别是煤气化装置的建成，为企业开发煤化工产品，调整产品结构奠定了良好的基础。

中国石油化工股份有限公司湖北化肥分公司

部门	公网电话
公司机关	
经理办	
主任	4232261
机要室	4232264
计划处	
处长	4232321
财务处	
处长	4232325
人力资源处	
处长	4232335
干部处	
处长	4232333
企业管理处	
处长	4232315
生产调度处	
处长	4232610
机械动力处	
处长	4232291
安全与环保处	
处长	4232311
工程建设管理处	
处长	4232681
监察处	
处长	4232274
审计处	
处长	4232355
物资供应处	
处长	4232791
产品销售部	
主任	4232346
煤炭采购部	
主任	4232742
产品开发部	
主任	4232701
技术信息中心	
主任	4232371
消防队	
队长	4232407
合成车间	
主任	4232511
党支部	4232512
副主任	4232510
工艺组	4232513
技术组	4232515
办公室	4232516
总控室	4232611
合成值班室	4232224
调度台	4232612
一段炉	4232613
压缩	4232614
普利森	4232615
液氢库	4232616
预脱硫	4232618
钳工班	4232619
综合班	4232600
尿素车间	
主任	4232521
党支部	4232522
办公室	4232526
工艺组	4232523
技术组	4232525
材料组	4232520
调度台	4232621
总控台	4232622
大颗粒尿素	4232804
压缩	4232623
现场	4232625
电梯间	4232626
检修班	4232627
油品车间	
主任	4232531
党支部	4232532
副主任	4232534
技术组	4232533
办公室	4232535
老油罐区	4232631
新油罐区	4232632
5# 趸船	4232634
4# 趸船	4232635
综合班	4232654
电工班	4232636
成品车间	
主任	4232541
办公室	4232542
技术组	4232543

总控室……4232641
1#趸船……4232642
2#趸船……4232643
3#趸船……4232645
4#趸船……4232644
扒料机……4232647
综合班……4232648
成品班……4232649
运行班……4232640
质保班……4232650

电气车间

主任……4232581
副主任……4232582
办公室……4232584
技术组……4232583
器材组……4232588
变电站……4232585
发电班……4232487
动力班……4232481
合成班……4232517
尿素班……4232528
水厂班……4232507
油品班……4232636
电试班……4232587
标准班……4232590
电机班……4232589

仪表车间

主任……4232591
党支部……4232592
副主任……4232595
办公室……4232594
技术组……4232593
合成班……4232519
尿素班……4232529
锅炉仪表班……4232482
质量班……4232596
金工班……4232597
水汽班……4232509
DCS 室……4232984

质检中心

主任、书记……4232561
副主任……4232391
办公室……4232563
统计室……4232569
地磅室……4232392
分析组……4232568
油分析……4232566
生控组……4232564
煤液制配……4232562
煤分析室……4232474
水质分析……4232565
环保分析……4232567
油计量班……4232393
质检组……4232396

动力分厂（水汽）

主任……4232501
党支部……4232502
副主任……4232638
办公室……4232506
设备组……4232505
工艺组……4232503
值班室……4232508
小煤锅炉……4232724
检修班……4232504
快锅……4232601
水处理……4232602
冰水塔……4232603
低锅……4232604
水厂泵房……4232606
排污泵房……4232606
水厂控制室……4232607
煤锅炉控制室……4232480
调度室……4232484
煤储运控制室……4232489
煤储运班……4232491
煤储运……4232490
循环水……4232492
灰渣岗位……4232493
轨道街……4232497
动力 4.2 米办……4232476

消防队

办公室……4232407
值班室……4232408

生产准备处

老总办……4232836
办公室……4232847
综合组……4232738
设备组……4232774
工艺组……4232780
会议室……4232809
材料组……4232853

煤代油改造项目部

主任……………………………………………4232767
书记……………………………………………4232681
副主任…………………………………………4232684
计财物资组……………………………………4232874
综合办…………………………………………4232719
电气组…………………………………………4232924
值班室…………………………………………4232749
工艺组…………………………………………4232486
工艺组…………………………………………4232734
机械组…………………………………………4232713
工程组…………………………………………4232427
仪表组…………………………………………4232904
设备验收组……………………………………4232864
设备组…………………………………………4232703

30. 中国石油化工股份有限公司济南分公司

地址：山东省济南市工业南路26号
邮编：250101
区号：0531
总机：88831114
传真：88983622
网址：www.sjnr.com.cn
E-mail：sjnr@sjnr.com.cn

中国石油化工股份有限公司济南分公司（以下简称济南分公司）位于山东省济南市历下区，占地2.4km²，地处胜利、中原两大油田之间，自备铁路与胶济线相连，厂区南北与济王公路和济青高速公路相依，地理位置十分优越，交通运输四通八达。

济南分公司始建于1971年，1975年正式投产，2000年8月份根据中国石化集团公司重组改制方案，主业进入中国石油化工股份有限公司，成为中国石油化工股份有限公司济南分公司，随中国石油化工股份有限公司在海内外上市。

济南分公司在数十年的发展历程中，十分注重科技进步，始终坚持以技术开发与改造为主推动技术进步，走内涵发展之路。企业先后荣获国家及省部级科技进步奖32项，其中国家一等奖2项，部级特等奖1项，部级一等奖4项，部级二等奖13项，部级三等奖11项，省级三等奖1项。

济南分公司十分重视信息技术的应用，根据总部统一部署，在主要生产装置全部实现DCS计算机控制的基础上，在炼化企业中率先完成ERP系统的建设应用；并相继投用了MES、ORION及全面预算监控等先进的信息管理系统，实现企业经营管理的信息化、数据化、科学化和自动化，为企业的腾飞插上高新技术的翅膀。

企业炼油工艺先进、设备优良、技术力量雄厚，连年被中国石化、山东省、济南市评为"安全生产先进单位"，曾荣获"全国五一劳动奖状"、"全国优秀政工企业"、"全国模范职工之家"、"全国安全生产先进单位"、"全国设备管理优秀单位"、"全国质量效益型先进企业"、"全国环境保护先进企业"、"全国职工体育先进单位"、"国家清洁生产示范企业"、"全国文明单位"、"全国企业文化建设优秀奖"和"全国创建和谐劳动关系模范企业"等荣誉称号。

部门	公网电话	部门	公网电话
经理办公室	88832202	机动处	88832443
党委办公室	88832301	安全环保处	88832456
组织部统战部	88832306	财务处	88832417
宣传部	88832310	人力资源处	88832476
计划处	88832408	企业管理处	88832231
生产调度处	88832432	供应部	88832518
技术处	88832429	运销部	88832552

31. 中国石油化工股份有限公司武汉分公司

地址：湖北省武汉市青山区长青路特1号
邮编：430082
区号：027
总机：86515662
传真：86595188

中国石油化工股份有限公司武汉分公司（简称武汉分公司），在中国石化集团武汉石油化工厂整体重组改制中于2000年2月28日成立，主要从事石油加工及部分石油化工产品的生产。

武汉分公司位于素有“九省通衢”之称的湖北省武汉市，北临长江，南接武汉钢铁集团公司，公路、铁路和水路交通极为便利。

武汉分公司属于以生产燃料油为主的石化企业，原油一次加工能力500万 t/a，是中国500家最大工业企业之一，产品质量保证体系通过ISO9000国际质量体系认证。公司前身为武汉石油化工厂，始建于1971年，扩建于1975年，于1977年投产，目前已开工生产装置14套。公司主要生产装置及能力如下：

350万 t/a 常减压蒸馏装置；

150万 t/a 常压蒸馏装置；

100万 t/a 重油催化裂化装置；

6万 t/a 氢氟酸烷基化装置；

6万 t 甲基叔丁基醚（MTBE）装置；

5000t/a 硫磺回收装置；

7500t/a 硫磺回收装置；

1000t/a 环烷酸装置；

1.2万 Nm^3/h 制氢—60万 t/a 加氢改质联合装置；

100万 t/a 延迟焦化装置；

30万 t/a 催化重整—80万 t/a 加氢精制联合装置；

10万 t/a 气体分离装置。

武汉分公司重视技术革新，不断增加产品种类和提高产品质量，满足社会需要，出厂产品合格率保持在100%。“石化产品，质量第一。优质服务，用户满意”是武汉分公司的质量方针，武汉分公司将一如既往，热忱为国内外客户提供更多更好的石化产品和技术服务。

中国石油化工股份有限公司武汉分公司

部门	公网电话
机关处室	
党办	86595202
经理办	86595153
工会	86595231
团委	86595860
组织部	86595213
宣传部	86595302
纪委（行政监察室）	86595221
离退休工作处	86595680
生产调度处	86595500
安全环保处	86595430
机动处	86595460
工程处	86595700
物资处	86595600
技术处	86595560
计划处	86595350
运销处	86595660
财务处	86595340
审计处	86595370
劳动人事处	86595400
综合管理处	86595380
武装保卫处	86595250
教培中心（党校）	86595580
信息中心	86595800
计量办	86595770
汉新公司	
办公室	83516509
三昌公司	
办公室	86599650
改制单位	
武汉检安石化工程有限公司	
办公室	86596710
石化交通运输公司	
办公室	86599604
武汉炼化工程设计有限公司	
办公室	86599404
武汉石化液化气公司	
办公室	86599254
隆达石化有限公司	
办公室	86599108
武汉博达石化有限公司	
办公室	86599303
武汉市石化医院	
办公室	86599505

32. 中国石化中原石油化工有限责任公司

地址：河南省濮阳市胜利西路
邮编：457000
区号：0393
总机：4471114
传真：4416227
网址：www.zypc.com.cn
E-mail：zypc@zypc.com.cn

中国石化中原石油化工有限责任公司是由中国石化集团公司与河南省人民政府合资建设、中国石化股份公司控股的国有大型石化企业，位于冀鲁豫三省交汇处的国家文明城市——河南省濮阳市。公司每年可为社会提供包括聚乙烯、聚丙烯、纯苯、MTBE等在内的13类化工产品45万t，中原石化在十七大精神指引下，认真贯彻落实科学发展观，加快内涵发展步伐，增强核心竞争能力和持续盈利能力，力争向广大用户奉献更多的优质产品，为全面建设小康社会作出新的贡献。

中原石化共有7套生产装置。乙烯装置采用美国鲁姆斯专利技术，设计能力为18万t/a。聚乙烯装置采用美国联碳公司专利技术，设计能力为20万t/a。聚丙烯装置采用意大利海蒙特公司专利技术，设计能力为6万t/a。另有汽油加氢、苯抽提、1丁烯、氢气分离等生产装置。还拥有与化工生产相配套的空分空压装置、供水系统、110kV变电站、550t/h污水处理厂、库房及储罐区、铁路专用线等生产辅助系统。

中原石化按照严格的质量控制体系组织生产，产品质量优良。线性低密度聚乙烯（LLDPE）、聚丙烯（PP）产品以优良稳定的品质深受用户好评，多次被国家技术监督局检查确认为优级品。副产品还包括纯苯、甲基叔丁基醚（MTBE）、1丁烯、2丁烯、重芳烃、混合碳四、碳五、碳九等产品等。公司产品以周边省份为中心、辐射十几个省市，较好地发挥了乙烯产业的龙头带动作用，为我国中部崛起作出了应有贡献。

中原石化作为大型国有企业，坚决贯彻党和国家节能减排的要求，认真履行肩负的经济责任、政治责任和社会责任。以HSE（健康安全环保）体系建设为载体，抓好安全生产、环境保护和职工健康、工作，先后荣获中国石化集团公司和河南省“安全工作达标单位”、“无泄漏工厂”等称号。公司正致力于建设资源节约型、环境友好性企业，实现又好又快发展。

中国石化中原石油化工有限责任公司

部门　公网电话

总经理办公室
- 主任……4471306
- 副主任……4471231
- 秘书科……4471077
- 接待科……4471075

党委办公室
- 主任……4471084
- 秘书科……4471067
- 组织科……4471068

生产调度处
- 处长……4471376
- 调度台……4471336

机械动力处
- 处长……4471234
- 副处长……4471360
- 综合科……4471526
- 检修科……4471475
- 动力科……4471390

安全环保处
- 处长……4471288
- 安全科……4471279
- 环保科……4471283

技术监督处
- 处长……4471463
- 技术科……4471330
- 计量科……4471002

综合计划处
- 处长……4471307
- 副处长……4471108
- 计划科……4471356
- 信息科……4471315

财务处
- 处长……4471117
- 资产科……4471441
- 会计科……4471092
- 成本科……4471090
- 资金科……4471048
- 销售科……4471093

人事教育处
- 处长……4471078
- 干部科……4471013
- 工资科……4471181
- 教培科……4471208

企业管理处
- 处长……4471256
- 企管科……4471350
- 合同科……4471299

审计处
- 处长……4471216
- 工程审计……4471273
- 财务审计……4471551

党委宣传部
- 部长……4471237
- 宣传科……4471069
- 电视台……4472102

监察处
- 处长……4471248
- 办公室……4471204
- 监察室……4471210
- 审理室……4471172

工会
- 副主席……4471070
- 女工部长……4471071
- 生产劳保……4471101

青年工作部
- 部长……4471219

经营部
- 主任……4471042
- 原料科……4471438
- 信息科……4471431

物资供应处
- 处长……4471010
- 书记……4471023
- 管理科……4471385
- 器材科……4471380
- 化工科……4471483
- 备件科……4471205

保卫处
- 处长……4471026
- 综治办……4471316
- 治安科……4471215
- 工农办……4471083

33. 中国石化青岛炼油化工有限责任公司

地址：山东省青岛市经济技术开发区千山南路 827 号
邮编：266500
区号：0532
传真：86915988
网址：www.qrc.cn
E-mail：gwd@qrc.cn

中国石化青岛炼油化工有限责任公司系中国石化股份公司、山东省国际信托投资有限公司、青岛国信实业有限公司三方共同出资设立的大型石油化工企业，2004 年 10 月 18 日注册成立，11 月 18 日挂牌运营。一期 1000 万 t/a 炼油项目，是 21 世纪我国批准建设的第一个千万吨级炼油项目，具有规模经济、技术先进和环保领先的鲜明特征。

青岛大炼油项目选址于青岛经济技术开发区重化工园区，地理位置优越，交通便捷。工艺路线采用“焦化 + CFB 锅炉 + 催化”方案，一期工程总定员 500 人，总投资约为 125 亿元。工程于 2005 年 6 月 22 日正式开工建设，可产汽油、柴油、航空煤油、液化汽等产品，其中年产成品油 670 多万 t，轻油收率达到 75%，汽油、柴油质量均达到欧洲 III 类排放标准，可实现年销售收入 300 多亿元。

青岛炼化公司按照现代企业制度要求，坚持“科学、民主、依法”管理，以建设产业结构简单、资产结构优良、员工结构精干、管理结构精简的现代轻型企业为目标，努力建设符合自身特点、融合现代管理理念的企业管理体系。主营业务实现扁平化管理，生产生活服务依托社会化管理。青岛炼化公司将秉承“以人为本、创造一流”的企业核心价值观，把增强自主创新能力作为企业发展的战略基点，在中国石化整体发展的框架内实现持续有效发展，努力建设 21 世纪“国际一流、国内领先”的炼化企业，为实现中国石化建设具有较强国际竞争能力的跨国公司的战略目标作出应有的贡献。

部门	公网电话
综合管理部	86915266
企业资源部	86915969
市场管理部	86915810
财务计划部	86915788
科技发展部	86915839
机动工程部	86915860
生产管理部	86915882

34. 中国石油化工股份有限公司沧州分公司

地址：河北省沧州市北郊
邮编：061000
区号：0317
传真：3552688
E-mail: czlycbgs@163.com

中国石油化工股份有限公司沧州分公司主要生产汽油、柴油、工艺用油、燃料油、液化石油气、石油焦、沥青、硫磺、溶剂油、精丙烯、石脑油等十一大类产品。

1. 汽油　以90号、93号和97号汽油为主。产品质量满足GB17930—1998的技术要求。90号、93号清洁汽油主要供应北京市场。其中清洁汽油达到欧-II排放标准。

2. 轻柴油　生产0号、+5号、-5号、-10号、-20号、-35号6个牌号的轻柴油，产品技术指标满足GB/T252—2000的要求。

3. 沥青　生产10号建筑沥青和100号甲道路石油沥青。10号建筑沥青技术指标满足GB/T494的要求。100号甲道路石油沥青满足SH0522行业标准要求。

4. 液化石油气　生产的液化石油气的技术指标满足GB1174的要求。

5. 硫磺　生产的工业硫磺的技术指标满足GB2449的要求。

6. 石油焦　生产3A和3B两个牌号的延迟石油焦，其技术指标满足SH0527的要求。

7. 工艺用油　生产铝箔油、变压器干燥油等工艺用油，执行企业标准。

8. 燃料油　生产的燃料油适用于直燃式制冷（热）机组。

9. 溶剂油　生产的溶剂油适用于油漆工业满足GB1922—80技术指标。

10. 精丙烯　生产聚合级精丙烯满足GB7716—87的技术标准要求。

11. 石脑油　可以提供合格的乙烯装置用石脑油及重整用石脑油，产品执行企业标准。

中国石油化工股份有限公司沧州分公司

部门	公网电话
经理办公室	
主任	3552345
秘书	3552247
党委办公室	
主任	3552076
秘书	3552095
组织部	
部长	3552318
副部长	3552449
宣传部	
部长	3552885
办公室	3552549
人力部	
主任	3552596
办公室	3552077
纪委办	
主任	3552261
办公室	3552208
工会	
副主席	3551987
办公室	3552575
团委	
书记	3552915
综合处	
处长	3551797
办公室	3552463
保卫处	
处长	3552393
办公室	3552325
生产部	
主任	3552266
副主任	3551908
副主任	3551909
机动部	
主任	3552132
副主任	3552038
副主任	3552288
安环部	
主任	3552625
副主任	3552882
审计部	
主任	3552481
副主任	3551897
财务部	
主任	3552032
副主任	3551916
技术开发部	
主任	3551579
副主任	3552780
副主任	3552772
销售公司	
经理	3552237
副经理	3552434
供应公司	
经理	3552227
副经理	3552532
信息中心	
主任	3552595
副主任	3552591
质检中心	
主任	3552717
副主任	3551556
消防队	
队长	3552219
值班室	3552335
炼油一部	
主任	3552122
书记	3551883
值班室	3552390
炼油二部	
主任	3552616
书记	3552140
值班室	3552293
炼油三部	
主任	3552961
书记	3552602
值班室	3551605
精制车间	
主任	3552876
书记	3552283
值班室	3552276
油品车间	
主任	3552205
书记	3552287
值班室	3551446

硫磺车间

主任……………………………………………3552323

书记……………………………………………3552175

值班室…………………………………………3552134

动力车间

厂长……………………………………………3552471

值班室…………………………………………3552472

车液车间

主任……………………………………………3551748

35. 中国石油化工股份有限公司润滑油分公司

地址：北京市海淀区清河安宁庄西路6号
邮编：100085
区号：010
传真：62917732
网址：www.sinolube.com
E-mail：sinolube@sinolube.com

中国石油化工股份有限公司润滑油分公司（简称中国石化润滑油公司）是中国石油化工股份有限公司的直属企业，于2002年5月29日正式在北京挂牌成立。公司地处北京中关村科技园区上地信息产业基地，具备120万t/a的包装油生产能力，是国内最大的高档润滑油专业产销集团。2007年，公司包装油销量达到108万t，同比增长13%；高档产品销量33万t，同比增长22%。

中国石化润滑油公司是中国石化集团为适应润滑油市场国际化竞争的需要，按照“统一计划安排、统一资源配置、统一市场开拓、统一品牌形象、统一产品开发”的“五统一”原则组建的润滑油专业企业，集润滑油生产、研发、储运、销售、服务于一体。在北京、上海、天津、重庆、广东茂名、湖北武汉、荆门、山东济南、河南郑州设有11家专业润滑油脂调合生产企业。同时，在北京、上海设有两个独立的研发中心。

公司拥有世界一流水平的全自动调合及包装生产线，可生产内燃机润滑油、工业齿轮油、液压油、润滑脂、防冻液、刹车液、金属加工液、船用油及润滑油添加剂等系列产品，广泛应用于航空航天、汽车、机械、冶金、矿采、石油化工电子等领域，为国家的航天、航空事业发展作出过巨大贡献，2003年和2005年为“神舟五号”、“神舟六号”和“神舟七号”载人飞船的成功上天提供了润滑保障，成为“中国航天合作伙伴”。2007年，长城润滑油再次助力“嫦娥一号”探月卫星成功升空。

中国石化润滑油公司采用优质原材料和通过严格专业台架实验评定的高科技配方，可生产包括所有20大类润滑产品的700多个润滑油脂品种，除满足国家标准外，还达到国际标准组织（ISO）、美国石油学会（API）等特殊规格标准的要求。公司设在北京、上海、重庆的产品研发机构，均获得“国家实验室”认可证书，在中国石油化工科学研究院的技术支持下，可承担国家级、部级应用研究项目并独立研制各种市场特殊需求的润滑产品。公司的系列产品已通过戴母勒－克莱斯勒、大众、奔驰、沃尔沃、康明斯等世界著名汽车制造商的技术认证，成为中国一汽、二汽集团、上海通用、上海大众、宝钢等大型集团公司首选专用油品。与北汽福田、奇瑞汽车、首钢、山推机械等集团建立了全面战略合作关系。

中国石化润滑油公司在发展中逐步形成了独特的品牌文化及着眼全球的经营发展战略，加快海外市场开发，并推出“SINOPEC”润滑油作为国际市场开发的品牌，着力塑造中国石化润滑油“高科技、高品质、国际化”的品牌形象。

中国石油化工股份有限公司润滑油分公司

部门	公网电话
公司机关	
经理办公室	
主任	62949876
办公室	62949873
传真	62917732
综合计划部	
主任	62949830
办公室	62949864
传真	62928148
科技开发部	
主任	62949808
办公室	62941011
传真	62949815
财务资产部	
主任	62949877
办公室	62949859
传真	62928149
市场营销部	
主任	62949841
办公室	62941616
传真	82713833
物资供应部	
主任	62949768
办公室	62941476
传真	62916012
人力资源部	
主任	62949634
办公室	62941672
传真	82713826
审计纪检监察部	
主任	62949795
办公室	62949829
党群工作部	
主任	62949801
办公室	62949803
传真	62914862
工会	62949792
团委	62949789
报社	62941096
安全环保部	
主任	62949867
调度	62949851
传真	62949853
生产	62949852
应用研究中心	
主任	62949882
办公室	62949746
传真	62949751
销售分公司	
经理	62949733
办公室	62949730
传真	82414470

一坪分公司

（区号：023）

经理	68799309
书记	68799372
办公室	68799311
传真	68799333
财务	68799337
生产	68799301
销售	68799451

上海分公司

（区号：021）

经理	58613366
书记	58613399
办公室	58617912
传真	58616124
财务	58610872
生产	58672994
销售	50407145
海润	50407933

茂名分公司

（区号：0668）

经理	2269784
书记	2260137
办公室	2260095
传真	2262640
财务	2247278
生产	2267851
销售	2260120

武汉分公司

（区号：027）

经理	82302581
办公室	82311533
传真	82311533

财务……………………………………82313925
生产……………………………………82316626
销售……………………………………82313923

燕化分公司

（区号：010）

经理……………………………………69347388
办公室…………………………………69334965
传真……………………………………69346889
财务……………………………………80342976
生产……………………………………69346849

荆门分公司

（区号：0724）

经理……………………………………2221869
书记……………………………………2222910
办公室…………………………………2271727
传真……………………………………2213278
财务……………………………………2211799
生产……………………………………2274632
销售……………………………………2219788

济南分公司

（区号：0531）

经理……………………………………8834070
书记……………………………………8832566
办公室…………………………………8834054
传真……………………………………8834054
财务……………………………………8834071
生产……………………………………8833303
销售……………………………………8982694

天津储运分公司

（区号：022）

经理……………………………………66581118
办公室…………………………………66581128
传真……………………………………66581106
财务……………………………………66581116
生产……………………………………66581121
销售……………………………………66581117

上商所

（区号：021）

所长……………………………………65355799
办公室…………………………………65458125
传真……………………………………65458125
财务……………………………………65463187
技术……………………………………65415798

天津分公司

（区号：022）

总机……………………………………25668000
经理……………………………………-8692
书记……………………………………-8671
办公室…………………………………-8149
传真……………………………………61761092
财务……………………………………-8145
生产……………………………………-8370
销售……………………………………-8133

36. 中国石油化工股份有限公司北海分公司

地址：广西壮族自治区北海市北海大道西路
邮编：536000
区号：0779
传真：3905519
E-mail：bhshw@sina.com

中国石油化工股份有限公司北海分公司，原名北海石油化工厂，始建于1989年5月，1993年前是一家地方企业，现为中国石油化工股份有限公司下属石油化工企业。

北海分公司位于广西壮族自治区北海市西南角，濒临北部湾，距北海港2km。北海分公司占地0.472km^2。

北海分公司属燃料型炼化企业，原油年处理量为60万t。公司设有常压蒸馏、催化裂化2套生产装置和油品、供水、化验3个辅助车间。主要装置生产能力为：60×10^4t/a常压蒸馏、34×10^4t/a催化裂化、8×10^4t/a催化气体脱硫等3套生产装置，主要生产装置实现DCS计算机控制。公司配有专用双泊位油品码头和专线铁路，储运、环保等配套设施齐全。炼厂尾体由北海管道燃气公司回收，并输往市区作为居民生活用气。1999年公司被中国石化集团公司评为"清洁生产企业"。1999年5月，公司通过了国家技术监督局"计量体系认证"。2000年12月，公司通过了ISO9000质量管理体系认证。2003年12月，公司又通过了GB/T19001-2000—ISO9001-2000质量管理体系认证。

公司主要产品有：90#清洁汽油、溶剂油、0#柴油、4#重柴油、液化气、重油。

部门	公网电话
经理办	3915026
生产管理部	3915069
生产调度值班	3915071
安全环保部	3915015
技术开发部	3915031
物资供应部	3915086
油气销售部	3915068
财务资产部	3915080
计划经营部	3915014
人力资源部	3915048
审计监察部	3915082
群众工作部	3915038

37. 中国石油化工股份有限公司西安石化分公司

地址：陕西省西安市未央区建章路北段6号
邮编：710086
区号：029
总机：84312133
传真：84312981
网址：www.xash.com.cn
E-mail：xash@xash.com.cn

中国石油化工股份有限公司西安石化分公司，位于古城西安渭水之滨，东临西安机场高速公路。主要从事石油炼制、道路沥青、精细化工生产。企业原油加工能力为250万t，主要装置有常减压蒸馏装置、常压蒸馏装置、催化裂化装置、加氢制氢装置、A级沥青装置、气体分馏装置、硫磺回收装置等，储运和安全环保设施配套齐全。主要产品有汽油、柴油、燃料油、90#、100#、140#道路沥青、AH-90重交通道路沥青、SBS改性沥青、液化石油气、石脑油、丙烯等。

西安石化分公司的前身为西安石油化工厂，始建于1967年。1998年12月，西安石油化工厂加盟中国新星石油公司，2000年3月随同新星石油公司并入中国石化集团公司，2004年进入中国石油化工股份有限公司。

西安石化分公司经过资产重组和技术改造，企业生产能力、经济实力、规范化管理、企业文化、员工素质等方面发生了深刻的变化，成为中国石化五大沥青生产基地之一，沥青产量居中国石化第二。在中国石化实施西部资源接替战略、开拓西北市场中发挥着桥头堡的作用。

西安石化分公司按照中国石化集团公司“改革、调整、管理、创新、发展”的工作方针，走质量兴厂的道路，始终关注顾客及相关方需求，不断提高质量管理水平和市场竞争能力。2007年1月启动了TMS综合管理体系，确立了“以人为本，安全生产，突出特色，满足需求；清洁生产，保护环境，诚信守法，规范经营”的管理方针。该体系通过整合质量管理体系、环境管理体系、职业健康安全管理体系、中国石化集团公司HSE管理规范及中国石化股份公司内控制度，必将促进企业“三基”工作以及专业管理和综合管理水平不断提升。

企业曾被中国质量监督协会授予“全国沥青质量过硬十佳企业”，被陕西省委、省政府授予“陕西省文明单位”，被西安市政府评为“十大突出贡献工业企业”。

部门	公网电话	部门	公网电话
经理办公室	84312985	运销处	84320155
政工处	84320085	供应处	84320152
技术处	84320111	人事资源处	84320065
生产计划处	84320026	财务处	84320055
安全处	84320052	调度室	84320255

38. 中国石油化工股份有限公司塔河分公司

地址：新疆库车县天山东路 573 号
邮编：842000
区号：0997
传真：7979016
E-mail：thfgs@vip.sina.com

中国石油化工股份有限公司塔河分公司（简称塔河分公司）位于新疆库车县东城石化园区，是隶属于中国石化的一个新型石油加工型国有企业，是中国石化在新疆惟一的一家炼化企业，是中国石化进入新疆市场的前沿阵地，也是中国石化实施西部开发战略的重要举措。

塔河分公司主要以加工塔河油田重质原油为主，原油加工能力达到 $220\times10^4t/a$，生产过程采用 DCS 集散控制系统，主要有 $120\times10^4t/a$ 常压焦化装置、$100\times10^4t/a$ 汽柴油加氢精制装置、$15\times10^4t/a$ 催化重整装置、$2\times10^4t/a$ 硫磺回收装置、$8000Nm^3/h$ 的天然气制氢装置、$50\times10^4t/a$ 沥青装置、$4\times10^4t/a$ 氧化沥青装置，以及油品储运、水、电、汽等配套公用工程。2005 年投资建成了 $40\times10^4t/a$A 级沥青生产装置，并于 2005 年 10 月 16 日生产出合格的高等级道路沥青。

塔河分公司可生产 90#、93# 无铅汽油，0#、-10#、-20#、-35# 轻柴油，190# 溶剂油，AH-50、AH-70、AH-90、AH-110A、B、C 级沥青，SBR 改性沥青，100#、140#、180#、200# 普通道路沥青，10# 建筑沥青，7# 燃料油，化工轻油，石油液化气，石油焦，硫磺，石油苯等产品。

塔河分公司交通运输便利，拥有自己的铁路专用线，产品可通过公路、铁路直接销往青海、西藏、四川、贵州、云南、山西等 17 个省区。塔河分公司生产的各牌号沥青供不应求，得到了广大客户的信赖。

塔河分公司取得了“一控双达标”合格证，是新疆自治区首批工业污染源主要污染物达标排放企业。塔河分公司自成立以来，始终坚持两个文明协调发展，在取得较好经济效益的同时，连续获得“重合同、守信用”企业，综合治理“先进集体”，“模范纳税”企业，自治区级“文明单位”等多项荣誉称号，在西北地区树立起了中国石化炼油行业的新形象。目前，塔河分公司正在为创建中国石化在西部的明星企业和国家级“文明单位”而努力。

跨入新世纪，按照股份公司的战略部署，塔河分公司全体干部职工团结奋进、开拓进取、与时俱进、务实创新，正在为建设西部、发展西部、振兴地方经济而努力奋斗。

中国石油化工股份有限公司塔河分公司

部门	公网电话
综合办公室	
主任	7979009
副主任	7979188
总值班	7979023
传真	7979016
人力资源处	
处长	7979084
副处长	7979017
财务处	
处长	7979166
副处长	7979018
传真	7979019
机械动力处	
处长	7979007
副处长	7979090
传真	7979044
技术质量处	
处长	7979005
副处长	7979070
传真	7979027
安全环保处	
处长	7979089
副处长	7979041
传真	7979087
生产计划处	
处长	7979011
副处长	7979024
传真	7979023
企业管理处	
处长	7979022
副处长	7979079
运销中心	
主任	7979052
物资供应中心	
主任	7979010
副主任	7979072
传真	7979037
治安消防中心	
主任	7979196
副主任	7979198
常压焦化车间	
主任	7979828
副主任	7979828
加氢制氢车间	
主任	7979817
副主任	7979817
硫磺回收车间	
主任	7979820
副主任	7979820
催化重整车间	
主任	7979853
副主任	7979186
沥青车间	
主任	7978002
副主任	7978002
储运车间	
主任	7979889
副主任	7978028
动力车间	
主任	7979839
副主任	7978008
化验室	
主任	7979831
副主任	7979859

39. 中国石化上海沥青销售分公司

地址：上海市长宁区延安西路728号22层
邮编：200050
区号：021
电话：62268000
传真：52381680

中国石化上海沥青销售分公司是2004年中国石化组建的专业沥青销售分公司。公司按照统一产品销售、统一市场开拓、统一对外投标、统一售后服务、统一产品品牌、统一对外合作的"六统一"原则，将中国石化所属10家分公司的沥青产品品牌统一为"东海"牌，依托中国石化的资源、技术、人才、规模优势，提供各种优质的"东海"牌道路石油沥青、改性沥青、特种沥青等近50个沥青产品品种。年销量近300万t，占国内市场份额的四分之一，"东海"牌沥青是中国生产能力最大、品种最多的沥青品牌。

公司拥有一支技术精湛、工作一丝不苟的专业沥青质量、生产控制管理队伍，在原油采购、沥青生产、产品销售、运输贮存、施工应用等环节均实施严格的质量控制措施，确保"东海"牌沥青产前、产中、产后的品质优良，售前、售中、售后的服务优质。中国石化"东海"牌道路沥青生产质量稳定，连续多年在行业抽查中和交通部组织的监督抽查中均保持100%的质量合格。作为专业化销售公司，率先实现了沥青自备罐车的多点装卸、集中调配，构筑了汽运、船运配送体系，为铁路、公路、水运运输公司搭建物流平台，形成了"全国通"的物流体系。

公司积极参与国际、国内高端市场的竞争，凭着优良的产品质量和完善的服务网络，实现了替代进口的战略目标。牵手F1赛道，跨越东海大桥，服务绿色奥运，襄助彩色世博，铺就高速铁路……"东海"牌沥青在我国机场跑道、高速公路、城市干道、桥梁桥面等基础设施重点工程中得到了广泛应用，产品跻身国际同类产品先进行列，得到了世界尖端客户的认可，彰显出"东海"牌沥青品质优良的品牌效应。

公司高度重视科技进步和新产品开发工作，努力实现技术创新、技术进步、技术改造和产业升级四位一体。依托石油化工科学研究院和抚顺石油化工研究院两大专业沥青研究中心以及企业研究院所，组织研究开发，不断推动沥青产品质量升级。其高速铁路专用乳化沥青、隧道专用沥青、阻燃环保沥青、彩色沥青等国内先进的产品先后应用成功，在成就公路事业的同时，进一步拓展环保领域、艺术领域、远洋运输等新兴沥青市场。

2007年，"东海牌"沥青喜获"中国名牌产品"殊荣，我们愿与社会各界一起为了中国交通事业的发展，为了民族品牌的强盛而共同努力，创造新的辉煌。

中国石化上海沥青销售分公司

部门	公网电话
综合管理部	
办公室	62253007
传真	62268000-8115
计划财务部	
办公室	62251228
传真	52381681
市场一部	
办公室	62252698
传真	62109032
市场二部	
办公室	62252882
传真	52375076
市场业务部	
办公室	52375073
传真	52375103
资源开发部	
办公室	52375071
传真	52375075
技术生产部（含信息中心）	
办公室	62252225
传真	52381682
镇海驻厂办	
办公室	(0574) 86446043
传真	(0574) 86446038
塔河驻厂办	
办公室	(0997) 7979055
传真	(0997) 7979151
广州驻厂办	
办公室	(020) 82120651
传真	(020) 82120653
齐鲁驻厂办	
办公室	(0533) 7557898
传真	(0533) 7557878
金山驻厂办	
办公室	(021) 57930880
传真	(021) 57934114
济南驻厂办	
办公室	(0531) 88832364
传真	(0531) 88832363
西安驻厂办	
办公室	(029) 84311470
传真	(029) 84311470

40. 中国石油化工股份有限公司催化剂分公司

地址：北京市东城区安外大街58号
邮编：100011
区号：010
传真：84287023
网址：www.sinopec-catalyst.com

中国石油化工股份有限公司催化剂分公司（以下简称催化剂分公司）是中国石油化工股份有限公司下属的专业公司，成立于2004年12月29日，集“科研成果转化、生产组织优化、产品技术服务”为一体，对催化剂生产经营实行统一安排工业放大、统一生产计划、统一组织营销、统一发展规划、统一实施管理。

催化剂分公司生产基地主要分布在北京、上海、湖南、山东、辽宁和江苏等六省市，拥有催化剂长岭分公司、催化剂齐鲁分公司、催化剂北京奥达分公司、催化剂北京燕山分公司、催化剂上海分公司、催化剂抚顺分公司、催化剂南京分公司和催化剂贵金属分公司等8个全资单位和湖南建长公司和上海立得公司2个控股子公司。

催化剂分公司是国内最大的炼油化工催化剂生产商、供应商，主要产品为：催化裂化催化剂、催化裂化降硫助剂、催化裂化增产丙烯助剂、加氢精制催化剂、加氢裂化催化剂、渣油加氢处理催化剂、重整催化剂、乙烯、丙烯选择性加氢催化剂、聚乙烯催化剂、聚丙烯催化剂、异构化催化剂、甲苯歧化催化剂、乙苯脱氢催化剂、丙烯腈催化剂、PTA加氢精制催化剂、银催化剂、裂解汽油一段加氢催化剂、对二甲苯吸附剂等产品。催化剂分公司在满足国内市场需求的同时，产品还远销欧洲、美洲、亚洲、非洲等国际市场。

催化剂分公司倡导“服务型、学习型、智能型”的企业团队，追求“品质领先、服务至上”的经营理念和“创新永远、活力永恒”的企业精神。催化剂分公司将通过实施产品创新战略、低成本竞争战略、差别化竞争战略和人力资源开发战略，为中国石化整体效益的进一步提升发挥“杠杆效应”。

催化剂分公司愿与国内外同行建立长期的战略合作伙伴关系，积极参与国际化竞争，实现共同进步和发展。

中国石油化工股份有限公司催化剂分公司

部门　　公网电话

公司机关

经理办公室
　办公室……84274557
　……84271833
　……84277234
　传真……84287023
企业策划部
　办公室……84277257
　……84277251
　传真……84277247
财务计划部
　办公室……84286040
　……84277628
　……84277628
　传真……84277247
人力资源部
　办公室……84277235
　……84271844
　传真……84277240
审计部
　办公室……84279633
　……84273936
　传真……84275323
党群工作部
　办公室……84277258
　……84273200
　……84273229
　传真……84273229
纪检监察室
　办公室……84277621
　……84276872
　传真……84276872
生产技术部
　办公室……84271843
　……84272316
　……84287105
　传真……84287105
发展计划部
　办公室……84277249
　……84277635
　传真……84287105
市场营销部
　办公室……84285793
　……84277231
　……84272340
　质量服务电话……84272350
　传真……84272340
物资装备部
　办公室……84271820
　……84277625
　传真……84271820

下属公司

催化剂长岭分公司
　办公室……(0730)8450231
　传真……(0730)8451700
催化剂齐鲁分公司
　办公室……(0533)6860019
　传真……(0533)6861888
催化剂北京奥达分公司
　办公室……(010)81501264
　传真……(010)81501420
催化剂北京燕山分公司
　办公室……(010)69342737
　传真……(010)69345895
催化剂上海分公司
　办公室……(021)57941941-24255
　传真……(021)57944734
催化剂南京分公司
　办公室……(025)85092424
　传真……(025)85092424
湖南建长石化股份公司
　办公室……(0730)8455048
　传真……(0730)8439961
上海立得催化剂有限公司
　办公室……(021)57294218
　传真……(021)57294218
中国石化科技开发公司
　办公室……(010)84275265
　传真……(010)84271847

41. 中国石油化工股份有限公司化工销售分公司

地址：北京市朝阳区朝阳门北大街22号
邮编：100728
区号：010
传真：59760728
网址：www.chemicals.sinopec.com

中国石油化工股份有限公司化工销售分公司（以下简称化工销售分公司）是目前国内最大的化工产品专业经营公司，于2005年5月10日正式挂牌成立，负责中国石化旗下企业生产的石化产品资源统筹、产品销售、用户服务等工作。

化工销售分公司自成立之日起，始终致力于为国内外市场提供产品和服务，公司经营范围基本涵盖了全部石油化工下游产业链，主要经营的产品包括合成树脂、合成橡胶、合成纤维原料、合纤单体及聚合物、合成纤维及有机化工和中间副产品。2007年公司经营总量约2239万t，其中五大合成树脂总量765万t，合成橡胶91万t，合纤原料328万t，合纤聚合物156万t，合成纤维143万t，有机化工及中间副产品约756万t。

为建立以直销为主，直销与分销相结合的产品营销网络，化工销售分公司在北京、上海和广州、武汉分别设立了四个区域分公司，负责区域销售业务和市场管理，其中北京销售分公司负责区域主要包括华北、西北和东北地区共15个省市自治区，上海销售分公司负责区域主要包括上海、江苏、浙江、安徽和江西共五个省市，广州销售分公司负责区域主要包括华南和西南地区共11个省市自治区，武汉销售分公司负责区域包括湖南、湖北、河南、四川、重庆共五个省市；同时，根据实际业务需要，公司在产品消费比较集中的前沿市场设立了相应的营销网点，负责前沿市场的具体销售业务，如客户衔接、产品服务、信息反馈、仓储管理和物流组织等；另外，为了更好地服务于客户，保证营销网点的业务运行，在产品的主要消费地设立了若干个网点仓库，方便客户提货，提高货物中转能力，促进终端销售。

化工销售分公司注重发挥集团整体优势，按照与客户“共同发展、彼此双赢”的服务理念，不断完善营销网络，塑造企业品牌，构建和谐诚信、管理规范、运行高效的经营体制和机制，在产品的售前、售中、售后等各个环节，为用户提供咨询、培训、产品应用和下游市场开发指导，完善用户服务网络，构建用户服务平台，努力实现“向社会提供优质产品和服务”目标。

化工销售分公司愿与国内外同行建立长期的战略合作伙伴关系，积极参与国际化产业链竞争，实现共同进步和发展。

中国石油化工股份有限公司化工销售分公司

部门　　　　公网电话

公司机关

综合处
……59966916
……59966920
传真……59760728

党群办
……59966925
……59966940
传真……59760711

人力资源处
……59966929
……59966928
传真……59760710

财务处
……59966945
……59966955
传真……59960713

计划信息处
……59966972
……59966965
传真……59760715

调度运输处
……59966957
……59966973
传真……59760714

自备车项目组
……59966981
……59966982

合成树脂处
……59966909
……59966908
传真……59760727

合成橡胶处
……59966899
……59966902
传真……59760726

合纤原料处
……59966895
……59966896
传真……59760725

合成纤维处
……59966890
……59966892
传真……59760704

有机化工处
……59966881
……59966889
传真……59760703

审计处
……59966937
……59966923
传真……59760709

纪检监察处
……59966942
……59966934
传真……59760712

法律事务处
……59966989
……59966939
传真……59760716

北京分公司

（区号：010）

分公司领导
……51586766
……51586800

综合管理部
……51586717
……51586858
传真……51586876

党群部
……51586868
……51586812

财务部
……51586998
……51586988
传真……51585988

计划信息部
……51586736
……51586866
传真……51586851

合成树脂部
……51586726
……51586888
传真……51586833

合成橡胶部

……………………………………………51586816
……………………………………………51586886
传真……………………………………51586841
有机化工部
……………………………………………51586898
……………………………………………51586896
传真……………………………………51586824
合成纤维部
……………………………………………51586836
……………………………………………51586891
传真……………………………………51586884
合纤原料部
……………………………………………51586806
……………………………………………51586754
传真……………………………………51586840
物流部
……………………………………………51586818
……………………………………………51586935
传真……………………………………51586751
天津经营部（分公司）
……………………………………(022) 23195756
……………………………………(022) 23195755

上海分公司

（区号：021）

分公司领导
……………………………………………52380058
……………………………………………52381318
综合管理部
……………………………………………52381300
……………………………………………52381616
传真……………………………………52385083
党群部
……………………………………………52385155
……………………………………………52385156
传真……………………………………52376719
财务部
……………………………………………52385090
……………………………………………52385092
传真……………………………………52385091
计划信息部
……………………………………………52385069
……………………………………………52385089
传真……………………………………52385061
物流部
……………………………………………52385051
……………………………………………52385052
传真……………………………………52385053
合成橡胶部
……………………………………………52385030
……………………………………………52385031
传真……………………………………52385112
腈纶部
……………………………………………52385021
……………………………………………52385025
传真……………………………………52385110
合成树脂部
……………………………………………52385130
……………………………………………52385132
传真……………………………………52385113
有机化工部
……………………………………………52385120
……………………………………………52385121
传真……………………………………52376717
合成纤维部
……………………………………………52385101
……………………………………………52385102
传真……………………………………52397137
合纤原料部
……………………………………………52385070
……………………………………………52385073
传真……………………………………52385071

广州分公司

（区号：020）

分公司领导
……………………………………………22389668
……………………………………………22389666
传真……………………………………22389600
综合部
……………………………………………22389698
……………………………………………22389588
传真……………………………………22389600
党群办
……………………………………………22389658
……………………………………………22389661
传真……………………………………22389710
财务部
……………………………………………22389608
……………………………………………22389622
传真……………………………………22389739
计划信息部
……………………………………………22389788
……………………………………………22389676

传真……………………………………22389710

合成橡胶部

………………………………………22389508

………………………………………22389578

传真……………………………………22389516

合成树脂部

………………………………………22389518

………………………………………22389536

传真……………………………………22389553

有机化工部

………………………………………22389558

………………………………………22389603

传真……………………………………22389581

合纤原料部

………………………………………22389528

………………………………………22389506

传真……………………………………22389570

物流部

………………………………………22389568

………………………………………37857268

传真……………………………………22389745

武汉分公司

（区号：027）

武汉分公司领导

………………………………………50866789

………………………………………51812888

传真……………………………………51812988

综合管理部

………………………………………51812808

………………………………………51812802

传真……………………………………51812988

党群办公室

………………………………………51812980

………………………………………51812982

传真……………………………………51812983

财务部

………………………………………51812900

………………………………………51812827

传真……………………………………51812899

计划信息部

………………………………………51812818

………………………………………51812817

传真……………………………………51812819

物流部

………………………………………51812877

………………………………………51812838

传真……………………………………51812837

树脂橡胶部

………………………………………51812918

………………………………………51812908

传真……………………………………51812912

有机化工部

………………………………………51812998

………………………………………51812958

传真……………………………………51812969

合纤合原部

………………………………………51812938

………………………………………51812937

传真……………………………………51812934

42. 中国石油化工股份有限公司北京石油分公司

地址：北京市朝阳区静安里12号楼
邮编：100028
区号：010
总机：84469988
传真：64678612
网址：www.bjoil.com
E-mail：beijingoil@263.net

中国石油化工股份有限公司北京石油分公司（以下简称北京石油）是首都最主要的成品油供应商，主营汽油、柴油、煤油、润滑油、燃料油等，承担着首都成品油市场稳定供应任务。北京石油的前身是北京石油集团有限公司，成立于1950年4月，公司名称随着国家的政策调整曾几经变更，1998年9月，根据国务院组建中国石化、中国石油两大集团公司的决定，成建制划转中国石化集团公司。2000年2月，按照中国石化集团公司整体重组、主辅分离、改制上市的要求，主营业务部分组成中国石油化工股份有限公司北京石油分公司。近年来，北京石油分公司全面推进并理顺了经营管理体制改革，真正构建了“一级管理，一级核算”、“扁平化管理，专业化经营”的新的经营管理体制。北京石油分公司现设有11个综合管理部门，六大专业中心，下辖11座油库，500余座自营加油站、30多座特许连锁加油站，公司总资产逾50亿元。

2007年共完成经营总量455万t，同比增长8.9%，在取得较好经营效益的同时，公司基础管理进一步夯实，各项改革稳步推进，网络质量有效发展，队伍素质明显提高；历时两年的北京环城输油管线及长辛店油库改扩建工程建成一次投油试运成功；全年共完成120座加油站形象改造，118座视频监控系统建设，160座油气回收工艺改造工作；并率先在全国推出京Ⅳ车用燃油清洁燃料，为实现“绿色奥运”作出了积极的贡献，有效提升了中国石化品牌形象。尤其是2007年10月份以来，面对国际油价高位运行、国内资源持续紧张、消费需求持续旺盛、市场保供压力巨大的严峻形势，公司认真贯彻落实总部的一系列战略部署和科学决策，积极外拓市场、内强管理，努力加快有效发展。在关键时刻承担起一个国企的社会责任，通过强化自采增加资源，优化调度细化安排，以高度负责的态度，千方百计稳定北京成品油供应，有力地保障了首都经济社会快速协调健康发展，受到各级政府的赞誉，有力提升了中国石化品牌形象。

中国石油化工股份有限公司
北京石油分公司

部门　　公网电话

公司机关

经理办公室
　主任……84469506
　……-208
　副主任……64634674
　副主任……-201
思想政治工作处
　处长……64678615
　……-231
　副处长……64678615
　副处长……-212
经营管理处
　处长……84484187
　……-340
　副处长……64675143
零售中心
　经理……64668182
　……-338
　党委书记……64668183
　……-391
　副经理……84514036
　副经理……-252
　副经理……64678616
　副经理……-294
商业客户中心
　经理……84484186
　……-388
物流中心
　经理……64670786
　……-307
　党委书记……84484678
　……-287
　副经理……84484581
　副经理……-239
财务资产处
　处长……84486680
　副处长……-297
发展规划处
　处长……84483898
　……-323
　副处长……64629576
　副处长……-328
人力资源处
　处长……64608088
　……-311
　副处长……64678619
　副处长……-273
安全保卫处
　处长……64678617
　……-234
　副处长……64678617
　副处长……-256
审计处
　处长……64614382
　……-255
监察处
　处长……84512495
　……-230
信息网络管理处
　处长……64621233
　……-352
润滑油中心
　经理……67378354
　副经理……68189016
燃料油中心
　副经理……67371667
结算中心
　主任……-279
　副主任……-269

零售中心派出执行机构

零售中心区域
　地址：北京朝阳区十八里店乡小武基
　电话：67372990

零售东南区域
　地址：北京朝阳区十八里店乡小武基
　电话：67374301

零售西北区域
　地址：北京昌平县沙河镇巩华城大街 67 号
　电话：69731855

零售东北区域
地址：北京顺义区火车站南侧
电话：81481485

零售西南区域
地址：北京丰台区南岗洼 88 号
电话：83311755

商业客户中心派出执行机构

朝阳营业部
地址：北京朝阳区十八里店乡小武基
电话：67362089

丰台营业部
地址：北京丰台区花乡高立庄 403 号
电话：83794067

燕山营业部
地址：北京房山区燕山东路 5 号
电话：69339114

昌平营业部
地址：北京昌平县沙河镇巩华城大街 67 号
电话：69735747

通州营业部
地址：北京通州西果园 79 号
电话：60536135

长辛店营业部
地址：北京丰台区南岗洼 88 号
电话：83311657

黄村营业部
地址：北京大兴县黄村镇矿林路 6 号
电话：69245307

顺义营业部
地址：北京顺义区火车站南侧
电话：69431154

密云营业部
地址：北京密云县沙河火车站北
电话：69091356

怀柔营业部
地址：北京怀柔区怀庙路西合下村 328 号
电话：69644102

门头沟营业部
地址：北京门头沟区东龙门 178 号
电话：69842221

中心区营业部
地址：北京市宣武区南线阁 21 号
电话：63582377

中关村营业部
地址：北京市海淀区中关村海淀路 78 号
电话：62532684

延庆营业部
地址：北京市延庆县康庄镇东货场
电话：69131535

平谷营业部
地址：北京市平谷区大兴庄乡周村村北
电话：89932439

物流中心派出执行机构

黄村石油库
地址：北京大兴县黄村镇矿林路 6 号
电话：69245307

长辛店石油库
地址：北京丰台区南岗洼 88 号
电话：83316252

沙河石油库
地址：北京昌平县沙河镇巩华城大街 67 号
电话：69732831

顺义石油库
地址：北京顺义区火车站南侧
电话：69440483

通县西石油库
地址：北京通州西果园 79 号
电话：60531589

密云石油库
地址：北京密云县沙河火车站北

电话：69091963

庙城石油库

地址：北京怀柔区怀庙路西合下村 328 号

电话：60697813

康庄石油库

地址：北京市延庆县康庄镇东货场

电话：69131430

北庄石油库

地址：北京房山区燕山东路 5 号

电话：69346238

闫村石油库

地址：北京市房山区闫村汽车站北

电话：89317116

高立庄石油库

地址：北京丰台区花乡高立庄 403 号

电话：63735543

小武基石油库

地址：北京朝阳区十八里店乡小武基

电话：67364289

实业公司

综合办公室

主任 ……………………………………64626877

……………………………………-217

副主任 ……………………………………-305

副主 ……………………………………-235

副主任（《北京石油报》副主编）………84515453

……………………………………-232

财务部

副经理 ……………………………………-246

实业公司所属企业

北京云岫山庄 ……………………(010)69662338

北京汇力达劳务有限责任公司

……………………………………(010)84512849

43. 中国石油化工股份有限公司天津石油分公司

地址：天津市南开区南京路338号
邮编：300100
区号：022
传真：27201555

中国石油化工股份有限公司天津石油分公司（以下简称天津石油分公司）是中国石油化工股份有限公司直属销售企业，主要从事成品油、润滑油、燃料油的零售、直销和批发业务。公司前身是天津石油集团有限公司，初创于1950年3月，1998年6月上划中国石油化工集团公司，2000年4月改制为中国石油化工股份有限公司天津石油分公司，2004年10月完成了经营管理体制改革，构建了“一级管理，一级核算”、“扁平化管理，专业化运营”的新的经营管理体制。

天津石油分公司经过多年的开拓进取，已建立了布局合理、设施完善、遍布城乡的销售网络和服务体系，成为天津地区最大的成品油经营企业。截至2007年末，资产总额26.43亿元，其中非流动资产20.03亿元；拥有加油站480余座，油库4座，总库容约21万m^3。

天津石油分公司始终坚持服务天津经济发展的经营宗旨，致力于为消费者提供质优量足的清洁能源。去年，面对国际油价高位运行，国内成品油资源总体偏紧，特别是10月下旬以后柴油供应持续紧张的严峻形势，自觉地讲政治、顾大局、负责任，向市场投放成品油222万t，占成品油消费总量的70%以上，实现营业收入124亿元，充分发挥了成品油供应主渠道的作用，为天津经济发展作出了积极贡献。

中国石油化工股份有限公司
天津石油分公司

部门　　公网电话

经理办公室

主任……27201566
副主任……27201599
法律顾问……27201533
总值班……27201588
档案……27201511
文书……27201522
传真……27201555
档案室……27201300

财务资产处

处长……27201666
副处长……27201606
副主任……27201608
副处长……27201859
资金、税务……27201605
核算、报销……27201625
传真……27201601
预算……27201602
报表……27201603

经营管理处

处长……27201628
副处长……27201609
副处长……27201614
综合……27201617
……27201614
调运……27201688
……27201624

发展规划处

处长……27201716
副处长……27201706
传真……27201704
……27201705

政工办公室

主任……27201709
副主任……27201712
副主任……27201712
副主任……27201708
传真……27201711
工会……27201905
健身房……27201109
阅览室……27201107

人力资源处

处长……27201766
副处长……27201713
副处长……27201837
副处长……27201714
传真……27201739

安全数质量处

处长……27201700
副处长……27201701
副处长……27201728
传真……27021703

审计处

处长……27201768
副处长……27201717

监察处

处长……27201721
……27201726

信息管理处

副处长……27201990
副处长……27201992

临时机构

调研员室……27201613
清欠办……27201308
……27201306
体改办……27201655
网建办……27201855
……27201922
……27201856
大厦指挥部……27201920

物业公司

管理部……27201916
……27201915
保洁、工程、保安部……27201111
总服务台……27201105
文印室……27201746
车队……27222900
咖啡厅……27201108

商业客户中心

经理……27201821
书记……27201822
副经理……27201825
副经理……27201823
销售……27201615
……27201620

市区客户经理部……29343206
东丽客户经理部……24390828
西青客户经理部……27396367
津南客户经理部……28393924
北辰客户经理部……26392068
滨海客户经理部……66310357
宁汉客户经理部……67111290
大港客户经理部……63222364
武清客户经理部……29333567
静海客户经理部……68698677
宝坻客户经理部……29242377
蓟县客户经理部……29129375

零售中心

常务经理……27201619
书记……27201838
副经理……27201756
副经理……27201833
副经理……27201832
传真……27201751
零管中心区……23120666
零管东区……66312426
零管西区……29343201
零管南区……13602016035
零管北区……29158286

燃料油分公司

经理……23308801
书记……23308812
办公室……23308965
财务科……23308920

润滑油分公司

经理……23374273
书记……23374303
办公室……23374303
业务科……23374332
滑油配送……27391537
销售中心……23340369
长城公司……27370462
海牌润滑油中心……27307216

西青油库

办公室……27390977
……27391521

西郊油库

办公室……87986875
……87989191

物流中心

常务经理……27201801
书记……27201805
副经理……27201803
副经理……27201806
调度室……27201810
车队……24374536
东郊油库……84763037
大港油库……25993724
塘沽油库……66580091
蓟县油库……29158025

商羽公司

办公室……24555329

天泰公司

办公室……63223169
财务科……63223169
业务科……63222723

天昊公司

办公室……68696846
财务科……68696850
业务科……68688479

东方石油公司

办公室……25706972

44. 中国石油化工股份有限公司河北石油分公司

地址：河北省石家庄市桥东区槐安东路6号
邮编：050021
区号：0311
传真：87182888

中国石油化工股份有限公司河北石油分公司（简称河北石油分公司）是国有大型石油流通企业，地处华北平原，北依坝上草原，西界太行，东临渤海，南面中原，地重京畿，为全国交通要冲，环渤海经济带。河北石油分公司主要经营全规格的汽油、煤油、柴油、润滑油（脂）四大类成品油及其他石化产品，社会市场占有率在80%以上。

河北石油分公司下辖石家庄等11个市级分公司，销售网络覆盖河北城乡各地。

河北石油分公司1995年被国务院有关部门评为全国国有企业500强之一。1999年被河北省总工会授予河北省五一奖状。

河北石油分公司加速人才开发和科技建设，现具有各类专业技术职称的人员885名。为适应经济全球化的需要，提升企业经营、决策水平和工作效率，建成了河北石油分公司计算机广域网。该网上与中国石化股份有限公司、河北省政府联接，下与11个市级分公司及各级经营单位连接，在接受国际互联网相关信息的同时，初步建立和运作了成品油进销存管理、财务管理等系统和以DDN为基础的数话同传系统，这些系统的使用，标志着计算机在企业经营管理中的应用步入了一个新阶段。

河北石油分公司坚持以人为本、以经济效益为中心、以服务社会为宗旨和追求卓越、自强不息的理念，积极推动企业改革重组，认真贯彻内部紧密化，外部市场化战略。在中国石化股份公司的大格局下，按物流规律进行了经营机构重组，实行了系统内统一资源调配、统一资金结算的经营体制改革，初步建成了新的运行机制。河北石油分公司直面市场竞争之势，谙达市场经济之道，正以高昂的斗志、矫健的步伐走向新的胜利。

中国石油化工股份有限公司河北石油分公司

部门 公网电话

公司机关

办公室
- 主任 …………87182011
- 副主任 …………87182501

值班 …………87182014

邯郸石油公司

（区号：0310）

办公室…………3012166
政工处…………3016235
人劳处…………3015062
财务处…………3065361
审计处…………3014333
安储处…………3018034
监察处…………3015122
零售管理处…………3102925
业务处…………3015202
润滑油公司…………3015063
企业发展处…………3013684

邢台石油分公司

（区号：0319）

经理办公室…………8313018
传真…………8313017
政工办公室…………8313022
人事劳资科…………8313032
安全基建科…………8313072
零售管理部…………8313193
财务核算部…………8313053
商业客户部…………8313213
物流配送部…………8313176
润滑油销售部…………8313223

石家庄石油公司

（区号：0311）

办公室 …………85967934
政工办 …………85967944
销售管理处 …………85964841
资源管理处 …………85964845
零售管理处 …………85967954
财资处 …………85382170
审计处 …………85967249
安储处 …………85967951
人力资源处 …………85963256
企管处 …………85382171
监察处 …………85382172
信息处 …………85383170

保定石油公司

（区号：0312）

办公室…………2025550
业务处…………2023116
财资处…………2023534
安规处…………2021911
零售处…………2026836

张家口石油公司

（区号：0313）

办公室…………2014200
政工办…………2015485
纪委、工会…………2011460
人事处…………2017451
零管处…………2031213
基建处…………2031422
财会处…………2012370
审计处…………2018138
企管处…………2014068
业务处…………2012704

承德石油公司

（区号：0314）

办公室…………2187751
政工办…………2183478
审计监察处…………2193257
清欠办…………2187750
财资处…………2187697
人劳处…………2184752
安规处…………2182409
基建办…………2181542
业务处…………2182194
零管处…………2180357

秦皇岛石油公司

（区号：0335）

办公室…………3036635
党办室…………3036644
人劳处…………3036789
财务处…………3036646
审计监察处…………3039940
安基处…………3225543
企管处…………3226641
业务处…………3032030

唐山石油公司

（区号：0315）

办公室……2221734
政工办……2218547
业务处……2223964
调运处……2228272
财务处……2219194
安保处……2223924
审计处……2218827
工会……2214285
人劳处……2223874

廊坊石油公司

（区号：0316）

办公室……2113107
党办室……2112930
财务处……2113108
审监处……2112154
人劳处……2114593
仓基处……2137745
企管处……2114286
零管处……2137782
业务处……2113523

沧州石油公司

（区号：0317）

办公室……3042971
政工办……3587375
工会、纪检……3040920
人力处……3042084
财务处……3041908
审计处……3045220
安基处……3042508
业务处……3042504
零管处……3041905
整顿办……3023333

衡水石油公司

（区号：0310）

办公室……2020152
财务处……2025149
零管处……2053935
人事处……2020495
业务处……2025249
基发处……2024497
润滑油公司……2025138

冀高石油公司

（区号：0311）

业务科……5803144

45. 中国石油化工股份有限公司山西石油分公司

地址：山西省太原市万柏林区大王路8号
邮编：030024
区号：0351
传真：6197567
E-mail：sxsyzgs@public.ty.sx.cn

中国石油化工股份有限公司山西石油分公司是山西省最大的成品油销售企业，主营汽油、柴油、煤油、润滑油、燃料油等，承担着全省成品油资源配置、市场供应任务。其前身是山西省石油总公司，成立于1950年4月，公司名称随着国家的政策调整曾几经变更，1998年6月，划转中国石化集团公司。2000年4月，按照建立社会主义市场经济体制的目标和国家有关国企改革的要求，以专业化、市场化、社会化、现代化为方向，集团公司对原山西省石油总公司进行了战略性重组，设立了中国石油化工股份有限公司山西石油分公司（以下简称山西石油）。

2007年，山西石油紧密结合企业实际，大胆实践，努力创新，按照现代企业制度和“内部紧密化、外部市场化”的经营战略要求，积极贯彻集团公司暨股份公司各项经营战略，从山西区域经济实际出发，审时度势，科学决策，充分调动全体干部员工的积极性，精诚团结，克难攻坚，真抓实干，顽强拼搏，通过抢抓资源，力拓市场，扩销增量，优化物流，强化管理，深化改革，降本节能，促进和谐，保持稳定，取得了量利同增的良好经营业绩，继续保持了山西石油持续稳定发展的好势头。全年经营总量达到了360.13万t，同比增加26.88万t，再创历史新高。同时通过竭尽全力稳市场，不计得失保供应，承担了国有企业应尽的政治责任和社会责任，赢得了社会各界的一致称赞。

在不断做大、做强企业的同时，山西石油始终坚持寓企业文化于经营活动之中。为弘扬中国石化“规范、严谨、诚信”的企业文化，企业本着“团结拼搏、务实创新”的企业精神，继续坚持“信誉第一、顾客至上”的服务宗旨，开展“计量准确、质量合格、明码标价、服务一流”优质服务活动。在加油站从引领车辆、启盖加油到票据结算，实行“一条龙”服务，并全面推行了“管理科学化、作风军事化、服务酒店化和手势交警化”一流服务标准。在广袤的三晋大地上，“中国石化”统一标识的加油站遍布城乡各地及各条公路干线，成为一道道靓丽的风景。“有事找石化”已成为广大司机朋友们的口头禅。在推进现代企业制度改革的进程中，山西石油人正用自己的一言一行诠释着管理与服务的真谛，演绎着企业文化的深厚内涵。

中国石油化工股份有限公司山西石油分公司

部门	公网电话
公司机关	
经理办公室	
主任	6197556
办公室	6197557
人事教育处	
处长	6197569
办公室	6197570
业务处	
处长	6197575
办公室	6197579
安全储运处	
处长	6197600
办公室	6197690
企业管理处	
处长	6197603
办公室	6197605
财务资产处	
处长	6197600
办公室	6197586
零售管理处	
处长	6197582
办公室	6197853
直销处	
处长	6197610
审计处	
处长	6197596
办公室	6197597
科技信息处	
处长	6197606
办公室	6197696
纪检监察处	
处长	6197613
办公室	6197615
政工办	
处长	6197610
办公室	6197612
下属单位	
太原公司	(0351)6040524
忻州公司	(0350)3032416
阳泉公司	(0353)2160072
大同公司	(0352)2056691
朔州公司	(0349)2030972
吕梁公司	(0358)8222757
晋中公司	(0354)2401821
长治公司	(035502065231
晋城公司	(0356)2022899
临汾公司	(035702081028
运城公司	(0359)2123002
介休公司	(0354)7353343

46. 中国石油化工股份有限公司上海石油分公司

地址：上海市中山东一路24号甲
邮编：200002
区号：021
总机：63219490
传真：63210762

中国石油化工股份有限公司上海石油分公司（以下简称上海石油分公司）是中国石油化工股份有限公司直属大型销售企业，公司前身为上海石油（集团）有限公司。

1998年9月，根据国务院组建中国石油、石化两大集团公司的决定，上海石油（集团）有限公司成建制上划中国石化集团公司。2000年2月，按照中国石化集团公司整体重组、主辅分离、改制上市的要求，主营业务部分组建为中国石油化工股份有限公司上海石油分公司。

公司主营汽、柴、煤、润滑油、燃料油和其他石化产品的批发、零售、直销配送和仓储业务。

公司创建50多年来，广大干部职工始终发扬艰苦奋斗、顽强拼搏、锐意进取、改革创新的精神，抢抓一切发展机遇，不断加快企业的建设与发展。经过一代又一代上海石油人的共同努力和社会各方面的大力支持，公司已基本发展成为一个布局合理、基础完善、主业突出、资产优良、管理科学、服务规范、实力雄厚的国有大型股份制分支企业，拥有遍布上海城乡、高速公路、国道、公路主干道的营销网络和日臻完善的服务体系，并以进、销、存一体化和市场化、专业化、规范化、集约化的运作模式，承担着上海地区成品油市场供应主渠道任务，为上海这座国际化大都市经济的又好又快发展发挥着积极的作用。

部门	公网电话
公司机关	
经理办公室	63290095
政工办公室	63390250
经营管理处	63290178
财务资产处	63211929
发展规划处	63213965
人力资源处（组织部）	63390251
安全数质量处	63294970
审计处	63216255
监察处（纪检办）	63232741
信息管理处	33130185
企业管理处	63234692
下属单位	
零售中心	33130095
零售中区	62124889
零售北区	59913892
零售西区	57747300
零售东区	50890378
零售南区	57102920
物流中心	65741853
商业客户中心	63601682
润滑油经营管理部	65697416
燃料油经营管理部	65064999

47. 中国石油化工股份有限公司江苏石油分公司

地址：江苏省南京市中山北路395号
邮编：210003
区号：025
总机：58808888
传真：58803729
E-mail: jssy_sinopec@sina.com

中国石油化工股份有限公司江苏石油分公司是大型石油流通企业，地处长江三角洲，跨江滨海，平原辽阔，地理位置优越。1997年10月，江苏省石油总公司改制为江苏省石油集团有限公司，1997年11月加入中国东联集团有限公司，1998年7月整体划转中国石油化工集团公司。2000年江苏省石油集团有限公司主营业务随中国石油化工股份有限公司在境外上市，成为中国石油化工股份有限公司江苏石油分公司；非上市部分成为中国石化集团江苏石油有限责任公司。2004年，按照中石化总部统一部署，在江苏苏州与壳牌合资组建了中国第一家经国务院批准的从事成品油零售业务的中外合资公司。2007年11月，中国石化集团江苏石油有限责任公司成功转制为中国石化集团资产经营管理有限公司江苏石油分公司。

江苏石油分公司下辖南京等14个区域分公司，主要经营汽油、煤油、柴油、润滑油四大类成品油及其他石化产品。截至2007年底，加油站（点）总数已逾2300座，年销售成品油979万t，成品油供应比率为73%。

2007年，江苏石油分公司认真履行政治、经济、社会"三大责任"，全力保障成品油市场供应，为江苏省经济建设、社会发展和人民生活水平的提高作出了应有的贡献。企业各项工作取得了良好的业绩。在经营上，资源统筹能力进一步提升，经营质量进一步提高，经营总量持续增长。在网络发展上，零售网络质量进一步提高，全年新增加油站104座，江苏成品油管道苏南段可研报告获得总部批复并启动前期工作，金扬支线长江穿越工程顺利完工，金嘉湖苏州支线及配套油库已全面开工建设。在内部改革上，深化了财务会计、物流一级管理以及商业客户经营管理体制。

部门	公网电话
经理办	58767764
零售中心	58813471
商业客户中心	58801417
物流配送中心	58817626
经营管理处	58821483
发展规划处	58802701
财务资产处	58802914
企业管理处（法律事务处）	58820729
人力资源处	58807607
信息技术处	58757944
审计处	58833134
安全数质量处	58836569
纪检监察处	58802602
政工处／机关党委／工会	58830831

润滑油分公司 ……………………………………58828506
燃料油分公司 ……………………………………58774912
零售公司 …………………………………………58802233

南京分公司

地址：江苏省南京市中山东路416号
邮编：210002
区号：025

经理 ………………………………………………84409011
办公室 ……………………………………………84400854

无锡分公司

地址：江苏省无锡市健康路210号
邮编：214031
区号：0510

经理………………………………………………2706367
办公室……………………………………………2709927

徐州分公司

地址：江苏省徐州市建国西路永安街堤南9号
邮编：221006
区号：0516

经理………………………………………………5601198
办公室……………………………………………5795412

常州分公司

地址：江苏省常州市小东门桥76-1号
邮编：213003
区号：0519

经理………………………………………………8152130
办公室……………………………………………8170017

苏州分公司

地址：江苏省苏州市竹辉路358号
邮编：215007
区号：0512

经理 ………………………………………………65205311
办公室 ……………………………………………65205308

南通分公司

地址：江苏省南通市青年中路91号
邮编：226006
区号：0513

经理………………………………………………5594371
办公室……………………………………………5594410

连云港分公司

地址：江苏省连云港市新浦盐河北路
邮编：222003
区号：0518

经理………………………………………………5682805
办公室……………………………………………5682800

淮安分公司

地址：江苏省淮安市健康东路26号
邮编：223001
区号：0517

经理………………………………………………3758282
办公室……………………………………………3754052

宿迁分公司

地址：江苏省宿迁市幸福南路138号
邮编：223800
区号：0527

经理………………………………………………4217963
办公室……………………………………………4238217

盐城分公司

地址：江苏省盐城市青年中路55号
邮编：224005
区号：0515

经理………………………………………………8401776
办公室……………………………………………8401711

扬州分公司

地址：江苏省扬州市运河西路160号
邮编：225003
区号：0514

经理………………………………………………7232695
办公室……………………………………………7232695

泰州分公司

地址：江苏省泰州市青年路10号
邮编：225300
区号：0523

经理………………………………………………6611216
办公室……………………………………………6611201

镇江分公司

地址：江苏省镇江市桃花坞新村一区11号
邮编：212003
区号：0511

经理………………………………………………4429928
办公室……………………………………………4423622

江阴分公司

地址：江苏省江阴市滨江中路213号
邮编：214431
区号：0510

经理………………………………………………6858001
办公室……………………………………………6852008

48. 中国石油化工股份有限公司浙江石油分公司

地址：浙江省杭州市河坊街58号
邮编：310009
区号：0571
总机：87818833
传真：87818822
E-mail: zpc@mail.hz.zj.cn

中国石油化工股份有限公司浙江石油分公司前身为中国石油公司杭州支公司，始建于1950年，1990年更名为浙江省石油总公司，1998年8月与省内各级石油公司一同成建制划转中国石油化工集团公司。2000年4月按照中国石化集团的统一部署实施重组，主营业务、资产、人员等划归中国石油化工股份有限公司，设立中国石油化工股份有限公司浙江石油分公司。公司经营范围涉及石油、石油产品、天然气、石油化工化纤及其他化工产品的销售、储运等，是浙江省内最大的成品油销售企业。

浙江石油在全省各县（市、区）均设有分支机构，销售网点遍布省内城乡各地。公司储运设施完备，有定位成品油库29座，储油总容量100万m^3，拥有各类营业零售网点1800余座，已开通镇海－杭州、金山－嘉兴－湖州成品油长输管线。截止2007年年底，公司资产总额81.75亿元，从业人员17000余人。2007年公司销售各类油品1270万t，商品销售纯收入为608.9亿元，各项经济指标连续多年位居中国石化集团销售系统前列。

中国石油化工股份有限公司
浙江石油分公司

部门	公网电话
办公室	
主任	87809625
人教处	
处长	87812407
副处长	87819526
财务处	
处长	87817103
副处长	87805198
政工处	
处长	87803512
纪检处	
处长	87815479
审计处	
处长	87809658
业务处	
处长	87809673
副处长	87815718
副处长	87800627
物流中心	
处长	87805060
副处长	87813597
副处长	87815096
零管处	
处长	87805197
企管处	
处长	87832128
副处长	87818852
安全处	
处长	87811437
基建处	
处长	87817726
润滑油公司	
经理	87805196
燃料油公司	
经理	87805059
杭州分公司	
办公室	(0571)85114743
传真	(0571)85113869
温州分公司	
办公室	(0577)88056101
传真	(0577)88056166
嘉兴分公司	
办公室	(0573)82224610
传真	(0573)82224630
湖州分公司	
办公室	(0572)2022320
传真	(0572)2022299
金华分公司	
办公室	(0579)82323417
传真	(0579)82324566
台州分公司	
办公室	(0576)88225274
传真	(0576)88881162
舟山分公司	
办公室	(0580)2023517
传真	(0580)2027753
绍兴分公司	
办公室	(0575)85225922
传真	(0575)85115669
衢州分公司	
传真	(0570)3081426
丽水分公司	
办公室	(0578)2133056
传真	(0578)2156169

49．中国石油化工股份有限公司安徽石油分公司

地址：安徽省合肥市屯溪路188号
邮编：230009
区号：0551
总机：2212800
传真：2212900

中国石油化工股份有限公司安徽石油分公司（以下简称安徽石油分公司）是根据中国石化整体重组改制上市的部署，于2000年底由原安徽省石油总公司改制组建的大型成品油销售股份制企业，主营汽油、柴油、煤油、润滑油、燃料油的销售、储运，兼营油库、加油站设施的设计、安装，以及液化气、沥青、化肥等多种经营业务。

安徽石油分公司本部位于合肥市，截止2007底，共有在营业加油站1382座；总资产44亿元，固定资产21亿元；油库26座，库容总量55万 m^3；铁路专用线17条，总长14713m，接卸油码头12座。

2007年，安徽石油分公司坚持“保安全、保市场、保稳定、增效益”的方针，狠抓各项工作的落实，企业整体运行水平又迈上了一个新台阶。全年经营总量达到427.85万t，同比增长6.1%。其中成品油414.36万t，同比增长8.5%；润滑油8.06万t。全年实现零售量292.04万t，同比增长10.1%；直销量101.73万t，同比增长10.9%。

中国石油化工股份有限公司安徽石油分公司

部门　公网电话

总机……2212800
传真……2212900
经理办公室
　主任……2212611
　副主任……2212612
　值班……2212800
上海办事处
　副主任……(021)58467409

合肥石油分公司

地址：合肥市芜湖路 391 号
邮编：230061
传真：(0551)2861374
E-mail：ahhfzyjlb@sina.com

经理……2860228
党委书记、纪委书记……2861641
副经理……2863336
副经理……2861441
副经理……2860499
党委副书记、纪委副书记……2861392
工会主席……2861302
经理办
　主任……2861374
财务科
　科长……2861187
　副科长……2861187
人力资源科
　科长……2872883
政工办
　主任……2863315
　专职纪检监察员……2863315
基建科
　科长……2861485
安保科
　科长……2861816
零售公司
　经理……2861691
　书记……2861691
　副经理……2861691
轻油公司
　经理……2861044
　副经理……2861044
润滑油公司
　经理……2862199
　副经理……2862199
油库
　主任……3521035
　书记……3521035
　副主任……3521035
六安经营部
　经理……(0564)3338876
　书记……(0564)3338876
长丰经营部
　经理……6683672
　书记……6683672
肥西经营部
　经理……8841507
　书记……8841507
肥东经营部
　经理……7711733
　书记……7711733
叶集经营部
　经理……(0564)6496474
　书记……(0564)6496474
霍山经营部
　经理……(0564)5020549
　书记……(0564)5020549
金寨经营部
　经理……(0564)7162426
　书记……(0564)7162426
舒城经营部
　经理……(0564)8621322
　书记……(0564)8621322

安庆石油分公司

地址：安庆市长青路 3 号
邮编：246003
传真：(0556)5202485
E-mail：ahaqsygs@mail.hf.ah.cn

经理……5200479
党委书记、纪委书记……5204018
副经理……5204019
副经理……5204016
副经理……5204022
工会主席……5204035

办公室
主任……5204058
信息中心
主任……5204047
人事科
科长……5204046
财务科
科长……5204025
副科长……5204025
安基科
科长……5204004
业务科
科长……5204024
副科长……5204024
配送部
副经理……5204062
石化产品公司
经理……5204008
润滑油公司
经理……5201143
副经理……5201143
油库
主任……5201643
书记……5204033
副主任……5204056
零售公司
经理……5204007
副经理……5204007
政工科
科长……5204001
纪检员……5204001
枞阳经营部
经理……2811881
书记……2811881
桐城经营部
经理……6121433
望江经营部
经理……7171327
怀宁经营部
经理……4821263
书记……4821263
岳西经营部
经理……2176068
经理……8921872

蚌埠石油分公司

地址：蚌埠市石油路21号
邮编：233000
传真：(0552) 3010045
E-mail: bbsygs@sina.com

经理……3015138
党委书记、纪委书记……3017895
副经理……3032997
副经理……3035197
副经理……3035197
工会主席……3015043
经理助理……3015043
经理办
主任……3014770
政工办
主任……3015130
人力资源科
科长……3016677
安保科
科长……3019052
财务科
副科长……3021330
副科长……3021330
审计科
科长……3014775
基建科
科长……3014002
营配中心
经理……3015844
副经理……3015844
润润油部
经理……3035193
零售部
经理……3019052
书记……3019052
副经理……3019052
油库
主任……3010884
书记、副主任……3010884
油库
副主任……3010884
副主任……3010884
怀远经营部
经理……8014881
书记……8011687
副经理……8011687
固镇经营部

副经理……………………………………………6056388
副书记……………………………………………6056326
五河经营部
经理……………………………………………5021561
副书记……………………………………………5020814
副经理……………………………………………5020814
凤阳经营部
经理……………………………………………6737061
书记……………………………………………6737062

芜湖石油分公司

地址：芜湖市天门山西路119号
邮编：241000
传真：(0553)5851712
E-mail: whsyzj@163.com

经理……………………………………………5862016
党委书记、纪委书记…………………………5860169
副经理……………………………………………5852445
副经理……………………………………………5852462
副经理……………………………………………5855814
副书记……………………………………………5862905
经理助理…………………………………………5865032
经理办
主任……………………………………………5852462
政工办
主任……………………………………………5852362
人力资源科
科长……………………………………………5852360
财务资产科
科长……………………………………………5850446
副科长…………………………………………5862319
安全保卫科
科长……………………………………………5863279
发展基建科
科长……………………………………………5862835
审计中心
主任……………………………………………5853918
零管部
主任……………………………………………5861652
副主任…………………………………………5861652
油库
主任……………………………………………5863852
书记……………………………………………5873337
副主任…………………………………………5863852
润滑油公司
经理……………………………………………5852853
副经理……………………………………………4811591
轻油批发部
经理……………………………………………5850811
副经理…………………………………………5850811
轻油配送部
主任……………………………………………5850811
综合管理科
科长……………………………………………5851175
车队
队长……………………………………………5883732
芜湖经营部
经理……………………………………………8814288
南陵经营部
经理……………………………………………6823921
书记……………………………………………6823921
繁昌经营部
经理……………………………………………7872865
书记……………………………………………7872865

淮南石油分公司

地址：淮南市田家庵区朝阳中路47号
邮编：232007
传真：(0554)2685014
E-mail: hnsybgs@163.com

经理……………………………………………2676251
党委书记、纪委书记…………………………2683457
副经理……………………………………………2674362
副经理……………………………………………2676252
工会副主席………………………………………2685034
经理助理…………………………………………2676261
经理助理…………………………………………2685034
经理助理…………………………………………5812014
经理办
主任……………………………………………2683771
人力资源科
科长……………………………………………2685024
政工科
科长……………………………………………2676255
团委
书记……………………………………………2676255
专职纪检员……………………………………2676255
股份财务科
科长……………………………………………2685044
结算中心
主任……………………………………………2676236
基建科

副科长……2683548
安全储运科
科长……2676263
零管中心
主任……6662855
书记……6644124
客户中心
主任……5812014
书记……5813889
物流中心
主任……5818449
书记……5815450
润滑油公司
经理……2516492
书记……2516491
凤台经营部
经理……8613536
副书记……8613536
寿县经营部
经理……(0564)4225579
副书记……(0564)4225579
霍邱经营部
经理……(0564)6022826

宿州石油分公司

地址：宿州市汴河西路04号
邮编：234000
传真：(0557)3025648
E-mail：Limail0116@sina.com

经理……3039911
党委书记、纪委书记……3027139
党委副书记……3026602
副经理……3032232
副经理……3050701
副经理、经理办主任……3023950
党委办公室
主任……3030537
人力资源科
科长……3026362
副科长……3026362
财务资产科
科长……3023517
副科长……3023517
综合业务科
科长……3032290
副科长……3032210
轻油公司
经理……3322375
润滑油公司
经理……3024524
零售公司
经理……3026382
副经理……3026382
安基科
科长……3062110
副科长……3050237
油库
主任……3311531
副主任……3311531
泗县经营部
经理……7010930
书记……7010930
埇桥区经营部
经理……3620148
灵璧经营部
经理……6022280
萧县经营部
经理……5063476
书记……5063981
砀山经营部
书记……8866003

阜阳石油分公司

地址：阜阳市颍州中路237号
邮编：236010
传真：(0558)2587459
E-mail：fsinop@mail.fy.ah163.net

副经理（主持工作）……2589431
副经理……2587359
副经理……2588573
副经理……2588859
党委副书记……2587260
工会主席……2588462
调研员……2588570
经理办
主任……2588654
副主任……2587459
微机室
主任……2580021
组织人事科
科长……2587264
副科长……2587264

政工办
主任……2588462
专职纪检员……2589112
财务科
科长……2588498
副科长……2587275
基建科
科长……2587281
安全保卫科
科长……2589424
副科长……2589424
综合业务科
科长……2588639
副科长……2588639
城西加油中心
副主任……2588639
配送直销中心
主任……2366118
书记……2366118
副主任……2366116
零售管理部
主任……2588459
副主任……2588459
维修部
主任……2587500
润滑油经营管理部
主任……2366098
油库
主任……2365082
副书记……2365082
油库副主任……2365082
界首经营部
经理……4881132
副书记……4881132
太和经营部
经理……8623897
书记……8623897
颍上经营部
经理……4412594
书记……4412594
阜南经营部
经理……6727388
书记……6712663
临泉经营部
经理……6512773
副书记……6512773

利辛经营部
经理……8818622

宣城石油分公司

地址: 宣城市梅溪路 55 号
邮编: 242000
传真: (0563) 3025095
E-mail: xcshddh@mail.xc.ah163.net

经理……3010698
党委副书记……3015458
副经理……3015458
副经理……3922545
副经理……3022546
政工办
副主任……3025095
财务科
副科长……3010816
副科长……3010816
安基科
副科长……3015949
副科长……3015949
零售管理部
主任……3029244
副主任……3029244
业务科
科长……302246
副科长……3023527
润滑油公司
副经理……3021579
副经理……3021579
油库
主任……2060337
副主任……2060337
郎溪经营部
副经理……7025278
书记……7025278
广德经营部
经理……6022073
副经理……6022031
宁国经营部
经理……4023442
泾县经营部
经理……5022916
旌德经营部
经理……8021396
绩溪经营部

经理……………………………………8162559

巢湖石油分公司

地址：巢湖市育才路4号
邮编：238000
传真：(0565)2354626
E-mail：chsyrs@sina.com

经理……………………………………2382198
党委书记、纪委书记……………………2383138
副经理…………………………………2383308
副经理…………………………………2383030
副经理…………………………………2382711
调研员…………………………………2382140
工会主席………………………………2383138
办公室
主任 ……………………………………23812137
人事科
科长……………………………………2883839
政工办
主任……………………………………2383628
资产财务科
科长……………………………………2382720
副科长…………………………………2383604
安全基建科
科长……………………………………2383645
副科长…………………………………2383645
综合业务科
科长……………………………………2382323
副科长…………………………………2382323
零售管理科
科长……………………………………2382732
副科长…………………………………2382732
润滑油公司
经理……………………………………2383614
巢湖库
主任……………………………………2383398
副主任…………………………………2382724
筑巢库
主任……………………………………2601754
副主任…………………………………2601754
居巢区经营部
经理……………………………………2321368
书记……………………………………2321368
副经理…………………………………2312363
无为经营部
经理……………………………………6322896
书记……………………………………6322896
副经理…………………………………6322896
和县经营部
经理……………………………………5312932
副经理…………………………………5312932

淮北石油分公司

地址：淮北市古城路88号
邮编：235000
传真：(0561)3056291
E-mail：Ahhbsy@163.com

经理……………………………………3033431
党委书记、纪委书记……………………3021836
副经理…………………………… 3026544-8580
副经理…………………………………3022250
副经理…………………………………3022250
工会主席………………………… 3026544-8568
经理办
主任……………………………………3022609
副主任…………………………………3022609
财务
科长……………………………………3023705
副科长…………………………………3027810
业务
科长……………………………………3022179
批发部
主任……………………………………3026544
安全基建科
副科长…………………………………3026544
副科长…………………………………3026544
人事科
副科长…………………………………3026544
政工科
副科长…………………………………3026544
副科长…………………………………3026544
综合管理科
科长……………………………………3024468
零管部
书记……………………………………3195019
副主任…………………………………3191696
副主任…………………………………3191696
车队
队长……………………………………3222085
副队长…………………………………3222085
润滑油公司
经理……………………………………3029989

书记……………………………………3029989
副经理…………………………………3029989
配送中心
主任……………………………………7021046
百善油库
主任……………………………………7021383
书记……………………………(0558)7211948
涡阳油库
主任……………………………(0558)7213776
书记……………………………(0558)5537009
亳州经营部
经理……………………………(0558)5536101
蒙城经营部
经理……………………………(0558)7668062
书记……………………………(0558)7665198
涡阳经营部
经理……………………………(0558)7210588
书记……………………………(0558)7210116
濉溪经营部
经理……………………………………6887636
书记……………………………………6887636

滁州石油分公司

地址：滁州市环城西路194号
邮编：239000
传真：(0550)3023659
E-mail: Azcty352@hotmail.com

经理……………………………………3043871
党委书记、纪委书记……………………3043870
副经理…………………………………3037168
副经理…………………………………3043888
副经理…………………………………3043865
工会主席………………………………3043850
办公室
主任……………………………………3043986
电算中心………………………………3044937
财务科
科长……………………………………3043873
劳动人事科
科长……………………………………3043874
基建科
科长……………………………………3043849
政工办
主任……………………………………3043846
安保科
科长……………………………………3043923
经营管理科
科长……………………………………3043855
物流中心
科长……………………………………3043906
副科长…………………………………3043906
丰乐油库
主任……………………………………3043904
清流油库
主任……………………………………3169346
泊岗油库
主任……………………………………8095069
润滑油公司
经理……………………………………3043900
客户服务部
主任……………………………………3043918
零管部
科长……………………………………3043854
书记……………………………………3043854
天长经营部
经理……………………………………7022400
书记……………………………………7022800
副经理…………………………………7022800
定远经营部
经理……………………………………4021369
书记……………………………………4300237
副经理…………………………………4021342
全椒经营部
经理……………………………………5031393
书记……………………………………5031144
来安经营部
经理……………………………………5612134
副经理…………………………………5612134
明光经营部
经理……………………………………8022331
副经理…………………………………8022347

黄山石油分公司

地址：黄山市屯溪区崔山路10号
邮编：245000
传真：(0559)2345897
E-mail: gh_liu@sina.com

经理……………………………………2345937
党委书记、纪委书记……………………2345199
副经理…………………………………2345676
副经理…………………………………2345199
副经理…………………………………2345676

办公室
　主任……2345897
政工办
　副主任……2344711
人力资源科
　科长……2345994
财务资产科
　科长……2345620
油品批发部
　副科长……2353736
储运安全科
　科长……2345537
油品配送部
　副科长……2353548
零管部
　科长……2345643
　书记……2345543
　副科长……2345537
润滑油经营部
　副科长……2353643
油库
　主任……2345242
　副主任……2345242
休宁经营部
　经理……7533581
　副书记……7533581
黄山区经营部
　经理……8532971
　书记……8532971
黟县经营部
　经理……5522370
　书记……5522370
徽州区经营部
　经理……3511307
　书记……3511307
歙县经营部
　经理……6512336
　副经理……6512336
祁门经营部
　经理……4512391
　书记……4512391

池州石油分公司

地址：池州市杏花村西路 329 号
邮编：247000
传真：(0566) 2221124
E-mail：czsy_lsh@sina.com

经理……2220558
党委书记、纪委书记……2220568
副经理……2220559
副经理……2220559
副经理……2220047
办公室
　主任……2220557
　副主任……2220553
政工办
　主任……2220554
人教科
　副科长……2220555
财务科
　副科长……2220047
　副科长……2220551
业务一科
　科长……2124052
　副科长……2221823
业务二科
　科长……2220818
　副科长……2220818
零管部
　主任……2220566
　副主任……2220566
安保科
　科长……2220564
基建科
　科长……2220556
油库
　主任……2123765
　副主任……2123661
　副主任……2123765
东至经营部
　经理……7011205
　副书记……7011205
青阳经营部
　经理……5021553
　书记……5021553
石台经营部
　经理……6022479
　副经理……6027443

马鞍山石油分公司

地址：马鞍山市湖东中路 2 号
邮编：243000

传真：(0555)2343423
E-mail：maszjb@mail.mas.ah163.net

党委书记、纪委书记……2343420
副经理……2343416
副经理……2349155
经理助理……2343417
经理助理……2343426
经理办
　主任……2346956
　副主任……2343423
财务科
　科长……2343424
　副科长……2341981
基建科
　科长……2343424
安储科
　科长……2341992
人事科
　科长……2343414
　副科长……2343414
政工科
　科长……2341947
　纪检员……2341947
　工会副主席……2341949
零管部
　主任……2345742
　书记……2345742
综合业务科
　科长……2343426
　副科长……2341993
营业部
　副主任……2341976
润滑油公司
　经理……2343425
　副经理……2341972
石化产品经销公司
　经理……2363493
　客户经理……2345742
油库
　主任……3550861
　书记……3550804
当涂经营部
　经理……6713479
车队
　队长……2349247

铜陵石油分公司

地址：铜陵市义安南路11号石化大厦
邮编：244100
传真：(0562)2833813
E-mail：tlrds6576@sina.com

经理、党委书记……3814800
副经理……3814806
副经理……3814805
工会主席……3814803
省纪检专员……3814807
经理办
　主任……3814804
　副主任……3814809
政工办
　副主任……3814620
人事科
　科长……3814815
　副科长……3814817
财务科
　科长……3814823
　副科长（审计）……3814820
安基科
　科长……3814855
　副科长……3814855
轻油公司
　经理……3814842
　书记……3814842
综合业务科
　副科长……3814848
油库
　主任……3814865
　副主任……3814867
零管部
　主任……5816713
　书记……5816713
润滑油
　经理……5810400
综合管理科
　科长……2830883
　副科长……2833813
财务科
　科长……2812602
车队
　队长……3814862

50.中国石油化工股份有限公司福建石油分公司

地址：福建省福州市中山路18号
邮编：350003
区号：0591
传真：87837153
E-mail: fujianshiyou@163.com

中国石油化工股份有限公司福建石油分公司（以下简称福建石油分公司），是中国石油化工股份有限公司全资所有的省级区域性成品油专业销售公司，是福建省内最大的成品油销售企业和资源供应商，主要从事福建省境内的成品油销售经营。公司前身为福建省石油总公司，成立于1952年，1998年7月成建制划转到中国石化集团公司，2000年3月重组为中国石油化工股份有限公司福建石油分公司。

公司成立50多年来，通过不断加强基础设施建设，使销售网点遍布福建省的城乡、国道、省道、高速公路和渔港，形成了功能齐全的“储、运、销”一体化销售网络。公司以高质量的油品和优质的服务，赢得了广大客户的认可和赞誉。

进入新世纪以来，福建石油分公司认真贯彻执行中国石油化工股份有限公司“外部市场化、内部紧密化”的经营方针，开拓进取，诚信经营，大力推行以客户为中心的营销理念，努力扩大销售，增强市场控制力；不断深化经营和管理体制改革，实行专业化垂直管理，建立快速的市场反应机制；推行现代国际石油石化行业通行的健康、安全、环境的HSE管理体系；推广使用高效、便捷的中国石化加油IC卡；提升加油站、物流、财务、业务管理信息化、自动化水平，2006年ERP系统成功上线，进一步整合了企业内、外部资源，为公司运营提供有力的技术支撑。福建石油分公司通过全面提高技术和管理水平，有效提升了企业竞争力和持续盈利能力，实现了跨越式发展。

1998～2006年公司连续9年被福建省政府评为“安全生产先进单位”，2002～2006年连续5年被集团公司评为“安全生产先进单位”。2003年公司荣获“福建省首届最佳诚信企业”称号。

在新的一年里，福建石油分公司将继续秉承竞争、开放的经营理念，规范、严谨、诚信的经营准则，以经营为中心，做大总量，优化结构；细化管理，降本减费；理顺体制，完善机制；调整分配，强化考核；全面改善经营质量，进一步做大做强福建石油。

中国石油化工股份有限公司福建石油分公司

部门	公网电话

公司机关

总经理办公室
- 主任……87275399
- 传真……87837153

政工处（纪检监察）
- 处长……87850328

人力资源处
- 处长……87878436

财务核算处
- 处长……87809857

安全数质量处
- 处长……87803253

资产管理处
- 处长……87272127

经营管理处
- 处长……87801531

燃料油中心
- 经理……87853625

润滑油中心
- 经理……87875708

管道项目管理部
- 经理……87662172

福州石油分公司

地址：福州市鼓屏路 47 号
邮编：350003
传真：(0591) 87843700

办公室……87843700

厦门石油分公司

地址：厦门市思明区湖滨北路 10 号新港广场 160
邮编：361000
传真：(0592) 5054799

办公室……5064977

宁德石油分公司

地址：宁德市西岭路 5 号
邮编：352100
传真：(0593) 2810019

办公室……2825141

莆田石油分公司

地址：莆田市荔城区拱辰街道东圳路邮政大厦 16 层
邮编：351100
传真：(0594) 3589126

办公室……2756129

泉州石油分公司

地址：泉州市鲤城区义全街 151 号石油大楼
邮编：362000
传真：(0595) 22201039

办公室……22205078

漳州石油分公司

地址：漳州市大通北路 132 号
邮编：363000
传真：(0596) 2038602

办公室……2038602

龙岩石油分公司

地址：龙岩市南环西路 1 号
邮编：364000
传真：(0597) 2216001

办公室……2292398

三明石油分公司

地址：三明市梅列区崇桂新村 48 幢 2 层
邮编：365001
传真：(0598) 8249531

办公室……8288161

南平石油分公司

地址：南平市东岭路 11 号
邮编：353000
传真：(0599) 8617870

办公室……8600316

鹭甬石油化工有限公司

地址：厦门市湖滨南路 57 号金湖大厦 13 层
邮编：361004
传真：(0592) 2298756

办公室……2298751

51. 中国石油化工股份有限公司
江西石油分公司

地址：江西省南昌市洪都北大道102号
邮编：330046
区号：0791
总机：8512247
传真：8511107
E-mail: bgs_jxsy@yahoo.com.cn

江西省石油总公司成立于1950年10月，1998年10月成建制划转中国石油化工集团公司。2000年2月，主业改制为中国石油化工股份有限公司江西石油分公司；辅业资产及人员组建中国石油化工集团江西石油总公司，2007年4月又改制为中国石化集团资产经营管理有限公司江西石油分公司。

2007年，在中国石化的领导下，江西石油分公司深入贯彻落实科学发展观，积极开展“江西石油管理年”活动，努力把江西石油建设成为“诚信、创新、和谐、强盛”的新型石化企业，不断取得改革发展新突破，充分发挥了江西省成品油供应主渠道作用，顺利完成了各项经营指标和全年工作任务。

部门	公网电话
经理办公室	6304993
	8512247
综合管理处	6304853
	8514831
纪检监察	6304853
	8514831
机关工会	6304817
	8514514
人力资源	6304791
	8517423
营销管理处	6304957
	8512419
财务资产处	6304985
	8510468
零售管理处	6304895
	8516274
企业管理处	6304820
	8514910
安全基建处	6304897
	8511097
物流中心	6304862
	8160312
信息管理处	6304831
	8510503
审计处	6304785
	8518304
综合办公室	6304795
	8512992
高速分公司	6304795
经营公司	8650904
物资公司	6304977
	8505394
省公司驻京办	84648835
省公司住沪办	58704768

赣州石油分公司

地址：江西省赣州市青年路 2 号
邮编：341000
传真：(0797) 8222502

经理……8226626
书记……8223181
副经理……8222832
办公室……8212241
营销管理科……8223509
零售管理科……8228500
财务资产科……8222128
人力资源科……8222159
综合管理科……8215844
安全基建科……8222389
赣县经营部……4441826
信丰经营部……3302878
崇义经营部……7615526
寻乌经营部……2843171
瑞金经营部……2523427
定南经营部……4291518
兴国经营部……5329475
南康经营部……6636312
安远经营部……3736026
宁都经营部……6832649
上犹经营部……8542338
会昌经营部……5638098
龙南经营部……3511393
石城经营部……5712730
大余经营部……8722377
全南经营部……2606687
于都经营部……6238262
水东油库……8467135
合乐油库……8333412
龙南油库……3501168

吉安石油分公司

地址：江西省吉安市吉州区井冈山大道 215 号
邮编：343000
传真：(0796) 8224272

经理……8224646
书记……8233589
副经理……8227234
办公室主任……8222188
营销管理部……8224188
零售管理部……8225772
财务资产部……8254887
人力资源部……8223967
安全基建部……8224406
综合管理部……8224408
吉安经营部……8435807
峡江经营部……3675986
万安经营部……5715339
遂川经营部……6326095
吉水经营部……3534282
永新经营部……7722165
泰和经营部……5332230
井冈山经营部……6552446
新干经营部……2602109
永丰经营部……2511787
安福经营部……7698316
河东铁路油库……8188988
永新袍田油库……7735426
峡江油库……3683420
白塔山油库……8284335

上饶石油分公司

地址：江西省上饶市上玉路 36 号
邮编：341000
传真：(0793) 8266235

经理……8266235
书记……8266500
副经理……8266035
经理助理……8265641
办公室……8259202
营销管理部……8259995
零售管理部……8269001
财务管理部……8301051
人力资源部……8259960
安全基建部……8259130
润滑油公司……8268571
综合经营部……8268920
三江运输公司……8259329
铅山经营部……5332621
上饶经营部……8467010
玉山经营部……2462128
广丰经营部……2813688
弋阳经营部……5887103
万年经营部……3834164
横峰经营部……5789290
德兴经营部……7522451
灵溪油库……8065810

玉山分销库……2466488
万年分销库……3933240
弋阳分销库……5875713

抚州石油分公司

地址：江西省抚州市赣东大道676号
邮编：344000
传真：(0794)8263478

经理……8233727
书记……8222926
副经理……8222473
办公室……8263478
营销管理部……8221462
零售管理部……8222804
财务资产部……8234880
人力资源部……8222516
安全基建部……8222445
综合办公室……8263478
润滑油公司……8221462
崇仁经营部……6322305
资溪经营部……5789015
东乡经营部……4232818
南城经营部……7253991
广昌经营部……3622148
南丰经营部……3208911
乐安经营部……6592274
黎川经营部……7523298
宜黄经营部……7602775
白露油库……8352546
资溪油库……5783547

宜春石油分公司

地址：江西省宜春市昌黎路149号
邮编：336000
传真：(0795)3994587

经理……3994566
书记……3994578
副经理……3994565
办公室……3994586
营销管理部……3994502
零售管理部……3994569
财务资产部……3994558
人力资源部……3994506
安全基建部……3994572
综合管理部……3994580
润滑油公司……3994571
宜春经营部……3273819
丰城经营部……6427247
宜丰经营部……2787625
铜鼓经营部……8722628
高安经营部……5252983
上高经营部……2517637
靖安经营部……4662498
奉新经营部……4622303
万载经营部……8903792
枯桐岭油库……3246205
余上油库……6211242
七宝山油库……2499498
协塘油库……5453550
质检站……3244550

九江石油分公司

地址：江西省九江市浔阳东路157号
邮编：0792
传真：8582343

经理……8581340
书记……8578520
副经理……8571110
经理助理……8567189
办公室……8583719
营销管理部……8587719
零售管理部……8563312
财务资产部……8577288
人力资源部……8585938
安全基建部……8583458
综合管理部……8584179
润滑油经营部……8631191
劳动服务公司……8632066
德安经营部……4332446
永修经营部……3223428
星子经营部……2665396
都昌经营部……5234563
彭泽经营部……5671799
湖口经营部……6332551
庐山经营部……8282059
九江县经营部……6812313
武宁经营部……2785288
修水经营部……7263134
金鸡坡油库……8632208
永修分销库……3223427
湖口分销库……6332749

南昌石油分公司

地址：江西省南昌市孺子路 267 号

邮编：330009

传真：(0791) 8582343

经理……6769826
书记……6786980
副经理……6776159
经理助理……6782986
办公室……6777894
工会……6771756
营销管理部……6221669
零售管理部……6772991
财务资产部……6776004
人力资源部……6776094
安全监督部……6784284
综合管理部……6772990
网建办……6772608
零售东北片区……8510635
零售西南片区……6301375
加油站督察大队……6772990
润滑油经营公司……8450608
化工燃料油经营公司……6262891
水上营销中心……6593304
新建县经营部……3750565
进贤县经营部……5655786
南昌县经营部……5712996
安义县经营部……3422311
鱼目山油库……3882071
联民油库……8671061

景德镇石油分公司

地址：江西省景德镇市江信大厦

邮编：330046

传真：(0798) 8213401

经理……8212678
书记……8200752
副经理……8212045
办公室……8213401
营销管理部……8212878
润滑油管理部……8211097
零售管理部……8210913
财务资产部……8212724
人力资源部……8211263
安全基建部……8212679
浮梁经营部……8211592
婺源经营部……8226973

鹰潭石油分公司

地址：江西省鹰潭市南站路 63 号

邮编：335000

传真：(0701) 6316000

经理……6316088
书记……6316068
副经理……6316016
经理助理……6316066
办公室……6316000
营销管理部……6316018
零售管理部……6316028
财务资产部……6316048
人力资源部……6316099
安全基建部……6316096
润滑油经营部……6316026
贵溪经营部……3771327
余江经营部……5881356
白马油库……6316098
……6316011

萍乡石油分公司

地址：江西省萍乡市跃进北路 138 号

邮编：337000

传真：(0799) 6322433

经理……6235886
书记……6233866
副经理……6237858
办公室……6334168
业务科……6332293
零售科……6332938
财务科……6331497
人力资源科……6232776
基建科……6332318
安全科……6332237
莲花经营部……7221050
上栗经营部……3861210
芦溪经营部……7551562
安源经营部……6220376
湘东经营部……3441233
润滑油经营部……6322866
湘东油库……3441351

新余石油分公司

地址：江西省新余市劳动南路 12 号

邮编：338025

传真：（0790）6222915

经理……6218236
书记……6249155
副经理……6249286
办公室……6249288
纪检监察……6216521
营销管理部……6225651
零售管理部……6212498
财务资产部……6212851
人力资源部……6216521
安全基建部……6212823
润滑油经营部……6217127
樟树经营部……7851002
分宜经营部……5881736
樟树支公司……7333450
章家山油库……6246880
张家山油库……7851374

瑞昌石油分公司

地址：江西省瑞昌市码头镇金城路8号
邮编：332207
传真：（0792）4886418

副经理……4886427
实业公司……4886418
办公室……4886418
政工办……4889197
综合业务科……4886429
零售管理科……4886555
财务资产科……4886420
发展基建科……4886422
安全储运科……4886438
瑞昌经营部……4215448
油库……4886424

石油技工学校

地址：江西省南昌市（昌北）双港路
邮编：330013
传真：（0791）3888386

校长……3878728
副校长……3888386
副书记……3887642
办公室主任……3888386
培训科长……3878513
学保科长……3888452
鉴定站副主任……3887854
团委书记……3878513
财务主办……3887934

江西省石油航运公司

地址：江西省南昌市桃苑西路36号七楼
邮编：330009
传真：（0791）6500401

经理、书记……6500401
副经理……6500401

52. 中国石油化工股份有限公司山东石油分公司

地址：山东省济南市历山路 73 号
邮编：250013
区号：0531
总机：86947944
传真：86947944
E-mail：office@sdoil.com

中国石油化工股份有限公司山东石油分公司下属 17 个市公司，共有员工 18536 人。截至 2007 年底，固定资产原值 72.5 亿元，在用油库 29 座（库容总量 93 万 m^3），在营加油站 2511 座。2007 年，油品经营总量 1096 万 t，实现销售收入 515.6 亿元。

公司主营石油、石油制品、天然气、化纤及其他化工产品销售、储运；石油、天然气管道运输，兼营油品计量、咨询、信息服务等。作为山东省成品油销售的主渠道，山东石油分公司承担着山东省成品油供应保障任务，是山东省内最大的成品油销售企业。经过多年的发展，已形成了布局合理、功能完备、流向通畅、保障有力的成品油营销网络。

山东石油分公司确定自身的发展目标是，建设成为一体化基础上的专业化、标准化、信息化的大型成品油连锁经营企业。公司坚持以市场为导向，以经济效益为中心，按照“坚持高标准、努力干实事、开创新业绩”的工作方针，深化改革，转换机制，强化管理，开拓经营。积极创建“我为您的事业加油，您给我的生活添彩”的有山东特色的中国石化服务品牌，大力推行“人人关心企业，企业关心人人”的人本管理理念，企业综合实力和市场竞争能力不断增强，实现了企业的持续、健康、稳定发展。

中国石油化工股份有限公司山东石油分公司

部门　　公网电话

公司机关

经理办公室

主任……85870189

发展基建处

处长……85870407

财务会计处

处长……85870507

政工处

处长……85870610

经营管理处

处长……85870503

信息系统管理部

主任……85870287

企业管理处

处长……85870403

人力资源处

处长……85870603

安全储运处

处长……85870666

审计处

处长……85870638

纪检监察处

处长……85870307

零售管理中心

经理……85870697

商业客户中心

经理……85870179

物流中心

主任……85870318

润滑油中心

经理……85870136

燃料油中心

经理……85870401

物资采购中心

主任……85870303

数质量管理中心

主任……85870107

非油品业务中心

主任……85870408

信访办公室

主任……85870105

清欠办公室

主任……85870270

济南分公司

（区号：0531）

经理……87031196

经理办公室主任……87037008

财务结算中心主任……87936379

青岛分公司

（区号：0532）

经理……82023776

经理办公室主任……82023778

财务结算中心主任……82023773

淄博分公司

（区号：0533）

经理……2686788

经理办公室主任……2686722

财务结算中心主任……2686718

枣庄分公司

（区号：0632）

经理……8636886

经理办公室主任……3258780

财务结算中心主任……3158317

烟台分公司

（区号：0535）

经理……6875626

经理办公室主任……6871801

财务结算中心主任……6847303

潍坊分公司

（区号：0536）

经理……8915299

经理办公室主任……8911329

财务结算中心主任……8907090

济宁分公司

（区号：0537）

经理……2167337

经理办公室主任……2167336

财务结算中心主任……2167386

泰山石油

（区号：0538）

经理……6269699

经理办公室主任……6269600

财务结算中心主任……………………………6269696

威海分公司

（区号：0631）

经理……………………………………………5323118

经理办公室主任………………………………5969309

财务结算中心主任……………………………5965669

日照分公司

（区号：0633）

经理……………………………………………3688001

经理办公室主任………………………………3688108

财务结算中心主任……………………………3688392

莱芜分公司

（区号：0634）

经理……………………………………………8805290

经理办公室主任………………………………8809369

财务结算中心主任……………………………8818266

滨州东营分公司

（区号：0543）

经理……………………………………………3380808

经理办公室主任………………………………3380788

财务结算中心主任……………………………3380798

德州分公司

（区号：0534）

经理……………………………………………2417199

经理办公室主任………………………………2417091

财务结算中心主任……………………………2418509

聊城分公司

（区号：0635）

经理……………………………………………8261888

经理办公室主任………………………………8262688

财务结算中心主任……………………………8263638

临沂分公司

（区号：0539）

经理……………………………………………8099069

经理办公室主任………………………………8098500

财务结算中心主任……………………………8091077

菏泽分公司

（区号：0530）

经理……………………………………………5505688

经理办公室主任………………………………5635558

财务结算中心主任……………………………5635599

53. 中国石油化工股份有限公司河南石油分公司

地址：河南省郑州市卫生路10号
邮编：450053
区号：0371
传真：63944182
E-mail: sinopec-hn@sohu.com

中国石油化工股份有限公司河南石油分公司（以下简称河南石油分公司），是中国石油化工股份有限公司在河南省的惟一成品油销售分支机构。主要经营：汽油、煤油、柴油、燃料油、润滑油的批发、零售业务及相关技术、信息的研究、开发、应用。地址设在河南省郑州市。河南石油分公司是河南省成品油供应的主渠道。

河南石油分公司承担着河南省境内70%以上成品油的供应，担负着全省的工农业生产及其他行业的生产、生活用油。在中国石化股份公司、省政府的领导及大力支持下，面对激烈的市场竞争和复杂的市场形势，经过企业全体职工的奋力拼搏，河南石油分公司克服了资源持续紧张、库存长期偏低、供需矛盾突出的困难，实现了物流运作在低库存条件下的进一步优化，通过科学预测，积极应对，统筹运作，保证了河南石油市场的稳定和供应，实现了市场占有率进一步提高、市场主导和控制能力进一步增强、各项经营指标再创历史新高的经营成果，销售总量连续三年得到快速增长，三年迈出三大步，对河南经济的发展作出了积极的贡献。

河南石油分公司在经营中坚持优化市场营销，提升经营质量。在进货上，采取配置资源、自采资源、就地收购资源多管齐下，实现了资源供应渠道的多元化，有效地缓解了我省成品油供应紧张的局面。在直销上坚持主导市场，强化客户管理，加大对重点客户的开发和维护，有效地提高了市场控制能力，并逐步打造了一支忠诚度高、业务能力强的专业化客户经理队伍。零售上，坚持以市场为导向，以提高零售市场占有率为核心，以服务客户为根本，转变观念、锐意进取、强化管理、灵活营销，陆续完善各项管理制度，为加油站长效管理机制的建立奠定了基础，并结合河南自身的特点，先后实施了国道中心站及高标号汽油两个统一营销和大站创建活动，开展了加油卡营销活动，各项零售指标均取得历史最好水平，经营质量明显提升。

为了树立良好的企业形象和信誉，河南石油分公司在弘扬“团结、高效、尽职、守信”的企业精神的同时，以确保安全、维护稳定和提升品牌形象为前提，努力构建和谐创新型企业。

中国石油化工股份有限公司
河南石油分公司

部门　公网电话

公司机关

经理办公室……63823397
经营管理处……63815662
物流中心……63935920
零售中心……63815956
商业客户中心……63921975
润滑油中心……63612833
财务资产处……63949934
企业管理处……63944267
人力资源处……63816782
发展基建处……63612660
非油品业务处……63917356
审计处……63935526
信息处……63825439
纪检监察处……63935732
政工处……63936019
安全数质量处……63912529
输油处……63337633

郑州石油分公司

地址：河南省郑州市石化路 2 号
邮编：450003
传真：(0371) 66897045
办公室……66897617

开封石油分公司

地址：河南省开封市卧龙街 218 号
邮编：475053
传真：(0378) 5652273
办公室……5652010

洛阳石油分公司

地址：河南省洛阳市西工区玻璃厂南路 15 号
邮编：471000
传真：(0379) 63291011
办公室……63291010

平顶山石油分公司

地址：河南省平顶山市矿工路 38 号
邮编：467000
传真：(0375) 3831547
办公室……3831547

新乡石油分公司

地址：河南省新乡市解放大道 286 号
邮编：453000
传真：(0373) 5032251
办公室……5060558

焦作石油分公司

地址：河南省焦作市工业路东段
邮编：454003
传真：(0391) 3935126
办公室……3934886

安阳石油分公司

地址：河南省安阳市人民大道 12 号
邮编：455000
传真：(0372) 2925159
办公室……2286948

许昌石油分公司

地址：河南省许昌市仓库路 9 号
邮编：461000
传真：(0374) 5122914
办公室……5122914

漯河石油分公司

地址：河南省漯河市金山路 74 号
邮编：462003
传真：(0395) 2693016
办公室……2622008

三门峡石油分公司

地址：河南省三门峡市崤山中路 13 号
邮编：472000
传真：(0398) 2882325
办公室……2881060

南阳石油分公司

地址：河南省南阳市工业路 191 号
邮编：473057
传真：(0377) 63137814
办公室……63132927

信阳石油分公司

地址：河南省信阳市南闸口 132 号

邮编：464000

传真：(0376) 6554977

办公室……………………………………………6553767

驻马店石油分公司

地址：河南省驻马店市白桥路 789 号

邮编：463000

传真：(0396) 2975239

办公室……………………………………………2975475

商丘石油分公司

地址：河南省商丘市新建南路 124 号

邮编：476000

传真：(0370) 2212996

办公室……………………………………………2213800

周口石油分公司

地址：河南省周口市七一路东段 80 号

邮编：466000

传真：(0394) 8222473

办公室……………………………………………8224588

濮阳、中原石油分公司

（濮阳）地址：河南省濮阳市中原路中段 586 号

邮编：457000

传真：(0393) 4667018

办公室……………………………………………4667017

（中原）地址：河南省濮阳市中原路 26 号

邮编：457001

传真：(0393) 4491167

办公室……………………………………………4821187

济源石油分公司

地址：河南省济源市荆梁北街 28 号

邮编：454650

传真：(0391) 6692079

办公室……………………………………………6692079

鹤壁石油分公司

地址：河南省鹤壁市淇滨大道中段

邮编：458030

传真：(0392) 3338528

办公室……………………………………………3338731

54. 中国石油化工股份有限公司湖北石油分公司

地址：湖北省武汉市解放大道606号
邮编：430030
区号：027
总机：68837200
传真：68837100
E-mail：jlb@sohu.com

中国石油化工股份有限公司湖北石油分公司（以下简称湖北石油分公司）位于湖北省武汉市，是湖北省石油成品油销售的主渠道，主要从事石油成品油、天然气、润滑油、燃料油销售、储运等。前身是成立于1953年的湖北省石油总公司，1998年7月整体划属中国石化集团公司管理。2000年4月改制为中国石油化工股份有限公司湖北石油分公司。2007年1月起全面构建了以“物流一级管理，会计一级核算，财务集中管理，营销两级管理”为主要内容的新的经营管理体制。

湖北石油分公司下辖12家市（州）分公司，受中国石化委托，对武汉石油（集团）股份有限公司（深交所上市公司）行使控股股东权力。经过50多年的发展，特别是近几年来的跨越式发展，湖北石油分公司现有资产总额近50亿元，油库110多座，加油站1800多座，成品油输油管道近100km，在湖北全省拥有一个布局合理、设施完善、功能齐全、技术雄厚、信誉卓著、批零网点遍布城乡的储运销网络。

湖北石油分公司作为湖北成品油市场的主渠道，始终坚持为湖北经济社会发展和人民生活服务的宗旨，认真履行全省成品油资源的计划申报、配置衔接、调运安排、供需平衡、市场保供等职责，取得了良好的企业效益和社会效益，为湖北经济社会发展作出了积极贡献。

部门	公网电话
公司机关	
经理办公室	
主任	68837018
副主任	68837019
政工办	
主任	68837026
副主任	68837027
经营管理处	
处长	68837058
副处长	68837036
财务资产处	
处长	68837068
副处长	68837066
人力资源处	
处长	68837078
副处长	68837079
发展规划处	
处长	68837088
副处长	68837089
安全数质量处	

处长……68837108
副处长……68837109
审计处
处长……68837118
副处长……68837119
纪检监察处
处长……68837136
副处长……68837166
企业管理处
处长……68837168
副处长……68837158
物流中心
经理……68837039
副经理……68837280
零售中心
经理……68837098
副经理……68837097
非油品业务处
书记……68837099
商业客户中心
经理……68837170
书记……68837171

武汉石油分公司
（区号：027）

经理……85790421
书记、副经理……85551355
副书记……85797021
副经理……85759807
副经理……85766152
副经理……85718289
副经理……85789713
副经理……83606696
副经理……85772855
……83605755
经理办公室……85781439
政治工作部……85756709
经营管理部……85771597
企业管理部……85757897
人力资源部……85771362
发展规划部……85756713
安全数质量部……85802239
零售管理部……85716959
商业客户部……85806061
润滑油经营部……83609870
非油品业务部……83615573
燃料油经营部……83609892
财务核算部……85797020
物流管理部……82323337
审计分部（内控办）……85710091
信息分部……85797018
综合办公室……83609850
金狮公司……88117422

宜昌石油分公司
（区号：0717）

经理……6446832
书记……6443018
物流配送部经理……6913419
副书记……6443157
副经理……6446978
副经理……6444063
经理办公室……6446586
政工人事科……6442801
安全数质量科……6451358
财务核算部……6446535
网点建设办公室……6442630
内部控制办公室……6443058
零售管理部……6456965
商业客户部……6451616
润滑油经营部……6442130
物流配送部……6913416

恩施石油分公司
（区号：0718）

经理、书记……8413999
副经理……8411428
副经理……8413428
副书记……8412688
物流配送部经理……8412428
经理办公室……8413777
政工人事科……8412974
安全数质量科……8412670
财务核算部……8412618
零售管理部……8413715
商业客户部……8410447
物流配送部……8410837
基建办公室……8410089

黄冈石油分公司
（区号：0713）

总机……8663838
经理……8382668
书记……-8889
物流配送部经理……-8858
副书记……-8866

副经理……………………………………………………-8868
副经理……………………………………………………-8838
办公室……………………………………………………-8877
政工人事科………………………………………………-8865
安全数质量科……………………………………………-8805
财务核算部………………………………………………-8853
网点建设办公室…………………………………………-8875
内部控制办公室…………………………………………-8843
零售管理部………………………………………………-8832
商业客户部………………………………………………-8826
润滑油经营部……………………………………13607255810
物流配送部………………………………………………-8821

黄石石油分公司

（区号：0714）

经理……………………………………………………6368626
书记……………………………………………………6368628
副经理…………………………………………………6358477
黄石配送部经理………………………………………6368616
经理助理………………………………………………6368606
经理办…………………………………………………6368559
政工科…………………………………………………6368630
安全数质量科…………………………………………6368601
基建科…………………………………………………6368603
财务核算部……………………………………………6368586
内部控制办公室………………………………………6368591
零售管理部……………………………………………6368580
商业客户部……………………………………………6368610
润滑油经营部…………………………………………6360928
物流配送部……………………………………………6411039

荆门石油分公司

（区号：0724）

经理……………………………………………………2333326
书记……………………………………………………2355062
物流配送部经理………………………………………2334902
副书记、副经理………………………………………2377202
副经理…………………………………………………2334668
经理助理………………………………………………2350662
办公室…………………………………………………2336056
政治工作部……………………………………………2350575
安全基建部……………………………………………2332371
财务核算部……………………………………………2336037
零售管理部……………………………………………2336718
商业客户部……………………………………………2332372
润滑油经营部…………………………………………2337333
燃料油经营部…………………………………………2335409
物流配送部……………………………………………2332668

荆州石油分公司

（区号：0716）

经理……………………………………………………8278060
书记……………………………………………………8278098
副经理…………………………………………………8278068
副经理…………………………………………………8278088
副经理…………………………………………………8278089
副经理…………………………………………………8278059
经理助理………………………………………………8278083
经理办…………………………………………………8270626
政工人事科……………………………………………8278065
安全数质量科…………………………………………8278046
财务核算部……………………………………………8278019
零售管理部……………………………………………8278038
非油品业务部…………………………………………8270628
商业客户部……………………………………………8278053
润滑油经营部…………………………………………8311616
燃料油经营部…………………………………………8278092
物流配送部……………………………………………8328228

燃料油中心

（区号：027）

经理 ………………………………………………83601216
副经理 ……………………………………………83601219
副经理 ……………………………………………83602117
副经理 ……………………………………………83602026
副经理 ……………………………………………83623950
副经理 ……………………………………………83614606
办公室 ……………………………………………83601206
财务核算部 ………………………………………83610026
重油部 ……………………………………………83632977
轻质燃料油部 ……………………………………83632977
进口加工部 ………………………………………83632977
资源采购岗 ………………………………………83617376

润滑油公司

（区号：027）

经理 ………………………………………………83601180
书记 ………………………………………………83601082
副经理 ……………………………………………83605526
副经理 ……………………………………………83608283
副经理 ……………………………………………83605033
办公室 ……………………………………………83605707
核算部 ……………………………………………83605201
采购储运科 ………………………………………83605383
营销管理科 ………………………………………83601205
网络发展科 ………………………………………83601205
车用油经营部 ……………………………………83605501

工业油经营部 ……………………………………83605325
散装油经营部 ……………………………………83605501
特种油经营部 ……………………………………83605501
丹水池油库 ………………………………………82317009

十堰石油分公司
（区号：0719）

经理……………………………………………………8890303
书记……………………………………………………8890330
副经理…………………………………………………8890305
物流配送部经理………………………………………8890302
办公室…………………………………………………8890311
……………………………………………………………8890310
政工人事科……………………………………………8890332
安全基建科……………………………………………8890307
财务核算部……………………………………………8890325
内控办公室……………………………………………8890315
零售管理部……………………………………………8890323
非油品办公室…………………………………………8102175
商业客户部……………………………………………8664047
润滑油经营部…………………………………………8680830
物流配送部……………………………………………8883368

咸宁石油分公司
（区号：0715）

经理……………………………………………………8272136
书记……………………………………………………8272809
物流配送部经理………………………………………8256239
副书记…………………………………………………8272126
副经理…………………………………………………8272128
副经理…………………………………………………8252706
副经理…………………………………………………8255808
办公室…………………………………………………8272138
政工人事科……………………………………………8271806
安全数质量科…………………………………………8271836
财务核算部……………………………………………8271856
零售管理部……………………………………………8251176
商业客户部……………………………………………8271976
润滑油经营部…………………………………………8271936
物流配送部……………………………………………8369029
小站公司………………………………………………8271826

襄樊石油分公司
（区号：0710）

经理……………………………………………………3232358
书记……………………………………………………3235758
物流配送部经理………………………………………3230076
副经理…………………………………………………3230058
副经理…………………………………………………3232068
副经理…………………………………………………3238166
办公室…………………………………………………3230181
政工人事科……………………………………………3230390
企业管理科……………………………………………3231206
财务核算部……………………………………………3235118
网点建设办公室………………………………………3230488
零售管理部……………………………………………3230106
商业客户部……………………………………………3230646
润滑油经营部…………………………………………3400357
物流配送部……………………………………………3544606

孝感石油分公司
（区号：0712）

经理、书记……………………………………………2325018
物流配送部经理………………………………………2327598
副书记…………………………………………………2322678
副经理…………………………………………………2321878
副经理…………………………………………………2316208
办公室…………………………………………………2328328
政工人事科……………………………………………2322926
安全数质量科…………………………………………2329281
财务核算部……………………………………………2321800
网点建设办公室………………………………………2323528
企管办…………………………………………………2325968
零售管理部……………………………………………2322393
商业客户部……………………………………………2322150
润滑油经营部…………………………………………2862299
物流配送部……………………………………………2880958

55. 中国石油化工股份有限公司湖南石油分公司

地址：湖南省长沙市湘春路 111 号
邮编：410008
传真：0731
传真：4841801
E-mail：hnsybgs@vip.sina.com

中国石油化工股份有限公司湖南石油分公司的前身为成立于 1950 年的中国石油公司长沙分公司，经过数十年的发展和变迁，1985 年湖南的成品油销售业整合为省、地、县三级公司一体化管理的湖南石油公司，为省属企业，1998 年整体划转总部位于北京的中国石化集团，经改革重组，成为中国石化股份有限公司驻湘成品油销售分公司，至今已有 58 年的经营历史。

公司主营湖南地区的汽油、柴油、煤油、润滑油和燃料油的批发、零售、配送，拥有一个布局合理，遍布城乡，设施完备、信誉良好的销售网络和一支经验丰富、敢于竞争，善于竞争的市场营销队伍。公司总资产 54 亿元，其中在营油库 39 座，库容 72 万 m^3，加油站 1500 余座。2007 年销售各类油料 478 万 t，全年零售量达到 323 万 t。实现销售收入 234 亿元，各项经济指标均创历史同期最好成绩，名列湖南省百强企业第四名。

中国石油化工股份有限公司湖南石油分公司发展的目标是建设成为盈利能力强、整体素质高、管理科学、资产优良、财务严谨、具有较强竞争力的成品油销售企业。

部门	公网电话
公司机关	
经理办公室	4840848
政工办	4840812
人力资源处	4840014
信息管理处	4840696
财务资产处	4841837
企业管理处	4840007
经营管理处	4840337
安全数质量处	4840243
发展规划处	4840281
审计处	4840663
监察处	4840568
管道输油处	8485533
非油品业务处	4841860
零售中心	4840070
物流中心	4840008
燃料油销售中心	4320621
润滑油销售中心	4320620

长沙石油分公司

地址：长沙市伍家岭路 114 号
邮编：4482709
区号：0731

部门	公网电话
办公室	4482709

株洲石油分公司

地址：株洲市建设中路 117 号
邮编：412000
区号：0733

部门	公网电话
办公室	8352294

岳阳石油分公司

地址：岳阳市洞庭北路8号

邮编：414000

区号：0730

办公室……………………………………8316127

湘潭石油分公司

地址：湘潭市车站路杨家湾43号

邮编：411100

区号：0732

办公室……………………………………8393110

常德石油分公司

地址：常德市武陵区朗洲中路

邮编：415000

区号：0736

办公室……………………………………7224495

益阳石油分公司

地址：益阳市桥南白鹿路22号

邮编：413000

区号：0737

办公室……………………………………4383098

邵阳石油分公司

地址：邵阳市东大路113号

邮编：

区号：0739

办公室……………………………………5224206

娄底石油分公司

地址：娄底市清泉街9号

邮编：417000

区号：0738

办公室……………………………………8313064

衡阳石油分公司

地址：衡阳市蒸湘南路29号

邮编：421001

区号：0734

办公室……………………………………8224902

永州石油分公司

地址：永州市冷水滩区潇湘东路77号

邮编：425000

区号：0746

办公室……………………………………8323098

郴州石油分公司

地址：郴州市潘家湾109号

邮编：423000

区号：0735

办公室……………………………………2875408

怀化石油分公司

地址：怀化市迎丰路58号

邮编：418000

区号：0745

办公室……………………………………2714389

湘西自治州石油分公司

地址：吉首市团结西路13号

邮编：416000

区号：0743

办公室……………………………………8222753

张家界石油分公司

地址：张家界市大桥路24号

邮编：427000

区号：0744

办公室……………………………………8222190

56. 中国石油化工股份有限公司广东石油分公司

地址：广东省广州市中山七路81号广东石油大厦
邮编：510145
区号：020
总机：81298235
传真：81297207
E-mail: gdsyjlb@163.com

中国石油化工股份有限公司广东石油分公司（以下简称广东石油分公司）是中国石油化工股份有限公司直属销售企业。2000年上半年，按照石化集团公司重组改制的要求，广东省石油企业集团公司的主营业务部分组成中国石油化工股份有限公司广东石油分公司（以下简称广东石油分公司）。

广东石油分公司经过50多年的建设，已经发展成为一个下辖16个市（区域）分公司，拥有2000多座在营加油站，200多个直销批发网点、近200个提油点、40多座在营油库，总资产达175.77亿元的国有大型企业，形成了遍布全省各地的营销网络和日臻完善的服务体系，成为广东省成品油市场的主要供应商，占据主导地位。2007年，在广东省经贸委和广东省统计局共同评定的"广东最大50家企业"排名中位居第4名，在广东省社会科学院竞争力评估研究中心、广东省省情调查研究中心评定的"广东大型企业竞争力50强单位"中位居第14名。全年销售总量1870.2万t，比2006年增长2.86%，其中成品油1428万t，比2006年增长7.2%，其中零售1112.02万t，比2006年增长8.8%；直销208.15万t，比2006年增长0.9%；润滑油30万t，比2006年增长14.5%；燃料油412.2万t。

部门	公网电话
公司机关	
经理办公室	81297098
	81298013
政工办	81298019
人力资源处	81298131
综合管理处	81298968
	81298132
财务资产处	81298084
	81298087
企业管理处	81298151
信息管理处	81298383
	81298297
业务处	

……………………………………81298031

……………………………………81298032

调运处

……………………………………81297298

……………………………………81298063

零配中心

……………………………………81297400

发展处

……………………………………81298284

……………………………………81298399

零售管理处

……………………………………81298170

……………………………………81297090

非油品中心

……………………………………81298199

安全储运基建处

……………………………………81298140

……………………………………81298141

审计督查处

……………………………………81298988

……………………………………81298160

监察处

……………………………………81298025

……………………………………81298261

计量质量管理处

……………………………………81298038

……………………………………81298062

燃料油中心

……………………………………81298003

……………………………………81298061

珠三角管道项目部

……………………………………81298126

……………………………………81298305

仓储分公司

……………………………………82050666

……………………………………82050681

润滑油中心

……………………………………83283299

……………………………………83284479

综合管理部

……………………………………83283686

深圳分公司

(0755)

经理办公室……………………………83546199

广州分公司

(020)

经理办公室……………………………83295381

珠海分公司

(0756)

经理办公室……………………………2629183

粤东分公司

(0754)

经理办公室……………………………88996098

韶关分公司

(0751)

经理办公室……………………………8252828

梅州分公司

(0753)

经理办公室……………………………2253528

惠州分公司

(0752)

经理办公室……………………………2117158

东莞分公司

(0769)

经理办公室……………………………22762623

中山分公司

(0760)

经理办公室……………………………88821307

江门分公司

(0750)

经理办公室……………………………3279328

佛山分公司

(0757)

经理办公室……………………………83360118

阳江分公司

(0662)

经理办公室……………………………3188999

湛江分公司

(0759)

经理办公室……………………………3389320

茂名分公司

(0668)

经理办公室……………………………2735288

肇庆分公司

(0758)

经理办公室……………………………2900168

清远分公司

(0763)

经理办公室……………………………3371282

57. 中国石油化工股份有限公司广西石油分公司

地址：广西南宁市桃源路67号石油大厦
邮编：530021
区号：0771
总机：5322886
传真：5323338
E-mail: gxsygs@sohu.com

中国石油化工股份有限公司广西石油分公司（以下简称广西石油分公司）位于广西壮族自治区首府南宁市，是中国石化惟一设在少数民族自治区的省级石油公司。前身是成立于1952年的广西壮族自治区石油公司，1998年8月，整体上划中国石化集团公司，2000年2月，按照重组改制、主辅分离的原则，分别组建为上市的广西石油分公司和非上市的广西石油总公司，广西石油分公司完全承担了原广西壮族自治区石油公司的优良资产和主营业务。2006年12月，广西石油总公司转制为中国石化集团资产经营管理有限公司广西石油分公司。

广西石油分公司是广西最大的成品油销售企业，下辖9个地级分公司，拥有覆盖面广、功能完善的成品油营销储运网络，经营范围涉及汽油、柴油、煤油、润滑油以及燃料油等。

广西石油分公司讲政治、顾大局、负责任，2007年，以扩大规模为重点，积极应对市场变化和资源紧缺，加大外采力度，全力保供增量，成品油经量增长13%，零售量增长11%、直销量增长15%，经营量、零售量、直销量、高标号汽油零售比例均创历史新高，经营业绩实现新突破。

广西石油分公司坚持严字当头、精细管理，2007年，以强化管理为主线，严抓安全管理，认真执行《集团公司安全生产禁令》，狠抓现场管理，严格油品检测，安全形势呈现近年最好水平；狠抓降本减费，细化内部控制，严格预算管理，严控弹性费用，资金管理、费用管理呈现良性循环；细抓节能降耗，全面推行节能考核，用电量下降18%、用水量下降51%，节能工作走在石化销售企业前列；推进信息化建设，实现了办公、业务、财务、物流、资产、审计的信息化管理。

广西石油分公司坚持优化网络，提升网络功能，以加快网络发展为契机，加快加油站建设步伐，推进加油站形象改造，提升网络质量和品牌形象；实施乙醇汽油项目，同步建设13座乙醇汽油调配中心，提升油库硬件水平和整体功能。

中国石油化工股份有限公司
广西石油分公司

部门　公网电话

公司机关

办公室
- 主任……5306308
- 副主任……5323116
- 办公室……5322886
- 传真……5323338

企业管理处、法律事务处
- 处长……5322785
- 办公室……5334316
- 传真……5334316

政工处
- 处长、机关工会主席、石化报记者站站长……5307874
- 副处长、石化报记者站副站长……5335154
- 传真……5333754

纪检监察处
- 处长、纪委副书记……5330774
- 传真……5310381

审计处
- 副处长……5335292
- 传真……5327768

人力资源处
- 处长……5323857
- 传真……5335152
- 传真……5323203

财务资产处
- 处长……5312108
- 副处长……5323032
- 办公室……5330772
- 传真……5331424

经营管理处
- 处长……5331185
- 办公室……5332420
- 传真……5322791

发展基建处
- 处长……5335823
- 副处长……5323098
- 办公室……5323010
- 传真……5300658

安全数质量处
- 处长……5311528
- 副处长……5327799
- 传真……5332872

信息管理处
- 处长……5327288
- 副处长……5333595
- 传真……5305276

物流配送中心
- 处长……5318089
- 副处长……5319122
- 办公室……5319661
- 传真……5332873

商业客户中心
- 经理……5327588
- 办公室……5313588
- 传真……5319311

零售管理中心
- 经理……5307002
- 副经理……5307977
- 办公室……5310551
- 传真……5332409

非油品经营管理中心
- 经理……5327088
- 副经理……5330258
- 办公室……5307269
- 传真……5332409

润滑油中心
- 经理……5319919
- 副经理……5339955
- 办公室……5300222
- 传真……5333647

高速公路建设办
- 主任……5300808
- 副主任……5322977
- 办公室……5307577
- 传真……5307577

广西钦州中石化石油液化气有限责任公司

地址：钦州市钦州港果鹰大道

邮编：535000

传真：(0777) 3888819

- 经理……3888818
- 副经理……3888808
- 副经理……3888809

行政部长……………………………………3888806
办公室………………………………………3888806

广西钦州市钦州港鹰岭铁路有限责任公司

地址：钦州市钦州港果鹰大道
邮编：535000
传真：(0777) 3887409

经理…………………………………………3887408
办公室………………………………………3887408
……………………………………………3887409

广西辉煌交通石化有限公司

地址：南宁市桃源路59号
邮编：530021
传真：(0771) 5318559

总经理………………………………………5328802
副总经理……………………………………5318553
副总经理……………………………………5318552
行政部经理…………………………………5318931
财务部副经理………………………………5318592
业务部经理…………………………………5318535
加管部经理…………………………………5318525
安全基建部经理……………………………5311116

南宁石油分公司

地址：南宁市新阳路北二里四号
邮编：530003
传真：(0771) 3157669

办公室主任…………………………………3150779
政工办主任…………………………………3174434
工会副主席…………………………………3150769
人力资源科科长……………………………3181905
安全基建数质量科科长……………………3150024
信息管理部科长……………………………3179922
财务核算部经理……………………………3151997
商业客户部副经理…………………………3153216
润滑油销售部经理…………………………3170615
物流配送中心副经理………………………3170799
新阳油库主任………………………………3154028
屯里油库主任………………………………5662378
黎塘油库主任………………………………8203963
崇左油库主任………………………………7822676
零售管理部副经理…………………………3176351
西片区经理…………………………………3252122
北片区经理…………………………………3334828
中心片区经理………………………………5555270
南片区经理…………………………………4805489
崇左片区经理………………………………7836868
宾阳片区经理………………………………8283625
武鸣片区经理………………………………6222516
邕宁片区经理………………………………4719734
上林片区经理………………………………5222946
马山片区经理………………………………6822343
隆安片区经理………………………………6522502
天等片区经理………………………………3521059
大新片区经理………………………………3622206
龙州片区副经理……………………………8811178
宁明片区经理………………………………8621015
扶绥片区经理………………………………7522520
凭祥片区副经理……………………………8538598
横县片区经理………………………………7204808

柳州石油分公司

地址：柳州市航银路29号
邮编：545005
传真：(0772) 3219791

办公室主任…………………………………3219695
政工办主任…………………………………3219563
人力资源科科长……………………………3219539
基建安全数质量科科长……………………3219650
信息管理部科长……………………………3223155
财务核算部经理……………………………3219671
商业客户部副经理…………………………3219762
润滑油销售部经理…………………………3219651
物流配送中心副经理………………………3219750
鹧鸪江油库主任……………………………2752595
城站油库主任………………………………3630573
零售管理部副经理…………………………3219730
柳东片区经理………………………………3350378
柳南片区经理………………………………3719804
来宾片区经理………………………………4212119
柳江片区经理………………………………7212551
鹿寨片区经理………………………………6813169
柳城片区经理………………………………7620285
象州片区经理………………………………4362272
金秀片区经理………………………………6212440
忻城片区助理………………………………5511472
合山片区主办………………………………8912348
融水、融安片区经理………………………5122529
武宣片区经理………………………………5212021
助理…………………………………………5212021
三江片区经理………………………………8612274

桂林石油分公司

地址：桂林市九华路8号
邮编：541001
传真：(0773) 269899

办公室主任……2691279
政工办主任……2695158
人力资源科科长……2696612
安全基建数质量科科长……2692941
信息管理部科长……2697137
财务核算部经理……2692323
商业客户部经理……2696850
润滑油销售部经理……2691551
物流配送中心副经理……2691768
九华山油库主任……2696211
羊角山油库主任……3603634
全州油库主任……4913342
零售管理部经理……2692853
市区经营部经理……2692768
恭城片区经理……8212222
灌阳片区经理……4212290
临桂片区经理……5565561
阳朔片区经理……8820593
荔浦片区经理……7213583
灵川片区经理……6812248
资源片区经理……4318611
永福片区经理……8551268
龙胜片区经理……7519899
全州片区经理……4915715
平乐片区经理……7882190
兴安片区经理……6214223

梧州石油分公司

地址：梧州市新兴二路193—1号
邮编：543002
传真：(0774) 3826550

办公室副主任……3828477
政工办主任、工会副主席……3828776
人力资源科科长……3828778
安全基建数质量科科长……3828713
信息管理部科长……3829204
财务核算部经理……3827857
商业客户部经理……3828924
润滑油销售部经理……3827394
物流配送中心副经理……3827765
火山油库主任……2061120
机场油库副主任……3891645
零售管理部副经理……3828551
本部、苍梧片区经理……2678568
岑溪片区经理……8223031
藤县片区经理……7298038
贺州片区经理……3302108
富川片区经理……7717321
昭平片区助理……6690219
蒙山片区经理……6285698
钟山片区经理……8982518

玉林石油分公司

地址：玉林市大南路115号
邮编：537005
传真：(0775) 3837328

办公室主任……3829001
副主任……3829001
政工办副主任……3829021
人力资源科科长……3829896
安全基建数质量科科长……3815076
信息管理部科长……3829030
财务核算部经理……3833588
商业客户部经理、润滑油销售部经理……3829008
物流配送中心副经理……3829182
玉林油库主任……3836398
零售管理部副经理……3829076
本部片区经理……3829009
北流片区经理……6215578
容县片区经理……5323888
博白片区经理……8329025
陆川片区经理……7310528
兴业片区经理……3765255

贵港石油分公司

地址：贵港市金港大道
邮编：537100
传真：(0775) 4566831

办公室主任……4554885
政工办主任……4568968
人力资源科科长……4569075
安全基建数质量科科长……4569642
信息管理部科长……4568479
财务核算部副经理……4553329
商业客户部经理……4567956
润滑油销售部经理……4565909
物流配送中心副经理……4281262
贵港油库主任……4280256

零售管理部经理……………………………………4555379
一片区经理…………………………………………4322148
二片区经理…………………………………………4573785
桂平片区经理………………………………………3370388
平南片区经理………………………………………7823396
灵山片区经理…………………………(0777)6511993
浦北片区经理…………………………(0777)8213767

百色石油分公司

地址：百色市右江区城东大道中段
邮编：533000
传真：(0776)2930018

办公室副主任………………………………………2931518
政工办主任…………………………………………2933011
人力资源科科长……………………………………2931698
安全基建数质量科科长……………………………2932598
信息管理部科长……………………………………2933122
财务核算部经理……………………………………2933108
商业客户部经理……………………………………2939511
润滑油销售部经理…………………………………2931158
物流配送中心副经理………………………………2930058
三雷油库主任………………………………………3235265
零售管理部副经理…………………………………2931918
百色片区经理………………………………………2931319
田阳片区经理………………………………………3218670
田东片区经理………………………………………5222659
平果片区经理………………………………………5821192
靖西片区经理………………………………………6223735
德保片区经理………………………………………3828185
那坡片区经理………………………………………6822208
田林片区经理………………………………………7212016
降林片区经理………………………………………8218889
西林片区经理………………………………………8682168
凌云片区助理………………………………………7612148
乐业片区经理………………………………………7922308

河池石油分公司

地址：河池市中山路93号
邮编：547000
传真：(0778)2235787

办公室主任…………………………………………2235787
政工办主任、工会副主席…………………………2235253
人力资源科科长……………………………………2233991
安全基建数质量科科长……………………………2283126
信息管理部科长……………………………………2233385
财务核算部经理……………………………………2282782
商业客户部经理……………………………………2284700
润滑油销售部经理…………………………………2235085
物流配送中心副经理………………………………2235122
金城江油库主任……………………………………2237282
零售管理部副经理…………………………………2283922
本部片区经理………………………………………2212722
宜州片区经理………………………………………3183080
罗城片区经理………………………………………8214385
环江片区经理………………………………………8870328
南丹片区经理………………………………………7214555
天峨片区经理………………………………………7824995
都安片区经理………………………………………5216018
大化片区经理………………………………………5812538
东兰片区经理………………………………………6322337
凤山片区经理………………………………………6212275
巴马片区经理………………………………………6812295

北海石油分公司

地址：北海市北部湾西路20号
邮编：536000
传真：(0779)3054803

办公室主任…………………………………………3038603
政工办主任…………………………………………3062209
人力资源科科长……………………………………3034471
安全基建数质量科科长……………………………3035473
信息管理部科长……………………………………3061656
财务核算部经理……………………………………3054690
商业客户部经理……………………………………3035482
润滑油销售部经理…………………………………3069221
物流配送中心副经理………………………………3073183
冠头岭油库主任……………………………………3903047
销售部油库主任……………………………………3909516
零售管理部副经理…………………………………3061449
海上零售中心经理…………………………………3903476
本部片区经理………………………………………3061449
合浦片区经理………………………………………7270423
钦州片区经理…………………………(0777)2810720
防城片区经理…………………………(0770)3253415
上思片区经理…………………………(0770)8520043

58. 中国石油化工股份有限公司海南石油分公司

地址：海南省海口市滨海大道163号
邮编：570311
区号：0898
传真：68680909

中国石油化工股份有限公司海南石油分公司（以下简称海南石油分公司）成立于2000年4月，主营石油、天然气、液化气、润滑油、石油化工以及日用百货便利店经营、汽车清洗服务，销售网络覆盖海南省海、陆两域，自营加油（气）站283座，油库6座，总库容11.6万m^3，专用油码头5座。

海南石油分公司认真贯彻落实总部各项改革、经营、发展的战略方针，在国际油价跌宕起伏、市场形势变幻莫测的大背景下，紧紧围绕全年的经营工作任务，以市场为导向，以效益为中心，聚精会神搞经营，一心一意谋发展，各项工作迈上新台阶。经营总量大幅度增长；安全数质量管理进一步强化；内部管理得到规范加强；网络建设有效推进；服务质量不断提高；队伍建设持续加强；经济效益显著提高。

部门	公网电话
经理办公室	
主任	65351710
副主任	65358713
政工办公室	
主任	65351713
副主任	65351713
经营管理处	
处长	65380282
副处长	65380282
财务资产处	
处长	65351810
副处长	65351810
副处长	65351810
发展规划处	
处长	65353291
副处长	65353291
企业管理处（法律事务处）	
处长	65361446
人力资源处	
处长	65350007
副处长	65353685
安全数质量处（保卫处）	
处长	65351376
副处长	65376924
审计处	
处长	65351354
监察处	
处长	65393347
信息网络管理处	
处长	65352684

59. 中国石油化工股份有限公司贵州石油分公司

地址：贵州省贵阳市解放路21号贵州石化大厦
邮编：550002
区号：0851
传真：5985810
E-mail: gz_sinopec@163.com

中国石油化工股份有限公司贵州石油分公司（以下简称贵州石油分公司）位于贵州省贵阳市解放路21号，是贵州省最大的一家成品油经营企业。

2000年3月按照中国石化集团重组改制工作的要求，从贵州省石油总公司划出，成立中国石油化工股份有限公司贵州石油分公司。现公司下设8个地州分公司。

贵州石油分公司拥有大、中型油库10座，总库容量25.7万m^3。有遍及全省中心城市、国道、省道、公路主干道及农村的成品油零售网络体系，拥有在营加油站682座。

国际油价跌宕起伏，国内资源紧张，供需矛盾突出，给国内成品油经营带来极大影响。贵州石油分公司结合省情，从大局出发，迎难而上，沉着应对，多管齐下争取资源，确保了市场供应，得到地方政府的赞誉，进一步提升了中国石化的品牌形象。贵州石油分公司以构建企业文化、制度安排和有效发展的基本思路，引领贵州石油走向快速健康发展的航向。以推行内控制度为契机，进一步加强了企业各项内部制度建设，强化了法律、审计、监察、物资采购、信息管理，促进了企业管理水平的提升。

贵州石油分公司按照总部整体工作部署，以完善营销网络为基础，以突出核心业务为重点，以信息技术和管理创新为手段，以推进有效发展为目标，大力培育人才，提升企业文化，完善制度治理，强化过程控制，精心经营，精细管理，全面打造贵州石油持续发展的核心竞争力。

中国石油化工股份有限公司贵州石油分公司

部门 公网电话

公司机关

经理办公室
- 副主任、信息技术处副处长……5986622
- 副主任……5980144
- 办公室……5986622

政工办
- 主任……5987625

纪检监察处
- 处长……5986647

人力资源处
- 处长……5986341
- 办公室……5988669

经营管理处
- 处长……5987663
- 办公室……5947564

商业客户中心
- 副经理……5989240

物流中心
- 经理……5986642
- 处长助理……5666463

零售中心
- 副经理……5986229
- 副经理……5660774
- 办公室……5660774

润滑油中心
- 办公室……5951131
- 办公室……5951027

财务资产处
- 副处长……5986665
- 处长助理……5956948
- 办公室……5952015
- 办公室……5988664
- 办公室……5987667

安全数质量管理处
- 副处长……5986670
- 办公室……5986231

基建发展处
- 处长……5986659
- 办公室……5987651

企业管理处
- 处长……5986644

审计处
- 副处长……5986643
- 办公室……5985902

信息技术处
- 副处长……5986622
- 处长助理……5986633

非油品业务处
- 副处长……5980630
- 办公室……5802141

贵阳分公司

地址：贵阳市瑞金南路134号

邮编：550001

区号：0851

经理……5802126

书记……5802141

副经理……5802015

……5802026

经理办公室……5802161

政工办公室……5802144

人事科……5802139

业务科……6519840

财务科……5802052

……5802276

审计科……5802341

安全监督科……5802230

加油站管理科……5802136

基建发展科……5802329

数质量科……6509172

销售部……5802379

营业部……5802079

白云公司……4831171

花溪公司……3851652

……3852024

乌当公司……6846780

大华公司……3832652

清镇公司……2522351

修文公司……2324058

开阳公司……7221171

……7225847

息烽公司……7721307

长顺公司……(0854)6824731

……(0854)6821499

黔西公司……(0857)4222932

大方公司……………………………(0857)5221151
罗甸公司……………………………(0854)7611211
惠水公司……………………………(0854)6221016
……………………………………(0854)6225617

遵义分公司

地址：遵义市延安路171号
邮编：563000
区号：0852

经理…………………………………8823045
书记…………………………………8829141
副经理………………………………8822031
……………………………………8824366
纪委书记……………………………8825277
经理办公室…………………………8829142
……………………………………8850357
政工办公室…………………………8824155
人事科………………………………8824335
业务科………………………………8823003
财务科………………………………8824144
……………………………………8850353
基建发展科…………………………8868731
审计科………………………………8829143
安全监督科…………………………8822089
数质量科……………………………8850359
加油站管理科………………………8822031
董公寺油库
主任………………………………8631063
办公室……………………………8631187
……………………………………8631187
绥阳支公司…………………………6222289
正安支公司…………………………6421365
湄潭支公司…………………………4221338
凤冈县公司…………………………5221566
仁怀市公司…………………………2223496
习水支公司…………………………2521958
赤水市公司…………………………2821818
务川支公司…………………………5621339
金沙支公司…………………………(0852)7221410
遵义县公司…………………………7220165
桐梓支公司…………………………6622818
道真支公司…………………………5821990

安顺分公司

地址：安顺市外环西南路22号
邮编：561000
区号：0853

经理…………………………………3225191
书记…………………………………3225758
副经理………………………………3225503
……………………………………3222532
纪委书记室…………………………3225884
经理办公室…………………………3225602
政工办公室…………………………3225884
人事科………………………………3223384
业务科………………………………3225996
财务科………………………………3223685
基建发展科…………………………3225811
审计科………………………………3225981
安全监督科…………………………3225469
数质量科……………………………3354142
加油站管理科………………………3349470
轻油经营部…………………………3355441
润滑油公司…………………………3227783
实业公司……………………………3225961
石油库………………………………3222135
茂源公司……………………………3222338
平坝支公司…………………………4224438
紫云支公司…………………………5233906
织金支公司…………………………(0857)7622322
关领支公司…………………………7223443
镇宁支公司…………………………6222390
普定支公司…………………………8222025

黔南分公司

地址：都匀市民族路48号
邮编：558000
区号：0854

经理…………………………………8223693
书记…………………………………8224253
副经理………………………………8223272
纪委书记……………………………8223524
经理办公室…………………………8222745
……………………………………8222727
政工办公室…………………………8223966
人事科………………………………8223411
业务科………………………………8222249
财务科………………………………8224754
……………………………………8226138
……………………………………8249651
审计科………………………………8226238
安全基建科…………………………8223516

油站、数质量科……………………………8221571
……………………………8222727
石油营业部……………………………8258880
……………………………8233617
润滑油公司……………………………8224911
……………………………8234017
配送中心……………………………8229353
都匀油库
主任……………………………8313157
副主任……………………………8317147
……………………………8312302
福泉支公司……………………………2323032
……………………………2423055
龙里支公司……………………………5632048
……………………………5634139
独山支公司……………………………3231320
平塘支公司……………………………7223899
荔波支公司……………………………3611133
三都支公司……………………………3924393
……………………………3924375
贵定支公司……………………………5220110
……………………………5227525
瓮安支公司……………………………2621156

黔东南分公司

地址：凯里市营盘东路44号
邮编：556000
区号：0855

经理……………………………8222426
书记……………………………8223197
副经理……………………………8223418
副经理……………………………8222437
副经理……………………………8222659
纪委书记……………………………8222658
纪理办公室……………………………8223591
……………………………8231474
政工办公室……………………………8221029
人事科……………………………8223455
业务科……………………………8223310
财务科……………………………8222404
……………………………8259670
审计科……………………………8231414
安全基建科……………………………8222716
监察室……………………………8222658
数质量科……………………………8269381
加油站管理科……………………………8222219
润滑油经营部……………………………8236394
液化气经营部……………………………8222624
配送中心……………………………8223310
湾溪油库……………………………8570051
……………………………8570113
黄平支公司……………………………2432815
……………………………2435838
镇远支公司……………………………5722266
施秉支公司……………………………4221094
台江支公司……………………………5327051
……………………………5323504
雷山支公司……………………………3331225
榕江支公司……………………………6622796
……………………………6626456
黎平支公司……………………………6221646
从江支公司……………………………6412547
丹寨支公司……………………………3611220
麻江支公司……………………………2622235
剑河支公司……………………………5221243
余庆县公司……………………………(0852)4624250

铜仁分公司

地址：铜仁市大庆北路32号
邮编：554300
区号：0856

经理……………………………5222581
书记……………………………5223575
副经理……………………………5223672
副经理……………………………5237491
纪委书记……………………………5222961
经理办公室……………………………5237487
……………………………5223226
政工办公室……………………………5223577
人事科……………………………5223584
审计科……………………………5224834
加油站管理科……………………………5230691
安全基建科……………………………5222834
财务科……………………………5234032
……………………………5223582
数质量科……………………………5232503
业务科……………………………5223580
……………………………5223585
城区经营部……………………………5215095
润滑油经营部……………………………5236533
玉屏支公司……………………………3221023
万山支公司……………………………3521028

松桃支公司……2830159
沿河支公司……8220541
德江支公司……8521183
思南支公司……7221086
……7225944
印江支公司……6222312
……6225649
石阡支公司……7622066
……7622433
江口支公司……6624162
……6623272
岑巩支公司……(0855)3571526
……3571344
三穗支公司……(0855)4522248
……4522388
锦屏支公司……(0855)7221151
天柱支公司……(0855)7523726
……7522316
大龙油库
主任……3321618
业务……3321190
……3321169

毕节公司

地址：毕节市威西路124号
邮编：551700
区号：0857

经理……8222696
副书记……8223109
副经理……8223158
副经理……8223726
行政办公室……8223294
政工办公室……8222821
人事科……8222314
财务科……8222964
基建科……8222991
业务科……8223038
润滑油公司……8221143
配送中心……8241487
五里坪油库……8287115
毕节驻筑办事处……6814876

六盘水分公司

地址：六盘水市向阳南路15号
邮编：553001
区号：0858

经理……8200295
书记……8200367
副经理……8201817
副经理……8202083
纪委书记室……8201817
经理办公室……8201561
政工办公室……8202087
人事科……8200621
业务科……8201863
……8202123
财务科……8200569
……8200455
安全基建科……8200632
加油站管理科……8200244
审计科……8200323
多经公司……8202083
润滑油公司……8967906
……8960056
劳动服务公司……8227079
丰源油库……8745780
滥坝油库
书记……6210220
主任……6210270
副主任……6210223
……6210227
劳司……6210221
储运股……6210227
场坝供应站……8964309
盘县支公司……3221278
……3221422
六枝支公司……5322429
……5322303
威宁支公司……6222637
……6222596
赫章支公司……3222840
纳雍支公司……3521515
……3530238

黔西南分公司

地址：兴义市湖南街67号
邮编：562400
区号：0859

经理……3223395
书记……3226237
副经理……3222976
副经理……3239146
纪委书记……3223383

经理办公室……3223722
……3231150
政工办公室……3223383
人事科……3222865
业务科……3223294
财务科……3223769
……3223316
审计科……3222865
数质量科……3223294
安全基建科……3230748
加油站管理科……3230748
工会……3223383
普安支公司……7232164
安龙支公司……5210362
……5215694
兴仁支公司……6212237
……6216294
贞丰支公司……6610289
晴隆支公司……7610158
册亨支公司……4211793
……4213263
望漠支公司……4610047
……4611896
润滑油支公司……3224125
郑屯石油库……3540089

贵阳石油库

地址：贵阳市富源南路475号
邮编：550005
区号：0851

主任……3929056
书记……3929056
副主任……3929056
组教科……3925383
公安科……3929067
财务科……3921615
业务科……3929063
工务科……3928908
行政科……3929062
化验室……3929064
警消队……3929064
恒源公司……3929822
龙洞堡加油站……5400428
沙坡加油站……4606169

润滑油分公司

地址：贵州省贵阳市解放路21号
邮编：550002
区号：0851

经理……5951131
书记……5958003
副经理室……5951027
办公室……5946364
财会科……5961475
销售部……5940295
延安西路开票点……5954332
……5951192
贵阳油库开票点……3929419
解放路超市……5985804

麻芝铺油库

地址：龙里县麻芝乡
邮编：551203
区号：0854

主任……5669019
书记……5669032
副主任……5669035
工会主席……5669013
办公室……5669026
综合办公室……5669029
业务科……5669116
财务科……5669025
值班室……5669031
警消队……5669001
微机室……5669039

物资公司

地址：贵阳市解放路21号
邮编：550002
区号：0851

经理……5985949
书记……5985949
办公室……5987950
财务科……5989264
业务科……5989394

贵阳油脂厂

地址：贵阳市三桥圣泉路80号
邮编：550008
区号：0851

书记……4853768
厂长……4842543
副厂长……4831854
副厂长……4854478

工会主席……4842527
办公室……4853768

筑阳公司

地址：贵阳市解放路 21 号
邮编：550002
区号：0851

经理……5985860
副经理……4862977
副经理……5985829
副经理……5986599
副经理……5986101
副经理……4862976
财务室……5985829
业务室……5986599

综合室……5986101
油库……4862976

筑城公司

地址：贵阳市解放路 21 号
邮编：550002
区号：0851

经理……5986080
……5986081
书记……5986080
业务科……5986615
财务科……5986077
综治办……5986640
行政办……5986082

60. 中国石油化工股份有限公司云南石油分公司

地址：云南省昆明市拓东路45号世博大厦
邮编：650011
区号：0871
传真：3115210
E-mail：ynsyfgs@tom.com

中国石油化工股份有限公司云南石油分公司（以下简称云南石油分公司）是中国石油化工股份有限公司设在云南的直属销售企业，主营汽油、柴油、煤油、润滑油、燃料油和其他石化产品的零售、直销配送、批发和仓储业务，是云南省内最具实力的成品油主渠道销售企业。

公司前身云南省石油总公司建立于1952年7月，随着经济结构调整和管理机构变化，公司名称几经变更，但云南石油始终立足边疆，服务云南，经过几代石油人的辛勤努力，在计划经济时代为云南社会经济发展作出了积极贡献。1998年6月，公司根据国务院组建中国石油、石化两大集团公司的决定整体上划中国石化集团公司；2000年2月，按照中国石化集团公司整体重组、主辅分离、改制上市的要求，主营业务部分组成中国石油化工股份有限公司云南石油分公司。

经过50多年的发展，云南石油分公司现已成为一个拥有13座在营油库，总库容34.56万m^3，1100多座加油站，总资产达45.09亿元的大型国有企业。特别是上划以来，云南石油分公司通过不断改革发展，经营总量不断扩大，盈利能力持续增强，资产质量明显改善，竞争实力显著提高，经营机构、网点遍布全省各地，不仅最大限度地挖掘了省内市场，还稳步发展了区外市场，涉足了境外市场。

在集团公司及销售公司正确领导下，面对错综复杂的市场竞争环境，云南石油分公司秉承“竞争、开放、规范、诚信”的经营理念，在成品油资源过剩，销售不畅时期，我们始终坚持“市场第一、销售第一、效益第一”，大力拓展市场，努力扩大销售，着力提高市场占有率。在资源紧缺，保供压力较大时期，我们积极组织油源，增加市场投放量，保证了云南成品油市场的平稳供应，顾大局、负责任，切实履行国有大企业促进地方经济发展的经济责任、社会责任和政治责任，经受住了上市以来最严峻的考验，不仅确保了企业和谐高效发展，经营总量、销售收入再创历史新高，而且得到了地方党委、政府的充分肯定，树立了中国石化良好的企业形象。

云南石油分公司继续深化改革，使管理体制和经营机制运行更加顺畅；坚持“顾客至上”原则，提升服务质量和水平，加快加油站形象改造，为顾客提高优质、快捷、舒适的消费环境；继续抢抓机遇，突出重点，进一步优化网络布局，高速公路加油站网点建设成效明显；继续加强内部管理，严格内控制度，精细化管理持续推进；继续坚持以人为本，强调人文关怀，改善员工生产生活条件，职工队伍稳定；继续加强沟通协调，加强党建和思想政治工作，加强信访稳定工作，努力营造和谐的内外部环境，通过全体干部员工的共同努力，各项工作取得了新进展，企业发展基础进一步夯实。

中国石油化工股份有限公司
云南石油分公司

部门	公网电话
机关处室	
经理办公室	3115169
人力资源处	3115252
财务资产处	3115284
经营管理处	3115243
零售管理处	3115292
基建发展处	3115236
信息管理处	3115320
企业管理处	3115257
审计督察处	3115274
非油品业务处	3115705
离退休办公室	3115321
新能源办公室	3115239
省商业客户中心	3115295
安全数质量管理处	3115263
纪检检查处	3115272
政工办公室	3115236
工会	3115230
下属公司	
昆明分公司	
综合办	(0871)6113680
玉溪分公司	
综合办	(0871)2061418
曲靖分公司	
综合办	(0874)3383120
大理分公司	
综合办	(0872)2170647
楚雄分公司	
综合办	(0878)3014649
昭通分公司	
综合办	(0870)2158687
红河分公司	
综合办	(0873)7123426
之川分公司	
综合办	(028)87019272
润滑油分公司	
综合办	(0871)3579102

61. 中国石油化工股份有限公司石油勘探开发研究院

地址：北京市海淀区学院路31号
邮编：100083
区号：010
传真：82312089
网址：www.pepris.com

中国石油化工股份有限公司石油勘探开发研究院（以下简称勘探开发研究院）是中国石油化工股份有限公司直属上游综合研究机构。勘探开发研究院总院设在北京，并在乌鲁木齐、南京、无锡和德州设有一个分院和三个研究所，在荆州、合肥设有两个基地，其前身为原地质矿产部所属油气普查勘探研究单位，经过50余年的发展，已在油气勘探开发研究、资源发展战略制定、实验测试分析、地震资料综合处理与解释、钻井工具与油田化学助剂研发、工程技术咨询和服务、国外油气勘探研究等方面形成了自己的特色和优势。勘探开发研究院是国家石油勘探开发甲级工程咨询单位和首批入选的承担发改委委托投资咨询评估任务的单位，其中油气化探实验测试中心和石油地质实验测试中心已通过国家级计量认证。

勘探开发研究院是中国石化油气勘探开发及上游发展战略参谋部、上游核心技术研发和技术服务部、上游高级技术人才培训部、油气勘探开发资料信息中心。主要承担国家及中国石化股份公司重点项目的科技攻关或牵头组织工作；承担股份公司油气勘探开发基础理论及应用技术研究、资源评价研究、规划部署研究，参与重大油气勘探开发科研项目和重大生产经营项目的设计审查、技术经济论证；承担国外油气资源的选区评价及勘探开发可行性论证。截止2007年，累计主持完成了国家重点油气科技攻关项目、课题和省部级项目600项，获国家级奖励51项、表彰5项，并两次获国家科技进步一等奖，获省部级奖励450项。

当前，勘探开发研究院面向国内外油气工业上游市场，已与国内20余家油田企业单位建立了良好的业务合作关系，与国外10余所科研机构和高校签订了学术交流和人才培养协议。勘探开发研究院将以诚信、协作、创新、执行的企业文化理念和求真务实的工作作风，加快油气勘探开发的理论创新和技术创新，为中国石化油气发展做好技术支撑。

中国石油化工股份有限公司石油勘探开发研究院

部门　公网电话

机关

办公室……82312980
财务部……82312230
发展计划部……82312038
人力资源部……82312941
党委办公室……82312949
科研生产部……82312330

西北分院

地址：新疆乌鲁木齐高新区昆明路2号
邮编：830011
传真：(0991) 3662538
办公室……3662153

无锡石油地质研究所

地址：江苏省无锡市惠钱路210号
邮编：214151
传真：(0510) 83202742
办公室……83201044

南京石油物探研究所

地址：南京市卫岗21号
邮编：210014
传真：(025) 84287822
办公室……84287811

德州石油钻井研究所

地址：德州市东风东路35号
邮编：253005
传真：(0534) 2622468
办公室……2670129

荆州基地

地址：湖北省荆州市荆南路20号
邮编：434100
传真：(0716) 8467438
办公室……8457485

合肥基地

地址：安徽合肥市九华山路15号
邮编：230022
传真：(0551) 4652500
办公室……4652500

62. 中国石油化工股份有限公司石油化工科学研究院

地址：北京市海淀区学院路18号
邮编：100083
区号：010
总机：62327551
传真：62311290
网址：www.ripp-sinopec.com
E-mail：914@ripp-sinopec.com

中国石油化工股份有限公司石油化工科学研究院（以下简称石科院）是中国石化直属的石油炼制与石油化工综合性科学技术研究开发机构，创建于1956年。石科院以石油炼制技术的开发和应用为主，注重油化结合，兼顾相关石油化工技术的研发。近年加强了在新型替代燃料和新能源领域的创新，正在向全方位的以炼油为主、油化结合的能源型研发机构转变。多年来，石科院在技术创新方面既重视与企业和设计单位的合作，注重市场拉动的作用，又十分重视开展导向性基础研究和应用基础研究，积累科学知识和工艺、工程经验，发挥知识创新对技术创新的推动作用。目前，石科院拥有从原油评价到各项炼油工艺技术及催化剂开发，直到石油产品研制和评价的全炼油厂成套技术的开发实力和研发优势。科研业务领域包括：清洁汽/煤/柴油生产技术、劣质和重质原油加工技术、油化结合技术、芳烃生产技术、石油产品生产技术、石油化学品生产技术、石油替代资源研究、炼化技术基础、计算机技术应用以及分析测试等配套技术共十个方面。

石科院下设17个研究部门，拥有一支综合技术优势突出的科研队伍，目前职工总数为967人，各类技术人员812人。其中，中国科学院、中国工程院院士6人，教授级高级工程师92人，高级技术人员378人；博士169人，硕士198人。拥有近千套中小型炼油和石油化工试验装置及各种化学分析仪器，涉及炼油工艺、石油化工、精细化工和添加剂以及油品应用研究等领域。石科院还下设炼油工艺与催化剂国家工程研究中心、石油化工催化材料与反应工程国家重点实验室、润滑油评定中心、水处理技术服务中心等机构；是全国石油产品标准化归口单位。

部门	公网电话	部门	公网电话
院办公室	82310806	技术开发部	62311535
党群工作处	62311559	国际合作处	62310759
科研处	62310723	人力资源处	62311514

63. 中国石油化工股份有限公司北京化工研究院

地址：北京市朝阳区北三环东路 14 号
邮政编码：100013
区号：010
总机：59202000
传真：64228661
网址： www.brici.ac.cn
E-mail：lianjm@brici.ac.cn

北京化工研究院（以下简称北化院）成立于 1958 年 6 月，是中国最早从事石油化工综合性研究的科研机构之一。北化院本部地处北京市北三环内，院区环境优雅，交通方便，周边社区繁华，生活设施配套齐全。位于通州区的科学试验基地功能完备，发展前景广大。

北化院紧紧围绕中国石化主营业务，秉承"创新务实、成就客户"的核心价值理念，坚持"自主创新，重点跨越，支撑发展，引领未来"的科技发展指导方针，积极实施产品差别化创新战略、低成本创新战略和可持续发展战略。大力加强原始创新、集成创新和引进消化吸收再创新，以客户为导向，以材料为先导，产品、催化剂、工艺工程等多专业协同攻关，为客户提供综合解决方案，努力实现关键技术突破。形成了工业催化、有机合成、高分子聚合、塑料加工、化工环保、化学工程、分析表征和信息化 8 大技术创新平台。设立了聚烯烃国家工程研究中心、国家基本有机原料质量监督检验中心、国家化学建材测试中心和国家高分子材料与制品质量监督检验中心等全国性技术中心，以及《石油化工》、《石油化工快报》和《化工环保》等行业性杂志。

部门	公网电话	部门	公网电话
院办公室	59202342	塑料加工研究中心	59202738
财务部	59202380	环境保护研究所	59202588
人力资源部	59202661	基础研究部	59202702
科技术开发部	59202670	乙烯裂解研究室	59202775
审计监察室	59202365	聚乙烯研究室	59202798
安全保卫部	59202307	聚丙烯研究室	59202600
基建条件部	59202386	新产品开发研究室	59202618
国际合作部	59202340	标准研究室	59202427
法律事务部	59202650	生产技术研究室	59202214
党委办公室	59202419	分析研究室	59202520
工会	59202353	信息中心	59202536
有机原料研究所	59202249	器材部	59202440
精细化工研究所	59202557		

64. 中国石油化工股份有限公司抚顺石油化工研究院

地址：辽宁省抚顺市望花区丹东路东段 31 号
邮编：113001
区号：0413
总机：6427881
传真：6429551
网址：www.fripp.com.cn
E-mail public@fripp.com.cn

中国石油化工股份有限公司抚顺石油化工研究院（以下简称“抚顺石化院”）是中国石油化工股份有限公司的直属科研单位，创建于1953年，是国内最早建立的石油研究机构。经过50多年的不断发展，现已成为以临氢催化、生物化工、环境保护技术以及材料产品开发为核心专业领域的综合性科研开发基地。

抚顺石化院主要从事加氢裂化催化剂及工艺技术开发、馏分油加氢精制催化剂及工艺技术开发、渣油加氢处理催化剂及工艺技术开发、石油蜡类及特种溶剂油产品加氢精制催化剂及工艺技术开发、半再生固定床催化重整催化剂及工艺技术开发、生物及化工技术开发、石化企业和油田废水、废气、废渣治理技术开发以及石油沥青、特种蜡产品生产技术开发。此外，在临氢催化基础研究和催化剂表征、临氢催化动力学及其过程模拟软件开发、原油评价、油品分析测试和石油蜡类产品标准化、计算机应用开发、科研装备开发等方面也具有雄厚的技术实力。

截至2007年底，抚顺石化院共取得科技成果332多项，获国家科技进步奖和发明奖20项，已申请中国专利1236件，申请国外专利85件，获国内外专利授权838件。油品加氢技术是抚顺石化院的传统优势领域，其成果水平和开发能力均处于国际先进行列。加氢裂化方面，已开发出高压加氢裂化、中压加氢裂化、缓和加氢裂化、中压加氢改质等工艺技术以及配套的十大类30多个牌号的催化剂；加氢精制方面，开发出高空速重整原料预精制、低压航煤加氢、重蜡油加氢处理、劣质柴油加氢改质（MCI）、劣质柴油加氢异构降凝（FHI）、加氢精制生产超低硫柴油、石油蜡类产品及溶液油加氢精制、催化裂化汽油选择性加氢脱硫、降烯烃等工艺技术以及与之配套的催化剂，可以满足各种原料油加氢处理生产清洁燃料和石油蜡类产品、特种油品加氢精制的需要；重油加氢处理方面，已开发出五大类近50个牌号的催化剂，大部分获得工业应用。开发出各种高等级道路沥青、彩色沥青、优质建筑沥青和多种乳化沥青的生产技术，研制出用于军工、电子、橡胶、农业、机械、日化、汽车等七大类100多个品种的特种蜡，部分产品出口国外。石油化工和生物工程技术方面，开发出丁烯水合脱氢制甲乙酮技术、苯胺合成二苯胺工艺技术、生物法生产长链二元酸及二元酸合成麝香-T工艺技术、聚酰胺热溶胶合成技术等。环保技术方面，开发出处理石化企业废水、废气、废渣的一系列技术并推广应用，具有国家环保总局颁发的甲级环境评价（EIA）证书。所开发的实沸点蒸馏仪、十六烷值机、加氢小型试验装置等在炼化企业普遍应用。

中国石油化工股份有限公司抚顺石油化工研究院

部门	公网电话
院办公室	6429626
党委办公室	6429543
人力资源部	6428490
纪委	6429974
财务部	6429583
党委组织部	6389432
科研管理部	6429563
党委宣传部	6389263
科技经营部	6389397
工会	6389416
法律事务部	6429834
团委	6389275
国际合作部	6429913

65. 中国石油化工股份有限公司上海石油化工研究院

地址：上海市浦东北路1658号
邮编：201208
区号：021
总机：68462197
传真：68462283
网址：www.sript.com.cn
E-mail: yuanban@sript.com.cn

中国石油化工股份有限公司上海石油化工研究院（简称上海石化院）创建于1960年，是中国石化直属的国内最早从事石油化工科技开发的综合性研究机构之一。上海石化院长期从事芳烃、丙烯、新能源化工、基本有机原料、功能高分子材料、精细化工及油田化学品等领域成套工艺技术、催化剂与新产品的研究开发和应用业务。

上海石化院设有基本有机原料催化剂国家工程研究中心、国家人事部博士后工作站、全国标准化委员会石油化学分技术委员会、中国石化有机原料科技情报中心站、中国石化有机原料标准化中心、上海市石油化工产品质量监督站、上海测试中心催化剂行业测试点等机构。

建院48年来，上海石化院成功开发了具有国际领先或先进水平的多系列石油化工成套技术及催化剂，其中大部分已成功应用于国内外大中型石化装置。甲苯歧化、乙苯脱氢、丙烯腈、PTA、异丙苯、裂解汽油加氢、醋酸乙烯等具有中国石化自主知识产权的成套技术保持了国际领先或先进水平。陆续开发了28万t/a丙烯腈、180万t/a甲苯歧化、50万t/a苯乙烯、16万t/a乙苯(气相)、30万t/a异丙苯、7.5万t/aMTBE、6000t/a乙醇脱水制乙烯、2000t/a二甲醚、3万t/a甲胺等60余项以催化剂为核心的成套技术工艺包。相继完成了镇海100万t/a甲苯歧化、齐鲁20万t/a苯乙烯装置、上海石化13万t/a丙烯腈装置技术服务与支撑。

上海石化院认真落实中国石化“走出去”的战略，积极开拓海外市场。2007年，上海石化院中标国外某公司丙烯腈装置扩能改造项目，实现丙烯腈分离技术的首次出口。继87万t/a甲苯歧化成套技术出口后，甲苯歧化催化剂成功应用于国外某公司甲苯歧化装置，实现甲苯歧化技术的再次出口。积极探索利用社会创新资源的途径，承担了国家重点基础研究计划（973）“新结构高性能多孔催化材料创制的基础研究”、国家基金委“制备低碳烯烃催化化学及反应工程的基础研究”等项目；与南京大学共建催化材料联合实验室。

建院至今，上海石化院取得省部级科技奖励220余项，其中国家科技进步一等奖1项，国家发明二等奖1项，亿利达科技奖、何梁何利奖、聂荣臻发明奖各1项。2007年，取得省部级科技奖励10项，其中集团公司科技进步一等奖2项、上海市科技进步一等奖1项、中国专利金奖1项。截至2007年，共申请中国专利1089件，取得国外申请115件专利。上海石化院已连续五届被评为上海市市级文明单位。

中国石油化工股份有限公司
上海石油化工研究院

部门	公网电话
院办公室	
主任	68463662
办公室	68463371
科技管理部	
主任	68462925
973 项目	68462947
外事办	68462824
人力资源部	
主任	68464779
财务部	
主任	68467146
法律与知识产权部	
主任	68467426
技术市场部	
主任	68462343
办公室	68462737
审计室、监察室	
主任	68462186
条件部	
主任	68463378
安全保卫部	
主任	68466090
主任（保卫）	68463380
基建项目部	
主任	68462534
物资供应部	
主任	68462445
党委工作部	
主任	68463266
工会办公室	
主任	68468655
情报部	
主任	68462433
图书馆	68462820
编辑部	68468623
物化室	
主任	68466285
标准化室	
主任	68462281
业务接待	转 6201
全国石化分标会	68462281
研究一部	
主任	68461376
研究二部	
主任	68462542
研究三部	
主任	68464034
研究四部	
主任	68466268
研究五部	
主任	68466018
研究六部	
主任	57942346
研究七部	
主任	68467713
基础部	
主任	68466277
化学工程部	
主任	68465187
开发设计部	
主任	68466280
高分子部	
主任	68462546
评价中心	
主任	68468220
装备仪表室	
主任	68461754
动力保障部	
主任	68461274
金山分部（综合管理部）	
主任	57942922
漕泾工程化基地	
项目经理部	67121391

66. 中国石油化工股份有限公司青岛安全工程研究院

地址：山东省青岛市延安三路218号
邮编：266071
区号：0532
传真：83861318
网址：www.qdrise.com.cn
E-mail：office@qdrise.com

中国石油化工股份有限公司青岛安全工程研究院（以下简称青岛安全工程研究院）是中国石油化工股份有限公司直属综合性安全研究机构，始建于1979年。经过30年的发展，已经成为我国石油化工行业安全、健康和环境（HSE）科学研究和应用技术开发的重要基地，也是国家危险化学品管理、危害预防与控制、应急救援的重要技术支撑单位。

青岛安全工程研究院总体目标：围绕中国石化安全生产重点工作，按照"贴近企业、贴近生产、贴近市场"的原则，突出HSE应用技术研发工作，为中国石化安全生产决策提供依据，为企业安全生产、保护环境和保证职工身体健康提供技术支撑。

青岛安全工程研究院获得省部级以上科技进步、发明奖近40余项，其中获中国石化科技进步奖二等奖3项，三等奖7项。申请中国发明专利32项，获得专利授权14项。关注安全，关爱生命，青岛安全工程研究院愿与您携手，开创美好未来，共创和谐社会。

部门	公网电话
院办公室	83786201
党委办公室	83786278
技术开发处	83786212
科研管理处	83786718
人力资源处	83786220
财务处	83786228
综合处	83786286
化学品安全研究室	83786581
设备安全研究室	83786207
储运与安控技术研究室	83786702
安全工程研究室	83786728
监测检验研究室	83786518
事故应急救援研究室	83786571
职业卫生研究室	83786358
环境保护技术研究室	83786658
安全评价研究室	83786318
HSE 研究室	83786678
中化阳光认证中心	83786668
安全生产培训中心	83786631
安全卫生信息中心	83786267
健康监护中心	83786368
化学品登记中心	83786551
国家化学品事故应急咨询专线	83889090

67. 中国石化上海石油化工股份有限公司

地址: 上海市金山卫金一路 48 号
邮编: 200540
区号: 021
总机: 57941941
传真: 57942267
网址: www.spc.com.cn
E-mail: spc@spc.com.cn

中国石化上海石油化工股份有限公司(以下简称上海石化)是中国石油化工股份有限公司的控股子公司，位于上海市金山区，是中国最大的炼油化工一体化综合性石油化工企业之一，也是中国重要的成品油、中间石化产品、合成树脂和合成纤维生产企业。

上海石化的前身是创建于 1972 年的上海石油化工总厂。1993 年，经过国有企业股份制规范化改制，上海石化成为中国第一家股票同时在上海、香港和纽约三地上市的股份有限公司。目前上海石化的总股本为 72 亿股，其中中国石油化工股份有限公司持股 40 亿股(A 股)，占总股本的 55.56%；社会法人股 1.5 亿股(A 股)，占总股本的 2.08%；境内人民币普通股 7.2 亿股(A 股)，占总股本的 10%；海外上市外资股 23.3 亿股(H 股)，占总股本的 32.36%。

上海石化的发展经历了四个阶段的大规模集中建设，至 2007 年底，已具有年一次加工原油 1400 万 t(综合加工原油 1000 万 t)、年产乙烯 95 万 t、成品油和化工品 548 万 t、合纤原料和合成纤维 138 万 t、塑料树脂及制品 95 万 t 的生产能力，并拥有独立的公用工程、环境保护系统，及海运、内河航运、铁路运输、公路运输配套设施。上海石化的主要产品分为四个大类，其中石油产品包括:汽油、柴油、航空煤油、液化石油气等;化工产品包括:乙烯、丙烯、丁二烯、纯苯、甲苯、对二甲苯、精对苯二甲酸、丙烯腈、乙二醇、环氧乙烷、碳五、醋酸、醋酸乙烯等；树脂及塑料产品包括：聚乙烯、聚丙烯、涤纶聚酯、聚乙烯醇等；合成纤维产品包括：腈纶短纤、腈纶毛条、涤纶短纤、涤纶工业长丝等。

目前，上海石化正按照“创国内一流，争国际先进”的战略定位，全面实施低成本战略，强化“挑战先进，精细管理”的管理理念，加快实施结构调整工程建设，不断优化业务结构，逐步提升上海石化的国际竞争力。

中国石化上海石油化工股份有限公司

部门　　公网电话

公司机关

党委 ……………………-21500
……………………57940431
工会 ……………………-20706
……………………57931272
董事会秘书室 ……………………-21401
……………………57943143
纪委监察室 ……………………-21261
……………………-21272
……………………57942455
总经理办 ……………………-21771
……………………57952397
总值班室 ……………………-21671
……………………57943337
生产部 ……………………-20501
……………………-20591
……………………-20504
……………………57940550
财务部 ……………………-20901
……………………57952834
干部部 ……………………-21301
……………………57957878
……………………57942588
人力资源部 ……………………-21302
……………………57932380
……………………57945153
国际部 ……………………-20802
……………………57941068
投资计划部 ……………………-21006
……………………57945605
技术中心 ……………………-21101
……………………57943413
经营计划部 ……………………-20881
……………………57941821
设备动力部 ……………………-22761
……………………-22762
……………………57941510
安全环保监督部 ……………………-20601
……………………-20602
……………………57951943
……………………57940589
审计部 ……………………-21106
……………………57943675
工程部 ……………………-24026
……………………57955088
……………………-24068
……………………57933204
信息管理部 ……………………-22601
总务部 ……………………-86602
……………………-86603
保卫部、综治办 ……………………-222501
……………………-222502
……………………-222503
科协 ……………………-24082
……………………57933815
企管协会 ……………………-85828
……………………-85829
……………………57946107
党委办公室 ……………………-21542
……………………-21562
……………………57940800
……………………57939473
组织部 ……………………-21301
……………………57957878
……………………57942588
宣传部 ……………………-21232
……………………-21241
……………………57933675
人民武装部 ……………………-222501
……………………-222508
……………………-222509
工会 ……………………-20706
……………………57931272
团委 ……………………-20790
……………………-20791
……………………57943786
机关党委、工会 ……………………-20772
……………………57955573

炼油化工部

总机 ……………………57943800
查询 ……………………-30114
传真 ……………………57940797
经理 ……………………-32001
……………………57941760
生产副经理 ……………………-32002

……57945573
设备副经理……32003
……57942077
基建副经理……32004
……57940416
人事副经理……32005
……57940839
技术副经理……32006
……57940323
经理助理……32011
……57941354
副总工程师……32015
……57942958
副总工程师……32016
……57945324
经理办主任……32051
……57932342
总值班室……32055
……32056
党委书记……32101
……57940154
党委副书记……32102
……57932098
党委副书记……32171
……57943170
党办主任……32111
……57931849
干部处……32121
……57949240
宣传部……32131
……57940917
武装部……32141
纪委……32161
……57933987
工会……32171
……57943170
团委……32151
财务处……32551
……57942074
人力资源处……32601
……57933273
经营处……32501
……57953014
生产处……32201
……57941677
安保处……32301
……57942321
保卫处……34601
……57932570
技术处……32401
……57931298
设备动力处……32331
……57941757
技改办……34161
……57931346
1# 乙烯装置……35001
……57942628
综合办……35021
……57945287
2# 乙烯装置……35201
……57942742
综合办……35221
……57942458
1# 炼油装置……35801
……57946360
综合办……35821
……57942590
2# 炼油装置……36001
……57943887
综合办……36021
……57943989
1# 芳烃装置……35401
……57932657
综合办……35421
……57932760
2# 芳烃装置……35601
……57943474
综合办……35621
……57943097
丁二烯装置……36801
……57942982
综合办……36821
……57942983

储运分公司

经理……39001
……57943489
党委书记……39011
……57933523
综合办主任……39021
……57946539
党办主任……39013
……57940565

化工事业部

总机 ……57942323
查询 ……-40114
传真 ……57943782
经理 ……-42011
副经理 ……-42015
副经理 ……-42016
副经理 ……-42018
经理办 ……-42031
……-42032
书记 ……-42201
副书记 ……-42202
党办 ……-42200
……57940957
纪委监察 ……-42203
……57942162
宣传部 ……-42221
……57940751
工会 ……57937741
财务处 ……-42151
……57931687
人力资源 ……-42490
……57941060
组织干部 ……-42231
……57940671
生产处 ……-42601
……57933309
调度科长 ……-42282
安全环保 ……-42310
……57946122
保卫处 ……-42321
……57931503
经营处 ……57941896
聚乙烯醇装置 ……57940836
……57944189
乙醛装置 ……-44301
……57933315
丙烯腈装置 ……-44401
……57943384
301 车间主任……-44430
302 车间主任……-44431
303 车间主任……-44441
304 车间主任……-44461
305 车间主任……-44481
乙二醇装置 ……-44601
……57941585
401 车间主任……-44681
402 车间主任……-44643
403 车间主任……-44651
动力装置 ……-44901

腈纶事业部

总机 ……57941699
查询 ……-50114
传真 ……57942450
经理办 ……-53031
……-53034
党委办 ……-53203
……57933287
组织部（干部处）……-53235
宣传部 ……-53221
武装部（保卫处）……-53321
纪委（监察室）……-53111
纪委 ……-53211
监察 ……-53115
工会 ……-53251
科技开发处 ……-53731
安全环保处 ……-53311
生产处 ……-53171
调度总机 ……-53178
设备处 ……-53501
人事处 ……-52101
财务处 ……-53161
金阳腈纶装置 ……-52701
化工车间 ……-54201
毛条车间 ……-52801
动力车间 ……-54901
成品车间 ……-54501
中试车间 ……-54751
南腈纶装置 ……-54401
北腈纶装置 ……-54301

涤纶事业部

总机 ……57943210
查询 ……-70114
传真 ……57941295
经理 ……-72101
副经理 ……-72133
总工程师 ……-72158
副经理 ……-72106
副总工程师 ……-72156
副总工程师 ……-72105
党委 ……-72201
……-72202

经理办 ……………………………………………-72120
……………………………………………-72107
……………………………………………57944093
……………………………………………57944075
党办 ……………………………………………-72210
……………………………………………57944464
组织部 ……………………………………………-72230
……………………………………………57931528
宣传部 ……………………………………………-72240
……………………………………………-72245
工会……………………………………………-722250
……………………………………………-722251
……………………………………………57944073
团委 ……………………………………………-72270
人武部 ……………………………………………-72280
……………………………………………57932042
人事处 ……………………………………………-72290
……………………………………………-72291
……………………………………………57933669
财务处 ……………………………………………-72190
……………………………………………57933284
生产处 ……………………………………………-72160
……………………………………………57932898
总调 ……………………………………………-72165
……………………………………………57944076
技术处 ……………………………………………-72108
……………………………………………57944075
安全环保处 ……………………………………………-72180
……………………………………………57933472
保卫处 ……………………………………………-72770
西区 ……………………………………………57931279
东区 ……………………………………………57932298
经营处 ……………………………………………-72580
……………………………………………57940362
监察合同 ……………………………………………-72200
销售处 ……………………………………………-86543
设动处 ……………………………………………-72531
……………………………………………57941450
行政总务 ……………………………………………-72790
……………………………………………57932220
2# 氧化装置
主任 ……………………………………………-73110
技术科 ……………………………………………-73116
2# 聚酯装置
主任 ……………………………………………-73210
综合办 ……………………………………………-73215
技术科 ……………………………………………-73216
短丝联合装置
主任 ……………………………………………-73312
综合办 ……………………………………………-73315
2# 长丝装置
厂长室 ……………………………………………-73510
综合办 ……………………………………………-73515

塑料事业部

总机 ……………………………………………57943160
查询 ……………………………………………-80114
传真 ……………………………………………57943716
经理 ……………………………………………-82011
副经理 ……………………………………………-82012
副经理 ……………………………………………-82013
副经理 ……………………………………………-82014
副经理 ……………………………………………-82016
总工 ……………………………………………-82054
副总工 ……………………………………………-82051
副总工 ……………………………………………-82052
副总工 ……………………………………………-82055
副总工 ……………………………………………-82056
副总工 ……………………………………………-82057
经理办 ……………………………………………-82031
……………………………………………-82032
……………………………………………-82030
……………………………………………57933835
财务处 ……………………………………………-82151
……………………………………………57948257
保卫处 ……………………………………………-82241
……………………………………………-82242
安保处 ……………………………………………-82331
设备动力处 ……………………………………………-82561
……………………………………………-82563
生产处 ……………………………………………-82061
……………………………………………57931204
科技开发处 ……………………………………………-84801
党委 ……………………………………………-82201
……………………………………………-82202
党办 ……………………………………………-82203
宣传部 ……………………………………………-82221
纪委监察 ……………………………………………-82023
人事处长 ……………………………………………-82231
……………………………………………57931579
工会 ……………………………………………-822251
……………………………………………57946149
团委 ……………………………………………-82271

经营处 ……………………………………………………-86548
研究所 ……………………………………………………-84521
……………………………………………………-84530
PP 联合装置 ………………………………………………-82631
综合办 ……………………………………………………-82633
1PE 联合装置 ……………………………………………-84031
综合办 ……………………………………………………-84033
2PE 联合装置 ……………………………………………-82602
综合办 ……………………………………………………-82606
2PE 车间 …………………………………………………-82620
……………………………………………………57940786
……………………………………………………-84852
综合办 ……………………………………………………-84853
动力车间 …………………………………………………-82761
……………………………………………………-82767
包装车间 …………………………………………………-82831
……………………………………………………-82833

热电总厂

总机 ……………………………………………………57933123
查询 ……………………………………………………-23114
传真 ……………………………………………………57935483
厂长 ……………………………………………………-23000
党委书记 …………………………………………………-23001
总工程师 …………………………………………………-23003
厂办主任 …………………………………………………-23118
党办主任 …………………………………………………-23117
纪委监察室 ………………………………………………-23015
宣传部 ……………………………………………………-23008
工会 ……………………………………………………-23020
团委 ……………………………………………………-23012
安全环保处 ………………………………………………-23031
生产处 ……………………………………………………-23030
设备处 ……………………………………………………-23080
人力资源处 ………………………………………………-23040
财务处 ……………………………………………………-23050
自控中心 …………………………………………………-23730
热电一站 …………………………………………………-23304
热电二站 …………………………………………………-23404
燃料输运站 ………………………………………………-23905

销售供应公司

传真 ……………………………………………………57942614
总经理办 …………………………………………………-86649
……………………………………………………-86666
……………………………………………………57941351
书记 ……………………………………………………-86821
……………………………………………………57932423
设备处 ……………………………………………………-86751
……………………………………………………57957222
备件处 ……………………………………………………-86221
……………………………………………………57942676
材料处 ……………………………………………………-86424
……………………………………………………57942424
化工处 ……………………………………………………-86727
……………………………………………………57942448
供应调度处 ………………………………………………-86324
……………………………………………………57940850
储运管理处 ………………………………………………-86345
……………………………………………………57940228
安全环保处 ………………………………………………-86626
……………………………………………………57943613
财务处 ……………………………………………………-86522
……………………………………………………57941449
供应管理处 ………………………………………………-86924
……………………………………………………57939844

投资发展有限公司

传真 ……………………………………………………57933508
总经理 ……………………………………………………-86848
书记 ……………………………………………………-86842

企业发展有限公司

董事长、总经理 …………………………………………-24201
副总经理 …………………………………………………-24106
副总经理 …………………………………………………-24113
副总经理 …………………………………………………-24125
副总经理 …………………………………………………-24105
书记 ……………………………………………………-24146
副书记 ……………………………………………………-24120
总经理办 …………………………………………………-24111
……………………………………………………57953255
党办 ……………………………………………………-242225
……………………………………………………57970532
纪委监察室 ………………………………………………-24129
资产管理处 ………………………………………………-24134
副总工 ……………………………………………………-24123
人力资源处 ………………………………………………-24115
宣传部 ……………………………………………………-24118
安全环保处 ………………………………………………-24122
财务处 ……………………………………………………-24149
组织部 ……………………………………………………-24115
市场经营处 ………………………………………………-24204
工会、团委 ………………………………………………-24132
武装部 ……………………………………………………-24133

公用事业公司

传真 ……………………………………57942303
经理 ……………………………………-26300
副经理 …………………………………-26302
书记 ……………………………………-26380
副书记（工会主席） ……………………-26381
副总工程师 ……………………………-26304
经理办 …………………………………-26307
党委办 …………………………………-26385
设备科 …………………………………-26320
安环科 …………………………………-26332
财务科 …………………………………-26333
工程科 …………………………………-26339
经营计划科 ……………………………-26343
保卫科 …………………………………-26347
人事科 …………………………………-26350
物供站 …………………………………-26480
供热物网所 ……………………………-26420
供电所 …………………………………-26500

化工研究所

传真 ……………………………………57943690
办公室 …………………………………57942685
……………………………………-33206

环境保护中心

传真 ……………………………………57931950
经理 ……………………………………-26001
副经理 …………………………………-26002
副经理 …………………………………-26004
书记 ……………………………………-26021
副书记 …………………………………-26022
经理办 …………………………………-26008
……………………………………57941133
党委办 …………………………………-26023
……………………………………57931254

新闻中心

传真 ……………………………………57940934
主任 ……………………………………57940934
书记 ……………………………………57937694

员工交流安置中心

办公室 …………………………………57941766

物业公司

经理 ……………………………………-86602
办公室 …………………………………-86606

计量所

传真 ……………………………………57944006
所长 ……………………………………-22102
党支部 …………………………………-22101
综合办 …………………………………-22103
……………………………………57944006

中国金山联合贸易有限责任公司

传真 ……………………………………57942248
总经理 …………………………………-22040
……………………………………57950766
总经理办 ………………………………-22094
……………………………………57940433

金甬腈纶有限公司

总经理办 ……………………(0574)86318013
市场部 ………………………(0574)86318101
供应部 ………………………(0574)86318085

海堤工程建设公司

传真 ……………………………………57945276
所长、书记 ……………………………-85301
副所长 …………………………………-85304
综合办 …………………………………-85303
……………………………………57941628

中国石化集团资产经营管理有限公司
上海会议中心

总机 ……………………………………59262960
总服务台 ………………………………59262980
办公室 …………………………………59262150

中国石化上海培训中心、上海
石化培训中心（党校）

主任 ……………………………………-25500
……………………………………57932986
书记 ……………………………………-25501
……………………………………37990052
主任办公室 ……………………………-25511
……………………………………57941508
传真 ……………………………………57941806
党群办公室 ……………………………-25521
……………………………………57972491
传真 ……………………………………57972903

68. 中国石化扬子石油化工股份有限公司

地址：江苏省南京市六合区大厂新华路777号
邮编：210048
区号：025
总机：57782114
传真：57784389
网址：www.ypc.com.cn
E-mail：jwd@ypc.com.cn

中国石化扬子石油化工股份有限公司坐落于经济发达的江苏省南京市，是由特大型骨干企业——中国石化扬子石油化工公司（1998年9月改制为“中国石化集团扬子石油化工有限责任公司”，简称“扬子有限责任公司”）作为独家发起人，于1998年4月通过向社会公开发行3.5亿股A种股票，以募集方式设立，在深圳证券交易所挂牌交易的上市公司，总股本为23.3亿股。2000年2月25日，中国石化集团公司集中其核心业务和优良资产重组设立的中国石油化工股份有限公司成立，本公司成为该公司的控股子公司。

公司秉承了中国石化扬子石油化工公司石油化工生产、供应、销售以及科研开发系统的精锐资产、广阔市场和“大型、先进、系列、集约”的生产经营特点，目前拥有以65万t/a乙烯装置和85万t/a芳烃联合装置为核心的34套生产装置，每年可以加工原油800万t，生产及销售聚烯烃塑料、聚酯原料、基本有机化工原料及油品等四大类共38种产品600多万t，可广泛应用于轻工、纺织、电子、食品、汽车、航空以及现代化农业等各个领域，年销售额300亿元以上。

中国石化扬子石油化工股份有限公司

部门　公网电话

公司机关

党委办公室
- 主任……57784413
- 秘书……57782285

宣传部
- 部长……57784590
- 宣传教育科长……57783190
- 统战办公室……57782435
- 石化报记者站（外宣科）……57782007
- 扬子电视台台长……57786545
- 扬子报总编……57785437

纪律检查委员会（监察）
- 副书记……57771598
- 办公室……57771130

工会
- 副主席……58560966
- 办公室主任……57782015
- 传真……57784193
- 生产部长……57787249
- 女工部长……57783685
- 宣教部长……57784371
- 组织民管部长……57783691
- 文体部长……57771123
- 生活部长……57784487

团委
- 书记……57784057
- 办公室……57783256

机关党委
- 书记……58560688
- 办公室……57784061

人民武装部
- 部长……57784059
- 办公室……57783281

组织部、干部部
- 部长……58560688
- 组织科……57786165
- 干部科……57785751

总经理办公室
- 主任……57782200
- 副主任……58561088
- 副主任……58560515
- 传真……57784389
- 公司总值班室……57783502

发展计划部
- 部长……57783342
- 副部长……57784451
- 办公室……57782320

生产经营管理部
- 副部长……57784053
- 市场信息科……57782783

财务部
- 部长……57785298
- 副部长……58561169
- 办公室……57782158

科技信息部
- 部长……57782942
- 科技管理科长……57782755

人力资源部
- 部长……57784051
- 副部长……57787312
- 副部长……57784738
- 绩效考核和现代化管理科长……57784550

审计部
- 主任……57786951
- 办公室……57782744

保安部
- 部长……57784537
- 政委……57782344
- 综合管理科……57783703

消防支队
- 支队长……58561660
- 政委……57784355
- 办公室……57782040
- 支队值班室……57782515

科技档案资料馆
- 处长……57787083
- 综合翻译科长……57784063

合资外事部
- 部长……57784678
- 副部长……57771052
- 副部长……57787795
- 办公室……57783297

董秘法律部
- 部长……57787751
- 秘书……57787735

秘书……57787739
传真……57787755
生产技术运行部
部长……57785317
副部长……57771395
副部长……57786569
办公室……57785909
HSE 部
部长……57782483
副部）长……57771945
管理科长……57787495
机械动力部
部长……57783974
副部长……57785583
副部长……57784027
办公室……57786035

烯烃厂

党委书记……57785501
党委办公室……57782490
纪委监察科……57783590
组织科……57787069
宣传科长……57786405
工会主席……57782990
厂长……57784721
副厂长……57782091
副厂长……57787489
厂办主任……57784799
厂办办公室……57783491
人教科科长……57785791
财务计划科长……57782060
调度台……57772008
调度总值班室……57783912
HSE 科长……57786491
机动科长……57784095
技术科长……57783917

芳烃厂

党委书记……57783479
党办主任……57782165
纪委办公室……57786939
组织科……57783415
宣传科……57782358
工会……57786881
团委……57786873
厂长……57783817
副厂长……57782665
副厂长……57782984
副厂长……57783811
副总工……57783442
副总工……57784099
厂办主任……57784558
办公室……57783778
总值班室……57787473
人力资源科长……57782683
计划财务科长……57783863
行政保卫科长……57783313
生产技术运行科长……57786615
机动科长……57783527
技术改造办公室主任……57784819
HSE 科长……57783911

炼油厂

党委书记……57783993
党办主任……57782405
纪委办公室……57782779
工会主席……57782601
工会办公室……57782869
团委……57782337
厂长……57787849
副厂长……57782600
副厂长……57777957
副厂长……57785961
副厂长……57787833
副总工……57783620
副总工……57783603
厂办主任……57783860
人力资源科长……57787031
计划财务科长……57782763
生产科长……57783080
生产科总值班室……57783738
HSE 科长……57783424
机动科长……57784237
技术改造办主任……57782982

化工厂

党委书记……57782960
党办主任……57783734
纪委办公室……57786137
党委办公室……57783551
组织科……57783522
宣传科长……57783054
工会主席……57782961
团委书记……57783551
厂长……57783984
副厂长……57782889

副厂长……………………………………57785953
副总工……………………………………57781896
副总工……………………………………57786529
厂办主任…………………………………57782828
人教科长…………………………………57783612
计划财务科长……………………………57783737
行政保卫科长……………………………57783723
调度科长…………………………………57783895
HSE 科长…………………………………57783221
机动科长…………………………………57784103
技术科长…………………………………57782981
技术改造办公室主任……………………57783373

塑料厂

党委书记…………………………………57783131
党办主任…………………………………57782951
党委办公室………………………………57785655
纪委办公室………………………………57787097
纪委副书记………………………………57785219
工会副主席………………………………57771136
工会………………………………………57786003
厂长………………………………………57784658
副厂长……………………………………57782137
副厂长……………………………………57783188
副总工……………………………………57782402
副总工……………………………………57783635
厂办主任…………………………………57783356
人事科长…………………………………57783936
计划财务科长……………………………57787717
行政保卫科长……………………………57785887
调度科长…………………………………57782149
调度………………………………………57786935
安监科长…………………………………57782138
机动科长…………………………………57784313
技术科长…………………………………57783617

贮运厂

党办主任…………………………………57783632
组织科长…………………………………57782290
厂长………………………………………57783204
副厂长……………………………………57782160
副厂长……………………………………57785149
副总工……………………………………57783048
厂办主任…………………………………57782971
人事科长…………………………………57785509
计划财务科长……………………………57785211
安保科长…………………………………57782704
调度科长…………………………………57782878
调度科销售联合办………………………57782153
机动科长…………………………………57784121
技监科长…………………………………57771069

检维修公司

党群工作科长……………………………57786985
经理………………………………………57788128
副经理……………………………………57777558
经理办主任………………………………57785830
办公室……………………………………57784806
生产科长…………………………………57785129
财计经营科长……………………………57785986
财计经营副科长…………………………57782239
人力资源科长……………………………57785610

电仪分公司

党群工作科长……………………………58560482
经理………………………………………57787229
副经理……………………………………58560597
经理办主任………………………………58561363
办公室……………………………………58560391
生产经营科长……………………………58561036
财务计划科长……………………………58560393
计量科长…………………………………57783037
计量中心主任……………………………57784081

质检中心

党群工作科长……………………………57782261
主任………………………………………57783325
副主任……………………………………58561228
人事行政科长……………………………57784615
人事行政副科长…………………………58561312
人事行政科办公室………………………57782262
财计经营科长……………………………58561315
质量管理科长……………………………57782257
质量检查科长……………………………58561320

营销部

党群工作科长……………………………57786715
经理………………………………………57786563
副经理……………………………………57786907
人事行政科长……………………………57786537
人事行政科办公…………………………57784357
营销管理科长……………………………57785249
营销服务科长……………………………57784434
销售一科科长……………………………58561386
销售二科科长……………………………57788971
销售三科科长……………………………57787582
供应一科科长……………………………57784363
供应二科科长……………………………57786279

供应三科科长……………………57784365
HSE 科长……………………57782416
成品车间主任……………………57783794
仓储车间主任……………………57787033
南方经营部……………………57789391
浦东经销公司 ……………………(021)64337917
浙江销售分公司……………………(0571)85808919

物资装备部

党委书记……………………57784801
经理……………………57786963
副经理……………………57784801
副经理……………………57788534
副总工……………………57784271
副总工……………………57771226
办公室……………………57788079
财务部主任……………………57771209
物资管理科长……………………57771210
质量检验科长……………………57785029
动设备部科长……………………57784085
静设备部科长……………………57784045
通用部科长……………………57784361
仓储部科长……………………57784455

培训中心

主任……………………57782023
副主任……………………57786649
办公室主任……………………57785835
办公室……………………57783608
技能鉴定科长……………………57780870
培训管理科长……………………57786619
培训开发科长……………………57782508
信息技术科……………………57782383
继续教育科……………………57785375
化工仪表科长……………………57771525
机械电子科长……………………57780285
党校管理科长……………………57782750
工会……………………57785055

研究院

党委书记……………………57783665
党办主任……………………57782066
党委办公室……………………57782105
纪委办公室……………………57785597
工会……………………57782167
团委……………………57782065
院长……………………57771083
副院长……………………57771204
副总工……………………57771361
人事行政科长……………………57786607
财务科长……………………57787087
供销科长……………………57786611
塑料加工应用中心主任……………………57771054
物化主任……………………57782935
信息主任……………………57783420
有机所所长……………………57784753
蒸汽裂解办公室……………………57787787
维修部主任……………………57771084
科研开发管理科长……………………57786613

69. 中国石化仪征化纤股份有限公司

地址：江苏省仪征市
邮编：211900
区号：0514
传真：83233880
网址：www.ycfc.com
E-mail：zjb_wjp@ycfc.com

中国石化仪化股份公司是中国石化股份公司的控股子公司。1978年筹建，1981年12月设立仪征化纤工业联合公司。1993年12月进行股份制改组，设立仪征化纤股份有限公司。1994年和1995年，14亿H股和2亿A股分别在香港和上海发行上市。1997年10月，加入中国东联石化集团公司。1998年7月，随中国东联石化集团公司整体加入中国石化集团公司。40亿总股本中，42%由中国石化股份公司持有，18%由中国中信集团公司持有，40%为社会公募。截至2007年底，公司总资产98.77亿元，总负债15.69亿元，资产负债率15.88%。

公司主要从事聚酯切片和涤纶纤维的生产及销售，并配套生产聚酯主要原料精对苯二甲酸(PTA)。主要产品有纤维级聚酯切片、膜级聚酯切片、瓶级聚酯切片、涤纶短纤维、涤纶中空纤维和涤纶长丝POY、FDY、DTY。产品商标统一为“白斯特”(BST®)牌。产品质量管理体系通过ISO9001(2000)版国际认证。环境管理体系通过ISO14001国际认证。

截至2007年底，公司拥有精对苯二甲酸生产能力100万t，聚酯聚合生产能力170万t，瓶级切片生产能力42万t，涤纶短纤维生产能力43.8万t，涤纶中空纤维生产能力6.3万t，涤纶长丝生产能力24.9万t，涤纶加工丝生产能力8.5万t，以及相应的公用工程配套能力。

部门	公网电话
公司办公室	
主任	83234569
秘书室	83236238
机要文档	83231693
总值班室	83232235
董事会秘书室	83231888
外事办公室	
办公室	83233246
法律事务部	
办公室	83233415
人力资源部（组织部）	
主任	83234798
评价任用与党务管理	83232481
经营计划部	
主任	83235689
投资管理	83233961
资产财务部	
主任	83236826
财务稽核	83235918
生产技术部	
主任	83236878
工艺质量	83232015
规划建设部	
主任	83231743
计划合同	83235079
安全环保监督部	

主任……83237688
环保监测站……83231591

设备管理部
主任……83233175
综合室……83232517

企业管理部
主任……83232271
改革改制……83237915

监察部（纪委）
主任……83231173
办公室……83232826

审计部
主任……83234169
专项审计……83235233

企业文化部
主任……83231173
青年工作与机关党务……83232280

工会
副主席……83234643
综合事务……83233231

PTA 生产中心
主任……83234454
综合办……83235068
党群工作室……83234207

聚酯生产中心
主任……83234586
综合办……83231507
党群工作室……83235307

短纤生产中心
主任……83232443
综合办……83231794
党群工作室……83232678

瓶片生产中心
主任……83233709
综合办……83238066
党群工作室……83233967

长丝生产中心
主任……83232566
综合办……83232763
党群工作室……83237630

高纤事业部
主任……83235038
综合办……83235378

化工项目部
主任……83239128
办公室……83239158

热电生产中心
主任……83231001
综合办……83233003
党群工作室……83231986

动力生产中心
主任……83234868
综合办……83236898
党群工作室……83235008

水务中心
主任……83235588
综合办……83235540

销售服务部
主任……83237188
综合办……83237668

技术中心
主任……83232893
综合办……83233906
党群工作室……83231570

采购中心
主任……83233318
综合办……83231736

消防气防中心
主任……83232199
综合办……83232967

物流公司
经理……83232229
综合办……83232031
党群工作室……83233602

仪化宇辉化纤有限公司
主任……83231435
综合办……83232999

扬州市公安局仪化公安分局
局长……83232830
办公室……83233430

70. 中国国际石油化工联合有限责任公司

地址：北京市朝阳区朝阳门北大街22号
邮编：100728
区号：010

中国国际石油化工联合有限责任公司（China International United Petroleum & Chemical Co.，Ltd.，英文缩写UNIPEC，中文简称联合石化），是中国最大的石油贸易公司，联合石化作为中国石化的全资子公司，主要承担着中国石化的原油进口、成品油进出口、来料加工、转口贸易等国际石油贸易业务。联合石化公司将不断地提高国际市场竞争力，加强国际间的合作与交流，积极开拓国际石油资源，竭诚为中国石化及客户提供优质高效的服务。

本公司总部下设办公室、财务部、原油部、成品油部、运输部、计划信息部、风险控制部；本公司在境外设立了3个境外子公司及1个代表处：联合石化（英国）有限公司、联合石化（亚洲）有限公司、联合石化（新加坡）有限责任公司、联合石化越南代表处。在国内设有4个口岸分公司：联合石化宁波分公司、联合石化青岛分公司、联合石化二连浩特分公司、联合石化阿拉山口分公司。

部门	公网电话
办公室	59966528
	59966522
党委办公室	59966530
财务部	59966561
审计部	59966491
原油部	59966533
成品油部	59966644
天然气部	59966880
运输部	59966536
计划信息部	59966863
风险控制部	59966489

联合石化（英国）有限公司

地址：UNIPEC U.K. CO. LIMITED 20th Floor，Marble Arch Tower，55 Bryanston Street，London W1H 7AA U. K.
电话：0044-2076169888
传真：0044-2076169889
电传：922782 UNIPEC G

部门　　公网电话

联合石化亚洲有限公司

地址：中国香港湾仔港湾道一号会展广场办公大楼1202室
电话：00852-2879 6688
传真：00852-2527 2868
电传：87815 UACL HX

联合石化纳敏岛有限责任公司

地址：马来西亚纳敏联邦直辖区惹兰哈沙80148信箱骏马大厦1楼
邮编：87011
电话：0060－87419818
传真：0060－87419828

联合石化纳敏岛有限责任公司新加坡办事处

地址：7500A Beach Road，The Plaza Hex 14-308-312，Singapore 199591
邮编：新加坡邮区 199591
电话：0065- 295 5990
传真：0065- 295 5991

71. 中国石化石家庄炼油化工股份有限公司

地址：河北省石家庄市长安区石炼路1号
邮编：050032
区号：0311
总机：85166688
传真：85161234
网址：www.slhec.com
E-mail：slh@slhec.com

石家庄炼油化工股份有限公司是由中国石化集团石家庄炼油厂作为独家发起人，通过资产重组，采用局部改制方式，以炼油化工主体资产投入募集发起设立的。1997年7月11日，经中国证券监督管理委员会批准，在深圳交易所上网定价向社会公开发行12000万股A股股票，募集资金68880万元，投资于石家庄化纤有限责任公司5万t/a己内酰胺工程。

根据中国石油化工股份有限公司整合上市子公司的整体部署，中国石油化工股份有限公司对原石家庄炼油化工股份有限公司的资产和业务进行了整合，并于2007年12月26日在河北省石家庄市注册成立了中国石油化工股份有限公司石家庄炼化分公司（简称石家庄炼化分公司），该公司承继了原石家庄炼油化工股份有限公司全部资产、业务、人员及相应的权利义务。

目前，石家庄炼化分公司拥有500万t/a常减压蒸馏、200万t/a重油催化裂化、80万t/a延迟焦化等22套生产装置。常减压装置加工能力达到500万t/a，全流程综合配套能力达到420万t/a，技术经济指标继续提升，通过产品质量升级改造，质量达到国家新标准要求，部分产品可供北京市场，产品企业竞争实力进一步增强。

石家庄炼化分公司是油、化、纤一体化生产企业。化纤部分通过挖潜改造，已突破年产己内酰胺6.5万t的目标，2007年达到年产6.55万t。

公司主要产品有车用无铅汽油、京标汽油、灯煤、分子筛料、3#喷气燃料、军用航煤、特-30#柴油、轻柴油、工业燃料油、液化石油气、丙烯、聚丙烯、丙烷、车用液化气、二异丁烯、辛基酚、石脑油、苯、甲苯、二甲苯、溶剂油、石油焦、硫磺、己内酰胺、硫铵、聚酰胺切片、苯甲酸、锦纶丝等30多个品种、牌号。

公司坚持以人为本，倡导依法、尽职、负责、沟通、和谐为核心内容的企业文化，始终以不断改善产品质量、提供优质服务、实现利润最大化和股东权益最大化作为生产经营宗旨，以管理创新、机制创新、技术创新为主导，努力将企业建成炼油、化工、化纤一体化的大型石化基地。公司竭诚希望与国内外相关企业、科研院所建立友好伙伴关系，在发展炼油、化工、化纤生产技术和贸易往来等领域密切合作，共同发展。

中国石化石家庄炼油化工股份有限公司

部门 公网电话

职能处室

厂办室（党办）
- 主任……85161126
- 秘书室……85162245
- 文书室……85162314

档案室
- 主任……85163171
- 办公室……85163201

审计处
- 处长……85161353
- 办公室……85162387

企管处
- 处长……85162327
- 办公室……85161510

组织部
- 部长……85162291
- 办公室……85162232

宣传部
- 部长……85162292
- 办公室……85163084

纪委（监察处）
- 处长……85162486
- 办公室……85162329

工会
- 主席……85162283
- 办公室……85162345

团委
- 书记……85162885
- 办公室……85162549

石炼化

生产调度处
- 处长……85162835
- 管理科……85161738
- 调度室……85162380
- 调度室……85162381

技术处
- 处长……85162357
- 办公室……85161057

计划处
- 处长……85161121
- 办公室……85162985

安全环保处
- 处长……85162363
- 环保科……85162347
- 办公室……85162424

财务处
- 处长……85161103
- 办公室……85162487

人力资源处
- 处长……85162050
- 办公室……85162480

机动处
- 处长……85161643
- 办公室……85162504

供销公司
- 经理……85161360
- 办公室……85162442

物装公司
- 经理……85162521
- 办公室……85162384

消防支队
- 队长……85162325
- 办公室……85160191

技术中心
- 所长……85161349
- 办公室……85162052

电仪公司
- 经理……85163385
- 办公室……85163103

仪表车间
- 主任……85161087
- 办公室……85161481

电工车间
- 主任……85162710
- 办公室……85162769

计量站
- 站长……85162401
- 办公室……85161221

信息中心
- 主任……85160602
- 办公室……85162516

中心化验室
- 主任……85162429
- 办公室……85162525

一联合车间

主任……85162475
办公室……85162617
二催化车间
主任……85163434
办公室……85161576
焦化车间
主任……85161019
办公室……85162709
重整车间
主任……85162443
办公室……85161184
加氢车间
主任……85161578
办公室……85161187
聚丙烯车间
主任……85162621
办公室……85162485
制氢车间
主任……85161048
办公室……85161049
动力站
主任……85162741
办公室……85162404
给排水车间
主任……85162771
办公室……85162773
水净化车间
主任……85162541
办公室……85163114
空分车间
主任……85162605
办公室……85162796
储运厂
厂长……85161438
办公室……85161525
油品车间
主任……85162607
办公室……85162570
装卸油车间
主任……85162608
办公室……85162707
烷基化车间
主任……85162505
办公室……85162501
铁路编组站
主任……85163235
办公室……85163211

化纤公司

经理办公室
主任……85163387
办公室……85162440
生产调度处
处长……85160061
调度……85160121
调度……85160122
调度……85160363
技术处
处长……85160261
办公室……85160210
计划处
处长……85160262
办公室……85160104
安全环保处
处长……85160100
办公室……85160323
财务处
处长……85160073
办公室……85161060
人力资源处
处长……85163466
办公室……85160141
机动处
处长……85161675
办公室……85160307
供销公司
经理……85161702
办公室……85160134
氧化车间
主任……85160007
加氢车间
主任……85160221
酰胺化车间
主任……85160351
精制车间
主任……85160354
聚合车间
主任……85160321
氨肟化车间
主任……85160386
硫酸硫胺车间
主任……85160106
包装车间

主任……………………………………85160346

空分车间

主任……………………………………85160132

排水车间

主任……………………………………85160101

储运车间

主任……………………………………85160192

电工车间

主任……………………………………85160093

仪表车间

主任……………………………………85160083

中心化验室

主任……………………………………85160196

环保车间

主任……………………………………85160213

72. 中国石化销售有限公司

地址：北京市朝阳区朝阳门北大街22号
邮编：100728
区号：010

中国石化销售有限公司是中国石油化工股份有限公司的全资子公司，受中国石油化工股份有限公司委托，主要负责中国石化的成品油及石油产品的销售与管理。同时，对中国石化各石油分公司人、财、物进行管理。

中国石化销售有限公司的前身是中国石化销售公司，成立于1985年。公司现有华北、华东、华中、华南、东北、西北、川渝等分公司，作为中国石化销售有限公司的派出机构，主要负责中国石化股份有限公司所属生产企业成品油的统一收购、统一结算工作，并负责成品油的资源配置、区间调拨、协调运输、信息沟通、销售管理工作和在东北、西北、川渝等11省市的成品油经营与管理工作。

中国石化销售有限公司的主要经营范围：汽油、煤油、柴油、燃料油、润滑油、石蜡、溶剂油和其它石油产品的销售；自营和代理各类商品及技术的进出口业务。2007年，中国石化销售有限公司及其管理的石油分公司销售成品油11939.49万t，占国内成品油市场的64.1%；拥有加油站29602座，其中：特许经营加油站657座；成品油零售量7662.44万t；成品油直销量2016.84万t；成品油零售、直销量占总经营量的81.1%。

部门	公网电话
办公室	59966901
业务处	59969030
运行处	59969040
零售管理处	59969057
润滑油经营管理处	59969070
燃料油经营管理处	59969078
进出口处	59969086
非油品业务处	59969091
财务处	59969098
发展规划处	59969112
信息管理处	59969120
安全数质量处	59969130
人事处	59969138
劳资处	59969148
企业改革管理处	59969155
政工处	59969165
审计处	59969161

监察处
……………………………………59969169
管道处
……………………………………59969173
合资企业管理处
……………………………………59969179

华北分公司

地址：天津南开区华苑产业园区榕苑路 11 号
邮编：300384
传真：(022) 23059522
E-mail: huabeibgs@163.com

经理办公室
副主任……………………………23059512
副主任……………………………23059513
政工处
处长………………………………23059511
经营管理处
处长………………………………23059530
副处长……………………………23059532
管道通讯处
处长………………………………23059570
副处长……………………………23059571
安全数质量处
处长………………………………23059585
副处长……………………………23059586
人力资源处
处长………………………………23059595
副处长……………………………23059596
财务资产处
副处长……………………………23059606
审计监察处
处长………………………………23059630
副处长……………………………23059631
企业管理处
处长………………………………23059635
副处长……………………………23059636
反打办
主任………………………………23059645
调控中心
主任………………………………23059769
副主任……………………………23059768
副主任……………………………23059767

华东分公司

地址：上海市长宁区愚园路 819 号
邮编：200050
传真：62119327
E-mail: hdsxgs@mail.online.sh.cn

办公室
主任………………………………62119326
副主任……………………………62119291
值班………………………………62119325
传真………………………………62119327
业务处
处长………………………………62118739
副处长……………………………62118767
副处长……………………………62118925
财务处
处长………………………………62119212
副处长……………………………62119205
副处长……………………………62119215
调运处
处长………………………………62119081
副处长……………………………62119225
副处长……………………………62119075
副处长……………………………62119085
综合管理处
处长………………………………62119329
副处长……………………………62119330
人事处
处长………………………………62119053
副处长……………………………62119052
监察审计处
处长………………………………62118948
副处长……………………………62118930

华中分公司

地址：湖北省武汉市汉口精武路 39 号
邮编：430022
传真：(027) 65798015
E-mail: znshqgc@263.sina.com

办公室
主任………………………………65798008
副主任……………………………65798018
人力资源处
处长………………………………65798021
副处长……………………………65798035
经营管理处
处长………………………………65798051
党支部……………………………65798052
副处长……………………………65798086

财务资产处
　处长……65798061
　副处长……65798052
管道油库处
　处长……65798053
　党支部……65798049
安全数质量处
　副处长……65798076
企业管理处
　处长……65798041
审计监察处
　处长……65798078
　正处纪检监察员……65798022
武汉成品油管道项目部
　经理……82344688
　副经理……82344788

华南分公司

地址：广州市越秀区沿江中路299银海大厦22楼
邮编：510110
传真：020-62347209
E-mail：xshnfgs@xshnfgs. com

办公室
　主任……62347256
政工办
　主任……62347213
人力资源处
　处长……62347203
财务处
　处长……62347230
审计监察处
　处长……62347242
业务处
　处长……62347268
管道通信管理处
　处长……62347253
安全数质量处
　处长……62347286
发展基建处（物资供应中心）
　处长……62347239
调度控制中心
　主任……39916088
抢维修中心
　主任……39916098

东北分公司

地址：辽宁省沈阳市于洪区崇山东路51号
邮编：110032
总机：(024)86625855
传真：(024)86860772
E-mail：dbfgsehr@163.com

办公室
　主任……86860285
　副主任……86621037
业务处
　处长……86863840
发展处
　处长……86621035
　副处长……86621030
财务审计处
　处长……86859759
　副处长……86857689
　副处长……86859759
综合管理处
　副处长……86621037

西北分公司

地址：陕西省西安市北大街29号
中天国际大厦10层
邮编：710003
传真：(029)87257202
E-mail：zshzhc@vip.sina.com

办公室
　主任……87258678
发展规划处
　处长……87257557
零售中心
　主任……87255201
物流中心
　主任……87255799
经营管理处
　处长……87255639
财务资产处
　处长……87255071
人力资源处
　处长……87255706
审计监察处
　处长……87257253
安全数质量处
　处长……87255919

川渝分公司

地址：四川省成都市人民南路一段86号城市之心7楼
邮编：610016
总机：(028)86203022
传真：(028)86203122
E-mail：shcy@vip.sina.com

办公室
主任 ……………………………………86203105
副主任 …………………………………86203125

业务处
处长 ……………………………………86203036

财务审计处
处长 ……………………………………86203108
副处长 ……………………………………-840

企业发展处
副处长 ……………………………………-801
副处长 ……………………………………-829

人事劳资处
副处长 ……………………………………86203106

73. 中国石化国际事业有限公司

地址：北京市朝阳区朝阳门北大街22号
邮编：100728
区号：010

中国石化国际事业有限公司成立于1983年，注册资金14.2亿元，是中国石化的全资子公司，负责外贸统一经营，是中国改革开放后最早成立的国际贸易公司之一。

中国石化物资装备部是中国石化物资管理职能部门，负责中国石化物资供应归口管理和总部集中采购。

2006年3月，物资装备部和国际事业公司合并重组，履行中国石化“物资管理部、中央采购部、国际贸易公司”三位一体职能，下设专业化管理、专业化采购和出口业务等22个处室，全球化采购优势进一步明显，国内外一体化经营机制更加完善。2007年实现集中采购796亿元，网上采购1455亿元，实现石化产品和设备材料进出口46.1亿美元(其中进口34.9亿美元，出口11.2亿美元)。根据中国商务部的统计数据，中国石化国际事业有限公司1999年以来连续荣列中国进出口额最大500强企业第1名。

中国石化物资装备部（国际事业公司）集中中国石化每年1400亿元的物资需求，在全球范围内统一采购大宗、通用、重要物资，是中国最大的采购商，具有强大的市场影响力和议价能力，拥有一支专业化采购团队。

中国石化物资装备部（国际事业公司）拥有遍布全球的供应商网络，与33家国内外战略供应商建立了战略合作关系，具有强大的资源获取能力，为中国石化大型项目建设和生产经营的快速发展提供了有力支撑。

中国石化物资装备部（国际事业公司）建立了一整套质量管理制度和覆盖整个中国石化的质量管理网络，质量监控融入了物资采购的全部过程和每个环节，确保物资质量满足生产建设要求。

中国石化物资采购电子商务系统集网上询比价采购、动态竞价采购、网上招标采购等功能于一体，是中国最大的B2B电子商务平台。中国石化80%以上的物资实现了网上采购，年交易金额逾1000亿元，交易品种12万个，在线交易供应商20000余家。各级采购人员按统一的采购流程和统一的采购方式，在统一的平台、统一的供应商网络范围内进行规范操作，努力实现“业务公开、过程受控、全程在案、永久追溯”的目标，打造物资采购的阳光工程。

石化产品出口是中国石化经营战略的重要组成部分。物资装备部（国际事业公司）积极开拓国际市场，做强做大出口规模，与杜邦、宝洁、米其林等150多家国际终端客户建立了长期稳定的合作关系。近年来石化产品出口增长均保持在30%以上，2007年实现出口9.37亿美元，以石油焦、石蜡、基础油、聚酯、PVC、烧碱、纯碱、化肥等为主的出口产品遍及世界五大洲、100多个国家和地区。

中国石化物资装备部（国际事业公司）在“做精管理、做强采购、做大国际贸易”目标的同时，秉承“竞争、开放、规范、诚信”的经营理念，携手海内外朋友，共谋21世纪全球石油化工事业的发展。

中国石化国际事业有限公司

部门　公网电话

办公室 ……59966049
人事处 ……59966041
财务处 ……59966059
法律事务处 ……59966085
财务处 ……59966059
审计处 ……59966159
监察处 ……59966093
企业管理处 ……59966110
物资管理处 ……59966129
计划处 ……59966101
信息处 ……59966134
物流处 ……59966149
招标处 ……59966223
技术与条件处 ……59966176
化工原料处 ……59966187
化工辅料处 ……59966206
煤炭处 ……59966165
材料处 ……59966235
动设备处 ……59966251
静设备处 ……59966262
电气设备处 ……59966272
石化产品出口处 ……59966282
设备材料出口处 ……59966310

74. 福建炼油化工有限公司

地址：福建省泉州市泉港区
邮编：362800
区号：0595
总机：87789188
传真：87976088
网址：www.fjpcl.com
E-mail:yhd@fjpcl.com

福建炼油化工有限公司（以下简称福建炼化公司）是由中国石化股份公司和福建省各出资50%合资建设的大型石化企业。公司位于福建省泉州市泉港区，占地274公顷。其前身是福建炼油厂，创建于1989年元月，1993年9月全面建成投产，1995年12月改制为有限责任公司。1997年5月经过改造，公司一次原油加工能力由原设计的250万t/a提升至400万t/a。公司主要加工进口原油，生产车用无铅汽油、轻柴油、3号喷气燃料等六大类22个品种58个牌号的石化产品，其中3号喷气燃料、轻柴油、车用无铅汽油荣获福建省"优质产品"、"用户满意产品"称号。福建炼化公司作为中国石化系统内首家按新厂新模式设计建设的企业，具有布局紧凑、工艺流程短、现代化程度高等特点。公司生产经营管理采用了集散型控制系统（DCS），具有直观仿真、操作简便、反应灵敏、信息集中等优点。自1993年全面建成投产至2008年底，公司累计加工原油4906万t。

2007年6月12日，由福建炼化公司与埃克森美孚中国公司、沙特阿美中国公司按50%：25%：25%的比例总投资49.63亿美元合资设立的福建联合石化公司（注册资本为16.54亿美元），充分依托福建炼化公司原有400万t/a炼油能力，正在建设福建炼油乙烯一体化项目，其中包括新建800万t/a炼油、新建80万t/a乙烯裂解、80万t/a聚乙烯、40万t/a聚丙烯装置和一套70万t/a芳烃联合装置；建设部分氧化／汽电联产装置，配套的厂内和厂外公用工程、30万t级原油码头和60万m^3中转油库。2008年，福建炼油乙烯一体化项目基本完成，新建800万t/a常减压蒸馏等17套装置已实现中交，30万t级原油码头及库区工程已开港并投入使用，2009年上半年新建炼油、化工装置将投料试车。由福建炼化公司与林德气体（香港）有限公司按50%：50%的比例总投资7.8亿元合资设立的福炼林德气体合资有限责任公司于2008年9月10日正式挂牌成立。与此同时，公司启动新建项目前期筹备工作。

福建炼油化工有限公司

部门　　公网电话

人事行政处
　副处长……87976080
　副处长……87976128
　办公室……87976106
党委工作处
　副处长……87976033
　机要室办公室……87976109
经营管理处
　副处长……87976027
　副处长……87976029
计划财务处
　副处长……87976025
　副处长……87976050
项目筹备办
　主任……87976226
　办公室……87976134
公司工会
　副主席……87976023
　综合部主任……87798251
纪委监察处
　处长……87976022
　副处长……87976072
退管中心
　主任……87798976

福建联合石油化工有限公司

总机……87799000
传真……87023000
总裁办
　主任……87799263
人力资源与行政部
　总经理……87789155
　副总经理……87799001
　行政助理……87023081
生产部
　总经理……87799216
　行政助理……87023055
技术规划部
　副总经理……87789191
　行政助理……87023088
机械设备部
　总经理……87799256
　行政助理……87023520
HSE 部
　副总经理……87789172
　行政助理……87799103
市场部
　总经理……87976300
　行政助理……87976339
供应流通部
　副总经理……87789173
　行政助理……87023317
财务部
　副总经理……87799050
　行政助理……87799052
党群工作部
　主任……87789133
　党务办公室……87789190

75. 扬子石化－巴斯夫有限责任公司

地址：江苏省南京市六合区新华东路8号
邮编：210048
区号：025
总机：57770888
传真：57770063
网址：www.bast-ypc.com.cn
E-mail：yeyle@basf-ypc.com.cn

扬子石化－巴斯夫有限责任公司由中国石化和德国巴斯夫集团以50对50的股比共同出资设立，总投资约29亿美元，旨在建设和经营世界级、高科技、一体化的石油化工基地，场址位于江苏省南京市六合区，是中国第一个完成审批程序、进入实施阶段的大型石化合资项目，也是目前国内最大的中德合资项目。

扬子石化－巴斯夫有限责任公司是2000年10月中国石化海外上市后，与跨国石化企业共同投资的第一个重大战略发展项目，是巴斯夫全球战略的重要部分——巴斯夫计划在2010年实现亚洲销售和赢利占其全球份额的20%，扬子石化－巴斯夫有限责任公司是这一战略的稳固基石。

扬子石化－巴斯夫有限责任公司坚持可持续发展方针，以成为化学产品的最佳供应商为使命，面向未来，服务大众，回报社会。

部门	公网电话
总裁办公室	
办公室	58569702
传真	58569701
财务、会计、电子数据处理和材料管理部	
办公室	58569722
传真	58569721
人力资源和行政部	
办公室	58569792
传真	58569791
工程、维修、安全、健康、环保和公用工程部	
办公室	58569081
传真	58569278
基础化学部	
办公室	58569912
传真	58569911
乙二醇、低密度聚乙烯／醋酸乙烯共聚物部	
办公室	58569852
传真	58569851
丙烯酸／丙烯酸酯部	
办公室	58569872
传真	58569871
丁辛醇、碳一化学品部	
办公室	58569892
传真	58569891

76. 上海赛科石油化工有限责任公司

地址：上海市长宁区仙霞路299号远东国际大厦A幢30层
邮编：200051
区号：021
电话：52574688
传真：62097070
网址：www.secco.com.cn
E-mail：contacts@secco.com.cn

上海赛科石油化工有限责任公司是由中国石油化工股份有限公司、中国石化上海石油化工股份有限公司和BP化工华东投资有限公司分别按30%、20%和50%的比例出资组建的，于2001年11月正式成立。公司目标是建设一个具有国际竞争力的石化联合企业，生产和销售能够替代进口的石化产品，满足日益增长的国内市场需求。

公司的生产装置建在上海化学工业区，产业发展符合上海城市总体规划布局，占地约2.04km²。毗邻中国石化上海石化股份公司，相距12km。上海作为长江沿岸发展的龙头，正在努力建设成为国际经济、金融和贸易中心，制造、加工、商贸、物流和其他服务行业发展迅速，具有公路、铁路、水运等运输网，交通运输快捷便利，为公司发展提供了极为有利的条件。上海和邻近的江苏省、浙江省也是我国经济最发达地区，市场发达、市场容量大，对石化产品有强劲的需求。

上海化学工业区采用产品项目一体化、公用工程一体化、物流运输一体化、环境保护一体化和管理服务一体化的指导方针，上海赛科90万t乙烯工程可以充分利用化工区便利的配套条件和服务设施，同时，作为化工区的龙头项目和前导项目，可以通过产品链，实现向化工区下游项目和其他项目的物料供应，充分发挥大型石化工程上下游一体化的作用，合理利用资源，并形成带动一片的积聚效益。

公司目标是既在竞争中取胜，亦成为社会进步的动力。我们的产品将使用户得以享受高质量的生活。赛科的宗旨是以尊重自然环境、尊重我们的员工和客户以及生活在我们工厂场地周围的居民的要求生产我们的产品。对于乐于追求改变和创新，敢于创造能与中国乃至世界一流公司媲美的业绩的员工而言，赛科将是一家非常有吸引力的公司。

上海赛科目前的组织机构，为适应项目建设和生产经营，是采用在董事会领导下设立公司业务部门和一体化项目管理组（IPMT）两个管理机构。公司业务部门负责公司的经营运作，包括财务部、市场部、人力资源部、生产部等部门。公司一体化项目管理组（IPMT）包括股东方提名的人员以及支持承包商。一体化项目管理组（IPMT）负责项目的执行，包括有关设施的设计、工程与施工有关的采购、施工和试运转。一体化项目管理组（IPMT）的组织机构由六个职能部门组成，包括工程建设部、保证部、控制部、采购部、HSE部和行政部。项目建成后，将移交公司业务部门负责生产经营。

部门	公网电话
项目副主任	67250068
党委副书记	67250428
行政部主任	67250428
行政经理	-2200

77. 石化盈科信息技术有限责任公司

地址：北京市东城区东四十条甲22号南新仓国际大厦A座12层
邮编：100007
区号：010
传真：64096213
网站：www.pcitc.com
E-mail：pcitcbd@pcitc.com

石化盈科信息技术有限责任公司成立于2002年，由中国石油化工股份有限公司和香港电讯盈科有限公司，分别按55%和45%比例共同出资组建，是中国流程行业领先的IT服务商。公司总部设在北京，上海、深圳、西安、太原、银川等地设有分支机构。公司拥有近500人的员工队伍，各类专家及技术人才400余名。

为流程行业企业信息化建设提供整体解决方案和服务，包括：

企业信息技术整体解决方案：包括IT系统规划、咨询、经营管理信息系统、辅助决策、信息化基础设施、先进控制与优化控制、生产过程管理等不同专业、不同层面的全方位整体解决方案和服务。

企业经营管理信息系统解决方案：涵盖企业资源计划（ERP）、电子商务、办公自动化与企业门户、全面预算管理等各个方面。

生产执行系统解决方案：包括生产计划、操作管理、物料移动、生产管理、生产统计、能源管理、KPI绩效、综合展示、ERP支撑等主要功能模块。

供应链优化解决方案：包括供应链优化、炼油生产计划优化、炼油生产调度优化和原油评价数据库系统等方面。

生产营运指挥系统：面向集团总部层面生产营运指挥及集团事业部层面生产调度管理。

生产过程控制与优化解决方案：包括生产过程先进控制、生产过程流程模拟与优化、生产实时数据管理等。

企业绩效管理系统（EPM）：提供完整的集指标编制、跟踪、分析和数据集成、展现、挖掘、预测等功能于一体的专业绩效管理软件。

IT基础设施全面解决方案：包含大型网络系统、数据中心、卫星通信系统、信息安全系统、网络管理系统、视频会议系统、综合布线系统、企业信息基础设施运维服务等。

建筑智能化解决方案：包括楼宇设备自动化管理系统、安全防范系统、综合布线系统、机房工程系统、电视与电话通信系统等。

信息系统工程监理：分别为工程招标、工程设计、工程实施和工程验收四个阶段提供全过程的监理服务。

石化盈科信息技术有限责任公司

部门	公网电话
办公室	84191188
传真	64096213

上海分公司

办公室	(021)50943218
	(021)50942258
	(021)50942268

陕西赛威监理公司

办公室	(029)87459100
	(029)87459190
	(029)97459337

五、中国石化集团资产经营管理有限公司

中国石化集团资产经营管理有限公司

地址：北京市朝阳区朝阳门北大街22号
邮编：100728
区号：010

部门 公网电话

办公室

综合管理处 ……59968095

调研处 ……59968097

党群处 ……59968106

纪检处 ……59968108

财务资产部

综合计划处 ……59968111

财务会计处 ……59968116

资产产权处 ……59668127

资金管理处 ……59968139

内控管理处 ……59968117

清理整顿办公室 ……59968145

经营管理部

综合处 ……59968166

生产管理处 ……59968156

经营计划处 ……59968160

安全环保处 ……59968171

改革管理处 ……59968172

人力资源部

综合处 ……59968189

人事处 ……59968195

劳动工资处 ……59968200

离退休管理处 ……59968198

审计部

综合处 ……59968206

审计一处 ……59968208

审计二处 ……59968216

投资处 ……59968212

六、相关石油石化企业

（一）中国石油天然气集团公司

地址：北京市东城区东直门北大街9号
邮编：100007
区号：010
网址：www.cnpc.com.cn

办公厅

秘书处
- 值班室……59984538
- 传真……62096277

公共关系处
- ……59984395
- 传真……62095200

档案处
- ……59984488
- ……59984980

机关财务处
- ……59985908
- ……59984810

行政事务处
- ……59986048
- ……59986046
- 传真……62099278

政策研究室

综合处
- ……59984138
- ……59984942

战略研究处
- ……59984376
- 传真……62094857

政策信息处
- ……59984123
- 传真……62094952

调研处
- ……59985140
- ……59984650
- 传真……62094961

经济管理处
- ……59984125
- 传真……62095893

规划计划部

综合处
- ……59984238
- ……59984815
- 传真……59985911

战略规划处
- ……59984762
- ……59984327
- 传真……62094412

勘探开发项目处
- ……59984615
- 传真……62096184

炼油化工项目处
- ……59983160
- 传真……62096143

统计评价处
- ……62094083
- 传真……62095184

基础管理处（石油工程建设协会秘书处）
- ……59984051
- 传真……62094392

财务资产部

综合处
- ……59984480
- ……59984335

资金处
- ……59984343
- ……59984097

会计处
- ……59984745
- ……59984622

资产处

……59984685
……59984084

资本运营部

股权管理处
……59984746
……59984575
传真……62094518

人事部

综合处
……59984340
传真……59985679
企业领导人员管理一处
……59986301
……59986307
传真……59986304
企业领导人员管理二处
……59984362
……59986318
传真……62096145
专业技术人员管理处
……59984574
传真……59984752
员工培训处
……59984753
传真……59984710
劳动组织处
……59984102
传真……59984107
薪酬制度处
……59984170
传真……59984179
信息档案处
……59984780
传真……59984940
综合处
……59984340
传真……59985679
人才交流处
……59984933
……59984413
传真……59985344
保险处
……59984088
……59984719
传真……59985334
技能开发处
……59984132
传真……59984705

法律事务部

法律业务一处
……59984640
……59984759
法律业务二处
……59986060
……59986756
法律业务三处
……59986220
……59986755
企业法律工作处
……59982803
……59982362
行政法律事务处
……59982272
……59982364
规章制度管理处
……59982802
……59986979

科技管理部

综合处
……59986657
……59986231
规划计划处
……59986245
……59986230
项目管理处
……59982659
……59986244
科技交流合作处
……59986994
……59982115

信息管理部

信息综合处
……59982808
……59982616
……59982359
网络安全处
……59986980
项目一处
……59982337
……59982591
项目二处
……59986996

……59982117

安全环保部

综合处

……59986237

……59986239

安全监督处

……59982548

……59986758

环境保护处

……59986240

……59986053

消防与交通安全处

……59986976

……59986951

传真……62099461

质量管理与节能部

综合处

……62094902

……62094161

质量处

……62095205

……62094262

传真……62095414

标准计量处

……62094777

……62094483

传真……62094521

节能节水处

……62094786

……62094900

传真……62094802

石油质协秘书处

……62095986

……59985006

矿区服务工作部

综合管理处

……62094577

……62094245

传真……62094122

规划处

……62094199

……62094501

传真……62094979

住房管理处

……62094463

……62095425

传真……62094239

国际事业部（外事局）

综合处

……59984938

……59984420

联络处

……59986290

……84886964

中亚俄罗斯处

……59984947

……59984823

出国财务处

……62094469

……62094451

传真……62094136

办公室

……62094892

……62094494

传真……62094053

中加中心

……59988530

……59988524

审计部

综合处

……59984174

传真……62095635

党组纪检组、监察部

办公室

……62094499

……59984690

传真……59985013

一室

……59984903

……59984775

传真……62095841

二室

……59984611

……59984605

传真……62094249

三室

……59984491

……59984595

传真……62094592

四室

……59985393

……………………………………59984492
传真……………………………………62094824
举报电话
……………………………………62094741

思想政治工作部
（企业文化部）

综合处
……………………………………59984636
传真……………………………………62095156
党建工作处
……………………………………59985889
传真……………………………………62095432
宣传工作处
……………………………………59984039
传真……………………………………62099531
基层建设工作处
……………………………………59985136
传真……………………………………59984423
职工与青年工作处
……………………………………59985948
传真……………………………………62095093
石油文联
……………………………………82011429
……………………………………62059145
石油体协
……………………………………62033431
……………………………………62033419
传真……………………………………62033431
影视中心
……………………………………82013691
传真……………………………………82013690

直属机关党委

办公室
……………………………………59984669
……………………………………59984665
传真……………………………………62094671
股份公司机关综合办公室
……………………………………84886726
传真……………………………………84886257
组织、宣传（统战）部
……………………………………62094539
……………………………………62094861
传真……………………………………62094659
群工部
……………………………………62094660
……………………………………62094851
传真……………………………………62094663
直属机关纪委办公室
……………………………………62094869
……………………………………62095890
传真……………………………………62094071
机关文体中心
……………………………………62095578
……………………………………62095520

离退休职工管理局
（老干部局）

综合处
……………………………………59984934
……………………………………59984364
传真……………………………………62094934
党总支办公室
……………………………………59984049
……………………………………59984243
机关处
……………………………………59984723
……………………………………59984196
企业处
……………………………………59984236
……………………………………59984074
传真……………………………………59984914
保健处
……………………………………59985464
老干部活动中心
……………………………………59985860
石油书协
……………………………………59985826

信息技术服务中心

综合办公室
……………………………………59985209
……………………………………59985809
网络运行部
……………………………………59984149
……………………………………59984963
工程服务系统部
……………………………………59985213
……………………………………59986250
门户网站部
……………………………………59985805
……………………………………59985879
机关服务部
……………………………………62094965
……………………………………62095872

（二）中国石油天然气股份有限公司

地址：北京市东城区东直门北大街9号
邮编：100007
区号：010
网址：www.petrochina.com.cn

总裁办公室

秘书处
值班室……59984538
传真……62096277
公共关系处
……59984395
传真……62095200
档案处
……59984488
……59984980
机关财务处
……59985908
……59984810
行政事务处
……59986048
……59986046
传真……62099278

董事会秘书局

信息披露处
……59986686
……59986266
综合管理处
……59986688
投资者处
……59986270
……59986687
香港代表处
……59986265

国际事业部
（外事局）

综合处
……59984938
……59984420
联络处
……59986290
……84886964
中亚俄罗斯处
……59984947
……59984823
出国财务处
……62094469
……62094451
传真……62094136
办公室
……62094892
……62094494
传真……62094053
中加中心
……59988530
……59988524

规划计划部

综合处
……59984238
……59984815
传真……59985911
战略规划处
……59984762
……59984327
传真……62094412
勘探开发项目处
……59984615
传真……62096184
炼油化工项目处
……59983160
传真……62096143
统计评价处

……………………………………62094083

传真……………………………………62095184

基础管理处（石油工程建设协会秘书处）

……………………………………59984051

传真……………………………………62094392

财务部

出纳处

……………………………………59982551

……………………………………59986941

结算处

……………………………………59986203

……………………………………59986730

清欠办

……………………………………59986854

……………………………………59986876

债务处

……………………………………59986154

……………………………………59986745

资产处

……………………………………59986889

……………………………………59986767

会计处

……………………………………59986156

……………………………………59986159

信息处

……………………………………59986147

……………………………………59986143

税价处

……………………………………59986488

……………………………………59986130

机关处

……………………………………59986105

……………………………………59986972

稽查处

……………………………………59986691

……………………………………59986006

综合处

……………………………………59986161

……………………………………59986162

人事部

综合处

……………………………………59984340

传真……………………………………59985679

企业领导人员管理一处

……………………………………59986301

……………………………………59986307

传真……………………………………59986304

企业领导人员管理二处

……………………………………59984362

……………………………………59986318

传真……………………………………62096145

专业技术人员管理处

……………………………………59984574

传真……………………………………59984752

员工培训处

……………………………………59984753

传真……………………………………59984710

劳动组织处

……………………………………59984102

传真……………………………………59984107

薪酬制度处

……………………………………59984170

传真……………………………………59984179

信息档案处

……………………………………59984780

传真……………………………………59984940

综合处

……………………………………59984340

传真……………………………………59985679

人才交流处

……………………………………59984933

……………………………………59984413

传真……………………………………59985344

保险处

……………………………………59984088

……………………………………59984719

传真……………………………………59985334

技能开发处

……………………………………59984132

传真……………………………………59984705

资本运营部

资本企划处

……………………………………59983122

传真……………………………………62094568

资本市场处

……………………………………59985096

传真……………………………………62096104

收购兼并处

……………………………………59983101

传真……………………………………62096113

股权管理处

……………………………………59983131

传真……………………………………62094567
专职董监事办公室
……………………………………59984558
传真……………………………………62096124

法律事务部

法律业务一处
……………………………………59984640
……………………………………59984759
法律业务二处
……………………………………59986060
……………………………………59986756
法律业务三处
……………………………………59986220
……………………………………59986755
企业法律工作处
……………………………………59982803
……………………………………59982362
行政法律事务处
……………………………………59982272
……………………………………59982364
规章制度管理处
……………………………………59982802
……………………………………59986979

安全环保部

综合处
……………………………………59986237
……………………………………59986239
安全监督处
……………………………………59982548
……………………………………59986758
环境保护处
……………………………………59986240
……………………………………59986053
消防与交通安全处
……………………………………59986976
……………………………………59986951
传真……………………………………62099461

质量管理与节能部

质量处
……………………………………62095205
……………………………………62094262
传真……………………………………62095414
标准计量处
……………………………………62094777
……………………………………62094483
传真……………………………………62094521
节能节水处
……………………………………62094786
……………………………………62094900
传真……………………………………62094802
综合处
……………………………………62094902
……………………………………62094161
石油质协秘书处
……………………………………62095986
……………………………………59985006

科技管理部

综合处
……………………………………59986657
……………………………………59986231
规划计划处
……………………………………59986245
……………………………………59986230
项目管理处
……………………………………59982659
……………………………………59986244
科技交流合作处
……………………………………59986994
……………………………………59982115

信息管理部

信息综合处
……………………………………59982808
……………………………………59982616
……………………………………59982359
网络安全处
……………………………………59986980
项目一处
……………………………………59982337
……………………………………59982591
项目二处
……………………………………59986996
……………………………………59982117

工程技术与市场部

综合处
……………………………………62095190
油气田工程处
……………………………………62094997
……………………………………62094151
炼化工程处
……………………………………62094155
井控管理处
……………………………………62094498

市场处
……62094157
……62094673
装备与物流处
……62094332

审计部

综合处
……59984064
……59984143
投资与基建工程审计处
……59983235
……59983249
经济责任审计处
……59984613
……59984437
内控与风险管理审计处
……59983232
……59983253
信息管理审计处
……59984274
……59984837

内部控制部

体系规划与综合处
……59986958
……59986938
风险管理处
……59986126
……59986813
流程管理处
……59986308
……59986158

电子商务部

业务发展与综合管理处
……84886844
……84886843
商务处
……84886848
……84882069
技术处
……84886850
……84886852
钢材采办处
……84882160
……84886851

勘探与生产公司

总经理办公室
……59986274
……59986380
传真……62099564
生产运行处
……59986278
……59986280
财务处
……59986301
……59986305
综合计划处
……59986290
……59986944
矿权管理处
……59986314
传真……62099568
储量管理处
……59986032
……62099569
安全质量环保处
……59986319
……59986766
传真……62099570
科技与信息管理处
……59986288
……59986323
传真……62099571
物探技术管理处
……59986329
……59986331
勘探项目管理处
……59986340
……59986338
传真……62099573
油藏评价处
……59986336
……59986271
天然气处
……59986348
……59982586
传真……62099575
油藏管理处
……59986749
……59986375
传真……62099576
采油采气工艺处
……59986343

传真……………………………………62099577

地面建设管理处

……………………………………59986362

传真……………………………………62099578

装备处

……………………………………59986368

……………………………………59986369

工程技术与监督处

……………………………………59986374

……………………………………59986330

市场管理处

……………………………………59986383

……………………………………59986371

合作开发管理处

……………………………………59986294

……………………………………59986377

海洋工程管理处

……………………………………59986438

……………………………………59986439

炼油与化工公司

总经理办公室

……………………………………59986560

……………………………………59986573

总调度室

……………………………………59986259

……………………………………59986424

传真……………………………………62099587

规划计划处

……………………………………59986038

……………………………………59986151

财务处

……………………………………59986865

……………………………………59986534

传真……………………………………62099589

科技信息处

……………………………………59986567

……………………………………59986576

生产技术处

……………………………………59986542

……………………………………59986429

装备管理处

……………………………………59986714

……………………………………59986173

质量安全环保处

……………………………………59986562

……………………………………59986478

建设项目处

……………………………………59986582

……………………………………59986584

传真……………………………………62099594

化工产品营销处

……………………………………59986526

传真……………………………………62099595

价格商情处

……………………………………59986587

……………………………………59986863

专业技术培训处

……………………………………59986547

……………………………………59986733

传真……………………………………62099597

销售公司

总经理办公室

……………………………………59986920

传真……………………………………62099304

总调度室

……………………………………59986515

传真……………………………………62099305

规划计划处

……………………………………59986408

传真……………………………………62099306

财务处

……………………………………59986735

传真……………………………………62099308

油品一处

……………………………………59982139

传真……………………………………62099309

油品二处

……………………………………59986710

传真……………………………………62099310

非油品业务处

……………………………………59986922

传真……………………………………62099311

加油站管理处

……………………………………59986510

传真……………………………………62099312

工程建设处

……………………………………59986465

传真……………………………………62099315

油库管理处

……………………………………59986523

传真……………………………………62099316

质量安全环保处

……………………………………………59986474
传真……………………………………………62099317
价格商情处
……………………………………………59986460
传真……………………………………………62099318
信息化管理处
……………………………………………59986685
传真……………………………………………62099319
股权管理与法律事务处
……………………………………………59986734
传真……………………………………………62099320
专业技术培训处
……………………………………………59986407
传真……………………………………………62099321

天然气与管道公司

总经理办公室
……………………………………………59986603
计划处
……………………………………………59986742
……………………………………………59986628
财务处
……………………………………………59986646
油气调运处
……………………………………………59986743
……………………………………………59986608
天然气销售处
……………………………………………59986643
……………………………………………59986595
建设项目管理处
……………………………………………59986636
……………………………………………59986638
质量安全环保处
……………………………………………59986637
……………………………………………59986609
科技信息处
……………………………………………59986711
……………………………………………59986639
液化天然气管理处
……………………………………………59986741
……………………………………………59982161
管道与储气库管理处
……………………………………………59982165
……………………………………………59982307

对外合作经理部

综合处
……………………………………………59986778
……………………………………………59986829
计划发展处
……………………………………………59986780
……………………………………………59986816
财务资产处
……………………………………………59986773
……………………………………………59986809
法律事务处
……………………………………………59986793
……………………………………………59986792
项目管理处
……………………………………………59986909
……………………………………………59986785
新项目处
……………………………………………59986775
……………………………………………59986771

（三）中国石油天然气集团公司、股份有限公司直属单位及有关单位

1. 中国石油天然气勘探开发公司

地址：北京市阜城门北大街6号
邮编：100043
区号：010
总机：58551114

总经理办公室

副主任
……58551830
……58551878
办公室
……58551866
……58551850
值班
……58551795
……58551000

总工程师办公室

主任
……58551169
办公室
……58551103
……58551737
值班
……58551813
传真……58551005

党群工作部
（企业文化部）

主任
……58551835
副主任
……58551811
办公室
……58551859
值班
……58551836
传真……58551009

人力资源部

办公室
……58551857
……58551798
值班
……58551828
传真……58551001

健康安全环保部

办公室
……58551877
……58551736

销售采办部

办公室
……58551871
……58551873

勘探部

办公室
……58551117
……58551842
值班
……58551746
传真……58551008

生产作业部

办公室
……58551856
……58551751

油气开发部

副主任
……58551577
办公室
……58551778
值班

……58551879

经营计划部

副经理

……58551827

……58551792

……58551526

办公室

……58551752

战略发展中心

办公室

……58551758

……58551865

内控部

经理

……58551826

办公室

……58551556

财务与资本运营部

副主任

……58551906

……58551558

……58551547

法律事务部

办公室

……58551539

……58551768

……58551794

炼化管道部

副经理

……58551942

办公室

……58551808

……58551775

工程建设部

副经理

……58551741

办公室

……58551757

中亚－俄罗斯部

主任

……58551816

办公室

……58551563

……58551928

CNPC 中亚天然气合作项目领导小组

项目办公室

……58551566

……58551816

……58551922

俄罗斯上游项目组

办公室

……58551531

……58551764

……58551841

绿洲公司

行管主任

……58551855

办公室

……58551228

……58551229

非洲地区勘探项目组

办公室

……58551803

……58551862

所属国内单位及公司

副总经理

……62096068

办公室

……62096006

……62096028

海外研究中心

副主任

……62098639

……62097773

总工程师

……62097743

……62098649

总地质师

……62098225

……62093201

办公室

主任

……62097805

……62093496

南方石油勘探开发有限责任公司

总经理

……84241785

……34358808

主任

……84242065

……34358806

2. 东方地球物理勘探公司

地址：河北省涿州市范阳西路189号
邮编：072751
区号：0312

公司办公室

副主任
……3737229
总值班室
……3822324
传真……3822635

党委办公室
（董事会秘书处）

主任
……3821496
办公室
……3822336
传真……3822770

总师办公室

办公室
……3828841
传真……3828842

专家监督与咨询部

办公室
……3821694
传真……3825814

科技发展部

副主任
……3739206
……3824471

计划经营部

主任
……3822629
办公室
……3822628
传真……3822665

财务部资产部

副主任
……3824627
……3822925
办公室
……3823092

设备物资部

副主任
……3822700
办公室
……3824930
传真……3824940

信息管理部

办公室
……3739825
传真……3739841

市场营销部

副主任
……3824980
办公室
……3824977
传真……3824981

生产管理部

副主任
……3822731
办公室
……3739027

安全健康环保（HSE）部

副主任
……2076655
办公室
……3821483

党群工作部
（企业文化部）

副主任
……3822855
办公室
……3822360

西部前线指挥部

办公室
……(0991)4295283
传真……(0991)4296130

塔里木前线指挥部
（塔里木经理部）

办公室
……(0996)6764344

北疆经理部
（新疆地质调查处）

办公室
……(0991)4296261

吐哈经理部
（吐哈地球物理勘探公司）

办公室
……(0995)8375503

敦煌经理部
（青海地球物理勘探公司）

办公室
…………(0937)8943226
…………(0937)8953886

国际勘探事业部

办公室
…………(0312)3822850
…………(0312)3821464

研究院

办公室
…………(0312)3829597
…………(0312)3829598

物探技术研究中心
（中国油气勘探软件国家工程研究中心有限公司）

办公室
…………(0312)3825903
…………(0312)3825901
传真…………(0312)3825902

装备事业部

办公室
…………(0312)3823025
…………(0312)3822726

海上勘探事业部

办公室
…………(022)25963020
…………(022)25963032

综合物化探事业部

办公室
…………(0312)3736067
…………(0312)3736023

西安物探装备分公司

办公室
…………(029)86583806
…………(029)86583816

物资供应中心

办公室
…………(0312)3735981
传真…………(0312)3825412

公共事业部

办公室
…………(0312)3825352
…………(0312)3825371

3. 海洋工程有限公司

地址：北京市亦庄经济技术开发区宏达北路16号邮编：100176
区号：010

值班电话
…………67885363
传真…………67885343
办公室
…………67885008

4. 程设计有限公司

地址：北京市海淀区志新西路8号
邮编：100083
区号：010

办公室
…………82383453
…………82778031
…………82778032
…………82778033
…………82778035
传真…………82778030

5. 中国寰球工程公司

地址：北京市朝阳区樱花东街7号
邮编：100029
区号：010

总经理办公室

副主任
…………58676851
办公室
…………58675530
…………58676852

战略研究与规划发展部

办公室
…………58676871
…………58675532

财务与资本运营部

副主任
…………58675490
办公室

……………………………………………58676893
……………………………………………58676899

人力资源部
（外事办公室）

办公室
……………………………………………58676812
……………………………………………58676826

合同与法务部

副主任
……………………………………………58675528

办公室
……………………………………………58675527

专利与技术开发部

办公室
……………………………………………58676789
……………………………………………58675843

QHSE 管理部

办公室
……………………………………………58676873
……………………………………………58675852

信息中心

主任
……………………………………………58675866

办公室
……………………………………………58675859

企业文化部
（党委工作部）

主任
……………………………………………58675966

办公室
……………………………………………58675968

行政管理部

副主任
……………………………………………58676602
……………………………………………58676612

6. 运输公司

地址：新疆乌鲁木齐市阿勒泰路 374 号
邮编：830014
区号：0991

机关各部门

经理办公室
……………………………………………3724669

企业管理处
……………………………………………3714130

财务资产处
……………………………………………3715943

人事劳资处
……………………………………………3716499

生产运行处
……………………………………………3761617

调度中心
……………………………………(010)82035237

基建工程处
……………………………………………3761721

科技信息处
……………………………………………3721455

安全质量环保处
……………………………………………3722641

审计处
……………………………………………3715433

工会
……………………………………………3714655

思想政治处
……………………………………………3723482

监察保卫处
……………………………………………3714358

7. 华油集团公司

地址：北京市朝阳区安立路 101 号亚运村名人大厦 26 层
邮编：100101
区号：010

办公室

主任
……………………………………………84836859

副主任
……………………………………………84836860

办公室
……………………………………………84836805

传真……………………………………84836311

规划计划部

办公室
……………………………………………84836833
……………………………………………84836870

企业管理部

副主任
……………………………………………84836867

办公室
……………………………………84836864

法律事务部

主任
……………………………………84836839

办公室
……………………………………84836850

人事劳资部

主任
……………………………………84836816

办公室
……………………………………84836819

财务资产部

副主任
……………………………………84836822

办公室
……………………………………84836820
……………………………………84836830

审计部

办公室
……………………………………84836851

安全环保部

主任
……………………………………84836818

油气资源事业部

副总经理
……………………………………84836921

综合办公室副主任
……………………………………84836895

综合办公室
……………………………………84836904

燃气事业部

副总经理
……………………………………84836878

综合管理部

办公室
……………………………………84836903

油品销售事业部

总经理
……………………………………84836936

综合办公室
……………………………………84836942

国际事业部

办公室
……………………………………84836880
……………………………………84836914

华油实业开发总公司

地址：北京市西城区六铺炕一区 1 号楼
邮编：100724
区号：010

办公室
……………………………………82035291
……………………………………82035525

上海浦东华油实业有限责任公司

地址：上海市浦东新区上海中油大酒店 709 室
邮编：200122
区号：021

总机
……………………………………68758888

值班
……………………………………68752698

中国石油化学公司

地址：北京朝阳区东三环中路 39 号建外 SOHO 15 号楼 10 层
邮编：100022
区号：010

总机
……………………………………58780808

传真……………………………………58780909

办公室
……………………………………58780911

8. 华油服务北京总公司

地址：北京市西城区六铺炕
邮编：1000724
区号：010

总经理办公室
……………………………………62095158
……………………………………62095856

党委办公室
……………………………………62094796

人事劳资处
……………………………………62095262

计财处
……………………………………62095587

审计处
……………………………………62095309

管委会
……62095386
生活公司
……62095070
中油宾馆
……62095311
物业公司
……62095330

9. 深圳石油实业有限公司

地址：深圳市罗湖区爱国路10号金通大厦B座22层
邮编：518003
区号：0755

办公室
……25414240
……25400604
传真……25540776
行政事务部
……25407804
……25540783
财务部
……25409847
……25400736
审计部
……25411177
企管部
……25409351
……25404017
资本运营部
……25411336
……25401007
油品部
……25401065
……25411027
华油实业
……28172007
……28135501
中油酒店
……26523396
怡景酒楼
……26528052
上海油气
……(021)65614584

10. 中油财务有限责任公司

地址：北京市西城区鼓楼外大街5号楼
邮编：100029
区号：010

经理办
……62096999
……62092606
人事部
……62362091
财务部
……62096975
信贷部
……62096985
证券部
……82022317
……62092625
国际部
……62096979
营业部
……62096997
……62092607
管理稽核部
……62096971
……62092673
信息发展部
……62096973
……62092669

11. 吉林燃料乙醇有限公司

地址：吉林省吉林市经济技术开发区
邮编：132101
区号：0432

总经理办公室
……3501166
……3501006
发展规划部
……3501050
人力资源部
……3501095
计划财务部
……3501034
生产技术部
……3501091

安全环保部
……………………………………………………3501032
机动部
……………………………………………………3501077
……………………………………………………3501118

12. 中国华铭国际投资有限公司

地址：北京市东城区东直门外大街46号天恒大厦A座18层
邮编：100027
区号：010

总机 ……………………………………………84608899
传真 ……………………………………………84608900

13. 北京华昌置业有限责任公司

地址：北京市东城区东扬危街7号
邮编：100007

综合办公室
……………………………………………84064155-810
工程管理部
……………………………………………84064155-852
经济管理部
……………………………………………84064155-866

14. 咨询中心

地址：北京市西城区六铺炕
邮编：100724

综合技术部
……………………………………………………62094416
……………………………………………………62094299

（四）中国石油天然气集团公司、股份有限公司所属企业

科研单位

1. 钻井工程技术研究院

地址：北京市海淀区四季青镇北坞村路甲25号静芯园M座
邮编：100097
区号：010

综合管理处

办公室
……52781858
……52781728

科研管理处

副处长
……52781829

办公室
……52781819

财务资产处

办公室
……52781758
……52781768

战略规划研究所

办公室
……52781748
……52781868

生产技术支持研究所

所长
……52781820

海外钻井技术研究所

副所长
……52781880

钻井完井工艺研究所

办公室
……52783176
……52783177

2. 管材研究所

地址：陕西省西安市电子二路32号
邮编：710065
区号：029
传真：88223416

办公室

主任、人事处处长
……88726101

人事劳资处副处长
……88726113

党办主任
……88726115

工会副主席
……88726178

团委书记
……88726113

所办、党办、外事办
……88726100

工会办公室
……88726111

传真……88223416

市场发展处

市场、法律
……88726106
……88726103

科技运行处

处长
……88726190

项目管理
……88726120

财务资产处

办公室
……88726131
……88726132

研发中心

主任
……………………………………88726151

副主任
……………………………………88726202

技术监督中心

主任
……………………………………88726090

副主任
……………………………………88726169

标准化与信息中心

主任
……………………………………88726070

3. 石油工业出版社

地址：北京市安外安华里二区一号楼
邮编：100011
区号：010

办公室（党办）

主任
……………………………………64210387

副主任
……………………………………64523605

总编室

主任
……………………………………64219111

办公室
……………………………………64523577

人事处

处长
……………………………………64218731

办公室
……………………………………64266860

计划计财处

主任
……………………………………64262876

副主任
……………………………………64210385

石油科技出版中心

副主任
……………………………………64222278

编辑室
……………………………………64523539

石油标准编辑部

主任
……………………………………64222430

年鉴编辑部

副主任
……………………………………64523593

编辑室
……………………………………64523594

期刊编辑部

副主任
……………………………………64523540

印务部

主任
……………………………………64523576

发行部

副主任
……………………………………64247704

4. 经济技术研究院

地址：北京市朝阳区安华里二区 3 号楼
邮编：100011
区号：010

综合办公室

主任
……………………………………62095928

副主任
……………………………………64523180

科研管理部

副主任
……………………………………64523193

主管
……………………………………64523174

人事劳资部

副主任
……………………………………64523148

主管
……………………………………64523146

离退休管理办公室

主管
……………………………………64523121

财务资产部

副主任
……………………………………64225865

主管
……………………………………64523118

发展战略研究所

副所长

……64523188

办公室

……64523158

……64523160

市场研究所

办公室

……64523169

……64523167

海外投资环境研究所

办公室

……64523202

……64523157

石油科技研究所

副所长

……64523206

办公室

……64523269

信息资源开发中心

办公室

……64523234

……64523232

知识产权和科技成果研究中心

办公室

……62381802

……62381810

石油工程造价管理中心

副主任

……62387492

……62382346

《石油商报》社

主编

……62071048

副社长

……62070556

办公室

……62013183

《国际石油经济》编辑部

……62070356

5. 广州培训中心

地址：广东省广州市沙太南路169号

邮编：510510

区号：020

党群工作处

处长

……87231553

党委、行政办公室

办公室主任

……87231685

办公室

……87231022

传真……87231529

人事劳资处

……87231101

培训管理处

副处长室

……87231455

综合科

……87231019

财务资产处

处长

……87231456

财务科

……87231030

教学管理处

副处长室

……87231021

教务

……87231029

学生工作处

……87231031

后勤处

综合科

……87231043

总务科

……87231396

外语培训部（系）

……87231439

经济管理培训部（系）

……87231333

信息管理培训部（系）

……87231350

行政管理培训部（系）

……87231318

6. 石油管理干部学院

地址：北京市西三旗东

邮编：100096
区号：010

学院办公室

副主任
……69216001
传真……82911049

组织人事部（处）
……69216035

党群工作部

主任
……69216021

计划财务部（处）
……69216051

培训部
……69216061

教学部
……69216166

科研处
……69216101

信息部
……69216081

后勤处

综合办公室主任
……69216138

党校办公室
……69216016

集团公司考试中心
……62098283
……62097976

7. 石油勘探开发研究院

地址：北京市海淀区学院路20号
邮编：100083
区号：010

院办
……62097599
……62097521
……62097470

科研管理处
……62098248
……62097405
……62097709

人事劳资处
……62097705
……62097309

计划财务处
……62097339
……62098321

企管法规处
……62097336

国际合作处
……62097978

安全环保处
……62093032

党委办公室
……62097458

党委组织部
……62098196

研究部门石油地质研究所
……62097543

油气资源规划所
……62098459

测井与遥感所
……62097563

石油物探技术研究所
……62097769

塔里木分院石油地质实验中心

主任地质师
……62098348

油气田开发研究所
……62097298

油气田开发战略规划所

办公室主任
……62097735

办公室
……62097734

石油采收率研究所
……62098378

计算机应用技术研究所
……62097175

热力采油研究所
……62098848

采油工程研究所
……62098254

石油工业标准化研究所
……62098519

采油采气装备研究所
……62098276

鄂尔多斯分院

…………………………………………62098372

油田化学研究所

…………………………………………62098605

工程监督中心

…………………………………………62097466

…………………………………………62097219

西北分院

地址：甘肃省兰州市雁儿湾路535号
邮编：730020
区号：0931

办公室主任

…………………………………………8686622

秘书

…………………………………………8686016

文书

…………………………………………8686015

传真

…………………………………………8686017

8. 杭州地质研究所

地址：浙江省杭州市西溪路920号
邮编：310023
区号：0571

办公室

…………………………………………85224917

党委办公室

…………………………………………85224943

科技办公室

…………………………………………85224958

9. 石油规划总院

地址：北京市海淀区志新西路3号
邮编：100083
区号：010

综合办

…………………………………………82383109

总工办

…………………………………………82383116

油气田所

…………………………………………82383182

管道所

…………………………………………82383241

经济所

…………………………………………82383208

人教处

…………………………………………82383037

计财处

处长

…………………………………………82383040

副处长

…………………………………………82383039

炼化所

…………………………………………82383156

公用所

…………………………………………82383277

…………………………………………82383278

咨询部

…………………………………………82383229

造价中心

…………………………………………82383137

…………………………………………82383133

节能中心

…………………………………………82383078

…………………………………………82383083

计算机信息中心

…………………………………………82383086

…………………………………………82383087

10. 石油化工研究院

地址：北京市海淀区学院路20号
59号楼1层东侧
邮编：100083
区号：010

项目管理一处

…………………………………………62097842

…………………………………………62098987

项目管理二处

…………………………………………62097843

…………………………………………62098985

发展战略研究处

…………………………………………62097845

…………………………………………62097851

综合办公室

…………………………………………62097846

传真…………………………………62344809

油气田勘探与开发企业

1. 大庆油田有限责任公司

地址：黑江省大庆市让胡路区龙南
邮编：163453
区号：0459
专网区号：941
网址：www.daqing.com

总经理办

办公室……5950711
秘书科……5936662
调研科……5975795
综合科……5994050

勘探部

副主任……5936159
……5999800
计划科……5936160
储量科……5989583
管理科……5992251
信息科……5999305
探矿权科……5989310
综合科……5936166

开发部

副主任……5983167
……5983213
综合科……5983290
开发动态科……5984051
三次采油管理科……5996723
地质管理科……5999330
生产管理科……5998160
采油工程科……5983229
井下作业科……5983363
综合信息科……5982585
油田测试科……5999474
地面工程科……5956038
技术发展部……5999145
综合计划管理科……5995615
项目管理一科……5936079
项目管理二科……5936078
项目管理三科……5936085
科协学会科……5936077
节能办公室……5983710
计划规划部……5996100
……5965206
企业法规部……5966041
……5995594
生产运行部……5990666
……5967117
……5980238
总值班科……5998929
……5936900
重点项目科……5936267
……5936268
综合管理科……5995116
工程管理科……5950071
质量技术科……5936276
土地管理科……5990662
油藏评价部……5936038
……5936039
生产与监督科……5936506
项目管理科……5936509
综合信息科……5936075
财务资产部……5967508
……5965722
……5965733
会计科……5936606
成本科……5989322
资金科……5936716
预算科……5966509
资本运营科……5995987
机关经费科……5986022
资产管理科……5997021
设备管理科……5996445
安全质量环保部……5996996
……5965056
安全监察科……5997333
交通科……5967881
工业卫生科……5950563
环保科……5950032
环境污染控制科……5936721
环境综合管理科……5998431
技术监督科……5950561
综合科（HSE 办公室）……5994271
……5936336
市场开发部……5951150
……5965450
人事部……5997375

……………………………………5975386
管理人员管理科……………………………5978306
技术人员管理科……………………………5936676
劳动组织科…………………………………5936688
党建科………………………………………5936678
工资科………………………………………5936679
劳动保障科…………………………………5936685
综合科………………………………………5995991
……………………………………5967997
公共关系部（党委宣传部）………………5973138
……………………………………5936358
……………………………………5950132

第一采油厂

领导
书记………………………………………5815018
厂长………………………………………5815199
副书记……………………………………5815025
综合办
主任………………………………………5886232
副主任……………………………………5883779
……………………………………5886235
油田管理部
主任………………………………………5886279
副主任……………………………………5812038
生产运行部
主任………………………………………5815098
副主任……………………………………5812800
安全质量环保部
主任………………………………………5812056
副主任……………………………………5813775
技术发展部
主任………………………………………5882376
副主任……………………………………5886256
财务资产部………………………………5815138
生产运行部
主任………………………………………5815098
副主任……………………………………5812800
安全质量 环保部
主任………………………………………5812056
安全副主任………………………………5813775
技术发展部
主任………………………………………5882376
副主任……………………………………5886256
财务资产部………………………………5815138
企管法规部………………………………5812008
计划规划部………………………………5824107
人事部……………………………………5815189
审计监察部………………………………5815299

第二采油厂

地址：黑龙江省大庆市图强西街
邮编：163414

机关
厂长………………………………………5295555
书记………………………………………5297777
副厂长……………………………………5281096
……………………………………5281500
……………………………………5281555
……………………………………5291234
厂办………………………………………5291026
……………………………………5281610
综合办
主任………………………………………5295123
副主任……………………………………5281610
机关党委…………………………………5296629
……………………………………5296639
人事部……………………………………5298207
……………………………………5295582
生产运行部………………………………5296500
……………………………………5281777
油田管理部………………………………5281511
……………………………………5298479
安全质量环保部…………………………5281606
技术发展部………………………………5281612
计划规划部………………………………5281627
企业法规部………………………………5281615
财务资产部………………………………5281538
审计监察部………………………………5281528
物资管理部………………………………5281533

第四采油厂

地址：黑龙江省大庆市红岗西街4号
油编：163511

领导………………………………………4180111
……………………………………4180055
……………………………………4180868
……………………………………4180777
……………………………………4180999
……………………………………4180222
综合办公室（宣传部）……………………4192704
……………………………………4191389
油田管理部………………………………4192099
生产运行部………………………………4192266
……………………………………4191557

……………………………………………4193559
计划规划部……………………………………4192208
……………………………………………4199608
技术发展部……………………………………4191783
基建工程管理部………………………………4193686
财务资产部……………………………………4191136
人事部（组织部）……………………………4180008
……………………………………………4192865
企管法规部……………………………………4192446
审计监察部（纪检）…………………………4191321
完全质量环保部………………………………4191943
……………………………………………4192675
物资管理部……………………………………4199277

第五采油厂

地址：黑龙江省大庆市杏南村东街6号
邮编：163513

领导…………………………………………4593111
……………………………………………4597008
……………………………………………4597058
……………………………………………4596603
……………………………………………4596917
……………………………………………4596541
综合办公室……………………………………4596242
……………………………………………4596610
生产运行部……………………………………4591700
油田管理部……………………………………4596066
计划规划部……………………………………4594001
安全质量环保部………………………………4596616
技术发展部……………………………………4596283
财务资产部……………………………………4591366
人事部…………………………………………4591266
企管法规部……………………………………4596736
物资管理部……………………………………4597667
基建工程管理部………………………………4596818
稳定工作服务中心……………………………4596659

第六采油厂

地址：黑龙江省大庆市北三东路
邮编：163114

领导…………………………………………5837700
……………………………………………5838801
……………………………………………5843900
……………………………………………5838816
……………………………………………5838278
综合办公室……………………………………5836079
……………………………………………5831473
稳定工作协调服务中心………………………5838886
企业法规部……………………………………5836183
物资管理部……………………………………5831464
计划规划部……………………………………5835562
技术发展部……………………………………5836007
财务资产部……………………………………5835758
生产运行部……………………………………5835666
油田管理部……………………………………5836165
基建工程管理部………………………………5836452
安全质量环保陪………………………………5835337
人事部…………………………………………5838703
审计监察部……………………………………5836490

第七采油厂

地址：黑龙江省大庆市庆葡大街
邮编：163517

领导…………………………………………4497677
……………………………………………4491001
……………………………………………4491005
……………………………………………4495777
……………………………………………4491007
……………………………………………4491097
……………………………………………4491006
综合办…………………………………………4499943
宣传部…………………………………………4494160
油田管理部……………………………………4497113
生产运行部……………………………………4498612
安全质量环保部………………………………4498775
……………………………………………4498680
计划规划部……………………………………4498567
财务资产部……………………………………4490666
企管法规部……………………………………4499306
技术发展部……………………………………4498604
人事部…………………………………………4491011
审计监察部……………………………………4494631
物资管理部……………………………………4492037
基建工程管理中心……………………………4492405

第八采油厂

地址：黑龙江省大庆市高十一路
邮编：163514

领导…………………………………………4515001
……………………………………………4515077
……………………………………………4511382
……………………………………………4515098
……………………………………………4515222
综合办…………………………………………4511292
……………………………………………4511099
稳定服务中心…………………………………4511459

团委……4511872
审计监察部……4511547
人事部……4511745
计划规划部……4511356
基建工程管理部……4511763
企管法规部……4514135
技术发展部……4511462
安全质量环保部……4515066
生产运行部……4511247
油田管理部……4511389
基建工程管理中心……4512528

第九采油厂

地址：黑龙江省大庆市元丰路
邮编：163853

机关……4698433
……4698603
生产运行部……4698993
油田管理部……4698139
……4698620
技术发展部……4698429
计划规划部……4698964
财务资产部……4696117
人事部……4699329
企管法规部……4690199
审计监察部……4698494
安全质量环保部……4690000

第十采油厂

地址：黑龙江省大庆市朝阳沟镇
邮编：164405

领导……4390001
……4390010
……4390003
……4390002
……4390005
……4390019
综合办公室……4390520
……4390516
油田管理部……4390026
生产运行部……4390028
计划规划部……4391574
财务资产部……4390061
人力资源部……4391686
安全质量环保部……4390110
企管法规部……4390052
技术发展部……4390093
审计监察部……4390090
基建工程管理部……4390079

榆树林油田

地址：黑龙江省大庆市榆树林
邮编：151100

领导……4651543
……4651535
生产运行部……4651155
人力资源部……4651271
计划经营部……4651456
财务资产部……4651295
安全质量环保部……4651466

头台油田

地址：黑龙江省大庆市头台
邮编：163517

领导……4464192
……4464217
经理办……4464188
人事监察部……4464234
经营管理部……4464229
生产部……4464158
开发技术中心……4464051
信息中心……4464331
器材供应站……4464184

庆新油田开发有限责任公司

地址：黑龙江省大庆市安达市昌德镇
邮编：151413

领导……4502901
……4502988
……4502966
总经理办公室……4502963
计划经营部……4502920
基建工程部……4502909
财务资产部……4502955
安全质量环保部……4502968
物资管理部……4502977
生产管理部……4502957

天然气分公司

地址：黑龙江省大庆市天湖路
邮编：163411

书记……5683128
经理……5681318
安全质量环保部……5689196
综合办公室……5796898
技术发展部……5689836
计划规划部……5689316
企管法规部……5689529

人事部……………………………………5683618
财务资产部…………………………………5686089
物资管理部…………………………………5671893
油气生产部…………………………………5689636
生产运行部…………………………………5689706
稳定工作协调服务中心……………………5686340

储运销售分公司

地址：黑龙江省大庆市西宾路
邮编：163453

经理……………………………………5183133
副经理…………………………………5183766
……………………………………5183438
经理办…………………………………5183459
生产运行部…………………………………5198288
人力资源部…………………………………5196633
财务部…………………………………5392172
安全质量环保部……………………………5199926
规划计划部…………………………………5199597
技术发展部…………………………………5183901
审计监察部…………………………………5183538
设备物资管理部……………………………5183138
油品管理部…………………………………5183435
企管法规部…………………………………5183901
稳定工作协调服务中心……………………5392290

试油试采分公司

地址：黑龙江省大庆市试采北路
邮编：163412

领导……………………………………5696509
……………………………………5681777
办公室…………………………………5796667
市场开发部…………………………………5696592
技术发展部…………………………………5693996
生产运行部…………………………………5683077
计划规划部…………………………………5671383
企管法规部…………………………………5680303
财务资产部…………………………………5682098
安全质量环保部 …………………………… 5686368
物资管理部…………………………………5671651
信息中心…………………………………5681717

地质录井分公司

地址：黑龙江省大庆市银海街
邮编：163411

领导……………………………………5672918
……………………………………5671699
……………………………………5795755
综合办公室…………………………………5694178

……………………………………5694215
生产运行部…………………………………5689517
生产运行中心………………………………5680709
财务资产部…………………………………5681291
企管法规部…………………………………5681295
技术发展部…………………………………5671022
市场开发部…………………………………5694197

采气分公司

地址：黑龙江省大庆市龙南
邮编：163453

书记、副经理…………………………………5959366
……………………………………5959277
……………………………………5959355
……………………………………5959877
综合办公室…………………………………5959320

勘探开发研究院

地址：黑龙江省大庆市徒苑路 16 号
邮编：163712

领导……………………………………5593800
……………………………………5581118
……………………………………5596213
……………………………………5088870
……………………………………5093900
……………………………………5592766
……………………………………5097100
综合办公室…………………………………5508085
……………………………………5508505
……………………………………5508038
科研管理部…………………………………5595304
生产协调部…………………………………5598317
计划财务部…………………………………5595456
经营管理部…………………………………5596609
科研装备部…………………………………5596441
科研保障部…………………………………5596515
技术市场开发部……………………………5098266
物资管理部…………………………………5508042

勘探研究一室

地址：黑龙江省大庆市创新街
邮编：163712

主任……………………………………5596670

勘探研究二室

地址：黑龙江省大庆市创新街
邮编：163712

书记……………………………………5596556

勘探规划研究室

地址：黑龙江省大庆市创新街
邮编：163712
主任……5595466

天然气研究室
地址：黑龙江省大庆市科苑路
邮编：163712
主任……5089803

地质试验研究室
地址：黑龙江省大庆市科学路
邮编：163712
主任……5508140

中心化验室
地址：黑龙江省大庆市科苑路
邮编：163712
主任……5595862

岩芯资料室
地址：黑龙江省大庆市科苑路
邮编：163712
主任……5595269

开发研究一室
地址：黑龙江省大庆市科学路
邮编：163712
书记……5596206

开发规划研究室
地址：黑龙江省大庆市科苑路 邮编：163712
主任……5091604

采收率研究一室
地址：黑龙江省大庆市科苑路
邮编：163712
主任……5596971

采收率研究二室
地址：黑龙江省大庆市科苑路
邮编：163712
主任……5596933

油藏评价研究室
地址：黑龙江省大庆市创新街
邮编：163712
主任……5097563

开发研究二室
地址：黑龙江省大庆市科学路
邮编：163712
主任……5092607

地球物理测井研究室
地址：黑龙江省大庆市科学路
邮编：163712

地震资料处理解释中心
地址：黑龙江省大庆市学苑路
邮编：163712
副主任……5595985
地震资料处理一室……5595835
地震资料处理二室……5508691
计算机室……5595904

科技开发中心
地址：黑龙江省大庆市学苑路
邮编：163712
主任……5595858

科研生产准备大队
地址：黑龙江省大庆市科学路
邮编：163712
大队长……5595270

生产运行大队
地址：黑龙江省大庆市科苑路
邮编：163712
书记……5098866

科研服务中心
地址：黑龙江省大庆市科学路
邮编：163712
书记……5592225

大庆油田工程有限公司（原设计院）
地址：黑龙江省大庆市西苑街
邮编：163712
领导……5581016
……5581022
……5595917
……5581038
……5088588
……5581023
公司办公室……5595914
财务部……5595657
技术质量部……5595930
工程设计事业部……5595648

采油工程研究院
地址：黑龙江省大庆市西宾路
邮编：163453
领导……5959590
……5968817
……5979028
……5978312
综合办公室……5960431
……5960307
人事部……5960328

……………………………………5979305
战略发展研究部……………………………5953752
……………………………………5953761
科技发展部…………………………………5960810
……………………………………5960079
计划财务部…………………………………5979315
生产协调部…………………………………5960732
……………………………………5979312
分层开采工艺测试研究室………………5979706
油田化学研究室……………………………5975900
举升工艺研究室……………………………5960061
采气工艺研究室……………………………5979313
技术服务中心………………………………5950586
钻井设计研究室……………………………5976672
工程设计研究室……………………………5960770
……………………………………5960314
信息中心……………………………………5977673

2. 辽河油田公司

地址：辽宁省盘锦市兴隆台区石油大街98号
邮编：124010
区号：0427

机关处室
副主任…………………………………………7298019
……………………………………7298003
值班室…………………………………………7298001
秘书科…………………………………………7298012
综合科…………………………………………7298021
文书科…………………………………………7298015
党群工作部
部长……………………………………………7298969
党办主任………………………………………7298676
书记秘书………………………………………7298667
纪委监察处……………………………………7298890
办公室主任……………………………………7298687
勘探处
副处长…………………………………………7298501
……………………………………7298502
综合科…………………………………………7298506
生产科…………………………………………7298510
技术科…………………………………………7298511
开发处
副处长…………………………………………7298646
……………………………………7298630
综合科科长……………………………………7298641
副科长…………………………………………7298601
办公室…………………………………………7298632
生产运行处
处长……………………………………………7298899
副处长…………………………………………7298188
值班室…………………………………………7298169
……………………………………7298178
传真……………………………………………7298282
综合科…………………………………………7298175
技术发展处
处长……………………………………………7298885
副处长…………………………………………7298376
科研管理科……………………………………7298386
计划经营处
处长……………………………………………7298777
副处长…………………………………………7298355
综合科…………………………………………7298358
财务处
综合科科长……………………………………7298258
办公室…………………………………………7298278
预算科科长……………………………………7298233
会计科科长……………………………………7298270
资金科科长……………………………………729826
企管法规处（内控制）
处长……………………………………………7298656
副处长…………………………………………7298291
……………………………………7298299
企协办科长……………………………………7298296
企业管理科科长………………………………7298295
法律事务科科长………………………………7298293
内控管理科副科长……………………………7298294
综合调配科副科长……………………………7298566
组织科科长……………………………………7298583
干部管理科科长………………………………7298596
劳动组织科科长………………………………7298575
专业人员管理科科长…………………………7298586
安全质量环保处
处长……………………………………………7829121
副处长…………………………………………7822559
……………………………………7825086
办公室主任……………………………………7820998
健康管理中心副主任…………………………7806551
综合科副科长…………………………………7821838
安全科科长……………………………………7805538
物种设备科科长………………………………7828216

环保科科长……7828903
质量科科长……7823880
节能科科长……7822486

直属部门

国际合作部
副主任……7298361
……7285566
综合科
科长……7298366
项目管理科科长……7298362
引进管理科科长……7298364
办公室……7298365
办公室……7298369
海洋石油勘探项目管理部
主任……7298536
勘探项目科副科长……7298548
经营财务科副科长……7298552
物资管理中心……7298789
开发项目管理部……7298635
钻井管理中心……7298199
基建管理中心……7298828
资产管理中心……7298995
合作开发部……7298855
海南油气勘探分公司
副总经理兼勘探部经理……7298919
勘探部副经理……7298588

冷家油田开发公司

副总经理……7805791
……7820667
……7806650
党委副书经……7805294
总地质师……7833150
经理办公室……7823442
油田开发科……7825635
生产协调科……7802101
技术工艺科……7827195
作业工程科……7808167
计划经营科……7809581
概预算中心……7830009
财务科……7801950
资产管理中心……7832526
安全环保科……7827313
基建工程科……7801662
审计科……7801603
采油作业一区……7854029
采油作业二区……7854087
采油作业三区……7854016
采油作业四区……7854041
采油作业五区……7854108
集输作业区……5871000

浅海石油开发公司

经理……7298819
书记……7298915
副经理……7298878
……7298851
经理办……7298827
生产运行科……7298838
生产技术科……7298055
安全环保科……7298853
海洋工程科……7298992

油气试采公司

副经理……7802433
……7821587
……7800993
经理办……7829592
油藏科……7803549
经营管理科……7803157
油气管理科……7800943
采油工艺科……7802341
生产协调科……7807359
基建科……7829430
安全环保科……7829138

物种油开发公司

领导……7828768
生产运行科……7522033
生产技术科……7522107
安全环保科……7522178
钻井作业管理科……7522100
工艺研究所……7521756
技术监督中心……7520938
采油作业一区……7521594
采油作业二区……7521247
采油作业四区……7520260
热注作业一区……7521027
热注作业二区……7522116
集输作业区……7522106

天然气公司

经理……7298005
副经理……7298345
……7298000

油田化学工业公司

经理……7298080

副经理……………………………………7298067

兴隆台采油厂

总机……………………………………7811015

……………………………………7811034

厂长……………………………………7850368

书纪……………………………………7819486

副厂长……………………………………7811217

厂办……………………………………7812294

调度室……………………………………7851875

生产技术管理科……………………………………7813607

作业管理中心……………………………………7812257

科技科……………………………………7812250

计划经营科……………………………………7812062

企管法规科……………………………………7851652

财务科……………………………………7812283

概预算中心……………………………………7815537

安全监察科……………………………………7812237

采油作业一区……………………………………7590240

采油作业二区……………………………………7265041

采油作业三区……………………………………7851070

油管管理站……………………………………7863251

地质开发研究所……………………………………7812801

技术监督中心……………………………………7813370

曙光采油厂

厂长……………………………………7536228

书记……………………………………7539368

副厂长……………………………………7530813

……………………………………7531442

……………………………………7530672

厂办……………………………………7530000

生产运行科……………………………………7531098

基建管理中心……………………………………7531984

安全科……………………………………7530816

生产科……………………………………7531146

资产科……………………………………7530688

财务科……………………………………7539960

计划科……………………………………7530814

企业法规科……………………………………7538666

地质研究所……………………………………7560815

油管厂……………………………………7530694

运输大队……………………………………7532800

采油作业一区……………………………………7539002

采油作业二区……………………………………7530080

采油作业三区……………………………………7532577

采油作业四区……………………………………7530877

采油作业五区……………………………………7531574

采油作业六区……………………………………7230822

采油作业七区……………………………………7530697

欢喜岭采油厂

厂长……………………………………7250098

党委书记……………………………………7548466

副厂长……………………………………7548931

……………………………………7548915

党委副书记……………………………………7250016

总地质师……………………………………7548895

厂长办公室……………………………………7548920

生产运行科……………………………………7540768

生产技术科……………………………………7541237

作业管理科……………………………………7540486

技术管理科……………………………………7548360

企管法规科……………………………………7546523

计划经营科……………………………………7541070

财务科……………………………………7541453

资产科……………………………………7540008

安全监察科……………………………………7540651

采油作业一区……………………………………7540765

采油作业二区……………………………………7540766

采油作业三区……………………………………7542234

采油作业四区……………………………………7540338

采油作业五区……………………………………7548471

采油作业六区……………………………………7540707

热注作业区……………………………………7540515

集输大队……………………………………7540545

欢一联合站……………………………………7540165

欢二联合站……………………………………7540803

欢四联合站……………………………………7540239

锦州采油厂

厂长……………………………………7550666

书记……………………………………7555866

总地质师……………………………………7550542

总会计师……………………………………7550502

秘书办……………………………………7556113

传真……………………………………7550348

安全监察科……………………………………7550310

企客法规科……………………………………7550404

厂调度室……………………………………7550007

油气销售科……………………………………7554898

采油作业一区……………………………………7550330

采油作业二区……………………………………7550749

采油作业三区……………………………………7550331

采油作业四区……………………………………7550033

采油作业五区……………………………………7552730

热注作业一区…………7550236
热注作业二区…………7550437
油气集输大队…………7550497
采油工艺研究所…………7650303
油藏工程研究所…………7550292
物资管理中心…………7550563

沈阳采油厂

常务副厂长…………7563151
副厂长…………7568496
…………7560412
总会计师…………7560730
总地质师…………7569789
厂长办公室…………7560111
生产运行科…………7569343
生产管理科…………7565562
环保科…………7560773
安全科…………7561131
科技科…………7560342
采油作业一区…………7560677
采油作业二区…………7560271
采油作业三区…………7560283
采油作业四区…………7561740
集输大队…………7560820
地质开发研究所…………7560605
工艺技术研究所…………7560361
测试大队…………7560964
物资供应站…………7560431

高升采油厂

厂长…………7506666
书记…………7506688
副厂长…………7502405
…………7506668
工会主席…………7502888
总工程师…………7506118
总会计师…………7506655
办公室…………7500090
人事科…………7500101
安全环保科…………7500526
生产运行科…………7500116
技术发展部…………7505240
财务科…………7506003
经营管理部…………7502409
采油作业一区…………7506238
采油作业二区…………7500561
热注作业区…………7500475
生产准备大队…………7500459
地质研究所…………7500317
工艺研究所…………7500137
物资供应站…………7500379
油库…………7505550

茨榆坨采油厂

副厂长…………7578671
总地质师…………7575208
总会计师…………7578480
副厂长…………7575131
厂办…………7573103
生产运行科…………7578428
生产管理科…………7578763
企管法律科…………7573134
安全科…………7573437
作业科…………7575130
资产管理中心…………7573007
采油一井区…………7575279
采油二井区…………7574000
采油三井区…………7578118
集输大队…………7574207
地质所…………7573243
工艺所…………7573439
物资供应站…………7573241

金马油田开发公司

总经理…………7931008
党委书记…………7828388
副总经理…………7802985
副总师工程师…………7826997
总经理办公室…………7830404
生产运行科…………7827939
生产技术科…………7826997
作业工程科…………7830413
安全监察科…………7833636
计划经营科…………7830415
财务科…………7830424
企管法规科（内部控制管理科）…………7830406
地质研究所…………7830422
工艺研究所…………7822766
采油作业一区…………7285655
采油作业二区…………7802761
采油作业三区…………7854558
油气集输作业区…………7265599
热注作业区…………7801940

油气集输公司

经理…………7651088
党委书记…………7651009

副经理……………………………………7651206
……………………………………7652108
经理办公室……………………………7651221
生产调度室……………………………7651260
计划经营科……………………………7651323
生产技术科……………………………7651324
安全环保科……………………………7653766
企管法规科……………………………7653235
兴隆台轻烃厂…………………………7651423
输气公司………………………………7652947
渤海输油分公司………………………7801789
坨子里输油泵站………………………7265139
曙光输油泵站…………………………7520168
欢喜岭净化站…………………………7652414
凌海输油泵站…………………………7651121
松山输油泵站…………………………7651125
锦西计量站……………………………7652116
鞍山计量站……………………………7651602
试采油公司……………………………7652318

勘探开发研究院

院长……………………………………7825531
党委书记………………………………7829035
副院长…………………………………7800361
……………………………………7829501
办公室…………………………………7820519
科技管理科科长………………………7821828
计划经营科……………………………7821530
审计科…………………………………7833709
企管法规科……………………………7832602
安全监…………………………………7822583
生产运行………………………………7801177
盆地勘探所……………………………7805578
勘探综合所……………………………7828981
海洋勘探所……………………………7805365
油田开发所……………………………7291953
稠油开发所……………………………7290394
试验所…………………………………7826710

钻采工艺研究院

院长……………………………………7801022
党委书记………………………………7823877
总工程师………………………………7822253
办公室…………………………………7803303
科研管理科……………………………7820517
安全质量环保…………………………7820219
计划经营科……………………………7823301
内控管理科……………………………7808133

钻采工程设计中心

办公室…………………………………7802697
采油工艺研究所………………………7826173
采油工具研究所………………………7822802
矿场机械研究所………………………7823429
油田化学技术研究……………………7829300
油田防砂中心…………………………7822333
海洋工程研究所………………………7803343
钻井工程设计中心……………………7808514

3. 吉林油田公司

地址：吉林省松原市江区沿江东路 1219 号
邮编：138000
区号：0438
专网区号：946

办公室
主任……………………………………6258021
副主任…………………………………6258022
……………………………………6258023
……………………………………6258024
秘书科…………………………………6258025
综合科…………………………………6258048
办公室…………………………………6287561
生产运行处
处长……………………………………6258066
副处长…………………………………6258067
调度室…………………………………6258000
财务资产处
处长……………………………………6258125
副处长…………………………………6258126
……………………………………6258127
企管法规处
处长室…………………………………6258208
副处长…………………………………6258209
安全质量环保处
处长……………………………………6258259
……………………………………6258260
科技与信息处
处长……………………………………6258276
副处长…………………………………6258277
勘探部
副部长…………………………………6258317
……………………………………6258318
物资装备部

部长……………………………………6258397
副部长…………………………………6258398
油藏工程部……………………………6258418
钻采工程部……………………………6258448
地面工程部……………………………6258477

扶余采油厂

厂长……………………………………6336831
书记……………………………………6336833
副书记…………………………………6336283
副厂长…………………………………6336322
再就业办公室
办公室…………………………………6336327
生产运行科……………………………6336292
规划计划科……………………………6336959
安全环保科……………………………6336839
企管法规科……………………………6336832
党群工作部……………………………6336315
地研所…………………………………6335693
工艺所…………………………………6335667
采油一队………………………………6344486
采油二队………………………………6344490
采油三队………………………………6344344
采油四队………………………………6291419
采油五队………………………………6293566
采油六队………………………………6396108
采油七队………………………………6291418
采油八队………………………………6342383
采油九队………………………………6291641
采油十队………………………………6291511
油水处理中心…………………………6336288
测试大队………………………………6344306
采油试验队……………………………6342223

红刚采油厂

厂长……………………………………6232128
书记……………………………………6232132
副厂长…………………………………6232157
办公室…………………………………6232071
生产运行科……………………………6232139
财务科…………………………………6232107
资产管理科……………………………6232330
物资管理站……………………………6232148
地研所…………………………………6232321
安全环保科……………………………6232123
企管法规科……………………………6232131
采油一队………………………………6232075
采油二队………………………………6232426
采油三队………………………………6232376
工艺所…………………………………6232327
采油五队………………………………6245008
采油六队………………………………6245103
采油七队………………………………6245013
采油八队………………………………6245105
采油九队………………………………6245901
采油十队………………………………6245006

新木采油厂

调度室…………………………………6228806
………………………………………6228807
总工程师………………………………6228753
总地质师………………………………6228754
办公室…………………………………6228785
生产运行部……………………………6228829
人事劳资部……………………………6228816
党群工作部……………………………6228815
计划部…………………………………6228782
财务部…………………………………6228783
企管部…………………………………6228968
物资装备部……………………………6228819
安全部…………………………………6228989
地研所…………………………………6228805
采油一队………………………………6228700
采油二队………………………………6228764
采油三队………………………………6228766
采油四队………………………………6228740
采油五队………………………………6228871
采油八队………………………………6228869
采油九队………………………………6228910
采油十队………………………………6291196

新立采油厂

调度室…………………………………6231357
………………………………………6231358
副厂长…………………………………6231302
………………………………………6231303
总工程师………………………………6231305
总地质师………………………………6231306
办公室…………………………………6231310
组织部…………………………………6231311
计划科…………………………………6231333
财务科…………………………………6231509
经营部…………………………………6231475
装备部…………………………………6251835
生产科…………………………………6251825
地质所…………………………………6231479

工艺所……………………………………6231384
物资装备站………………………………6231504
采油一队…………………………………6231307
采油二队…………………………………6231381
采油三队…………………………………6231420
采油四队…………………………………6231412
采油五队…………………………………6231424
采油六队…………………………………6231341
采油七队…………………………………6231578
采油八队…………………………………6231489
采油九队…………………………………6231327
采油十队…………………………………6231365
新北区……………………………………6251803

乾安采油厂

厂长………………………………………6236303
书记………………………………………6236437
副厂长……………………………………6236305
……………………………………………6236306
办公室……………………………………6236331
生产运行科………………………………6236317
计划企管科………………………………6236369
财务资产科………………………………6236358
安全保卫科………………………………6236326
物资装备部………………………………6236343
企管法规科………………………………6236328
工艺所……………………………………6236472
地研所……………………………………6236408
采油一队…………………………………6237932
采油二队…………………………………6291122
采油三队…………………………………6291591
采油四队…………………………………6291244
采油五队…………………………………6291015
采油六队…………………………………6291108
采油七队…………………………………6291027
采油八队…………………………………6291018
采油九队…………………………………6291129
采油十队…………………………………6291121

英台采油厂

厂长………………………………………6234361
书记………………………………………6234688
副厂长……………………………………6234378
……………………………………………6234966
办公室……………………………………6234390
生产运行科………………………………6234328
安全保卫科………………………………6234370
计划企管科………………………………6234345
物资装备部………………………………6234399
财务资产科………………………………6234669
地质所……………………………………6234406
工艺所……………………………………6234471
英东采油一队……………………………6294211
采油三队…………………………………6234348
采油四队…………………………………6234512
坨东采油七队……………………………6294232
坨东采油八队……………………………6294215

双阳采油厂

总地质师…………………………………6239107
总工程师…………………………………6239106
办公室……………………………………6239111
生产运行科………………………………6239100
人事科……………………………………6239148
党群工作部………………………………6239163
安全环保科………………………………6239158
物资装备站………………………………6239192
规划计划科………………………………6239130
企管法规科………………………………6239155
地质工艺研究所…………………………6239198
采油作业区………………………………6239241
四家子作业区……………………………6291267

新民采油厂

调度室……………………………………6338000
……………………………………………6338892
办公室……………………………………6338788
规划计划科………………………………6338029
企管法规科………………………………6338044
安全质量环保科…………………………6338010
生产运行科………………………………6338027
地质研究所………………………………6338762
工艺研究所………………………………6338761
采油一队…………………………………6338701
采油二队…………………………………6338702
采油三队…………………………………6338703
采油四队…………………………………6338704
采油五队…………………………………6338710
采油六队…………………………………6338706
采油七队…………………………………6338707

松原采气厂

调度室……………………………………6240032
……………………………………………6240057
厂长………………………………………6223001
书记………………………………………6223002
副书记……………………………………6223003

副厂长……………………………………6223006
总工程师…………………………………6223009
总地质师…………………………………6223010
办公室……………………………………6223020
物资管理站………………………………6223062
计划企管科………………………………6223060
企管科……………………………………6223036
装备部……………………………………6223078
生产部……………………………………6255600
安全科……………………………………6255622
地研所……………………………………6223120
工艺所……………………………………6223102
采气队……………………………………6291738
采油 1 队…………………………………6240666
采油 2 队…………………………………6240777
采油 3 队…………………………………6240163
采油 4 队…………………………………6240058

勘探开发研究院

院长………………………………………6258801
党委书记…………………………………6258802
副院长……………………………………6258803
　……………………………………………6258806
总地质师…………………………………6258633
　……………………………………………6258807
办公室……………………………………6258898
经营管理科………………………………6258558
科研管理科………………………………6258899
勘探研究所………………………………6258722
油藏研究所………………………………6258699
油田研究所………………………………6258869
地球物理研究所…………………………6258700
经济评价所………………………………6258737
天然气所…………………………………6258920
信息所……………………………………6258578
三次采油所………………………………6384129

采油工艺研究院

副院长……………………………………6336967
总工程师…………………………………6336593
　……………………………………………6336093
办公室……………………………………6336622
综合管理科………………………………6336630
科研管理科………………………………6336088
采油工艺研究所…………………………6336966
油田化学研究所…………………………6336968
油藏改造研究所…………………………6337799
采油方案研究所…………………………6384151
安全环保所………………………………6224969
地面研究所………………………………6336060
采气研究所………………………………6336586
钻井研究所………………………………6336594
钻采研究所………………………………6337962

试采公司

经理………………………………………6337053
副经理……………………………………6337818
　……………………………………………6337055
办公室……………………………………6337150
生产运行科………………………………6337157
经营管理科………………………………6337152
工程技术科………………………………6337203
地质工艺所………………………………6337391
地研所……………………………………6337258
试采一队…………………………………6337471
试采二队…………………………………6223301
物资装备站………………………………6384018

石油装备技术工程公司

经理………………………………………6336483
　……………………………………………6336485
副经理……………………………………6336484
　……………………………………………6336486
行政部……………………………………6337891
市场部……………………………………6336974
财务经营部………………………………6337867
机械厂……………………………………6335819
研究开发部………………………………6384120
安装公司…………………………………6337673

吉林石油天然气开发有限责任公司

总经理……………………………………6338036
调度室……………………………………6338862
民北采油部………………………………6338839
乾南采油部………………………………6237939
英台采油部………………………………6234835

4. 大港油田公司

地址：天津市大港区大港油田 3 号院
邮编：300280
区号：022
专网区号：943

总经理（党委）办公室

副主任……………………………25967045
……………………………25966066
总经理秘书……………………………25966066
秘书科一科……………………………25922183
……………………………25915264
秘书科二科……………………………25966154
生产运行处
副处长……………………………25966068
……………………………25969666
综合科……………………………25976664
生产值班室……………………………25913800
生产协调科……………………………25928321
勘探处……………………………25966450
油气开发处……………………………25966233
油藏管理科……………………………25928443
气藏管理科……………………………25914526
钻采工程处……………………………25966229
安全环保处……………………………25966309
企业管理处……………………………25922560
规划计划处……………………………25979880
副处长……………………………25915304
副处长……………………………25972898
科技信息处……………………………25970062
法律事务处……………………………25975411
勘探事业部
副经理……………………………25925051
……………………………25925558
总地质师……………………………25972092
副总地质师……………………………25924841
副总工程师……………………………25923980
综合管理科……………………………25939840
经营管理科……………………………25972050
综合方案部……………………………25923979
地球物理技术部……………………………25939448
南方盆地项目部……………………………25966404
钻井工程部……………………………25923163
试油工程部……………………………25928541
生产运行科……………………………25939447
油气开发事业部
经理……………………………25979888
副经理……………………………25973315
……………………………25939319
办公室……………………………25917154
钻井工程部……………………………25915745
试油工程部……………………………25939907
公关部……………………………25918448

经营管理部……………………………25916394
油气藏评价项目部
副经理……………………………25976988
……………………………25966090
总地质师……………………………25966137
经营管理科……………………………25918727
油藏评价科……………………………25972866
气藏评价科……………………………25948357
综合方案科……………………………25948452
工程技术科……………………………25918537
赵东开发项目经理部
经理……………………………25973666
副经理……………………………25966123
勘探部……………………………25970610
生产作业部……………………………25921076
孔南开发项目部
经理……………………………25975634
经理（中方）……………………………25911776
油气合作开发部
经理……………………………25972079
销售公司
经理……………………………25924398
勘探开发研究院
副院长……………………………25924406
副院长兼总地质师……………………………25922617
副院长……………………………25923707
总地质师……………………………25924410
院办主任……………………………25925039
勘探战略规划室……………………………25924402
储量室……………………………25925041
南部勘探室……………………………25921059
中北部勘探室……………………………25971174
滩海勘探室……………………………25911617
勘探开发试验室……………………………25923735
开发战略规划室……………………………25972754
天然气室……………………………25914449
滚动评价室……………………………25913294
油藏评价室……………………………25925060
南部开发室……………………………25925033
中北部开发室……………………………25927320
滩海开发室……………………………25925044
钻井地质设计室……………………………25923971

采油工艺研究院

院长……………………………25977778
副院长……………………………25911766
……………………………25921605

总工程师……………………………………25921335
……………………………………25967586
院长（党委）办公室
主任……………………………………25923708
科研管理所……………………………………25972070
经营财务科……………………………………25913194
采油工艺室……………………………………25919714
钻井工艺室……………………………………25927013
三次采油室……………………………………25921959
注水工艺室……………………………………25914480
稠油开采室……………………………………25927341
油气水工艺室……………………………………25914441
滩海工艺室……………………………………25921878

第一采油厂

厂长、党委书记……………………………………25920966
副厂长……………………………………25922398
……………………………………25978508
厂长办公室……………………………………25922908
生产运行科……………………………………25919784
规划计划科……………………………………25919764
财务科……………………………………25969782
人事科……………………………………25922636
油田管理科……………………………………25922609
安全环保科……………………………………25922609
地质队……………………………………25966314
工程技术站……………………………………25922628
物资装备站……………………………………25916488
采油一队……………………………………25926134
采油二队……………………………………25926147
采油三队 ……………………………………13602121214
采油四队……………………………………25923824
采油五队……………………………………25939414
采油六队……………………………………63963321
采油七队……………………………………25922154
采油八队……………………………………25925143
采油九队 ……………………………………13502164586
港青公司……………………………………25913938

第二采油厂

厂长……………………………………25946188
副书记……………………………………25946828
总地质师……………………………………25946380
总工程师……………………………………25946048
综合办公室……………………………………25946374
生产科……………………………………25946088
企划科……………………………………25949058
安全质量环保科……………………………………25946313
油田管理科……………………………………25946353
地质队……………………………………25947294
工程技术站……………………………………25947297
采油一队……………………………………25946412
采油一队……………………………………25946565
采油一队……………………………………25947408
采油一队……………………………………25946274
采油一队……………………………………25946884
采油一队……………………………………25946801

第三采油厂

厂长、党委书记……………………………………25941888
副厂长……………………………………25944006
……………………………………25941236
……………………………………25944318
……………………………………25944690
生产运行部……………………………………25945221
物资管理部……………………………………25942738
安全质量环保部……………………………………25944023
经营计划部……………………………………25944132
公共关系部……………………………………25941109
工艺所……………………………………25941564
地质所……………………………………25944052
修井管理中心……………………………………25944199
电力管理中心……………………………………25944161
科技管理办公室……………………………………25942821
第一采油作业区……………………………………25942707
第二采油作业区……………………………………25941256
第三采油作业区……………………………………25942356
第四采油作业区……………………………………25941163
第五采油作业区……………………………………25941765
第六采油作业区……………………………………25941762
集输作业区……………………………………25941099

第四采油厂

厂长、党委书记……………………………………25919966
副厂长……………………………………25919086
……………………………………25923088
办公室……………………………………25911043
生产运行科……………………………………25910961
企划科……………………………………25923505
财务资产科……………………………………25923754
安全质量环保科……………………………………25923511
地质队……………………………………25917047
工程技术站……………………………………25966206
油气集输管理站……………………………………25925128
采油一队……………………………………15802206639
采油二队……………………………………25936187

采油三队……25966417
采油四队……25917421
采油五队……25927004
采油六队……25967347

第五采油厂

厂长、党委书记……25930698
副厂长……25934699
……25931613
总地质师……25931237
厂长办公室……25931212
生产运行科……25931907
财务资产科……25931221
企业管理科……25930798
规划计划科……25933478
安全质量环保科……25932929
工程技术站……25934144
地质队……25935334
第一采油作业区……25931600
第二采油作业区……25931413
第三采油作业区……25947029
输油作业区……25931409

第六采油厂

生产副厂长……25947782
总地质师……25947927
办公室……25947854
财务科……25947989
规划计划科……25947809
油田管理科……25947939
生产科……25947998
安全环保科……25947701
工程技术站……25947877
地质队……25947954
采油一队……25947961
采油二队……25947951
采油三队……25947574
输油一队……25947914
输油二队……25947420

原油集输公司

领导
经理、党委书记……25923508
副经理……25979188
……25922742
经理办公室……25913380
生产运行科……25914435
安全质量环保科……25914421
财务科……25914418
企划科……25939469
物资装备办公室……25914425

天然气公司

经理……25966001
书记……25922002
副经理……25918177
……25973146
综合办公室……25921622
生产运行科……25924755
安全质量环保科……25918562
企划科……25918471
天然气处理站……25915514
天然气管理站……25918724
CNG 管理站……25921402
大张坨储气库……25921042
海南花场处理站……(0898)67518607

测试公司

经理、党委收记……25966599
副经理……25925966
……25971850
综合科……25972301
财务科……25916507
生产科……25914457
管理科……25976743
工艺站……25972309
第一测试分公司……25914704
第二测试分公司……25946426
第三测试分公司……25942091
第四测试分公司……25914746

滩海勘探开发公司

经理、党委书记……25919888
总地质师……25919974
总工程师……25927130
综合办公室……25966125
计财资产科……25976067
生产运行科……25921330
质安环保科……25918964
油藏评价部……25926467
勘探管理部……25925634
地面装备部……25918248
工程建设部……25916214

浦海公司

总经理……25973049
副总经理……25926999
……25920134

5. 长庆油田公司

地址：陕西省西安市未央区长庆兴隆园
邮编：210021
区号：029
专网区号码：983

机关

总经理（党委）办公室

主任……86592308
副主任……86592361
……86592501
……86592926
……86592209
秘书科……86591039
油田开发处……86592078
气田开发处……86591624
生产运行处……86592529
规划计划处……86593340
技术发展处……86594259
法律事务处……86591523
安全质量环保处……86591640
审计部……86591416
纪检监察处……86591094
企业文化部……86592370
对外合作部……86592387

第一采油厂

厂（党）办……86506136
生产运行科……86501538
安全质量环保科……86500269
计划财务科……86506160
企业文化科……86506291
工程项目管理科……86506186
内控办……86506804
高桥作业区……86508371
侯市作业区……86508158
靖东作业区……86572658
坪桥作业区……86508212
王南作业区……86508000
王窑作业区……86508898
杏北作业区……86500600
杏河作业区……86508710
采油工艺研究所……86506170
地质研究所……86506210

第二采油厂

（区号：0934）

厂（党）办……8591688
生产运行科……8592372
安全质量环保科……8593301
企业法规科……8598356
计划科……8597781
岭中作业区……8386608
岭北作业区……8387883
岭南作业区……8599968
城壕作业区……8394888
华池作业区……8395215
元城作业区……8395788
樊家川作业区……8394101
温台作业区……8395272
西一井区……8392929
西二井区……8392920
试采作业区……8599969
采油工艺研究所……8597428
地质研究所……8597436
西峰前指……8392966

第三采油厂

（区号：0951）

厂（党）办……6935591
生产运行科……6935028
安全质量环保科……6935055
法律事务科……6930217
计划财务科……6935738
企业文化科……6935139
红井子作业区……6950659
胡尖山作业区……86502407
靖北作业区……86512902
靖南作业区……86572399
盘古梁作业区……86572293
吴旗作业区……86571815
五里弯作业区……86572224
采油工艺研究所……86935133
地质研究所……86935160

第四采油厂

厂（党）委办公室

主任……86505685
生产运行科……86505828
安全质量环保科……86505833
计划科……86505511
公共关系科……86505512
企业法规科……86502825
企业文化科……86505084

地质研究所……86505875
采油工艺研究所……86502856
综合大队……86502608

第五采油厂

厂（党）办……86517175
安全质量环保科……86517192
计划财务科……86517156
企业文化科……86517195
内控办……86528582
坟地坑作业区……86575588
麻黄山作业区……86575511

第六采油厂
（区号：0951）

厂（党）办……6950208
生产运行科……6950249
安全质量环保科……6950232
计划财务科……6950240
地质研究所……6950215
企管科……6950467
杨井作业区……6950018
庆西作业区……6950402
安五作业区……6950307
地质工艺研究所……6950343

第七采油厂
（区号：0934）

厂（党）办……8395819

第一采气厂

厂办……86503662
生产运行科……86505156
安全质量环保科……86505396
财务资产科……86505092
企管法规科……86505802
地质所……86574238
采气工艺研究所……86505298
作业一区……86505352
作业二区……86505322
作业三区……86505440
作业四区……86503798
作业五区……86505146
作业六区……86502570
作业七区……86502589
作业八区……86575189
第一净化厂……86505054
第二净化厂……86505542
采办站……86505407
抢险大队……86505174

第二采气厂
厂长办公室……86502006
地质研究所……86574808
采气工艺研究所……86502158
作业二区……86502099
作业三区……86502007
天然气处理厂……86574999
物资采办站……86502121
第三采气厂
综合办公室……86503866
生产管理科……86503858
地质工艺所……86503836
计划财务科……86503888
采办组……86503885
作业一区……(0477) 7218677

第一输油处

处长办公室……86590058
生产运行科……86590189
安全与环保科……86590190
计划财务科……86590020
研究所……86590090
管道科……86590165
综合管理部……86590169

第二输油处
（区号：0934）

处（党委）办公室……86598585
计划财务科……86594849
安全与企管科……86598490
生产科……86598493
综合管理部……86595006
第三输油处……86952858
甲醇厂……86505003
油气销售处……86588350
勘探部……86591549
基建工程部……86593962
工程技术管理部……86596255

勘探开发研究院

院办（党办）……86592827
科研管理科……86592816
经营财务科……86591860
采办……86594750
石油勘探研究室……86594327
天然气勘探研究室……86593675
非油气勘探室……86594639
储量研究室……86593598
油藏评价室……86594836

油田开发研究一室 ……………………86591621
油田开发研究二室 ……………………86594133
天然气开发研究室 ……………………86591622
技术服务中心 …………………………86591599
分析试验中心 …………………………86594663
鄂尔多斯分院 …………………………86594669

油气工艺技术研究院

办公室 …………………………………86590666
采气室 …………………………………86590701
采油室 …………………………………86590665
科研管理科 ……………………………86590696
信息室……………………………………86590690
压裂室 …………………………………86590656
综合办公室 ……………………………86590712
物资装备部 ……………………………86594318
工程造价管理所 ………………………86595047
保卫部 …………………………………86593533

6. 华北油田公司

地址：河北省任丘市会战道
邮编：062552
区号：0317

总经理办公室（党委办公室）
主任……………………………………2723212
副主任…………………………………2729688
……………………………………………2723925
传真……………………………………2725627
秘书二科………………………………2723230
文书科…………………………………2725804
科技信息处……………………………2705968
规划计划处……………………………2725702
财务处
处长……………………………………2726880
副处长…………………………………2752472
资金结算中心…………………………2729686
党群工作处（企业文化处）…………2701746
审计处…………………………………2725593
安全质量环保处
处长……………………………………2755596
环保综合科……………………………2752455
安全管理科……………………………2785398
企管法规处……………………………2723158
副处长…………………………………2719779
企业管理科……………………………2724106
综合管理科……………………………2755114
开发部
总工程师………………………………2781237
总地质师………………………………2726204
管理科…………………………………2725378
油藏评价部
综合科…………………………………2519211
项目科…………………………………2717524
资产装备部
设备资产科……………………………2721919
综合管理科……………………………2701725
勘探部
经理……………………………………2721823
副经理…………………………………2721503
……………………………………………2721609
总地质师………………………………2715472
运销部
经理……………………………………2723279
副经理…………………………………2723151
经济研究部……………………………2722519
工程造价与价格定额部………………2721876
电子商务部
经理……………………………………2706966
副经理…………………………………2705073
工程监督部
经理……………………………………2721822
副经理…………………………………2704868

第一采油厂

厂长……………………………………2722722
副厂长…………………………………2727867
……………………………………………2725724
……………………………………………2724223
厂办……………………………………2722712
生产运行科……………………………2723531
安全质量环保科………………………2722790
党群工作部……………………………2724550
人事科…………………………………2720219
财务科…………………………………2724191
企管法规科……………………………2724585
综合计划科……………………………2723953
任南采油工区…………………………2768991
任北采油工区…………………………2721153
雁翎采油工区…………………………2760330
输油工区………………………………2705118
郑州采油工区…………………………2760393
文安工区………………………………2752645

油田地质研究所……………………………2723404
工程技术研究所……………………………2726697
物资供应管理中心…………………………2723748
油田建设管理中心…………………………2729616
科技信息管理中心…………………………2723939

第二采油厂

厂长…………………………………………2561582
副厂长………………………………………2561283
……………………………………………2561529
总地质师……………………………………2561767
机关科室……………………………………2561265
生产运行科…………………………………2561680
计划科………………………………………2561505
安全科………………………………………2562014
人事科………………………………………2561286
财务科………………………………………2561247
企管科………………………………………2561709
监察科………………………………………2561577
地质研究所…………………………………2561625
工程技术研究所……………………………2561426
天然气管理中心……………………………2563210
物资管理中心………………………………2562701
设备管理中心………………………………2562705
岔南工区……………………………………2566978
岔中工区……………………………………2566205
零散井工区…………………………………2566260
霸州工区……………………………………2561121

第三采油厂

厂长…………………………………………2586290
副厂长………………………………………2586209
……………………………………………2589987
……………………………………………2588858
总地质师……………………………………2588736
机关科室……………………………………2582610
生产运行科…………………………………2586800
安全质量环保科……………………………2582726
综合计划科…………………………………2582857
企管法规科…………………………………2582722
财务科………………………………………2582712
人力资源中心………………………………2582848
科技信息管理中心…………………………2586210
物资管理中心………………………………2582124
质量监督中心………………………………2586249
设备管理中心………………………………2589808
河间采油工区………………………………2586509
高阳采油工区………………………………2582958
饶阳采油工区………………………………2586041
武强采油工区………………………………2586833
留西采油工区………………………………2586268
留北采油工区………………………………2580215
肃宁采油工区………………………………2586116
输油大队……………………………………2582901
地质大队……………………………………2582711
工程技术大队………………………………2583934

第四采油厂

厂长…………………………………………2569619
副厂长………………………………………2569158
……………………………………………2569815
……………………………………………2569166
……………………………………………2569609
副总地质师…………………………………2551682
机关科室……………………………………2569600
生产协调科…………………………………2551140
安全质量环保科……………………………2569621
财务科………………………………………2569372
人事科………………………………………2569607
党委办公室…………………………………2569603
科技信息管理中心…………………………2551665
别古庄采油工区……………………………2562280
永清采油工区………………………………2568226
廊东工区……………………………………2575313
廊南工区……………………………………2552646
集输大队……………………………………2554891
地质研究所…………………………………2552241
工程研究所…………………………………2510602
天然气管理中心……………………………2569611
设备管理中心………………………………2553003
物资采购中心………………………………2544443

第五采油厂

厂长…………………………………………2741371
副厂长………………………………………2742365
……………………………………………2743551
……………………………………………2742285
……………………………………………2742342
机关科室……………………………………2742206
生产运行科…………………………………2742055
资产设备中心………………………………2742620
财务科………………………………………2742588
综合计划科…………………………………2742243
安全环保技术监察科………………………2741140
物资管理科…………………………………2742586
工程研究所…………………………………2742154

地质研究所……2742494
辛集工区……2742033
深州工区……2741171
荆丘工区……2743840
煤层气试采队……2741200

二连分公司
（区号：0479）

副经理……8293579
总地质师……8293535
总工程师……8293878
机关科室……8293450
党群工作部……8293399
财务部……8293971
规划计划部……8293963
企管法规部……8293988
生产运行部……8293102
安全质量环保部……8293548
地质研究所……8293496
工程技术研究所……8293202
科技与信息管理中心……8293334
设备管理中心……8293238
物资管理中心……8293902
锡林矿管站……8292650
输油管理处……7224248
输油一工区……8293485
输油二工区……7224238
输油三工区……7224395
输油四工区……7224312
阿南作业区……8293359
哈南作业区……8293155
蒙古林作业区……8293856
锡林作业区……8292884
额仁淖尔作业区……7521052
宝力格作业区……8293018
边采作业区……8293767

勘探开发研究院

院长……2727952
副院长……2722549
……2722544
……2711570
总地质师……2703243
……2700422
机关科室……2722909
人事科……2727939
计划财务科……2727942
综合管理科……2722844
科技信息科……2727934
党群工作部……2727937
勘探一室……2727401
勘探二室……2727950
勘探三室……2781474
勘探规划室……2703246
二连勘探室……2703053
储量室……2753034
沉积室……2723464
生油室……2724439
油田开发……2723084
开发规划室……2700421
采收率室……2727117
油田地质室……2722984
地球物理室……2723067
科技管理研究室……2721545

采油工艺研究院

院长……2750958
副院长……2750968
……2722978
院办……2722498
党群工作部……2719942
人事科……2724367
科研科……2723411
财务科……2724267
采油采气室……2728923
措施室……2782502
方案室……2722911
信息中心……2724207
自动化室……2728925
二连分院……2726304
油田化学室……2725508
地面工程规划室……2722921

地球物理勘探研究院

院长……2750637
总地质师……2710941
副总地质师……2750943
……2753043
……2726530
院办公室……2729325
科研生产管理科……2701942
计划财务科……2726523
饶阳室……2701443
冀中室……2725981
二连室……2726524
滚动开发室……2726530

物探室……2701406
资料室……2722715

7. 新疆油田公司

地址：新疆维吾尔自治区克拉玛依市迎宾路66号
邮编：834000
区号：0990

总经理（党委）办公室
主任……6888135
副主任……6882127
……6889443
……6888090
秘书科……6887167
文书督查科……6881345
综合科
科长……6881419
传真……6887790
勘探处……6882526
综合科……6883465
计划科……6889949
技术科……6884574
开发处……6884579
开发管理科……6881337
采油工艺科……6883502
地面工程科……6250022
油藏评价处……6891860
生产运行处……6887174
综合科……6881213
生产运行科……6881382
生产管理科……6882827
规划计划处……6889192
综合统计科……6883679
投资管理科……6883607
规划项目科……6883339
销售管理科……6883228
财务资产处……6884001
综合信息管理科……6882171
预算管理科……6889130
成本管理科……6884470
资金管理科……6882922
会计核算科……6887133
企管法规处……6861191
内控管理科……6876765
安全质量环保处……6884472
科技信息处……6884046
审计处……6883591
监察处（纪委）……6888066
党群工作处（企业文化处）……6882720
资金结算部……6880329
审计部……6878655

开发公司

经理……6888550
书纪……6888565
办公室……6888255
技术管理办……6894330
经营办……6887576
第一项目部……6806033
第二项目部……6801860
第三项目部……6804296
第五项目部……6886294

勘探公司

副经理……6888179
……6887937
……6884103
经理办公室……6887980
财务办……6884096
经营办……6888003
生产办……6882777
西北缘经理部……6884548
腹部经理部……6876156
南缘经理部……6888507
准东经理部……(0994)3830693

勘探开发研究院

院长……6882729
副院长……6887216
……6886063
院长（党委）办公室……6886011
人事科……6883702
科研管理科……6887215
安全运行科……6879187
勘探研究所……6868243
开发所……6882962
工程所……6880543
油藏评价所……6882950
实验中心……6882862
采收率所……6879421
计算信息中心……6881252

采油一厂

厂长、书纪……6841079

副厂长、总工程师……6841194
总地质师……6841824
厂长（党委）办……6841678
人事（组织）科……6841364
财务科……6841628
计划科……6841076
安全环保科……6841429
生产运行科……6841523
地质研究所……6841920
油田工艺研究所……6841742
物资供应站……6879574
J129 采油作业区……6841116
红五作业区……6841247
红浅作业区……6841261
车排子作业区……6841787
红浅供汽联合站……6841929
百重七供汽联合站……6841395
供汽联合站……6849669
红浅区供热站……6844057
百重七供热站……6803418
注输联合站……6841950
稠油处理站……6841918
稀油处理站……6841360
天然气站……6841941

重油开发公司

经理、书纪……6881197
副经理……6885792
……6885899
公司（党委）办公室……6883289
人事（组织）科……6883886
计划科……6881105
财务科……6883067
生产技术科……6883261
安全环保科……6885985
生产运行科……6885907
油田地质研究所……6881783
油田工艺研究所……6886795
采油作业一区……6885836
采油作业二区……6886459
采油作业三区……6886600
采油作业四区……6885705
采油作业五区……6886544
供汽一联合站……6886269
供汽二联合站……6895154
供汽三联合站……6886483
集输联合站……6883723
污水处理站……6885809

黑油山有限责任公司

总经理、书记……6881796
党委副书记……6883370
总地质师……6819218
机关……6869310
技术监督部……6879757
采油作业区……6881925
油田服务中心……6888525

陆梁油田作业区

经理、党委书纪……6801786
副经理、总工程师……6801787
经理（党委）办……6801761
生产运行办……6801769
经营办……6865355
综合管理办……6801708

油田研究所

所长……6897396
陆梁采油站……6801779
陆梁处理站……6801746
石南采油站……6801830

石西油田作业区

经理……6801203
总地质师……6801025
经理办……6886754
生产技术办……6801007

彩南油田作业区

经理、党委书纪……3840959
经理党委办公室……3840937
经营办公室……3840991
生产运行办……3840906
综合管理办公室……3840861

采油二厂

厂长（党委）……6828526
生产运行科……6827196
生产技术科……6828442
安全环保科……6828761
计划科……6827881
财务科……6827432
第一采油作业区……6828373
第二采油作业区……6800479
第三采油作业区……6808810
第四采油作业区……6800114
第五采油作业区……6828022
第六采油作业区……6806730
天然气处理站……6809427

油田地质研究所……………………………………6828669
油田工艺研究所……………………………………6820747

采油三厂

厂长……………………………………………………6813112
副厂长…………………………………………………6812891
厂（党委）办公室…………………………………6812473
计划科…………………………………………………6816338
财务科…………………………………………………6811844
安全环保科……………………………………………6813497
生产运行科……………………………………………6812260
油田工艺研究所……………………………………6812824
采气研究所……………………………………………6812531
信息处…………………………………………………6813162
采油一作业区………………………………………6812935
采油二作业区………………………………………6812536
注输联合站……………………………………………6812774

百口泉采油厂

厂长、党委书记……………………………………6875066
……………………………………………………6804261
副厂长…………………………………………………6875078
厂长（党委）办公室………………………………6875926
财务科…………………………………………………6875989
计划科…………………………………………………6875913
安全环保科……………………………………………6875961
生产运行科……………………………………………6804322
油田地质所……………………………………………6875918
油田工艺所……………………………………………6804148
信息所…………………………………………………6875985
百 21 采油作业区　…………………………………6804545
J188 采油作业区……………………………………6804346
百重一采油作业区…………………………………6802956
百重二采油作业区…………………………………6802968
夏采油作业区………………………………………6804535
注输联合站……………………………………………6804935
天然气处理站………………………………………6802297
稠油处理站……………………………………………6804158
油田供热站……………………………………………6804588
物资供应站……………………………………………6804315

油气储运分公司

经理……………………………………………………6833280
副经理…………………………………………………6831568
经理办…………………………………………………6833617
财务科…………………………………………………6833112
企划管理科……………………………………………6833390
生产科…………………………………………………6831452
安全质量环保科……………………………………6833476
生产调度中心………………………………………6833262
交油队…………………………………………………6833439
输气队…………………………………………………6833314
七零一油库……………………………………………6813330
七零二泵站……………………………………………6833241
七零三泵站……………………………………………6833703
七零四泵站……………………………………………6833704
七零五泵站……………………………………………6833705
七零六泵站……………………………………………6833706
北三台油库…………………………………(0994)3840003
石西站…………………………………………………6801042

克拉玛依润油厂

厂长……………………………………………………6834580
党委书记………………………………………………6834579
副厂长…………………………………………………6834578
厂长助理………………………………………………6831431
……………………………………………………6833963
厂办……………………………………………………6834576
财务科…………………………………………………6832061
计划科…………………………………………………6831426
生产技术科……………………………………………6833487
安全质量科……………………………………………6834577
营运部…………………………………………………6833770
研究所…………………………………………………6834213
销售部…………………………………………………6831455

新疆石油准东地区

地址：新疆维吾尔自治区阜康市石油基地
邮政编码：831511
区号：0994

准东勘探开发公司

经理、副书纪…………………………………………3830260
副经理…………………………………………………3833385
……………………………………………………3831962
……………………………………………………3833470
党政办…………………………………………………3832073
党群工作部……………………………………………3831898
计划财务部……………………………………………3831508
安全质量环保部……………………………………3832430
企管法规部……………………………………………3831436
技术作业公司………………………………………3832088
机械厂…………………………………………………3831331
物资供应公司………………………………………3832142

准东采油厂

厂长……………………………………………………3833389
总工程师………………………………………………3831387
党政办…………………………………………………3831928

人事组织科……3831385
财务科……3831323
规划计划部……3831389
生产运行科……3832041
生产技术科……3832044
物资管理科……3837710
安全环保科……3831024
火烧山作业区……3832701
沙南作业区……3840616
三台电厂……3840218
油田研究所……3831826
探井作业区……3830606

新疆油田彩南油田作业区

经理、书纪……3840959
总地质师……3841776
党政办……3840981
计划科……3840991
财务科……3840955
生产运行科……3840968
安全环保科……3840984
油田研究所……3840908

8. 塔里木油田公司

地址：新疆维吾尔自治区库尔勒塔指
邮政编码：841000
区号：0996

办公室
主任……2171150
副主任……2171370
……2171093
总值班室……2171208
传真……2171210
人事处（组织部）
处长……2172099
副处长……2173883
生产运行处
处长……2173118
副处长……2172691
总值班室……2171335
财务处
处长……2171658
副处长……2175373
党群工作处
处长……2171162
副处长……2171988
审计处
处长……2171763
副处长……2171811
企管法规处
处长……2175319
副处长……2171571
规划计划处
处长……2172373
副处长……2172262
投资管理科……2171735
技术发展处
处长……2172320
技术管理科……2171930
科研管理科……2174297
外事装备处
处长……2176269
对外合作科……2171935
装备科……2175948
安全质量环保处
副处长……2175618
安全监督管理科……2171354
节能环保科……2175123
质量管理科……2171932
炼化管道处
处长……2172761
副处长……2172760
炼化科……2172701
管道科……2174107
勘探开发研究院
院长……2171398
常务副院长……2172251
副院长……2171443
综合办……2171066
开发所……2171267
综合室……2172174
采油气所……2172185
油藏评价所……2172241
天然气所……2174846
勘探所……2172222
气藏地质室……2174814
测井中心……2172240
勘探事业部
经理……2171597
副经理……2172263
……2171455

……2171404
综合办……2171417
生产办……2171510
计划经营科……2172041
勘探管理科……2174679
科技信息部……2171425
地球物理技术部……2174618
钻井技术部……2171466
塔北项目经理部……2172250
库车项目经理部……2172234
塔中项目经理部……2172559
塔西南项目经理部……2173417
评价项目经理部……2171515

开发事业部
副经理……2172226
……2172227
……2175652
综合办……2172434
生产办……2172335
开发管理科……2171852
经营管理科……2172326
井下作业部……2176143
采油工程部……2176277
油藏工程部……2175304
钻井工程部……2174123
天然气工程技术部……2174749

轮南作业区
副经理……2178008
综合室……2178547
生产管理室……2178742
调度室……2178552

塔中作业区
经理……2177217
综合室……2177353
生产办……2177362

东河作业区
经理、书纪……2133202
生产办……2133361
综合室……2133207
技术室……2133371
总地质室……2133206

哈德作业区
经理、书记……2171999
副书记……2177996
副经理……2177997
……2177995
综合室……2177800
……2177801
生产办……2177810
……2177811

桑吉作业区
经理……2136500
书记……2136600
副经理……2136507
……2136504
……2136503
综合室……2136655
……2136525
……2136517
生产管理部……2136655

天然气事业部
经理……2174351
书记……2172227
副经理……2172439
……2176368
……2176069
综合办……2174513

三级单位
牙合作业区……2179888
克拉作业区……2136098
英买力作业区……2133116
销售事业部……2174350
物资采办事业部……2171500
油建项目管理部……2175859
油气生产技术部……2171268
监督管理中心……2172522
基地管理部……2175322
运输有限责任公司……2172753
通信有限责任公司……2171156
行政事务部……2171870

塔西南勘探开发公司

地址：新疆维吾尔自治区喀什泽普塔西南公司
邮编：844804
区号：0998

办公室（党委）
主任……7522047
副主任……7522618
总值班室主任……7523135

生产运行部
主任……7523612
副主任……7523023
协调科科长……7522684

值班室……………………………………7522828
人事（组织）部
主任……………………………………7523567
副主任…………………………………7522534
计划财务部
主任……………………………………7523593
副主任…………………………………7522634
……………………………………7523378
企管法规部……………………………7523688
工程技术部……………………………7523312
安全质量环保部………………………7522917
党群工作部……………………………7522902
纪检监察部……………………………7522983
审计中心………………………………7521195
石化厂
厂长……………………………………7520232
书记……………………………………7520917
副厂长…………………………………7520894
……………………………………7520558
办公室主任……………………………7520501
生产运行科科长………………………7520871
技术科科长……………………………7520256
安全质量环保科科长…………………7520398
装备科科长……………………………7520305
技术开发应用中心……………………7520608
化肥厂
书记……………………………………7520868
副书记…………………………………7520562
副厂长…………………………………7520836
……………………………………7520828
安全总监………………………………7520930
厂长助理………………………………7520942
副总工…………………………………7520272
……………………………………7520846
厂办主任………………………………7520981
副主任…………………………………7520976
生产部主任……………………………7520516
副主任…………………………………7520495
装备部主任……………………………7520509
财务经营部主任………………………7520887
勘探工程部
副经理…………………………………2171148
……………………………………2171875
办公室副主任…………………………2174572
生产运行科科长………………………2178217
机动设备科科长………………………2174237
经营计划科科长………………………2175042
财务资产科副科长……………………2174570
安全科科长……………………………2174233
工程技术部副主任……………………2174235
柯克亚作业区
副经理…………………………………7522347
……………………………………7522156
办公室主任……………………………7523609
生产运行科科长………………………7522258
财务科科长……………………………7523573
人事科科长……………………………7523707
安全科科长……………………………7523796
物资装备科科长………………………7523822
主任……………………………………7523267
炼化销售部
经理……………………………………7520310
书记……………………………………7520258
副经理…………………………………7520878
……………………………………7520848
办公室主任……………………………7520268
财务经营科科长………………………7520339
安全装备科科长………………………7520511
化肥业务中心主任……………………7520358
油气业务中心主任……………………7520370

9. 玉门油田公司

地址：甘肃省玉门市
邮编：735200
区号：0937

办公室
主任……………………………………3921236
副主任…………………………………3921215
……………………………………3921287
秘书科副科长…………………………3921345
党委办公室
副主任…………………………………3921239
……………………………………3921568
机要文书………………………………3921271
规划设计处
处长……………………………………3922042
副处长…………………………………3921284
规划科…………………………………3926137
计划统计科……………………………3924089
定额计价中心…………………………3922264

投资管理科……………………………3921502
财务资产处……………………………3921291
副处长……………………………3921858
预算管理科……………………………3926470
会计管理科……………………………3926970
资产管理科……………………………3925711
工资管理科……………………………3925575
投资核算科……………………………3925870
成本核算主办……………………………3926878
人事处（组织部）
处长……………………………3921505
组织干部科……………………………3921256
技术干部科……………………………3923970
员工管理科……………………………3922765
企管法规处
副处长……………………………3921265
……………………………3922901
管理科……………………………3925297
法规室……………………………3926363
生产运行处
处长……………………………3921058
副处长……………………………3921253
运行科……………………………3921356
综合信息科……………………………3924678
安全质量环保处
处长……………………………3921269
副处长……………………………3921320
总工办……………………………3921261
安全科……………………………3928602
质量科……………………………3923189
环保科……………………………3926897
交通科……………………………3928340
机动设备管理处
处长……………………………3921228
副处长……………………………3922362
科技信息处
处长……………………………3938228
副处长……………………………3921293
科技科……………………………3922142
信息科……………………………3922706
基建技术合作与开发处
处长……………………………3921608
工程办副主任……………………………3933606
勘探事业部
副经理……………………………3926766
……………………………3926767
总地质师……………………………3926768
副总师……………………………3926769
综合科……………………………3924536
钻井科……………………………3926758
地质科……………………………3922450
勘探疼……………………………3924109
开发事业部
副经理……………………………3921257
……………………………3929349
综合办……………………………3929446
地面工程科……………………………3931220
采油工艺科……………………………3924103
青西油田作业区
经理……………………………3932828
副经理……………………………3932808
办公室……………………………3924198
老君庙油田作业区
书记……………………………3928920
副经理……………………………3931608
……………………………3931458
办公室……………………………3921308
鸭儿峡作业区
经理……………………………3932612
副经理……………………………3932288
……………………………3932382
办公室……………………………3932217
炼釉化工总厂
厂长……………………………3921561
书记……………………………3935001
副厂长……………………………3935377
副总工程师……………………………3938409
厂办……………………………3929281
总调度室……………………………3922211
生产计划部……………………………3935886
安全环保机动部……………………………3935587
油田作业公司
经理……………………………3925459
副书记……………………………3928451
副经理……………………………3922430
办公室……………………………3925430
人事科……………………………3926475
机动科……………………………3926409
设备科科长……………………………3926156
生产运行科……………………………3923108
计划科……………………………3931261
机修厂……………………………3931388

化学助剂厂……………………………………3922361

勘探开发研究院

院长……………………………………………3921223
副院长…………………………………………3924417
总地质师………………………………………3936334
调度……………………………………………3921219
生产科…………………………………………3923275
规划组…………………………………………3922823
实验室主任……………………………………3926450
勘探室主任……………………………………3924067
开发室主任……………………………………3924481
服务室主任……………………………………3924481
规划设计院
副院长…………………………………………3923666
综合办公室……………………………………3922440
规划室…………………………………………3926017
监理部…………………………………………3925814
设计二室………………………………………3925875
油田公安分局
处长……………………………………………3922971
……………………………………………………3922973
综合科…………………………………………3926771
财务科…………………………………………3924391
国内安全办……………………………………3922046
刑警办…………………………………………3922093
治安办…………………………………………3928670

10. 吐哈油田公司

地址：新疆维吾尔自治区哈密石油基地
邮编：839009
区号：哈密 0902　鄯善 0995
网址：www.thyt.petrochina

总经理办公室（党委办公室）、外事办公室
主任……………………………………………2772356
……………………………………………………8371781
副主任…………………………………………2772333
……………………………………………………8371333
秘书科…………………………………………2772590
……………………………………………………8371166
机要保密科……………………………………2772362
……………………………………………………8371437
外事科…………………………………………2772358
……………………………………………………8371319
计划处
处长……………………………………………2772316
……………………………………………………8371160
副处长…………………………………………2772315
……………………………………………………8371323
规划科…………………………………………2772321
……………………………………………………8371473
投资科…………………………………………2772318
……………………………………………………8371800
统计科…………………………………………2772326
……………………………………………………8372348
生产经营科……………………………………2772317
财务处（会计核算中心）
处长……………………………………………2772365
……………………………………………………8371262
副处长…………………………………………2772366
……………………………………………………8378656
生产成本科……………………………………2772378
会计资金科……………………………………2772387
税收科…………………………………………2772392
投资核算科……………………………………2772370
人事处（组织处）
处长……………………………………………2772787
……………………………………………………8371370
副处长…………………………………………2772788
……………………………………………………8371280
劳动工资科……………………………………2772350
培训科…………………………………………2772352
人事组织科……………………………………2772812
人事档案室……………………………………2772355
审计处
副处长…………………………………………2772327
……………………………………………………8374031
综合审计科……………………………………2772330
……………………………………………………8371138
项目审计科……………………………………2772328
……………………………………………………8371179
企业管理法规处（内部控制管理办公室）
处长……………………………………………2772339
……………………………………………………8372608
副处长…………………………………………2772340
企业管理科……………………………………2772800
法律合同科……………………………………2772796
内控科…………………………………………2772798
技术发展处……………………………………2772310
科研项目管理科………………………………2772311
科技与信息管理科……………………………8374029

安全质量环保处

处长……2772306

安全科……2772307

环保科……2772308

技术监督科……2772309

安全监控中心……8379690

生产运行处

处长……2772300

副处长……2772301

生产调度科……2772302

土地管理科……2772303

炼油化工科……2772304

生产值班调度……8371212

党群工作处（企业文化处）

宣传科……2772821

群工科……2772363

综合事务处（油田保卫处、稳定办公室）

处长……2772769

油田保卫科……8371240

信息与监督科……2772773

综合事务科……2772771

勘探处（勘探事业部）

处长……2772779

副处长……2772780

副总工程师……2772536

综合科……2772783

安全科……2772793

勘探科……2772630

技术科……2772701

物探科……2772622

开发处（开发事业部）

处长……2772706

副处长……2772707

综合规划科……2772739

油藏地质科……2772757

钻井工程科……2772715

地面工程科……2772726

井下作业科……2772761

设备管理科……2772732

注水采油科……2772753

天然气管理科……2772737

油藏项目评价部……2772719

评价地质科……2772720

安全环保科……8375279

销售事业部（运销处）

地址：新疆鄯善火车站镇

邮编：838202

区号：0995

副处长……8371598

综合办公室……2772430

计划经营科……8371600

油气销售科……8372326

生产安全科……8373099

生产技术科……8373026

生产调度科……8373048

吐鲁番采油厂

地址：新疆鄯善火车站镇

邮编：838202

区号：0995

厂长……8371996

副书记……8372007

副厂长……8371997

……8379639

综合办公室……8372008

生产运行科……8372061

安全环保科……8376379

计划经营科……8372021

红连采油工区……8370901

葡北采油工区……8375718

木西采油工区……8370301

轻烃工区……8375778

三塘湖采油厂

地址：新疆哈密石油基地

邮编：839009

区号：0902

厂长……2765559

党总支书记……2760108

副厂长……2771836

安全副总监……2771473

综合办公室……2768622

设备安全科……2760017

地面工程办……2770818

温米采油厂

地址：新疆鄯善火车站镇

邮编：838202

区号：0995

厂长……8379898

办公室……8379807

生产运行……8379853

安全环保科……8379836

工程监督……8379832

油藏工程室……8379816

采油工程室……8379813
生产计划……8379858
温五采油工区……8379825
温西采油工区……8321896
米登采油工区……8379857

丘陵采油厂

地址：新疆鄯善火车站镇
邮编：838202
区号：0995

厂长……8379916
综合办公室……8379935
计划经营科……8379979
生产运行科……8379979
安全环保科……8379927
油藏工程室……8379950
采油工程室……8379920
丘陵采油工区……8379929
巴喀采油工区……8379981
设备维修工区……8379926

丘东采油厂

地址：新疆鄯善火车站镇
邮编：838202
区号：0995

厂长……2772417
综合办公室……2772415
生产运行科……8379185
安全环保科……8379207
计划经营科……8370265
开发技术室……8379238
丘乐采气工区……8379805
温西采气工区……8379826
红台采气工区……8379711

鄯善采油厂

地址：新疆鄯善火车站镇
邮编：838202
区号：0995

厂长……8373890
厂办……8373876
生产运行科……8373822
安全环保科……8373880
计划经营科……8373898
采油一工区……8373807
采油二工区……8324505
采油工程室……8373881

巴喀原稳厂

地址：新疆鄯善火车站镇
邮编：838202
区号：0995

厂长……2772291
综合办公室……8373090
生产技术科……8373129
安全科……8373113

甲醇厂

地址：新疆鄯善火车站镇
邮编：838202
区号：0995

厂长……2772480
综合办……8371399
安全科……8371740
甲醇工区……8372707
动力工区……8371422
制氧工区……8371306
维修工区……8371283

勘探开发研究院

地址：新疆哈密石油基地
邮编：839009
区号：0902

院长……2765325
书记……2765371
副院长……2760607
副院长……2764240
总地质师……2765361
总地质师……2770974
院办……2765305

工程技术中心

地址：新疆鄯善火车站镇
邮编：838202
区号：0995

主任……2772265
综合办公室……2772264
……8371579
计划经营科……8372122
生产调度科……8371412
安全科……8372648
采油工程室……8372544

物资管理中心

地址：新疆鄯善火车站镇
邮编：838202
区号：0995

主任……2772278
综合科……2772284
合同科……2772862

供应科……2772287

11. 青海油田公司

地址：甘肃省敦煌市七里镇
邮编：736202
区号：0937

公司机关总经理办
主任……8920291
副主任……8932435
秘书科……8933843
文书收发……8926803
人事处（组织部）
处长……8933017
副处长……8934479
审计监察处……8934225
生产运行处
处长……8933857
副处长……8933413
生产运行科……8934001
炼油化工科……8939132
综合科……8934036
计划财务处……8933231
资金预算科……8934861
会计成本科……8934090
资产管理科……8933614
企管与法规处……8932323
企管科……8934162
法规科……8926806
技术发展处……8934255
项目科……8934118
综合科……8934227
勘探开发处……8933792
油藏科……8934950
勘探科……8934628
采油科……8934348
综合科……8932257
质量与安全环保处……8931753
质量监督科……8933208
安全环保科……8933080
天然气处
副处长……8923022
总工程师……8934264

采油一厂

厂长……8911205
副厂长……8911134
厂长（党委）办公室……8911213
人事科……8911249
企业管理科……8912430
生产运行科……8911251
安全质量环保科……8911203
开发室……8911211
尕斯北部采油作业区……8911337
尕斯中南采油作业区……8911268
油砂山采油作业区……8911407
砂西采油作业区……8912319

采油二厂

厂长……8911299
采油总工……8911707
厂长（党委）办公室……8912837
党群工作科……8911039
经营科……8911972
生产运行科……8911789
安全质量环保科……8911777
开发室……8912226
跃进二号采油作业区……8913807
兴发采油作业区……8913818
乌南采油作业区……8916419

采油三厂

厂长……8912706
总地质师……8912711
总工程师……8912712
办公室……8912686
计划财务科……8912390
安全质量环保科……8912159
开发室……8912305
生产运行科……8911870
七个泉油田作业区……8913230

边玩油田开发公司

经理……8912278
副总……8911851
办公室……8911848
经营科……8912438
生产运行科……8911094
安全质量环保科……8911423

冷湖油田管理处

处长……8910168
总地质师……8910161
办公室……8910218
党群工作科……8910112
生产运行科……8910219

计划财务科……………………………………………8910142
安全质量科……………………………………………8910213

测试公司

处长……………………………………………………8911100
办公室…………………………………………………8911155
经营科…………………………………………………8911792
设备安全科……………………………………………8911093
生产技术科……………………………………………8912553

格尔木炼油厂

厂长……………………………………………………8916101
副厂长…………………………………………………8916104
厂长（党委）办公室…………………………………8916116
党群工作………………………………………………8916140
生产运行科……………………………………………8916148
安全质量环保科………………………………………8916160
计划科…………………………………………………8916171
财务科…………………………………………………8916180
设备管理保障部………………………………………8916202
项目建设管理部………………………………………8916252
炼油化工技术研究中心………………………………8916266
炼油联合车间…………………………………………8916382
化工联合车间…………………………………………8916440
动力联合车间…………………………………………8916481

销售公司

经理……………………………………………………8916476
副经理…………………………………………………8917116
经理办公室……………………………………………8917112
人事教育科……………………………………………8916430
计划科…………………………………………………8916458
企业管理科……………………………………………8916447
财务科…………………………………………………8916450

勘探开发研究院

院长……………………………………………………8933792
副院长…………………………………………………8933864
总师……………………………………………………8935232
办公室…………………………………………………8934788
计划财务科……………………………………………8934605
生产科…………………………………………………8934812
科技管理科……………………………………………8934793
物探综合室……………………………………………8933270
勘探规划室……………………………………………8932963
天然所勘探项目………………………………………8933981
侏罗系项目部…………………………………………8932656
第三系项目部…………………………………………8939007
天然气开发项目………………………………………8935317
开发规划室……………………………………………8935467

钻采工艺研究院

院长……………………………………………………8933291
副院长…………………………………………………8933209
院长（党总支）办公室………………………………8934333
经营科…………………………………………………8934331
安全设备管理科………………………………………8921865
西部现场办公室………………………………………8933204
科技信息室……………………………………………8934573
采油工艺研究室………………………………………8930164
天然气工艺研究室……………………………………8930373
钻井工艺研究室………………………………………8930194
油田化学研究室………………………………………8930154
钻井工程设计室………………………………………8930054

井下作业公司

经理……………………………………………………8912415
副经理…………………………………………………8911120
经理（党委）办公室…………………………………8911165
生产运行科……………………………………………8912486
安全环保科……………………………………………8911675
设备管理科……………………………………………8911158
企业管理科……………………………………………8911684
经营科…………………………………………………8911113

机械厂（工程公司）

厂长……………………………………………………8934577
副厂长…………………………………………………8935062
党政办公室……………………………………………8934315
计划财务科……………………………………………8934517
生产安全科……………………………………………8934122
经营管理科……………………………………………8932979
行政科…………………………………………………8932653

物资装备公司

处长……………………………………………………8935366
副处长…………………………………………………8938462
党政办…………………………………………………8932310
生产运行科……………………………………………8932185
管理科…………………………………………………8932370
配件科…………………………………………………8932410
设备科…………………………………………………8935137
机电科…………………………………………………8933819
非金属科………………………………………………8932351
金属科…………………………………………………8933789
油脂厂…………………………………………………8935042

12．冀东油田公司

地址：河北省唐山市新华首道光明西里

51 号甲区
邮编：063004
区号：0315

总经理办公室
主任……8766249
副主任……8766064
秘书科……8766706
文书科……8766065
党委办公室（企业文化处、团委）
主任……8766048
宣传科……8766049
秘书科……8766256
机要文书科……8766133
生产运行处
处长……8765001
副处长……8765726
规划计划处
处长……8766150
副处长……8766032
财务处（资金结算中心）
处长……8766181
副处长……8766173
人事处（保险中心）……8766102
党委组织部
部长……8763389
副部长……8766009
企管法规处
处长……8766325
副处长……8766156
安全质量环保处（海监处、安全环保监督中心）
处长……8765673
副处长……8765685
纪检监察处……8766295
审计处……8766589
科技信息处
处长……8766485
副处长……8766793
勘探部
主任……8763885
副主任……8765885
开发部
主任……8765822
副主任……8765025
钻采工程部（井下作业监督中心）
主任（兼）……8765003
钻井总工程师……8765920
基建工程部
主任……8765310
副主任……8763518
南堡油田海洋工程项目经理部
经理（兼）……8765310
副经理……8763361
勘探开发研究院
院长……8766657
副院长……8766571
综合办公室主任……8766339
钻采工艺研究院
院长……8768001
副院长……8768037
油气集输公司
经理……8761123
副经理……8761137
办公室副主任……8761287
南堡油田勘探开发公司（事业部）
经理……8765259
副经理……8763176
总地质师……8763896
南堡油田采油作业区
经理……8762011
副经理……8762032
总工程师……8762015
总地质师……8762013
供应处
处长……8765985
副处长……8763269
办公室副主任……8765410
油气销售公司
副经理……8766400
综合管理科副科长……8766402
高尚堡油田采油作业区
经理……8761196
副经理……8761161
副经理兼安全监……8761035
柳赞油田采油作业区
经理……8761399
副经理……8761305
安全总监……8761346
老爷庙油田采油作业区
经理……8761601
副经理……8761603
综合办公室主任……8761612

能源开发有限公司
总经理……8766005
副总经理……8766088
办公室主管……8766677
设计工程有限公司（勘察设计研究院）
院长兼书记……8766738
副院长……8766819
总工程师……8766438
综合办公室主任……8766345
工程建设公司
董事长兼书记……8763988
总经理……8765453
副总经理……8765887
综合办公室主任……8763552
北田油气开发公司
（开发事业部）
经理……8765232
总地质师……8765498
办公室主任……8765872

13. 浙江油田公司

地址：浙江省杭洲天目山路376号
邮编：310013
区号：0571

总经理办公室
主任……85125289
副主任……85125476
办公室……85125527
财务部
主任……85125471
副主任……85125184
办公室……85125483
勘探生产部
主任……85025286
副主任……85125472
办公室……85125473
企业管理部
主任……85125271
……85125469
资产管理部
主任……85125244
办公室……85125452
安全质量环保部……85028501
直属单位工程技术管理中心……85025382
研究所……85125482
兴泽作业区……85127969
物化探研究院……85125326

14. 西南油气田公司

地址：四川省成都市府青路一段5号
邮编：610051
区号：028

值班电话……86011689
传真……86011777
办公室……86011655
办公室……86011642

15. 锦州石化公司

地址：辽宁省锦州市古塔区重庆路一段2号
邮编：121001
区号：0416

总经理办公室
主任……4153699
办公室……4152240
传真……4567532
秘书……4153523
生产技术处
处长……4152937
副处长……4154043
办公室……4153177
机动设备处
副处长……4152547
办公室……4152393
设备管理……4155353
务件……4154180
安全处
副处长……4151358
安全技术……4152766
监察一组……4152726
监察二组……4156417
工程监督站……4151720
环保处
副总、处长……4153042
办公室……4158423
环保管理……4153174
质控室……4153548
技术发展处

处长……………………………………4152615
副处长……………………………………4565964
科协……………………………………4155721
计划处
处长……………………………………4152681
生产经营计划……………………………4153287
综合统计……………………………………4159605
陆上原油……………………………………4152610
进口原油……………………………………4151675
财务处
处长……………………………………4152250
资产管理……………………………………4154031
成本核算……………………………………4152750
销售结算……………………………………4154847
人事处（组织部）
副处长……………………………………4152215
员工管理……………………………………4152756
工人培训……………………………………4151320
薪酬管理……………………………………4155707
企管法规处
处长……………………………………4267767
副处长……………………………………4151905
办公室……………………………………4260024
内控……………………………………4154412
QHSE 体系管理 ……………………………4264316
审计处
处长……………………………………4152909
副处长……………………………………4152244
党委宣传部
部长……………………………………4152734
办公室……………………………………4152802
工程管理部……………………………………4154115
工程预决算部……………………………………4151008
营销调运部……………………………………4152361

16. 大庆石化公司

地址：黑龙江省大庆市龙凤区卧里屯
邮编：163714
区号：0459

机关处室

总经理（党委）办
主任……………………………………6760989
副主任……………………………………6915099
秘书……………………………………6763718
人事处（组织部）
副处长（副部长）……………………………6767797
财务处
副处长……………………………………6767123
预算科长……………………………………6760011
成三科长……………………………………6764739
炼油成本……………………………………6743893
计划经营处
处长……………………………………6761536
副处长……………………………………6769829
生产运行处
处长……………………………………6761777
副处长……………………………………6768917
科技信息处……………………………………6761879
规划处……………………………………6763745
机动设备处……………………………………6703616
安全质理环保处……………………………………6760924
企管法规处……………………………………6919849
企业文化处（党群工作部）…………………6763875
工程项目管理部……………………………………6739399
电子商务管理部……………………………………6743518

炼油厂

机关
厂长……………………………………6750987
副厂长……………………………………6756661
总工程师……………………………………6754212
厂办（党办）主任……………………………6754107
办公室传真……………………………………6753160
技术处
处长……………………………………6755701
质管处副处长……………………………………6756724
安技环保处副处长……………………………6759924
常减压一车间……………………………………6754180
常减压二车间……………………………………6754939
重油催化一车间……………………………………6754236
气体分馏车间……………………………………6757009
延迟焦化车间……………………………………6759242
催化重整车间……………………………………6759435
制蜡一车间……………………………………6756125
制蜡二车间……………………………………6756391
酮苯糠醛车间……………………………………6757102
加氢一车间……………………………………6756716
加氢二车间……………………………………6709043
聚异丁烯车间……………………………………6756923
供热空分车间……………………………………6757495
动力站……………………………………6756520

供水车间……6756766
维修一车间……6754053
维修二车间……6756612
供电车间……6756107
仪表车间……6759181
化验车间……6757793
水质车间……6757237
成品车间……6754711

化肥厂

厂长……6745512
副厂长……6745720
厂办（党委办）主任……6745072
调度室调度长……6745319
机动科科长……6745339
技术科科长……6745795
安全管理……6745929
材料站站长……6745474
合成车间……6745021
尿素车间……6745173
水汽车间……6745368
供水车间……6745428
成品车间……6745621
维修车间……6745013

化工一厂

厂长……3760818
副厂长……6763222
办公室主任……6761179
调度室调度长……6763681
机动科副科长……6764177
计划科科长……6762253
安全环保科科长……6764808
裂解车间……6763199
动力车间……6764788
BG一车间……6763298
BG二车间……6766194
芳烃车间……6764327
原料一车间……6764251
原料二车间……6759327
系统车间……6763546
化验车间……6762778
供电车间……6763108
维修车间……6763305

化工二厂

厂长……6761066
总工程师……6762122
办公室副主任……6761745
调度室调度长……6760301
安全管理……6762124
机动科科长……6763934
技术科科长……6764922
丁辛醇车间……6763625
丙烯腈车间……6761827
醋酸车间……6763723
丙铜氰醇车间……6762652
硫铵车间……6763246
硫氰酸钠车间……6763436
仪表车间……6764911

塑料厂

厂长……6765706
生产厂长……6761700
设备厂长……6765805
调度室调度长……6762386
质管科科长……6761016
计划科科长……6762259
技术科科长……6764654
机动科科长……6761606
安全……6919027
高压一车间……6762406
高压二车间……6706771
低压车间……6763831
成品车间……6763668
聚丙烯车间……6765638
化验车间……6761250
维修车间……6765416
全密度筹备办……6919621
装运车间……6766859

腈纶厂

厂长……6761625
生产副厂长……6761267
厂办主任……6761626
调度室调度长……6761635
机动科科长……6762328
技术科科长……6765750
安全环保科科长……6761948
聚合车间……6761107
纺丝车间……6761325
毛条一车间……6763715
毛条二车间……6763129
成品车间……6764301
系统车间……6769695

热电厂

厂长……6763100

生产副厂长……………………………………6762806
设备副厂长……………………………………6761347
厂办主任………………………………………6762886
技术科科长……………………………………6763820
机动科科长……………………………………6762603
安全科科长……………………………………6763330
电气车间………………………………………6762034
汽机车间………………………………………6763314
化学车间………………………………………6762776
燃料车间………………………………………6764065
仪表车间………………………………………6762942

水气厂

厂长……………………………………………6762096
副厂长…………………………………………6762120
安全监督………………………………………6704841
厂办主任………………………………………6763536
调度……………………………………………6763521
调度室调度长…………………………………6763278
机动科科长……………………………………6762436
技术科科长……………………………………6764446
计划科科长……………………………………6762789
安全环保科科长………………………………6765659
空分车间………………………………………6764817
供水车间………………………………………6763834
热网车间………………………………………6763029
脱盐水车间……………………………………6762486
污水车间………………………………………6764881
供电车间………………………………………6761585
仪表车间………………………………………6763469

研究院

院领导
- 院长…………………………………………6765235
- 副院长………………………………………6765220

研究科室
- 科研开发科科长……………………………6765227
- 科研管理科科长……………………………6765226
- 办公室主任…………………………………6765218
- 中试研究室主任……………………………6743406
- 炼油研究室主任……………………………6765228
- 化工研究室主任……………………………6765935
- 分析研究室主任……………………………6765211
- 科技信息室主任……………………………6765933
- 精细化工室主任……………………………6743353
- 环保研究室主任……………………………6743403
- 过程开发室主任……………………………6761130
- 树脂研究室主任……………………………6763886

储运公司

经理……………………………………………6761088
副经理…………………………………………6752752
办公室（党办）主任…………………………6743387
调度室调度长…………………………………6762895
安全科科长……………………………………6765048
生产科科长……………………………………6762859
化肥车间………………………………………6745120
运转车间………………………………………6762140
成品车间………………………………………6765535
包装车间………………………………………6763481
维修车间………………………………………6765481

17. 抚顺厂化公司

地址：辽宁省抚顺市新抚区凤翔路45号
邮编：113008
区号：0413

办公室
- 主任外线……………………………………2438518
- 副主任外线…………………………………2435635
- 传真…………………………………………2402988

生产运行处
- 处长外线……………………………………2430472
- 值班调度外线………………………………2433353

计划处
- 处长外线……………………………………2434907
- 办公室、传真………………………………2433351

技术发展处
- 处长外线……………………………………2435623
- 副处长外线…………………………………2435613

财务处
- 外长室外线…………………………………2433363
- 财务科外线…………………………………2433349

人事处（组织部）
- 处长外线……………………………………2433049
- 副处长（副部长）外线……………………2433329
- 企管法规处…………………………………2434707

安全质量环保处
- 处长外线……………………………………2430018
- 副处长外线…………………………………2433383

科技信息处
- 处长外线……………………………………2435903
- 副处长外线…………………………………2425937

机动设备处
　处长外线……2430728
　副处长外线……2436705
　审计处……558508
工程管理部
　部长外线……2435793
　传真……2435143
电子商务部
　外线……2435901
　传真……2436377
工程预算部
　部长外线……2433241
　炼油部……4641118
　化工部……4633868
　公用工程部……4633668
　设备工程管理部……4633368

石油一厂

地址：抚顺市顺城区方晓街北
邮编：113123
总机：2991111

厂长……3807818
副厂长……3807828
办公室
　主任……3807738
　传真……3807777

石油二厂

地址：抚顺市东洲区东洲大街 30-12 号
邮编：113004
总机：2992111

厂长……4636777
……4636650
生产副厂长……4636760
机动副厂长……4636704
办公室……4667473

石油三厂

地址：抚顺市望花区鞍山路东段 4 号
邮编：113001
总机：2993111

厂长、党委书记……6428585
副厂长……6428779
办公室……6427928

乙烯化工厂

地址：抚顺市东洲区城乡路 2 号
邮编：113004
总机：2999111

厂长……4630023
副厂长……4630598
办公室……4652978

化塑厂

地址：抚顺市新抚区中和路 14 道街 1 号
邮编：113015
总机：2991111

厂长、书记内线……2349092
副厂长、总工程师……2366918
副厂长、安全总监……2350116

储运厂

厂长……6520143
副厂长……6520984
办公室……6520986
传真……6320786

18．辽阳石化公司

地址：辽宁省辽阳市宏伟区火炬大街 5 号
邮编：111003
区号：049
网址：www.petrochina-lh.com.cn

总经理办公室
　主任……5351567
　总值班……5152589
　秘书……5157760
　传真……5355566
生产计划处
　办公室……5152383
　总调度室……5153306
　机动设备处……5152410
技术规划处
　处长……5152456
　办公室……5157376
安全质量环保处
　处长……5352221
　办公室……5150967
　财务一处……5152965
　财务二处……5152591
企管法规处
　处长……5153598
　办公室……5350192

炼油厂

厂长……5154531
生产副厂长……5151041
设备副厂长……5153334

总工程师……5152292
综合科……5152937
生产技术科……5352694
机动设备科……5151607
安全环保科……5157231
加氢制氢联合装置……5156429
延迟焦化装置……5157315
加氢精制装置……5157301
脱硫装置……5152554
公用装置……5154723

芳烃厂

厂长……5157321
生产副厂长……5158675
设备副厂长……5158679
办公室……5153098
政工科……5157523
生产科……5155897
设备科……5157249
安全质量环保科……5157513
芳烃联合装置……5157346
PTA 联合装置……5157594
公作工程联合装置……5157679
电气室……5155807
分析室……5157735

聚酯厂

厂长……5155763
生产副厂长……5155784
生产技术科……5157903
设备科……5155874
安全质量环保科……5152964
聚酯装置……5155208
长丝装置……5157625
短丝装置……5155843
公用工程装置……5157359
电气室……5157621

烯烃厂

厂长……5157566
生产副厂长……5152279
设备副厂长……5154477
综合科……5152391
办公室……5152765
生产技术科……5152428
机动科……5153637
安全质量环保科……5152316
裂解装置……5154706
聚乙烯装置……5152579
聚丙烯装置……5152405
乙二醇装置……5153480
重整装置……5151487
油品装置……5152890

尼龙厂

厂长……5152889
生产副厂长……5152891
设备副厂长……5152943
综合科……5157241
政工部……5152837
安全质量环保科……5152973
生产科……5153340
技术科……5352125
设备科……5154107
醇酮、环己烷装置……5152745
新醇酮装置……5155793
己二酸、成盐装置……5152633
己二腈、硝酸装置……5152725

化工厂

厂长……5159678
办公室……5159004
生产科……5153076
技术质量科……5157487
机动科……5150331
安监科……5151944

化工一厂

厂长……5152893
生产设备副厂长……5152468
综合办公室……5155057
生产科……5152223
设备科……5153150
技安质环科……5154117
聚酯车间……5153438
涤纶车间……5152053
公作车间……5152076
电气车间……5153137

热电厂

厂长……5154013
生产副厂长……5352809
综合科……5154611
生产技术科……5154557
设备科……5154796
安全质量环保科……5154683
锅炉装置……5154015
电气仪表装置……5157898
化学装置……5154633

燃料装置……………………………………5154634

动力厂

厂长……………………………………………5153765
生产副厂长……………………………………5152277
设备副厂长……………………………………5157899
综合科…………………………………………5153763
生产技术科……………………………………5153354
安全质量科……………………………………5152377
设备科…………………………………………5153542
空分装置………………………………………5153283
聚酯空分装置…………………………………5157692
公用装置………………………………………5153187
电气装置………………………………………5153772
分析装置………………………………………5152236
检维修装置……………………………………5152785

机械厂

厂长……………………………………………5153268
生产厂长………………………………………5153240
厂办……………………………………………5153242
调度室…………………………………………5152217

仪表厂

厂长……………………………………………5351919
生产副厂长……………………………………5156546
经营副厂长……………………………………5157512
综合办公室……………………………………5156442
生产科…………………………………………5154478
工程科…………………………………………5157721
技术科…………………………………………5352084
供销科…………………………………………5154099
技术开发部……………………………………5155019
仪表车间………………………………………5153080
机械车间………………………………………5154489
工程车间………………………………………5153613
芳烃车间………………………………………5157094
聚酯车间………………………………………5152214
炼油车间………………………………………5153276
烯烃车间………………………………………5155178
尼龙车间………………………………………5152927
热电车间………………………………………5154306
公用车间………………………………………5157675
化工一车间……………………………………5151153

19．兰州石化公司

地址：甘肃省兰州市西固区玉门街10号
邮编：730060
区号：0931

总经理助理……………………………………7932258
副总工程师……………………………………7930918

炼油厂

厂长……………………………………………7934663
副厂长…………………………………………7936117
办公室…………………………………………7932668
生产技术科……………………………………7933984
计划科…………………………………………7933980
机动科…………………………………………7932694
安全环保科……………………………………7932651
常减压联合车间………………………………7934220
催化一联合车间………………………………7930742
催化二联合车间………………………………7935172
重整加氢联合车间……………………………7934851
延迟焦化联合车间……………………………7936083
溶剂脱蜡联合车间……………………………7932236
油品储运联合车间……………………………7932294

20．吉林石化公司

地址：吉林省吉林市龙潭大街9号
邮编：132021
区号：0432

机关处室

办公室……………………………………3903986
文秘调研…………………………………3903916
传真………………………………………3068982
生产运行处………………………………3903506
计划经营处………………………………3903566
财务处……………………………………3903588
企管法规处………………………………3903655
安全环保处………………………………3903522
科技规划处………………………………3903108
机动设备处………………………………3903515
审计处……………………………………3903671
纪检监察处………………………………3903567
党群工作处………………………………3903725
工程管理部………………………………3903835

炼油厂

厂长助理………………………………………3902345
综合办公室……………………………………3982727
生产科…………………………………………3982328
技术科…………………………………………3982970

安全环保科……3982898
机动科……3982675
常减压一车间……3981247
常减压二车间……3981268
催化裂化车间……3982517
重油催化车间……3982449
硫磺车间……3902411
延迟焦化车间……3981272
柴油加氢车间……3982971
联合芳烃车间……3902876
加氢裂化车间……3982300
原油车间……3982808
装洗车间……3982338
综合车间……3982878
仪表车间……3982561
电气车间……3982514
江南车间……4609409

聚乙烯厂

厂长……3902001
综合办公室……3901486
生产科……3901487
技术科……3982441
安全环保科……3901495
机动科……3901497
乙烯车间……3982550
低密度聚乙烯车间……3901835
高密度聚乙烯车间……3901496
动力车间……3901432
油品车间……3982248
供排水车间……3982335
供电车间……3981775
仪表车间……3902147
综合车间……3902588

有机合成厂

厂长……3992999
综合办公室……3983638
生产科……3983072
技术科……3983035
机动科……3987270
安全环保科……3987151
乙烯车间……3986832
苯乙烯车间……3983734
乙丙车间……3989748
丁二烯车间……3983834
1-丁烯车间……3986072
芳烃车间……3983201
动力车间……3987517
水汽车间……3987861
橡胶车间……3987956
油品车间……3985177
成品车间……3986079

电石厂

厂长……3985678
综合办公室……3988351
安全环保科……3989209
生产科……3988359
技术科……3989641
机动科……3983795
乙醛车间……3988417
醋酸车间……3983164
醋酐车间……3983647
丙烯酸酯车间……3988984
备料车间……3988437
醇醚车间……3988199
氯磺化车间……3989273
电解车间……3983774
烧碱车间……3986441
炼焦车间……3989354
精苯车间……3989269
水汽车间……3988464

化肥厂

厂长……3971080
综合办公室……3972210
生产科……3972376
安全环保科……3971286
空分车间……3971169
硝酸车间……3971276
硝铵车间……3972753
动力车间……3971097
合成气车间……3971520
丁辛醇车间……3970672
合成氨车间……3972875
仪表车间……3970528
综合车间……3972509

染料厂

厂长……3977998
综合办公室……3978767
生产科……3973070
安全环保科……3978780
机动科……3973041
苯胺车间……3978882
苯酚车间……3997584

苯酐车间……3973047
原料车间……3976701
仪表车间……3978967
综合车间……3973330

合成树脂厂

厂长……3972381
综合办公室……3971712
生产科……3971522
安全环保科……3971361
机动科……3971288
电气车间……3901432

动力厂

厂长……3987722
综合办公室……3987902
生产科……3983295
安全环保科……3983832
机动科……3983007
锅炉车间……3987822
汽机车间……3987342
化学车间……3986745
电气车间……3987244
水煤浆车间……3987931
储运车间……3987148
供水车间……3986639
仪表车间……3986945

21. 宁夏石化公司

地址：宁夏回族自治区银川市西夏区北京西路1338号
邮编：750026
区号：0951
网址：www.nxsh.com

总经理办公室……2972361
规划计划处……2972266
人事处……2972659
企管法规处……2972168
纪委监察处……2972189
生产运行处……2972594
财务处……2972447
机动设备处……2974901
审计处……3974300
科技处……3972580
安全质量环保处……2974798
党群工作处……2972477
工会……2974900
经营管理部……2972040
电子商务部……2972818
工程管理部……2974123
工程预决算部……2972326
安全环保监督部……2972254
物资保管配送部……2972118
营销调运部……2972667
治安管理部……2974495
图书情报信息部……2972816
消防气防管理部……2974146
工程质量监督站……2974131
职业技能鉴定中心……2972743

22. 华北石化公司

地址：河北任丘市北环路
邮编：062552
区号：0317

办公室
- 主任……2735118
- 副主任……2735075
- 生产运行处……2735132
- 机动设备处……2735966
- 安全质量环保科……2735138
- 计划处……2735030
- 财务处……2735288
- 人事处……2735150

企管法规处
- 处长……2735161
- 副处长……2735903
- 企管部……2735162
- 党委工作处……2735167
- 一联合……2735502
- 二联合……2735310
- 三联合……2735230
- 四联合……2735323
- 油品车间……2735311
- 装运车间……2722804
- 系统车间……2735181
- 仪电车间……2735496
- 检验车间……2735364
- 科技信息处……2735281
- 营销调运部……2735921
- 工程管理部……2736355

电子商务部……………………………………2735122

23．大连石化公司

地址：辽宁省大连市甘井子区山中街1号
邮编：116032
区号：0411

经理办
　办公室 ……………………………………21788075
　秘书科科长 ………………………………21788923
计划
　处长 ………………………………………21788080
　原油采购 …………………………………21789180
企管法规处
　处长 ………………………………………21788954
　内控办主任 ………………………………21787579
　安全监督处 ………………………………21789464
　环境保护处 ………………………………21785671
　技术发展处 ………………………………21788558
　生产运行处 ………………………………21789678
　机械设备处 ………………………………21785518
　动力处 ……………………………………21789901
　财务处 ……………………………………21785505
　物资采购中心 ……………………………21788978
　蒸馏车间 …………………………………21788208
　催化气分车间 ……………………………21788808
　重整车间 …………………………………21785760
　尿素车间 …………………………………21789008
　糠醛酮苯车间 ……………………………21785784
　白土石蜡车间 ……………………………21789904
　制氢加氢车间 ……………………………21789255
　焦化车间 …………………………………21788509
　重油催化车间 ……………………………21786949
　气体车间 …………………………………21787671
　聚丙烯车间 ………………………………21788621
　苯乙烯一二甲酯联合车间 ………………21785172
　仪表车间 …………………………………21789416

24．前郭石化公司

地址：吉林省松原市宁江区石化街749号
邮编：138000
区号：0438

办公室……………………………………………2275021
生产运行处………………………………………2275071
规划计划处………………………………………2275091
综合管理处………………………………………2275101
财务处……………………………………………2275111
财务资产处………………………………………2275121
企管法规处………………………………………2275171
安全质量环保处…………………………………2275181
科技信息处………………………………………2275201
技术发展处………………………………………2275231
机动设备处………………………………………2275241
审计处……………………………………………2275261
工程管理部………………………………………2275361
基建处……………………………………………2275371
营销调运部………………………………………2275401
工程预决算部……………………………………2275471
质检部……………………………………………2275481
规划设计院………………………………………2275551

25．大港石化公司

地址：天津市大港区油田花园路东口
邮编：300280
区号：022

总经理办公室
　主任………………………………………………7658011
　传真………………………………………………7823962
生产运行处………………………………………7658419
调度中心…………………………………………7658456
规划计划处………………………………………7658977
财务处……………………………………………7658552
培训中心…………………………………………7658539
安全质量环保处…………………………………7658178
现场监察中心……………………………………7658429
科技信息处………………………………………7658221
信息中心…………………………………………7658777
机动设备处………………………………………7658912
审计处……………………………………………7658242
企管法规处………………………………………7658225
党群工作处………………………………………7658844
运销公司…………………………………………7659331
销售部……………………………………………7659331
调运部……………………………………………7658277
工程管理部………………………………………7658969
采购仓储中心……………………………………7658532
工程预决算部……………………………………7659274
原油部……………………………………………7659705

研究所……7659101
设计所……7658751
设备研究所……7659642
催化车间……7658658
焦化车间……7659304
净化车间……7659858
加氢车间……7658646
制氢车间……7658197
气分一聚丙烯车间……7658688
东蒸馏车间……7658677
南蒸馏车间……7658916
西蒸馏车间……7658867
糠醛白土车间……7659344
水处理车间……7659977
钳工车间……7658325
供水车间……7658863
供热车间……7659537
空分车间……7658723
油品车间……7658408
运输车间……7658423
电工车间……7658628
仪表车间……7658376

26. 长庆石化公司

地址：陕西省咸阳市金旭路
邮编：712000
区号：029

总经理办公室
副主任……86509126
机要文书……86509730
党群工作处……86509137
人事处（组织部）……86209122
规划计划处……86509156
财务处……86509169
物资采办部……86509231
产品经销部……86509285
项目部……86589734
生产运行部……86509175
运行保障部……86509109
安全质量环保部……86509901
油品运行部……86509236

27. 呼和浩特石化公司

地址：内蒙古自治区呼和浩特市赛汗区
邮编：010070
区号：0471

总经理（党委）办公室
主任……3351103
秘书主管……3351041
信息中心……3352611
生产运行处
综合办公室……3351401
生产调度中心……3351044
机动设备处……3351043
安全质量环保处……3351068
安全环保监督中心……3351289
技术发展处……3351039
人事处……3351028
财务处……3351062
规划计划处……3351428
党群工作（企业文化处）……3351437
审计监察处……3351054
营销调运部……3351215
工程管理部……3351360
质量监督办公室……3351360
物资配送中心……3351576
催化裂化联合车间……3351634
常减压联合车间……3351197
聚丙烯车间……3351432
重整加氢车间……3351312
油品车间……3351626
装洗车间……3351380
动力车间……3351601
空压空分车间……3351633

28. 乌鲁木齐石化公司

地址：新疆维吾尔自治区乌鲁木齐东山区
邮编：830019
区号：0991

总经理办（党办）
主任、党办副主任……6903011
副主任、党办主任……6901122
人事部（组织部）……6901786
财务资产部……6901184
计划部……6903601
机动设备部……6901645
生产技术部……6902573

安全环保部……………………………6903465
生产调度处……………………………6901675
质量处…………………………………6902132
审计处…………………………………6908808
党委宣传部（统战部）………………6903255
芳烃项目部……………………………6903925
化肥项目部……………………………6902833
炼油厂…………………………………6901019
化肥厂…………………………………6901822
化纤厂…………………………………6901717
热电厂…………………………………6902197
化工厂…………………………………6908999
塑料厂…………………………………6902897
动力厂…………………………………6903055
净化水厂………………………………6906168
经销公司………………………………6908006
物装公司………………………………6901903
工程项目管理部………………………6901129
设计院…………………………………6903438
研究院…………………………………6903618
运输公司………………………………6903406

29. 哈尔滨石化公司

地址：黑龙江省哈尔滨市道外区化工路173号
邮编：150056
区号：0451
总机：55606875

总经理办公室（党办）
主任 ……………………………………55606265
秘书 ……………………………………55606251
生产运行处 ……………………………55606685
财务处 …………………………………55606716
人事处（组织部）……………………55606225
党群工作处 ……………………………55606012
常减压车间 ……………………………55606026
催化车间 ………………………………55606151
工程管理部 ……………………………55606694
安全质量环保处 ………………………55606666
科技信息处 ……………………………55606699
机动设备处 ……………………………55606263
重整车间 ………………………………55606559
气体分馏车间 …………………………55606053
甲乙酮车间 ……………………………55606648
聚丙烯车间 ……………………………55606471
储运车间 ………………………………55606661
供排水车间 ……………………………55606256
空分车间 ………………………………55606016
供电车间 ………………………………55606084

30. 大庆炼化公司

地址：黑龙江省大庆市让湖路区马鞍山
邮编：163411
区号：0459

公司机关

总经理（党委）办公室
主任……………………………………5616118
副主任…………………………………5614246
值班秘书………………………………5689275
人事处（党委组织部）
副处长…………………………………5616017
…………………………………………5616070
生产运行处
副处长…………………………………5616088
值班调度………………………………5691826
机动设备处……………………………5616122
安全环保处……………………………5616066
科技信息处……………………………5616248
规划计划处……………………………5613012
财务处…………………………………5616106
企管法规处……………………………5612138
审计处…………………………………5616094
企业文化处（党委宣传部）…………5613028
生产管理处……………………………6719046
安全质量监督处………………………6719359
政策研究室……………………………5616007
内控办公室……………………………5616116
科技研发部……………………………5616020
质量检验部……………………………5613327
设备监测中心…………………………5616332

炼油一厂

厂长……………………………………5612508
生产副厂长……………………………5613399
设备副厂长……………………………5614063

炼油二厂

厂长……………………………………5616105
生产副厂长……………………………5612258
设备副厂长……………………………5612808
调度室…………………………………5612026

润滑油厂

厂长……………………………………………5616228
综合办主任………………………………………5616206

聚合物一厂

厂长……………………………………………5613900
副厂长……………………………………………5612948
调度长……………………………………………5612768

聚合物二厂

厂长……………………………………………5613028
生产办主任………………………………………5613238
调度室……………………………………………5613401

腈纶厂

厂长……………………………………………5613028
生产副厂长………………………………………5614366
调度室……………………………………………5614295
毛纺厂……………………………………………6719657
地毯厂……………………………………………6719197
动力一厂…………………………………………5612379
动力二厂…………………………………………6719262
热电厂……………………………………………6719673
机电仪厂…………………………………………5613811
销售公司…………………………………………5672001

31. 独山子石化公司

地址：新疆克拉玛依市独山子区
邮编：833600
区号：0992

公司机关

办公室……………………………………………3871075
生产运行处………………………………………3871255
财务资产处………………………………………3871080
人事处（组织部）………………………………3871240
开发处处长………………………………………3871134
企管营销处处长…………………………………3871270
安全质量环保处处长……………………………3871307
机动处副处长……………………………………3871262

公司直属单位

炼油厂常务副厂长、党委副书记………………3863996
乙稀厂厂长………………………………………3865117
热电厂厂长………………………………………3870396
研究院院长………………………………………3862400
销售公司经理……………………………………3871566
原油处处长………………………………………3863076
信息中心主任……………………………………3868450
铁管处处长、党委书记…………………………3864244
外事处处长………………………………………3887620
计量检测中心主任………………………………3860349
环境监测中心主任………………………………3860463
消防大队大队长…………………………………3861950
乙稀扩建指挥部办公室…………………………3865674

32. 克拉玛依石化公司

地址：新疆维吾尔自治区克拉玛依市金龙镇
邮编：834003
区号：0990

总经理办公室
主任………………………………………………6833629
副主任……………………………………………6833669
文秘科……………………………………………6833414
财务处
处长………………………………………………6833594
资金科……………………………………………6833548
成本科……………………………………………6831573
人事组织处………………………………………6833529
党群工作处
宣传科……………………………………………6833638
科技信息处
处长………………………………………………6831529
工艺管理科………………………………………6833307
科技管理科………………………………………6831530
安全质量环保处
副处长……………………………………………6833541
副处长（安全）…………………………………6833609
规划计划处………………………………………6833437
生产运行处………………………………………6833549
生产科……………………………………………6833219
动力科……………………………………………6833392
原油科……………………………………………6833512
机动设备处………………………………………6831546
企业法规处
处长………………………………………………6831534
副处长……………………………………………6830096
企业管理科………………………………………6833671
热电厂
厂长………………………………………………6832886
总工办……………………………………………6831454
经营管理科………………………………………6832954
设备管理科………………………………………6832974

安全环保科……………………………………6832446
化学车间……………………………………6830545
燃料车间……………………………………6832449
维护车间……………………………………6832482
原油车间……………………………………6833543
轻质油车间…………………………………6833065
润滑油车间…………………………………6833261
丙烷车间……………………………………6833568
制加氢车间…………………………………6833668
高压加氢车间………………………………6834124
物资装备公司………………………………6833417

33. 庆阳石化公司

地址：甘肃省庆阳市庆城县三十里铺
邮编：745115
区号：0934

值班电话……………………………………3266205
传真…………………………………………3266002
办公室………………………………………3266356

34. 宁夏炼化公司

地址：宁夏回族自治区银川市西夏区文昌南路
邮编：750021
区号：0951
网址：www.nxih.cn

总经理办公室

（党委办公室）

主任…………………………………………2060437
……………………………………………2060049
秘书…………………………………………2060433
综合管理……………………………………2060435
……………………………………………2060497
……………………………………………2060481
传真…………………………………………2060029
……………………………………………2060407
收发保管……………………………………2060434
人事处（组织部）
处长…………………………………………2030458
……………………………………………2060128
规划计划处
处长…………………………………………2060460
传真…………………………………………2060460

35. 广西石化公司

地址：广西壮族自治区钦州市
邮编：535000
区号：3885129

值班电话……………………………………3885129
传真…………………………………………3885139

炼油销售企业

1．润滑油公司

地址：北京市朝阳区亚运村北辰东路8号
北京国际会议中心八层
邮编：100101
区号：010
总机：84990999

总经理办公室（党委办公室）……………84883009
传真……………………………………84990760
生产技术处……………………………84883031
传真……………………………………84883030
规划计划处……………………………84883091
市场开发处……………………………84883071
财务处…………………………………84883111
……………………………………84883112
销售部…………………………………84883051
……………………………………84883052
物流部…………………………………84883181
……………………………………84883182
工程管理与采办部……………………84883171

2．管道公司

地址：河北省廊坊市广阳道87号甲管道大厦
邮编：065000
区号：0316

总经理办公室（党委办公室）
主任……………………………………2170109
秘书科…………………………………2170810
文书科…………………………………2170106

沈阳调度中心

中心领导
主任办…………………………………22983822
综合处
处长……………………………………22983870
办公室…………………………………22982270
生产调度处……………………………22982316
调度室调度长…………………………22982372
管道安全处……………………………22983892
财务处…………………………………22983878

大庆输油分公司

经理……………………………(0459)6020758
办公室（党委办公室）…………(0459)6020700
生产科……………………………………6020728
管道科……………………………………6020721
安全科……………………………………6020726
林源输油站………………………………6020200
太阳升输油站……………………………6021200

塔里木输油气分公司

总机……………………………(0996)2179500

3．西部管道有限公司

地址：新疆乌鲁木齐市高新技术开发区
北京中路666号迎宾楼
邮编：830012
区号：0991

电话……………………………………6996822
传真……………………………………6996844
办公室
主任……………………………………6996486
副主任…………………………………6996828
传真：…………………………………6996801
秘书……………………………………6996833
文书……………………………………6996822
传真……………………………………6996844
人事处…………………………………6996810
审计监察处……………………………6996825
技术处
处长……………………………………6996495
………………………………(010)62095375
副处长…………………………………6996823
采办处
处长……………………………………6996834
………………………………(010)82035182
副处长…………………………………6996837
安全质量健康环保处…………………6996483
管道处
副处长…………………………………6996839
……………………………………6996841
工程处
处长……………………………………6996485
………………………………(0931)2689902
副处长…………………………………6996827
………………………………(0931)2689902
生产运行处

副处长……………………………………………6996481
……………………………………(010)62095433

4．西气东输管道公司

地址：上海市浦东福山路 458 号
同盛大厦 17-21 层
邮编：200122
区号：021

总经理办公室(党委办公室)…………(021)58848811
规划计划处…………………………(021)58848055
安全质量环保处……………………(021)58848079
生产运行处…………………………(021)58848017
工程技术处…………………………(021)58848058
管道处………………………………(021)58848100
采办处………………………………(021)58874118
市场开发与销售部…………………(021)58848125
内部控制办公室……………………(021)58848278
压缩机维检中心……………………(021)58848181
新疆管理处…………………………(0996)2176777
甘肃管理处…………………………(0935)2266888
宁陕管理处…………………………(0951)6735758
山西管理处…………………………(0351)5618808
豫皖管理处 ………………………(0371)60275899
苏浙沪管理处………………………(025)85436151
苏北管理处…………………………(0517)4967588
冀鲁管理处 ………………………(0531)82621808
豫鄂管理处…………………………(027)85265799
冀宁管道工程项目部 ……………(0516)83168238

5．北京华油天然气有限公司

地址：北京市朝阳区慧忠里甲 118 号
邮编：100101
区号：010

综合办公室 ……………………………64980484
……………………………64968213
财务部 ……………………………84884267
人事部 ……………………………84884351
规划计划部 ……………………………84884306
质量健康安全环保部 ……………………84884283
生产运行部 ……………………………64962022
内部控制部 ……………………………84884295
项目经理部 ……………………………64812196
装备部 ……………………………61813611

自控通信分公司 ……………………………84884275
信息管理与技术支持部 ……………………84884235
管道维护分公司 ……………………………64812759
压缩机分公司 ……………………………84884274
储气库分公司 ……………………………64892778

6．华北天然气销售公司

地址：北京市朝阳区大屯路 9 号
邮编：100101
区号：010

综合办公室
主任 ……………………………………64968101
油网 ……………………………………84884262
计量与运行部 ……………………………64963515
市场与营销部 ……………………………64985591
财务部 ……………………………………64968658
北京销售代表处 ……………………………64989700

7．华中天然气销售公司

地址：湖北省武汉市洪山区邮科院路 88 号
烽火科技大厦 15 层
邮编：430074
区号：027

领导……………………………………87694266
办公室…………………………………87694268
市场营销部……………………………87694289
计划运行部……………………………87694296

8．北京油气调控中心

地址：北京市朝阳区慧忠里甲 118 号
邮编：100101
区号：010

副总工程师……………………………84884699
综合处…………………………………84884686
计划财务处……………………………84884680
调度处…………………………………84884655
自动化与通信处………………………84884618
技术处…………………………………84884668
安全处…………………………………84884656

9．大连液化天然气项目管理部

地址：辽宁省大连市
邮编：116600
区号：0411

领导 ……………………………………82566601
……………………………………82250218

综合办公室 ……………………………82566628
计划处 …………………………………82566630
技术处 …………………………………82566651
生产处 …………………………………82566635
财务处 …………………………………82566636

（五）中国海洋石油总公司

地址：北京市东城区朝阳门北大街25号
邮编：100027
区号：010
网址：www.cnooc.com.cn

办公厅

总值班室 ……84521999
……84521010
传真 ……64602600
综合办 ……84521786
传真 ……84521799
秘书处（传真）……84521013
信息公关处 ……84521041
文书档案处 ……84521266
行政处 ……84521280
传真 ……84521289

财务部

值班室 ……84521218
文秘 ……84521246
传真 ……64602484
机关财务处 ……84521250
……84521251
资金处 ……84521248
……84521246
会计处 ……84521219
……84521241
税务处 ……84521220
……84521229
保险处 ……84521242
……84521239
信息处 ……84521228
……84521230
资产处 ……84521232
……84521236

计划部

值班室 ……84521302
……84521291
计划处 ……84521300
统计处 ……84521297
……84521298
物资办 ……84521292
……84521293

人力资源部

值班室 ……84521366
文秘 ……84521387
传真 ……64602518
人事培训处 ……84521357
劳动组织处 ……84521355
工资分配处 ……84521369
……84521371
劳动保险处 ……84521636
……84521373
离退休处 ……84521351
……84521352

法律部

值班室 ……84521178
传真 ……64602834
合同处 ……84521171
……84521170
法规处 ……84521173
……84521172
咨询处 ……84521183
……84521182
对外联络部 ……84521057
文秘 ……84521071
传真 ……84521080
出国管理处 ……84521072
……84521074
对外联系处 ……84521066
……84521064
外事管理处 ……84521070

……84521079

企改办

值班室……84521101
文秘……84521108
传真……64602830
政策研究处……84521102
……84521107
体制改革处……84521115
……84521114
基地管理处……84521106
……84521105

监察部

值班室……84521376
……84521377
案件检查处……84521382
……84521383
效能监察处……84521379
……84521380
党风党纪处……84521385
……84521388

思想政治工作部

值班室……84521138
文秘……84521144
传真……64602875
宣传教育处……84521683
……84521141
党建工作处……84521139
……84521149
群众工作处……84521639
……84521637

审计部

值班室……84521116
……84521117
传真……64602846
审计一处……84521118
……84521126
审计二处……84521125
……84521121
审计三处……84521143
……84521145
项目处……84521130
……84521131

信息技术管理部

值班室……84521333
文秘……84521338
传真……64602531
应用管理处……84521343
……84521339
技术管理处……84521335
……84521341
网络运行处……84521581
……84521585

作业部

值班室……84521150
……84521152
传真……64602847
技术装备处……84521168
……84521161
信息管理处……84521158
……84521159
经营管理处……84521166
……84521157
市场协调处……84521153
……84521154

石化管理部

值班室……84521658
文秘……84521655
传真……64602541
项目开发处……84521400
……84521397
经营管理处……84521661
……84521659

安全环保办公室

值班室……84521698
……84521099
传真……64602710
安全办公室……84521094
安全环保管理处……84521097
……84521093

天然气项目办公室

值班室……84521208
……84521207
市场处……84521209
……84521204

化肥项目办公室

值班室……84521098
……84521100
传真……64602832
工程管理处……84521084
……84521087
技术经济处……84521091
……84521088

油气开发利用公司

值班室 ……84521788
……84521188
传真 ……64602565
沥青开发经营部 ……84521195
……84521194
油品开发经营部 ……84521191
计财部 ……84521672
……84521675
三鼎公司 ……84521190

1. 渤海公司

地址：天津市塘沽区河口街2-37号501信箱
邮编：3004452
区号：022
传真：25807332

办公室 ……25801700
……25807332
秘书 ……25807322
经营管理部 ……25809913
传真 ……25807369
财务部 ……25809497
传真 ……25809643
人事劳资部 ……25801765
传真 ……25807427
综合协调部 ……25801465
传真 ……25801356
安全环保部 ……25807410
传真 ……25800064
审计部 ……25807424
传真 ……25807424
行政部 ……25807755
传真 ……25801471
党委工作部 ……25807276
传真 ……25807241
工会 ……25807260
传真 ……25807265
纪委监察部 ……25807286
传真 ……25807287
团委 ……25807295
传真 ……25807242
职工交流中心 ……25807380
传真 ……25809444
小车队长 ……25807350
调度 ……25807352
招待所总服务台 ……25807339
传真 ……25807340
工程部 ……25809745
办公室 ……25807460
传真 ……25807461
采油公司 ……66916201
办公室 ……66916205
传真 ……66916252
水电服务公司 ……66916495
办公室传真 ……66916492
装备技术服务公司 ……66917331
传真 ……66917338
社区服务中心 ……25808945
传真 ……25808907
教育处 ……25808392
办公室传真 ……25808303
工贸公司 ……25808856
传真 ……25808850
物业管理公司 ……25808626
传真 ……25808580
职工医院 ……25808733
传真 ……25808730
航务建筑工程公司 ……25808139
传真 ……25808125
物资供应公司 ……25808190
传真 ……25808186
公安处 ……25808311
办公室 ……25808314
传真 ……25809492
实业有限公司 ……25807490
传真 ……25801273
油气销售公司 ……25807648
传真 ……25807445
运输公司 ……66916301
传真 ……66916328
科技开发公司 ……25800443
传真 ……25807536

2. 南海西部公司

地址：广东省湛江市坡头区11号信箱
邮编：524057
区号：0759
传真：3900151

办公室……3900388
值班室……3900392
　传真……3900151
财务部……3901831
　传真……3901832
计划部……3900407
审计部……3900458
安全环保部……3900376
企管部……3900468
人劳部……3900440
……3901886
三委办……3901910
组织部、机关党委……3900482
宣传部……3901270
纪委、监察室……3900487
工会……3900493
团委……3900500

二级单位

采油公司……3902041
……3902042
总机械厂……3900909
奥盛公司……(0775)6892157
……(0775)6865998
特普公司……3901012
……3901013
特力公司……3909998
……3900826
物资公司……3900247
……3900788
化建公司……3901111
……3901208
设计公司……3901630
……3901631
振海公司……3901271
……3901128
物业公司……3900171
……3900172
信安公司……3901460
……3901462
房地产公司……3901421
销售公司……3900130
教培中心……3901231
……3901219
职工医院……3901338
……3901337
保卫处……3901389
……3901384
离退休……3901445
……3901444
华海公司……(0757)6667210
……(0757)6662398
广州办事处
　总机……(020)87750421
北海办事处
　总机……(0779)3032292
海口办事处
　总机……(0878)6779458
三亚办事处
　总机……(0898)8710171

3. 南海东部公司

地址：广东省广州市江南大道中168号
邮编：510240
区号：020
传真：84420984
总机：84429072

办公室……-2463
值班室……84418847
　传真……84420984
党委工作部……84232599
工会……84418849
审计部……-2451
人事劳资部……-2233
财务部……84418841
经营管理部……-2106
安全保卫部……-2483

4. 蛇口地区机关

地址：广东省深圳市蛇口
邮编：518067
区号：0755
总机：6692880

公司领导……-3358
……-3332
协调办公室……-3168
……-3228

5. 华东能源公司

地址：上海市徐汇区零陵路583号
海洋石油大厦24层
邮编：200030
区号：021
传真：64876800
总机：64395300

办公室 ……64876797
……64876285
联络 ……64395300-32410
人事部 ……64811808
计划部 ……64876669
企业策划部 ……64814873
经营销售部 ……64876671
作业服务部 ……64695962
技术安全部 ……64395300-32824
大楼管理处 ……64814828
物业管理部 ……64813138
浦东公司 ……64876672
申兴公司 ……64876412
通信公司 ……64874112
LNG项目组 ……64876156

6. 测井公司

地址：北京255信箱
邮编：101149
区号：010
传真：61593636
总机：84522288

办公室 ……84522310
秘书 ……84522309
传真……84523636
党委办公室 ……84522311
纪检监察室 ……84522313
国际事务部 ……84522314
行政事务部 ……84522321
调度 ……84522322
质量保证部 ……84522315
人事部 ……84522316
计划财务部 ……23188452
作业部 ……84522306
传真……64522300
市场部 ……84522327
采办部 ……84522329
装备供应中心 ……84522330
培训学校 ……84522331
资料解释中心 ……84522333
技术发展中心 ……84522337
科技办 ……84522332
射孔器材厂 ……84522326
塘沽分公司……(022)66913740
新疆分公司……(0996)2060069
湛江分公司……(0759)3901738
LCC合资公司……(0755)66991525

7. 物探公司

地址：天津市塘沽区502信箱
邮编：300451
区号：022
传真：25822156

办公室 ……25822162
传真……25822156
总调度室 ……25822062
计划财务部 ……25822160
科技质量部 ……25822164
人事劳资部 ……25822157
国际市场部 ……25824424
物资装备部 ……25822155
安全作业部 ……25822167
党群办公室 ……25822418

8. 中海油田服务有限公司

地址：北京232信箱
邮编：101149
区号：010
传真：84522133
总机：84522288

市场营销部 ……84523345
办公室 ……84522100
传真……84522133
党委工作部 ……84522101
人事劳资部 ……84522135
计财部 ……84522102
作业部 ……84522134
审计部 ……84522120
科技部 ……84522124
行管部 ……84522106

质保部 ……………………………………84522121
销售公司 …………………………………84522129
油藏公司 …………………………………84522126
定向井公司 ………………………………84522125
固井公司 …………………………………84522127
泥浆公司 …………………………………84522128
井下作业公司 ……………………………84522249
技术发展中心 ……………………………84522112
塘沽分公司……………………………(022)66916154
塔里木分公司…………………………(0996)2175309
中法地质服务有限公司………………(022)66916447
麦克巴泥浆有限公司…………………(0755)6692412
奥帝斯完井服务有限公司……………(022)66916153

9. 南方钻井公司

地址：广东省湛江市坡头区 11 号信箱
邮编：524057
区号：0759
传真：3900631

办公室……………………………………3900658
党委办公室………………………………3900629
工会………………………………………3900630
人事劳资部………………………………3900639
计划财务部………………………………3900642
安全质量部………………………………3900645
经营部……………………………………3900653
作业部……………………………………3900646
装备部……………………………………3900649
南海一号…………………………………3900674
南海二号…………………………………3900675
南海三号…………………………………3900676
南海五号…………………………………3900677
南海六号…………………………………3900678
劳务公司…………………………………3900679
海上工程服务公司………………………3900679
物资供应部………………………………3900665
深圳分公司……………………………6691053-630
钻井技术所………………………………3900614
综合管理站………………………………3900682
平台服务站………………………………3900681
汽车队……………………………………3900687
调度………………………………………3900648

10. 北方钻井公司

地址：天津市塘沽区 521 信箱
邮编：300452
区号：022
传真：66913040

办公室 ……………………………………66916059
　传真……………………………………66913040
经营部 ……………………………………66916091
中日合营公司 ……………………………66916090
装备部 ……………………………………66916078
健安环保部 ………………………………66916085
人力资源部 ………………………………66916092
财务部 ……………………………………66916056
党群办公室 ………………………………66916086
钻具维修中心 ……………………………66916111
设备维修中心 ……………………………66916084
物资供应站 ………………………………66916099

11. 南方船舶公司

地址：广东省湛江市坡头区 11 号信箱
邮编：524057
区号：0759
传真：3900631

办公室……………………………………3900698
　传真……………………………………3900572
党委办公室………………………………3900690
企管部……………………………………3901922
人事部……………………………………3900256
采办部……………………………………3900709
作业部……………………………………3900245
安全环保部………………………………3900720
经营部……………………………………3900700
装备部……………………………………3900246
计财部……………………………………3900704

修理公司

值班………………………………………3900714
综合公司…………………………………3900244
车队………………………………………3900241
蛇口区……………………………(0755)6861538
三亚办……………………………(0899)8251849

12. 北方船舶公司

地址：天津市塘沽区 602 信箱
邮编：300452

区号：022
传真：25808054

办公室……………………………………25808068
　传真……………………………………25808054
党委办公室………………………………25808104
工会………………………………………25809285
市场经营部………………………………25808634
人事劳资部………………………………25808076
财务部……………………………………25808069
作业部……………………………………25808072
技安环保部………………………………25808095
物资装备部
　办公室…………………………………25808067
　传真……………………………………25801459

13. 海洋工程公司

地址：天津市塘沽区闸北路3号536信箱
邮编：300452
区号：022
传真：25808480

办公室……………………………………25807809
　传真……………………………………25808480
财务部……………………………………25807814
人事劳资部………………………………25807801
企业管理部………………………………25808484
党委办公室………………………………25808492
工会………………………………………25808001
采办部……………………………………25807825
经营市场部………………………………25808018
生产部……………………………………25801402
装备部……………………………………25807654
技安环保部………………………………25808006
设计公司…………………………………25808513
建造公司…………………………………25807803
安装公司…………………………………25807994
维修公司…………………………………25807818
机械设备公司……………………………25809457
检验公司…………………………………25807817
供应公司…………………………………25807853
服务公司…………………………………66918419

14. 中海信托投资公司

地址：上海市淮海路238号
邮编：200021
区号：021
传真：53066638

总机………………………………………53062288
办公室……………………………………53066213
　传真……………………………………53066638
党委办公室………………………………53066213
计财部……………………………………53066642
证券部……………………………………53067182
信贷部……………………………………53067181
营业部……………………………………53068525
投资部……………………………………53067183
工会………………………………………53066641
房产公司…………………………………64389447

15. 中海实业公司

地址：北京市朝阳区九仙桥路乙21号
邮编：100016
区号：010
传真：64377025

总机………………………………………64376622
办公室……………………………………64386531
安全保卫…………………………………64381639
财务部……………………………………64380152
人劳部……………………………………64380137
经营部……………………………………64381643
北京基地公司……………………………64388305
燕郊基地公司……………………………84522268
汇海实业公司……………………………64386529
物业管理公司……………………………84521839

16. 海洋石油报社

地址：北京市4705信箱海洋石油大厦
邮编：100027
区号：010
传真：84522157

总编室……………………………………84522147
新闻部……………………………………84522142
专刊部……………………………………84522149
广告发行部………………………………84522151
出版室……………………………………84522152
办公室……………………………………84522153
蓝办………………………………………84522157

（六）中海石油（中国）有限公司

地址：北京市东城区朝阳门北大街25号
邮编：100027
区号：010
网址：www.cnooc.com.cn

公司机关

行政管理部 ……84521606
……84521910
人力资源岗 ……84521620
……84521924
行政岗 ……84521626
……64602503
外事岗 ……84521628
……84521923
合同管理 ……84521615
……84521614
合作矿管岗 ……84521591
勘探岗 ……84521641
作业岗 ……84521496
综合岗 ……64671493
开发生产部 ……84521596
……84521488
钻完井办 ……84521483
项目管理岗 ……84521949
综合技术岗 ……84521946
油藏储委 ……84521948
生产管理岗 ……84521478
工程建设部 ……84521432
……64602796
工程协调岗 ……84521457
项目管理岗 ……84521461
技术管理岗 ……84521446
调财部 ……84521528
……84521537
计划岗 ……84521526
资金岗 ……84521519
会计岗 ……84521523
税务保险岗 ……84521520
机关财务岗 ……84521509
经济评价岗 ……84521508
健康安全环保部 ……84521958
……64602557
原油销售岗 ……84521436
新加坡公司 ……84521435
天然气岗销售 ……84521430
海外部 ……84521419
综合处 ……84521648
马六甲处 ……84521427
中东处 ……84521422
亚太处 ……84521423

1. 天津分公司

地址：天津市塘沽区河口街2-37号
邮编：300452
区号：022
传真：25809547

行政管理部 ……25807231
勘探开发部 ……25807470
钻井部 ……25807651
生产部 ……25801955
协调部 ……25807501
安全环保部 ……25807520
财务部 ……25801936
人力资源部 ……25807365
对外合作处 ……25808845
工程部 ……25809745
秦皇岛32-6作业分公司 ……25801211

2. 湛江分公司

地址：广东省湛江市坡头区 11 号信箱
邮编：524057
区号：0759
传真：3901918

行政部……………………………………………3900384
钻井部……………………………………………3900590
生产部……………………………………………3900073
协调部……………………………………………3900348
工程部……………………………………………3900330
安全环保部………………………………………3900365
人力资源部………………………………………3900432
阿科合作 ………………………………(0755)6671212

3. 深圳分公司

地址：广东省深圳市蛇口工业区二路一号海洋石油大厦
邮编：518067
区号：0755
传真：6674641
总机：6692880

勘探部……………………………………………-3806
作业部……………………………………………-3248
行政管理部………………………………………-3257
计财部……………………………………………-3305
安全环保部………………………………………-3378
公共关系部………………………………………-3359
人力资源部………………………………………-3383

4. 上海分公司

地址：上海市徐汇区陵零路 583 号
邮编：200030
区号：021
传真：64811259
总机：64395300

勘探部 …………………………………………64814874
开发生产部 ……………………………………64814806
安全环保部 ……………………………………64873361
作业部 …………………………………………64876542
总经理办公室 …………………………………64877052
计划财务部 ……………………………………64877051
人力资源部 ……………………………………64877179
平湖生产项目组 ………………………………64814090
平湖完井项目组 ………………………………64876336
虹桥小楼 ………………………………………62082200

七、部分石油石化厂商名录

上海东方泵业（集团）有限公司

地址：上海市富联路1588号

邮编：201906

电话：021-33718888

传真：021-56025566

公司简介：上海东方泵业（集团）有限公司是国内知名的以泵业经营为主业，涉及电机、阀门、电控系统、环保节能、机械铸造、热交换机、空压机、减速机、电气产品、压力容器等相关领域，集科研、制造、营销、服务为一体的科、工、贸企业集团。

启东安升润液设备有限公司

地址：江苏省启东市久隆镇新港工业集中区118号

邮编：226222

电话：0513-83852668

传真：0513-83852108

E-mail：anrun001@163.com

主要产品：稀油润滑系统及装置、干油集中润滑系统及装置、电动润滑泵装置、各类分配器及管路附件。

北京三聚环保新材料股份有限公司

地址：北京市海淀区人大北路33号大行基业大厦9层

邮编：100080

电话：010-82684990

E-mail：sanju@sanju.cn

洛阳市旭龙石化科技有限公司

地址：河南省洛阳市高新开发区丰华路6号银昆科技园

邮编：471003

电话：0379-64310918

E-mail：wxa111@163.com

网址：www.xlshkj.com

北京奥林天成科技有限公司

地址：北京市海淀区知春路49号希格玛大厦A1902室

电话：010-88096107/06

网址：www.bjolym.com/

E-mail：bjaolin@126.com

兰州兰泰塑料机械有限公司

地址：甘肃省兰州西固区合水北路3号

邮编：730060

电话：0931-7311394 7311614 7369030

传真：0931-7315137

E-mail：lantai@lantai.com.cn

网址：www.lantai.com.cn

北京天一指航通讯技术有限公司

地址：北京市中关村西一区1+1大厦508室

电话：010-51722508 51722500

传真：010-51722510

E-mail：ty@firstnav.com

网址：www.Firstnav.com

抚顺市红连石化密封材料有限公司

地址：辽宁省抚顺市东洲区腈纶小区8-1号

电话：0413-4647396

传真：0413-8242242

网址：www.liqinglian.com

江苏昆山开发区兴昆石化有限公司

地址：江苏省昆山市委江大桥南境

电话：0512-57898208

传真：0512-57898868

网址：www.ks-xinkun.com

江苏天鹏石化特种工程公司

地址：江苏省南京市中山北路406号

电话：025-58771910

传真：025-58771772

网址：www.jstp.com

北京金达太钢石化配件有限公司

地址：北京市海淀区清华东路2号金码大厦A座

电话：010-82838548

传真：010-82838179

网址：www.bjjd-steel.com

河北超越滤芯厂

地址：河北省廊坊开发区

电话：0158-32632168

传真：0158-32632168

E-mail：chaoyuelvye@163.com

靖江华泰机械制造有限公司

地址：江苏省靖江市新桥镇飞跃路20号
电话：0523-84310585
传真：0523-84310318
网址：www.htm-cn.com.cn

鞍山鑫泰精密铸造有限公司

地址：辽宁省鞍山市大屯经济开发区
邮编：114229
电话：0412-3540449
传真：0412-3543009
E-mail：whd119@163.com

主要产品：不锈钢、耐热钢、耐磨钢、合金钢、铝合金、铸铁等材质模精密铸造。

北京思凯特商贸发展有限公司

地址：北京市昌平区沙河工业园区（SKT集团）
邮编：102206
电话：010-80705588
传真：010-80705858
E-mail：sktbj@skthk.com
网址：www.skthk.com

主营产品：石油化工管道材料（管子、管件）、阀门、石化设备、电力管道材料、电力设备、销售机械电子设备、五金、备品备件等。

思凯特国际贸易（上海）有限公司

地址：上海市浦东新区民生路1518号金鹰大厦B幢804A室
邮编：200135
电话：021-61049228
传真：021-61049229
E-mail：sktsh@skthk.com
网址：www.skthk.com

主营产品：石油化工管道材料（管子、管件、库存等）、阀门、石化设备、电力管道材料、电力设备、备品备件等。

中国石油克拉玛依石化公司

地址：新疆克拉玛依金龙镇
电话：0990-6991149
邮编：834003
网址：www.ksh-cn.com

沈阳市新航五金防爆器材厂

地址：辽宁省沈阳市文官西路404号金德工业园东侧
电话：024-86672366 86673943
E-mail：xhfb@xhfb.cn
网址：www.xhfb.cn

北京金达凌石油科技发展中心

地址：北京市西城区六铺炕二区甲11号楼
邮编：100011
电话：010-8201152 62095553 62095581
传真：010-62095581
E-mail：goldenline@shou.com
网址：www.goldenline.com.cn

公司主营：钻具钻杆耐磨材料；管道泄漏监测报警；高铬碳化钨耐磨材料；钻杆、油管、套管全程在线探伤；原油脱水自动加药系统。

江苏宏泰石化机械有限公司

地址：江苏省阜宁经济开发区204国道66号
邮编：224400
电话：0515-8209999 82099568 82099558
传真：0515-87290768
E-mail：jiangyuhu@vip.sina.con.cn

通化石油化工机械制造有限责任公司

地址：吉林省通化市建设大街2607号
电话：0435-3946866 3946898
传真：0435-3616476
E-mail：thpetro@gmail.com
网址：www.thpetro.com

主要产品：20～120吨石油修井机、不压井修井机、无绷绳修井机、采油车、抽汲车、冲砂液处理车、洗井液处理车、洗井车、清蜡车、洗井清蜡车、水泥车、地锚车、冲砂修井机、电热解堵车。

北京捷锐创能工程技术有限公司

地址：北京市海淀区学清路科贸楼B座205室
电话：010-62399489
传真：010-62335674
邮编：100083
网址：relida@sina.com

主营项目：1. 承接天然气、热力和各种管线及设备、锅炉、压力容器安装；2. 供热系统全面优化和节能改造；3. 锅炉和辅助设备节能技术改造、热力和蒸汽管网节能系统工程及锅炉节能自控、监控系统工程；4. 锅炉房节能运行承包管理（合同能源管理 EMC 服务）；5. 燃煤锅炉采用强化燃烧节能技术改造；6. 承接加工制作聚乙烯保温管、玻璃钢保温管；7. 根除热网水力失调、解决冷热不均，供热管网无补偿直埋新技术。

江苏惠利特环保设备有限公司

地址：江苏省扬中市沿江工业仓储区
电话：051188455210
传真：0511-88455396
E-mail：hewlett-yx@163.com
网址：www.jshtl.com

主营项目：专业生产炼油厂、储油库油气回收处理装置，采用多级连续冷却方法降低油气的温度，使之凝聚为液体回收，从而达到油气回收达标排放的目的。

北京康吉森自动化设备技术有限责任公司

地址：北京市朝阳区北苑五号院五区
邮编：100012
电话：010-84928166
传真：010-84926181
网址：www.consen.com

主要经营：安全和关键控制系统（SIS）；大型综合透平压缩机控制系统（ITCC）及燃；气轮机控制系统（IGTC）；汽轮发电机电液调节控制系统（DEH）；火灾及气体检测保护系统（FGS）；MCIS 铁路微机联锁系统（RIS）；工业安全评估（HAZOP/PHA）；锅炉、燃烧炉控制管理系统（BMS/FSSS）。

襄樊五二五泵业有限公司

地址：湖北省襄樊市襄城区檀溪路 146 号
电话：0710-3566525
传真：0710-3560788
E-mail：info@525pump.com
网址：www.525pump.com

主要产品：LC、PLC 系列耐腐蚀、耐磨蚀离心泵，CLB 系列耐腐蚀磁力驱动离心泵，CDG 系列耐腐蚀磁力驱动多级离心泵，CW 系列磁力驱动旋涡泵，LH 系列重型渣浆泵，HZ、LHZ 系列华工轴流泵，MECP 系列混流泵，IHE、IHZ、IHK 系列化工泵，LB 系列化工流程泵，FYL 系列耐腐蚀轻型液下泵，CHJ 系列高温高压渣浆泵，CHL 系列高温流程泵，LG 系列沙砾泵，LSD 系列高温浓硫酸泵、2BE1 系列耐腐蚀水环真空泵以及不锈钢、特种不锈钢铸件。

泰州市升拓精密仪器有限公司

地址：江苏省泰州市姜堰市高新技术创业中心
邮编：225500
电话：0523-88812586
传真：0523-88812586
网址：www.suntoc17.com

惠利特环保设备有限公司（北京办事处）

地址：北京市丰台区北甲地路 6 号玺萌丽苑 6 号楼 19/D
邮编：100067
电话：010-67584819
传真：010-67585419

北京沙驼石化工程技术开发有限公司

地址：北京市朝阳区太阳宫夏家园 16 号楼 1 单元 1002 室
邮编：100028
电话：010-84419416 84419417 84419419
传真：010-84419418
E-mail：beijingcamel@263.net
网址：www.bjcamel.com

重庆仪表材料研究所

地址：重庆市北碚龙凤桥
电话：023-68862721
传真：023-68863932

主要产品：柔性温度报警电缆最大创新点在于能贯通整个空间，从而充分利用表面，监测到整个空间的温度。

荆州市元泽石油设备有限公司

地址：湖北省荆州市沙市农场窑湾
邮编：434000
电话：0716-8352660
传真：0716-8352665

主要产品：公司主要生产石油开采的设备。

北京华夏石化工程监理有限公司

地址：北京朝阳区惠新里甲 10 号泰德商务花园 B 座 501
邮编：100029

电话：010-84631380
传真：010-84631386
E-mail：bjhx@bj-hx.com

新乡市胜达过滤净化技术有限公司

地址：河南省新乡市八一路西段
电话：0373-2626111
传真：0373-2642112
邮编：453000
网址：www.sdfilters.com
主营产品：过滤器，滤油机。水净化装置，油净化装置，大流量反冲洗装置，空气净化装置，消声器，环保设备，电力附机设备的设计与制造。

大连北良石化有限公司

地址：辽宁省大连市经济技术开发区北良港
电话：0411-88999100
邮编：116600
E-mail：shihua@beiliang.com
网址：www.beiliangshihua.com

上海宝临防爆电器有限公司

地址：上海市宝山区铁锋路
总机：021-63099999
电话：021-33793331
E-mail：shblfbdqyxgsyxb@3158.com

巨力索具股份有限公司

地址：河北省保定徐水巨力路
邮编：072550
电话：0312-8999999
传真：0312-8555555
E-mail：juli@julisling.com
网址：www.julisling.com
公司简介：巨力索具股份有限公司是以制造、设计、销售软索具、钢丝绳、钢丝绳索具、索具连接件、链条索具、冶金夹具、梁式吊具、钢拉杆、缆索、索具设备为主体的专业化国际制造、销售公司。

武汉钢铁（集团）公司

地址：湖北省武汉市青山区厂前
邮编：430083
电话：027-86893691
传真：027-86862325
网站：www.wisco.com.cn
主要业务：武钢现有三大主业，即黑色金属采矿、冶炼及加工，钢铁贸易和冶金工程技术服务。钢铁产品主要有热轧卷板、热轧型钢、热轧重轨、中厚板、冷轧卷板、镀锌板、镀锡板、冷轧取向和无取向硅钢片、彩涂钢板、高速线材等几百个品种。其中，冷轧取向硅钢和无取向硅钢产品获“中国名牌产品”称号，武钢船板获“中国名牌”产品称号，“武钢牌”商标荣获“中国驰名商标”。武钢生产的桥梁用钢、管线钢、压力容器钢、集装箱用钢、帘线钢、耐火耐候钢、电工系列用钢等优质名牌产品在国内外市场享有广泛的声誉。此外，武钢还生产焦炭、耐火材料、化工、粉末冶金制品、水渣、氧气、稀有气体等产品，并对外承担工程建设、机械加工和自动化技术开发等。

上海大宇阀业制造有限公司
（上海大宇阀门厂）

地址：上海市宝山区潘泾路1280号
邮编：201908
电话：021-56018899
传真：021-56018666
E-mail：xieyu2013@163.com
网址：www.shdayu.com

上海精泰实业（集团）有限公司

地址：上海市闸北区天目西路290号康吉大厦21F
邮编：200070
电话：021-64530737
传真：021-64530736
E-mail：info@kingtacn.com
网址：www.kingtacn.com

中石化华南石化销售公司

地址：湖南省岳阳市巴陵石化鹰山石化总厂西苑三路13号
电话：0730-8508133 8509659
传真：0730-8508989
E-mail：cnhnshgs@163.com
网址：www.hnshgs.cn
主要产品：石化产品、化工产品、化工原料。

四川仁智油田技术服务股份有限公司

地址：四川省绵阳市临园西路53#地税附楼
邮编：621000

电话：0816-2378665
传真：0816-2378665
E-mail：office@chinarenzhi.com
网址：www.chinarenzhi.com

新乡市金鑫化工设备有限公司

地址：河南省新乡市东风路51号
邮编：453002
电话：0373-3386202 13938718004
传真：0373-3381742
E-mail：xxjxhg@126.com
经营范围：一、二、三类非标压力容器及塔类、换热器、釜类、搅拌器等。

哈尔滨庆功林泵业有限公司

地址：哈尔滨市香坊区公滨路51号
电话：0451-55139128
传真：0451-55113614
主营产品：各种强自吸系列泵高楼给水设备、消防专用给水设备等。

上海新世纪石化设备有限公司

地址：浙江省海盐县百步镇福田弄2号
电话：0573-86776735
传真：0573-86776985

江苏潜龙泵业集团

地址：江苏省丰县解放中路68号
邮编：221700
电话：0516-4223741
传真：0516-4222053
E-mail：shihua@mail.jxptt.zj.cn
网址：www.hypetrifaction.com

四川天府仪表有限公司

地址：四川省成都市彭州市天彭镇安兰
邮编：611930
电话：028-83880669
传真：028-83871148
网址：www.4885.com/ent-1313374.html

江阴金童石化管件有限公司

地址：江苏省江阴市滨江开发区
邮编：214437
电话：0510-86131727
传真：0510-86131337
E-mail：sales@js-pt.com

扬州旭日泵业有限公司

地址：江苏省江都市经济开发区浦江路38号
邮编：225200
电话：0514-86972983 86881886
传真：0514-86836168
E-mail：hanyu@torchsky.com

湖南长盛石化有限公司

地址：湖南省岳阳市云溪区长炼
邮编：414012
电话：0730-8457276
传真：0730-8437575
网址：hunancs.b2b.hc360.com

上海西尔除尘设备有限公司

地址：上海青浦区重固镇赵重路2292号
邮编：200233
电话：021-54451773 54451887
传真：021-54450525
E-mail：xier@sh-xier.com

北京承天倍达过滤技术公司

地址：北京天竺空港工业区（首都国际机场西侧）天竺西路18号
邮编：101312
电话：010-80489677
传真：010-80489679

淄博博山邀兔油泵厂

地址：山东省淄博市博山区北博山镇
邮编：255200
电话：0533-4548288
网站：www.changren.net/ent-1654686.html

上海东方环保科技公司

地址：上海市浦东新区浦东大道1200号巨洋大厦20楼
邮编：200135
电话：021-50937867 50937868 50937869
传真：021-50937865

E-mail: sdheec@shdonghua.com

淄博汇丰石油化工有限公司

地址：山东省淄博市桓台县
邮编：266520
电话：0533-8409658
传真：0533-8409658
网址：huifengshihua.b2b.hc360.com

河南省伟业石化特油有限公司

地址：河南省郑州市润滑油市场B区11号
邮编：450009
电话：0371-66804923 13938289304
传真：0371-66804489

上海蓝科石油化工有限公司

地址：上海浦东桃林路18号环球广场A座1106室
邮编：200135
电话：021-68539894
传真：021-68535442
网址：www.lankepec.com.cn

济南奔腾泵业制造公司

地址：山东省济南市历城区华信路15号凯贝特高新产业基地大厦A-1002室
邮编：250400
电话：0531-88019861
传真：0531-88326108
E-mail: sales@bentengpump.com
网址：www.bentengpump.com

长沙金龙电缆公司

地址：湖南省长沙市马栏山
邮编：410003
电话：0731-2421550
传真：0731-2421550
E-mail: shanshan331888@163.com
网址：shanshan331888.bmlink.com

南通工业炉有限公司

地址：江苏省南通市如皋市
邮编：226561
电话：0513-7371319
网址：www.changren.net/ent-1122856.html

中国山东莱州三维集团公司

地址：莱州市路旺镇高新技术工业区肖韩
电话：0535-2349558
传真：0535-2342288
E-mail: info@laizhousanwei.com
网址：www.laizhousanwei.com

河南许昌市许继集团有限公司

地址：河南许昌市建设路178号
电话：0374-3212620
传真：0374-3315248

洛阳奥凯石化科技有限公司

地址：河南省洛阳市高新技术产业开发区河洛大道10号
邮编：471003
电话：0379-64316082
传真：0379-64331797
E-mail: lyak@lyak.com.cn
网址：www.lyak.com.cn

郑州富龙新材料科技有限公司

地址：河南郑州市陇海西路328号
邮编：450006
电话：0371-68615854 68623427
传真：0371-68623423

无锡采油设备有限公司

地址：江苏省无锡市滨湖区太湖镇苏锡路524号
邮编：214121
电话：0510-85061094
传真：0510-5061841
网站：www.changren.net/ent-1241919.html

无锡新亚石油机械厂

地址：江苏省无锡市锡山区安镇镇厚桥镇西路1号
邮编：214106
电话：0510-88726776
传真：0510-8726776
网址：www.4885.com/ent-1241876.html

无锡大功机械制造有限公司

地址：江苏省无锡市锡山区锡北镇锡港东路
邮编：214194
电话：0510-83798226
网址：www.4885.com/ent-1229412.html

贵州宏福石业开发总公司

地址：贵州省福泉市马场坪镇
邮编：550501
电话：0854-2184114 2184624
传真：0854-2444190
网址：www.changren.net/ent-1641318.html

茂名市科成精细化工有限公司

地址：广东省茂名市官山三路313号
邮编：525000
电话：0668-2867671
传真：0668-2880230
网址：www.kesoon.com

浙江嘉上不锈钢有限公司

地址：浙江省嘉兴市平湖市乍浦镇经济开发区外环西路388号
邮编：314201
电话：0573-85587017
传真：0573-85587077
E-mail：sales07@jss100.com
网址：www.jss100.com

公司主营：不锈钢无缝管，规格范围φ6～φ762×0.5～55mm，材质为300型、双相钢、超级双相钢等。

中海能源发展股份有限公司管道工程公司

地址：天津市塘沽区渤海石油路688号
电话：022-25808377 25808626
传真：022-25808580
E-mail：kangxj@cnooc.com.cn
网址：www.cnoocpipeline.com

主要经营：钢管制造、管道内外涂敷、保温、混凝土配重、石油管材加工、石油管材内外涂敷及相关工程和贸易，港口、码头建设及相关工程等业务。

颇尔过滤器（北京）有限公司

地址：北京市经济技术开发区宏达南路12号
电话：010-67802288
传真：010-67802329

公司简介：颇尔公司（PALL CORPORATION）于1946年创立，总部位于美国纽约，为全球最大的专业过滤技术及产品制造商之一，研究流体净化分离技术、开发生产高性能过滤器和过滤系统。颇尔过滤器（北京）有限公司是美国颇尔在中国的独资子公司，于1993年在北京注册成立。

扬州罗克阀锁科技有限公司

地址：上海市虹口区虬江支路181号1307室
邮编：200080
电话：021-63069000
传真：021-6147158
网址：www.yz-lock.com

公司简介：扬州罗克阀锁科技有限公司是集LCS机械联锁安全系统的科研、设计开发、制造、销售于一体的现代化综合性企业，也是我国首家开展阀锁专业研究和制造的公司。公司成立于2002年，经过三年多的努力，已完成了联锁阀、阀锁装置、联锁装置、联锁系统、阀门锁具和附件及钥匙管理系统等系列产品的开发和生产，拥有阀锁多项技术的国家专利，填补了我国在该领域的空白。尤其是生产的RVL-SR、RVL-LR、RVL-VR阀锁装置，具有技术先进、适应性强、使用维护方便、安全可靠等优点，目前已被广泛应用在 石油 、化工 、天然气、热电厂 、核电、冶金、制药等行业的阀门控制系统中，成为阀门操作控制中重要的安全保障，其性能和质量得到了用户的一致好评，同时公司也积累了与大型企业合作的成功经验，已经成为我国阀门机械联锁安全系统生产的领导者。

航天科工惯性技术有限公司

地址：北京市丰台区海鹰路1号院2号楼3层
电话：010-63795988 83681983
传真：010-83681887
网址：www.cnasit.com

公司简介：航天科工惯性技术有限公司（以下简称公司）是由中国航天科工集团于2004年发起成立的股份制高新技术企业，2008年公司进行了重组调整，吸收合并了航天万新公司。公司重组后注册资金19167万元，净资产近2.5亿。主要从事惯性器件、定位定向及导航系统、测控技术及设备的研制与生产，产品主要包括高精度加速度计、石油钻井测井仪器、岩土仪器、非标测控设备、专用电源电路、卫星接收机、航空应急仪表、气压高度表、球栅数控数显装置等。石油仪器主要有：磁性连续测斜仪、光纤陀螺连续测斜仪、无线随钻测斜仪、管道测绘系统等。

久茂自动化（大连）有限公司

地址：辽宁省大连市经济技术开发区东北三街29号1号楼3层
邮编：116600
电话：0411-87189010
传真：0411-87189020
E-mail: info@jumo-china.com
网址：www.jumo-china.com

公司简介：久茂自动化（大连）有限公司是JUMO集团于1997年在中国大连设立的全资子公司。公司全权负责所有JUMO产品的销售与技术支持，以销售和生产JUMO品牌仪表为主，可为客户提供测量与控制领域完整的解决方案。JUMO六大系列产品包括：分析仪表、压力仪表、温度开关、度盘式温度计、调节器和控制系统、温度传感元件、显示表和记录仪以及温度变送器等。

大连金鼎石油化工机器有限公司

地址：辽宁省大连市金州区三十里堡街道东山后
邮编：116103
电话：0411-87363058 87360082
传真：0411-87362588
网址：www.dljdsh.com

主营产品：球罐、塔器、反应器、再生器、旋风分离器、换热器。

西安秦森科技有限公司

地址：陕西省西安市东高新区新科路2号
电话：029-82213232 82236210
传真：029-82217838
E-mail:xaqskj@yahoo.com.cn
网址：www.xaqs.com

主营产品：公司致力于钻井及修井井口工具的开发与生产，通过了ISO9001认证，主要产品有：钻杆卡瓦、钻铤卡瓦、套管卡瓦、气动卡盘、由壬、抽油杆吊卡、油管吊卡、套管吊卡、钻杆吊卡抽油杆旋转器、泥浆泵配件等。

加拿大GPT集团公司
（北京金阳普泰石油技术股份有限公司）

地址：北京市海淀区东北旺西路8号中关村软件园信息中心A202室
邮编：100193
电话：010-62800059
传真：010-62800058
E-mail: gpt@gptoil.com
网址：www.gptoil.com

公司简介：加拿大GPT集团公司（GPT Group Ltd.）创建于1999年3月，总部设在加拿大的卡尔加里。在中国，北京金阳普泰石油技术股份有限公司是其全资子公司，主要从事自主石油软件开发、项目服务与咨询等业务。公司以数字油藏为核心，以一体化精细油藏描述软件研发和技术项目服务为特长，把最新的计算机技术和先进的石油勘探开发技术有机地结合起来，自主研发出“GPT油藏描述一体化工作平台软件”和“水平井设计及随钻跟踪分析”等系列软件产品。在中石化、中石油和中海油所属油田及研究院所得到较为广泛的应用。公司更注重与油田开展技术项目合作，提供勘探开发一体化工作平台和数字油藏解决方案，先后在大庆、胜利、大港、吉林、中原、新疆等油田圆满地完成了构造精细解释及储层预测、精细油藏描述、油气藏开发方案，以及开发调整方案设计与优化等多个综合研究项目，得到油田企业普遍认可和专家们的盛赞。

西安森舍电子科技有限责任公司

地址：陕西省西安市国家民用航天产业基地工业二路
邮编：710100
电话：029-85674673 85674651
传真：029-85674670
E-mail: senshe@263.com
网址：www.senshe.com

公司简介：成立于2000年7月，公司主要从事地震勘探检波器的研制、生产、销售及租赁服务，石油测井试井仪器、便携式-成像生产测井地面系统的研制、生产、销售，汽车时间控制单元及转速传感器的生产、销售电子设备、仪器、传感器等研制、生产、技术服务及矿用电器设备代理销售，并具备自营进出口权的高新技术企业，产品广泛应用于石油、煤田地震勘探、地质调查、地质钻探、工程震动监测、石油测井、试井、汽车、煤矿防爆等领域。

图尔克（天津）传感器有限公司

地址：天津市西青经济开发区兴华四支路18号

邮编：300381
电话：022-83988188 83988199
传真：022-83988146
E-mail：jun.tian@turck-china.com

主营产品：图尔克（天津）传感器有限公司的PA产品主要应用于石油、石化、化工、炸药等有易燃易爆危险物质存在的过程自动化行业。PA产品主要分为三类：第一类是隔离栅，有开关量输入输出隔离栅、模拟量输入输出隔离栅、转速监控器、液位控制器和电源等；第二类是总线式本安远程I/O系统，可直接安装在危险1区，连接危险0区的本安设备，通过一根总线电缆将数据传输到控制系统；第三类是防爆工业总线产品，FF和PROFIBUS-PA电源、电源适配器、多通道现场分线盒、多路安全栅、终端电阻、各种接插件连接头、总线电缆和附件，满足客户的不同需求。

北京恒合信业技术有限公司

地址：北京市海淀区普惠南里14号
邮编：100036
电话：010-68235091 68235092
传真：010-68235102
E-mail：service@henghe.com.cn
网址：www.henghe.com.cn

主营产品：代理销售德国FAFNIR、ELAFLEX、DUERR公司的加油站油气回收、在线监控和液位管理等系统产品，并承接相关的建设、改造的设计、施工和安装等工程项目。公司同时还代理销售德国DEHN公司的雷电浪涌保护器，应用于石化行业的加油站、储油罐、输油输气管道等建筑物、设施的雷电防护。

浙江千秋环保水处理有限公司

地址：浙江省临安市於潜镇环城西路188号
邮编：311311
电话：0571-63889338
传真：0571-61072310
E-mail：xxb571-cnqq@yahoo.com.cn
网址：www.china-qianqiu.com

主要产品：异相离子交换膜、系列电驱动膜、特种分离膜（EDI膜、化工分离膜等）、电泳涂装专用膜、均相膜、离子交换树脂、环保水处理成套设备及配件、电驱动膜分离设备、电去离子（EDI模块）装置、EDI纯水装置、特种膜分离设备、离子交换设备、反渗透水处理设备、超滤、纳虑、海水淡化、化工分离、软化水、纯水机、高效脱盐设备等。

天邦膜技术国家工程研究中心有限责任公司

地址：辽宁省大连市高新园区火炬路28号
邮编：116023
电话：0411-84790077
传真：0411-84795533
E-mail：service@tbm.cn
网址：www.tbm.cn

主营业务：新型分离技术、产品的研制、咨询及服务；膜相关产品的销售及服务；膜分离工程设计及配套产品；经营进出口业务。

江阴市富仁高科有限公司

地址：江苏省江阴市通渡路8号
邮编：214433
电话：0510-86105880 86105883

公司简介：江阴市富仁高科有限公司是一家崛起于江阴、正迈向世界的江苏省高新技术企业，是江苏富仁集团下属骨干成员之一。经过多年的努力，富仁高科已成为研发、生产、销售、服务的专业化加油机生产厂家，现已形成三大系列485种加油机机型，其中包括IC卡税控燃油加油机、环保型油气回收加油机、投币自助式加油机，耐低温加油机等。富仁高科同时生产和销售环保型双层油罐、零售网络系统、安全监测系统、加油站的形象包装标识工程、全自动电脑洗车机、税控收款机等整站产品，为国内外石油零售系统提供一体化的专业服务。

浙江迪元仪表有限公司

地址：浙江省义乌市春晗路106号
邮编：322018
电话：0579-85260678
传真：0579-85260658
E-mail：yycorp@public.ywptt.zj.cn
网址：www.zjdiyuan.com

公司简介：浙江迪元仪表有限公司毗邻中国小商品城，是一家专业从事流量仪表及计算机系统工程开发、生产和销售的高新技术企业，中国石化集团物资装备公司石化物资资源市场成员单位，中国石油化工集团公司石油化工工程自控仪表产品推荐单位。

北京市百家力合科技发展有限责任公司

地址：北京市海淀区知春路锦秋家园 5 号楼 E2-203
邮编：100088
电话（传真）：010-82356495
网址：www.baijialihe.com

公司简介：北京市百家力合科技发展有限责任公司一直致力于耐磨、防腐维修施工。为德国汉高乐泰的合作伙伴，汉高为本公司提供产品和技术支持。本公司从事工业维修，是金属设备耐磨、防腐维修的专业公司。公司拥有经验丰富的工程师，为用户提供从“设计—制造—维修”工业生产全过程的高附加值的解决方案，已有十多年的历史。公司承接电厂、化工厂、污水厂、热力中心、市政等单位各种设备金属表面的防腐、耐磨工程。并广泛应用于机械、化工、冶金、电力、石油、家电、汽车、摩托车、工程机械、船舶、电子、市政、建筑、军事、航天、航空、矿山等领域。

河北沧海管件集团有限公司

地址：河北省盐山县城南工业区
邮编：061300
电话：0317-6310289
传真：0317-6310448
网址：www.canghaicc.cn

主营业务：生产销售各种碳钢、合金钢、不锈钢材质的弯头、弯管、三通、异径管、法兰及锻制管件。

盘锦辽河油田天意石油装备有限公司

地址：辽宁省盘锦市经济开发区石油高新技术产业园
邮编：124010
电话：0427-3219728
传真：0427-3219922
E-mail：chongy1007@163.com
网址：www.tydingqu.com

主营产品：盘锦辽河油田天意石油装备有限公司是辽宁天意实业股份有限公司的全资子公司，隶属于辽河油田。公司专门致力于顶部驱动钻井装置的研发、设计、制造与服务，公司生产的顶驱主要型号有：DQ-70LHTY1（500T）、DQ-50LHTY1(350T)、DQ-50LHTY3(350T)、DQ-40LHTY3(250T)、DQ-40LHTY-A(250T 海洋钻修平台、车载钻机专用型)、DQ-40LHTY-LA(250T 低温海洋钻修平台、车载钻机专用型)。

连云港市德威机械设备有限公司

地址：江苏省连云港市大浦工业园临浦路 9 号
电话：0518-85155808/809
传真：0518-85155818
邮编：222000
E-mail：dmco@dmco.com.cn
网址：www.dmco.com.cn

主营产品：用于储运装卸的罐车用陆用臂（鹤管）、码头用输油臂、装卸站台、防滑活动梯、浮盘、部分特种阀门、管件附件等。

科特勒咨询集团

地址：广东省深圳市福田区深南大道 4019 号航天大厦 A 座 607 室
电话：0755-88265430
传真：0755-82024280
E-mail：chenlan@kotler.com.cn
网址：www.kotler.com.cn

大连华氏流体设备有限公司

地址：辽宁省大连甘井子区辛寨子由家工业园 168 号
邮编：116039
电话：0411-62619318 85866886
传真：0411-62619368 62619378
邮箱：filters@dlcrest.com
网址：www.dlcrest.com

主营产品：公司是致力于过滤设备开发及制作的中美合资企业，系列自清洗过滤系统、隔膜管束过滤系统及多单元管道过滤系统等应用于石化、冶金、电力、环保、造纸、化纤、制药等各个行业。

温州市正辉灯具有限公司

地址：浙江省永嘉县瓯北香港城中环阁 8 楼
邮编：325102
电话：0577-67991188 67991166
传真：0577-67991133
E-mail：chhi@zhenghui.com
网址：www.zhenghui.com

江苏联冠科技发展有限公司

地址：江苏省张家港市锦丰镇三兴白熊路 2 号
邮编：215624
电话：0512-58578000
传真：0512-58570215

E-mail: ceo@liangguan.cn

公司简介：江苏联冠科技发展有限公司地处长江三角洲地区新兴的港口工业城市张家港，地理位置优越，水路交通便利。江苏联冠的超高产品集超高材料的优良特性于一身，突破传统的加工理念，提出了近熔点挤出理念和相应的加工技术、工艺和设备，以“自主创新，中国创造”获得自主知识产权。UHMWPE 制品作为一种性能优异的工程类塑料产品，已在石油、河道清淤、矿山、化工、建筑工程、水利工程及环境治理等领域中发挥了重要的作用。超高管材与油管复合成高耐磨高耐腐的复合油管，已经大庆油田、吉林油田、胜利油田和新疆的克拉马依油田推广使用，并得到了用户一致的好评，给用户带来巨大的经济效益，响应了国家“节能减排”的号召。

江钻股份钻头事业部

地址：湖北省潜江市广华
邮编：433124
电话：0728-6502035
传真：0728-6518529
网址：www.kingdream.com

沈阳天星试验仪器有限公司

地址：辽宁省沈阳市东陵区长青街 35 号
邮编：110015
电话：024-2420000 224200003
传真：024-24230003
E-mail: sales@tianxing.com
网址：www.tianxing.com.cn

建湖刚玉金属复合材料有限公司

地址：江苏省建湖县庆丰镇十八团东湖 118 号
邮编：224721
电话：0515-86381046 86382791
传真：0515-86380303
E-mail: sg863@21cn.com
网址：www.shigeng.com

宝鸡宝石特种车辆有限责任公司

地址：陕西省宝鸡市高新大道 75 号
电话：0917-3388011
传真：0917-3388019-22
E-mail: bstc_shougui@163.com

河南中原总机厂石油设备有限公司

地址：河南省濮阳市华龙区大庆路 465 号
邮编：457001
电话：0393-5380059
传真：0393-4892525
网址：zpebmach.com

西安塞舍尔石油勘探仪器有限公司

地址：陕西省西安市西影路 53 号副 2 号
邮编：710054
电话：029-82224770
传真：029-82229504
E-mail: customer_support@xian-sercsl.com

西安维纳信息测控有限公司

地址：陕西省西安市雁翔路 99 号博源大厦 B402 室
邮编：710054
电话：029-83399535
传真：029-83399505
网址：www.winner18.com

重庆康明斯发动机有限公司

地址：重庆市沙坪坝区壮志路 1 号
邮编：400031
电话：023-65335888
传真：023-65315379
网址：www.cummins-cq.com

山东美陵中联环境工程有限公司

地址：山东省淄博市临淄区齐陵路 56 号
电话：0533-7086706 7086727
E-mail: meilingzhonglian@163.com
网址：www.sdmeiling.com.cn

公司主营：环境治理投资、设计、建设、运营管理；高浓度工业废水、有机废气治理（专有技术）。

上海瑞涵商贸有限公司

地址：上海青浦区赵巷镇崧泽公寓 15 号 504 室
电话：021-27762972 69751410
传真：021-69751410
E-mail: jacky@shruihan.com
网址：www.shruihan.com

公司主营：上海瑞涵商贸有限公司成立于 2005

年6月，是一家专业经营国际国内知名品牌焊接器材、起重机配件及配套材料的公司。产品涉及领域：石油石化、化工工程、船舶重工、电力建设、轨道机车、压力容器、集装箱、航空航天、工程机械、模具、压铸等领域。

北京声瑞高科贸有限公司

地址：北京市朝阳区北三环中路6号华亭嘉园D座3C 100029
电话：010-82844555
E-mail：honda@soundrey.com
网址：www.soundrey.com

公司主营：代理美国AFP公司全自动洗片机、日本本多公司HONDA超声波清洗机、液位计、换能器等产品。

北京声华兴业科技有限公司

地址：北京市朝阳区北三环中路6号华亭嘉园D座1B 100029
电话：010-82846705 82846706-618
E-mail：shf@soundwel.cn
网址：www.soundwel.cn

公司主营：自主研发数字式声发射系统、超声波探伤仪、超声波测厚仪、超声波液位计等产品。

深圳市联创环保节能设备有限公司

地址：广东省深圳市龙岗区布吉李朗大道29号联创科技园
邮编：518112
电话：0755-28244071
网址：www.zddg.com.cn

公司主营：公司研制开发的“油田抽油机高效节能设备”列入国家2006年火炬计划。

正丰石油化工技术装备有限公司

地址：甘肃省兰州市七里河区安西路622号亚太西苑6层
电话：0931-2353245
传真：0931-2320733
E-mail：zhengfeng101@vip.163.com

公司简介：亚洲领先和最大的螺旋焊接网孔管制造商。

烟台冰轮集团有限公司

地址：山东省烟台市芝罘区西山路80号
邮编：264000
电话：0536-6697122 6269158
传真：0536-6647784
网址：www.yantaimoon.com

公司主营：单击双机螺杆式冷压缩机、新型高效螺杆式制冷压缩机用以石油、天然气为原料的化工生产过程中的气体增压、输送和气体液化分离提纯等工艺降温。

嘉利特荏原泵业有限公司

地址：浙江省瑞安市北工业园区
电话：0577-65322260
传真：0577-65322257
网址：www.ebaragreat.com

公司简介：是目前中国大型的石化工业泵专业生产厂之一。

贺尔碧格上海有限公司

地址：上海漕河泾新兴技术开发区贺阈路39号
电话：021-64850855
传真：021-64850958
网址：www.hoerbiger.com

公司主营：高节能性的气量无级调节产品。

上海特耐防腐设备有限公司

地址：上海市嘉好路700号
电话：021-69170677 66958934
传真：021-69170661
网址：www.tenai.net

公司简介：公司为专业生产各类防腐产品企业，能满足各种形式的管道配置，可提供成套防腐设备。

广东省广州石油机械厂

地址：广东省广州市番禺区沙湾镇大巷涌路107号
电话：020-84738727 84737193
传真：020-84731766 34735730
网址：www.gzdongsu.cn

公司简介：是国内比较早的专业生产地面防喷器控制装置的厂家之一。

沈阳佳益油雾技术有限公司

地址：辽宁省沈阳市和平区三好街79号A1005

电话：024-23849180
传真：024-23847210
E-mail：jiayi23842082@163.com
网址：www.syjiayi.com
主要产品：油雾润滑设备。

江苏长江石油化工有限公司

地址：江苏省太仓港港口开发区石化工业区
电话：0512-53645771
传真：0512-53645994
网址：www.yzpc.com.cn
公司主营：液体石油化工产品仓储中转业务，并为周边生产企业提供液体石油化工产品的码头通过服务。

沈阳鼓风机集团有限公司

地址：辽宁省沈阳市经济技术开发区开发大路16号
电话：024-25800200
网址：www.shengu.com.cn
主要产品：离心压缩机、离心鼓风机、活塞式压缩机和离心泵。

苏州纽威阀门有限公司

地址：江苏省苏州市高新区湘江路999号
电话：0512-66651365
传真：0512-66651390
网址：www.neway.com.cn
主要产品：生产美标和国标阀门为主，主要用于石油、化工、电站、船舶和其他工业用管道。

四川宏华石油设备有限公司

地址：四川省广汉市中山大道南二段
电话：0838-5152023
传真：0838-5104035
网址：www.hhcp.com.cn
公司简介：专业生产从事石油钻采设备研究、设计、制造、成套和服务的企业。

天华化工机械及自动化研究设计院

地址：甘肃省兰州市西固区合水北路3号
电话：0931-7310658
传真：0931-7301459
网址：www.thpipe.com
公司简介：国内从事工业与民用管道防腐及保温技术研究开发的专业单位。

天津立林机械集团有限公司

地址：天津市津南区葛沽立林工业园
电话：022-28696968
传真：022-28697891
网址：www.lilingroup.com
公司简介：是生产螺杆钻具、牙轮钻头等设备工具的大型企业。

任丘市京开管道配件制造有限公司

地址：河北省任丘市燕山中道
电话：0317-2223360
传真：0317-2232006
网址：www.rqjkwz.com.cn
公司简介：是专业生产压力管道元件、高强紧固件、石油化工配件、钢结构配件、石化用套管绝缘支架的科技型企业。

上海锐迈五金有限公司

地址：上海市闵行区都会路
电话：021-34304280
传真：021-34304003
网址：www.roc-master.com
公司简介：是专业的锻造法兰和法兰螺栓生产商及供应商。

中交天津港湾工程研究院有限公司防腐技术研究所

地址：天津市河西区
电话：022-28341204
传真：022-28176143
网址：www.tpei.cn
公司主营：油罐和地下管道的防腐及防腐涂料的研制与施工。

唐山松下产业机器有限公司

地址：河北省唐山高新技术产业园区庆南道9号
电话：0315-3206060 3206066
传真：0315-3206018 3206018
网址：www.pwst.panasonic.cn
公司主营：为中国能源工程建设量身定做的精品机型。

广立重钢

地址：浙江省绍兴袍江工业区康宁路
电话：0575-8813858
传真：0575-88131305
网址：www..zjglgg.com.cn

主要产品：石化和电力设备主框架、桥梁结构、重型工业厂房、高层建筑结构。

浙江省永嘉振华机械厂

地址：浙江省温州上塘下堡工业区
电话：0577-67253963
传真：0577-67265629
网址：www.zhenhua-machine.com

主要产品：带泄漏量自动定量检测系统－智能式阀门测试机。

沈阳飞研航空设备有限公司

地址：辽宁省沈阳市于洪区白山路149-8号
邮编：110034
电话：024-89289289 89289389
传真：024-89289288
网址：www.fffyyy.cn

主要产品：管道、储罐施工设备及抢修设备。

天津扬奇机电技术开发有限公司

地址：天津市南开区南开工业园昌平道7号内4号楼首层
电话：022-89880978
传真：022-27634097

主要产品：管道内防腐专用设备。

上海前山管道技术有限公司

地址：上海市奉贤区齐贤工业园区锦墩路15号
电话：021-57574032
传真：021-57574023
网址：www.qiansh.com

公司简介：前山管道是管道预制设备制造专家。

保一集团有限公司

地址：浙江省温州市瓯北三桥工业区
邮编：325105
电话：0577-67986666
传真：0577-67986667
E-mail: baoyi@baoyi.com
网址：www.baoyi.com

公司主营：产品适用于各种石油、化工、天然气等管道上，用于控制介质的流动方向、调节压力、压力保护等功能。

重庆市正华钻采设备有限公司

地址：重庆市北碚区复兴镇
电话：023-68238088
传真：023-68236988
网址：www.cqzhenghua.com

公司简介：专业从事油气田钻采设备、工具研发设计、制造和服务的厂家。

陕西微浪进出口有限公司

地址：陕西省西安市唐延路35号旺座现代城b座17层
电话：029-88331700
传真：029-88331358
网址：www.welong-oiltools.com

主营业务：石油钻具、油套管、石油机械的制造和销售。

河南省洛阳市文昌石油化工厂

地址：河南省偃师市高龙镇
邮编：471000
电话：13939936136
网址：www.changren.net/ent-1482359.html

北京凌天世纪自动化技术有限公司

地址：北京市海淀区清河西街71号44号楼嘉和楼204
邮编：100085
电话：010-86577368
传真：010-68966019
网址：www.changren.net/ent-1588510.html

河北中泊防爆工具集团

地址：河北省泊头市河东大街12号
邮编：062150
电话：0317-8185783
传真：0317-8293899
网址：www.safetytools.com.cn

深圳泰顺化工油品商贸公司

地址：广东省深圳市南山区蛇口工业区南康路
邮编：518000
电话：0755-89808057
传真：0755-89808057
网址：www.changren.net/ent-1655976.html

台州市德曼压缩机销售有限公司

地址：浙江省临海市崇和路122号
邮编：317000
电话：0576-85119622
传真：0576-85119692
网址：www.1j79.cn

上海在高阀门有限公司

地址：上海市闵行区莘朱路
邮编：210000
电话：021-51873926
传真：021-51873926
网址：www.51873926.com

常州风特安泵业有限公司

地址：江苏省常州市武进卢家巷卢政街2号
邮编：213168
电话：0519-86356115
传真：0519-86358115
网址：fentea.cn.china.cn

宁波宝仕达机械设备有限公司

地址：浙江省宁波鄞州区天童北路1317号
邮编：315100
电话：0574-27780888
传真：0574-27780917
网址：www.ballstar.com.cn

淄博博山邀兔油泵厂

地址：山东省淄博市博山区北博山镇
邮编：255200
电话：0533-4548288
网址：www.changren.net/ent-1654686.html

德国普罗名特流体控制（中国）有限公司

地址：辽宁省大连经济技术开区辽河西三路14号
邮编：116600
电话：0411-7315738
传真：0411-7315730
E-mail：info@prominent.com.cn
网址：www.prominent.cn

上海杜科泵业有限公司

地址：上海市松江区洞泾镇洞泾工业区洞凯路505号
邮编：201619
电话：021-67679390
传真：021-67679396
E-mail：sl@doochpump.com.cn
网址：www.doochpump.com.cn

上海正茂阀门有限公司

地址：上海市江宁路1251弄3号
邮编：200060
电话：021-62771673
传真：021-62278776
E-mail：sale@zm-v.com
网址：www.zm-v.com

浙江永久科技实业有限公司

地址：浙江省瑞安市5501信箱
邮编：325200
电话：0577-65663844
传真：0577-65664570
E-mail：yongjiu@chinayongjiu.com
网址：www.chinayongjiu.com

天津市天工工程机械有限公司

地址：天津市华苑产业区海泰南北大街5号
邮编：300180
电话：022-58396192
传真：022-58396192
E-mail：hongxiao88@eyou.com
网址：www.tgem.com.cn

射阳县赛福探伤设备制造有限公司

地址：江苏省射阳县合德工业集中区大兴路3号
邮编：224300
电话：0515-82393000
传真：0515-82381066
网址：www.dzsb.com

上海亚州泵业制造有限公司

地址：上海市江宁路1306弄7号富丽大厦1508室
邮编：200060
电话：021-62991911 52892819
传真：021-52521168

上海梅香仪器有限公司

地址：上海市杨浦区延吉西路凤城三村98-503号
邮编：200093
电话：021-65039821 82385948
传真：021-65039821
网址：www.shmxyq.cn

盐城新旺阀门制造厂

地址：江苏省阜宁县阜城镇东风北路569号
邮编：224400
电话：0515-87381561
传真：0515-87739373
网址：www.ycxwfy.cn

石家庄兰宇科技有限公司

地址：河北省石家庄市泰华街310号北楼
邮编：050071
电话：0311-87826776 87063660
传真：0311-87063660
网址：www.lanyukeji.com.cn

广州市科达威企业有限公司

地址：广东省广州市天河北路天润路祥兴大厦A806
邮编：510635
电话：020-38492861 38492863
传真：020-38492860
网址：www.gzkindway.com

北京市北方思源电子技术中心

地址：北京市海淀区大柳树路17号富海中心4号楼105室
邮编：100081
电话：010-62123258 62123259
传真：010-62123259
网址：www.buy17.com

湖南长沙长兴高教仪器设备开发有限公司

地址：湖南省长沙市新中路口他城时代A920室
邮编：410007
电话：0731-5526366
传真：0731-2294026
网址：cxgjyq.b2b.hc360.com

南京润宇分析仪器制造有限公司

地址：江苏省南京市高淳双塔工业园
邮编：211300
电话：025-57889018
传真：025-57889028
网址：www.jsrunyu.com

南京久测仪器技术有限公司

地址：江苏省南京市和燕路7号燕语华庭商务广场314室
邮编：210037
电话：025-85692932 85692932
传真：025-86971700
网址：www.nj5117.com

大连苏尔寿泵及压缩机有限公司

地址：辽宁省大连市沙河口区春光街98号
邮码：116022
电话：0411-87581888

公司主营：大连苏尔寿泵及压缩机有限公司是瑞士苏尔寿泵业有限公司在中国的独资子公司，全权负责苏尔寿泵在中国区的生产、销售和服务。公司的核心市场领域包括石油及天然气、化工、电力、核电、给排水、海水淡化、纸业、食品、冶金、化肥、烟气脱硫等。

浙江天德泵业有限公司

地址：浙江省苍南县灵溪镇工业路4号B幢
电话：0577-64838179 64838252
传真：0577-64838178
E-mail：zjtdby@vip.163.com

山东龙兴化工机械集团

地址：山东省莱州市路旺镇
邮编：261432
电话：0535-2348158 2342538

主要产品：各种系列的化工研磨设备、分散搅拌设备、乳化反应设备、导热油炉、捏合机、混合机以及涂料、油漆、农药、医药、食品、洗涤化妆品、干粉砂浆等成套化工设备。

中能环康科技（北京）有限公司

地址：北京海淀区体院西路甲 2 号 10 号楼 A101
电话：010-51288432

经营范围：研制开发生产销售加油站、油库和炼油厂化工厂等地使用的油气（尾气）回收处理装置和系统。

山东天成阀门制造有限公司

地址：山东省潍坊市长松南路 3588 号
电话：0536-8901398 8903359
传真：0536-8907016
E-mail：tiancheng@tianchengvalve.com
网址：www.tianchengvalve.com

武汉嘉铭激光有限公司

地址：湖北省武汉市东湖新技术开发区华师园北路 16 号
邮编：430223
电话：027-87925586
传真：027-87925600
E-mail：zwb@gemming.cn
网址：www.gemminglaser.com

乐清市宏丰石化机械有限公司

地址：浙江省乐清市宁康西路 341 号 2 楼
邮编：325600
电话：0577-62510556 62519939
传真：0577-62519967

主要产品：阀门气动执行器、齿轮泵、注油器、润滑油滤油脱水机、搅拌装置。

天津市润通石油设备有限公司

地址：天津市津南经济技术开发区双港工业园发港路南端
邮编：300350
电话：022-8882365
传真：022-88823327
网址：www.tjruntong.com

黄石山力大通热工设备有限公司

地址：湖北省黄石市团城山开发区广州路 2 号
邮编：435003
电话：0714-6368466
传真：0714-6368467
E-mail：market@hssldt.com
网址：www.hssldt.com

淄博万昌化工设备有限公司

地址：山东省淄博市临淄区皇城镇东路 1 号
邮编：255424
电话：0533-7883598
传真：0533-7885222
网址：www.wanchangcn.com

业务范围：主要从事一、二、三类压力容器的设计与制造，产品共分 8 大系列，100 多个品种，十几项产品获得国家专利，并获得 ISO9000/14000/18000 质量、环境、职业健康安全三体系认证，公司主要生产压力容器、塔、釜、各种材质换热器、碳钢渗铝换热器、碳钢渗铝管束、碳钢渗铝规格填料及散装填料、碳钢渗铝塔盘、石化配件等系列产品。

沈阳鑫联石化设备有限公司

地址：辽宁省沈阳市道义经济开发区京沈西一街 1-1 号
电话：024-89738367 89738368
传真：024-89738366 89738365
E-mail：syxl@syxl.cn
网址：www.syxl.cn

江苏中圣高科技产业有限公司

地址：江苏省南京市江宁科学园诚信大道 2111 号
邮编：211112
电话：025-52169777
传真：025-52169700
E-mail：sales@sunpower.com.cn
网址：www.sunpower.com.cn

上海神开石油化工装备股份有限公司

地址：上海市浦星路 1769 号
电话：021-54332841 54332843
传真：021-54336696
邮编：201114

青岛澳波环保科技有限责任公司

地址：山东省青岛市经济技术开发区丹江路 15 号
电话：0532086721363
传真：0532-86721964
E-mail：aoboep@sohu.com
网址：www.ocep.com

公司主营：公司是一家专业致力于研发、生产和销售“环境友好型”吸油材料的高新科技公司。公司提供的主要产品有：防污应急箱、防静电吸油棉、吸油毡、吸油枕、吸油围栏、吸油袜等。这些产品用于防治陆地和水面（含水面交通工具）的溢油和清除各种油污及多种液体油性化学品；同时公司还为第三方（如其他环保企业、机加企业等）提供专业服务。

山东长青石油液压机械有限公司

地址：山东省青州市青州南路 4158 号
电话：0536-3530889
传真：0536-3530079
E-mail：zgcqjx@hotmail.com
网址：www.zgcqjx.com

松原大多油田配套产业有限公司

地址：吉林省松原经济技术开发区镜湖北路 299 号
电话：0438-2164333
传真：0438-2168333
E-mail：sydaduo@163.com
网址：www.sydaduo.com

公司简介：公司是从事油田配套产品生产的专业企业，是吉林省高新技术企业，松原市重点招商引资企业。公司占地面积 14 万平方米，下设钢管防腐厂、抽油杆厂、油管套管厂、抽油泵厂和松原大多石油化工有限公司。公司于 2006 年通过 ISO9001：2000 国际质量管理体系认证，并已成为中国石油能源一号网网络会员单位。公司拥有国内先进的年产 300 万米抽油杆生产线和年产 3 万吨油管、套管生产线；拥有年产 5000 台抽油泵、5000 吨石油助剂生产线。特别是拥有自主知识产权的年产 2 万吨陶瓷内衬复合油管生产线，生产的陶瓷内衬复合油管具有国际领先水平。

广东省南海石化仪表厂

地址：广东省佛山市南海区桂城简平路一号天佑创富大厦 9 楼
邮编：528200
电话：0757-86773786 86776305
传真：0757-86762698
E-mail：gd_ny@163.com
网址：www.ny268.com

主要产品：涡街流量计电磁流量计涡轮流量计孔板流量计、V 形锥流量计阿纽巴流量计、流量定量控制仪通用流量显示仪、无纸记录仪差压变送器压力变送器液位变送器、环境远程在线监控系统自动监测记录仪、PH/ORP 测量仪、COD 在线自动监测仪、潜水式流量计、超声波明渠流量计、明渠流量堰槽 SO_2 气体变送器、远程视频监控器。

北京华德广研密封件有限公司

地址：北京市海淀区建材城东路 10 号
电话：010-82931070
传真：010-82921695

主要产品：从事密封元件制造，密封系统开发与应用多年，产品广泛应用于石油钻井、测井、采油、仪器等领域，以稳定的质量和良好的服务，深受用户好评。产品概况：测斜仪扶正器系列、封隔器胶筒系列、脉冲发生器胶杯系列、井下电机橡胶轴承系列、各种材料的 O 形圈系列。

河南省新消消防安全设备有限公司

地址：河南省新乡市凤泉区新路路 119 号
邮编：453011
电话：0373-3098482 3091802
传真：0373-3090275
E-mail：xinxiaoxiaofang@126.com
网址：www.zgxxa.com

主营产品：平衡压力式泡沫比例混合装置；压力式泡沫比例混合装置；工程用柴油机消防泵组；工程用电动机消防泵组；空气泡沫产生器；消防水炮；消防泡沫－水两用炮；消防增压稳压给水设备、半固定式泡沫灭火装置。

上海材料研究所

地址：上海市邯郸路 99 号
电话：021-655330300
传真：021-55541225

浙江三方集团有限公司

地址：浙江省富阳市金秋大道 41 号
邮编：311400

电话：0571-6336825563367411
E-mail：service@zjsanfang.com
网址：www.zjsanfang.com

南阳二机石油装备集团有限公司

地址：河南省南阳市中州西路869号
电话：0377-63577535
传真：0377-63577535
网址：www.ejpetro.com

公司简介：是我国研制石油钻井装备的骨干企业。

黑龙江北方双佳钻采机具有限责任公司

地址：黑龙江省牡丹江市西三条路8号
邮编：157003
E-mail：postmaster@sj-drilling.com
网址：www.sj-drilling.com

主要产品：钻柱工具、震击解卡工具、顶驱钻井工具、打捞工具、防喷工具、固井工具、扩孔工具、定向井工具、磨铣工具、井口工具及事故处理工具等十余个产品系列。

高邮市华兴石油机械制造有限公司

地址：江苏省高邮市经济开发区凌波路68号
邮编：225600
电话：0514-84642542
传真：0514-84640290
E-mail：gyhx@mechhx.com
网址：www.mechhx.com

北京埃彼咨石化科技有限公司

地址：北京市朝阳区拂林路9号A-802
邮编：100107
电话：010-84945075
传真：010-84945091
网址：www.apcpipeline.com

欧美大地仪器设备中国有限公司

地址：广东省广州市广仁路1号广仁大厦16层
邮编：510030
电话：020-83361533
传真：020-83362080
E-mail：epcgz@epc.com.hk
网址：www.epc.com.hk

主要产品：RG测井仪、井下成像和摄像系统、各种探测探头等。

天津南华劳保皮件有限公司

地址：天津市东丽区程林庄工业区
电话：022-2478538224785381
E-mail：tjnhlbtrade@yahoo.com
网址：www.tjnhlb.com

公司简介：专业生产安全带、安全网等防护产品的合资企业。产品注册商标为“建设牌”，产品质量责任保险由中国平安财产保险公司提供。公司现拥有员工100人，主要生产设备110台，检验检测设备可覆盖原材料购进检验、半成品和成品生产过程检验的全部项目。

海南盛之业高新技术有限公司

地址：海南省海口市港澳工业区兴业路21号
邮编：570314
电话：0898-68664042
传真：0898-68645174
E-mail：hnszy@vip.163.com
网址：www.zshhnjz.com

公司主营：生产和销售瓶级聚酯切片（PET），包括水瓶片、油瓶片、热灌装瓶片和碳酸饮料瓶片，并能制造其他专用的包装材料。

荆州市元泽石油设备有限公司

地址：湖北省荆州市沙市区沙市农场育才路东
电话：0716-8352666
传真：0716-8352665
E-mail：yzkj168@vip.sohu.com

公司主营：公司产品主要应用领域是石油钻、修井作业的生产安全的监测、报警与控制。

上海弗鲁克流体机械制造有限公司

地址：上海市恒丰路600号16楼B座
电话：021-63178096

产品功能：分散、均质、乳化、混合。

内蒙古北方重工业集团有限公司特种机械厂

电话：0472-3385683
传真：04723384142
E-mail：tezhongjixie@yahoo.com

主营产品：石油钻具系列钻铤、整体加重钻杆、石油套管。

广州华侨减振器有限公司

地址：广东省广州市东风西路120号
电话：020-81087302 81083908
传真：020-88901008
邮编：510170
E-mail: hq228@163.com
网址：www.hq123.com

主营产品：减振器系列：阻尼钢弹簧减振器、弹簧支吊架、橡胶减振器、橡胶挠性接管；补偿器系列：不锈钢波纹补偿器、金属软管、非金属补偿器、高温防火软连接、聚四氟乙烯补偿器。

北京美华博大环境工程有限公司

地址：北京市东城区安外大街丙88号中路大厦
邮编：100011
电话：010-65133856

公司简介：公司由Puresino International Ltd.（瑞华国际投资有限公司）和北京城乡建设集团合资组建，在水和环境工程领域为客户提供咨询、规划、设计、采购、建造、安装、调试、投融资及运营管理的一体化优质服务，是中国领先的水和环境工程总承包商和运营商。

焦作盛世达轻合金技术有限公司

地址：河南省焦作市武陟工业园区工业路156号
电话：0391-7268278
传真：0391-7268218
网址：www.jzssd.com

公司简介：公司（原焦作海孚防腐科技开发有限公司）重点从事轻金属合金的精炼、铸造和新型加工技术的开发以及相关新产品的研发、生产和销售。目前产品已有五大系列：压铸用镁合金系列、镁合金牺牲阳极系列、铝合金牺牲阳极系列、锌合金牺牲阳极系列和变形镁合金用半连续铸造坯料系列及阴极保护配套产品等十几个品种和上百种规格。公司拥有先进的生产设备和精密的检测仪器。公司的产品主要应用于三大领域：压铸用镁合金领域、阴极保护技术应用领域和变形镁合金半连续铸造领域。

霸州市海鸥滤芯厂

地址：河北省霸州市南孟镇王村
邮编：065700
电话：0316-7281034
传真：0316-7281034
E-mail: bzhwsh@163.com
网址：www.bzhaiou.cn

营口艾美斯石油化工有限公司

地址：辽宁省营口市西市区镜湖西路
邮编：115003
电话：0417-4820877
传真：0417-2151699

公司简介：公司是美国艾美斯集团公司在中国设立的中美合资企业，是从事润滑油生产、定牌加工、商贸、储运的专业公司，是美国“艾美斯宝路”品牌和“美路”品牌润滑油在中国授权分装及加工销售基地。公司主要业务为：生产销售车用润滑油、工业用油、润滑脂、金属切削油、防冻液、刹车油、各种添加剂及特殊产品。

万新石油化工有限公司

地址：广东省广州市黄埔区南岗镇
电话：020-61136516
传真：020-62351032
网址：www.elube.cn

中海壳牌石油化工有限公司

地址：广东省惠州市大亚湾石油化学工业区
邮编：516086
电话：0752-3682228
传真：0752-3681188
E-mail: webmaster@cnoocshell.com

宝鸡嘉诚石油化工机械有限公司

地址：陕西省宝鸡市大庆路中段
邮编：721001
电话：0917-3420459 8884775
传真：0917-3420458 3421465
E-mail: xhhgkj@baoshihua.com
网址：www.baoshihua.com

公司简介：宝鸡嘉诚石油化工机械有限公司（原宝鸡石油化工机械设备制造厂）始建于1986年，是以制造销售石油钻采设备及配件，非开挖性水平定向穿越钻机及其配件的研制、开发、生产为一体的股份制公司。

安徽新源石油化工技术开发有限公司

地址：安徽省安庆市经济技术开发区天柱山路12号
邮编：246005
电话：0556-5349809 5370196
传真：0556-5349866
E-mail:ahxyshgs@mail.hf.ah.cn

北京燕通石油化工有限公司

地址：北京市通州区云景南大街134号
邮编：101121
电话：010-81529128 81529108 81579199
传真：010-81529896
E-mail：bjyt81529108@yahoo.com.cn
网址：www.bjytsh.com

公司简介： 北京燕通石油化工有限公司是由富有多年研究生产经验的专家、学者、工程技术人员组成。主要从事特种用油、特种溶剂等新型石油化工产品的研制、开发、生产、营销，是集科、工、贸为一体的经济实体，具备跨地区、跨行业、跨部门、联合开发的业务能力。

隆亿集团

地址：辽宁省辽阳市宏伟区西环路12号
邮编：113003
电话：0419-156082 5165333
传真：0419-5177299
E-mail：fs@longyi-group.com
网址：www.longyi-group.com

抚顺隆亿化工有限公司

地址：辽宁省抚顺市东洲区搭连街北龙凤路12号
邮编：113004
电话：0413-4630634 13470546088
传真：0413-4630631

抚顺市天赋化工制造有限公司

地址：辽宁省抚顺市东洲区搭连街北龙凤路12号
电话：13841307378 13898340473
传真：0413-4630631
E-mail：fslysyhggs@163.com
网址：www.longyi-group.com

辽阳隆源特种油业制造有限公司

地址：辽宁省辽阳市宏伟区西环路12/19号
邮编：111003
电话：0419-5154516
传真：0419-5151318

辽阳隆兴石油化工机械有限公司

地址：辽宁省辽阳市宏伟区西环路19号
邮编：113003
电话：13604190377

抚顺市化工油品研究所

地址：辽宁省抚顺市东洲区搭连街北龙凤路12号
邮编：113004
电话：0413-8245784
传真：0413-8245784

杭州新港石油化工有限公司

地址：浙江省建德市新安江望江路22号
电话：400-883-1518
邮编：311600

公司简介： 公司系中港合资企业，拥有先进的生产设备、完善的检测仪器和现代化标准厂房，并拥有专用铁路线。公司专业生产各种“薪港”牌高级脲基润滑脂、锂基润滑脂。2003年由日本乐邦油脂国际有限公司授权生产“乐邦”针织机油、热定型机油、高温链条油、工业齿轮油、防锈油、液压油等工业润滑油以及车用润滑剂。

莱芜力特石油化工有限公司

地址：山东省莱芜市凤城工业园
电话：0634-8859589
传真：0634-8859969
E-mail：lite@163169.net
网址：www.lite.net.cn

牡丹江首控石油化工有限公司

地址：黑龙江省牡丹江市爱民区大庆街85号
邮编：157009
电话：0453-6823341
传真：0453-6820513
E-mail：refnery@mail.hl.cn

公司简介： 公司始建于1975年9月，1977年10月试车，1978年投产。厂区占地面积28.5万平方米。现有职工800人，其中高级职称16人，中级职称49人，大专以上文化程度的193人。企业经济规模：按其他化学工业企业标准划分，1992年被定为国家大Ⅱ型企业，企业类型属石油化工。

洛阳轻捷石油化工有限公司

地址：河南省偃师市火神凹
电话：0379-67548005
E-mail：lyqj@lyqj.com
网址：www.lyqj.com

公司简介：洛阳轻捷石油化工有限公司始建于1986年，企业以“轻捷”为注册商标，是生产各种润滑油的专业企业，产品覆盖汽车用油、摩托车用油、工业用油、工程用油、机械用油、润滑脂、刹车油和不冻液等，年生产能力10万吨，是中国车用润滑油专业生产商之一。

洛阳市粤凯驾驶室制造有限公司

地址：河南省洛阳市工业园区经五路1号
电话：0379-62189001
传真：0379-62189002
E-mail：xkch8@126.com

公司简介：洛阳市粤凯驾驶室制造有限公司以生产冲压件、焊接合件部件、机械配件为主，生产与中国一拖集团下属一、二、三装配厂及中国国机集团有限公司、北方易初摩托车公司等相配套的各种冲压配件、焊接部件配件、机械配件，以及与石化设备企业配套的各种衬里金属结构件等共计200多个品种。

登封市蓝天石化光伏电力装备有限公司

地址：河南省郑州市君召乡大滹沱村
电话：0398-2285619
E-mail：smxxinde@vip.163.com
网址：www.zgltsh.com

泰州市百新波纹管厂

地址：兴化市东郊经济开发区
电话：0523-83432888
传真：0523-83300888
E-mail：bx@jsbaixin.com
网址：www.jsbaixin.com

公司简介：江苏泰州市百新波纹管厂是在原宏大石化机械有限公司基础上新组建的一家股份合作制企业，主要产品为各种规格的不锈钢金属软管、波纹膨胀节、管道件、标准件等化工机械配件。

吴桥春盈铸钢有限公司

地址：河北省吴桥县城南1公里104国道西
邮编：061800
电话：0317-7340155
传真：0317-7366698
网址：www.cyzg.net.cn

西克麦哈克（北京）仪器有限公司

地址：北京市海淀区温泉北清路160号75幢西侧
电话：010-62406092
传真：010-62406090
网址：www.sickmaihak-bj.com

洛阳高新柯恒石化技术有限公司

地址：河南省洛阳市高新开发区洛宜南路火炬园
邮编：471003
电话：0379-64315482
传真：0379-64314572

公司主营：LGH强化传热型燃烧器及CCK型重油催化裂化进料雾化喷嘴。

上海大川原干燥设备有限公司

地址：上海市斜土路768号致远大厦5楼E座
邮编：200023
电话：021-53028877
传真：021-53960405
E-mail：sales@ojn-sel.com
网址：www.ojn-sel.com

沧州中油固控设备有限公司

地址：河北省沧州市黄河路欣欣工业园B座
电话：0317-5638866 5638868
传真：0317-5679977
E-mail：cz-zk@vip.sohu.com
网址：www.czcnpc.net

海盐新世纪石化设备有限公司

地址：浙江省海盐县百步镇工业园
邮编：314312
电话：0573-86776735
传真：0573-86776985
E-mail：hywjd@126.com
网址：www.hgtl.com

主营产品：化工填料、塔内件、龟甲网、阻火蕊等。

启东市施耐德防爆电器有限公司

地址：江苏省启东市城北工业园区跃龙路12号
电话：0513-83630898
传真：0513-83630678
E-mail：snd@sndex.com
网址：www.sndex.com

北京燕昌石化制品有限公司

地址：北京市房山区燕山双泉路3号
邮编：102502
电话：010-69346919
传真：010-69346917

公司简介：公司是燕山石化改制企业，生产各种牌号工业白油，是中石化指定供应商。

希望森兰科技股份有限公司

地址：四川省成都市机场路181号
邮编：610225
电话：028-85960127
传真：028-85962488
E-mail：markd@chinavvvf.com
网址：www.chinavvvf.com

公司简介：公司是一家致力于变频技术的研发及相关产品的设计、开发、生产、销售和服务的国家重点高新技术企业，是国内最早开始从事变频技术研究的企业之一，是中国最大的变频器研发制造基地之一，是变频器行业首批“中国名牌”称号获得者。

北京澳尔金石油技术开发有限公司

地址：北京市朝阳区北苑路172号欧陆经典17号楼2402室
邮编：100101
E-mail：public@oilkinggroup.com
网址：www.oilkinggroup.com

北京中建建筑科学研究院有限公司建筑新技术公司

地址：北京市丰台区南苑新华路1号
邮编：100076
电话：010-67996033
传真：010-67996033
E-mail：xxx0504@sohu.com
网址：www.jz2000.com

公司简介：公司是国家认定的“企业技术中心”、“高新技术企业”。主营：国家科技成果重点推广项目、国家专利、建筑10项新技术的“SQD型松卡式千斤顶及配套设备”是专用于各种金属储罐倒装液压提升（平移、顶升）的成套设备（技术）。

福建省南岳润滑油有限公司

地址：福建省南安市
电话：0595-86891259
传真：0595-86891759
网址：nyrhy.wanye68.com

实华饭店

地址：北京市朝阳区北三环东路西坝河东里14号
总机：010-64665522
销售部：010-64631438
前台：010-64665522转2111 2121
传真：010-64631435

公司简介：实华饭店隶属中国石油化工集团公司机关服务中心，地处朝阳区北三环东路，三元西桥北侧，紧邻中国国际展览中心，距中国石化总部新办公大楼6.7公里，距首都机场仅需20分钟车程，距北京站8.5公里，交通便利，环境舒适。是一个集餐饮、住宿、办公、会议、商务、娱乐为一体的三星级涉外饭店。

店内拥有不同类型客房136套，有大小不同会议室5个，可容纳250人同时开会。

湖北省松滋市龙海化工有限公司

地址：湖北省松滋市刘家场镇龙潭路2号
邮编：434217
电话：0716-6512861 6515002
传真：0716-6518765

主营产品：主要生产设备40台套，主要生产经营石油钻井化工助剂降滤失剂、增粘剂、降粘剂、页岩抑制剂、堵漏剂、润滑剂和加重材料等二十几种产品，涵盖了包被、抑制、改善流动性、防塌、降滤失、改善泥饼质量、润滑、防塌堵漏、加重等功能，适用石油钻井和穿越钻井施工中各类钻井液配制和维护。

天津大港油田科远石油工程有限责任公司

地址：天津市大港区海滨街道

邮编：300280

电话：022-25975772 25923770

传真：022-25923770-11

E-mail: zq17196@163.com.cn

网站：www.petrolky.com.cn

公司简介：天津大港油田科远石油工程有限责任公司（简称科远公司）前身为大港油田设计院科研所。2002年改制为股份公司，主要从事油田助剂的研发与销售（海上平台及陆上油田用的多种油水处理剂），公司拥有原油集输系统不停产高效除砂及洗砂技术、油田外排污水生化处理技术、单井原油不加热开采与集输技术、高凝高粘原油不加热开采技术、油田含油污泥焦化处理技术、钻井井下废弃液治理技术、管线及设施防腐技术、地下障碍物探测技术、管道储罐及压力容器检漏防腐技术、单井油气水分离计量装置等多项专利和专有技术。

江汉石油高级技工学校

地址：湖北省潜江市江汉油田五七大道

电话：0728-6574164

传真：0728-6574046

E-mail: xqh68126@163.com

网址：www.jhsyjx.com

公司简介：江汉石油高级技工学校隶属国有特大型企业中国石化集团。学校创建于1978年，是经原国家劳动部、计委第一批批准设立的国家级重点高级技工学校，国家示范性中职学校。拥有中石化高级技师培训示范基地、湖北省高技能人才培训示范基地、全国现代制造技术数控工艺员职业技能培训点等培训资质。并与新疆通奥石油公司、长庆油田、塔里木油田、江汉油田等三十多家用人单位建立了长期、稳定的用工合作关系。

天津市津宝石油设备新技术开发有限公司

地址：天津市河西区黑牛城道与紫金山路交口澳隆花园

邮编：300061

电话：022-88292990

传真：022-88292990

E-mail: jinbao@jinbaotj.cn

网址：www.jinbaotj.cn

公司简介：公司是一家专业从事导静电技术及物流输送设备并集研发、设计、制造、销售和服务于一体的新兴高新技术企业。自1998年成立以来，始终坚持“以人为本、质量为先、顾客至上、追求卓越”的经营理念。津宝公司将以其丰富的经验，随时为客户找出适当的解决之道。

山东惠工仪器有限公司

地址：山东省淄博市高新区政通路135号创业园E座4楼

电话：0533-3163227

传真：0533-3187339

E-mail: huigong@huigongyq.com

网址：www.huigong.com

公司简介：公司位于山东淄博，成立于1998年，隶属于山东省科委，是研制开发生产销售分析仪器的专业厂家。

玉环县楚门密封件厂

地址：浙江省玉环县芦蒲镇医药包装工业园区

邮编：317608

电话：0576-81716188 81716189

传真：0576-87411279

公司简介：创建于1976年的玉环县楚门密封件厂是各种静密封垫的专业生产厂家，现占地面积12200 m²，建筑面积8300 m²。主要产品有：金属包复垫、缠绕垫、波纹包垫、金属环垫（椭圆、八角）、齿形垫、波齿复合垫、高强垫及非金属垫等。主要服务于石油、化工、冶金等行业。已出口到台湾、欧洲等地。现已通过ISO9001:2000认证及生产许可证书。

中国石油天然气运输公司华南分公司

地址：广东省广州市珠江新城华利路1号新大厦国际公寓2座30C

邮编：510620

电话：020-61277926

传真：020-61277935

网址：hnpsgs@cnpc.com.cn

公司简介：中国石油天然气运输公司华南分公司成立于2005年，具有国家一级道路货运企业、危险货物道路运输、涉外运输资质和一级危险品运输车辆修理资质。目前，各项工作取得了新进展和重大突破，荣获了广州市“道路运输行业2008年度安全生产先进单位”、“2008年度广东省诚信示范企业”的称号。经营范围：危险货物运输（道路运输经营许可证等)；汽车修理、石化产品仓储等服务。

中国石油天然气第六建设公司

地址：广西省桂林市空明西路7号
邮编：541004
电话：0773-5885566 5885599
传真：0773-5884421
E-mail：bgs@cp6cc.com.cn

公司简介：公司是中国石油所属的大型骨干施工企业，成立于1968年，总部位于山水甲天下的桂林市。现有员工4500余人，其中经营管理和工程技术人员1100人，中高级职称以上518人，建造师215人，取得国际项目管理资格证29人。企业资产13亿元，年施工能力40亿元以上。公司是国家大型化工石油工程施工总承包一级企业，具备化工石油设备管道安装、机电设备安装、管道工程专业承包一级等多项资质。具有建设现代化大中型石油石化项目的总承包能力。通过了ISO9000质量管理体系认证和ISO14001、GB/T28001、HSE管理体系认证；拥有Ⅰ级锅炉安装、压力管道安装及一、二、三类压力容器设计制造安装和大型钢结构制造等专业施工许可证；取得了海洋石油工程专业承包二级资质和对外承包工程经营资格。

北京普安科技有限公司

地址：北京市石景山区晋元庄路5号北方工业大学教学实习楼
邮编：100041
电话：010-68875555
传真：010-88803800
E-mail：puan@china.com

公司主营：公司生产销售工业电视监控产品，主要产品为防爆云台、防爆护罩及特殊环境防护罩和防爆红外灯等。

北京普安科技有限公司成都办

地址：成都市致民路34号凯莱国际1-2-1904
邮编：610021
电话：028-85483527
传真：028-85483527
E-mail：heshouxia@bjpuan.com.cn

北京普安科技有限公司东北办事处

地址：沈阳市和平区三好街五里河城C3-604
电话：024-31888572
传真：024-31888573
E-mail：hexin@bjpuan.com.cn

北京普安科技有限公司杭州办

地址：杭州市上塘路1号
邮编：310014
电话：0571-85262537
传真：0571-85262539
E-mail：wangtao@bjpuan.com.cn

深圳市弗赛特检测设备有限公司

地址：深圳市宝安区西乡西部开发区九华科技园1栋5楼A单元
电话：0755-26736076 26736086 26736091
传真：0755-26406227 26736097
网址：www.sz-fst.com

公司简介：FST公司集科研、生产、销售为一体，建立了油气井口的检测与控制设备的技术研发中心，主要生产井口控制盘和油田试压装置等主导产品，均执行API标准。FST产品市场占有率在全国同行业中保持领先地位，并出口欧洲、美洲、亚洲、非洲等多个国家。FST并于2007年成为美国FMC公司的全球指定配套商。公司先后通ISO9001:2000质量管理体系和HSE安全环保认证，并取得多项国家专利。

西安石油大学

地址：陕西省西安市电子二路东段18号
邮编：710065
党政办：029-88382261
招生办公室：029-88382310
网址：www.xapi.edu.cn

公司简介：创建于1951年，是西北地区惟一一所以石油石化为特色的多科性普通高等学校。学校位于西安高新技术产业开发区。学校面向全国31个省、自治区、直辖市招生，现有在校研究生、本科生1.6万余人，外国留学生200余人。建校以来，累计培养各类毕业生近10万人。

目前，学校正以“质量立校、特色兴校、人才强校、学科荣校”的办学理念，向着以工为主，多学科协调发展，特色鲜明的高水平教学研究型大学的目标迈进。

茂名学院

地址：广东省茂名市官渡二路139号
邮编：525000
电话：0668-2923508 2981099

传真：0668-2923508 2981099

E-mail：mmczsb@163.com

网址：www.mmc.edu.cn

公司简介：茂名学院地处南方海滨城市广东省茂名市。学校前身原广东石油化工高等专科学校，1954年创建于广州，1965年由广州迁至茂名。1998年1月，学校由中国石化所属划转为广东省所属。2000年3月，茂名学院由原广东石油化工高等专科学校和茂名教育学院合并组建，为广东省属本科院校。学校现有化工与环境工程学院、化学与生命科学学院、机电工程学院、计算机与电子信息学院等10个二级学院和艺术系、思想政治理论课教学部等4个直属系（部），开办有工学、理学、管理学、经济学、教育学、文学、法学、历史学等8大学科门类，41个本科专业。目前有全日制在校生14900多人，其中在校本科生10000多人。学校现有教职工1054人，专任教师600多人。专任教师中，有教授、副教授230人；具有博士、硕士学位的教师共340人，还聘请中国工程院刘尚合院士、薛群基院士和中石化集团公司及其所属公司有关领导和专家等共40多名客座教授。

目前，全校师生正为把学校建设成为以工为主、石油化工特色鲜明、优势突出、在省内外具有一定影响和地位的教学型本科大学而努力奋斗。

天津凯德实业有限公司

地址：天津市空港物流加工区保税路350号

电话：022-24895688

传真：022-24896196

网址：www.tj-hitech.cn

公司简介：公司是国内最早开发、应用中空膜纤维制氮技术，制造生产膜分离氮气装备、气体压缩机、油田钻井、采油专用特种装备的制造企业之一，自主研发了可移动制氮车、气体增压注气车等用于油、气行业的气体装备并在中石油、中石化下属各油田企业推广使用，取得了很好的经济效益和社会效益。

迄今，凯德实业成为美国CAT、KW、Medal等公司的成撬商，同时和国际知名的压缩机制造商如Ariel、J-W等有良好的技术合作，并取得了ISO9001及API认证。

南化集团研究院

院址：江苏省南京市六合区大厂葛关路699号

邮编：210048

传真：025-57793747

院长办公室：025-57793747

科研设计管理部：025-57797136

技术经营部：025-57793377

市场营销部：025-57792787

生产技术部：025-57058275

计划财务部：025-57791772

硫酸研究所：025-57011486

催化研究所：025-57011042

气体净化研究所：025-57017249

仪表自动化所：025-57022518

标准监测所：025-57794667

物化检测中心：025-57012267

公用工程设计室：025-57041924

信息情报研究所：025-57795064

《气体净化》编辑部：025-57057410

辽宁洪江汇海防爆电器制造有限公司

地址：辽宁省海城经济开发区后力街297号

邮编：114200

电话：0412-3135123

传真：0412-3135234

E-mail：9999abc@163.com

网址：www.hjhhex.com

公司简介：公司位于环渤海经济圈内，辽宁中部经济隆起带上，是近来新创建的专业研制、开发、生产防爆灯具、防爆电器及路灯的高新技术企业。

公司拥有培训部、实验室和防爆灯具、防爆电器、防爆无极灯、厂用路灯等4个开发部及压铸、模具、机加、喷塑、装配、物流等6个分公司。

山东省淄博市临淄宝鑫石化配件厂

地址：山东省淄博市临淄区乙烯路6号

邮编：255400

电话：0533-7112361

传真：0533-7119988

E-mail：market@zbbx.cn

网址：www.zbbx.cn

河南神龙石油钻具有限公司

地址：河南省济源市科技工业园区

邮编：454650

电话：0391-6635039

传真：0391-6635036

E-mail: info@petrodrillingtools.com

网址: www.petrodrillingtools.com

公司简介：公司是一家专业生产石油钻具的中美合资企业，公司已通过美国API石油协会的认证并获得证书。公司主要产品有钻铤、加重钻杆、扶正器、方钻杆、无磁钻铤、无磁扶正器和无磁承压钻杆等，其中无磁产品是公司近年开发的高技术含量产品，其相对磁导率及机械性能远优于市场上的同类产品。公司产品畅销国内各油田，并远销北美、南美、欧洲及中东等地，深得客户好评。

北京菲斯罗克仪器科技有限公司

地址: 北京市朝阳区大屯路科学园南里西奥中心B1103

邮编: 100101

电话: 010-64851455

传真: 010-64871290

E-mail: wangqa@phase-lock.com.cn

网址: www.phase-lock.com.cn

公司简介：北京菲斯罗克仪器科技有限公司是一家专业从事光纤陀螺、惯性导航、光纤传感技术的研发、生产及销售的高新技术企业。

公司面向军队、国防、能源等领域，提供行业前沿应用的全方位解决方案。

公司产品：输油管道安全预警系统、光纤陀螺连续测斜仪、光纤周界振动传感报警系统、测井光缆等。

北京三兴惠生重型机械设备有限责任公司

地址: 北京市丰台区建国街一里三六零三工厂宿舍50幢

邮编: 100070

电话: 010-63785059

传真: 010-63711970

E-mail: bjsxzg@163.com

网址: www.bjsxhs.com

公司简介：公司依托北京三兴汽车有限公司研制开发油田专用车辆、钻井设备、抽油机等，并代理管道、流量仪表、加氢机、加气机、泵、阀门等油田专用设备，产品远销国内外，工程服务遍及中石油、中石化等油气田工程项目。

刻宝（上海）雕刻设备有限公司

地址: 上海市沪闵路3388号

邮编: 201108

电话: 021-51591828

传真: 021-51591823

E-mail: jnanty@cn.gravotech.com

网址: www.gravograph.cn

公司简介：专业生产雕刻和打标设备的法国刻宝公司，经过近60年的发展，已经成为世界上永久标识工业领域无可争辩头号品牌。

刻宝的产品系列涉及多种不同的生产技术，从机械雕刻机，打标机，各类激光打标设备，到专业的雕刻打标软件开发，刻宝为用户的特殊需要提供最佳解决方案。旗下的泰尼福打标机包括各种集成、便携、刻划及激光打标机，广泛应用于各类工业。在石油工业中，泰尼福的便携式打标机尤其适合管道和平面上的永久标识，打标深度即使在上漆后也清晰可辨，专业的铭牌打标机适合制作不锈钢、塑料等各种铭牌。

刻宝公司在全世界拥有二十多家全资子公司和遍布全球的销售网点。亚太地区总部设在中国上海，销售网络遍布中国主要城市。

任丘市京开管道配件制造有限公司

地址: 河北省任丘市经济技术开发区

邮编: 062550

电话: 0317-2276788

传真: 0317-2232006

E-mail: zhangpeimin_163@163.com

网址: www.rqjkwz.com.cn

温州合力自动化仪表有限公司

地址: 浙江省温州市北白象镇龙湖东路65号

邮编: 325603

电话: 0577-62927688 62929666 62925511

传真: 0577-62927699

E-mail: heli@cnheli.com

网址: www.cnheli.com

公司简介：公司是一家主要从事电动执行器、风阀驱动器的研发、生产、销售及技术支持和服务的综合性生产企业。公司创办于1999年，厂房占地面积13118平方米，现有员工125人。合力公司一贯注重产品质量，公司全部产品都已通过CE认证，并通过上海工业自动化仪表研究所和方圆检测集团股份有限公司的检测，各项性能指标均合格。合力公司全面实施ISO9001-2000（CQC）国际质量管理体系进行组织、生产。

武汉市天鸣服饰有限公司

地址：湖北省武汉市汉阳区鹦鹉大道46号长江广场28层
电话：027-59335517
传真：027-59335510
E-mail: tmyx2006@126.com
网址：www.tianmingnet.com

公司简介：中国职业装十大领军企业；武汉市著名商标企业；ISO质量、环境管理体系认证企业。主要产品：1. 以防静电为主的特种劳动防护服装、服饰、鞋类以及面辅料等产品；2. 以部队武警、公安警察、工商税务、铁路邮政等为主的行业制式服装、制式鞋、制式帽类产品；3. 以西服类正装、休闲装为主的各种商务服装、服饰、鞋类产品。

武汉博达特种润滑技术有限公司

地址：湖北省武汉市雄楚大街699号
电话：027-87446460
销售部：027-51778209 51778478
传真：027-87446440
E-mail: master@wuhanboda.com.cn
网址：www.wuhanboda.com.cn

公司简介：公司位于武汉东湖高新技术开发区，是一家集科研、生产服务为一体的合成润滑油脂生产基地之一。现有产品三大类二百多个品种，广泛应用于纺织印染、石油化工、交通运输、冶金机械、电力电子、油气田等行业，替代了四百多种国外公司的油品。通过ISO9001国际质量体系认证。

公司坚持以人为本，科技领先的理念，拥有博士、硕士、本科等数十名润滑油专家，配以先进的工艺设备、精密的仪器台架，自主开发了数十种高质量产品，填补了多项国白，具备年生产各种合成油脂六千吨的装置能力。公司与国际多家油品公司和研究机构进行合作，以最快的速度和最新的技术开发新品种、服务新领域。

公司推行以质量赢市场，以品牌求发展的战略，以解决高低温、高转速、高真空、重负荷、长寿命以及特殊介质、特殊工况下的润滑、冷却、密封为目标，以发展民族工业为己致力于帮助用户解决各种润滑难题，实施润滑油脂品种优化、升级换代和国产化计划，提供各种苛刻条件下的润滑解决方案。

陕西威能检验咨询有限公司

地址：陕西省西安市高新区科技路37号海星城市广场A1506室
邮编：710075
电话：15091331195
传真：029-88348326
E-mail: steve@sfic.com.cn
网址：www.forenergy.com.cn

公司简介：陕西威能检验咨询有限公司是一个快速成长的第三方检验的专业公司。公司主要的检验项目为石油专用管材（油、套管）、管线管、钻杆、不锈钢管、抽油杆、阀门以及石油装备等。威能检验的检验业务分布在中国各大城市的钢厂及管材厂，如天津钢管集团股份有限公司、宝钢股份、无锡西姆莱斯、沧州达力普、成都钢铁、包钢集团、宝鸡石油钢管股份有限公司等。公司年检验油套管超过50万吨，石油装备100多套。

抚顺石油机械有限责任公司

地址：辽宁省抚顺市东州绥化路西段50号
邮编：113004
电话：0413-4631317
传真：0413-4630256
E-mail: fpmc@163.com

公司简介：抚顺石油机械有限责任公司（原抚顺石油机械厂）是为石油、化工、电力、冶金等行业提供整套机电设备和配件的专业制造厂商。同时也是“能源一号”网电子采购会员单位、中国石油天然气集团公司一级供应网络成员单位和中国石化物资资源市场成员单位。

公司具有ISO9001:2000质量体系认证证书，A1、A2级压力容器特种设备设计、制造许可证书，A级余热锅炉制造许可证书，美国机械工程师协会（ASME）的“U”规范压力容器制造、“S”规范动力锅炉制造和安装授权证书及钢印使用权。

公司生产的主要产品包括：一、二、三类压力容器、余热锅炉等。

苏州兰炼富士仪表有限公司

地址：江苏省吴江市经济开发区江陵西路1333号
邮编：215200
电话：0512-88812966
传真：0512-88812972
网址：www.lanlianfuji.com

公司简介：苏州兰炼富士仪表有限公司由中国石油与日本富士电机株式会社共同投资组建的中外合资企业。主要经营富士智能变送器、氧化锆氧量分析仪、温度变送器、CC-M调节器、超声波流量计等检测仪表、控制系统和分析仪器。

北京华科仪电力仪表研究所

地址：北京市昌平区沙河镇七里渠南村工业园区
邮编：102206
电话：010-80705660
传真：010-80705682
E-mail：hky@huakeyi.com

公司简介：北京华科仪电力仪表研究所是从事电厂化学水分析仪表及水汽取样装置等设备的开发、研制、生产和销售的专业研究所，开发研制的产品包括硅表、磷表、钠表、联氨、导电度、pH计、溶解氧等全系列的水分析仪表与汽水取样装置、加药装置系统设备、恒温装置等设备。

苏州兰炼富士仪表有限公司

地址：江苏省吴江市经济开发区江陵西路1333号
电话：0512-88812966
传真：0512-88812972
邮编：215200
网址：www.lanlianfuji.com

公司简介：苏州兰炼富士仪表有限公司是由中国石油与日本富士电机株式会社共同投资组建的中外合资企业。主要经营富士智能变送器、氧化锆氧量分析仪、温度变送器、CC-M调节器、超声波流量计等检测仪表、控制系统和分析仪器。

北京石油化工设计院

地址：北京市朝阳区安立路101号名人大厦F6
邮编：100101
电话：010-58296688
传真：010-58296680

公司简介：北京石油化工设计院成立于1979年，现有各类专业技术人员800余人，拥有化工、石化、医药行业工程设计、工程咨询甲级资质和境外石油、化工、医药项目工程承包、项目管理及劳务合作资格证书，从事工程咨询、工程设计、工程承包、项目管理等技术服务。

德州联合石油机械有限公司

地址：山东省德州市经济技术开发区晶华南路
邮编：253034
电话：0534-2237988
市场部：0534-2237888
传真：0534-2237889

公司简介：德州联合石油机械有限公司位于素有"九达天衢"之称的山东省德州市经济开发区。公司的前身德州石油机械厂始建于1961年，2004年改制为有限责任公司，现有在岗员工600人，是一家集生产、经营、研发为一体的综合企业，在国际、国内石油石化行业享有很高声誉。

青岛科华石油机械有限公司

地址：山东省青岛市胶州市山东胶州市胶州东路朱家庄
邮编：266100
电话：0532-82263205
传真：0532-82263201
网址：gmy19830410.b2b.hc360.com

主营产品：生产加工泥浆泵及配件。

原子高科股份有限公司

地址：北京275信箱70分箱
邮编：102413
电话：010-69358926
传真：010-69358925
E-mail：sunhy@ciae.ac.cn

公司简介：原子高科股份有限公司（以下简称"原子高科"）前身是北京原子高科核技术应用股份有限公司，于2001年由中国原子能科学研究院作为主发起人，联合多家单位共同发起设立的高新技术企业，注册资本为6628万元。2005年初完成了增资扩股工作，注册资本由3400万元扩增到6628万元。股份公司现有职工630人，其中研究员100名，高级工程师300名，其他中级专业技术人员和技术工人200名。原子高科以中国原子能科学研究院为依托，致力于核应用技术的产业化。

传特板式换热器（北京）有限公司

地址：北京市天竺空港工业开发区B区安庆大街5号
邮编：101318
电话：010-64379490
传真：010-80491434

公司简介：传特板式换热器（北京）有限公司是国际知名换热设备生产商——美国Tranter PHE Inc. 在中国设立的全资子公司，是生产可拆式板式换热器的专业生产商，并可提供全焊接式板式换热器，为石油化工、机械工业、汽车工业、食品工业、电力冶金、造船业、暖通空调等行业提供产品和服务。Tranter公司在板式换热器领域拥有世界上最先进的设计和生产技术，最全面的换热器专业知识，是该领域的技术领导者和一流的制造商。

河北华北石油荣盛机械制造有限公司

地址：河北任丘市华北油田会战南道
邮编：062552
传真：0317-2712730 2756870

公司简介：河北华北石油荣盛机械制造有限公司是以石油钻采设备、专用管材加工制造为主的综合性石油机械制造厂，是中国石油天然气集团公司指定的“井控装备制造配套中心”，是省级高新技术企业，市级纳税先进企业，具有独立的进出口权。

浙江新欧自控仪表有限公司

地址：浙江省永嘉县区瓦北镇礁下工业区
邮编：325102
电话：0577-21822002
传真：0577-21822005
E-mail: shkp1976@126.com
网址：www.zjxno.com

公司简介：专业生产气动调节阀、电动调节阀、快速切断阀、V形球阀、O形球阀、自力式压力/温度调节阀、调节蝶阀、疏水阀、防腐专用调节阀、氧气调压阀组、减温减压装置等。

湖北江汉石油仪器仪表有限公司

地址：湖北省武汉市东湖新技术开发区
邮编：430205
E-mail: mail@hbjpim.com

公司主营：石油钻采勘探、生产测井、油井测试、量值传递仪器仪表研发制造与服务。

山东胜利新大实业集团有限公司

地址：山东省东营市东营区北二路230号
邮编：257055
电话：0546-8531619
传真：0546-8531619
网址：www.slxdsy.cn

北京永兴精佳仪器有限公司

地址：北京市朝阳区豆各庄北里22号
电话：010-87392939
E-mail:yx@bjyx.net.cn

主营产品：防爆仪器、管线取样器、原油含水测定仪、非标电套、通用仪器仪表。

北京疏水阀门厂

地址：北京市房山区阎村镇炒米店村二街132号
邮编：102488
电话：010-89313169
传真：010-55795589
E-mail: market@waterdvalve.com
网址：www.waterdvalve.com

北京长森石油科技有限公司

地址：北京市上地信息路2号国际创业园2号楼11C
电话：010-82896607 82894349
E-mail: bj.csoil@163.com
网址：www.csoil.com

公司简介：公司是专业从事油田系统效率测试分析与油田井站自动控制技术研究的单位。自主研发的PMTS系列系统效率测试仪、系统效率分析评价软件都深受油田用户的欢迎，其中的抽油机平衡分析技术已正式成为中石油的行业标准。

大连正兴电气控制有限公司

地址：辽宁省大连市经济开发区东北四街12号
邮编：116600
电话：0411-66775999
传真：0411-66775900
E-mail:Seiko@cjdss.com
网址：www.cjdss.com

公司简介：始建于1995年的大连正兴电气控制有限公司（原大连正兴开关有限公司）是由【株】日本正兴电机制作所、大连冰山集团共同投资兴建的企业，产品主要以高品质的高低压开关柜、真空断路器、各种开关控制零部件为主，90%产品销往国内市场，广泛应用于发电厂、变电站、钢铁、石化、公用事业、工矿、船舶等行业。

公司为了谋求更大发展，于2007年6月由大连市内搬迁至开发区，同时扩大了生产规模。工厂全套引进日本数控加工设备，工艺流程优良、检测手段先进、售后服务完善，力求成为让用户满意、社会满意的优秀企业。

豪顿华公司

地址：北京市西城区宣武门西大街甲129号金隅大厦12B层
邮编：100031
电话：010-66419988
传真：010-66410071
网址：www.howden.com.cn

公司简介：豪顿华是1994年在威海成立的一家合资公司，为发电、钢铁、采矿、水泥、石化、隧道等行业的客户服务。

公司设计、制造和销售所有类型的豪顿活塞压缩机组、螺杆压缩机组、隔膜压缩机组、单级高速离心鼓风机以及风机等产品。

大连四方电泵有限公司

地址：辽宁省大连市旅顺经济开发区大盐路方家段69号
邮编：116045
电话：0411-86229396
传真：0411- 86227007
E-mail: market@dlsfdb.com

公司简介：大连四方电泵有限公司是大连高新技术企业。公司是设计生产化工流程泵、油泵、屏蔽电泵、空调用屏蔽电泵、工业搅拌器、过滤器等产品的专业厂家。具有泵与电机的综合设计能力，有部分专家曾参加我国原子能反应堆的高温、高压屏蔽泵设计制造，技术力量雄厚，生产制造工艺先进。

温州市正辉灯具有限公司

地址：浙江省温州市车站大道财富中心10楼
邮编：325088
电话：0577-88005888 88005666 88101555
E-mail: chhi@zhenghui.com
网址：www.zhenghui.com

公司简介：公司始建于1993年，是国内较早专业研究、开发、设计、生产和销售工程照明灯具的高科技企业。公司拥有强大的制造能力、先进的生产设备，是国内最大的工程照明生产基地之一。

公司产品除出口外，在国内有关行业也得到广泛应用。由于主要的防爆产品均为隔爆型及本质安全型最高防爆等级，因而在石油、化工、钢铁、冶金、矿山、消防及燃气、铁路、电力、公安、部队、防汛、潜水救涝和抢险救灾等行业已作为工作照明和应急照明普遍使用。

北京杰利阳科技发展有限责任公司

地址：北京市朝阳区北辰东路8号江宾大厦B座920-921室
邮编：100101
电话：010-84976926
传真：010-84976930
网址：www.jerrywon.com.cn

公司简介：公司成立于1998年，主要从事油气田机电设备的进出口业务，在石油天然气和石化行业拥有丰富的设备成套经验。公司在密云经济开发区设有杰利阳能源设备制造有限公司，成为油气田用大型进口压缩机组的专业成撬供应商。现有员工130余名，其中，各类专业技术及管理人员60余名，拥有各类制造、检测设备30余台（套）。

大连四方佳特流体设备有限公司

地址：辽宁省大连市旅顺经济开发区兴源路29
邮编：116045
电话：0411-86227306-8001
传真：0411-86227309
E-mail: dlsfjt@163.com

公司简介：公司前身为大连佳特流体设备厂，成立于2001年，坐落在辽宁省大连市旅顺经济开发区，是拥有十多项专利的高新技术企业。公司主要产品有：离心泵系列、强自吸泵系列、淀粉搅拌器系列、淀粉行业脱水筛系列、回转阀系列，各种系列均可采用30多种耐腐蚀材料，多种产品属国内首创，填补了该领域空白。产品执行API610、ISO2858、API598等标准，2003年7月获得中国质量认证中心颁发的ISO9001:2000质量认证书。产品主要应用领域有：石油、化工、粮食深加工、电力、汽车、钢铁焦化、污水处理、煤炭、造纸等行业。

陕西百川投资管理有限公司

地址：陕西省西安市未央路132号经发大厦1008室
邮编：710018
传真：029-86510567
电话：029-86528888

公司简介：公司是致力于高新技术产业投资、投资银行业务、房地产开发和能源动力的专业投资公司。公司秉承“多元投资、合作共赢”的经营理念，依托公司广泛的投资渠道，充分整合资源优势、专业优势和人才优势，以"资源整合、资本整合、资本运作"为导向，采用捆绑、融合的辅助经营模式，对投资项目注入新的活力。

辽宁恩德工程建设有限公司

地址：辽宁省抚顺市经济开发区科技城 4 号路
邮编：113122
电话：0413-6607360 6607350
传真：0413-6607390 6607391
E-mail：fsnd@263.net

公司简介：公司（原辽宁恩德设备制造安装有限公司）是坐落于辽宁抚顺经济开发区科技园区内的一家中外合作企业，是集设计、制造、安装为一体的高新技术企业。

公司拥有固定资产 3000 万元，占地面积 4 万平方米。拥有雄厚的技术实力、先进的加工及检测设备，产品服务于石油、化工、冶金、建材、有色、燃气等领域。是我国生产粉煤气化装置、一二三类压力容器、B 级锅炉的专业厂家。

大连劳雷石油化工泵制造有限公司

地址：辽宁省大连市大连普兰店市瓦窝镇工业园区
邮编：116202
电话：0411-3360020
传真：0411-3360788
网址：www.dllaurel.com

公司简介：公司始建于 1994 年，是石油化工设备设计制造专业公司。主要产品有“LAUREL”牌系列计量泵、高压泵、化学加药装置、水处理设备、压缩机及空气净化设备，产品适用于电站、热电厂、石油化工、海上钻井平台、制药、污水处理、冶金矿山、铁路机车、海洋捕捞等行业。公司已在全国建立起信息和服务网络，及时、周到地向用户提供服务。多年来同各大设计院和国内外三百余家用户保持长期良好的合作关系，以良好的产品质量和信誉赢得了各界的青睐。

天津市润通石油设备有限公司

地址：天津市津南区双港工业园发港路
电话：022-88823659
传真：022-88823327
E-mail：tjtintl@yahoo.cn

主要产品：抽油机、高强度 API 标准石油钻杆。

天津井通石油钻杆有限公司

地址：天津市津南区双港工业园发港路
电话：022-88823659
传真：022-88823327
E-mail：tjtintl@yahoo.cn

公司简介：公司是高强度石油钻杆的专业化生产厂家。公司主要生产设备包括：具有国际先进水平的液压墩粗机、热处理设备、冷热矫直设备、摩擦焊机、焊缝中频热处理设备、数控车床，以及完善的超声波、磁粉探伤检测设备。公司严格执行 ISO 9001 国际质量管理体系、API SPEC Q1 质量管理标准和 API SPEC 5D 生产标准。公司设有完备的产品质量检测流程：原材料入厂检测、墩粗管端磁粉检测、热处理管体超声波检测、摩擦焊焊缝检测及产品直线度检测、外观检测等。公司与中国石油管材研究所建立了深入的技术合作关系，公司出厂的产品均经过管材研究所质量认证，确保为客户提供高品质的石油钻杆。

大连道盛仪表有限公司

地址：辽宁省大连市甘井子区红旗街道棠梨沟村马工机械院内 2 号楼
邮编：116025
电话：0411-39526789 39526781
传真：0411-39526780
E-mail：tuf2000@126.com
网址：www.taosonics.com

公司简介：公司是一家集设计，研发制造于一体的高科技企业。由国内知名的超声波流量计专家进行设计研发，有专业的外观设计人员进行全新的美观设计。公司拥有完善的计算机设计系统和精良的产品检测设备。

公司主要产品有超声波流量计、超声波热量计、超声波工业水表、超声波流量热量模块，广泛应用于石油、化工、冶金、水利、供暖、军工、水泵、锅炉等行业。

北京朗润达科贸有限公司

地址：北京市东城区胜古北路 5 号胜古办公楼 402 室
邮编：100029
电话：010-64449938
传真：010-64449915
E-mail：sales@longradar.com.cn
网址：www.longradar.com.cn

公司简介：公司是一家专业的仪器仪表供应商，是世界著名仪器仪表生产厂家美国 DWYER、英国 PYROPRESS 和韩国 ULFA 等在中国的代理经销商。公司提供近万种有关压力、流量、温度、湿度、物位

(液位)和阀门等产品，它们广泛应用于工业自动化、暖通空调、楼宇自控、电厂、石油、化工、水处理、锅炉、压缩机、冷冻制冷设备、食品、医药、轻工业、环保、洁净工程等领域。

四机赛瓦石油钻采设备有限公司

地址：湖北省荆州市荆州区西环路
邮编：434024
电话：0716-8428889 8428114
传真：0716-8016063
E-mail：js@ServaCorp.com
网址：www.sjs.ServaCorp.com

公司简介：公司（SJS Ltd.）成立于1992年6月，于1993年建成正式投产。公司主要研制、生产和销售石油固井压裂成套设备、油田地面混配站、推盘离合器和PTO(动力取力器)、油田井下工具、电动/液压绞车等五大类主要产品。

厦门品威石油设备工程有限公司

地址：福建省厦门市建业路三号吉祥大厦六楼C座
邮编：361012
电话：0592-5099852 5099853
传真：0592-5097685
E-mail：sale@ppee.com.cn

公司主营：代理进口石油设备、CimTek过滤器、OilCO油品灌装系统、EFA长输管道测漏系统、ORB在线测试仪器等。

广州森纳士仪器有限公司

地址：广东省广州市天河区科韵路102号科韵大厦3楼
邮编：510665
电话：020-85520500
传真：020-85520503
网址：www.sales@senex.cn

公司简介：公司创立于1995年，是专业致力于压力变送器、温度仪表研发和生产的外商独资企业。公司生产的压力/差压变送器有五个系列、近百种规格，生产的温度仪表有七大类几百种规格，能够满足各类自动控制、检测和智能控制系统的需求。

淄博弘扬石油设备有限公司

地址：山东省淄博市淄川松龄东路78号
邮编：255100
电话：0533-5153401 0533-6225786
传真：0533-6225785
E-mail：zhang6225797@163.com
网址：www.zbsysb.com

公司简介：公司（原淄博石油设备厂）是石油设备定点生产企业，位于山东省中部，东临黄海，南近泰山，基础设施完备，地理位置优越（京沪、济青高速公路交汇处）。是省级“重合同，守信用”企业，山东省高新技术企业和淄博市名牌企业，银行信用“AAA”级。是中石油、中石化物资装备网络成员单位。

廊坊开发区新赛浦石油设备有限公司

地址：河北省廊坊市经济技术开发区花园道
邮编：065001
电话：0316-6072686
传真：0316-6072688
E-mail：hmpetro@heinfo.net
网址：www.hmpetro.com

公司简介：公司成立于1998年，是一家按照现代化企业制度建立的股份制企业，注册资金1200万元。公司位于京津之间的河北省廊坊市经济技术开发区，距北京40公里，距天津60公里，地理位置优越，交通便利，占地面积30000平方米。

上海东方石油设备有限公司

地址：上海市浦东新区黄赵路378号
邮编：201205
电话：021-58947290 58947380
传真：021-58947292
E-mail：shdfsy@shdfsy.com
网址：www.shdfsy.com

公司简介：公司是原中国石油天然气集团公司科技局在上海倡导组建的主要从事螺杆泵及配套技术开发、制造、销售的有限责任公司。经过多年的发展，公司生产的各种规格型号的螺杆泵产品在全国各大油田广泛应用，部分产品还打入国际市场。“上海东方”这一品牌日益受到用户的普遍认同。公司2001年通过ISO9001质量体系认证。目前是中石油、中石化一级网络成员。

2010 版《中国石化电话号码簿》

《中国石化电话号码簿》（以下简称《号码簿》）的出版工作，得到了中国石化企事业单位及国内外各大石油集团和石化相关单位的大力支持，在此表示感谢。《号码簿》每两年修订出版一次，对加强石化行业各单位之间的交流，扩大企业国内外影响，促进相关单位之间的合作起到了积极作用。

为进一步做好 2010 版《号码簿》的编制出版工作，由中国石化出版社和北京国油化联科技发展中心共同组成编辑部，同时将继续组建《号码簿》编委会，并指派专人作为特约编辑，负责本单位资料的收集、整理和报送工作。

为了展示中国石化各企事业单位风采，新版《号码簿》将设置专门栏目，帮助企业宣传推广企业形象、推介技术产品和服务，企业可根据自身需要进行选择认刊。

电话号码资料提供和广告宣传认刊事宜请与《号码簿》编辑部联系，请各单位给予积极支持。

电话号码征集表　　（报送材料请提供电子版）

单位名称		负责人	
单位性质		邮　编	
地　　址			
联系电话		联系人	
网　　址		E-mail	
刊登电话			
单位简介	（石化系统内一级企业简介 800 ~ 1000 字左右，其他单位 100 ~ 200 字）		

《中国石化电话号码簿》编辑部

地址：北京市东城区安定门外大街 58 号　　邮编：100011

电话：010-58608370 84289937　　传真：010-58608370 84289978

业务监督：中国石化出版社总编室　　监督电话：010-84271850

E-mail：sinopec_hb@163.com　gongzm@sinopec.com.cn

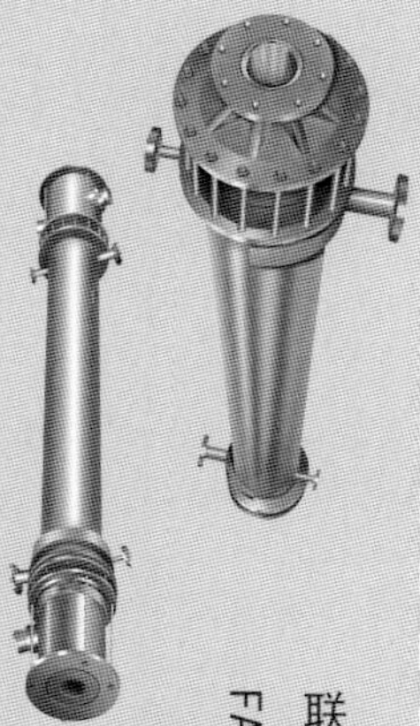

南化集团研究院

南化集团研究院始建于 1958 年，在硫酸工业、化工催化剂、化工原料、气体净化、高含硫天然气脱硫脱碳、仪表及自动化、高性能聚乙烯纤维等领域形成了系列技术和产品优势，共完成 500 多项重大科技成果，获市级以上的科技成果奖 256 项次。获多项专利（专利号：01134103.3、00133276.7 等）。该院现有各中试生产装置可生产 28 个品种的中试产品，拥有原值达 120 万美元的大型物化分析仪器 14 台，各类催化剂活性评价装置 20 套，具有对化肥催化剂 19 个种类的检验能力。该院编辑出版的《硫酸工业》和《化学工业与工程技术》均为江苏省优秀科技期刊，面向国内外公开发行。

现为 10 个中心、站所在地：

"国家化工催化剂质量监督检验中心"
"全国硫酸工业信息站"
"全国气体净化协作网"
"化学工业硫和硫酸标准化技术归口单位"
"江苏省铜系催化剂科技开发（中试）基地"
"化学工业催化剂和硫酸质量监督检验中心"
"全国气体净化信息站"
"全国化肥催化剂标准化分技术委员会"
"江苏省化肥催化剂工程技术研究中心"
"中国催化剂信息咨询网"。

院址：南京市六合区大厂葛关路 699 号　邮编：210048　电话：025-57792787　传真：025-57793747

中原油田绿岛宾馆：总机：0631-5261301
总台：0631-5261302
传真：0631-5261988
接待：0631-5261303
中原油田威海绿岛旅行社：电话：0631-5262266
传真：0631-5361304
地址：山东省威海市环海路 3 号

http://www.lvdaohotel.cn

中原油田威海职工教培中心

中原油田威海职工教培中心（绿岛宾馆）为三星级酒店，是中石化集团在胶东的重要会议、培训、疗养基地。坐落于国家卫生文明城市——威海市环海路 3 号，与驰名中外的刘公岛隔海相望。这里绿树成荫，环境幽雅，闻涛观海，建筑楼群错落有致，园林风格独具匠心，会使您仿佛走入了世外桃源，超凡脱俗之感油然而生。

绿岛宾馆占地 126 亩，现有总统套房、套房、单间、双标间，计床位 260 张，拥有各种旅游接待用车，大、中、小会议室 8 个，中餐厅、西餐厅、宴会厅 22 个，娱乐设施齐全，可满足不同宾客的需求。

宾馆下设绿岛旅行社，拥有优秀导游服务队伍，为您提供威海、烟台、青岛及其他周边精品旅游线路，依托三星级宾馆，为您提供全程旅游服务。

At home in your world
道达尔石化 常伴您左右
道达尔石化是一家上下游一体化的全球性石油化工
公司。公司业务遍及130多个国家，在可持续发展、
运作安全、服务社区及减少环境影响方面肩负承诺。
无论您的业务处于何地，我们都能通过优质的产品、
服务和专业知识帮助您的业务蒸蒸日上。
TOTAL PETROCHEMICALS
TOTAL

上海期货交易所
SHANGHAI FUTURES EXCHANGE

砂泵

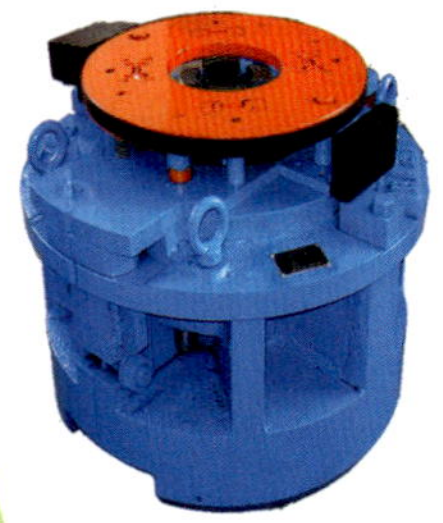

气动卡瓦

钻具及配套产品

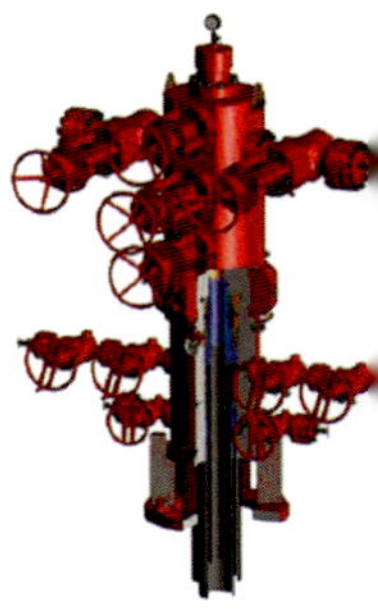

FMC 公司高压系列
套管头、采油树

瑞德公司钻头产品

威德福公司钻、完井系列工具

史密斯公司钻、完井系列工具

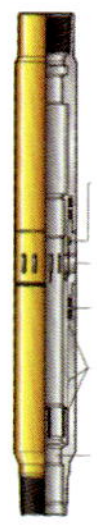

贝克休斯公司钻、完井系列工具

执行：准时交货、优质高效

技术：能够为您提供合适的技术方案

全防护等产品的研发；石油天然气井钻井、修井、试油、完井等工具和设备修造。

此外，成都西油联合石油天然气工程技术有限公司还取得了合作伙伴美国威德福（Weatherford）公司、美国FMC（新加坡）公司、美国贝克工具公司、美国SMITH公司、FST公司等著名企业在中石化及中石油等多个地区的代理资格，全面负责上述公司产品在代理地区的销售。

公司坚持以质量求生存、以服务赢客户、以创新求发展、以诚信得天下，一切为了客户利益的经营理念。奉行精诚团结、服务至上、长足发展的企业宗旨，竭诚为广大客户提供优质产品和服务。在油气田服务过程中，西油联合精英团队为客户提供了优秀的方案设计、先进的工具设备和优质高效的施工服务，以其良好的职业道德和团队精神博得了客户的广泛好评和高度认可。西油联合公司是中国石油天然气集团公司、中国石化集团公司的一级供应商。为多个油田提供设备供应和技术服务。公司业务现已涉及到中国石油天然气集团的西南油气田分公司、吐哈油田、玉门油田、冀东油田，中国石化集团的西南分公司、普光分公司、华北分公司、西北分公司、南方勘探分公司、北方勘探分公司等多个分公司及油气田。

西油联合公司依托先进的产品设备，雄厚的技术实力、规范的管理和精英团队，良好的市场信誉将西油联合的品牌价值和团队精神奉献给业界的朋友们！

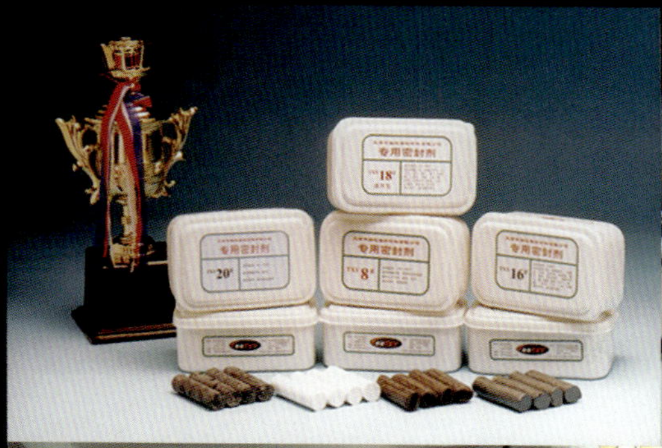

器和压力管道带压密封作业人员笔试考场

茂名西南石化

工程建设有限责任公司

40多年来，公司为茂名石化公司承建了70多套炼油、化工装置，建成了国内较大的年加工能力达1350万吨的原油加工基地……

茂名西南石化工程建设有限责任公司

茂名西南石化工程建设有限责任公司（原茂名石化建设公司）始建于1962年，是中国西南地区较大的一家集石化装置建设、检维修、保运、项目管理于一体专业大型石化建安施工企业，拥有国家化工石油工程施工总承包一级资质及相应的各种资格证书。

40多年来，公司为茂名石化公司承建了70多套炼油、化工装置，建成了国内较大的年加工能力达1350万吨的原油加工基地。公司的装置建设能力、超大型油罐制造技术、大型吊装技术、焊接技术、机泵检维修技术在业内处于领先地位。近年所承建的茂名石化北山岭12.5万m^3油罐工程获2004年度全国优秀焊接工程一等奖；茂名石化100万吨/年延迟焦化装置改造工程获2005年度中国石化集团公司优质工程奖；茂名石化100万吨/年催化重整装置获2007年度全国优秀焊接工程一等奖。

公司主营业务包括大、中型石油化工装置工程建设及检维修包机保运；10万m^3超大单体容积油罐建设；压力容器设计、制造及安装；压力管道安装、工业设备安装；电气仪表安装、无损检测、理化检验及防腐保温；大型设备的吊装运输及起重机械安装、维修。

澄露.人与自然的和谐

chenglu.harmony between human and nature

扬州澄露环境工程有限公司始建于1983年，是国内较早从事水处理的专业制造企业。经过数十年的发展历程，现已成为集研发、设计、制造、工程设计施工、工程运营于一体的综合性工程公司。

扬州澄露环境工程有限公司在含油污水处理方面拥有成熟先进的技术，居国内领先地位,公司自有知识产权的“旋流油水分离器”获“中国专利十五年成就展”优等项目荣誉并被列为国家火炬计划项目。公司同时注重与国外同行的合作，与意大利合作的垃圾渗滤液处理工艺及性能优越的配套设备在垃圾渗滤液处理行业也已经崭露头角。

扬州澄露环境工程有限公司多年来坚持与国内大专院校、研究和设计单位紧密合作,使之成为企业坚强的技术后盾。先后与清华大学环境工程研究所、同济大学环境工程学院、上海大学等单位签订长期技术合作协议或联营伙伴关系,被上海大学列为“上海大学科技园区环境科学与技术产业化基地”，增强了企业技术开发与持续创新能力。

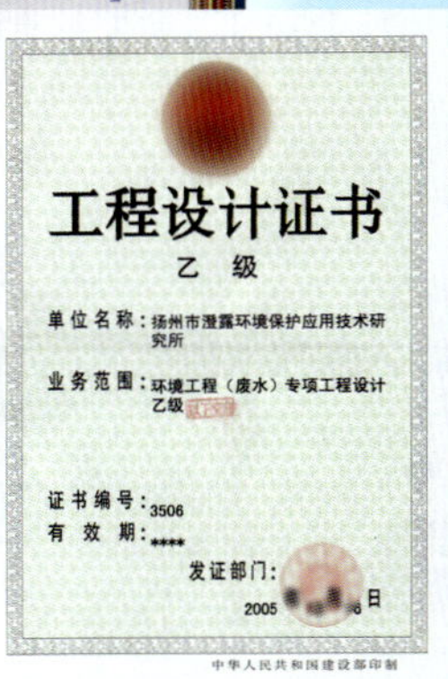

扬州澄露环境工程有限公司总部位于历史文化名城、荣获联合国人居奖的扬州市,下设扬州澄露环境工程有限公司制造基地、扬州澄露上海分公司、扬州澄露新疆分公司、扬州澄露环保应用研究所、江都市澄露环境净化设备厂、山东博兴永安城市污水处理有限公司。设立在全国各大城市的办事处,能及时周到地为客户提供优质的服务。

澄露人奉行“终身学习,持续创新”的文化,以“团结、务实、拼搏、进取”的精神,坚持“新技术、高质量、重合同、守信誉”的宗旨,与您共同致力“人与自然的和谐”。

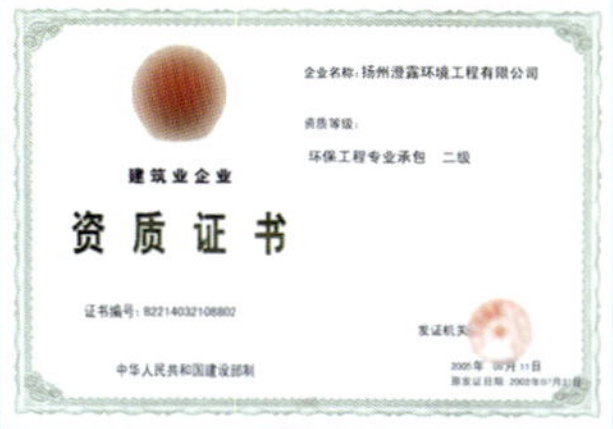

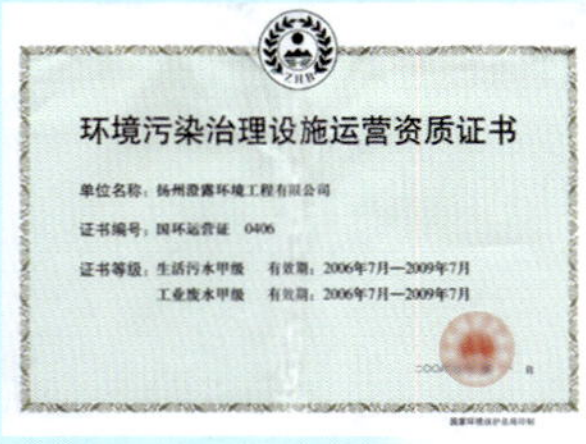

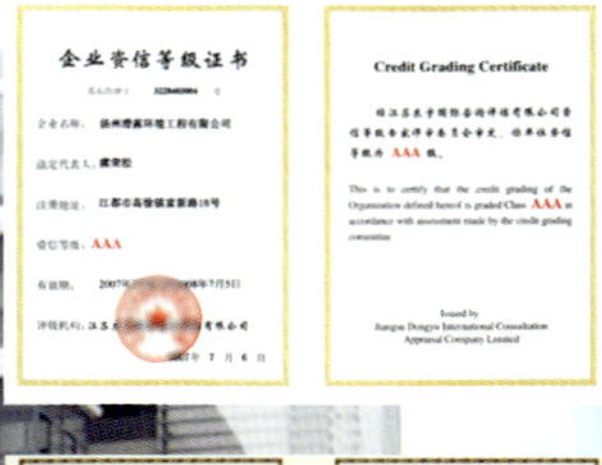

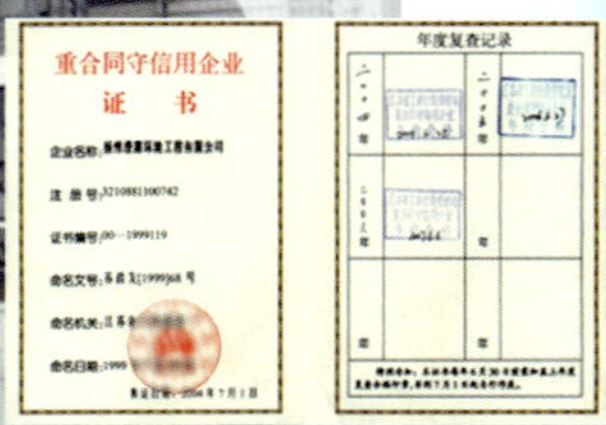

扬州澄露环境工程有限公司
地址：扬州市文昌中路18号文昌国际大厦七层 邮编：225252
电话：86 514 87239999 传真：86 514 87237777
http: www.cnchenglu.com E-mail: jd@cnchenglu.com

扬州澄露环境工程有限公司上海分公司
地址：上海浦东新区东方路989号中达广场1002座
电话：86 21 51095648 传真：86 21 50589182
邮编：200122 E-mail:shcl@chenglu.cc

扬州澄露环境工程有限公司新疆分公司
地址：新疆乌鲁木齐市北京南路钻石城1号盈科国际中心29层C座
电话：86 991 3842233 传真：86 991 3842255
邮编：834000 E-mail:xjcl@chenglu-group.com

XJ30-2-5-22

濮阳市绿洲精细化工有限公司

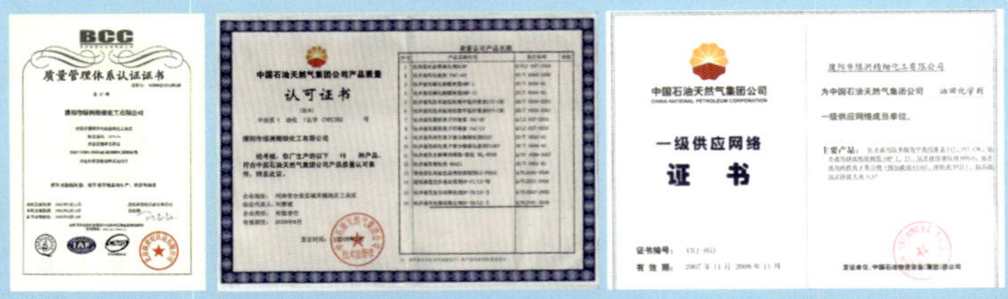

>> 公司全体员工必将以用户的需要为己任，以可靠的产品质量、热情及时的售后服务为宗旨，全心全意为广大油田竭诚服务。

公司是以生产油田化学助剂为主的综合性化工企业，总资产7760万元，有两大生产区，五条生产线，年生产能力16000余吨。是中石油集团公司、中石化集团公司“一级供应网络成员单位”，中海油田年度“定点供应商”。公司通过了ISO9001-2000国际质量管理体系认证、中国石油集团公司“油田化学剂产品质量认可”、被授予“全面质量管理达标企业”、被中国化工学会授予“产品质量过硬、优秀重点推荐产品”称号、连续多年被评为“守合同重信用企业”和“AAA级信用企业”。产品远销大庆、辽河、大港、华北、克拉玛依、中海油田、西北石油局、华北石油局、华东石油局、中南石油局等油田，产品质量稳定。

公司主要产品有聚阴离子纤维素、羧甲基纤维素、磺甲基酚醛树脂、褐煤树脂SPNH、抗高温抗饱和盐降滤失剂、FA367、80A51、XY27、降粘剂、页岩稳定剂、聚丙烯酰胺、破乳剂、杀菌剂、缓蚀剂、助排剂，增效型抗高温抗盐增粘抑制剂是我公司研发的最新产品，1%试样清水溶液能在135°C高温下老化16h粘度大于60mPa•s，是钻探深井、超深井无固相钻井液优选产品，辽河油田将该产品用于无固相钻井液体系完井深度超过4500米。抗高温抗饱和盐降滤失剂产品抗温超200°C，抗盐至饱和，高温高压降失水效果显著，并兼有降粘功能。抗高温抗盐油井水泥降失水剂能有效地抑制钙侵盐侵井段对固井水泥的污染，抗高温性能显著，是深井、超深井理想的降失水添加剂。

地址：河南省台前县尚庄工业区　　邮编：457600
电话：0393-2236888 13603839968　传真：0393-2236465　邮箱：lvzhouhg@tom.com

遼寧石油化工大學

LIAONING SHIHUA UNIVERSITY

学校标志性建筑——3.29 万平方米图书馆

学校田径运动场

研究生楼

学校第四教学楼

辽宁石油化工大学地处辽宁省抚顺市，始建于1950年，原隶属于中国石油化工集团公司，2000年2月划转到辽宁省人民政府，实行“中央与地方共建，以地方管理为主”的管理体制。经过近60年的建设和发展，学校已经成为以石油化工为特色，以工为主，工、理、经、管、文、法、教等七大学科协调发展的多科性大学，是国家和地方石油石化等行业高级专门人才的培养基地、辽宁省石油化工技术紧缺本科人才培养基地。

学校占地1906亩，建筑面积61.5万平方米，藏书243.4万册，资产总值12.4亿元，教学科研仪器设备总值1.17亿元。现有学生2万余人，其中研究生838人，本科生14296人。专任教师883人，其中高级职称的教师占41.4%，研究生学位的教师占56.7%，有博士生导师和硕士生导师160人。学校设有石油化工、化学与材料科学、环境与生物工程、机械工程、储运与建筑工程、信息与控制工程、计算机与通信工程、经济管理等16个学院和研究生部，拥有3个省级重点学科，2个省级重点资助学科，7个省级重点实验室，3个省级工程技术研究中心，1个省级教学实验示范中心，3个省级创新团队。现有2个联合培养博士点、26个硕士点、9个工程硕士领域、46个本科专业。近三年来学校先后承担国家和省市科研项目319项，获国家和省市科研成果奖20项。学校还广泛开展国际交流与合作，先后与10个国家的20所高校建立了校际友好关系，为学校的改革和发展注入了生机与活力。

2007年6月，学校在相关部门本科教学工作水平评估中取得优异成绩。目前，学校以科学发展观为统领，紧紧抓住辽宁老工业基地振兴的历史机遇，充分发挥人才、科技优势和办学特色，正在为石油石化和地方经济社会发展作出新的更大的贡献。

YIJING PENINSULA HOTEL

★★★★

怡景半岛酒店

怡景半岛酒店为仪征市一家四星级酒店，位于长江之滨扬子江畔，东距扬州 30 公里，西离南京 60 公里，南临长江二桥和润杨大桥，北靠宁通高速公路。酒店三面环水，地处幽静，风景宜人，登高可凭览长江，远眺群山，自然美景尽收眼底。

酒店由二十一层主楼和三层裙楼组成，拥有各类客房和别墅 150 间，风格独特的中西餐厅、宴会包间和各类会议室，一应俱全的康乐设施，是您享受商旅休闲、品尝中西美食、体验婚庆良辰和举办会议的理想场所。怡景半岛酒店素有都市气质、田园风情的美称。

Yijing Peninsula Hotel is a Four-Star hotel in Yizheng City.Yijing Peninsula Hotel is beside the Yangtze river, only 30KM to the west of the ancient city Yangzhou and 60KM to the east of the famous city Nanjing. It is close to the second Changjiang bridge and Runyang bridge on the south and Nanjing-Nantong expressway on the north. It is around by the river from three sides. It has peaceful and attractive scenery. Yangtze river and the mountains can be seen from the windows.

Yijing Peninsula Hotel has a main building of 21 stories and additional buildings of 3 stories. It has 150 rooms with different style. The Chinese and western restaurants with inimitable style,the meeting rooms with different specifications and all kinds of recreation facilities are the best choice for business travel, delicious food tasting, wedding ceremony and meeting holding. The hotel is famous with urbanity and rurality.

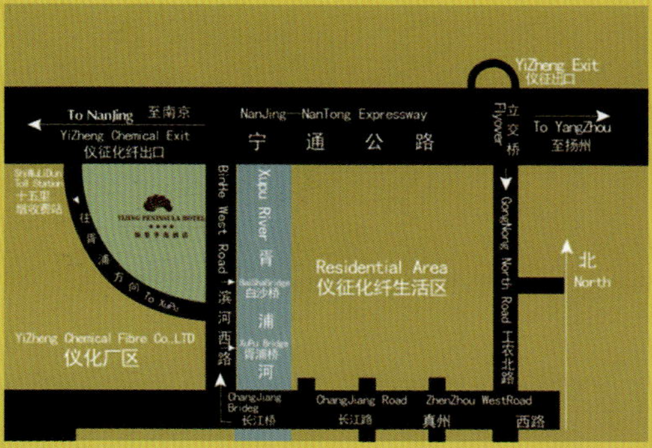

大堂 Lobby

客房

酒店拥有总统套房、各类豪华套房、别墅、商务房等各式客房150间（套）。房内装修豪华、装饰典雅，窗外江景山色尽收眼底。

Guest rooms

Yijing Peninsula hotel has 150 nice rooms which includes presidential suite, deluxe suites, villa, standard rooms and the window sight-seeing is very enjoyable.

总统套房 Presidential Suite

豪华套间 Deluxe Suite

唐宫 TangGong

清庭 QingTing

餐饮

古朴典雅、富丽堂皇、风格各异的宴会厅、西点厅、怡景吧、半岛吧为您奉献中外美酒佳肴和殷勤周到的服务，让您尽情体验经典的中西餐饮文化。

Food and Beverage

Yijing Peninsula hotel provides classical andmagnificent western restaurant, lobby bar, peninsula bar and banquet hall with different styles. You can savour mellow wine and delicious food both Chinese and Western with attentive and considerate service, experience the classical food cultures of China and western to your heart's con

游泳池 Swimming Pool

网球场 Tennis Court

神州厅 ShenZhou Banquet Hall

康乐

歌舞厅、卡拉OK、桑拿、美容美发、健身房、室内游泳馆、网球场、保龄球馆、棋牌室、沙弧球等一应俱全的康乐设施，让您身心舒畅、尽享快乐人生。

Recreation

The recreation center has all kinds of recreational facilities, such as dancing hall, karaoke, sauna, beauty saloon, gymnasium, indoor swimming pool, tennis court, bowling room, rooms for chess and cards games and sand ball. You will get relaxed and enjoy peace and happiness here.

会议

设备豪华、功能齐全、规格多样的会议厅，智能化综合布线、多媒体会议系统、先进的音视频设备等，是举办各类会议活动的最佳选择。

Convention Facilities

The meeting rooms of different specifications can serve various purposes. They are lavishly fitted up with optical data communication system and advanced video units .They will surely be the best choice for all kinds of meetings and exhibitions.

第一会议室 First Meeting Room

别墅 villa

地址：扬州.仪征滨河西路12号
Add:No. 12 BinHe West Road, Yizheng , YangZhou
电话 Tel: 0514-83235888
传真 Fax: 0514-83234328
邮编 P.C.:211900
网址：Http://www.yijingpeninsula.com

热线电话：010-58604600
TARGET ：['targit] n，目标；vt，把...作为目标
我们和您一起：找到目标，精准投放，达成目标
媒介传播、广告代理、公关企划、产品推广、市场营销
TARGET拓格
服务客户
Microsoft
SONY
TOTAL
伊利
北京银行 BANK OF BEIJING
Amway安利
...